"博学而笃志,切问而近思。"
(《论语》)

博晓古今,可立一家之说;
学贯中西,或成经国之才。

普通高等教育"十一五"国家级规划教材　复旦博学　社会学系列

西方社会思想史

（第三版）

于　海　著

复旦大学出版社
Fudan University Press

内容提要

　　本书将西方社会思想及社会思想家置于重大的时代背景、历史潮流及特定的文化传统和学术流派中,以社会生活的结构逻辑为横轴、学理脉络的历史逻辑为纵轴,概述了从古希腊城邦社会学到当代后现代社会学的西方社会思想演进的历程,突出社会理论的时代性、历史性和社会性,展示"思想的理趣和历史的韵律"。在对西方社会思想的分析观照中,同时亦表现了作者对西方文化精神的独特领悟。

　　本书视野开阔,内容丰富,结构紧凑,议论深透;将哲理反思、历史考究与社会分析融为一体。一卷在手,西方两千五百年社会思想的历史发展过程及其深层的文化精神尽收眼底。

目 录

第一章　绪论	1
1.1　为什么要研究社会思想史	1
1.2　社会思想史研究什么	5
1.3　怎样研究社会思想史	11
第二章　古希腊罗马时期社会思想	16
2.1　智者学派:社会分析的最初尝试	16
2.2　苏格拉底:知识即美德	23
2.3　柏拉图:理想国	24
2.4　亚里士多德:"人是政治的动物"	28
2.5　城邦制度的背景与城邦社会学的视野	33
2.6　斯多葛主义:大一统世界的社会思想	35
2.7　罗马斯多葛主义的社会思想	38
第三章　中世纪基督教社会思想	41
3.1　奥古斯丁:天上之城与地上之城	41
3.2　托马斯·阿奎那:天恩与人性	48
第四章　文艺复兴时期社会思想	56
4.1　文艺复兴的社会历史背景	56
4.2　马基雅维里:政治与道德相脱离	60
4.3　莫尔:乌托邦	62
4.4　宗教改革	63
第五章　17世纪社会思想:近代自然法	67
5.1　近代自然法:历史遗产与时代特征	67
5.2　自然法学说的人性观	71
5.3　自然状态	72
5.4　社会契约论	75
第六章　18世纪法国启蒙运动社会思想	78
6.1　启蒙运动	78

6.2 孟德斯鸠:超越古典自然法 …… 82
6.3 卢梭:自然与社会 …… 86
6.4 法国唯物主义 …… 94

第七章 18世纪苏格兰学派社会思想 …… 97
7.1 苏格兰启蒙运动 …… 97
7.2 休谟:人性的科学 …… 98
7.3 亚当·斯密:"看不见的手" …… 101
7.4 社会变迁和社会结构理论 …… 106

第八章 德国古典唯心主义的社会思想 …… 108
8.1 康德:自由与必然的辩证法 …… 109
8.2 黑格尔:市民社会 …… 113

第九章 19世纪初期社会思潮 …… 122
9.1 保守主义 …… 122
9.2 自由主义 …… 127
9.3 空想社会主义 …… 130

第十章 19世纪实证主义社会学 …… 138
10.1 实证主义及其来龙去脉 …… 138
10.2 孔德:实证科学 …… 140
10.3 斯图亚特·穆勒:实证主义唯名论 …… 146
10.4 斯宾塞:进化论社会学 …… 150

第十一章 19世纪末20世纪初法国社会学主义 …… 161
11.1 社会学主义 …… 161
11.2 涂尔干 …… 163
11.3 社会学学派 …… 179

第十二章 19世纪末20世纪初德国历史主义与人文主义社会学 …… 185
12.1 世纪之交社会学的转折:对实证主义的批判 …… 185
12.2 狄尔泰:"历史认识上的康德" …… 187
12.3 李凯尔特:历史科学的方法论与价值论 …… 192
12.4 滕尼斯:Gemeinschaft und Gesellschaft …… 197
12.5 齐美尔:形式社会学 …… 202
12.6 马克斯·韦伯:理解社会学 …… 210

第十三章 20世纪美国互动理论 ··· 236
    13.1 实用主义与互动理论 ··· 236
    13.2 詹姆斯：多元的自我 ··· 238
    13.3 杜威：调适与互动的社会心理学 ··· 240
    13.4 库利："镜中自我" ··· 242
    13.5 托马斯："情境定义" ··· 246
    13.6 米德：自我与社会的相互作用 ··· 250
    13.7 符号互动论 ··· 256
    13.8 戈夫曼：拟剧论（Dramaturgical Theory） ··· 263

第十四章 20世纪美国功能理论 ··· 268
    14.1 功能方法的历史源流 ··· 268
    14.2 功能方法的基本观念 ··· 270
    14.3 帕森斯：结构功能主义 ··· 272
    14.4 默顿：社会学功能分析范式 ··· 285
    14.5 对功能主义的批评 ··· 287

第十五章 20世纪社会冲突理论 ··· 291
    15.1 冲突思想的历史渊源 ··· 291
    15.2 冲突理论的基本假设 ··· 295
    15.3 米尔斯：权力精英与无人身操纵 ··· 296
    15.4 科塞：冲突功能论 ··· 299
    15.5 科林斯：冲突与互动仪式 ··· 301
    15.6 达伦道夫：权威关系 ··· 304

第十六章 20世纪交换理论 ··· 309
    16.1 交换学说的理论背景 ··· 309
    16.2 霍曼斯：社会交换论 ··· 316
    16.3 布劳：从交换论到结构论 ··· 326
    16.4 科尔曼：理性选择：从微观行动到宏观结构 ··· 331

第十七章 20世纪现象学社会学 ··· 335
    17.1 舒茨：日常生活的社会学 ··· 336
    17.2 彼特·伯格和卢克曼：《现实的社会建构》 ··· 343
    17.3 常人方法学 ··· 346

第十八章 批判的社会学 ………………………………………… 355
18.1 批判的社会学的宗旨和诉求 ……………………………… 355
18.2 法兰克福学派的历史兴衰与思想资源 …………………… 357
18.3 霍克海默和阿多诺:启蒙辩证法 ………………………… 359
18.4 哈贝马斯:交往行为与生活世界 ………………………… 366

第十九章 20世纪晚期的西方社会理论 …………………………… 383
19.1 吉登斯:结构化理论 ……………………………………… 386
19.2 福柯:知识与权力 ………………………………………… 392
19.3 布东:社会学中方法论的个人主义传统 ………………… 408
19.4 布迪厄:实践理论与反思社会学 ………………………… 413

后记 ……………………………………………………………………… 438

第一章
绪 论

1.1 为什么要研究社会思想史

黑格尔(G. W. Friedrich Hegel,1770—1831)在其《哲学史讲演录》的导言中,阐述了研究哲学史的理由:

> 思想的活动,最初表现为历史的事实、过去的东西,并且好像是在我们的现实之外。但事实上,我们之所以是我们,乃是由于我们有历史,或者说得更确切些,正如在思想史的领域里,过去的东西只是一方面,所以构成我们现在的、那个有共同性和永久性的成分,与我们的历史性也是不可分离地结合着的。我们在现世界所具有的自觉的理性,并不是一下子得来的,也不只是从现在的基础上生长起来的,而是本质上原就具有的一种遗产,确切地说,乃是一种工作的成果——人类所有过去各时代工作的成果。一如外在生活的技术、技巧与发明的积累,社会团结和政治生活的组织与习惯,乃是思想、发明、需要、困难、不幸、聪明、意志的成果,和过去历史上走在我们前面的先驱者所创获的成果,所以同样在科学里,特别在哲学里,我们必须感谢过去的传统,这传统有如赫尔德所说,通过一切变化的因而过去了的东西,结成一条神圣的链子,把前代的创获给我们保存下来,并传给我们。……这种传统并不是一尊不动的石像,而是生命洋溢的,犹如一道洪流,离开它的源头愈远,它就膨胀得愈大。[1]

黑格尔由此提出一个著名的观点,即哲学史并非外在于哲学,"哲学史的本身就是科学的,因而本质上就是哲学这门科学"[2]。

奥裔美国经济学家熊彼特(J. A. Schumpeter,1883—1950)在《经济分析史》第一卷的导论中则从教学的角度解释了研究思想史的必要性:

> 除非最近的论著本身反映出最起码的历史面貌,否则不管它怎样正确,

---

[1] 黑格尔:《哲学史讲演录》第1卷,第7—8页,商务印书馆,北京,1981年。
[2] 同上书,第12页。

怎样有创见，怎样严密或者优雅动听，都不能阻止学生产生一种**缺乏方向与意义**的感觉。①

黑格尔和熊彼特的上述观点，具有一般的方法论意义，而非仅仅适用于哲学或经济学等特定学科。正如熊彼特所解释的那样，不管哪个学术领域，任何时期存在的问题和使用的方法都包含过去在完全不同的条件工作的成就，而且仍然带有当时留下的创痕。当前的问题和方法都是对以前的问题与方法作出的尝试性的反应。如果不知道以前的问题和方法，那么对现在的问题和方法的意义与正确性就不能充分加以掌握。科学分析是与我们自己和我们前辈人头脑里创造的东西的一种持续的对话。任何特定时间的任何科学状况都隐含它过去的历史背景，如果不把这个隐含的历史明摆出来，就不能圆满地表述这种科学的状况。

与自然科学相比，学科思想史的研究对于社会科学似更显重要。自然科学知识具有明显的累积的和进步的性质，对一个学物理的学生来说，真正的科学典范是牛顿力学、爱因斯坦相对论、量子力学等，而不是亚里士多德（Aristotle，前384—前322）的"物理学"，因此，自然科学研究者的兴趣总是优先集中在各门学科的最新发展上。社会科学的历史不是按在时间中进步的序列发展的，而且很难以自然科学的进步标准对之进行处理。在这点上，社会思想的历史地位更相似于哲学、艺术、文学与宗教等学科。差不多每一种现代的方法都有其古远的历史起源。柏拉图（Plato，前427—前347）把政治社会视为一个功能互补的有机体，这样一种真正的社会学的思考方式仍对今天的功能方法具有启发意义；现代一般系统论的创立者 L·V·贝塔朗菲（L. V. Bertalanffy，1901—1971）称赞亚里士多德的世界观及其固有的整体论和目的论的观点就是宇宙的系统秩序的一种表达方式。"亚里士多德的论点'整体大于它的各部分的总和'是基本的系统问题的一种表述，至今仍然正确……基本的系统问题至今尚未过时"。亚氏之被尊奉为现代系统理论的伟大先驱，确有学理脉络上的根据。而汉娜·阿伦特（Hannah Arendt，1906—1975)更从亚氏"人是政治的动物"的命题中，发掘出"公共领域"与"私人领域"划分的最早起源②。我们的头脑很容易从社会学史的研究中得到新的灵感，有些人比别人得到的多一些，但完全得不到裨益的大概很少。"一个人如果从他自己时代的著作站后一步，看一看过去思想的层峦叠嶂而不感受到自己视野的扩大，那么这个人的头脑肯定是十分迟钝的。"③我们不能不读前辈思想家的著作，不能不

---

① 熊彼特：《经济分析史》第 1 卷，第 17 页，商务印书馆，北京，1991 年。
② 参汉娜·阿伦特：《公共领域与私人领域》，见汪晖等主编：《文化与公共性》，三联书店，北京，1998 年。
③ 熊彼特：《经济分析史》第 1 卷，第 17 页。

吸纳巨人的气息。如果我们对社会学的遗产一无所知或知之甚少,恐怕很难有大的作为。我们的视野和思想深度必然受到限制;我们会犯本可以避免的或低级的错误;我们会忽视最吸引社会研究者注意的问题,而这些问题很可能是社会生活中最有意义的问题;我们自以为是的新观点也许早已为前人所提出。中外许多学者早就认识到,"超过康德(Immanuel Kant,1724—1804)可能有新哲学,掠过康德,只能有坏哲学"①,这一洞见也是研究社会思想史的主要理由。

对于任何一门思想史,我们所能提出的最高要求是它能向我们展示气象万千的人类思维方法。研究社会思想史可以训练社会学家学会理解、欣赏和公正评价与己不同的各种思维取径。过去的著作为我们保留了各种看问题的方法。前人依据这些方法看待各种社会事实,从而开阔了我们的历史视野和社会学视野。与过去时代的思潮的代表人物的对话,有助于培养多元开放的胸襟,发展理性的怀疑精神,戒除囿于一己的偏见。

一个易被忽视却相当重要的事实是,社会思想的题材自始便不是一成不变的,其本身就构成一种独特的历史过程,不同的时代背景和历史境遇造成了多少不同的社会事实与问题,从而形成多少不同的社会分析的兴趣和思路,仅此事实就足以使我们加倍注意社会思想的历史。让我们对这一点稍加说明。在古希腊,城邦制度及生活就是希腊人所能感受和想象的整个世界,故其社会学的视野也以城邦的城垣为界。希腊社会思想的主题关乎作为一种历史文化基本单位的城邦共同体;关乎城邦政治生活社会生活的善的问题(政治学)与城邦公民的个人行为的善的问题(伦理学),希腊社会学因此可恰当地被称为城邦社会学。而在希腊化与罗马时期,地中海世界的大帝国将城邦制度无情地逐入历史的后台,社会学的旨趣亦为之一变。世界公民的观念、人类的观念取代了城邦公民的观念,世界主义的理想取代了城邦主义的理想。进入中世纪,在世俗社会组织之外,出现了依共同的信仰组织起来的信念共同体——教会。在基督教思想家眼里,一切其他的社会组织或关系都失去了重要性,只有信念共同体才是最完美的团体;"拯救"被视为人生和社会最重要的事业。这样,中古思想较之古典思想又有一重要变化:人与社会的关系问题被人与上帝的关系问题所代替;在时空中产生和消亡的东西,只有纳入人与上帝的关系的架构和短暂的尘世与永恒的来世的概念结构中才能获得真正的意义。直至近代两大革命(资产阶级革命和产业革命)中诞生的资本主义社会和工业社会,则是一个彻底世俗化的和日趋技术化的社会,这样,人

---

① 参郑昕:《康德学述》,第1页,商务印书馆,北京,1984年;约翰·华特生在其广受赞誉的《康德哲学原著选读》(商务印书馆,北京,1987年)的序言中强调,只有通过康德才能从旧哲学转向新哲学。

与社会的关系问题重新获得了世俗的和经验的性质而被置于社会分析的中心,但其题材和旨趣也与先前极为不同。工业社会是以国家(政治共同体)与市民社会(经济的与社会的共同体)分离为基础的新的社会组织形式。一方面,"社会从前工业的、高度集权的系统向着分权的、复杂的工业系统发展,其特点是各种独立的组织的增长,它使不同社会集团和社群能够根据同其他人的关系确定和表达自己的特殊利益,扩大了作为一个整体的社会"①;另一方面,随着社会分工、专业化的发展与科层制集权的加剧,导致了一种更有组织和更加集中的国家,这样,分权的市民社会与集权的国家的矛盾及调适的关系,就成为现代社会学关心的重点,从中发展出社会流动、社会分层、交往、角色扮演、民主化、理性化、现代化、异化等概念和主题。而这种社会与国家相分离的现代主题是古希腊人所根本不知道的,因为希腊的城邦是一个包含了生活共同体(自足的经济单位)、政治共同体与道德共同体在内的广涵的社会共同体。今天,西方社会是否进入"后工业社会"、"后现代社会",则是一个争讼纷纭的问题,但以工业化、城市化、高技术、民族国家为主要标志的现代性是否如它承诺的那样将人类从愚昧和非理性状态中解放出来,在经历了两次世界大战、无数次地区战争、集中营、种族隔离和种族灭绝、世界范围的经济萧条和金融危机、日益扩大的贫富差距等事实后,已无法遏止人们的疑虑。质疑有关现代性的道德主张、传统规范、中性程序和客观法则的后现代的社会理论便是在这样的背景下勃然而兴的②。今天,更有人要求以地球为参照点,发展一种可名之为"全球社会学"的视野,以全球性(globality)来取代现代性(modernity),有学者概括出能使我们超越现代性种种假设的五方面的原因:由全部人类活动造成的全球性的环境后果;由具有全球性破坏性武器导致的安全感的丧失;通信系统的全球性;全球性经济显著现象的涌现;以及全球主义的反省性③。

  以上简要的历史回顾表明,只有把社会思想当作一种历史学的题材,注意其与时代兴趣、社会背景及当代生活的互动关系,才有可能把握社会分析的旨趣、思路、特点及实质。西方社会经历了城邦制度、世界帝国、基督教信念团契制度、工业社会组织等发展过程,并且正在经历信息技术和经济全球化导致的最新的社会变迁,相应的就有城邦社会学、世界主义社会学、基督教会社会学、工业社会社会学及各式各样的"后学"。社会思想是关于社会过程的系统化的观念,是川流不息

---

① 斯温杰伍德(Alan Swingewood):《社会学思想简史》,第341页,社会科学文献出版社,北京,1988年。
② 参波林·罗斯诺(Pauline Marie Rosenau):《后现代主义与社会科学》,第1章,上海译文出版社,1998年。
③ 参马丁·阿尔布劳(Martin Albrow):《全球时代:超越现代性之外的国家和社会》,第9页,商务印书馆,北京,2001年。

的社会生活的理论反映,但其本身也是社会过程和社会生活的一部分,除非这些观念得到社会学的处理,否则,人类文化的一个重要方面就会遗漏在社会学分析的领域之外。"获取有关一个社会的社会认识的知识,意味着同时便获得关于那个社会本身的知识。"①

1.2 社会思想史研究什么

这是一个有关学科论域界定的问题,它并不像初看之下那么简单。我们可以从社会学的对象问题入手来考察社会学思想史的对象问题,不管社会学家把什么确定为社会学的对象,社会学史总是以曾在历史中流行过的或正在流行的各种社会学说为其对象,故其对象应当是由对被定义为社会学之对象的研究所产生的知识系统所构成的。

美国社会学家英克尔斯(Alex Inkeles)在他的《社会学是什么?》一书的开头,提出了确定社会学研究内容的三条可能途径。第一条是历史的途径,即力求通过对经典的社会学著作的研究,寻求社会学作为一门知识学科最为关心和感兴趣的是什么。简言之,我们是问:"创始人说了些什么?"②采用这一途径,我们自然会从孔德(Auguste Comte,1798—1857)开始,考察那些被公认是社会学的创始人的思想,从而我们知道了诸如"社会静力学"、"社会动力学"、"社会有机体"、"社会事实"、"社会结构"、"社会行动"等社会学的概念和主题。这条途径并非没有麻烦,在把谁视为社会学的创始人的问题上向来是有争议的。美国社会学家科塞(Lewis A. Coser,1913—2003)的社会学史名著《社会学思想名家》是从19世纪的孔德开始的,而另一部同样声誉卓著的社会学史著作、法国社会学家阿隆(Raymond Aron,1905—1983)写的《社会学主要思潮》则将近代社会学的创始人上推至18世纪的孟德斯鸠(Charles L. Montesquieu,1689—1755)。英克尔斯知道要说清楚社会学的传统是不容易的,他相信只有四个人,即孔德、斯宾塞(Herbert Spencer,1820—1903)、涂尔干(Emile Durkheim,1858—1917)和马克斯·韦伯(Max Weber,1864—1920),是社会学界的每个人,无论其专长、倾向和偏好是什么,都能接受的现代社会学发展过程中的中心人物。上述四人的确对社会学这门知识学科

---

① Jerzy Szacki:*History of Sociological Thought*, Westport, CT: Greenwood Press, 1979, p. xiii.
② 英克尔斯:《社会学是什么?》,第3页,中国社会科学出版社,北京,1981年。

的构想施加了强大的个人影响,且不说在这份名单上漏掉马克思是何等轻率的错误①,我们的分析若仅仅局限在为数甚少的几个公认的社会学的中心人物的著作上,就会遗漏影响社会学发展的另一些重要人物、情节和过程。我们知道,在孔德宣布用"社会学"一词命名一门知识学科之前,明确的社会分析意图就已体现在维科(Giambattista Vico,1668—1744)的文化史著作、亚当·斯密(Adam Smith,1723—1790)的经济学著作、孟德斯鸠的法学著作、卢梭(Jean Jacques Rousseau,1712—1778)的政治学著作、康德的哲学著作及其他许多作者的不同主旨的著作中,现代社会学的传统最初正是起源于这些著作的,尽管把他们中的任何一人确定为社会学的创始人都不免引起争议。因此,为使历史的途径真正富有成果,具有理念的深度、时代的容量及历史的敏感,我们不能限定社会学史于"公认的创始人"或"标准的社会学家"的著作范围内,而应超越这类关于学科发明权的学究式争论,把那些给予社会思想发展以重要影响的人物、情节及过程都纳入我们的视野中。

  英克尔斯说的第二条途径是经验主义的途径,即研究现代的社会学著作,以期发现这门学科最关心的是些什么问题。换句话说,就是我们问:"当代社会学家在做些什么?"②这里所说的方法可称之为"问题线索",社会学史家可以研究社会问题的发展,且主要是当代社会学家仍视为社会学焦点的那些问题。循此线索,我们发现社会学家在社会思想史上将不再享有任何特殊地位,人们甚至可以设想孔德是社会学的边缘性人物,因为正如英克尔斯所指出的那样,从孔德那里得不到有关社会学的任何论题;令当代社会学家着迷的许多问题也很少有孔德思想的印痕。这样,社会学史应研究所有研究了或正在研究具有现代意义的社会学问题的思想家,不论他们的正式身份是什么:法学家、历史学家、经济学家、哲学家或任何其他学科的学者;也不论他们本人对社会学这门知识学科采取何种态度。以问题为取径,一向被排斥在社会学主流之外的狄尔泰(Wilhelm Dilthey,1833—1911)、弗洛伊德(Sigmund Freud,1856—1939)、福柯(Michel Foucault,1926—1984)等人将合法地进入社会学史家的视线内,这有助于摈弃门户之见,开阔学术胸襟;而"问题线索"也能使研究者习惯于思考社会学问题的历史源流、学理脉络,有助于磨砺敏锐的历史感。

  与"历史途径"一样,"问题途径"也有其难题。第一,把有意义的社会学问题

---

① 无论韦伯本人,还是后来的吉登斯(Anthony Giddens)和哈贝马斯(Jürgen Habermas)等,都将马克思视为社会学头等重要的传统之一。
② 英克尔斯:《社会学是什么?》,第2页。

限定在为当代社会学家感兴趣的范围内,势必将许多有历史意义的社会学问题排除在社会思想史的视野之外,而历史意义的探究正是思想史的首要关怀和兴趣。第二,问题的关键还在于,社会学家们对于有意义的、真正的社会学问题是什么,从未达到过一致意见。社会行为主义依据动物行为的条件作用原理解释人类的行为,故把刺激—反应与奖惩驱动的行为机制视为社会世界的核心问题;符号互动论则反对这种将人类行为等同于动物行为的自然主义,它更关心行为者对刺激的解释,以及依据这种解释所赋予意义的行为,简言之,核心的问题是以符号为中介的行动者的互动。结构功能主义将社会视为一个功能互补的有机体,故真正有意义的问题是社会整合;然而,冲突论看到的却是世事纷纭的对抗与分裂,它批评功能主义歪曲了社会现实,现实是社会分成地位不等的阶级、等级,分成有权有势者和无权无势者,因此各种社会冲突才是基本的社会事实。原子主义把个人看成终极的实在,社会是个体的集合,并不存在超越个人的社会,因此,真正的社会学问题无非是心理学问题;社会学主义则根本不把个体心理当作社会学的问题,因为它认为社会是自成一类的独立实在,绝不能还原为心理现象。各个学派的观点如此分歧,又遑论确定共同的问题范围?美国科学哲学家库恩(Thomas S. Kuhn,1922—1996)的范式理论认为,任何学科,只有在形成了为一学科共同体成员所共有的信念、价值、技术手段的范式后才成为一门"常规科学"。按此标准,社会学似尚未成为一门常规科学,它的基础还有待构建。但这样的"常规科学"对当代释义性传统的社会理论是否还有足够的吸引力却又是十分可疑的[1]。

英克尔斯建议的第三条途径是分析的途径,采用这一途径,我们是在问:"理性的指示是什么?"熊彼特《经济分析史》一书堪称"分析取径"的典范,他这样定义分析史:"所谓经济分析史,我是指人类为了认识经济现象在心智方面所作的努力的历史;换句话说,也就是经济思想中带有分析性或科学性这个方面的历史。"[2]

社会分析史无疑是社会思想史的重要方面,我们总是热衷于把具有明确的和隐含的社会分析意图的思想、方法从社会学的或非社会学的著作中析解出来,按其学理脉络予以逻辑化,揭示分析工具的精进和思想的历史律动;分析取径简明快捷,直探思想的精髓,是最具思辨性的进路。如社会心理学传统的"自我"概念,往前可追溯至库利(Charles Horton Cooley, 1864—1929)的"镜中自我",中经米德(George Herbert Mead, 1863—1931)"主我—宾我",下接布鲁默(Herbert Blumer, 1900—1987)的"互动的自我",勾勒出互动论的人性图景:自我既非只是被动

---

[1] See Anthony Giddens: *In Defence of Sociology*, Cambridge: Polity Press, 1996, p. 66.
[2] 熊彼特:《经济分析史》第1卷,第15页。

接受环境刺激的一生物组织,也非一装备了全部性情和禀赋的心理组织,而是一个在与他人的有意义的互动中成长的社会组织①。但"分析取径"也会遇到"问题取径"遇到的同样问题:选择标准的主观性、党派性问题,即研究者必定是依据自己的分析范式和标准来析解和评价社会思想的分析性内容的。此外,采用分析途径,研究者感兴趣的将不再是所有重要的社会思想和社会学问题,而只是那些符合其社会学范式的分析观点和方法论。熊彼特自觉地将经济思想的社会成因之类问题排除在经济分析史的范围之外,坚持经济分析与经济思想的区别。按熊彼特的方法,社会分析史也将排除掉大量有意义的社会学问题。

以上的讨论表明,合理地确定社会思想史的范围并不是一件容易的事。我们可以经由不同路径切入。以"经典传统"为取径,我们可以说社会学起源于 19 世纪至 20 世纪初期一些欧陆思想家的著作,因为社会学的传统是从这些著作开始形成的。而以"问题线索"为取径,则可以断言社会学"古已有之",因为任何时代都会提出研究社会问题的要求,事实上,在"社会学"这个词出现以前很久,人们对道德、宗教、法律、家庭、社区、国家、社会已有范畴,因为这些范畴是其生活的必要条件。若以"科学分析"为取径,未尝不能说社会学尚不存在,因为社会知识并不具备如同自然知识所具有的那种成熟可靠的方法。上述每一种角度都既有所洞悉,又有所缺遗,因为任何一种角度都只能观照世界的一个方面。因此我们十分需要提倡一种"整全的多重远近观"(holistic multi-perspectivism),它要求研究者"始终能够站在'中道'立场,从各种高低不同的角度设法如实知见诸法实相,而尽量避免任何偏约化的过失"②。我们尽可以对社会思想史这项研究自由地选取角度或命名,或"社会学思想名家"(科塞的角度),或"社会学的中心问题"(吉登斯的架构),或"社会分析史"(熊彼特《经济分析史》的写法),或"知识考古学"与"权力谱系学"(福柯的知识/权力的视角),但我们应清楚各种角度的适用范围,并且不在各种角度间强分高下。本书赞赏全面性的多元透视观,故合理的选择是兼容各种不同的取径和视角,使之互补和融通,以便涵盖社会思想历史的丰富多样的层面和向度。这也大体确定了本书的范围,既不宽泛无边,又不作茧自缚,力求从社会思想与文化精神、社会制度、历史环境及时代兴趣的多重关系上把握本书的题材。据此,我们可以将西方社会思想史分成以下几个阶段。

(1) 第一阶段:古代及中古社会思想　智者学派从一个整全的宇宙秩序中划

---

① See Herbert Blumer: *Symbolic Interactionism*: *Perspective and Method*, Englewood Cliffs, NJ: Prentice-Hall, Inc., 1969, Chapter 1.
② 傅伟勋:《从西方哲学到禅佛教》,第 352—353 页,三联书店,北京,1989 年。

分出一个人类自身活动创造的社会秩序的领域，标志着社会分析的开端。古希腊人使社会秩序问题具有了经验的、独立的性质，并在城邦社会学的架构内表现了西方社会科学的最初自觉和洞见。地中海世界大一统政治的伟大规模使古代希腊化罗马时期的社会思想突破希腊社会学的城邦狭隘性，促成人类平等、四海一家、世界主义的理念；而古代世界后期的堕落、苦难、混乱与衰败，则使当时思想日益疏离社会世界而折向个体生存处境的意义探求及终极关怀，折向拯救与解脱之道，这就为人心普遍接受基督教准备了条件。基督教哲学主导了中古欧洲的学术旨趣及思想路线，经验知识不仅遭到鄙视，还从属于神学而丧失其独立的价值；政治学与神学之间始终存在着一种紧张关系，这种紧张正是构成中古社会政治发展主线的俗权与教权之争的反映，并随二者的此消彼长或加剧或缓和；圣奥古斯丁(St. Augustine, 354—430)的"地上之城"与"天上之城"的对立之说代表了前者，托马斯·阿奎那(Thomas Aquinas, 1225?—1274)的"天恩不夺走人性，人性也不夺走天恩"的学说代表了后者，神学与政治学的这种和解透露了中古后期教会与封建制度趋于一体化的信息。

(2) 第二阶段：近代社会哲学　古希腊人未能区分国家与社会，是因为城邦的政治生活与社会生活融为一体；基督教思想家未能区分国家与社会，是因为"君权神授说"使这种区分的问题无由产生。当市民社会在封建制度内部孕育而成并与封建国家之间的对抗日益加剧时，区分自主的(市民)社会与派生的(政治)国家的思想就被明确提了出来，社会学因此始有独立发展的自觉和动力，并在当时人文知识的各个领域里都表现出社会分析的意图和成果。这时期大多数思想家还是从个人主义的人性论演绎社会政治理念，仍然属于社会哲学的范畴。社会思想发展的第二阶段从16世纪至18世纪，它包括文艺复兴、古典自然法和启蒙运动。

(3) 第三阶段：古典社会传统　将社会学建成一门以科学为楷模的独立的知识学科的努力，在孔德、斯宾塞、涂尔干、马克斯·韦伯等人的著作中达到了顶点。他们致力于确定社会学在人类知识系统中的位置，以及社会学的性质、对象、任务和方法；他们构造了宏大的社会理论体系，开创了社会学的实证研究，并以其卓越的成果为社会学家们提供了社会分析和社会研究的方法论示范。"他们前后一共度过了整个19世纪和20世纪初期，现代社会学就是在这期间形成的。他们代表了几个主要的国家——法国、英国和德国，社会学最初就是从那里盛行起来的，现代传统是从那里开始的。"[①] 第三阶段被正确地称为社会学的古典时代，它包括第一代的实证主义社会学和德国人文主义社会学。

---

① 英克尔斯：《社会学是什么？》，第4页。

(4) 第四阶段:当代社会理论　马克斯·韦伯以后,社会学进入了当代发展的阶段。一方面,社会学仍深受欧洲伟大传统的影响,继续着诸如社会阶级、社会分层、文化冲突、经济制度、社会变迁等宏观社会学问题的研究。另一方面,社会学理论的中心逐渐从欧陆移至美国,欧洲思想与美国本土的哲学相结合,遂产生美国传统的社会学:社会心理学取向的互动理论,20 世纪 30 年代是芝加哥学派的鼎盛期。40 年代结构功能主义勃然兴起,重新回到了或确切地说综合了欧洲各主要学派的传统,并力图扭转美国实用主义社会学的经验主义的方向。功能分析的道路,从 40 年代中期到 60 年代初期一直主导着美国社会学理论的发展方向;而这一时期的美国社会学又在某种程度上了主宰了西方世界的社会学(吉登斯语)。随着功能理论的衰退而起的是各种反主流的社会学理论:交换论、冲突论、民俗方法论、西方马克思主义传统的批判理论等。它们互相辩驳,竞短争长,都在谋求一种一般社会学理论的地位,但在帕森斯(Talcott Parsons,1902—1979)以后,美国不再有一种主导的或占统治地位的社会理论了。走向多元分化的新格局乃是当代社会理论发展的趋势。但也须注意的是,尽管各种传统的新一代理论都十分活跃,美国实用主义传统仍保持其强大的影响力,故实证的社会研究一向为美国社会学所倚重。与理论社会学"诸侯割据、群龙无首"的局面相对比,经验社会学似乎从不想放弃一个多世纪前孔德所提出的目标:一门有着与自然科学一样严格可靠的方法的统一的实证的社会科学。但在 20 世纪结束时,实现孔德目标的希望似乎比孔德时代更加渺茫。"城头变幻大王旗",20 世纪 70 年代以来最重要的发展是社会理论的大局面已从美国转回到欧陆,新的论题和话语在福柯、吉登斯、哈贝马斯、布迪厄(Pierre Bourdieu,1930—2002)的著作中汲取灵感。从学院制度中成长起来的当代法国社会学家却不像其美国同行那样推崇学院,其理想也非美国学者最重视的学科规范和专业化精神,而是怀抱天下、介入当代社会发展潮流的公共知识分子的理想。公众期待于知识分子的也即在于他们对民族文化所作的贡献。法国的社会学研究因此就与时代的道德和政治状况发生更紧密的联系,它在获得战后美国社会学那样的影响力的同时,更成功地将其影响播及学院外的广大公众。20 世纪后半期的另一个重大发展是各种以"后"字标榜的理论运动。它对现代人熟悉和珍视的制度、价值和事物都采取了诘难和颠覆的态度,而乐于把向为人们所忽视的、遗忘的事物,非理性的、无意义的、被压抑的、怪诞的、边缘的、例外的、脆弱的、碎片的、被放逐的和被分离瓦解的事物确定为他们关注的焦点[①]。哈贝马斯曾认为现代性是一个未完成的规划;就其试图消解和超越现代性的目的

---

① 参波林·罗斯诺(Pauline Marie Rosenau):《后现代主义与社会科学》,第 8 页。

言,"后现代"也是一个未完成的规划。

一部从公元前5世纪的智者写到21世纪的布迪厄的社会思想史之作,的确容易写成如斯温杰伍德所担心的"大人物的推销单"。为了避免这种流弊,本书在章节结构、体例方面作了一些新的尝试。全书以社会历史的重大时代(如伯里克利时代、经院哲学时代、文艺复兴、启蒙运动、法国大革命、产业革命、"后工业和后现代"等)与社会思想的主要潮流及学派(如城邦社会学、自然法思想、苏格兰学派、实证主义、德国历史主义社会学、美国主流社会学、后现代理论等)为经纬组织章节篇目。所有入选的思想家,待讨论的概念、理论、方法与问题,均放在时代的框架内和学派的脉络中加以处理并获得其地位与意义。同时力求学理的分析紧扣社会思潮的主流而具有思想的理趣;史实的叙述呼应社会进程的律动而具有历史的节奏感。

1.3 怎样研究社会思想史

社会思想史研究的是各种曾经流行过的或正在流行的重要的社会学说,研究者首先遇到的方法问题是如何准确地释读、理解各种载有这些学说的历代的或当代的文献或文本。解释学问题涉及一系列的技术手段,它本身早就发展成为一门专门的学问,中国的"小学"便是一例。与"究天人之际、通古今之变"的"义理之学""大学"不同,"小学"是专治文字考证、章句训诂、版本校勘等方面的知识的。现代的解释学方法更是发展为一种包括考据功夫、传记研究、语言解析、思想史的比较研究等多种分析手段在内的高层次的研究方法。傅伟勋先生提出的"创造的解释学"可为例示。创造的解释学共分五个辩证的步骤或程序。(1)原谓,即"原作者(或原思想家)实际上说了什么?"解释学家首先必须兼为考据家,培养起码的考证、版本等方面的功力。(2)意谓,即"原作者真正意谓什么?"在这一层次,解释学家要从事于传记研究、语言解析、论理贯穿、意涵彰显等工作,设法消解原有思想在表面上的矛盾,力图彰显原有文句所可能含藏着的丰富意涵。但仅靠这种孤立的解释,还不见得能够完全寻出原有思想在那时代里所显示的独特理路,以及依它所能导致或推演出来的新理路、新线索。解释学家已到了"了解原思想家,必试图超越他"的阶段。(3)蕴谓,即"原作者可能说什么?"譬如"老子可能说什么",通过庄子可以得到一个适当的答案,通过王弼、僧肇、河上公、憨山大师等更可以获取其他种种线索。解释学家在这里需要有严格的哲学史训练。(4)当谓,即"原作者本来应该说什么?"真要了解思想家,一定要问:假定原思想家今天还活着,他会依然固执己说吗?或者他会愿意修正或扬弃他说过的话吗?困难在于,原作者已不在世,只有解释学家设法代表原作者回答了。由是,解释学家不得不摇身一变,而为开创性的新思想家。故进入(5),即在最高层次自问:"作为创造的解释学家,我应该说什么?"这里已变成新思想家的解释学家已不能代表原思想家说出原思想家本来应该说出的话;他已到了经由批判的继承开创新理路、新方法的地步①。

上述解释学方法不仅旨在正确理解原思想家或原文本的"实谓"和"意谓",更在于提出深入发掘其"蕴谓"和"当谓"的任务,它的分析手段、思路及学术胸襟、抱负均属卓越非凡;但这种方法仍然有其适用范围的限定问题。解释学关心的主要是思想或文本意义诠释的方法、程序及问题,它并不提出诸如"思想的社会成因、性质及作用"、"思想与实在的关系"、"评判思想的价值及真理性的标准"这样一些问题,或确切地说,不以解答这些问题为其任务,因为这些问题实已非解释学层面的问题,而是涉及世界观、认识论、价值论和规范论的问题了,而它们正是思想史的主要兴趣之所在。不仅如此,解决这些问题的方法和思路,必定影响到解释学层面的问题。简言之,要理解原思想家,不但要有正确的解释学方法,还需超越解释学问题,在认识论和价值论问题的层面求取正确的方法。

马克思主义的唯物史观为社会思想史的研究提供了科学的世界观和方法论。马克思在1859年的《政治经济学批判》序言中经典地阐述了唯物史观:

> 人们在自己生活的社会生产中发生一定的、必然的、不以他们的意志为转移的关系,即同他们的物质生产力的一定发展阶段相适合的生产关系。这些关系的总和构成社会的经济结构,即有法律的和政治的上层建筑竖立其上并有一定的社会意识形态与之相适应的现实基础。物质生活的生产方式制约着整个社会生活、政治生活和精神生活的过程。不是人们的意识决定人们的存在,相反,是人们的社会存在决定人们的意识。②

唯物史观教导我们,社会思想,如同任何其他形式的观念一样,并不是历史过程的主要动力,它们只不过是更为根本性的因素的"上层建筑"。它们本身不过是一定历史过程、社会生活环境在人们头脑中反映的产物,因此,对社会思想的分析不能仅仅停留在社会思想家提出的各种社会概念、理论的表面,而应当深入到更根本的社会制度、社会生活、社会关系和社会经济过程的层面。

社会意识是社会存在的反映,但这种反映绝不是不偏不倚的,而是受马克思所说的一种意识形态偏见作用的影响的。产生意识形态偏见的根本原因是人们在一定社会生产方式中所占有的地位和利益。社会思想家与普通人一样都生活

---

① 傅伟勋:《从西方哲学到禅佛教》,第51—52页。
② 《马克思恩格斯选集》第2卷,第82页,人民出版社,北京,1972年。

于一定的社会环境和社会关系中,都可归属于一定的阶级或阶层。这不是说思想家完全不能突破其家庭的、阶级的、自身的限制,思想史提供的反例并不少,而是说没有人能超越社会划分为利益分歧的阶级、等级、集团与人群的事实,因而没有人能完全超然于观点的、情感的、利益的及价值的党派性、倾向性、偏好性之上。思想家也不例外,他的情感、观点较之普通人的理应更强烈、更系统,因而能更集中地体现一定阶级、集团或人群的利益。在这里,重要的不是某一思想家代表哪一派的利益,而是思想家们的工作总会受一种利益取向作用的影响。这就决定了他们会看到某些事物而看不到另一些事物,而且总是以一定的角度去看的。问题还不止于此,环境因素、阶级利益及社会地位甚至还赋予观察者以一种下意识渴望看到某些事物和回避或歪曲某些事物。恩格斯精辟地指出:"意识形态是由所谓的思想家有意识地但是以虚假的意识完成的过程。推动他的真正的动力始终是他所不知道的,否则这就不是意识形态的过程了。"①这就是社会分析中的意识形态偏见问题。这样,人们描绘出或暗示出可能与事实严重不符的画面来。例如,近代自然法学者设想了一种所谓自然状态中的原子主义的个人,他们自以为这种个人是一种理想,它的存在是过去的事;在他们看来,这种个人不是历史的结果,而是历史的起点。因为,按照他们关于人类天性的看法,合乎自然的个人并不是从历史中产生的,而是由自然造成的。事实正相反,"这种18世纪的个人,一方面是封建社会形式解体的产物,另一方面是16世纪以来新兴生产力的产物",自然法学者的这种错觉"是到现在为止的每个新时代所具有的"②。在马克思看来,他那个时代大部分经济学不是别的,全都是工商资产阶级的意识形态。马克思还把意识形态偏见与阶级斗争联系起来考察,他写道:"阶级斗争在实践方面和理论方面采取了日益鲜明的和带有威胁性的形式。它敲响了科学的资产阶级经济学的丧钟。……不偏不倚的研究让位于豢养的文丐的争斗,公正无私的科学探讨让位于辩护士的坏心恶意。"③这就要求我们运用阶级分析的方法拨去意识形态的错觉,以阐明思想与实在的真实联系。

意识形态的分析方法提出了一个在社会思想史的研究中极为重要的原则:社会地位对于塑造思想家的思想是一个强有力的因素。这一思想已经成为现代社会学的永久财富。与德国社会学家曼海姆(Karl Mannheim,1893—1947)的名字联系在一起的"知识社会学"方法就是在受马克思意识形态理论的有力影响下形

---

① 《马克思恩格斯全集》第39卷,第94页。
② 《马克思恩格斯选集》第2卷,第86—87页。
③ 《马克思恩格斯全集》第23卷,第17页。

成的。知识社会学坚持个别思想家所表达的，不是个人的观点，而是某个集团或集体的观点，其著作表达外在的社会潮流，知识具有集体的性质，这是全部认识论的基本点。知识划分为不同的"思想风格"，它包括"资产阶级"、"无产阶级"和"保守主义"各种思想，也就是说，知识及思想风格是与一定的集团利益联系在一起的。因此，分析的任务，一是把思想产品同一定集团的社会结构联系起来，进行外在的历史环境分析；二是对思想产品的本身的内在统一性及其基本推动力进行内在的分析。

美国社会学家科塞所用的方法是一种全景式的社会学透视，他的《社会学思想名家》的每一章都包含了这样几个部分：学说、生平、学术背景和社会背景。他把知识社会学的思路与洞见贯穿于全书，将之与学说的、传记的及背景的分析熔为一炉，形成一种令人印象深刻的综合。正如美国社会学家默顿（Robert King Merton）所说的那样："《社会学思想名家》并不是那样一部社会学思想史：仿佛所有思想均来自孤立的头脑，与时代、地域、历史、社会和文化的限制与影响全不相干。可以肯定，科塞教授追溯了每种社会思想的主要形式的文化前提，而且在一定程度上也考虑了它们后来的命运。除了对各种思想的来龙去脉进行考察之外，他还从社会学自身的角度对这些思想的发展过程进行了分析和解释。他把每一位理论家的学说与其生活经历（既有社会方面又有心理方面）联系起来，与其事业的曲折成败联系起来，与其在社会结构中的地位联系起来。这样，无论是韦伯的思想、涂尔干的思想，还是库利的和帕累托的思想，在与他们各自的生平、经历、社会结构等具体背景联系起来的时候，科塞教授就扩大和加深了我们对他们思想的理解，同时不受其假说和评价的迷惑。"①

美国社会学家古尔德纳（Alvin. W. Gouldner,1920—1980）的"反省的社会学"也是在马克思主义的批判的社会分析方法的影响下发展起来的，它主张用社会学的方法对社会学这门学科本身进行批判性的社会学分析。"反省的社会学"认为任何社会理论都产生于一定的历史、社会、文化的背景中，都与政治和人有关，作为"人的种族"的成员，它们也有与其他成员同样的弱点、偏见和曲解。因此，社会学绝不可能是"价值中立"的，它也"绝不单纯是逻辑和经验例证的产物，而是社会学家的全部社会存在的产物。社会学家缺乏自我认识，是经院社会学的基本弱点"。"反省的社会学"主张根据社会—文化框架来对当代社会学理论进行分析，必须去了解那些占支配地位的学说，了解理论深层的假设，不论这些假设是明确提出的，还是暗含着的，或者是背景性的。用这种方法来分析现代功能主义，就不

---

① 参科塞：《社会学思想名家》，默顿写的序言，第3—4页，中国社会科学出版社，北京，1990年。

难理解该理论保守一面的由来。随着现代福利国家和高度集权的工业系统的兴起,"社会学家直接具有了'顾问、承包商和顾客接待人'的含义,而社会学则充塞着强调社会秩序重要性的各种理论"①。

吉登斯的"双重解释"方法可视为对社会学运用于社会学知识本身的一种反省。社会科学面对的并非一个有待解释(与观念无染)的社会世界,而是一个渗透着普通行动者的解释的实在,社会学的解释无非是对被(普通行动者)理解的现实的再理解,正是在这一意义上,舒茨(Alfred Schutz,1899—1959)将社会学知识界定为二级建构,是关于行动者在社会环境中所作的建构的建构②。而这些二级的解释和建构不会停留在观念的形态,它们还会卷入对社会实在的构成过程,并最终作为新近的理解了的实在成为社会科学有待解释的对象,因此,在吉登斯看来更确切的说法应是交互解释③,其核心就是一句话:解释世界就是在建构世界。

我们择要讨论了几种研究社会思想的方法,贯穿了一个基本意图,这就是:社会思想史不但要承担起社会学的认识功能,而且要承担起社会学自我认识的功能。在扩展和加深对我们生活于其中的社会世界的认识时,我们必须同时发展和深化有关社会学这门学科本身的反思性的、批判性的知识,而这种反思的和批判的自觉正是所能要求于社会思想史的研究者的最重要的方法和品质。

---

① 转引自斯温杰伍德:《社会学思想简史》,第339页。
② Alfred Schutz: *Collected Papers*, Vol. I, The Hague: Martinus Nijhoff, 1971, p.6.
③ 吉登斯:《社会的构成:结构化理论大纲》,第54页,三联书店,北京,1998年。

第二章
古希腊罗马时期社会思想

2.1 智者学派:社会分析的最初尝试

如果把社会科学理解为人类理智对社会制度和人类行为的系统研究与独立自觉的认识,那么在公元前 5 世纪的希腊智者学派中,我们已可发现致力于社会分析的最初尝试。

公认古希腊人创造了理性主义的哲学和科学。这种理性主义首先是演绎的,古希腊人坚持要用演绎的理性追求真理,这种决心差不多同人类在一切领域里的习惯做法完全背道而驰,它几乎像件不合理的事,因为人类凭经验、归纳、类比和实验已经获得了那么多高度可靠的知识[①]。在这个意义上它是合理的,即它对问题所作的回答是有根据的,是要诉诸论证的,而非独断的宣称[②]。其次,希腊理性也是世俗的和实证的,它用自然的原因解释自然,而非诉诸神意或怪异力量,所以它被视为是超越希腊神话阶段的一次"哲学的突破"(韦伯语),"它对构成人类处境之宇宙的本质发生了一种理性的认识……与这种认识随而俱来的是对人类的处境本身及其基本意义有了新的解释"[③]。最后,希腊思想具有明显的几何学性质。不论是地理学、天文学还是宇宙演化论,它们都把对自然世界的构思投射到了一个空间背景上,这个空间不再由吉、凶、天堂、地狱等宗教性质来界定,而是由相互的、对称的、可逆的关系组成[④]。这种理性哲学是如何在希腊世界中产生的?它与希腊社会思想的兴起有何关系?

公认的观点是希腊理性主义始于公元前 6 世纪的自然哲学,而当理性哲学转向解释社会生活时,"哲学就被从天上召回人间,进入城邦,甚至步入家庭,让它思

---

① 参 M·克莱因:《古今数学思想》,第 194 页,上海科学技术出版社,1979 年。
② 参柯林伍德(R. G. Collingwood,1889—1943):《历史学的观念》,第 20 页,中国社会科学出版社,北京,1986 年。
③ 转引自余英时:《士与中国文化》,第 28 页,上海人民出版社,1987 年。
④ 让-皮埃尔·韦尔南:《希腊思想的起源》,第 3 页,三联书店,北京,1996 年。

考生活与道德、善与恶"①。这段希腊哲学史研究大家的评论更是耳熟能详。质疑的观点是认为"始于"(自然哲学)不等于"源于",对自然的解释表达为一种新的理性哲学,这本身需要解释。法国文学评论家、历史学家、实证主义哲学家丹纳(Hippolyte Adolphe Taine,1828—1893)提出一种解释,他确信任何物质文明与精神文明的性质面貌都取决于种族、环境、时代三大因素,希腊理性文明也不例外。他讲希腊人生性好思索,"好像只有思想是他的本行"(修昔底德语),如此精神特征也来自环境的影响。他列举了希腊的宜人气候,"没有酷热使人消沉和懒惰,也没有严寒使人僵硬和迟钝",希腊人"在稀薄、透明、光亮的空气中长大,从小就特别聪明活泼"。他谈到地理因素,讲自然界的结构、空间尺度和景观色彩在希腊人精神上留下的印记。希腊境内没有一样巨大的东西;外界的事物绝对没有比例不称、压倒一切的体积。眼睛在这里能毫不费事地捕捉事物的外形,留下一个明确的形象。一切都大小适中、恰如其分、简单明了,容易为感官接受。便是大海,在北方那么凶猛可怕,在这里却像湖泊一样,毫无苍茫寂寞之感。海水光艳照人,用荷马的说法是"鲜明灿烂,像酒的颜色,或像紫罗兰的颜色"。"全部日常的教育就是这样的风光。人看惯明确的形象,绝对没有对于他世界的茫茫然的恐惧、太多的幻想、不安的猜测。这便形成了希腊人的精神模子,为他后来面目清楚的思想打下基础"②。如果说类似的话在他之前孟德斯鸠已经说过,并无特别新意,下面关于希腊精神与希腊社会之关系的议论则有几分社会学的意味。丹纳指出,希腊人设想的政治组织同样受制于这种尺度明确的思想倾向。他们心目中的城邦只包括一座神庙林立的卫城,埋着创始英雄的骸骨,供着本族的神像,还有一个广场、一个剧场、一个练身场;几千个朴素、健美、勇敢、自由的公民,从事"哲学、艺术或者公共事务"。"希腊人的精神结构把他们的欲望和努力纳入一个范围有限、阳光普照的区域,和他们的练身场一样明亮、界限分明。"③这显然是一种观念论的解释,即有待解释的希腊精神结构反而成为解释希腊尺度明确的政治结构的原因。

当代法国希腊学学者韦尔南(Jean-Pierre Vernant,1914—2007)提出了一种堪称马克思传统的解释。他认为,希腊人创造了一种理性,但它并非产生于人对

---

① W. K. C. Guthrie(格思里):*A History of Greek Philosophy*,Cambridge:Cambridge University Press,1969,Vol. 3,p. 41. 这是西塞罗(M. T. Cicero,前100—前43)评论苏格拉底(Socrates,前469—前399)哲学的一段名言,它同样适用于评价智者学派。
② 丹纳:《艺术哲学》,第256页,人民文学出版社,北京,1981年。
③ 同上书,第263页。

自然的关系(所谓自然哲学的假设),并非现代人熟悉的科学的实验理性[1],而是产生于人对人的关系,产生于城邦的社会生活(参图 2.1),希腊理性首先是在政治方面表达、建立和形成的:

> 城邦的诞生不仅带来了一系列经济和政治的变化,也意味着思维方式的变化,意味着打开了一片完全不同的思想视野,建立了一个以公众集会广场为中心的新的社会空间。
>
> 话语的地位提高了,它以自由的论辩和对立的形式被运用到世俗事物中,成为最有效的政治武器和国家的最高权力工具;社会活动和精神创造都有了完全的公开性,法律和命令均以文字的形式展示在全体公民面前,个人著述必须接受批评和争议;统治与被统治间业已被公认的旧有(登记)关系被一种新型的社会关系所代替,这种新型关系以公民间的对称性、可逆性和相互性为基础,公民被确定为"同类人"或"平等人"。
>
> 所有这些特征都说明,思想的世俗化、理性化和几何化以及创新精神和批判精神的发展是在社会实践中完成的,同时它们在米利都学派的自然哲学家那里又以自然学说的形式表现出来。
>
> 城邦因此而呈现为一个具有中心的圆形"宇宙":所有公民都是同类,他们应该轮流服从和指挥,按照时间的顺序依次占据和让出城邦空间的每个对称点。在哲学的黎明时期,正是这样一种受"法律面前人人平等"的原则调节的社会宇宙的图景,被爱奥尼亚的哲学家们投射到了自然宇宙上。[2]

韦尔南给出的是一种知识社会学的解释,希腊理性不仅是城邦的女儿,而且是一种特定的理性,一种话语的和论辩的理性,一种政治游戏的规则,"随着城邦的出现,人类集团在历史上第一次认识到,只有经过一种公开的、矛盾的、所有人都能参与的、彼此都以有理有据的话语相对的争论,符合他们普遍利益的决定才能作出,他们的共同事务才能得到解决"[3]。这样,希腊社会思想兴起于智者时期,并非如西塞罗所说的哲学从天上转回人间,走入城邦,而是原本就诞生于城邦的话语的和政治的理性意识在更活跃的公民生活中的教化、概念化和学理化,因为这种理性向来就是得力于那些对人发生作用的技术,这些技术的共同手段是语言,它是政治家、修辞家和教师的艺术。明白了希腊理性与希腊城邦的关系,便容易了

---

[1] 英国科学史家李约瑟认为驱动西方科学的是演绎逻辑和实验科学这两个轮子,希腊人贡献了逻辑,直至文艺复兴才诞生了现代意义的实验科学。

[2] 让-皮埃尔·韦尔南:《希腊思想的起源》,第 4—5 页。

[3] 让-皮埃尔·韦尔南:《神话与政治之间》,第 218 页,三联书店,北京,2001 年。

图 2.1：古希腊最著名的剧场之一埃披道拉斯(Epidavros)露天剧场，环山而建，面向爱琴海。它是城邦公共生活的缩影和象征：有一个位于中心的舞台及环绕中心的看台，每一个公民都既是观众又是演员，按照时间的顺序依次占据和让出露天剧场（象征城邦空间）的每个对称点。在这里，公民人人接受教化，为投身城邦民主生活作准备；也个个是参与者，亲身实践"以天下为己任"的民主理念。观剧、辩论和演说是希腊人的日常剧目，希腊文明实在可喻为一种"剧场文明"。

解智者学派对社会思想的贡献。

智者学派的社会分析思路概括地说有三个层次：(a)划出一个社会秩序的领域，断言社会秩序概由人为，而非神创；(b)人是根据自身的利益，藉强权或经由相互约定来建立社会秩序与正义观念的；(c)划出一个高于人为法的自然法的领域。自然法乃是人性的本然要求，当自然人性与社会秩序发生冲突时，人应依据更高的自然法而行动，而不论各人所主张的自然者是什么。

(1) 法律是永恒不变的或普遍有效的吗？法律自称的合法性是从哪里来的？在智者学派以前，没有人曾想到过这些问题。素朴的意识认为法律和道德乃是神定的和自古不变的，社会与自然一样受所谓"神意"、"命运"或"必然"这些冥冥的存在支配着。人们认为："他们生活在一个有着严格不变的禁忌且有魔力的世界中。法规与习俗如同日出日落、四时交替或其他显著的自然规律一样乃是亘古不变的和无可逃避的。"[①]在古代各民族互不交通或交往甚少的情况下，人们或认为自己的礼法最好，或相信天下的善恶是非观念全都一样。民主政治动摇了上述传

[①] Karl Popper（卡尔·波普，1902—1994，出生于奥地利的英国哲学家）：*The Open Society and Its Enemies*, Princeton, NJ: Princeton University Press, 1971, Vol. 1, p. 57.

统观点。希腊的公民在直接民主制下享有参与国家事务的权利和机会,突破了贵族假托神意独占政权的局面,这有助于破除政治的神秘性及"王权神授"的神话;而任何法律皆可由民主议事程序予以兴废,则又抹去了个别法律无条件的、无可置疑的有效性的神光;公民们在协商、辩论和表决时已习惯于思考和判断法律的根据和合理性,使法律成为可自由讨论与裁量的问题;法令的兴废与官司的输赢常常取决于辩论和演说时打动群众的技巧,则加强了关于法律的人为性与主观性的印象;对这一点,智者的体会也许最为真切,因其职业就是传授使每种意见都可能借以取胜的技艺。随着社会的世俗化与政治的平民化,希腊人的主体意识与历史意识逐渐觉醒,开始用人的观点看待国家及社会秩序。智者学派代表了人文主义的一种最早的自觉:法律与道德并非任何全能君主或神的意志的实践,而是人们自己活动的产物,其目的仅在改善俗世凡人的境遇,一旦背离这一目的,便应随时予以废弃。这样,智者就走出了社会思想史上重要的一步,从"向来被认为是一个整体的宇宙秩序中,区分出社会秩序来,从而开创了社会科学的前史,使人们之间的相互关系成为由人类自己来解决的问题,而无假乎神与传统的干预"①。

智者的这种人文主义精神集中体现在普罗塔哥拉(Protagorus,约前490—前419)的"人是万物的尺度"这一名言中。依公认的观点,普氏命题中的"人"指的是一独立自主的个体,是伯里克利所说的"可以在生命的每一方面显示出他就是自己的当然主人,而且凭借着他自己独特的天聪本智和他自己独特的广识通知,去对一切事自作主宰"的个人。发现和肯定自主的个人的重要性,进而肯定个人参与国家事务的权利,这是希腊社会思想的一个重要贡献。社会思想关乎人在社会中的地位以及个人与社会的关系等问题,而这些问题只有在视个人为一独立主体时方才可能提出并得到思考。希腊人最早建立了这样一种文明,它使人开始意识到自己是一个个体。希腊历史上那片光披千古的人文主义精神主要即来自这种对个人及个人价值的尊重。这种强调个人价值的文化同样产生于城邦的民主政治实践。在雅典,凡有公民身份的自由民都无须从事奴隶所担任的劳动或琐碎的工作,以便获得充分的闲暇,致力于艺术活动与科学活动,享受自由思想和细腻感受的乐趣,善待自己的禀赋,使内在的潜力得到最高的发挥。此外,民主政治的实践使每个雅典公民都有一种"以天下为己任"的主体意识。"人是万物的尺度"这一命题正是雅典民主制下自主自信、积极进取的自由民的精神风貌的写照。但希腊人没有近代原子主义那样的个人主义,在完善生活与人性实现方面,他们本质上是"社群主义者"。城邦及其公共生活是实现个性与落实人性的最适当的途径。

---

① Jerzy Szacki: *History of Sociological Thought*, pp. 4-5.

宗教、艺术、运动、探讨事物，所有这些都是生活之必需，又只能通过城邦方可得到全面满足。对城邦公共生活价值的重视，代表了一种文明的特征（孟德斯鸠与黑格尔都对之大加推崇，哈贝马斯更将它视为西方共和主义民主传统的源头），"这种文明只要还有生命，就把公共生活视为人类活动的最高境界"（韦尔南语）。

（2）自主的个体作为创设社会秩序的主体，他们每个人都是平等的，他们都可凭自己的信仰和欲望，决定其自以为是的是非善恶的准则。而这样一来，一切准则都将是主观的、相对的，只对有关的人有意义。例如，生病对病家是恶，对医师却是善，是非善恶似无普遍有效的价值，皆视乎各人的利害好恶而有所不同。由此引出智者的下列观点：第一，人们创设政府，制定法律，乃是基于各自的利益。色拉西马库斯（Thrasymachus）认为法律是基于强者和掌权者的利益而制定的，是他们运用强权迫使弱者接受的行为准则和制度安排，"正义不是别的，就是强者的利益"[1]。卡里克利斯的观点正相反，他视法律为处于弱者地位的广大群众建立起来的屏障，以防御强者的侵犯。第二，法律、正义只是人所约定的习俗。一个人如果对他人行不义，他人对他亦可如此。他自然要受到损失与伤害。大家想要避免这种伤害，只有相互保证，相互约束，不对他人做出不义之事。这种保证和约束，便是政府成立的基础。人们把守法践约叫合法的、正义的，这就是正义的本质和起源。正义是基于人们的同意或契约而产生的，其历时既久，便成为习俗，所以正义正是大家所约定的习俗[2]。智者的这一观点可说是思想史上最早提出的社会契约论，它基于彻底的经验分析，剥去了正义概念超自然的灵光，始由人类的心理特征或个人利益分析正义。第三，如果个人利益是创立法律的根据，那么，个人利益也是服从法律的唯一动机；由此得出的结论是，服从法律的条件只限于法律符合个人利益。但两者不相符合的情况必定是有的，因为如果法律的创设基于各自的利益，对一些人有利的法律，对另一些人则可能有害。服从法律未必使人得益，世上的善恶因果常常是颠倒的，善人得不到好报，恶人却获正果。遇到这类法律与利益、正义与幸福不相配合的情况，我们应该依据何种原则作何种选择？

（3）智者在这里提出了一个真正的社会学问题：行动的个人与社会秩序的关系。法律的要求并不总是与个人的要求相一致，毋宁说经常是相悖的。既然已把独立的个人宣布为"万物的尺度"，坚持每个人都有追求自身利益的同等权利，而法律又被认为常常出自狭隘的利益，那么，普遍有效的准则如何可能？社会团结如何可能？

---

[1] 柏拉图：《理想国》，第18页，商务印书馆，北京，1986年。
[2] 同上书，第46页。

对于第一个问题,智者提出自然法概念。自然法高于人为的法律,是一种不分民族、国家、时代,对任何人都有效的法律。后期智者安提丰(Antiphon)在其《论真理》的残篇中有一段对比自然法与正义概念的名言:

> 常人眼中的正义不超出,或确切地说没有人认为其超出公民所在的城邦的法律范围。法律产生于契约,而非产生于自然,自然法则具有必然而本源的性质。①

自然法与人为法的对立是希腊启蒙时期最有代表性的概念结构,其要点是:第一,自然法具有本源性,而人为法只有派生意义;第二,自然法具有普遍必然的有效性,而人在历史过程中创造的东西只具历史的价值,只在那单一的情况下有价值;第三,自然法无欠无缺,具有价值估计的规范意义或标准意义,而社会的礼法总是有欠缺的,故必须依据自然法评判既成的法制规章,规范不合自然的礼法。

那么,被智者如此张扬的"自然"究竟是什么?这就涉及如何解决上面提出的"社会团结如何可能"的问题,智者学派内对此并无统一的观点。普罗塔哥拉把神分配给一切人的同量的尊敬与正义视为"自然","作为治理城邦的原则,作为友谊与和好的纽带"。他是在人的原始道德感中找到了实践生活的这个自然,以解决在一个原子主义的世界中的社会团结问题。普氏用神话的语言讲述了"人同此心、心同此理"的道理,但这如何与其感觉主义、主观主义及相对主义求得一致?威柏尔说,智者"只有个人、特殊、个性,原子就是一切,没有国家、社会与普遍东西的余地"②。普氏一旦想从普遍性方面解决社会秩序问题,势必与其原子主义的立场相冲突。

年青一代智者的自然主义则较为一贯,他们径直把人的自然人性、个人的天性、冲动的素质宣布为自然律。从这一观点发展出两种不同的社会哲学。一种发展为对现实进行批评,直至对社会政治生活进行彻底的改造。从自然的观点看,人与人之间的差异只在于制度,是人为的法律使然。自然要求人人平等,因人人皆为圆颅方趾,人类种族没有贵贱之分,种族歧视及奴隶制均违反自然人性。阿尔基达马(Alcidamas)断言:"大神令人类全部自由,自然从来不曾强迫谁当奴隶。"③法利亚(Phaleas)要求所有公民享有同量财产和同等教育。甚至男女政治上平等的思想也已经出现。对上述作者来说,主要的问题不是现存的秩序如何可能,而是根据自然,现存的秩序是否合理,合乎自然的秩序是怎样的。另一种则走

---

① Jerzy Szacki: *History of Sociological Thought*, p. 5.
② 转引自叶秀山:《前苏格拉底哲学研究》,第 313 页,人民出版社,北京,1981 年。
③ 转引自亚里士多德:《政治学》,第 11 页,注释[1]。

向极端的感觉主义、唯我论和道德虚无主义。色拉西马库斯鼓吹聪明人不应让自己被法律引向歧途,他只应随自己本性的冲动而行动。不依人为的法律而行动,而依更高的自然律而行动,这是正确的行为。弱者可能自愿受法律的约束,但他不过是一个蠢人而已,他这样做只会受他人利用①。卡里克利斯断言,自然证明,在所有生物中,强者应该统治弱者,但法律是由弱者和多数人制定的,因为弱者总是占多数。法律试图使人们平等,然而事实上人们根本不平等。因此,强者不应约束自己的欲望,他应蔑视民众的惯例,抛弃非自然的法律的限制,这样,他实际上是在依自然法则行事。对这一派的智者来说,"遵照人为的法律,为人不义是耻辱;遵照自然的命令,遭受不义才是耻辱"②。在这样一个强权即公理的世界中,社会团结是根本不可能的。这一派坚持个人一极求取随心所欲的发展,这样非但不能调适行动的个人与社会秩序、市民的权利与城邦的需要这一对矛盾,反而加剧了意见的对峙与混乱,导致公民团体的分裂,使自己成了肆无忌惮的、破坏公共生活秩序的不良倾向的喉舌。

2.2 苏格拉底:知识即美德

亚里士多德说过可以把两件事情公平地归于苏格拉底,即归纳论证和普遍定义。这两者都涉及科学知识的出发点,而在苏格拉底的哲学中,这主要关乎个人的善与城邦的善的社会科学知识。

在社会思想史上,苏格拉底介于智者和柏拉图之间,他的社会思考是作为智者学派的一个自觉的对立面提出的,并通过柏拉图而产生深远影响。他同意智者学派:沿袭旧俗的时代已经过去,个人的独立判断须代替权威。但在智者所标榜的感觉、意志和欲望中根本找不到对事物、对人及其行为的评价的客观标准。智者萦回于各人的"意见",最终证明不是囿于一己的偏见,就是陷于各种私见的混战。就感觉而言,人同样是自然必然性的奴隶,是一个被动体,而非一个主体。苏格拉底证明,正是通过个人取得独立思考的过程,通过解放个人的感情,事情才变得清楚,在各个领域中人的才能在于他的知识。这是因为,首先,知识不是"意见",而是对事物本质的一种公共的和客观的认识,知识使我们摆脱了私见的束缚,成为真正能行独立判断的主体,因此,人的本质及主体性在于理性(知识)而非感性(意见)。其次,知识给我们带来效用和成功,在各行各业中,最成功最有用的

---

① 参柏拉图:《理想国》,第 27 页。
② 文德尔班:《哲学史教程》上卷,第 108 页。

人是那些完全熟悉业务并懂得其工作对象的人；因此，知识是使我们获得幸福或福利的东西。再次，知识不只具有认知的和功利的意义，还具有道德的和社会的意义。良善的行为基于对善的知识，人一旦有了这种知识，就会乐于行善而不会作恶。例如，公正和勇敢的美德就是知道在特定环境中如何行动，"知道如何行动"就是知道在那种情况下那样做是"最好的"，故可以说美德是对善的知识，作恶是由于无知。此外，作为一个社会的成员，公民的美德在于学有所成，尽其本分而贡献于社会。正如上面所说，只有知识能使一个人成为有用的人，从而是有美德的人。一个蹩脚的匠人、一个屡战屡败的将军不能尽其本分，故亦无工匠或军人的美德，甚至不能称其为工匠或军人；而一个不能各显其能各尽本职的社会必定是无法存在下去的。最后，正因为道德是知识，为恶是出于无知，致德之途就在于致知，要再"认识你自己"，而"未经思考的生活是没有价值的"；这样，对人进行道德教育不仅可能而且必需，通过教育可使人知道什么是善，从而引导他到良善的道路上来。

在政治生活中，知识也是最可信赖的。这一信念在很大程度上决定了苏格拉底所取的反对民主制的立场。他认为管理政府这个最难最富有责任心的技术应该只由具有最充分的洞见的人来承担，因此，他坚决反对用抽签或民选的方法来确定政府官员，而主张贤能在位，实行知识分子治理国家的贵族政治。

总之，苏格拉底确信知识和科学已经取得了实践的、政治的和社会的意义，成为他那个时代的决定性因素；他自觉地把知识提高到社会的水平，使之人文化、社会化，使之成为人伦道德之所依、社会秩序之所系的基础；这样他同时也就把道德提高到知识的水平，使伦理学科学化。这种知识与道德相统一的观点是启发柏拉图社会哲学的最重要的源泉，《理想国》作者所向往的无非是由像苏格拉底这样的最有智慧的贤人来治理国家。

2.3　柏拉图：理想国

柏拉图思想出自许多不同的来源，就其社会政治思想而言，给予他最大影响的两个人物当数苏格拉底和毕达哥拉斯（Pythagoras，约前580—约前500，鼎盛年约在前532年）。从苏格拉底那里，他接受了贤人政治的主张和对道德教育的首要关怀；从毕达哥拉斯那里，他接受了万物按数的比例相互调适、彼此补偿以达至和谐的信念，他把和谐观运用到政治中，就是指国家的各部分各尽本分，互不干扰，便可实现国家的正义。当时希腊的政治生活分崩离析，个人享乐风靡一时，柏拉图的理论与之横逆，将国家的概念提高到驾驭一切的高度，这既是柏拉图的政治抱负之所在，同时也是其学术旨趣之所在。柏拉图社会思想的主要之点是把政治社会当作一个功能互补的体系来对待。他对社会结成统一系统的可能性也许过分夸大，但他的创见与贡献就在于指出，为了以一种真正社会学的方式思考社会，就必须把社会视为一个系统的整体。这一思想与智者的原子主义观点正相对立。柏拉图并不关心个人摆脱传统束缚、追求不加约束的自由的问题，而是关心人们生于斯长于斯的城邦共同体，它的基础远较个人的意志为深厚，其目标也远较个人的福祉为崇高：

> 朋友，你又忘了，我们的立法不是为城邦任何一个阶级的特殊幸福，而是为了造成全国作为一个整体的幸福。它运用说服或强制，使全体公民彼此协调和谐，使他们把各自能向集体提供的利益让大家分享。而它在城邦里造就这样的人，其目的就在于让他们不致各行其是，把他们团结成为一个不可分的城邦公民集体。①

柏拉图认为，"当国家最像一个人的时候，它是管理得最好的国家"，这好比一个手指受伤了，整个身心都感觉到了②。而国家最接近单个人的情况乃是乌托邦，乌托邦属于柏拉图的理念世界。国家的理念代表了理想的社会，在现实中并无对应物，实际存在的社会总是有缺陷的。但国家理念并非彼岸的、与现实永远隔断不通的东西。理想国可在此岸建立起来，如果有"圣人出"，并能有幸在政治中展试身手的话。

柏拉图理想的国家是一个统一的整体：(a)它统一于相互依赖的社会生活的需要，是一个由社会分工形成的功能—等级系统；(b)它统一于消弭阶级对抗的社会秩序的需要，是一个实行财产公有及全面管制的集权体系；(c)它统一于使人人过有德的良善生活的需要，是一个崇尚知识与道德教育目标的"圣哲之王"的贤人政制。

(1) 功能—等级系统　柏拉图由城邦起源问题入手讨论理想社会的性质。他认为城邦起源于分工。分工之所以必要，是因为第一，人类有许多不同的需要，但没有人能够仅凭一己的努力满足之，故各人应各就所长作最佳的努力与贡献，依靠由分工形成的社会生活求取各自的满足。第二，人生来不平等，秉性天分高下不一，任何人应只做其力所能及的工作。俊杰贤能、智慧出众者，应付以治国重任；勇气十足、强悍善战者，应使之保家卫国；至于俗人，应让其从事农工生产③。

---

① 柏拉图：《理想国》，第279页。
② 同上书，第179页。
③ 同上书，第128—129页。

民主政治实行轮番为治,庶人议政,这不但是一妄想,也是一骗局,因其前提是人人平等,其实并非如此。人的内在能力天生而有差别,分工使人专做适合其天性的工作,由此带来效率的提高;若每个人都向社会作最佳贡献,则社会整体将获最大利益。当政治家以其智慧治理国家,军人以其勇武保卫国家,劳动者以其生产品供给国家,"这三个部分各自执行自己的职责而不互相干扰和僭越的时候,便是有了正义"①。正义就是把全体公民"都结合起来,造成和谐,就像贯穿整个音阶,把各种强弱的音符结合起来,产生一支和谐的交响乐一样"②。相反,"当这三个部分互相干扰和僭越时,国家就受到极大伤害,这就叫不正义"③。

上述柏拉图的正义观中包含了他的社会结构理论,他论证了社会是一个由分工形成的功能互补系统,论证了分工乃是基于人的相互需要及内在能力的差异。这些思想很有见地,但柏拉图用社会职业分工的理由来证明社会等级划分的合理性,把各尽其职等同于恪守君臣之分与贵贱之别,这就混淆了社会的功能结构与社会的政治结构,即混淆了社会与国家。这里的错误不只是逻辑上的,更主要的是价值上的和政治上的。在柏拉图手里,分工及功能理论多少成了粉饰等级制度并使之理想化的工具,而其理想社会不过是"埃及种姓制度在雅典的理想化"④。

(2) 集权体系　启发柏拉图制定出他的等级社会方案的是正在被阶级对抗所分裂的雅典式城邦,他在这种对抗中看到了城邦解体的症状及根源。他感慨现时的每个国家"都分成一个富人之国和一个穷人之国,而且这两个部分各自内部还分成许多个更小的对立部分"⑤。"自私的"党争使局部利益压倒了全体利益,党派利益高于国家利益,人们对于城邦的效忠反倒不如对于某一党派的效忠。在理想国里,党争将不复存在。为了达到这个目的,柏拉图主张在统治阶级中实行共产共妻主义,放弃私人财产和家庭生活。其理由是,私有财产必然导致贫富分化和"自私的"党争,而自私主要是由于家室妻儿之累所致。治国者(及辅助者)热衷于私家生活,足以妨碍其为国为民谋求幸福的崇高目标。这就是柏拉图的著名的"共产主义"。须注意的是,第一,除对统治阶级外,柏拉图并不一概排斥私产和家庭生活,生产阶级成员可在政府的严格监督下建立家庭和拥有私产。第二,柏氏的共产学说并非为了消灭阶级,而是为了根除导致党争和贫富对抗的经济根源:自私的利益,从而保障全体的利益与城邦的和谐。基于以上两点,正如熊彼特所

---

① 北京大学哲学系编译:《古希腊罗马哲学》,第230页,商务印书馆,北京,1961年。
② 柏拉图:《理想国》,第152页。
③ 《古希腊罗马哲学》,第230页。
④ 《马克思恩格斯全集》第23卷,第406页。
⑤ 柏拉图:《理想国》,第137页。

说,把柏拉图"说成是共产主义者或社会主义者或者这些运动的先驱者是没有意义的"①。

柏拉图社会理论的基本点是只有统一的生活才能产生社会全体的和谐,统一的生活只能基于公民的信念统一,而这唯有通过对个人生活的全面的具体入微的严格管制才有可能。从这种信念出发,柏拉图极端蔑视个人自由的价值。理想国本质上是总体主义的,因此,柏拉图自然十分厌恶智者派的原子主义。

(3)"圣哲之王"的贤人政制　柏拉图向往的当然是贵族政治,贵族的范畴在他那里是既指门第的也指精神的。血统的高贵与智力的优异固然常为一事,但"有时不免金父生银子,银父生金子"。如果在农民工匠的后代中发现天赋中有金有银者,就应把他提拔至治国者阶级,统治阶级的子女若其心灵混入了废铜烂铁,则要将他们降至下层。可见,凡为治国者,其最重要的品质是智慧和美德②。理想的社会应是精英人物治理的社会,柏氏的这一主张直接得自于苏格拉底的"知识即美德"的思想,同时也出自他自己的整体主义的社会观。他认为治国所需的是智慧,是对整体有利的事物的洞见,这种洞见"并不是用来考虑国中的特定方面事情的,而只是用来考虑整个国家大事,改进它的对内对外关系","而能够具有这种知识的人按照自然规律总是最少数"③,"只能在那些天分最好且又受过最好教育的人中间见到"④。因此,他所赞成的贵族政制乃是俊杰在位的贤人政制,最好的政治是"圣哲之王",即由德行和智慧最高的人治理国家;故理想国是一个人治国家,它依靠最出色的人的自由智慧来管理,而不是靠法律规则来管理。正义的最高境界是谋求"无讼"。在其《政治家篇》中,柏拉图阐述了他不重视法律的理由:

> 法律绝不可能发布一种既约束所有人又对每个人都真正有利的命令。法律在任何时候都不能完全准确地给社会的每个成员作出何谓善德、何谓正确的规定。人类个性的差异、人们行为的多样性、所有人类事务无休止的变化,使得无论是什么技艺在任何时候都不能制定出可以绝对适用于所有问题的规则。⑤

法律原则上是由抽象的、过分简单的观念构成的,只能作常态的或普通的运用,绝对无法适应复杂的情况、随时的变化及特殊的需要。柏拉图确信因事制宜的自由裁量,远优于硬性的法律条文,最佳的办法并不是给予法律以最高权威,而是给予

---

① 熊彼特:《经济分析史》第1卷,第90页。
② 柏拉图:《理想国》,第128—129页。
③ 同上书,第146—147页。
④ 同上书,第15页。
⑤ 转引自博登海默(E. Bodenheimer):《法理学——法哲学及其方法》,第8页,华夏出版社,北京,1987年。

明晓统治艺术、具有才智的人以最高权威。圣哲之王解决了权力与智慧的合一，因此是头等理想的政治。

政治上的屡屡挫折使柏拉图悲叹人的社会不圆满，圣王难找，不得已提出第二等好的国家——"法治国"。在其最后一部著作《法律篇》中，柏拉图详细描述了这种国家的蓝图。但他并未放弃贤人政制的理想，始终认为有好人才会有好社会，有贤能之人才能产生优良政府。

柏拉图的理想国就其政治倾向而言无疑是保守的。每当经济和社会结构发生剧烈和迅速变化的时候，与柏拉图的保守的乌托邦有着惊人相似之处的各种看法就出现了。这类乌托邦的鼓吹者大多不能理解正在变革他们自己社会的各种力量，热衷于把过去渲染为理想的东西，在其倡议的各种社会政策中，往往也是浪漫成分多于切实的分析。这些思想倾向大多能在《理想国》中找到其原型。

另一方面，柏拉图的整体主义的社会分析模式开了方法论上总体主义的先河。他把社会视为一个互相协调和补充的功能体系，理想的国家最接近于一种有机体。他的社会分析集中在那些强化和削弱有机体统一的因素上，最关心的是那些对有机体的整合或解体有着显著作用的社会事实，优先考虑的是发现有助于社会整合与平衡的各种条件。所有这些开创和启发了结构功能取向的社会思想路线。

2.4 亚里士多德："人是政治的动物"

亚里士多德是柏拉图的学生，受业于柏拉图学园长达二十年之久。他与柏拉图同为古希腊科学的两座高峰。学生固然深受老师的影响，但在批评、修改和推进老师的学说方面，亚氏表现了他不拘学统的批判精神和自己的独特创见。

师徒两人的气质也很不相同。柏拉图是个任凭灵感所鼓舞的哲人，混合着思想家的深沉和艺术家的轻快。亚里士多德则像一位博学的教授，条分缕析，不偏不倚，在细节和评论上尤擅胜场。

与柏拉图一样，亚里士多德也把善的问题视为社会科学的首要关怀。他超过其老师的地方是第一次把关乎社会及国家善的政治学与关乎人的行为善的伦理学区分开来。他的《政治学》集中于城邦的起源、性质及城邦社会结构等的研究；而他的《尼各马可伦理学》则偏重于对城邦中的人的行为的讨论。依公认的观点，这两本书合在一起，构成了对统一的社会科学的最早的系统阐述。在霍布斯（Thomas Hobbes，1588—1679）时代以前的约两千年间，几乎所有称为社会科学的东西都是从亚里士多德那里获得启发的。有史家评论说："在分析一个从农业自给自足过渡到商业与贸易的社会的原理上，没有人超越过他。"①

亚里士多德最著名的论点是"就其本性而言，人是一个政治动物"②。类似的命题在《政治学》中随处可见，在《尼各马可伦理学》中亦反复出现，如"人类自然是倾向于城邦生活的动物"③，"人是政治生物，天性趋于与他人一同生活"，"人是为成为公民而生的"④。"政治的"、"城邦的"、"公民的"等词语，全都出自同一个希腊词根 polis，要确切了解亚里士多德的观点，我们首先要进行一番词源学的勘查。根据《政治学》中译者吴寿彭先生的考证：

> polis 这个词在荷马史诗中都指堡垒或卫城，同 demos（乡郊）相对……后世把卫城、市区、乡郊统称为 polis，综合土地、人民及其政治生活而赋有了"邦"或"国"的意义……近世以 city-state（城邦）译 polis 较旧译 state 为"邦"或"国"比较合适。……由 polis 衍生出几个重要名词：（一）polites，为属于城邦的人，即"公民"。（二）politeia：（甲）公民和城邦间的关系；（乙）由这种关系形成全邦的"政治生活"；（丙）把这种关系和生活厘定为全邦的政治制度，即"宪法"；（丁）有时就径指该邦的"政府"。（三）politeoma：（甲）公民团体；（乙）较狭隘的公务团体；（丙）有时就和 politeia 相同，或为政体或为政府。⑤

polis 既指城市又指邦国，或同时指两者；而首要是指相互依赖的个人与社团组织结合在一起的共同体社会及社会—政治生活。希腊的 polis 可以解释为最基本的历史单位，属于一社会文化的一切因素都包括在内。因此，成为"一个政治动物"意味着成为一种特定类型的社会共同体的一员，此共同体就是希腊城邦。对希腊思想家来说，"城邦是文明生活存在的唯一可能的形式"⑥。

明白城邦的大小是重要的。柏拉图的理想城市应该拥有五千公民，而亚里士多德认可的尺度是每个公民目力所及就能看见所有其他人。幅员广大的现代国家是希腊人所生疏的，他们也未见得会喜欢。城邦的全部生活，其各部分之间的关系，极其容易把握，因为所有事物都在这小尺度里。因此，说"城邦兴亡，匹夫有责"，并非只是表达一种爱国感情，更是在讲述一种最寻常最迫切的常识。公共生活具有一种直接性和具体性，这在雅典的民主制度中得到了体现，在伯里克利的

---

① 罗尔（Eric Roll）：《经济思想史》，第 35 页，商务印书馆，北京，1981 年。参阅熊彼特：《经济分析史》第 1 卷，第 95 页。
② 亚里士多德：《政治学》，1253a。
③ 同上。
④ Aristotle：*Nicomachean Ethics*，London：William Henemann，Ltd.，1982，1169b，1097b.
⑤ 亚里士多德：《政治学》，第 110 页译注。
⑥ 熊彼特：《经济分析史》第 1 卷，第 88 页。

阵亡将士国葬典礼演讲中有感人至深的表达：

> 我们的政治制度不是从我们的邻人的制度中模仿得来的。我们的制度是别人的模范，而不是我们模仿任何其他的人的。我们的制度之所以被称为民主政治，是因为政权是在全体公民手中，而不是在少数人手中。解决私人争端的时候，每个人在法律上都是平等的；让一个人负担公职优先于他人的时候，所考虑的不是某一个特殊阶级的成员，而是他们有的真正才能。任何人，只要他能够对国家有所贡献，绝对不会因为贫穷而在政治上湮没无闻。正因为我们的政治生活是自由而公开的，我们彼此间的日常生活也是这样的。在我们的私人生活中，我们是自由的和宽恕的；但在公家的事务中，我们遵守法律，这是因为这种法律深使我们心悦诚服。
>
> 在我们这里，每一个人所关心的，不仅是他自己的事务，而且也关心国家的事务：就是那些最忙于他们自己的事务的人，对于一般政治也是熟悉的，这是我们的特点：一个不关心政治的人，我们不是说他是一个注意自己事务的人，而是说他根本没有事务。
>
> 如果把一切都合起来考虑的话，我可断言，我们的城市是全希腊的学校；我可断言，我们每个公民，在许多生活方面，能够独立自主；并且在表现独立自主的时候，能够特别地表现温文尔雅和多才多艺。①

此处的"城邦"不是指政治单元，而是城邦的公共政治生活，这是将戏剧、合唱表演、荷马作品的公共朗诵、运动会等一切视为政治生活的必要而正规的组成部分。当伯里克利说"向所有人开放城邦"时，他心里想到的就是这类事物。

在赞美雅典城邦时，伯里克利赞美的不止是一个国家、一群国民、一个民族，他更在赞美一种生活方式。所谓国家应该为提升公民的生活方式而积极尝试的观念会引起大多数现代人的警惕，在希腊却是人人悦纳的常识。希腊人将城邦的确视为积极的、起教育作用的东西，陶冶着公民的心灵和性格。

因此，亚里士多德说"人天生是政治的动物"，这句话不是望文生义所能了解的，这里的政治并非现代人所熟悉的政治。根据希腊人的理解，在人类共同体的所有必要活动中，只有两种活动被看成是政治性的，构成了亚里士多德所说的政治生活即行动和言语。从中产生了人类事务的领域，这不仅不同于以家庭为轴心的自然关系，而且还直接地与之相对立。城邦的兴起意味着，除了他自己的私人生活以外，人还接受了第二种生活，即政治生活。现在每一位公民都隶属于两种生活秩序，即他自己的生活与共同体的生活之间存在着鲜明的区分。

---

① 修昔底德：《伯罗奔尼撒战争史》上卷，第 130—133 页，商务印书馆，北京，1997 年。

阿伦特将城邦与家庭的关系,界定为公共领域和私人领域的区分,以及自由与必然性的区分。城邦仅仅是由一些"平等的人"组成的,而家庭则是最严格的不平等的中心。自由意味着既不受制于生活的必然性或他人的命令,也不对其他人发号施令。它既不意味着统治,也不意味着被统治。在家庭领域里,自由是根本不存在的。进入人人平等的政治领域时,他才被认为是自由的。"希腊人必须每天穿越横亘在他们面前的这条鸿沟,越过狭窄的家庭领域,'升入'政治领域。"[①]以政治方式行事,生活在城邦里,这意味着一切事情都必须通过言辞和劝说,而不是通过强力和暴力来决定。按照希腊人的自我理解,凭借暴力威逼别人,以命令而非劝说的方式对待他人,这是一种前政治手段,用以对付那些以城邦以外的生活、家庭生活为特征的人们。据阿伦特的解释,自外于城邦的公共生活,过一种彻底的私人生活,首先意味着被剥夺了对真正的人的生活具有本质意义的东西:被剥夺了来自于被他人看见和听见的现实性,被剥夺了与他人的"客观"关系,被剥夺了达到比生命本身更加永恒的境界的可能性。私人生活之所以具有一种被剥夺的性质,原因在于他人的缺席;对他人而言,私人并没有出现,因此他仿佛是不存在的。无论他做了什么,都不会对他人产生任何意义或结果,对他来说至关重要的事情对其他人则是无足轻重的[②]。这样,"人天生是要做公民的"和"人天生是政治的动物"应该理解为,城邦的政治生活(立法与司法的讨论、表决和执行)最可使参与其中的人相互砥砺"理性言说"所认识到的种种美德。所以,城邦的政治过程乃是最适当地落实与发展人性的领域。

(1) 所以,亚里士多德把城邦规定为一种"至高而广涵的社会团体",只有在这种社会团体内,"人类的生活可以获得完全的自给自足"[③]。这并不只是因为城邦是满足人类需要的生活共同体,还因为城邦是发展人性、落实人性、实现人性的道德共同体。也就是说,人只有参加城邦生活才能成其为人。一切社会团体都以善业为目的,城邦所求之善业在于培养公民高尚的行为,造就有文化的君子。亚里士多德与柏拉图一样,坚持认为良善的人生仅在城邦生活中才有可能。"人类由于志趋善良而有所成就,成为最优良的动物,如果不讲礼法,违背正义,他就堕落为最恶劣的动物。"[④]

(2) 在个人与城邦社会的关系问题上,亚里士多德与柏拉图相似,也是整体论

---

① 汉娜·阿伦特:《公共领域与私人领域》,见汪晖等主编:《文化与公共性》,第66页,三联书店,北京,1998年。
② 同上书,第90页。
③ 亚里士多德:《政治学》,1253a。
④ 同上。

的和反原子主义的。他认为任何公民都应为城邦所公有,成为城邦的一部分,而不应假想任何公民可私有其本身。他还指出:"城邦(虽在发生程序上后于个人和家庭),在本性上则先于个人和家庭。就本性来说,全体必然先于部分。"① 他为这一观点提出了两种论证。一是系统论的,以身体为例,如全身毁伤,则手足也就不成其为手足;一是目的论的,万物皆趋于实现其本性,而事物的本性乃是一个发展过程,只待发展到最高阶段才算充分地体现其本性或自然。以树为例,树苗的生长就是为了实现树的本性,并且只有长成一棵大树时,才能成为十足意义上的树。从个人到城邦可视为由不完全到完全、由基本意义到十足意义上的人实现其本性的过程。家庭、村落生活使人的基本需要的满足成为可能;而以实现人的良善生活为目的的城邦生活则是人的本性的完成②。

但是,亚里士多德也反对柏拉图过分的整体主义。他认为柏拉图那种力求"城邦的过度划一绝不是一个良好政策",因为只有内部高度分化从而达到高度自治的城邦才可称为真正的城邦;而执意趋向划一的城邦,将不再成为一个城邦,"实际上已经变为一个劣等而失去本来意义的城邦:这就像在音乐上和声夷落而成单调,节奏压平到只剩单拍了"③。他和柏拉图都坚持城邦是由不同分子构成的功能互补结构,但柏拉图强调有机的统一,强调各部分皆须从属于整体;而亚里士多德则强调各部分的合作,他常以合唱队为例,说明各部分依其本性而行动,便足以促成整体的和谐。这样,各自不但可以保持其相对的独立性,而且还因这种合作得以正常发挥其功能。

(3) 在上述的整体观与多元统一观的基础上,亚氏构建了他的社会结构理论。在他看来,社会结构首先是一个多维的和多层次的架构,由家庭的集合体、经济阶层的系统(富人、穷人及中间阶层)、身份集团的系统(平民和贵族)、类似于中世纪"等级"的特殊阶级等方面所构成。亚里士多德用以分析社会结构的概念极为丰富,但让人费解的是,《政治学》这本书几乎完全不曾注意区分自由民和奴隶。也许是因为亚里士多德只把奴隶视为会说话的工具,只能算是家庭的基本要素之一,故在城邦这样一个自由民的共同体结构中没有其任何地位。这在当时被视为一个不言而喻的事实。亚氏的错误不仅在于他肯定了这种当时有教养的希腊人的共同偏见,更在于他为奴隶制的所谓合理性作了貌似学理的辩护,在奴隶制的

---

① 亚里士多德:《政治学》,1253a。
② 同上书,1253b。
③ 同上书,1264a。

问题上,他的见解远远落后于某些智者①。

亚里士多德还把社会结构理解为由分工所形成的行使不同社会职能的职业阶层,它们包括:第一部分是生产粮食的农民阶级;第二部分是从事各种技艺和制造的工匠;第三部分是商人;第四部分是在田间劳作的佣工;第五部分是武士;第六部分是祭司;第七部分是以其财产资助社会的富人;第八部分是以其才能服务社会的担任公职的行政人员;余下的是议事部分及审断争讼者之间是非曲直的司法部分②。

亚里士多德最为人熟悉的社会结构分析也许是他的按财产的多寡划分社会阶级的观点,这样,上述的多元阶级结构论(它实为一种职业阶层论)就被简化为一种二元阶级结构论。亚氏更重视后一种划分法,其理由至少有两条:第一,这种划分更具确定性,因无人同时既是富人又是穷人,但既是农夫又是武士,既身为工匠又兼任法官则完全可能;第二,权力在富人和穷人之间的分配对社会稳定及政制的影响最大。他力主由两极之间的中等阶层执掌政权,因为这一阶层最不会逃避治国工作,也不会对它有过分的野心,它就构成为一种良善的制度的基础,这种制度能避免寡头制和民主制各自的缺点③。

2.5 城邦制度的背景与城邦社会学的视野

柏拉图生当希腊城邦的危机时代;而到亚里士多德时,城邦已经分崩离析。马其顿的兴起,使一切城市国家都成了过时的陈迹,而他们对这一切几乎无动于衷,"全部讨论谈的都是城邦"(罗素语)。更值得注意的是,他们两人没有一个设想过不同于城邦秩序的别的社会秩序,他们只是追溯往昔,用灰色的理论描绘已变成灰色的生活,一如"密纳发的猫头鹰,要等黄昏到来才会起飞"④。柏拉图精心描绘其理想的国家,甚至不关心他生活时代的政治现实,理想国仍只是一种理念的城邦;亚里士多德十分熟悉许多所谓野蛮部落的生活样式,但他同样未能超出城邦的眼界。正如熊彼特所说,希腊哲学家"是从城邦的角度来观察宇宙的,他认为反映在城邦中的就是整个宇宙(其中包括全部思想世界和其他一切与人类有关的事物)"⑤。为什么城邦的制度成了以柏拉图和亚里士多德的学说为顶峰的希腊

---

① 参亚里士多德:《政治学》,1253b,1254b,1255a。
② 同上书,1290b—1291b。
③ 同上书,1296a—1297a。
④ 黑格尔:《法哲学原理》序言,第14页,商务印书馆,北京,1979年。
⑤ 熊彼特:《经济分析史》第1卷,第88页。

科学面前不可逾越的障碍？探究这一饶有趣味的问题，有助于我们从总体上把握希腊社会思想的基本旨趣。

造成希腊思想局限于城邦视野的主要原因乃是城邦制度本身。任何思想与知识均受所处社会环境的影响，社会思想尤其如此，因为社会思想不仅衍生于其环境，事实上，社会思想更是以社会环境为其基本研究对象。古希腊的城市国家与现代人的政治共同体十分不同，就我们现在的论题而言，特别值得注意的有以下诸方面。

（1）城邦是规模有限的社会。除斯巴达外，雅典是全希腊仅有的、领土较为广阔并一直处在连续不断的治理之下的国家，而雅典的面积亦不过相当于中国纵横百里的一个大县。城邦之间固然存在许多差异，但希腊人毫不怀疑，存在着一定的尺度或规模，是城邦不应超越的。他们认为，城邦应是这样一种共同体，在这共同体内，每一个成员都能将所有其他成员置于其视野之内，因而可将国家的所有职能置于其监察之下。亚里士多德认为，一个城邦最适当的人口限度应是大到足以自给生活之所需，又要小到观察所能遍及。由此看来，城邦基本上是一个独立的地方共同体。

（2）城邦是结构复杂的社会，这不仅表现在其社会阶层的繁复上，而且还表现在其不同阶级的社会地位差异的悬殊上。在组成城邦的居民中，自由民享有一切公民权利；奴隶只被视为物而不被视为人；人数众多的外侨介于两者之间，他们虽世代居住在城邦内，且在经济及文化生活中发挥着重要作用，但他们并没有公民权，也不构成城邦的一个基础部分，因为只有那些出身于其父母双方皆为公民的家庭的人才是公民[①]；换言之，血缘身份在城邦的社会分层中仍保持其极大的重要性。

（3）这样，与其说城邦是一种有着共同地域并受治于同一政府的居民共同体，不如说是一种藉出身而享有参与政治事务之权利的特权者的共同体。在谋生方面，他们本质上都是个人主义者；而在完善生活与人性实现方面，他们本质上是"社群主义者"。这样，就在城邦公民中产生了一种同类感、社区感和同胞爱，这是当时最重要的社会观念，是城邦精神生活中的一个决定性成分。polis 一词的原意即为"公民之家"，希腊公民的日常生活与其他公民是时时发生关系的，他们的生活以市场、广场、剧场为中心，这些场所犹如他们的大家庭。这种联结城邦公民于一体的纽带是多方面的（如身份的、民族的、宗教的及社会的）和强有力的。对他们来说，城邦意味着一种共同的生活；他们的宪法，正如亚里士多德所指出的那

---

① 亚里士多德：《政治学》，1275b。

样,与其说是一种法律结构,毋宁说是一种生活方式;因此,古希腊一切社会政治理论的基本旨趣是致力于这种共同生活的和谐。对希腊人来说,关于城邦的理论既是现代狭义的政治学,同时又是社会学、经济学和伦理学。

正是这种城邦共同体的背景,决定了希腊社会学的视野。一方面,古典希腊思想,特别是柏拉图和亚里士多德的思想,比起他们之后直到黑格尔之前的绝大部分思想包含更多的社会学洞见;另一方面,由于城邦的政治生活与社区生活如此紧密地融合在一起,竟使得大多数希腊思想家不知区分国家和社会,亦不能想象不同于城邦生活的其他生活样式。城邦文化的一体感和认同感造成希腊思想的城邦狭隘性,"希腊人缺乏疆域广阔的政治重要性的那种感觉"[①]。他们愈是清楚地意识到他们的城邦的和文化的社会一致性,就愈是坚持一种如"华夷之分"的自大态度,自视为"天之骄子",视周邻民族为"野蛮人"。这就难怪他们对亚历山大大帝(Alexander, the Great,前356—前323)给地中海世界所造成的彻底变革几乎没有察觉,仍在力图使已成为历史陈迹的城邦回光返照,从而丧失了思考与说明当代生活现实的敏感与能力。在这个意义上,古典希腊社会思想业已走到了尽头,下一时期,即古代希腊化与罗马时期的社会思考兴趣将随着历史的变迁而发生微妙而重要的变化。

2.6 斯多葛主义:大一统世界的社会思想

亚里士多德在公元前322年的逝世标志着一个时代的结束。事实上,在他逝世前六年,城邦的自由生活即告结束。经亚历山大的征服及其继承者的分割,军事化的帝国成为典型的政治组织,并势之必然地取代了城邦。当亚历山大的继承人处在最弱时期,若干城邦曾联合起来,先后成立埃陀利亚联盟和阿卡亚联盟反对马其顿,力求享有高度的自治权。这两个联盟在形成之初都企图以各邦联合的方式维持城邦制,但这种方式本身却孕育着超越城邦之上的政治组合。后在罗马的征服之下,这类政治组合都趋于瓦解,而沦为罗马帝国的地方政府(行省)。

城邦的没落导致了社会思想及人的精神气质的激烈变化。城邦让位于更大的政治单位,并日益丧失其独立性,公民的职责遂降为单纯的服从,对城邦的忠诚亦不复存在;自由人的观念也随自由的丧失而丧失;社会与政治的动乱及苦难,冲淡了人们往昔所自矜的自信感和进取心,代之以被征服的消极及屈辱感;人们既

[①] 阿德科克(Adcock):《希腊城邦的兴起》第Ⅳ卷,第26章,转引自顾准:《希腊城邦制度》,第5页,中国社会科学出版社,北京,1982年。

无法掌握自己的命运,又无力改变现状,只能逃避其所熟悉的公共生活,而转向个人的安身立命。这时期的哲学几乎都专注于寻求善的生活,而非善的国家。当时最大的两派哲学——伊壁鸠鲁(Epikouruos,前341—前270)学派与斯多葛学派①——都教导人民尽量少参与政治;个人幸福与社会福祉并无关系,国家亦非达到良善生活的必要工具。伊壁鸠鲁虽然承认国家的产生是由于国民个人自利的需要,认为法律是个人为达到其功利目的相互约定而成的产物,借以得到安全、防止暴乱及不公,但他把"肉体的无痛苦与灵魂的无骚扰"视为至福,故最终还是劝导人离群索居,退出公共生活。斯多葛学派从犬儒学派那里继承了禁欲主义及厌世主义态度,以"克欲求善"、"返回内心"、过"不动心的生活"为鹄的,逃避政治事务而致力于人生伦理,将政治与伦理分成两截,认为在一个恶劣的世界中,人不能有福,但可以有善,而真正的善则是个人的德行。

这样一种萦回于乱世中个体生存意义问题的伦理哲学似与社会学的关怀没有关系。的确,斯多葛学派不会产生与《理想国》、《政治学》相应的著作,但该学派所提出的众生平等观点、世界主义及自然法思想,似如一条条连线,将其独善其身的自足的个人与世界历史的进程连接了起来。因此,我们有理由认为,斯多葛主义扩展了社会学的视野,丰富了社会思想的传统。

(1) 众生平等观 古典时代希腊思想建立在"人类生而不平等"以及"个人注定要过城邦生活"等假设之上。亚历山大帝国所造成的不同民族与文化同存于广大的疆域内并受治于同一个政治权威的现实,使这些假设变得陈腐不堪,并促成了斯多葛的众生平等思想。在柏拉图和亚里士多德那里,人与(城邦)公民是同义词;而在斯多葛派那里,人的概念已成为人类概念。人秉有一种内在的"社会冲动",按其本性绝非仅是一个"政治的动物",这就从根本上动摇了古典思想的教义之一,即把人分成自由民和奴隶、公民和非公民的教义。伴随这种新的人类学思想出现了世界共同体的概念,在这共同体中,人人都能参与其事务,而不论他在权力、声望及财富结构中的地位如何。在自然面前,既无希腊人也无野蛮人;既无主人也无奴隶,只有彼此平等的人。

(2) 自然法 众生所以平等乃是因为人人皆为自然之子,皆秉有一份自然本性。人是自然大宇宙中的小宇宙,是大宇宙神圣火焰飞溅出来的一朵火花,故"个人的本性都是普遍本性的一部分"②。在斯多葛派看来,人性的自然不在于感性,

---

① 约公元前300年,芝诺(Zeno of Citium,约前336—前264)开始在一处有画廊(stoa)的地方讲学,故人们称其学派为斯多葛派。
② 《西方哲学原著选读》上卷,第182页,商务印书馆,北京,1981年。

而在于理性。塞涅卡(L. Seneca, 2—65)说人身上最好的东西是理性,"人由于理性力超越动物,并且与神相齐"①。斯多葛派把人之自然规定为理性,"人同此心,心同此理",这就把内省(精神)提升为普遍性概念,遂沟通了自足的个人与世界进程的联系。自足的个人并非放弃其对同胞、社会的职责的独善其身者,而是顺应自然,"率性而行者";"依自然而生活,也就是依道德而生活"②,即依天道、最高的秩序而生活,如此便由人道(理性)体现了天道。确切地说,人道(自然)与天道(自然)实为同一个道:理性(此即《中庸》上说的"天命之谓性,率性之谓道,修道之谓教")。黑格尔指出:"自然在斯多葛派那里也就是逻各斯:规定着的理性,是主宰的、统治的、产生的、弥漫一切的、作为一切自然形态——自然形态被认作逻各斯的产物——的本原的实体和动力。"③理性作为一种遍及宇宙的万能的力量,是法律和正义的基础。而处处寓于所有人头脑中的神圣的理性是不分国别或种族的。因而存在着一种基于理性的自然法,它并非任何特定国家的法律,也非由任何个别的立法者所制定或所编纂的法律,它在整个宇宙中都是普遍有效的。与古典的教义不同,斯多葛派认为,人不只负有对政治共同体的忠诚,更负有对世界共同体的忠诚。一方面,他是国家的成员,这一点决定了他要遵守国家的法律和习惯;另一方面,作为人类的一个成员,他要服从自然的法则。换言之,个人隶属于两种不同秩序:(并不必然合理的)政治秩序和(必然合理的)道德秩序。政治秩序固然并非总是反自然的,但它绝非是令人向往的。纷纷不已的党争,僭主的心血来潮,市场及政治的自发力量,使人对政治产生恐惧、不确定及无助感;历史走着自己的路,似乎丝毫不受人力的影响,人甚至连正在进行的过程是什么也浑然不知。这就难怪斯多葛派及其他许多哲学家倾向于对现存政治结构持一种疏离态度,退回内心世界,专注于伦理的关怀。或是追求不为物役、不为情牵,在世事无常的流转中咬定青山、自做主宰的内圣境界;或是推广其众生平等之仁心于宇宙之内,以实现"四海之内皆兄弟"的大同理想。

(3) 世界主义 斯多葛派的世界主义正是基于上述的自然人性论提出的。既然理性是人类的共同本质,整个人类的生活便有了共同的基础,"也就有了一个共同的法律,这样,我们就是同类公民了,因而,在某种意义上,这个世界就是一个国家"④。唯因人性相通,所以人类权利平等,遂产生大同主义的世界观。在这个大

---

① 转引自周辅成主编《西方著名伦理学家评传》,第101页,上海人民出版社,1987年。
② 芝诺语,转引自周辅成主编:《西方伦理学名著选辑》上卷,第215页,商务印书馆,北京,1987年。
③ 黑格尔:《哲学史讲演录》第3卷,第15页。
④ 奥勒留·安敦尼(M. Aulius Antonious, 120—180)语,转引自周辅成主编:《西方著名伦理学家评传》,第109页,上海人民出版社,1987年。

同世界中,每个人都对他人负有仁爱的天职;同一个普遍理性支配着每一个人,使他们自觉地把公共利益置于个人利益之上。奥勒留·安敦尼曾这样表达斯多葛派的世界主义情怀:"就我是安敦尼来说,我的城邦与国土就是罗马;但就我是一个人来说,我的城邦和国土就是这个世界。"①总之,斯多葛派的世界主义是以普遍理性为博爱的基础;以大同社会为普遍善的化身;以世界为人类生活的中心,从而倡导一种"大一统"的社会。鼓荡着哲学家们大同社会理想的想象力的正是大一统社会取代城邦制狭小社会的历史趋势。看到奴隶制的不合理,于是产生人类平等思想;看到亚历山大帝国和罗马帝国的伟大规模,所以抛弃了对城邦的赞美,而追求世界国家的理想。斯多葛派的世界主义政治观与世界公民论反映并切合当时的实际情形,故能得到实际政治的运用。罗马帝国的建立使世界法与世界公民思想成为政治的现实。"四海之内皆兄弟"的观念后来为基督教所接受,得以在更广的范围内流传开来。

2.7 罗马斯多葛主义的社会思想

斯多葛主义在古罗马时期继续流传,并有辉煌的发展,其主要取径有两条:其一,它促进罗马法观念的制定和形成;其二,它导致罗马道德哲学的兴起。前者的代表人物是西塞罗(当然还包括罗马法的编纂者);后者的代表人物则是塞涅卡。就法的情况而言,从古典希腊思想中汲取灵感的罗马斯多葛派复兴了国家的理论,并反复讨论个人在国家中的地位问题。在道德理论方面,罗马斯多葛派保持了其教义的纯正性,甚至较其前辈更趋严格。在这两个方面,斯多葛主义的人性(平等)概念和自然法概念都扮演着重要的角色。

(1) 罗马法　西塞罗关于社会哲学的一个核心概念是自然法,他指出:

> 事实上有一种真正的法律——即正确的理性——与自然相适应,它适用于所有的人并且是不变而永恒的……用人类立法来抵消这一法律的做法在道义上绝不是正当的,试图废止其中的一部分是不能容许的,而想要完全废除它则是不可能的……它不会在罗马立一项法律,而在雅典又立一项法律;也不会今天是一种法律,而明天又是另一种法律。有的只是一种永恒不变的法律,任何时候任何民族都必须遵守它。②

西塞罗认为最愚蠢的想法就是相信一个国家的法律或习惯中的内容都是正义的。

---

① 转引自罗素:《西方哲学史》上卷,第336页。
② 转引自博登海默:《法理学——法哲学及其方法》,第14页。

他似乎赞同这样一种观点,即完全非正义的法律不具有法律的性质。对这一问题的思考引导他注意被斯多葛正统所放弃的实定法问题。他把实定法与国家的性质和功能问题联系起来,认为国家是法律的创制和构造,应以法的权能或权利的术语而不是社会学的或伦理的术语来讨论国家。

萨宾(Sabine)认为,这种由法律入手分析国家的观点乃是欧洲思想中根深蒂固的要素。它是罗马思想的贡献,而在希腊思想中尚无与之相似的观念[1]。事实的确如此,罗马在文学、艺术、哲学、宗教等方面几乎无一不模仿希腊,而在政治、法律方面却有真正伟大的创造。最重要的贡献之一是恺撒经营西方的成就,"他把高卢并入罗马世界,既为罗马带来财富,又把城市生活和文化引入到当时蛮荒的西方。西欧文明后来就是在恺撒征服的这些地区固定下来的"。在法律方面,罗马人的成就更是无与伦比[2]。李约瑟说,"欧洲人的精神优越感突出地表现在法律和法理方面"[3],这主要指罗马法,不存在任何法学问题它没有涉及;罕有一个政治科学的角落,它的光芒未曾照临;罗马帝国的人口为五千万,而今天世界上有八亿七千万人生活在由罗马法律所造就的体系之下。按西方学者的共同见解,罗马法与希伯来的社会是非观及希腊的哲学精义同列为欧洲思想传统的三大基本要素[4]。罗马法的遗产是多方面的,就本书的兴趣而言,值得注意的有以下几点:第一,实定法观念。实定法是政府明定的规则,用以规范人民的生活与行为,在实定法确定的约束范围外,则委诸习惯、礼俗及道德的调节。这就使政治与法律有明显的划分;国家与社会亦予以区别;主权国家则成为法律的制定者。第二,法人观念。罗马思想既不接受柏拉图的有机体论,认为个人已被国家所吸收,只有通过国家才有个人的存在;也不赞同伊壁鸠鲁的观点,认为国家非人民生活所必需,个人离群索居仍可生存。罗马法明确界定个人与国家的关系,两者各有其一定的权利与义务。国家是一法人,只能在一定限度内行使权力;个人也是一法人,具有一定的权利,亦不得加以侵害。这种规定个人与国家的公法观念,以及独立主权者(法人)具有固有权利的观念,在希腊思想中并无地位。希腊的国家观念不是基于国家主权与人民的关系,而是基于个人与社区的关系;权力的最后所在,也是在于法律而不是在于个人。第三,契约观念。契约观念虽非罗马人的首创,但把契约行为明确视为平等的法人(法权主体)之间的具有法的效力的交易行为,这纯属罗

---

[1] See Jerzy Szacki: *History of Sociological Thought*, p.18.
[2] 菲利普·李·拉尔夫等:《世界文明史》上卷,第330页,商务印书馆,北京,1998年。
[3] 李约瑟:《四海之内》,第13页,三联书店,北京,1987年。
[4] 参同上书,第56页;德尔马(C. Delmas):《欧洲文明》,第3页,上海人民出版社,1988年。

马人的发明。罗马人甚至将宗教崇拜亦视为一种契约关系。崇拜者对天神履行一定义务并举行一定仪式,由此换取天神对他们的庇佑与其他好处。

(2)道德哲学　塞涅卡代表了罗马斯多葛主义的另一种发展。他对与政治制度有关的问题不感兴趣,他在自然法中看到的不是对政治改革家或法律创制人有用的标准,而是一套道德律令。他所要寻找的人类共同体不是一种政治的共同体,即不是国家,而是社会;其各种关系是道德的、宗教的而非政治的和法律的。在塞涅卡看来,国家至多是一种必要的祸害,不能视其本身为善的事物。他力图挽救他生活时代普遍沦落的道德,但他瞩目于无政府与无法律的人类共同体理想,而非作为一种制度设施的国家。但是正如他自己所叹息的那样,"我们不可能改变世界的关系。我们能够做的只有一件事,即寻求道德高尚应有的最高勇气,并借助它安静地忍受命运给我们带来的一切"①。这是一种忍受的福音,而不是一种希望的福音(罗素语)。"我们在斯多葛的著作中已经可以寻到绝望之最初的呼唤——厌世主义的第一声了。……它使得多数人心易于来接受基督教。"②

与古典希腊思想相比,希腊化思想与罗马思想因其赋予作为人类共同体之成员而非城邦共同体之成员的人的概念一种至尊的地位,从而大大扩展了社会分析的空间。一个是人类概念,另一个是依据法律而结成的公民联合的国家概念,都对当时及后来的思想发展影响很大。一方面,国家概念的系统发展成就了罗马政治学的伟大创造;另一方面,在奥勒留和塞涅卡那里,人类学已完全成为一种解脱哲学或拯救哲学,最后势之所然地汇入宗教运动的洪流中,促进了基督教思想的兴起和传播。

---

① 转引自周辅成主编:《西方著名伦理学家评传》,第107页。
② 克鲁泡特金(Kropotkin,1842—1921):《伦理学的起源和发展》,第172页,转引自周辅成主编:《西方著名伦理学家评传》,第108页。

第三章
中世纪基督教社会思想

3.1 奥古斯丁:天上之城与地上之城

基督教原先只是流行于古罗马世界内诸多彼此竞争的宗教中的一个教派,且不断遭受罗马国家的迫害,后来竟然成为罗马的国教。至于中世纪,教会"到处行使的不仅限于宗教的统治,而且行使政治、行政、经济和社会的权力。它的管辖权推及'基督教国家'中的每个王国;它不仅是每个国家中的一个国家,而且也是一个'超国家'。教会的统一性和它的官方语言在整个中世纪产生了一种世界主义"①。基督教兴起的原因向来就是令史家着迷的话题。在勒基(Lecky,1838—1903)的《欧洲伦理史》、吉朋(Gibbon,1737—1794)的《罗马帝国衰亡史》、罗素的《西方哲学史》等西方名著中对此都有精到的议论。这些探讨所涉及的大多数问题属于一般历史学的范围,就我们的旨趣而言,特别值得注意的有以下几点。

(1) 基督教起于下层社会,不承认任何种族和社会地位的差别。坚持慈善、布施和救贫的要求,这对于深受种族、阶级和奴隶制奴役的劳苦大众有巨大吸引力,因此,基督教不只是一种群众运动的意识形态,更成为令社会各方都不能忽视的一支社会力量。罗素正确地指出,影响君士坦丁(Constantine,306—337年在位)大帝确立基督教为国教的主要原因是大部分军人是基督信徒,他想借着袒护基督徒,便可以获得一个为基督徒所组成的单一组织集团的拥护②。

(2) 基督教宣传来世的教义,将主要兴趣从尘世转向天国,从现世幸福转向在超感世界中寻求灵魂得救和解脱,这类观点从本源上说来自希腊(柏拉图的理念世界、亚里士多德的精神一神论及斯多葛派的拯救哲学等)。然而将时空中世界视为幻觉,在希腊大概只是少数哲学家的信念,大多数公民是在日常生活上发现喜乐和美并纵情享用的;希腊化与罗马时期,更多的心智敏感的人发现了命运的

---

① 汤普逊(J. Westfall Thompson,1869—1942):《中世纪经济社会史》下卷,第261页,商务印书馆,北京,1997年。
② 参罗素:《西方哲学史》上卷,第410页。

不定、世界的不幸和人生的无奈,一改希腊人的向外进取而转向内在精神的持守和提升,不过,这仍不是大多数罗马人的心态。罗马人尚武,视荣誉重于生命,这种精神激荡他们是要在尘世建立伟业的,他们也的确征服了世界,只是到了罗马衰亡的后期,厌世不幸感才真正成为一种社会心理。罗马的苦难、罪恶和堕落都达到了极点,谁也感不到人生的兴趣。这种普遍的绝望和厌恶增强了人们对宗教的感情,产生了一种深沉的、强烈的、解放灵魂的要求,一种超越凡尘仰望来世的饥渴。正是在这样一种社会心理氛围中,基督教的来世说和救世福音能如此深深扣动千百万人的心弦。勒基说得好:"基督教的胜利,十分简明易解,根本不需要搬出什么超自然的力量。当时,宗教、哲学和道德都已解体,需要重新调整。基督教便以最令人信服和最吸引人的方式作出了这种调整。"①

(3) 吉朋认为,基督教的兴起有赖于基督教会社团的团结和纪律;这个社团在罗马帝国的中心逐渐变成了一个独立而日益强大的国家②。吉朋的观点符合历史事实。当基督教还势单力薄时,他们就已有了一种组织,这在当时是新颖的。罗素说:"组织赋予他们以一个压力集团所有的无与伦比的政治势力。"③罗马在当时实行宗教宽容,唯独对基督教例外,就因为基督教有组织,作为征服者的罗马当局对于臣民之间的任何社团组织都极端疑忌和不信任。然而基督教正是凭借其严密的组织成为席卷罗马帝国的群众宗教运动,因此,它如果不被罗马消灭就会取得压倒优势。果然,在坚持了数世纪的有组织的抵抗后,基督教不仅赢得了罗马国教的地位,甚至还取得了教会对于国家的独立。

教会权力的出现和教会的独立,不仅对基督教后来的发展至关重要,而且对整个中世纪的政治、经济及社会发展至关重要。可以恰当地把基督教哲学称之为教会的哲学,而关于基督教的社会思想亦可恰当地称之为关于教会这一社会组织的思想。人们公认把原始基督教义发展为一个完整的阐释体系的是奥古斯丁。正如文德尔班所说:"奥古斯丁是中世纪真正的导师。他不仅将基督教和新柏拉图的思想线路与欧利根④和普罗提诺⑤的概念联结在一起,他还以创造性的精力集中了当代关于救世的需要以及教会实现这种需要的整个思想。他的学说就是基

---

① 转引自汉默顿编:《西方名著提要·历史学部分》,第 117 页,商务印书馆,北京,1987 年。
② 参同上书,第 178 页。
③ 罗素:《西方哲学史》上卷,第 410 页。
④ 欧利根(Origen, 185?—254?):古代基督教著名的希腊教父之一、《圣经》学者,其学说后被视为异教学说。
⑤ 普罗提诺(Plotinus, 205?—270):新柏拉图主义创始人。

督教哲学。"①

　　就其自然禀赋而言，奥古斯丁属于那种在才智、性格感受性等方面都卓越非凡的人，他对宇宙的抽象的美和法则有深邃的体悟。路上两只小公鸡的打斗会吸引他去"一窥宇宙的法则和秩序的展现"；在深入思考之余，他承认"争斗的场面在我们心中激荡起一些乐趣"。这令人想起意大利的人文主义者阿尔伯蒂，"他看到参天大树和波浪起伏的麦田就为之感动得落泪，他把慈祥和尊严的老人们当作自然界赏心悦目之作来尊敬并且百看不厌"②。在旅居加西齐亚根时期，一夜，奥氏与其弟子为潺潺溪水声唤醒，引出一场关于溪水声忽高忽低之原因的兴味盎然的讨论。一位学生提出一种解释：水声的变化或可归因于成堆的落叶，落叶不时堵塞水道，旋即又被聚集起来的水冲散。由此又导致了对宇宙秩序的哲学讨论。这又使人联想到"冠者五六人，童子六七人，浴乎沂，风乎舞雩，咏而归"及孔夫子喟然叹曰"吾与点也"（《论语·先进》）的另一幅师生融融坐而言志的熟悉画面。在这一点上，基督教的圣人与中国的圣人似有几分相通③。

　　奥古斯丁的教义使他严峻，有时几乎不近人情，但一般总能得到其温和天性的调和，因此从未丧失过明达的常识和理智。他的思路固然时时受到符合经义必要性的限制，但也常常突破神学藩篱，表现出惊人的真实。他的气质和才智，在古代世界濒于崩溃的混乱时代里，助他成就了教会权威的地位。这里不是详细讨论奥古斯丁神学的地方，我们也无意卷入其神学义理的争论之中，令我们感兴趣的是在这种以来世与救赎为首要关怀的教义中所包含的有意义的社会学问题与社会学的洞见。

　　基督教救世论的基础是原罪论的人性论，这与古典希腊的人性观大异其趣。后者是人文主义的或理性主义的，认为人在本质上是一个理性的动物，任何人只要善加利用其理性，就能使其生活成功。依希腊的标准，他就成为政治生活中的一种力量并成为历史的创造者；而依希腊化与罗马的观念，他就在一个邪恶的世界里由于自身理性的庇护而成为一个有德的人。基督教抛弃了古典理性主义的人性观，认为人性最重要的因素之一是人类行动的盲目性，它不是出于个人缺乏知识的那种偶然盲目性，而是人性中固有的永恒的因素。这就是奥古斯丁所强调的原罪，他还把这一原罪与自然欲望的力量联系在一起。根据这种见解，每个

---

① 文德尔班：《哲学史教程》上卷，第354—355页。
② 布克哈特(Burckhardt, 1818—1897)：《意大利文艺复兴时期的文化》，第134页，商务印书馆，北京，1979年。
③ 参于海、王小平译：《奥古斯丁》，序言，中国社会科学出版社，北京，1992年。

人将败坏的本性随身带进这个尘世,此本性靠自己的力量或意志是不可能变好的;一切善来自上帝。因此,整个人类都需要救赎,但人无力自救,需依靠神恩。而神恩是天启,是在历史中展开和确证的(由创世的天启到摩西律法及先知预言的天启,到最后基督的道成肉身和末世审判)。这样,人类的活动通过救世这根红线就有了历史性的整体意义和终极性的价值意义,救世史被认为是衡量一切有限事物的标尺,人与社会的关系问题就这样被人与上帝的关系问题所代替,在时空中产生和消亡的东西,只有纳入人与上帝的关系的架构中和短暂的尘世与永恒的来世的概念结构中才能获得真正的意义。这就是说,中古思想中凡可称之为社会分析的东西都须通过这一概念结构才能获得理解。

奥古斯丁救世论的中心概念是教会,即教会是上帝所指派的拯救人类的工具,一个人若不成为教会的一员则绝对不能得救,教会是上帝与信徒个人之间的媒介。这种"教会中心论"从教义的脉络上说是上述原罪论和神恩论的必然结论,然而更为重要的是其历史的起源和社会的脉络。我们已经知道,基督教会开始时只是一个很不令人注目的宗教社团,但它通过坚定不移的努力逐步发展成为一种统一的组织,乘政治生活崩溃之机,以坚强的和自信的唯一权威出现。在罗马衰亡时期的普遍混乱中,教会代表着秩序;而在蛮族入侵造成的文化的普遍衰退中,教会又成为古典文化的传承者与卫护者,代表了当时最文明的力量。因此,教会独自担负起教育人民的重任,并且使哲学信念与社会的、政治的事务较前后时期结成更密切的联系。这是历史的情势所造成的,当时文明的罗马已经衰弱,而有力量的蛮族还不拥有足与基督教抗衡的文明。由教会倡导的一场旨在取消私战、取缔盗匪的"上帝和平"运动,便是集中体现教会力量的一个佳例。中世纪史专家汤普逊对此给予这样的评价:"教会所承担的不是单纯的警察权力。它是社会的领导。教会的真正伟大性表现在后一项的地位上。它表达了一种新理想,它宣布了一项更好的法律原则和一种更高级的伦理,公布了关于一个非基于强权而基于公理、正义、法律保障、人身和财产的不可侵犯性的封建社会之理论。"①

从社会的脉络来分析,教会是一个建立在一种教义上的社会组织,即"通过对赎罪的共同信仰而被召在一起的团契(信徒公会)"②。这种完全依人们共有的价值而建立的信念的共同体,是一种全新的组织。我们以前分析的城邦共同体或罗马国家,没有仅作为信仰和/或道德的共同体而不同时是功能的、阶级的和法人的结构的。在基督徒的眼里,共同体的成员,其优于他人的地位不再取决于不能由

---

① 汤普逊:《中世纪经济社会史》下卷,第286页。
② 文德尔班:《哲学史教程》上卷,第350页。

他控制的外部条件,如社会身份、财富、权力、种族等,而是取决于他的宗教信念和生活方式。在基督教思想家看来,信念共同体乃是最完美的团体,一切其他的社会关系都失去了重要性,因其都与尘世的事务联系着,只有基督信众的团契开辟了通向永福的道路。先前用之于一个整体社会的有机体类比,现在只适用于价值共同体。然而问题是,一个基督徒还生活在尘世中,作为一名官吏、一个士兵或一个农人,是否还应承担其对尘世社会的责任?由此引出更一般的问题:信念共同体与世俗共同体各自的性质及其相互关系。公元4世纪初开始的禁欲运动和修道院制度代表了对上述问题的一种激进的回答。其基本理论是肉体乃灵魂的敌人,一切肉体的欲望和感情都应当无情地予以摧毁。最可靠的解救方法是隐居或在寺院生活,尤其是杜绝女色的引诱,借以摆脱尘世及其种种诱惑。这些苦行僧为了追求一种纯洁的信徒社团,决意摒弃一切社会交际和社会责任。

奥古斯丁在《上帝之城》中以一种广阔的历史哲学和社会哲学的观点处理这一圣俗两种社会的关系问题。他的观点在西方教会看来如此重要,以至于贯穿整个中世纪都是教会恪守的正统原则。

1. 两种价值共同体:天上之城与地上之城

奥古斯丁的社会观基于这样一种信念:每一个社会事实上都是一种价值共同体,这就是他著名的天上之城与地上之城概念的出发点。"两种爱造成了不同的两座城:由自私的爱发展到连上帝也蔑视的爱,造成了地上的城;由对主的爱,发展为蔑视自己的爱,造成了天上的城。"①这是一种激进的神学中心论,这就是为什么奥古斯丁仅仅描绘了如此"两座城"。虽然还有许多可将人们联成一体的爱的对象,因此,能够有的社会近乎无限多(例如,奥古斯丁就提到由盗徒们组成的小社会),但只有上帝才至关重要。正是对上帝的态度将人类分成两个社会,从这种观点看问题,其他的划分就无足轻重了:

> 尽管世间有许许多多的国家,亦不难通过其仪式、习俗、言语、兵器及服饰上的明显差异将它们彼此区分开来,但人类社会仍不超过两种……一种由追求肉欲满足的人们所组成;另一种由追求精神价值的人们所组成。他们各有所求,各得其所。②

这两座城的分立仅仅是道德上的而不是有形的。它们的居民混居在一起,直

---

① Saint Augustine, *The City of God*, translated by Marcus Duds, New York: Random House, 1978, Book 14, Chapter 28.
② Ibid., Chapter 1.

到末日审判那一天，他们才会实在地分离开。因此，两个城的说法似并不对应任何可观察的社会事实，而仅仅用于展示两种对立的价值体系和两种不同的社会秩序。对其中一种社会的描述旨在提出一种专注于世俗价值的抽象的社会观念；而在另一个社会里，我们看到的是向往神圣价值的共同体，其求索的热情超过了其对个人的、家庭的、市镇的和王国的特定利益的兴趣。每一个城的内部秩序从而根本不同于在另一个城里盛行的秩序。

地上之城就其本性而言是不完美的，因为它是人性败坏的产物。"在尘世的社会中，固然也因某种共同的手足之情将人们结合在一起，但它仍多半是分裂的，强者欺凌其他人，因为人人都在追逐自己的利益和欲望的满足，然而人们所渴望得到的对任何人都不是必需的东西，因为它们都不是真有价值的东西。"①在奥古斯丁看来，在有组织的尘世社会中争夺利益的斗争是不可避免的。

上帝之城中的情况就完全不一样了：

> 这里有真正的和平，没有人会遭受冲突之苦，不论是他自己造成的还是来自旁人的……神都是个永福之地，地位低的人不会嫉妒任何地位高的人，就像天使们不会嫉妒大天使一样，因为没有人觊觎他不能得到的位置……这情况如同身体，尽管手与眼十分和谐地同在一完整的身体构造内，但手并不想成为眼。因此，无论天分高低，每个人都会继续得到满足，但不会渴望得到他不该享有的东西。②

奥古斯丁力图证明这两种对立的价值体系对应着两种不同的社会秩序：一种基于冲突，另一种基于一致。这样，奥古斯丁的俗城说便精心杜撰了一个机械的和准契约的社会学，而他的神都概念则提出了一种有机体的和准生物论的社会学。当然，在奥古斯丁的社会思想中看出太多的东西与完全避而不看都是危险的。我们须始终记住他基本上是个神学哲学家。即便他对尘世之城的描述包含了许多对当时罗马帝国衰亡期的社会现实的观察所得的第一手材料，但他对天上之城的思考则与现世的经验无关，这种情况与柏拉图正好相反。柏氏"理想国"无论多么乌托邦，它终究不外乎一个城市国家。

2. 两种忠诚：服从尘世的法律与热爱天国

俗城与天国的对立，并不意味着人们要逃避其在世间生活中的一切责任。人们必须关怀其物质的需要；他有自己的家庭和国家。奥古斯丁竭力反对多纳图教

---

① Saint Augustine, *The City of God*, Book 18, Chapter 2.
② Ibid., Book 22, Chapter 30.

派(Donatists)的说法,他们主张不承担政治义务,不服从政治权力,认为国家乃是最丑陋最邪恶的东西。奥古斯丁则认为,国家和法律是为了对付人类堕落的新情况、依神意而产生的惩治罪犯和救济罪犯的手段,所以人民必须服从。一个基督徒在尘世的责任是至死方才可以解脱的,因此,他从属于两种秩序,天国的和尘世的。他虽然热切地与其基督教兄弟生活在一起,但并不因此而弃绝其与尘世秩序的联系。基督徒既要维护其信念共同体的理想,又须与其他人一道相安共处。正如罗素所说,基督徒从一开始即须对上帝和恺撒,或用政治术语来说,对教会和国家尽双重忠诚①。这两种忠诚的性质自然有所不同,"基督徒遵从所在国的法律和习俗……视尘世为羁旅,对苦难泰然处之,置身度外,他们在人间度尽一生,但满心向往天国的生活,因他们是天国的公民啊!"②

因此,构成罪恶的不是我们置身于尘世生活,而是对尘世价值的热衷与钻营,因为这将导致我们放弃更高的价值和对天国生活的祈望。正如前面所说的,我们最终属于哪一个共同体取决于我们的信念,而不取决于那些决定我们处境的但又不能为我们所控制的因素。

3. 教会高于世俗国家

天国和地上王国的概念并不完全等同于教会和国家的概念。天国是一个理想社会,那里的公民不仅包括现今在世的人,也包括去世的人和未出生的人。从这方面来看,它比现实的教会更大。但从另一方面来看,它又较小,因为它只包括上帝预定的选民。在教会之外固然不能得到拯救,但教会中仍有不少败类。这些人尽管外表上入了教,参与圣事,仍属于地上之国。神恩乃无功受赏、预定,故选民与败类之间本无明确标记,这样在有形的教会内还有一个无形的教会。而尘世的国家,若是迫害教会的异教国家,则体现了地上之国而与天国相对立。但在奥古斯丁时代,基督教已为国教,法律在许多方面是按基督教的标准修订和补充的,因此不能再说罗马帝国与地上之国完全等同;何况奥古斯丁认为,早期教会对千年王国的希望并非空想,在他看来,基督教在罗马帝国的胜利,就是千年王国——上帝在世上为王的开始。

但上述学说过于复杂,不易为一般信徒所了解;奥古斯丁本人在以教士而非神学家的身份写作布道时,对他自己规定的区分也是不大理会的。普遍信徒从奥

---

① 参罗素:《西方哲学史》上卷,第381页。
② 塔提安(Tatianus,120?—175,基督教早期的护教士)致狄欧根尼塔的一封信,转引自 Jerzy Szacki: *History of Sociological Thought*, p. 20。

古斯丁理论中了解到的是一种既简单又实用的对比：天国在世上的体现就是罗马教会；同样，地上之国的代表就是罗马帝国。这一思想包含着教会的重大利益之所在，因此尽管在义理上有漏洞，但马上为教会紧紧抓住，成为其鼓吹"神权国家"的理论根据。圣安布洛斯(St. Ambrosius, 339?—397)先已宣称"凡是属于上帝的都不隶属于皇权之下"，故在宗教事务上，教会代表最高及最后的权威，俗权不得僭越干预①；而奥古斯丁将世俗国家和政治制度视为原罪的结果和神的补救办法，故世俗国家必须服从教会，当世俗法律(lex temporalis)的规定与上帝的永恒法(lex aeterna)相悖时，这些规定对基督徒便不具有任何效力，并应该被抛弃②；尘世国家只有像犹太神权国家那样侍奉上帝，运用其权力来推广对上帝的崇拜，其存在才是正当的。总之，"教会所争取的，首先是独立于世俗权力之外，然后是凌驾于它们之上，这种斗争可以说是中世纪历史的主要动力。在这场争夺中，教会不仅在内部仿照君主集权制，把教权收归教皇统辖，使这种制度达到了登峰造极的地步，而且制造了一种理论，认为教权至高无上，得自神授，超越于世俗统治者之上，这种理论后来成了罗马教会的一贯主张"③，这个理论就是出自奥古斯丁的"双城记"。奥古斯丁把这场争斗置于历史的脉络中，坚信天国终将取代地上之国。这样，他就抛弃了古典思想的循环变迁观，以及人类事务的永恒轮回观。在他看来，历史是受天命指引的，有终极的意义和目标，因此必定是上升地、直线地前进的发展过程。这种历史观固然是用神学目的论(救世、来世)的语言阐述的，但仍不失为近代流行的历史发展观和进步观的先驱之一。

3.2 托马斯·阿奎那：天恩与人性

托马斯·阿奎那(Thomas Aquinas, 1225—1274)被公认是中古基督教思想最伟大的代表人物。他的学说被教会定为天主教的官方教义，享有至高无上的权威地位。萨基正确地指出，阿奎那的社会理论与西罗马帝国崩溃后西欧形成的新的社会秩序是完全吻合的④。因此，为了理解阿奎那，我们首先应该了解新秩序的基本情况。

从奥古斯丁到阿奎那的八个多世纪间，西欧发生一系列重大事件，其中头等

---

① 参罗素：《西方哲学史》上卷，第413—418页。
② 参博登海默：《法理学——法哲学及其方法》第23—24页。
③ 穆尔(G. F. Moore)：《基督教简史》，第164页，商务印书馆，北京，1981年。
④ Jerzy Szacki: History of Sociological Thought, p.22.

重要的是封建制的建立和教会支配地位的确立。

封建制是罗马因素(隶农制)与日耳曼因素(军事等级制和农村公社)汇合的产物。另按汤普逊的看法,罗马贡献了财产的关系,日耳曼人贡献了人身的关系。它们的结合形成了封建制度的主要性质[1]。通过层层分封土地和人民而形成的封建领主制是一个不同的社会阶级有着严格的划分、各自的权利与义务有着细致的规定的等级制。奈斯比特(R. Nisbet)写道:"在这种等级制中每一个人的活动是根据其社会身份而规定的。团体与从属是中古事务模式的核心。整体秩序被认为是诸团体所共同趋向的团结;个人的职责是侍奉他们所在的社团,不论是修道院、行业公会、大学、庄园、采邑或宗族。中世纪的哲学家将社会视为巨大的链条,从处于最底层的最单纯的机体一直联系到处于极顶的上帝,每一个环节无论多么微不足道,在神圣的链条中都至关重要。"[2]

在罗马陷落后,教会逐渐接过领导社会的责任。有些责任是强加在教会身上的,但教会是主动地而非被动地接受它们的。"教会逐渐意识到它所已承担的任务的真正性质。它逐渐认识到:它是一个世界性的机构,因而必须组织一种世界性的行政制度。"[3]教会独占着教育的力量,在罗马遭蛮族蹂躏的黑暗时期,教会担负起重建文化的重任,并以卓绝的努力赢得蛮族的归附。另一个关键是,教会成长为一个大地主,教皇则是最大的领主,这使它实际上成为封建经济结构的最重要的支柱之一。中古的现实是诸侯林立,分崩离析,封建贵族没有任何政治一统的联系,但中古的观念却是世界帝国和世界教会的,因为"教会拥有教理的一致性,赋予它包罗万象的力量,这种世俗的与精神上的力量的结合造成了教会的教理与封建社会之间的完整的协调一致"[4]。从9世纪到13世纪,虽然教权与政权在不同时期和不同地区有过互争雄长的局面,但大致说来,这是一个教权逐渐上升终于达到顶峰的过程。教皇格雷戈里七世(Gregory Ⅶ,1020?—1085)曾成功地宣布剥夺亨利四世在意大利和德意志的君权,解除臣民对他的效忠誓约,并迫使亨利四世前往教皇所在地卡诺莎堡请罪。英诺森三世(Innocentius Ⅲ,1160—1216)更使教皇的权力达到顶点。他有力量决定帝国皇帝谁有继承权,能使英王自认是教皇附庸。他的教义是:"主交给彼得治理的不仅是整个教会,而且是整个

---

[1] 汤普逊:《中世纪经济社会史》下卷,第325页。
[2] 奈斯比特:《社会哲学家:西方思想中的团体和冲突》,第192页,转引自 Jerzy Szacki: *History of Sociological Thought*, p.23。
[3] 汤普逊:《中世纪经济社会史》下卷,第263页。
[4] 罗尔:《经济思想史》第43页。

世界。"①教权的上升也使教会越发全面和深入地卷入与封建体系的纠缠中,越发积极地致力于世俗事务。这也是情势所然,事利所诱,纵使有专心于教务的主教与教皇,要想局限其活动于纯宗教范围内,而不涉及世俗领域亦是不可能的。在这场围绕教会财产和圣职授受的斗争里,最大的得益者是封建化的主教,教会世俗财产的控制权大部分落在他们手里,他们成为宗教王公而把他们的主教区土地看作自己的封建财产。结果,一个地方的主教既是一地的宗教领袖,也是当地的封建王公、执政官和司法官。中世纪的教堂则是这种圣俗一体且包罗万象的最突出的象征。一方面它是神权的所在,天国在世间的代表,哥特式教堂的建筑完美体现了这一原则(参图3.1和图3.2)。高耸入云的尖塔喻示通向天堂的道路;巨大的柱墩、柱墩上放射式的肋架券及其支撑的又高又尖的拱顶,产生了生机盎然的向上动势,给人以向上攀缘而得救的希望。中世纪的哥特式主教堂之高,令人生出敬畏;它高耸于城市的上空,对于四周匍匐着的矮小的市民住宅和店铺,它又像一只母鸡把幼雏保护在羽翼之下②。因此另一方面,教堂也代表了对世俗世界的管理和照料。汤普逊称,一所中世纪的大教堂也是一个规模宏大的社会企业,是社会各阶级和各种地位的人们都感兴趣和自豪的对象,"因为教堂是当地社会中的最大而又最好的建筑物,又是一所大家都有一份和共同的利益的建筑物,所以它用于许多世俗目的方面":在战争期间人们到那里避难;在和平时期它是社会的和贸易的中心;磨谷和酿酒有时在教堂内进行;冬季食粮和干草储藏在那里;在庆祝节日,假面剧和宗教剧在教堂演出,在一个没有世俗艺术和音乐的世界里,教堂中的壁画、花玻璃、灯盏和蜡烛的亮光,教士袍服的颜色和焚香的气味,都给人以情感和审美的享受。汤普逊因此而断言,"中世纪教会,曾使它的建筑物社会化"③,其实质是教会兼有灵魂拯救和人间事功的双重权能,因此教堂不只让人心生敬畏,更令人情有所归。

  教会日益与封建体系一体化的新的现实需要经院学者拿出适当的解释和辩护。直到现在为止,支配基督教思想的最大权威还是柏拉图主义者奥古斯丁。在他那里,天国与地国、教会与世俗政权顽固地相互对立着,对政治的看法是悲观和无奈的,理性的地位晦暗不明。如果说奥古斯丁对人生的解释曾一度适合于中古早期人们的超俗思想,那么现在,这个学说所反映的历史条件已经部分改变了。在阿奎那时代,曾经长期被忽视的亚里士多德的一些著作又开始为学者所接触。

---

① 转引自摩尔:《基督教简史》,第173页。
② 陈志华:《外国古建筑二十讲》,第88页,三联书店,北京,2002年。
③ 汤普逊:《中世纪经济社会史》下卷,第293—294页。

图 3.1：德国科隆主教堂，从 12 世纪开始建造，直至建成达 600 年之久，高耸入云的尖塔，象征着通向天国的道路，是多少代人将得救的希望和对天国的热情所筑的天梯。它的钟塔高 157 米，大厅长 144 米，总宽 45 米，高 43.5 米，是最大的哥特式主教堂之一。它高高耸起在城市的上空，俯瞰匍匐在它周围的低矮的民宅和商铺，既代表了至高无上的神权，具有圣父的威严；又象征圣母的慈爱，承担对世俗世界的管理和照料。套用奥古斯丁的语言，教堂是地上的天上之城。它的尖塔飞向天国，而它的大厅坐在世间。

图 3.2：英国林肯主教堂（Lincoln Cathedral）的大厅，飞跃的石拱券和飞扶壁凌空托起高耸的中厅，抬起中世纪的"玻璃幕墙"（花窗），产生生机盎然的向上翻腾的动势，给人以向上攀缘以期触摸上帝脸庞获得神恩的希望。

就在人们对自己做的工作感到自豪、理智的热情开始在西欧蔓延开来之际,亚里士多德思想的复兴,为思想把握历史生活和政治生活的新近发展提供了适当的方法。经院学者在亚里士多德的著作中发现了他们想要的几乎所有的东西。于是,阿奎那着手调和理性与天启,使基督教教义与渐趋活跃的古典思想及异端哲学有所折中,将亚里士多德主义与奥古斯丁思想及圣经信条相配合做成综合体系。这一时期被西方学者恰当地称为经院哲学的古典时期[①]。

当我们将中古经典的社会思想与早期基督教社会思想两相比较时,令人耳目一新的是天国与尘世之对立的缓和。奥古斯丁将人类社会有机体的理想置于来世,置于由选民组成的永恒的共同体之中,而在阿奎那的著作中它已变成了尘世社会的理想。先前专指基督信众的联合体的有机社会观,现在亦适用于社会本身。社会仍然是一个神性的实体,但同时也是一个功利的实体。神学始与政治学和解,理想始与现实调和。天国的等级关系与尘世封建制是同构的。

两种秩序的对立在早期基督教是基于天恩与人性(原罪说)的对立。但阿奎那理论的基本点是"天恩不夺走人性而只会使人性完善"[②]。这个著名公式所表示的意思是:人性的价值和真理不一定由于有了较高的价值和真理的发现而丧失其意义。应力求看出并了解人类的活动和思想的整个范围,给人生的每一方面都留有地位,但同时又把它们分派在一个有秩序的体系中,这是一种怎样的体系?阿奎那认为这是一个包括神法、自然法与人法,使天恩与人性皆得到体现的宇宙秩序的大全体系。

支配这个秩序体系的最高的原则是永恒法。"永恒法不外乎是被认为指导一切行动和动作的神的智慧所抱有的理想。"[③]天地万物,皆隶属于神辖范围,故都受永恒法支配和调整,但只有上帝才知道作为整体的永恒法。

永恒法之下是自然法(lex naturale)。虽然凡人无力知道自然法的整体,但可以凭着上帝所赋予的理性能力了解其中的部分内容,"理性动物对永恒法的这种参与就是自然法","自然法不外乎是永恒法对理性动物的关系"[④]。阿奎那将自然法规定为人身上存在的一种与一切实体共有的趋吉向善的自然而发的倾向。这样,人的自我保护的自然本能、性关系和抚养后代的本能、求知(了解有关上帝的事实)的天然欲望、希望过社会生活的自然倾向等都被视为是善的,是自然法的内

[①] 参熊彼特:《经济分析史》第1卷,第137页。
[②] 《阿奎那政治著作选》,第12页,商务印书馆,北京,1987年。
[③] 同上书,第111页。
[④] 同上书,第107页。

容①。这种观点本质上是功利主义的和理性主义的,因为他认为:"人天然爱好的一切行为都与自然法有关;而在这类行动中,力求按理性行事乃是人所特有的。"②这样,自然法就成为一座桥梁,由此而可跨越把人与上帝、尘世与天国、政治学与神学隔开的鸿沟。世俗社会与政治国家不再被解释为人性败坏的结果,阿奎那追随亚里士多德,而从人的本性中得出国家的观念。他一再重复亚氏的名言:人天生是政治的和社会的动物;人受神法、理性和政治权威这三重秩序的支配。如果人天生是个离群索居的动物,那只要有理性的秩序和天启法的秩序就足够了,但人是个政治动物。如果他想达到他的适当目的以及人生与德行的最高形式,他就必须参加政治生活,锻炼政治道德③。阿奎那竭力要使国家和政治具有一种独立的价值和纲领,势必导出这样一个结论:政治权威具有一种不依存于宗教(神法)的本身的价值。它体现了自然的秩序和理性的秩序。这意味着甚至一个非基督教国家也赋有一种实在的价值,这与奥古斯丁关于非基督教国家是地上之城与罪恶行为的体现这一想法相去甚远。但对阿奎那来说,政治义务虽以人的本性(自然法)为基础,但政治所培育的公民道德并未穷尽人类的使命,人作为尘世的动物实现了自己的目的,他还有更高的使命,那就是灵魂的拯救(神法)。因此,政治义务最后以宗教义务为依归,自然法以永恒法为依归;天恩不夺走本性,本性当然也不会取消天恩,本性需要天恩来加以改善。亚里士多德在把城邦视为人的自然本性的完成与终结时提出了一种自然目的论,在奥古斯丁的天恩救世说里则包含了一种历史目的论,但这两者一直没有联系。阿奎那的自然法的国家论在一个宇宙秩序体系中将这一个附属于另一个之下,"从而完成了从未尝试过的古代世界观和基督教世界观最深刻、最广泛的结合"④。

在自然法之下,也即最后一种法是人法(lex humana)。阿奎那把人法定义为:"一种以公共利益为目的的合乎理性的法令,它是由负责管理社会的人制定和颁布的。"⑤阿奎那认为人为法(即实定法)的有效性取决于它的正义性;唯符合理性者才可说是合乎正义的;而理性的法则即自然法,因此人法来自自然法,且仅在符合自然法时才是合法有效的⑥。

阿奎那固然把自然人性的某些要求提升为自然法,但他强调的不是权利而是

---

① 《阿奎那政治著作选》,第 112 页。
② 同上。
③ 同上书,第 16、104 页。
④ 文德尔班:《哲学史教程》上卷,第 438 页。
⑤ 转引自博登海默:《法理学——法哲学及其方法》,第 27 页;并参《阿奎那政治著作选》,第 117 页。
⑥ 《阿奎那政治著作选》,第 116 页。

义务,不是个人幸福而是公共利益。他同样把是否以公共利益为目标视为人法之合法与否的根据。根据这一原则,如果法律缺乏这种目标,它就没有责成人们担负义务的力量,故结论是:不法的命令没有拘束力,对昏君必须加以反抗。阿奎那为他这一相当激进的观点引经据典加以辩护,"因为,在《使徒行传》中说(第五章第二十九节):'顺从神而不顺从人,是应当的'"①。在这里,我们再一次看到政治隶属于伦理并为最高伦理价值辩护的主导倾向。这个最高的东西就是这宇宙秩序所由产生的唯一原因及全体趋向的终极目标,这样我们就又回到了那指导宇宙中一切运动和活动的神的理性和智慧,神的智慧为一切活动都留有地位,同时又把它们按其与最高价值的关系安排在一个等级秩序的体系中。

这种宇宙结构的等级秩序也是人类社会世界的秩序。阿奎那视等级次第与秩序是同义词,这自然反映了中古教会等级制和领主等级制的现实,但阿奎那思想另外还有两个来源:其一是基督教正统的观点,即一切权力来自上帝(唯一者);其二是亚里士多德的人生而不平等、故组织为功能互补的有机体和贵贱臣属关系的观点。社会是个有机体,在阿奎那看来,这不仅指社会各部分的相互依存,指这种依存联结而成的统一体,更主要指这种有机体的分层结构,低层部分依赖于高层部分的必要性。对身体而言,头是产生感觉的来源;对社会来说,没有权威就是一具死尸。此外,社会实体的不同部分对于整体生命的重要性亦不相同,因此社会要有阶级的划分和等级的安排。每一个体根据全体的计划有一确定的功能承担,而且仅当他遵从在上者的旨意才能完成好其任务。每个人在结构中的地位,不仅是按全体的目标予以确定的,并且一旦确定便永不可加以改变,否则就会导致全体的瓦解。在这里我们批评柏拉图、亚里士多德的理由同样适用于阿奎那,分工的必要性不能成为证明身份等级制之合法性的根据。

阿奎那不知疲倦地强调人天生是政治的和社会的动物,这个命题来自亚里士多德,但在中世纪它包含的意义似乎更丰富。从本性讲不能自足的个人,不仅必须生活在家庭、地方社团和国家之中,而且还必须生活在某种契约团体中。这是我们在了解中古社会时必须注意的重要之点。中古的政治既是高度约束的,又是极其分散和多元的。其社会制度既有垂直的臣属依附关联,又广泛存在水平的契约关系。家臣隶属于领主,但他也从其所从属的社团、从社会合法的渠道和契约团体获得其应有的地位,其主人也必须承认这种地位。

13世纪是中古封建社会的鼎盛时期,同时也是中古欧洲开始向近代欧洲转变的时期。托马斯·阿奎那是站在这一历史十字路口的人。一方面,教会的地位已

---

① 《阿奎那政治著作选》,第121页。

趋极盛,基督教无论在精神事务方面还是在世俗事务方面都发挥着重大作用,世界帝国和全教会(基督教世界)的理想还在欧洲人的心头活跃;另一方面,近代民族正在逐渐形成,近代主权国家的观念也正从法国和意大利南部出发,走上其遍及欧洲的道路。阿奎那如实地对待当代生活的新经验,因此在他把亚里士多德引进基督教世界的工作中,不难发现有许多经验的、合理的思考。但这不应当让我们受到蒙蔽而看不见阿奎那思想的究极的神学背景,他恢复了政治学的价值,但人的最终目的,即无上的福祉,只有在来世才能达到,并将完全在于沉思;他把理性提高到了基督教会从不曾许可的地位,但其体系的压顶石仍是天启。他的社会有机体论意在使现存的社会秩序合法化、永久化。这一切表明,他终究是按基督教的立场来阐述和改造亚里士多德的。

第四章
文艺复兴时期社会思想

4.1 文艺复兴的社会历史背景

文艺复兴时期通常指欧洲历史的这样一段时期,这段时期处在欧洲封建社会存续的最后几个世纪。这时从封建社会内部产生了最终摧毁托马斯·阿奎那世界的资本主义。"中世纪精神所集中的坚强统一性在时间的发展过程中被打破了,原始生命力挣断了历史强加在各民族心灵上的共同的传统枷锁。这样,新时代就以民族生活的觉醒宣告了自己的开始,精神领域的帝国时代也告终了;财富分散、生气勃勃和丰富多彩代替了中世纪所形成的集中和统一。罗马和巴黎不再是西方文明的统治中心,拉丁语也不再是文明世界的唯一语言。"① 这是"一个人类智慧喷涌、艺术创造力量勃发的非同寻常的时期"②。这段时期从 14 世纪起一直持续到 17 世纪初,人文主义运动、宗教改革和科学革命是这一时期发生的最重要的事件。

文艺复兴这一概念带有很强的价值色彩,它从一开始就包含对着中古文明的激进批评。彼得拉克(Petrarch,1304—1374)是最早对文艺复兴精神进行思考的人。他第一个提出"人学"和"神学"这一对立概念。在他看来,文艺复兴前的一千年乃是欧洲的黑暗时代,文艺复兴开始了摆脱黑暗时代、复兴古代学术的新时代。彼得拉克的看法对后世影响甚大,后来的许多作者在对文艺复兴大加肯定的同时,像彼得拉克一样将中世纪看得一团漆黑。这种非历史的态度无助于公正客观地评价中世纪的历史变迁。马克思主义的经典作家坚定地反对割断历史的片面观点,充分肯定了欧洲历史在中古时代所取得的成就。恩格斯在《路德维希·费尔巴哈和德国古典哲学的终结》一文中谈到:"反对中世纪残余的斗争限制了人们的视野。中世纪被看作是由千年来普遍野蛮状态所引起的历史的简单中断;中世纪的巨大进步——欧洲文化领域的扩大,在那里一个挨着一个形成的富有生命力

---

① 文德尔班:《哲学史教程》下卷,第 469 页,商务印书馆,北京,1996 年。
② 罗伯特·C·拉姆(Robert C. Lamm):《西方人文史》下卷,第 4 页,百花文艺出版社,天津,2005 年。

的大民族,以及 14 和 15 世纪的巨大的技术进步,这一切都没有被人看到。"①

从 20 世纪开始,一些文艺复兴的研究者发挥了另外一种观点,他们注意到文艺复兴与中世纪的历史联系,有些作者令人信服地证明某些被认为文艺复兴开始有的典型观点和方法其实在中古时期已经形成②。文化历史学家赫伊津哈也认为人文主义并非突如其来,而是在中世纪思想的纷繁茂盛之中长成,"人文主义在成为动力之前尚是一种形式。另外,中世纪思想的特征模式在文艺复兴之后很久也没有消亡"③。但如果由此进而抹掉文艺复兴与中世纪之间的分界线,这观点也是偏颇的。文艺复兴的确标志着欧洲历史的一次大转折,"这是一次人类从来没有经历过的最伟大的、进步的变革"④。

在中世纪无数渐变的推动下,15、16 世纪的西欧基督教世界正在经历迅速的离心过程,世界帝国和世界教会的理想彻底丧失了号召力。取而代之的是许多具有平等主权的国家共存的概念。中古的文化与社会结构趋于崩溃,而新文化的骨架正在塑造成形之中。与此相伴随的是,一种在社会、政治与文化上占统治地位的僧侣与以农业为其经济基础的封建文明正在向一种世俗的工商的资本主义文明过渡。

这类变化最早出现在意大利,这是有其特殊原因的。意大利在若干世纪内一直处在世界主要交通线的十字路口上,城市与商业高度繁荣,国内缺少强有力的中央集权。这些条件使意大利摆脱了在欧洲其他地方阻碍发展的许多束缚,而成为"近代欧洲的儿子中的长子"⑤(参图 4.1)。这场最终摧毁旧世界的危机表现在社会生活的各个方面。

在经济上,商业的扩张摧毁了自给自足的农业经营,并大大促进了市场导向的生产。到 15 世纪末,习惯上与"资本主义"这个概念相关联的大多数现象都已显露了出来,其中包括工业企业、股票、商品投机及"资金高速流转"。伴随着地理大发现的是财富的积累、贵族的衰败和新兴资产阶级的崛起,并最终结束浸透教义精神的中世纪的经济法规,这些法规既通过行会制度支配生产,又通过所谓"正义价格论"支配市场。旧城市再现积极与活跃,新城市复如雨后春笋般勃然兴起,其利益与农业经济不同,故对封建制度采取敌对态度,并要求自治。当土地不再是主要的财富来源时,商人则成为富甲天下的阶级,并获得享受高等教育的机会。

---

① 《马克思恩格斯选集》第 4 卷,第 225 页,人民出版社,北京,1972 年。
② 参熊彼特:《经济分析史》第 1 卷,第 128—129 页。
③ 约翰·赫伊津哈(Johan Huizinga):《中世纪的衰落》,第 342 页,中国美术学院出版社,北京,1997 年。
④ 《马克思恩格斯选集》第 3 卷,第 445 页。
⑤ 布克哈特:《意大利文艺复兴时期的文化》,第 125 页。

图 4.1：意大利佛罗伦萨主教堂。当初设计大教堂的委托书这样展望：您将建造的大厦，其宏伟和壮丽是人类艺术不可能再超过的。您要把它造得无愧于这个总合了团结一致的公民精神的极其伟大的心愿。建成的主教堂完全实现了委托书的期望，它那饱满的、充盈着张力的穹顶，高高耸向天际，代表了新时代昂扬的进取精神。

知识加上财富，使其对社会的影响力日益增长，不论他们在传统等级制度中的地位如何。

在政治领域，最重要的发展是教会势力的衰落和独立的民族国家的兴起。国家逐渐代替教会成为支配社会的统治势力。国家联合富商，先是打败了封建贵族，而后又成功地从罗马教会赢得独立，与之相伴随的是封建社会分治主义的结束和教会精神势力的普遍主义的衰落。在社会日益世俗化的同时，教会本身也在经历一种世俗的过程。15世纪的罗马教皇实际上已沦为一个盘踞在意大利中部的小君主，对内依恃罗马豪门，一朝当选，亲族皆贵；对外则仰承大国鼻息，扮演一个可耻角色。另一方面，从精神枷锁下一旦获得解放，既带来了艺术、科学的自由发展，也造成了道德和政治上的无政府主义泛滥。

在社会组织方面，中古的社会等级秩序正遭到破坏。在这种秩序中，每一个人占有一个其与生俱来的不可改变的位置和指派给他的身份，而不论其个人的才能与成就如何。"人类只是作为一个种族、民族、党派、家族或社团的一员——只是通过某些一般的范畴，而意识到自由。"[①]这时期社会等级制依然存在，在一切方

---

① 布克哈特：《意大利文艺复兴时期的文化》，第143页。

面等级的对立和反差甚至较先前更加尖锐鲜明,但同时社会地位身份的升降变化也日益加剧。"公民的概念取代了臣民的概念,还不十分明确的自由契约的概念取代了代代相传的、如同有机物的链键一样的传统依附关系的概念。"① 那些最有才华、活力和雄心的人大显身手。社会成为一个角逐的舞台,对手们借助于一切手段并为行动的效益而非永恒的道德原则所引导。

在观念和精神上,较之中世纪,人们更重视尘世事务,当人们意识到自己在世的生存受到不可逾越的限制之时,这一生存便显示出在此之前碍于宗教信仰所不曾有过的意义。对人类尊严的颂扬和对荣誉以及世俗的道德观念的追求随之出现。彼得拉克道出了那个时代的呼声:"我不想变成上帝,或者居住在永恒中,或者把天地抱在怀里。属于人的那种光荣对我就够了。这就是我所祈求的一切;我自己是凡人,我只要求凡人的幸福。"② 这一时期我们看到的是张扬的个人主义,这是人们的地位越益取决于他自己的努力而非其先赋的群体成员的角色所促成的。与这一个性解放相伴而行的是社群安全感的丧失,中古结构以限制个人自由为代价提供了那种安全感。然而,"1300—1600 年间的欧洲大概是人类历史上最无情的时代"③。

在所有这些变化中,经济过程无疑是最重要的。商业、金融和工业资产阶级的兴起,自然改变了欧洲社会的结构,从而改变了它的精神。从事工商业活动的阶级,绝不会以经院学者的冷漠态度来看工商业方面的问题,随着这一阶级在社会结构中地位的不断上升,"他的思想也愈来愈多地灌输给了社会,正如在他之前骑士所做的那样。事务所的工作造成的特殊思想习惯、这种工作带来的价值图式以及这种工作对公众和私人生活采取的特殊态度,慢慢地扩散到了所有阶级那里,扩散到了人类思想和行动的所有领域"④。因此,将这种转变称作文艺复兴实在是一种误解,文艺复兴绝非古代学术的简单再现,而是借古学的复兴,上演世界历史的新戏剧。

当然,最初只有少数人利用了变化带来的种种好处,多数人为了得到仅仅加入不公平竞争的资格而失去了往昔所有的保障。那些既未走出中世纪又未在文艺复兴中一试身手的人们,日后大批大批地变成宗教改革的支持者。在西欧,宗教改革造成的影响和后果较文艺复兴第一阶段的人文主义运动更为深刻和持久。

---

① 吉尔松:《中世纪哲学的精神》,第 128 页,转引自德尔马:《欧洲文明》,第 71 页。
② 转引自《从文艺复兴到十九世纪资产阶级文学家有关人道主义人性论言论选辑》,第 11 页,商务印书馆,北京,1971 年。
③ 詹姆斯·W·汤普逊:《中世纪晚期欧洲经济社会史》,第 11 页,商务印书馆,北京,1996 年。
④ 熊彼特:《经济分析史》第 1 卷,第 125 页。

文艺复兴只是一场英才的运动,宗教改革则使千百万民众卷入其中,并造成了基督教世界的大分裂。

经济、政治、社会生活及精神诸领域中的所有这些倾向已大到足以产生超越中世纪神学意识形态的新的社会思想体系。这是世俗的思想,国家不再是出自上帝为了宇宙的整体和谐所作的神圣的安排,不再是托马斯·阿奎那意义上的那种全体的一部分,它只由它本身来解释。在世俗秩序背后并无神的密旨,也无需任何超自然的解释。国家仅仅是人类的作品。从文艺复兴的这种观点来看,政治学并不是对政治家们所追求的道德目标的评判与裁量,而只是一门专业的技艺,用以记录、整理和汇编那些不同情况下掌握、巩固及扩大权力的最行之有效的手段。

4.2 马基雅维里:政治与道德相脱离

马基雅维里(N. Machiavelli,1469—1527)是历史上最富争议的人物之一。有研究者说:"谁能不惮其烦地梳理、谈论这位佛罗伦萨人的浩瀚文字,都不难找到五十七个马基雅维里。马基雅维里人见人异。恶之者怒指他存心引导人类下地狱,好之者称美他有心牵引人类得拯救。"[1]招致争议的主要是马基雅维里的传世小册子《君主论》,该书毫不晦涩,几乎他的所有解释者都赞扬他的文风简洁、直率而清晰。世人至今为马基雅维里而争,不在文字,而在思想,表明马基雅维里之重要且历久弥新。究竟马基雅维里的什么东西让无论是他的同代人还是后人如此着迷?首先是他谈论政治的方式惊世骇俗。马基雅维里笔下看不到自然法,几乎不谈原罪,不援引经文,也完全不提奥古斯丁及早期教父。马基雅维里是饱学之士,每谈一事必援引古今事例,对以上种种一直被教导应视为常规的知识前提他并非无知,却全然抛弃,不屑一顾。这一事实意味深长,他在告诉人们,他走的是一条前人从未涉足的道路。如果我们同意列奥·施特劳斯(Leo Strauss,1899—1973)现代性的本质就是"青年造反运动"的观点,那么,其根源就在由马基雅维里开端的西方现代性对西方古典的反叛[2]。这确是一条史无前例的道路。

其次,他以自然人性的分析作为政治学的基础,新颖而前瞻,被赞为遥启现代性。他不从人性的神学观点(原罪论)或理想化了的抽象观念(古希腊的"政治人"观念及当时的人道主义人性观)出发,而是从人的实际本性以及它所固有的全部毛病和缺陷出发,讨论政治学的人性基础。他认为人天性自私,亘古不变。他说:

---

[1] 约翰·麦克里兰(J. S. McClelland):《西方政治思想史》,第179页,海南出版社,海口,2003年。
[2] 列奥·施特劳斯:《自然权利与历史》,第8页,三联书店,北京,2003年。

"任何人要建立国家、制定法律,他就必须假定,所有人都是恶的,只要他们一有机会,就总要依这种恶之本性行事。"①这位意大利社会学家经常反复强调:人与其说向善,不如说向恶。他们是自私自利的、贪得无厌的、嫉妒的、胆怯的、变化无常和忘恩负义的,他们学坏容易学好难②。如果我们对人性有足够的了解,我们就能预言人类的行为。马基雅维里对人性既不乐观也不悲观,在《君主论》著名的第十五章中他说,慷慨、怜悯、恭敬、仁慈、坦诚、忠贞和虔诚等等,当然都是美德。如果世上都是好人,强调践行这些美德就是多余的;如果他们并不都是好人,希望他们全变成好人就是枉费心机,我们必须如实地看待人性,用可能的而不是不可能的方式去改善人。

再次,正如马克思所说,从马基雅维里开始,"权力都作为法的基础"③。他绝不拿基督教义上的或圣经上的根据当作政治议论的基础。他在《君主论》中说,人们可以很快地忘记丧父的悲痛,却难以忘掉财产的损失,并且总的说来,在他们心目中财富比荣誉更珍贵④。由此可见,马基雅维里是最早认识到物质利益对于社会生活具有决定性作用的人士之一。在《佛罗伦萨史》一书中,他达到了这样的认识:受财产利益制约的、阶级之间的斗争是社会生活的基础,特别是立法的基础。他抛弃了中古思想家的所谓"合法权力论",他说权力归于自由竞争中有手段抓到权力的人,而无须到教会和皇帝那里寻找什么合法性的根据。

最后,马基雅维里发现,政治的价值在于公共事务的成就,是现世而非来世的安全、独立、成功、荣誉、强盛、活力和幸福,所以他敢于声称,统治者和国家的行动本身即是伟大的,"不管他们属于哪一类和会有什么样的后果,似乎总是给人带来光荣,而不是给人带来责难"⑤。个人只有生活在一个强有力的政府统治的社会里,才能保证不受他人侵犯,才有安全感。基于这种思想,马基雅维里强调社会高于个人,政治高于道德。政治致力于社会的安定与秩序,这是国家和君主的利益之所在,为此利益和目的,政治家可以不择手段而不能受道德的约束。马基雅维里是第一个使政治学独立、同伦理学分家的人,因此被称为近代资产阶级的奠基人。克罗齐(Benedetto Croce,1866—1952)这样概括马基雅维里的贡献:"马基雅维里发现了政治的必要性及其独立地位,即超越了道德善恶的政治,它有自身的、

---

① 转引自《西方著名伦理学家评传》,第 174 页。
② 《君主论》全书可说是在作人性的剖析,其犀利无情,令人想起中国先秦的韩非子。请特别注意《君主论》第 17 章,商务印书馆,北京,2004 年。
③ 《马克思恩格斯全集》第 3 卷,第 360 页。
④ 《君主论》,第 81 页。
⑤ 转引自布克哈特:《意大利文艺复兴时期的文化》,第 149 页。

与其对抗纯属徒劳的规律,依靠圣水是无法将它从世界上驱除或禁止的。"①

人类历史上的一个重大教训是将政治与宗教、道德捆在一起,使前者依附于后者,使精神事务获得有组织的权能(政治资源)。这导致或是精神借组织的权能维持、强求一统的信念,消灭异己的精神,阻碍人类精神自由地开展;或使精神追逐世俗的权益,致使精神事务发生变质。在基督教支配中古欧洲的这一千年内,这两种灾难不幸全都发生了。在这个背景中,马基雅维里走出的这一步确是跨越时代的飞跃。因此,马克思主义经典作家对马基雅维里有很高的评价,说马基雅维里及后来的一些思想家所确立的是与神学世界观不同的法律世界观,因为它的最大特点之一是把形式上的资产阶级法跟宗教的主要是道义性质的指令区别开来。他们"已经用人的眼光来观察国家了,他们都是从理性和经验中而不是从神学中引出国家的自然规律"②。

4.3 莫尔:乌托邦

"乌托邦"是莫尔(T. More,1478—1535)一本书的书名,它成为文艺复兴时期一种非主流的社会思潮的旗号,在其名下还可以归入康帕内拉(T. Campanella,1568—1639)的《太阳城》和弗兰西斯·培根(Francis Bacon,1561—1626)的《新大西岛》。初一看,他们的工作与那一时代其他政治学家所作的现实分析没有什么共同之处。他们描绘了人迹罕至处的世外桃源,这些幻想似乎都是些智力游戏的产物,而与真实的生活没有关系。对于文艺复兴流行的一种关于任何事都可能在其中发生的开放的和变动的世界观念,他们针锋相对地描绘了一幅封闭和安定的社会图画。因此,许多人在他们那里看到的是一种乡愁式的怀恋,甚至是对中古寺院生活的一种理想化。

然而,乌托邦思想与文艺复兴社会思想主流是有密切关系的。莫尔的《乌托邦》清楚地表明他在多大程度上提供了对那个时代所提出的问题的解答。这本书的第一部分是对当时英国社会状况所作的现实分析,他的结论是:政治手段不能解决基本问题。他试图证明,法律无论多么完备都不能消除现有的罪恶,如果滋生罪恶的条件依然不变的话③。同19世纪的乌托邦运动一样,莫尔将社会思想的重心从政治学、法律转至社会经济组织。当马基雅维里和布丹(Jean Bodin,

---

① 转引自伯林(Isaiah Berlin,1909—1997):《反潮流:观念史论文集》,第65页,译林出版社,南京,2002年。
② 《马克思恩格斯全集》第3卷,第368页。
③ 莫尔:《乌托邦》,第23—24、44—45页,商务印书馆,北京,1982年。

1530—1596)试图通过重建国家权威来救治社会时,莫尔却主张彻底变革社会经济体系,尤其是要废除私有制,因为私有制导致社会的两极分化,产生孕育罪恶的贫困①。在莫尔看来,社会秩序问题并非一个政治和法律的问题。他的乌托邦社会中的居民很少法律设施,却生活得很自在很安全,他们批评别处的人民,尽管后者搞了那么多的法律,但其国家却仍不能保证秩序和安全。

因此,目标在于设计一个和谐的和自我管理的社会制度,这就是《乌托邦》第二部分的主题。莫尔详细描绘了一种理想的社会,那里没有私有财产、不劳而获者、争斗及违法行为,所有人宛如生活在一个大家庭之中。主要地基于对人类生活的最高价值和最优良的制度安排的一致意见达到了这种社会和谐。社会的监督几乎无例外地是自我管理。乌托邦岛的社会秩序被认为已达到最完美的稳定,因此其居民有意地孤立于外部世界,以免后者的有害影响。

莫尔与文艺复兴其他的思想家一样,也以一套关于人性的假设指导他的社会思想,但他反对将他的人性观念置于对某些条件下人的行为的观察基础上,这些条件扭曲人性,使人变得丑恶不堪。莫尔认为,对人性的一种经验分析旨在勾勒一幅真实人性的画面,如果不把由于社会强迫导致的人的行为的变形全都考虑进去,就会产生虚假的图画。在现存境况中的真实的社会人不是真正的人;真正的人和社会的人的合二而一,只在流行于乌托邦的那种制度下才有可能。

根据马基雅维里,我们从观察历史中的人们获得人性和知识;而依莫尔的观点,我们从发现何为人性的永恒本质以及何为社会制度的产物来获得对人性的了解。

上述的不同不应妨碍我们去发现他们之间存在的相同点。具体而言,我们在本章谈到的所有的文艺复兴的思想家们全都坚信社会秩序是人为的产物,因此,能够依环境的要求和永恒的人性特征来对社会秩序加以合理的改良(或改造),不论这永恒的人性是什么。这个时期另一典型观点是认为,我们从过去接受下来的秩序并不是唯一可能的秩序;对这些思想家来说,既不能因为时间久远也不能因为教会权威而将我们袭得的秩序神圣化,如何组织社会生活的问题始终是一个应该不断提出的问题。

4.4 宗教改革

文艺复兴的时代也是宗教改革的时代,文艺复兴用德文表示是宗教改革

---

① 莫尔:《乌托邦》,第44页。

(Reformation)。这次宗教改革是人类的精神对精神方面事务中的绝对权力所发起的反抗。在16世纪时,自由、平等及自主的精神处在强有力的躁动中。那时教会已经冥顽不灵,并且陷于衰败之中,但还是维持着一副俨然不可侵犯的样子,它与当代的生活及人类的思想失去了接触。而更重要的是,教会"给封建制度蒙上了神赐的圣光。它按照封建等级制度的模样建立了自己的等级制……要在每个国度内起来和世俗的封建制度作斗争,就必须首先摧毁它的这一中心的神圣组织"①。由马丁·路德(Martin Luther,1483—1546)发动的宗教改革,用恩格斯的话来说,就是资产阶级反对封建制度的革命的第一次大决战②(参图4.2)。

图 4.2:马丁·路德画像。有人说路德是能与上帝摔跤的信心伟人;又有人说他就像一个哥特式人物,努力向上攀缘着无限,因此他的信心可以称为中古世纪最后盛放的奇葩。

路德并非意大利文艺复兴之子,而是一个诞生于偏远的图林根的德国汉子。"历代以来,敬虔的村民筑起教堂的尖塔和拱门,用此竭力攀附着无限。路德本身就是这样一个哥特式的人物,因此他的信心可以称为中古世纪最后盛放的奇葩。"③路德求道的经历艰辛无比,他投身修道院,专心一致地去实践成圣的功夫,不单是施与、节制和博爱,也包括纯洁、贫穷、顺服、禁食、守夜和禁欲,好借此拯救一己的灵魂。所有的办法他都试过,但并未使自己得到解救。他渐次意识到,专注于个别的罪行只会令人陷入懊恼失望,人性需要的是一个全面的改变。他开始专心致志研读圣经,遂发生了史称"塔楼悟道"的重大事件。路德这样描述他在奥

---

① 《马克思恩格斯选集》第3卷,第390页。
② 同上。
③ 罗伦·培登(Roland H. Bainton):《这是我的立场——马丁·路德传记》,第6页,译林出版社,南京,1993年。

古斯丁修道院塔楼的"福音的体验":"我夜以继日地思索'上帝公义'的问题,直到我看出它与'义人必因信得生'的关系。不久我便明白'上帝的公义'真正指的是上帝以恩典和怜悯使我们因信称义。我立刻感到自己已得重生,乐园的门大开,让我进入。圣经的一切话语有了新意义。"①

宗教改革起于赎罪券的争执。教会宣称:"当钱币叮当落入钱库,灵魂就应声飞向天堂。"路德在威腾堡教堂的大门张贴"九十五条论纲",公开反对教会销售赎罪券的理由和权力。

图 4.3:马丁·路德张贴"九十五条论纲"的威腾堡教堂。他公开反对教会销售赎罪券的理由和权力,由此揭开宗教改革的序幕。教堂原为木门,后毁于大火而换为铁门。宗教改革后,西方基督教世界一分为二,更重要的是,在路德主义胜利的地方,教会不再具有政治的和法律的权威,"国家逐渐代替教会成为支配文化的统治势力"(罗素语)。路德使威腾堡这个小城成为历史的地标,他自己也跻身创造历史的伟人之列。(于海摄)

这场争论很快扩展为关于上帝与人类关系的新思想的传播,发展为一场真正的宗教改革运动,黑格尔对此有一准确的解说,他说:"现在已经认识到宗教应当是在人的精神中存在的,并且得救的整个过程也应当是在他的精神里面进行的,他的得救乃是他自己的事情,他借它而与自己的良心发生关系和直接面对上帝,而不需要那些自以为手中握有神恩的教士们来做媒介。"②这样,路德又返回奥古斯丁,但是"只保存他的教义中讲灵魂与神的关系那一部分,不保留关于教会的部分"③,这种神学就是一种削弱教会权力的神学。路德要把信仰(神学)从制度的控制(政治)下解放出来,教会只是一个信仰的共同体,而不是一个等级制的神权政

---

① 罗伦·培登:《这是我的立场——马丁·路德传记》,第 42 页。
② 黑格尔:《哲学史讲演录》第 3 卷,第 376 页,商务印书馆,北京,1981 年。
③ 罗素:《西方哲学史》下卷,第 41 页。

府。宗教改革对社会思想的影响非常类似于文艺复兴先前的作用,文艺复兴从神学那里解放了政治,而路德的改革则从政治那里解放了神学。

然而,路德的改革绝非只在宗教上划时代,也在近代国家和法律的发展上意义重大。伯尔曼(Harold J. Berman)这样评价路德改革的世俗意义:"在路德主义获得成功的地方,教会逐渐地被作为无形的、无政治意义的和无法律意义的东西;仅有的主权和法律(政治意义上的)是世俗王国或公国的主权和法律。事实上,刚好在此前,马基雅维里曾以一种新的方式使用'国家'一词,用来表示纯粹的世俗社会秩序。路德教的改革者们在一种意义上是马基雅维里派:他们对人能够创造反映永久法的人法的权力这一点持怀疑态度,他们明确否认发展人法是教会的任务。这种路德派的怀疑论使法律实证主义的法律理论的出现成为可能,它把国家的法律视为在道德上是中立的,是一种手段而不是目的,是一种表现主权政策和确保服从它的办法。但法律的世俗化和实证主义法律理论的出现只是路德宗教改革对西方法律传统贡献的一个方面。另一个方面是同等重要的:通过使法律摆脱神学教条和基督教教会的直接影响,这种宗教改革能够使法律经历一种新的和有前途的发展。用德国伟大的法学家鲁道夫·索姆的话讲,'路德的改革不仅是对信仰的革新,而且也是对世界——宗教生活世界和法律世界——的革新'。①中世纪教士将教会摆在国家上面;近代反抗中世纪的斗争是从攻击教会开始的,因而颂扬国家也是从路德的宗教改革开始的;其后霍布斯更发挥了一种国家至上说,这反映了那个时代民族国家勃然兴起的历史大趋势。

此外,恩格斯充分肯定路德的改革对确立近代的自由平等的道德新原则做出了重大贡献②。黑格尔与另一些作者认为宗教改革的宗教原则与法国革命的政治原则之间存在一致性,这一观点的道理在于:宗教团体的新观念预示了一个由平等和自由的个人组成的社会共同体的新观念,他们的行动受自由良知而非任何权威所指导。德尔马说:"路德为卡尔文开辟了道路,卡尔文为伏尔泰开辟了道路。"③孔德证明,从路德到现代无神论是一脉相承的。质言之,宗教改革构成了欧洲个人主义哲学的重要一章。

---

① 哈罗德·伯尔曼:《法律与革命》,第 34 页,中国大百科全书出版社,北京,1993 年。
② 《马克思恩格斯选集》第 4 卷,第 76 页。
③ 德尔马:《欧洲文明》,第 74 页。

第五章
17世纪社会思想：近代自然法

5.1 近代自然法：历史遗产与时代特征

17世纪，一种新的自然法哲学在社会科学领域占据了中心地位，这就是本章所讨论的近代自然法。作为文艺复兴和宗教改革引起的改造欧洲社会的力量的产物，17世纪自然法的主要代表人物有英国的霍布斯、洛克（John Locke，1632—1704），荷兰的雨果·格老修斯（Hugo Grotius，1583—1645）、斯宾诺莎（Benedict Spinoza，1632—1677）以及德国的萨缪尔·普芬道夫（S. Pufendorf，1632—1694）等。正如熊彼特所说，自然法"这个题目对于所有社会科学的起源和早期历史都具有极为重要的意义"，这首先因为"自然法哲学家试图建立一门综合性的社会科学，即试图创立一种有关社会的综合性理论，涉及社会的所有方面和所有问题"①。在近代自然法中，包含了自然法、人为法、自然权利、社会契约等概念，涉及社会的起源、政治权力合法性的基础、社会结合的原则、公民社会组织的合理性等问题，所有这些问题都是那个变革时代所关心的焦点。其次，直到19世纪历史主义和实证主义兴起之前，以自然法哲学为代表的思潮一直占据欧洲社会学思想的主流地位，从霍布斯到卢梭，再到边沁（J. Bentham，1748—1832），构成了自然法运动历时三世纪的凯旋行程。无论接受还是反对自然法的原则，谁都能感受到它的巨大影响。最后，自然权利、社会契约论思想由洛克、卢梭等人的发扬在英、美、法等国发生极大的影响，成为革命的动力，并创建了现代民主政治的基础及个人主义与自由主义的骨干。

近代自然法继承了文艺复兴社会思想的世俗取向——个人主义，仍热衷于讨论主权问题，但它也未全盘接受文艺复兴的遗产。它不再从权力中引出社会秩序，而是从自然法的诸原则中引出社会秩序。这些原则本身先于任何政治权力和个人意志。按马基雅维里的观点，是权力创造法律，因此只有实定法。但根据自然法，在任何权力出现之前就存在有某种法律，这样就可以撇开或至少不纠缠于

---

① 熊彼特：《经济分析史》第1卷，第167页，第182页。

任何权力问题而专注于发现法律的真谛。熊彼特说:"自然法这一理想包含有这样一个发现,即社会状况方面的事实——在最有利的情形之下一致的过程或状态,或者说,如果不干扰社会状况方面的事实,让它们自由发展,它们就会决定事情发生的某种先后次序。"①也就是说,自然法的理论家们发现了人类关系的一个确定的领域,它的形成不仅独立于政治制度和实定法之外,而且还是后者所由产生的基础。关于这个确定的领域,17世纪视之为(与人为的政治结构相对的)"自然的"社会结构;18世纪则已明确将其规定为"市民社会";19世纪以后的社会学家对现代社会的分析尽管大不相同,但他们有一个共同的认识,即现代社会"是一种以国家和市民社会分离为基础的新的组织形式"②。这样一种分离正是近代社会学得以产生的前提条件之一,因此,熊彼特说"社会科学起源于自然法概念"③。

为了理解近代自然法,有必要先对自然法概念的一般含义以及近代自然法与历史上曾流行过的自然法观点的关系有一简明的了解。

就最基本的特征而言,自然法概念包括两个性质不同的要求:(a)自然法者乃合乎天理、公道与正义的普遍的、永久的真理或原则,足以为一切行为和制度的规范与法式;(b)自然法可作为若干积极要求的准则或目标,例如所有人都秉有理性,都生而平等。前者为终极性的公义原则,约束人的行为使之符合道义,规范不合理的制度使之有所改善。后者是实体性的权利原则,据以得到若干利益与目标,如人权与自由等。这两方面的要求以不同的比例包含在古代、中世纪及近代的大多数自然法观点中,这就构成了自然法思想的逻辑的与历史的连续性。情况并非像有些人所断言的那样,近代自然法与历史上的自然法彻底决裂了。熊彼特令人信服地证明,近代自然法学者不仅从经院学者那里采纳了许多基本概念,而且还承袭了其大部分论证方式④。第一,他们都把自然的公正等同于在特定人类社会的实际历史环境中社会生活得以存在的必要条件。阿奎那认为自然法就是符合社会需要或便利的一套法则⑤。普芬道夫说:"自然法做出了这样或那样的规定,因为'正当理由'使我们认识到这种规定是维持整个人类社会所必需的。"⑥第二,他们都明确地把自然法等同于健全的理性。阿奎那是把合乎公共利益的目标

---

① 熊彼特:《经济分析史》第1卷,第173页。
② 斯温杰伍德:《社会学思想简史》,第323页。
③ 熊彼特:《经济分析史》第1卷,第173页。
④ 同上书,第179—80页。
⑤ 《阿奎那政治著作选》,第117页。
⑥ 转引自维克多·埃尔(Victor Hell):《文化概念》,第21页,上海人民出版社,1988年。

与合乎理性同等看待的①。自然法就是根据公共利益所作的理性判断;或者说,唯有健全的理性能使我们发现公共利益之所在。格老修斯正是这样规定自然法的。他说:"自然法是一种正当理性的命令,它指示任何与合乎理性的本性相一致的行为就是道义必要的行为;反之,就是道义上罪恶的行为。"②最后,运用理性从非常稳定的、高度简化的人性中推出有关社会中的人的"法则",是自然法哲学家与经院学者的共同的行动纲领,尽管他们对人性的具体规定不尽相同。

当然,我们既不能忽视自然法思想中的历史的和逻辑的连续性,更应注意到其间所发生的重大变化。从历史唯物主义的观点来看,这种变化不能仅用思想本身的原因来解释,更应在社会形态与社会制度的深刻变革中寻求解释。这种社会的全幅变革最终导致罗素所谓的近代精神气质的变化。就17世纪的自然法思想而言,转折表现在下述几个方面。

第一,它完成和强化了法学和神学的分离,使自然法脱离神法而世俗化了。阿奎那把法律分为反映神意的法律和根据人类理性可以辨识的自然法,已经为此奠定了基础,但他仍是从神法推出自然法的。在近代思想家看来,自然法本质上独立于上帝的意志,上帝不能改变自然法,正像上帝不能改变数学定律一样。这意味着从中古晚期的自然观点向近代的反思的国家法观点的转折。

第二,近代自然法的人的概念也是新颖的,在其人类学的思考中已无原罪概念和人的超自然命运的概念的地位。特别是霍布斯所倡导的彻底经验主义的人性观使对自然法的解释革命化了。自然法不同于道德命令,而成为对仅仅作为自然丛林中一种生物的人的生存问题所做的一种享乐主义与功利主义的解决方案,趋利避害被宣布为最高原则,从强调自然法的义务原则转向强调权利原则;从人人献身于道德责任转向追求个人的幸福;从人人感恩于上帝到关注个人的偏好。这种强烈的个人主义倾向不仅被认为是人性的基质,还被认为是人皆有之的永恒不变的天性,因为人类心灵和身体的天赋才能在大多数自然法哲学家看来大致相等,相互之间的差别极为有限,以致可以假定它们完全相等。这样,他们相信运用典型的自然科学方法研究人性是完全可行的,从而在其研究方法上完成了从对人性的目的论到因果论和经验论的转变。亚里士多德及中古经院学者把人自发地趋向于某种善的目标、致力于自身完善的理性能力规定为人的本性。除非有不健康的和"非自然"的障碍的干扰,这种发展将会使人的真正的本性完全成熟。按照这种观点,成圣成德既是人生之目的,也是人性之自然。近代自然法学的人性概

---

① 《阿奎那政治著作选》,第117页。
② 转引自博登海默:《法理学——法哲学及其方法》,第39页。

念建立在人是一个生理/心理的复合体的假设之上,因而以对人的性情的观察和对决定或影响人的行为的因果律的研究为基础,霍布斯与洛克同被认为是科学的心理学的先驱者,确非偶然的巧合。

第三,与中世纪的有机体论正相反,近代自然法是原子主义的和唯名论的。不论个人是否具有内在的社会性冲动,或相反地被认为自然地具有反社会性,自然法被认为是一套只适用于个人的原则。社会成员间的合理关系有赖于这些原则,但是后者对社会整体的作用只是间接的。近代自然法的原则完全是分析的,他们的"平均主义质素"的人性观,导致了将社会整体利益视为个人利益加总的还原论,并且十分注意自然状态(原子主义的)与社会、政治及文化状态(整体主义的)的明确分野。在他们看来,中古社会观的那种有机的联系在市民社会中没有独立的存在。近代自然法的这种唯名论在社会契约中得到明白的体现。社会契约论试图说明:(a)本性独立的个人如何走到一起结合为一个统一的社会和道德共同体;(b)统治与被统治的关系是如何从自由的个体中产生的,因为根据本性他们都是一样的,从而是平等的,原本不存在权威与服从的关系。

第四,近代自然法是有明确的阶级倾向的,它是正在迅速发展壮大的资产阶级的利益、意志和抱负的理论反映和辩护。自然法的律令是对私有财产、自由贸易和近代契约制度的保障。这在对财产权的态度中表现得最为清楚和彻底。对中古思想家(以阿奎那为例)来说,私人财产并不违反自然法则,但绝无财产是自然法所赋予的权利的思想。但对近代自然法来说,财产权恰恰构成为社会的基础。洛克说:"人们联合成为国家和置身于政府之下的重大的和主要的目的,是保护他们的财产。"① 财产权在天赋人权中最为重要,这种观点只有放在人类有史以来私有产权制度最为发达的资本主义的社会背景中才能得到最明白的理解。

第五,近代自然法是唯理论的,它断言理性是最高的及唯一的主宰,在理性之上不再有天启的智慧了。近代自然法用无所不能的理性取代了无所不能的神意,相信理性能够设计和创造出最优良完善的社会秩序(社会契约论)。近代自然法的理性主义还带有很强烈的功利主义的倾向,理性主要地是从一种工具理性的角度来设定的,即理性是对自身利益和社会利益(用功利主义观点规定的社会利益,即社会利益等于实现每个人的享乐主义的偏好图式而给每个人带来的满足的总和)的合理估量、计算和追求。古希腊理性的最高目标是造就文化君子;在中古自然法里,理性最终要服务于救世目标。近代自然法把权利原则视为伦理的基础和社会结合的原则,事实上也就成为理性所支持的最好原则。

---

① 洛克:《政府论》下卷,第 77 页,商务印书馆,北京,1982 年。

5.2 自然法学说的人性观

近代自然法包括人性论、自然状态及社会契约论三部分。在所有这些问题上,霍布斯与洛克的观点可说是近代自然法中最具代表性的。他们两人又都是那时代的思想巨擘。霍布斯自诩公民哲学不早于他的《公民论》(1642),而洛克的《政府论》(1689)影响直及于启蒙时代。他们确是席勒说的那种"骨子里有精华,可以延续几个世纪"[1]的伟人。基于上述情况,本章其余篇幅集中在霍布斯与洛克,这大体可以概括近代自然法的主要旨趣。

霍布斯学说的基础是个人主义,他把受私利驱使的个人作为一个分析的起点。他认为人在本质上是自私自利、充满恶意、野蛮残忍和富于侵略的,这就使人类处于一种暴力冲突的状态中。但是,除了贪欲和激情外,人类还被赋予理智。理智使人畏惧于人类"自然"活动的后果(人对人的全面战争),从而设法使暴力冲突转变为非暴力的合作。寻求和平便是第一条基本的自然法,利用一切可能的办法来保卫我们自己就是基本的自然权利。事实上,霍布斯已将自然法变为一套关于人类生存的合理条件。他追随马基雅维里,断定强制是社会生活必不可少的条件。国家的产生与社会的产生实乃一件事,在霍布斯看来没有一种威权的社会结合是不可想象的[2]。

洛克的人性观保留了更多的传统观点,认为社会性冲动是人的天性。上帝创造人,使他们对结成社会感到方便而且有那种倾向,又给他们配备上知性和语言,以便维持社会和享受社会的好处。由这种人性观,洛克强调合作是人的社会性冲动的自然结果,不是政治威权使合作得以实现,其作用只是保护合作和加强合作。国家是在现有的各种社会联系的基础上建立起来的。家庭就是其中之一,家庭的存在与发展看来完全与国家无关,反倒被认为是国家的核心[3]。

尽管有上述的区别,这两派观点都重视政治权力,都认为充分发展的社会生活只有在政治权力发挥作用时才有可能。在17世纪的理论中,我们找不到有哪位思想家在自己的社会理论中会遗漏政治权力概念,或仅仅将政治权力视为已形成的社会中的一个无关紧要的成分。由政治权力介入的关系当然是社会性的,这并不是说凡主张人性内在地具有社会性冲动者就比主张性恶论者高明。事实上,

---

[1] 转引自梯利(Thilly):《西方哲学史》下卷,第84页,商务印书馆,北京,1976年。
[2] 《西方哲学原著选读》上卷,第397—398页,商务印书馆,北京,1981年。
[3] 洛克:《政府论》下卷,第5—12页。

正是霍布斯为自由地思考一切人类关系铺平了道路,因为在他看来,除了人在自然状态中的(对抗)关系外,再没有什么人类关系是自然正当的。这样,人类一切关系的正当性都可以质疑,除非基于自然法的要求。"人不是为了改变他们的天性而进入公民社会,他们是'为了'他们的天性而进入公民社会。"①

5.3 自然状态

自然状态是所有自然法理论的一个起始概念。自然状态虽被说成是一种历史状态,但讨论这一问题的人,并未真的当它是一个历史概念并用历史学的叙事方法来考察,而只是把它作为自然法及自然权利的当然前提或必要假定,作为其理论叙述的起点,是思辨而非历史。在《政治经济学批判》导言中,马克思批评自然状态这一概念是把历史的结果错当作历史的起点②。马克思在此的"错觉"一词用得十分确切。不论自然法理论家是否自以为是在讲述社会生活的历史起源,必须注意,这确实不是历史,思考自然状态不是着意要回答人类最远古状态的问题。自然法学者用自然状态概念真正要思考的是国家的逻辑前提,而不是探讨国家的历史前身。如果要考虑自然状态事实上是否存在的问题,按自然法学家的思路,自然状态指的就是人的除了作为同类的成员外彼此再无任何共同之处的状态,由此可以说自然状态存在于任何时候。霍布斯的"自然状态"概念就具有一种永远存在的可能性,因为在他那里只有自然状态(人对人的全面战争)与主权状态(和平)两种,对国家主权的任何一种限制都意味着退回自然状态。

罗尔斯在《正义论》中将作为公平的正义之条件而提出的平等的原初状态,视同于传统社会契约论中的自然状态,这既非一种实际的历史状态,也非文明之初的那种真实的历史状态。"它应被理解为一种用来达到某种确定的正义观的纯粹假设的状态。这一状态的某些基本特征是:没有一个人知道他在社会中的地位——无论是阶级地位还是社会出身,也没有人知道他在先天的资质、能力、智力、体力等方面的运气。我甚至假定各方并不知道他们特定的善的观念或他们的特殊的心理倾向。正义的原则是在一种无知之幕后被选择的。这可以保证任何人在原则的选择中都不会因自然的机遇或社会环境中的偶然因素得益或受害。由于所有人的处境都是相似的,无人能够设计有利于他的特殊情况的原则,正义

---

① 约翰·麦克里兰:《西方政治思想史》,第253页。
② 《马克思恩格斯选集》第2卷,第87页。

的原则是一种公平的协议或契约的结果。"①罗尔斯这段话对理解自然状态极有帮助。很显然，对自然状态的思考首先是一种思想实验，意在说明在实验的政治真空条件下各种自然力量的作用、放弃自然状态进入社会政治状态的必然性、国家的性质与功能以及保护自然权利的国家应该是什么等问题。博登海默说自然法学无视历史，而把注意力集中在努力发现一种理想的法律和正义制度②；也就是说这一概念的基础是非历史的，其所致力的目标并非科学地解释过去，而是解释与证明一个崭新的未来，这未来的社会在自然法学者看来正在诞生之中。其次，极为重要的是，自然状态是一个平等的状态，且基本上是按功利主义的观点来设想人的。这就意味着任何只使一部分人受益或专使另一部分人受害的安排是不可能为全体一致接受的。如果人有权侵犯别人，别人也同样有权侵犯你，这就是霍布斯的人对人全面开战的局面；或者你要他人尊重你的"生命、自由和所有权"，你也须尊重他人的"生命、自由和所有权"，这是洛克所设想的和平的自然状态。很清楚，无论是哪一种状态，其基础是坚持其天赋权利的平等的个人。马克思深刻地指出，这种所谓天生独立的个人，"一方面是封建社会形式解体的产物，另一方面是 16 世纪以来新兴生产力的产物"。而在自然法学者看来，"这种个人是一种理想……在他们看来，这种个人不是历史的结果，而是历史的起点，因为，按照他们关于人类天性的看法，合乎自然的个人并不是从历史中产生的，而是由自然造成的。这样的错觉是到现在为止的每个新时代所具有的"。而这种错觉，"倒是对于 16 世纪以来就进行准备而在 18 世纪大踏步走向成熟的'市民社会'的预感"③。在这段对自然法人性观和自然状态说的分析中，马克思为我们提供了一个运用唯物史观批判地分析有重要影响的社会学说的范例。

有两种自然状态概念。一种以霍布斯为代表，把自然状态描绘为个人之间没有任何社会联系的状态。另一种以洛克为代表，在自然状态中已有一定程度的社会联系，并且，自然状态与社会状态（这里专指市民社会，而非一般的社会结合）的分野，在洛克的体系中是被置于这样一种时代背景中来考虑的：在这个时代，资产阶级急切地为在自然法原则下自发产生的各种关系寻求必需的政治保护。

霍布斯的自然状态是同其把人视为本质上反社会的以及个人利益绝对互不相容的人性观联系在一起的。因为彼此平等——他们具有同等的自然权利，于是就出现争斗与对抗。参加角逐是因为恐惧被对手所伤害。这样，自然状态不免成

---

① 罗尔斯：《正义论》，第 10 页，中国社会科学出版社，北京，1988 年。
② 博登海默：《法理学——法哲学及其方法》，第 67 页。
③ 《马克思恩格斯选集》第 2 卷，第 86—87 页。

为一种人对人的全面战争状态。只有一个至高无上的主权者可以中止这场战争,这个主权者为所有人所服从,以此为代价提供对个人生命和财产的保护。只有这样一种政治权威可以保障秩序。这样的权威不仅是由人的理性所发现的,也是由人们对自然权利的自愿让渡所产生的,在由这种契约所产生的权力之外,不再有任何权威[1],而且只有这样一种权威使社会结合成为可能。

洛克的解释同样基于个人主义和功利主义,但其人性假设不同于霍布斯。人固然是趋利避害的,但人也是社会性的存在。在平等状态中,霍布斯想的是每个人都有权做任何事,洛克想到的则是另一面:一切都是相互的,没有人享有多于别人的权力,这种自然的平等成为人们互爱义务的基础。在自然状态下,人们彼此不只是潜在的对手,也是同类,可以建立对彼此都有利的合作关系。人为了生存必须与自然作斗争,这唯有合作才有希望成功。因此,自然状态不必是一种战争状态,也可以是一种和平的、友善的、互相尊重的状态。依理性行事,就是自然法的要求[2]。

自然状态在这里已是一种社会状态,其特点是遵守自然法原则,该原则规定了个人之间的关系,保护每个人的财产权不受侵犯,这包括广义的"生命、自由和财产",以及狭义的单指通过劳动获得的产品[3]。

货币的发明使情况变得复杂,它刺激人们积敛超过满足自己所需财物的欲望,人们所享有的生命、自由和财产的自然权利开始没有保障,常常面临他人的侵犯;此外,在惩罚违反自然法的行为时,每个人在自己的案件中都是法官(按洛克的规定,在自然状态中人人都有执行自然法的权力,并可亲手处罚违反自然法的犯罪行为),而且在报复犯罪行为时易于超越理性规则[4]。为了结束由此而产生的混乱与无序,就需要从这样一种自然的社会状态进入到一种政治的状态(市民社会),也就是说,从一种个人独自无力保护自己的社会,转向另一个设有专门机构、依据实定法发挥作用的社会。"公民政府是针对自然状态的种种不方便情况而设置的正当救济办法。"[5]必须注意的是,建立市民社会(国家)并非人类合群性的第一个行动,而仅仅是以政治保护接替在自然状态下不再能维持的个人所需的那种保护。因此,进入政治社会,人们仍然保留其在自然状态中所拥有的自然权利,

---

[1] 《西方哲学原著选读》上卷,第 397—401 页。
[2] 洛克:《政府论》下卷,第 5—7 页。
[3] 同上书,第 53 页。
[4] 同上书,第 77 页,第 9—10 页。
[5] 同上书,第 10 页。

"自然法是所有的人、立法者以及其他人的一种永恒的规则"①。在霍布斯,所以需要国家是为了使自然法付诸实行②;在洛克则是为了继续自然法的作用和效力。

以上的不同导致另一个不同。对霍布斯来说,通过契约建立起来的政治权威是不可推翻的,因为任何反叛都意味着社会的解体和回到无政府状态。人们必须同意建立一种主权以免在人对人的全面战争中同归于尽,但他指的是独一无二的约定,一经授权,再无机会撤回,不论主权者做什么,其权力是无限制的。正是主权者的这种性质使社会得以存在③。而根据洛克,权威是现有的共同体建立起来的,旨在执行共同体本身已不能执行的特殊使命。因此,如果政府不能贯彻这些任务或享有与这些任务不符的特权(如采取威胁公民生命或财产的行动时),它就不仅是多余的,而且对社会还是有害的。在这种情况下,人民有权革命并重新组织自己的市民社会④。

霍布斯的绝对主权论与洛克的人民主权论的差异固然与其各自的人性观不无关系,但更应与大的历史背景联系起来考虑。霍布斯生当君主专制在整个欧洲的全盛时代,"他是专制制度的拥护者"⑤,"在一个社会冲突是全面引人注目的问题并且是第一次被人们从理性上加以认识的时代,在一个经济势力正在迫使建立起一个强有力的中央权力机关的时代,他的理论是必然会产生的"⑥。洛克的理论体现了对中古时代斗争的胜利,也象征商业资本与封建主义战斗的初期所建立起来的专制国家权力的衰落,而其直接的意义,是为通过1688年英国"光荣革命"而奠定的议会制的资产阶级国家进行辩护,洛克"是1688年的阶级妥协的产儿"⑦。

5.4 社会契约论

社会契约概念即国家经由契约或相互同意而产生之说由来已久。智者学派中就有人持类似主张。柏拉图和亚里士多德都曾提及这一说法并予以批评。中世纪,封建制度下贵族与附庸的关系基于双方的自愿同意。16世纪开始,契约论

---

① 洛克:《政府论》下卷,第84页。
② 《西方哲学原著选读》上卷,第398页。
③ 同上书,第400页。
④ 洛克:《政府论》下卷,第103、124、133、150页。
⑤ 《马克思恩格斯选集》第4卷,第483页。
⑥ 罗尔:《经济思想史》,第90页。
⑦ 《马克思恩格斯选集》第4卷,第483页。

又见流行。社会契约是使人从自然状态不是进入到社会状态就是进入到市民社会成为可能的行动,这对所有的自然法,尤其对近代自然法是至关重要的。如果不先假定社会成员之间的契约关系,就无法解释市民社会的存在。因为如果这些成员是自由的和平等的独立个体,那么只有他们之间的一致同意才能解释加诸他们的种种限制以及相互依赖的形式。洛克说:"人类天生都是自由、平等和独立的,如不得本人的同意,不能把任何人置于这种状态之外,使其受制于另一个人的政治权力。任何人放弃其自然自由并受制于公民社会的种种限制的唯一的办法是同其他人协议联合组成为一个共同体。"①洛克担任过英国殖民地的行政官员,这种经历使他接触到贸易事务。通过那些受管制的公司,他看到商人在从事商业冒险时所表现的那种井然有序的自愿结合,在他看来,这种自愿结合乃是管理组织的自然形式。1669年,他参与起草了新大陆卡罗来纳的第一部宪法,写进了得自于经验和思考的上述思想。

在这里,还应注意区分政府契约与社会契约。两者自古即为人所知,在中世纪,前者居上风。到近代,社会契约思想再度走到前台,这是与日益强大的个人主义思潮联系在一起的。社会契约是关于一种未来社会的成员间的契约,涉及的是那个未来社会的国体;而政府契约则是统治者与被统治者之间的一种契约,涉及的是统治的形式。这个问题对霍布斯似乎很单纯,因为他认为订立契约是一次性的,他把社会的创立视为契约的主要问题,个人只要宣布为了设立主权者而自愿放弃自己在自然状态中拥有的权利就大功告成了。洛克虽未明言,但确已承认社会(市民社会)与国家(政府)实有区别,因此这里涉及两种契约关系:全体公民之间的契约,这关乎社会的自我组织问题;以及全体公民与政府之间的契约,这关乎社会与治理者之间的相互义务与权利关系。他关心的首先是社会契约。至于而后订立的政府契约,在他看来,它转让给政府的仅仅是实施自然法的权力,人们并没有因此而丧失自由,人们仍然保有社会的自由,即除经人们同意而让渡的权力外不受其他任何权力支配的自由。

一位法国学者说过:"任何思想家都不直接对他的历史作用负责,即使他的名望主要归功于他的历史作用。"②我们不妨将这句话的意思引申一下,评价一位思想家、一种学说或一个学派,似应区分两类不同的价值:学说本身的理论的、方法的价值与由其学说造成的社会的、历史的作用。这两个方面并不是一致的,遇到这类不一致的情况时,正确的态度是如实地分别加以分析。

---

① 洛克:《政府论》下卷,第59页。
② 埃尔:《文化概念》,第24页。

近代自然法理论提供了一个理论价值与社会作用不相一致的例子。我们给予自然法理论的批评是它的非历史的、简化的、任意假设的和思辨的特点,作为其理论分析起点的个体是非历史的抽象原子,这种个人被抽象掉了一切具体的社会属性,福柯直斥这样的个人"是一种社会的'意识形态'表象中的虚构原子"①。所有的人都被放入同一个不变的人性图式;在这个图式内,既看不到人与大的社会过程和结构的互相作用,也看不到人与人的具体的社会交往。自然法学者对理性的信赖带有孩子气的大胆与盲目,居然认为人类理性可以有条有理地设计出一个理想社会的全部细节;历史、文化、传统在自然法中几无地位;如果抽出他们的哲学思维方式、分析工具、论证程序加以一番历史地考究的话,的确如熊彼特所说与经院哲学没有什么不同②。就方法论而言,自然法仍是一种社会哲学,康德明确说它只是纯理性的一项纯观念,但它却有着不容置疑的(实践的)实在性。"它能够束缚每一个立法者,以致他的立法就犹如是从全体人民的联合意志里面产生出来的,并把每一个愿意成为公民的臣民都看作就仿佛他已然同意了这样一种意志那样,因为这是每一种公开法律之合权利性的试金石。"③然而,说他们无视历史,不等于说他们游离历史。他们的思想与时代发生着紧密的联系,他们是注重实际的改革者,他们在与在他们看来是"不合理的特定历史现状"作斗争。在这种斗争中,他们的过分简化反倒帮助他们赢得了群众。他们撇开人性的具体性,抽象出人性的普遍性,概括为平等、自由、财产,理性的"天赋人权说"是对超现世的神圣权利与义务体系做出的最好反击;它被写入《独立宣言》与《人权宣言》,使千百万人热血沸腾为自由而战;社会契约论高扬人的理性,着重人的自由意志,给在与封建主义斗争中的人们以莫大的鼓励。自然法学说认为存在着一种优于政治力量并独立于政治力量的自然法,并把自然法等同于人性、理性、财产所有权,这包含了区分自然的社会(市民社会)结构与人为的政治结构的思想萌芽,包含了经济自主原则与政治第二性的思想,从而有利于近代社会学的发展。他们的功利主义人性观简洁明了,极其彻底,成为社会科学中一种十分流行十分有用的分析模式,并对现代社会学的自然主义流派产生很大影响。他们通过无视历史的实际条件、进程和限制,而将注意力集中于发现一种理想的社会和正义制度,从而完成了一项社会任务,奠定了现代西方社会和政治思想的基石。

---

① 福柯:《规训与惩罚》,第218页,三联书店,北京,1999年。
② 熊彼特:《经济分析史》第1卷,第180页。
③ 康德:《历史理性批判文集》,第190页。

第六章
18 世纪法国启蒙运动社会思想

6.1 启蒙运动

法国革命(1789 年)前的六七十年,史称启蒙运动时期。启蒙运动在社会思想史上具有重大意义,这时期的思想家更自觉地将他们以为是科学的原则运用到对人类生存条件的反思上去。他们对人、人性及社会的研究更具社会学的意向与敏感,因而理所当然地被许多研究者视为社会学的先驱或奠基人。

关于启蒙运动的精神,康德有一段名言:

> 启蒙运动就是人类脱离自己所加之于自己的不成熟状态。不成熟状态就是不经别人引导,就对运用自己的理智无能为力。当其原因不在于缺乏理智,而在于不经别人的引导就缺乏勇气与决心去加以运用时,那么这种不成熟状态就是自己所加之于自己的了。Sapere aude! 要有勇气运用你自己的理智! 这就是启蒙运动的口号。[①]

康德的定义使我们了解启蒙运动的精神是运用理性对过去遗留下来的一切进行批判:批判传统的宗教;批判所有剥夺人们自由思考及自我确证其意见真理性之权利的权威,在社会生活中这意味着怀疑传统的权威;批判当代的政治和社会制度,特别是专制的君主,批判矛头所及包括社会等级制和私有制。情况正如恩格斯所说:"宗教、自然观、社会、国家制度,一切都受到了最无情的批判;一切都必须在理性的法庭面前为自己的存在作辩护或者放弃存在的权利。思维着的悟性成了衡量一切的唯一尺度。"[②]

启蒙运动又被称为理性的时代,但人们对理性主义的观点却是五花八门的,不存在一种为启蒙时代的思想家所共同确认的理性主义,以下所述是理性时代关于理性主义的最流行的观点。

(1) 进步概念 启蒙学者全都相信人类持续进步的前景。历史进步的基础是

[①] 康德:《历史理性批判文集》,第 22 页,商务印书馆,北京,1996 年。
[②] 《马克思恩格斯选集》第 3 卷,第 404 页。

理性，推动力是理性所能掌握的无限积累的知识，进步理论最好地表达了理性主义的意识形态。这种历史进步观本质上却是反历史主义的。因为进步只是（或主要是）知识的进步，且是为永恒不变的人性（理性）所保证的；这样，社会历史的进步、倒退或停滞全然取决于理性是否被人所发现和发扬。而理性、真理何时被发现，"这并不是历史发展的进程所必然产生的、不可避免的事情，而纯粹是一种侥幸的偶然现象"①。如果人类早五百年发现启蒙运动的理性原则，那样人类就会免去五百年的迷误、斗争和痛苦。"只是现在阳光才照射进来，理性的王国才开始出现。"②启蒙运动的进步观在鼓吹社会变革、高扬理性精神、传播进步观念等方面自有伟大贡献，但它在双重意义上是非历史的：它既非指真实的社会历史进程，而只是观念的进程；又非黑格尔所说的那种自我运动自我发展的绝对精神，而只是抽象的不变的理性。因此，它既是唯心主义的又是形而上学的。

意大利哲学家维柯的《新科学》代表了 18 世纪历史科学的真正诞生。熊彼特建议用"思想与社会的进化科学"这个短语来形容他的"新科学"，"但不应把这理解为人类思想的进化决定人类社会的进化；也不应把这理解为社会的历史进化决定人类思想的进化，虽然这样理解较为接近真理；而应该理解为人类思想和社会是同一进化过程的两方面。"③从人类思想合情合理、合乎逻辑地起作用这个意义上说，理性并不是这个过程的决定性因素，维柯是以反唯智论的态度看待这种过程的。他认为当涉及人类社会生活领域时，我们谈论的不是一个可用理智推断的世界，而是一个活生生的和我们直接参与其间的世界。他否认人性这类东西的存在，如果人性指的是一旦获得便永远不变的本质的话。人是与他的实际发展过程不可分的，他同时具有物性、德性、悟性、灵性、社会性、政治性和艺术性。人性只有依人与他人及其身外世界的各种关系才能得到理解。人性因此是一个不断生成的过程，从半动物变为完全的人性状态，这正是在历史中长成的和发现的，而非从历史中抽象出来的。维柯的确说过"理性的本性，才是人所特有的本性"，但这并非与生俱来的。"人在自然世界中本是野兽，在各民族的世界中他们才变成了人，通过变成民族世界，他们才变成了人。"④"在维柯的理论中，哲学与社会学已合二为一，也就是说，思想与行动已合二为一，而这种合并实质上是历史性的。"⑤维柯远远超越了 18 世纪的一般思想潮流，即超越了启蒙运动，所以他不为自己的同

---

① 《马克思恩格斯选集》第 3 卷，第 406 页。
② 同上书，第 405 页。
③ 熊彼特：《经济分析史》第 1 卷，第 210 页。
④ 维柯：《新科学》，第 18 页，人民文学出版社，北京，1986 年。
⑤ 熊彼特：《经济分析史》第 1 卷，第 210 页。

代人所理解,直到几乎两百年后才享有他应得的声誉。

(2) 自然概念　自然概念,包括其所有的派生概念(如自然秩序、自然法、自然状态、自然人性、自然体系等),在理性思想中是一关键概念。启蒙学者继承了自然法学派的自然概念,赋予自然一词更多人文的、政治的及社会的含义。G·霍索恩(G. Hawthorn)说"自然概念在 18 世纪被人奉为真、善、美的试金石",自然的就是善的,反自然的就是恶的①。大多数启蒙学者主张师法自然,顺从自然。卢梭崇尚自然,还有其将自然与社会、与人为因素完全对立的特殊含义,《爱弥儿》第一卷的第一句话是:"出自造物主之手的东西都是好的,而一到了人的手里,就全变坏了。"②另一个常见的倾向是从自然概念引出这样一类问题:在所有的因素中何为第一性的、必然的、恒久的或自然的,何为第二性的、偶然的、流变的或人为的。答案很少是一致的,关于何为自然的社会条件的问题则更加难求统一,然而唯理论的思想仍然热衷于这类问题。

(3) 利益概念　启蒙学者依感觉主义、人文主义观点肯定个人的权利和利益。爱尔维修(Helvetius,1715—1772)将自身利益在人类世界中起的作用,等同于万有引力定律在物理世界中起的作用,认为"快乐和痛苦永远是支配人的行动的唯一原则"③。但他们都强调人们追求私利应当是合理的或开明的,他们力图用功利主义原则统一自身利益与公共利益。"人为了自己的利益,应当爱其他的人,因为他们是他的存在、他的保存、他的快乐所必需的。"④理性已经消除了除公共利益外的所有超个人的价值,功利主义的原则又将公共利益视为用理性指导与调和而实现的自身利益及其满足的总和,这样启蒙学者就在利益概念中发现了社会价值的合理基础,发现了个人价值与社会价值的内在联系,并发现了唯一有意义的行为规范准则。

当然,并非所有的启蒙运动人士全都接受上述的功利主义道德观。哈钦森(F. Hutcheson,1694—1746)追随沙夫茨伯里(Shaftesbury,1671—1713),以利他主义的同情心及快乐主义的道德感作为合理行为的根据。根据这一假说,有德的人会从行善中感到快乐,而不管他们对行善的结果有何看法。这样,合理的善的行为既非出于利己的快乐,又非基于理智的计算,而完全源于一种直觉的道德情感。这种学说在英国启蒙学派中影响颇大,而其直觉论则预示了康德的道德命令说。

---

① G. Hawthorn: *Enlightenment and Despair*, Cambridge University Press, 1987, p.12.
② 卢梭:《爱弥儿》中译本上卷,第 5 页。
③ 《西方哲学原著选读》下卷,第 179 页,商务印书馆,北京,1981 年。
④ 《十八世纪法国哲学》,第 650 页,商务印书馆,北京,1979 年。

(4) 秩序概念　理性的批判已将过去的一切世界观和社会制度抛进垃圾桶里,这要求以新的秩序取而代之。这种秩序应该用世俗的、经验的观点,而非宗教神学的和思辨哲学的观点来阐述。17 世纪科学革命的成就给 18 世纪的思想家留下深刻印象,牛顿被奉为最大的权威,数学、物理学成为新的世界图景的典范。达朗贝尔(d'Alembert,1717—1783)说:"真正的世界体系被承认了,自然哲学已经彻底变革了;几乎一切其他知识领域都采取了新的形式。"[1]人被视为自然的一部分;新的秩序观不仅适用于物理世界,也适用于心理世界和人类社会。法国唯物主义依机械论世界观解释一切社会现象和人类行为;苏格兰学派则在经验心理学的基础上构建人性科学的大厦。总之,秩序被设想为统一的自然—道德的秩序,它支配着宇宙间的一切事物。

当启蒙学者以人类导师的身份向世人宣传理性真理时,他们"并不是想首先解放某一个阶级,而是想立即解放全人类"[2]。他们自视为世界的公民,超越了国家和民族的限制,他们发誓抛弃任何集团的偏见,而只听从理性的呼声。这种意识自然是错觉,正如恩格斯所指出的:"这个永恒的理性实际上不过是正好在那时发展成为资产者的中等市民的理想化的悟性而已。"[3]他们的著作是为所有愿意阅读它们的人写的,其实质是为一个正成长为社会经济生活中的主导因素的匿名的市场写的。以市场为取向的经济过程正与旧的专制的政治上层建筑发生全面的冲突,理性主义思想代表了前者的利益、意志与抱负。但在社会危机加深的时刻,旧统治阶级内部也会发生剧烈分化。法国革命前,启蒙的思想已在贵族、皇室、教会中拥有一定数量的追随者。正是到了如列宁所说的社会濒于崩溃边缘的危急关头,人民已经不能再按常规生活下去,统治者也不能再按常规统治下去时,启蒙思想得以迅速而广泛地传播,渗透到社会生活的一切方面。传统秩序成为问题,新的秩序的蓝图亟待被发现和勾画。未来的制度应与理性和自然一致,保障个人的幸福、个人在社会中的自由和平等以及个人利益与公共利益的和谐。至于哪种制度最能体现上述原则以及如何建立等问题,启蒙学者对此并无一致看法。但他们都认为保持一个共同的批判战线和一种一般的哲学理念至为重要。启蒙时代的哲学家关心政治,因而受到官方的迫害,他们也随时准备着被投进巴士底狱,但他们中的多数人并不想煽动革命。狄德罗(D. Diderot,1713—1784)对革命的态度颇具代表性:"在骚乱的时刻,公民要站在维护现成的制度一边;各项制度解体

---

[1] 转引自葛力:《十八世纪法国唯物主义》,第 19 页,上海人民出版社,1982 年。
[2] 《马克思恩格斯选集》第 3 卷,第 406 页。
[3] 同上书,第 407 页。

以后,如果国家是统一的,他要站在国家的一边;如果国家已经分裂,他将支持那维护成员的平等和一切人的自由者。"①他们的确如熊彼特所分析的那样,对法国社会的迅速解体并没有预见到②。

革命的结论是被下一代人从他们的著作中推出的,这就是北美的独立战争和该世纪后期的法国革命。18 世纪的启蒙哲学在使社会秩序成为问题并使这些问题受到广泛关注的意义上为这些革命作了准备。泰勒(E. B. Tylor,1832—1917)曾把 18 世纪思想家们的著作,看作是充满了幻想的东西,认为这种幻想对于引起 1789 年可怕的天翻地覆的骚动应负责任③。泰勒只讲对了一半。启蒙运动的思想不是无根的幻想,而是历史洪流激荡出的概念结晶。从臣民哲学到公民哲学的嬗变仅是想象的跳跃吗?自然法、社会契约、自由、平等、人权等概念所包念的深厚时代意蕴,岂是卢梭在圣日耳曼森林中独自沉思默想虚构出来的?他们若有失误,也不在泰勒所非难的,而在他们把历史地形成的人类制度误认为是永恒的,原本就在理性之中有其根据,并且是由先知先觉的理性的头脑(如像他们这样的启蒙导师)认识到和发现出来的。开始纠正这一迷误的人是孟德斯鸠。

6.2　孟德斯鸠:超越古典自然法

孟德斯鸠属于那种对于塑造时代精神具有强有力作用的人物,考察一下他的《论法的精神》(1748)对于法国革命和美国三权分立的政治制度的影响便不难证实这一点。与法国其他的启蒙学者一样,尽管他既没有预料也不曾希望发生法国革命,但他的思想却已为这场革命作了观念的准备。而在近代历史上,政治家按思想家的理论设计和建立一种社会政治制度而大体不走样的最佳例子,大概要算孟氏分权制衡理念在美国的实践了。不过这些应是由政治思想史家来大谈特谈的话题。令我们感兴趣的是,《论法的精神》在社会思想史上也占有一个崇高的地位。在雷蒙·阿隆看来,这本书的社会学解释虽还不清晰,但已表现了明显的社会学意图,并且孟德斯鸠就像马克斯·韦伯那样,试图使互不相关的材料成为通俗易懂、条理清楚的资料。阿隆认为这种努力就是一个社会学家所作的努力,因此"孟德斯鸠不是一个先驱,而是社会学的理论家之一"④。

---

① 转引自葛力:《十八世纪法国唯物主义》,第 331 页。
② 参熊彼特:《经济分析史》第 1 卷,第 190、212 页。
③ 参卢梭:《论人类平等的起源和基础》,第 42 页,商务印书馆,北京,1982 年。
④ 雷蒙·阿隆(Raymond Aron, 1905—1983):《社会学主要思潮》,第 20—21 页,上海译文出版社,1988 年。

图 6.1：孟德斯鸠在巴黎的居所，位于巴黎最古老的旧城区。他在这里写作和会客，"谈笑有鸿儒，往来无白丁"，多少日后塑造时代精神的鸿篇巨制在这里诞生。今天该居所的底层已经改作酒吧，它寻常得与巴黎成千上万的酒吧一样。若不是酒保的善意提醒，顾客们再有想象力，都不会想到他们的头上曾经涌动过影响历史进程的思想风暴。（于海摄）

阿隆这一论点在孟德斯鸠的论著中可以找到充分的支持。首先让人耳目一新的是其方法上的优点。"它是根据许多客观因素来设想社会历史状态及其变化，由此而得出了符合实际的解释，并在这一意义上得出了分析理论，而不是只得出简单的，特别是唯理主义的一般公式。"①

孟德斯鸠与古典自然法思想的渊源关系是雪泥鸿爪，有迹可循。他把自然法看作是永恒的公理，一旦被发现。就将作为评判人类制度的永久标准。他还肯定一些正义关系存在于实定法确定它们之前。"如果说除了实定法所要求或禁止的东西而外，就无所谓正义不正义的话，那就等于说，在人们还没有画圆圈之前一切半径都是长短不齐的。"②但他关心的主旨不再是自然法的不变律令。他在《论法的精神》一书的前言中明确说出了他的旨趣所在：

> 我首先研究了人；我相信，在这样无限参差驳杂的法律和风俗之中，人不是单纯地跟着幻想走的。③

---

① 熊彼特：《经济分析史》第 1 卷，第 209 页。
② 孟德斯鸠：《论法的精神》上卷，第 2 页，商务印书馆，北京，1982 年。译文有改动。
③ 同上书，著者原序，第 37 页。

人类的习俗和法律若与自然法有出入,这并不意味着这里没有秩序。在事故发生后,除了混乱外,人们应该而且能够找到事故发生的深刻原因,用以分析事件表面上的不合理性。孟德斯鸠举史事为例,认为断送了查理十二世的并不是波尔多瓦战役。"如果他不在这个地方覆灭,也必然会在别的地方覆灭。命运中的偶然事故是易于补救的;而从事物的本性中不断产生出来的事件,则是防不胜防的。"①而法就是事物的本性产生出来的必然关系②。这样他的旨趣就转向了研究事物的必然关系和事物间的相互关系。

如果我们的着眼点在于依据事件本身的因果关系来解释事件,那么就应该排除那种非因果解释的道德评判。没有什么事件事先就被认为是荒唐无稽的,也没有什么事件仅仅是恶意的产物;启蒙运动的大多数学者将过去的一切视为迷信、偏见的产物,孟德斯鸠却关心若真是偏见的产物,这些偏见又是如何产生的,为什么会使人相信而保持其效力,更进一步要考察是否真的只是人的偏见。采取这种态度研究社会,必然会软化启蒙时代的激进主义。这种激进主义表现为自然与社会的对立,并且认为当时的社会制度是不合自然的。孟德斯鸠关心的是现状的分析,他使自然理念成为一个相对概念,从而为认可一切适应现状的制度铺平道路。另一方面,这使得研究者有可能去注意各种不同的社会因素,因为关于各种必然关系的知识必须从辨认其多种可能的表现形式开始。

人们通常将孟德斯鸠视为地理因素决定论的代表人物,他通过分析各种地理、气候的特点来解释其对社会制度的决定性影响。阿隆认为,孟德斯鸠的独创性不在于提出任何单线的决定论,而在于指出各种因素之间的相互联系,指出社会是一个系统③。如果这个系统中有什么决定性的原因的话,它是一个民族的"一般精神"。这个"一般精神"在孟德斯鸠看来是由许多因素融合而成的:气候、宗教、法律、施政的原则、先例、风俗、习惯等。"一般精神"因民族而异。"在每一个国家里,这些因素中如果有一种起了强烈的作用,则其他因素的作用便将在同一程度上被削弱。大自然和气候几乎是野蛮人的唯一统治者;中国人受风俗的支配;而日本则受法律的压制;从前风俗是拉栖代孟的法则;施政的准则和古代的风俗,在罗马就是规范。"④这种一般精神又是在多种因素的作用下历史地发展起来的,立法应该适应这种精神,它就是法的精神。

---

① 孟德斯鸠:《论法的精神》上卷,第 146 页。
② 同上。
③ 雷蒙·阿隆:《社会学主要潮流》,第 43 页。
④ 孟德斯鸠:《论法的精神》上卷,第 305 页。

孟德斯鸠的这些思想标志着对自然法的突破。首先,他放弃了追求理想社会的努力,认为没有一种放之四海而皆准的社会模式。不仅各民族的制度因各民族的一般精神不同而不能强求统一,而且由于民族精神也在历史地变化,故不存在一个不变的理想制度永远适于一个民族。其次,否认人可以随心所欲地创造社会(契约论),人充其量只能改善社会而不能创造社会,而且还须根据具体国情施行改良。这观点与启蒙思想的大部分观点尖锐对立,后者强烈相信优良的法律是普遍适用的,法律决定了特定社会的一般面貌,而不是让法律去适应社会。最后,他提出了一种分析的政体类型说(共和政体、君主政体和专制政体),他认为重要的问题不是谁在运用权力和权力怎样运作,而是了解各种不同的政体在什么样的社会条件下能正常运行。

孟德斯鸠不相信以孔多塞(Condorcet,1743—1794)为代表的理性进步观,主张建立温和的君主立宪制,谋求的是通过各派政治力量(君主政体下的平民、贵族和国王)的均势达到和确保温和与自由,这使得他在激进人士中很少信徒,而在保守派圈子里颇为走红。正是在这里,孟德斯鸠代表了不同于洛克观点的另一派市民社会的传统。不同于洛克,孟德斯鸠已假设一个强大的君主政府是不可缺少的。"重要的问题就变成:这政府是不受制时,转向专制,还是受制于法律。但除非存在独立的、具备法律地位的机构,除非这些机构随时准备维护法律,否则这法律就不能发挥其约束力。法治与'中介团体'(corps intèrmediares)共存亡而相扶持。没有法律,国会之类的机构与贵族之类的阶层就没有地位;而没有这些机构和阶层,法律就得不到有效的维护。一个自由的君主政体(对孟德斯鸠来说这句是冗言,因为不自由的君主政体就是专制),要在一个强大的中央政权以及此政权必须处理的一大群互相交织的机构和组织之间,取得平衡。"①

阿隆认为孟德斯鸠在政治上是个反动派,同时承认他的政治哲学的基本点是自由主义②。这是一种奇怪的结合:自由主义底版上的保守主义,主张自由的君主等级制,同时以对专制的反对为制衡。这已经明确提出了以社会制衡权力的观点,并启发了以伯克(Edmund Burke)和托克维尔(Alexis de Tocqueville)为代表的近代保守主义。"它一方面反对自然权利理论以及更新近的功利主义观念的权利要求,另一方面又反对日益民主的全国性政府的权利。"③被视为保守主义鼻祖

---

① 查尔斯·泰勒(Charles Taylor):《原民间社会》,见哈贝马斯等:《社会主义:后冷战时代的思索》,第54页,牛津大学出版社,香港,1995年。
② 雷蒙·阿隆:《社会学主要潮流》,第58页。
③ 达尔(Robert A. Dahl):《民主理论的前言》,译者(顾昕)后记,第190页,牛津大学出版社,香港,1995年。

的孟德斯鸠事实上不反对通过理性的立法干预社会生活的进程；他对封建专制主义的批判和对理性、自由的歌颂，与其更激进的同代人相比并无两样，只是他寻求可能为谨慎有效的干预开辟道路的知识，多少磨钝了他的锋芒，但他仍无愧为时代进步的先锋。他的学说广泛地牵涉到人类社会的各种基本问题，关系到人类社会的根本利益。他为新兴的资产阶级提出进步的社会理论和历史理论，对促进旧社会的死亡与新社会的产生，起了重要的作用。他与17世纪自然法传统的决裂，在社会思想史上意味着一个真正的新开端。

6.3 卢梭：自然与社会

卢梭是启蒙时代最有天才、思想最激进、影响最深远的思想家。他的著作将深刻的思想、灿烂的文采和炽热的情感融为一体。在他之前，很少有人使理论著述具有这般感人至深、震撼人心和鼓动民众的力量。卢梭也是思想史上遭人误解最深最多的思想家之一。其原因也是多方面的。他的思想中汇合了多种倾向，而且每一种都异常强烈，追随者和批评者不免以偏概全；他的议论大多不是经过长年思考的产物，而是对各种使他深深感动而时代又要求立即予以解答的问题作直接的热情洋溢的分析，雄辩多于严谨，容易造成理解的歧义；最后还应归诸他思想的种种矛盾。这些矛盾可分成几种：第一种，看似矛盾实为辩证的思考，如"人是生而自由的，但却无往不在枷锁之中。自以为是其他一切的主人的人，反而比其他一切更是奴隶"[1]。这类辩证警语在卢梭著作中随处可见，是其思想的最具精彩处。第二种，为了加强论点的力量，在不同的场合强调不同的侧面而形成的矛盾，例如他在赞美自然的智慧时，他对理性的机巧大加揶揄；而当他需要强调自然状态的鲁钝无知时，他又说"人世间除了他自己的理性以外，没有一种力量可以支配他"[2]。这类对比在卢梭著作中亦比比皆是，联系上下文及特定的论证目的便大都可以获得理解。第三种是卢梭思想中真正的对立，他徘徊于两极间，两者都有至深至大的力量。自然与社会这对概念便是一个例子，这对矛盾是其社会思想脉络的主线，贯穿于他最重要的论著中。

我们在本章第一节中曾将自然概念作为启蒙学者的理性观念来介绍。这种说法对卢梭并不完全妥当。自然在卢梭那里不只是一个抽象观念，更是生命的富源，他一生的情结；除去这种极主观的含义外，卢梭的自然概念大体仍在自然法的

---

[1] 卢梭：《社会契约论》，第8页，商务印书馆，北京，1982年。
[2] 卢梭：《论人类不平等的起源和基础》，第200页。

范围内,涉及自然状态、自然人、自然权利等概念。然而下面的讨论将证明,卢梭已经大大突破了自然法的传统。

卢梭认为,研究过关于人的自然状态的种种问题的作家,他们的方法从一开始就错了。他们毫不犹豫地设想,在自然状态中的人已有正义和非正义观念,但却没有指出在自然状态中的人何以会有这种观念,甚至也没有说明这种观念对其有什么用处。他们还谈到自然权利,即每个人所具有的保存属于自己的东西的权利,但却没有阐明他们对"属于"一词的理解。再有一些人首先赋予强者以统治弱者的权力,因而就认为政府是由此产生的,但他们根本没有想到,在人类脑筋里能够存在权力和政府等名词的意义以前,需要经过多么长的一段时间。"总之,所有这些人不断地在讲人类的需要、贪婪、压迫、欲望和骄傲的时候,其实是把从社会里得来的一些观念,搬到自然状态上去了,他们论述的是野蛮人,而描绘的却是文明人。"①

这段话意味着卢梭与自然法传统的重大决裂,他抛弃了后者的三个重要假设:自然人是用自己的观点指导自己行动的聪明人;有自古不变的人性;可以从自然人身上发现社会人的一切可能品质。他针锋相对地提出一个重要观点:自然人是与社会人对立的。

这是一个怎样的故事?简单地讲,卢梭的自然人是一群"漂泊于森林中的野蛮人,没有农工业,没有语言,没有住所,没有战争,彼此也没有任何联系。他对于同类既无所需求,也无加害意图"②。"在自然的支配下,野蛮人仅只服从于他的本能"③;"野蛮人最初所具有的只是一些纯动物性的能力"④;"野蛮人由于缺乏各种智慧,只能具有因自然冲动而产生的情感"⑤,这就是自我保存的自爱心和对同类的怜悯心⑥;"他的欲望绝不会超出他的生理上的需要,在宇宙中他所认识的唯一需要就是食物、异性和休息"⑦,没有奴役,没有私有观念,没有文明人的野心、贪欲和嫉妒,并且"不知道什么叫虚荣、尊崇、重视和轻蔑"⑧。所以野蛮人是自由的和平等的;由于缺乏智慧和理性,野蛮人总是丝毫不假思索地服从于人类的原始感情,从不抗拒怜悯心的自发冲动,所以野蛮人是淳朴善良的⑨。自然为野蛮人安排

---

① 卢梭:《论人类不平等的起源和基础》,第 71 页。
② 同上书,第 106 页。
③ 同上书,第 84—85 页。
④ 同上。
⑤ 同上。
⑥ 同上书,第 67 页。
⑦ 同上书,第 84—85 页。
⑧ 同上书,第 103 页。
⑨ 同上书,第 102 页。

了俭朴、单纯、孤独的生活方式,没有种种欲望的枷锁,所以他们又是健康的和幸福的①。

但是人有自我完善的能力,这是自然人根本有别于动物之特质。"正是这种能力,借助于时间的作用使人类脱离了它曾在其中度过安宁而淳朴的岁月的原始状态,正是这种能力,在各个时代中,使人显示出他的智慧和谬误、邪恶和美德,终于使他成为人类自己的和自然界的暴君。"②而智慧的进步恰恰是与各族人民的天然需要或因环境的要求而必然产生的需要成正比的③。到了自然状态中不利于人类生存的种种障碍在阻力上已超过了每个个人在那种状态中为了自存所能运用的力量时,到了人们的需要唯有联合起来才能满足时,那种原始状态便不能继续维持④。"自从一个人需要另一个人的帮助的时候起,自从人们觉察到一个人据有两个人的食粮的好处的时候起,平等就消失了,私有制就出现了,劳动就成为必要的了,广大的森林就变成了须用人的血汗来灌溉的欣欣向荣的田野;不久便看到奴役和贫困伴随着农作物在田野中萌芽和滋长。"⑤不管你怎样赞美人类社会,导致人丧失天赋的自由和自然平等的最初的私有制社会必然是:"人们的利害关系越来越错综复杂,相互忌恨的心理便越增长。于是人们表面上像是互相帮助,实际上却无所不至地在互相残害。"⑥"每个人为了力求获取自己的利益,如果相信自己有足够的力量,便公开使用强力,如果觉得自己比较弱,便使用智巧。"⑦"人的理性趋于完善;同时却使整个人类败坏下去。在使人成为社会的人的同时,却使人变成了邪恶的生物。"⑧平等一被破坏,继之而来的就是最可怕的混乱。在富人和穷人之间、强者和弱者之间发生了无穷尽的冲突,这种冲突只能经由战斗和残杀而终结。为了不使新产生的社会走向毁灭,富人编造一些动听的理由,诱导穷人接受一项骗人的社会契约,法律和国家便这样产生了。"它们给弱者以新的桎梏,给富者以新的力量;它们永远消灭了天赋的自由,使自由再不能恢复;它们把保障私有财产和承认不平等的法律永远确定下来,把巧取豪夺变成不可取消的权利;从此以后,便为少数野心家的利益,驱使整个人类忍受劳苦、奴役和贫困。"⑨人类

---

① 卢梭:《论人类不平等的起源和基础》,第 79 页。
② 同上书,第 84 页。
③ 同上书,第 86 页。
④ 参卢梭:《社会契约论》,第 22 页。
⑤ 卢梭:《论人类不平等的起源和基础》,第 121 页。
⑥ 同上书,第 159—160 页。
⑦ 同上书,第 114 页。
⑧ 同上书,第 109 页。
⑨ 同上书,第 128—129 页。

的心灵和情欲在不知不觉的变坏中,变更了它们的本性。"野蛮人和文明人的内心和意向的深处是如此的不同,以致造成文明人至高幸福的东西,反而会使野蛮人陷于绝望。"① 野蛮人只喜爱安宁和自由;文明人则终日勤劳,为了利欲而不停地奔波和焦虑;野蛮人满足于他自己的真正需要,文明人永无止境的贪欲和野心与其说是为了满足真正的需要,不如说是为了满足虚荣、浮华,并使自己高人一等以支配奴役别人的需要。野蛮人决不肯向枷锁低头,文明人则毫无怨声地戴着他的枷锁。文明人尽管有那么多的哲学、仁义、礼仪和崇高的格言,但全部变成人为的、造作的,残酷的生存竞争早已磨灭了他们的自然的怜悯心,"因此我们只有一种浮华的欺人的外表:缺乏道德的荣誉,缺乏智慧的理性以及缺乏幸福的快乐"②。"上述情况绝不是人类的原始状态;使我们一切天然倾向改变并败坏到这种程度的乃是社会的精神和由社会而产生的不平等。"③

要对卢梭描绘的这幅自然人与社会人的对比图景提出批评意见并不困难。事实上,卢梭《论人类不平等的起源和基础》这本书一问世,就立即遭到著名启蒙学者伏尔泰的批评。他讽刺道:"从没有人用过这么大的智慧企图把我们变成牲畜。读了你的书,真的令人渴慕用四只脚走路了。"④ 卢梭反驳说他从没有想使人返回到野蛮状态中去,"难道必须毁灭社会,取消'你的'和'我的'这种区别,再返回到森林去和熊一起生活吗?这是按照我的论敌的想法得出的结论,我愿意先把它指出,也愿意我的论敌因得出这样的结论而感到羞愧"⑤。两百多年过去了,今天的一些人们仍在重复当年卢梭的论敌的结论。让我们还是先放下这桩公案,看一看卢梭设定的自然与社会的这一对立概念中所包含的洞见。

首先,卢梭讲了一段人类如何由平等自由和善良的状态变成不平等不自由和邪恶的历史,即所谓野蛮人变成社会人文明人的历史。不论卢梭对自然状态和自然人的规定存在多少错误(例如他认为野蛮人是完全孤独的,这就不符合原始人类也是群居的这一考古科学报告的结论),他把这一切变化视为私有制的产物,并把私有制的出现归结为一定历史阶段的人类生产力、工艺和技术发展的产物("冶金术和农业这两种技术的发明,引起了这一巨大的变革。使人文明起来,而使人类没落下去的东西,在诗人看来是金和银,而在哲学家看来是铁和谷物"⑥)。不是

---

① 卢梭:《论人类不平等的起源和基础》,第 147 页。
② 同上书,第 148 页。
③ 同上。
④ 同上书,第 31 页。
⑤ 同上书,第 166—167 页。
⑥ 同上书,第 121 页。

用人性人心、精神的力量来说明人的需要、情趣、性情、心理、人格乃至整个人性的改变,相反,他认为"这样的人和情欲乃是所有新生关系的产物,并没有任何真正的天然基础"①。这些观点本质上是正确的,非常接近马克思的历史唯物论。传统的人类本性中的一切,差不多都已经归属于历史的范畴。卢梭明明白白地说:"正是在事物的这种缓慢递嬗中(指历史——引者),他们将可以找到哲学家们所不能解决的伦理上和政治上的无数问题的答案。"②这样,卢梭就表明自然与社会的对立实为人与历史的对立与统一。

其次,卢梭设想了一种绝对孤立的自然人,借以说明社会人的一切需要、欲望、品质、心态、意识、价值、关系及制度都是在社会生活的交往中产生的。他的假设确是多余的,而他的说明则不仅是天才的,而且是极其有趣的,尤其是从社会学的角度来看。他的本意也许是不想让他的纯朴的自然人为社会人的一切恶劣欲念和品性负责,但他的自然人如此贫乏又如此浪漫化,而他描绘的社会人如此丰富、有血有肉,恰好证明"人的本质并不是单个人所固有的抽象物。在其现实性上,它是一切社会关系的总和"③。请看他是怎样描述在一个既相互依赖又人人揣着损人利己之心的社会中人与他人是如何互动的,这些相互作用产生了什么样的后果,塑造了什么样的人性:

> 每个人都开始注意别人,也愿意别人注意自己。于是公众的重视具有了一种价值……从这些最初的爱好中,一方面产生了虚荣和轻蔑,另一方面也产生了羞惭和羡慕。④

> 人们一开始相互品评,尊重的观念一在他们心灵中形成,每个人都认为自己有被尊重的权利,而且一个人不为人尊重而不感到任何不便,已成为不可能的了。由此便产生了最初的礼让的义务。⑤

> 自己实际上是一种样子,但为了本身的利益,不得不显出另一种样子。于是,"实际是"和"看来是"变成迥然不同的两回事。由于有了这种区别便产生了浮夸的排场、欺人的诡计以及随之而来的一切邪恶。另一方面,从前本是自由、自主的人,如今由于无数新的需要,可以说已不得不受整个自然界的支配,特别是不得不受他的同类的支配。纵使他变成了他的同类的主人,在

---

① 卢梭:《论人类不平等的起源和基础》,第147页。
② 同上书,第146页。马克思发挥和发展了这一思想,认为人文科学提出的问题可在历史中获得解决。凡是把理论导致神秘主义方面去的神秘东西,都能在人的实践中以及对这个实践的理解中得到合理的解决。
③ 《马克思恩格斯选集》第1卷,第18页。
④ 卢梭:《论人类不平等的起源和基础》,第118页。
⑤ 同上。

某种意义上说，却同时也变成了他的同类的奴隶：富有，他就需要他们的服侍；贫穷，他就需要他们的援助；不穷不富也绝不能不需要他们。于是他必须不断地设法使他们关心他的命运，并使他们在实际上或在表面上感到为他的利益服务，便可以获得他们自己的利益。这样，就使得他对一部分人变得奸诈和虚伪；对另一部分变得专横和冷酷，并且，当他不能使一些人畏惧自己，或者当他认为服侍另一些人对他没有什么好处的时候，他便不得不欺骗他所需要的一切人。①

有一种人相当重视世界上所有其余的人对他们的看法，而他们所以认为自己是幸福的人并对自己感到满意，与其说是根据自己的证明，毋宁说是根据别人的证明。实际上，野蛮人和社会的人所以有这一切差别，其真正的原因就是：野蛮人过着他自己的生活，而社会的人则终日惶惶，只知道生活在他人的意见之中，也可以说，他们对自己生存的意义的看法都是从别人的判断中得来的。②

我们在这里所以不惜篇幅整段整段地援引卢梭，是因为每一段都是人与社会互动的妙文。卢梭具有一流社会心理学家的资质，这些引文便是明证。在这里，自然与社会的对立实质为个人与社会的对立。

第三，卢梭并非笼统地把自然与社会对立起来，他拿来与自然对立的是奴役性的不平等的私有制社会。自由是卢梭自然概念的第一要义，是人之为人的本质。"一个人抛弃了自由，便贬低了自己的存在"，"出卖自由就等于出卖生命"，而奴役性的私有制社会最大的罪恶是消灭了天赋的自由。人们不仅是富人、强者和暴君的奴隶，而且还是其同伴的奴隶，是自己的偏私、虚荣、贪欲、野心等的奴隶。在这样一个非损人不能利己甚至不能自保的社会中，人无往而不在必然性的枷锁之中。因此自然与社会的对立最终体现为自由与必然的对立。

问题是这种对立是要被超越的，卢梭的目标不是回复到自然状态而是复归自由平等的人性。直到社会批判（《论人类不平等的起源和基础》）的任务已经完成，建立一个自由人的共同体社会的任务提出时（《社会契约论》），自由与必然的对立便以一种反转的方式提了出来。自然等同于自由吗？卢梭为了批判文明人的有知有欲、唯利是图的迷妄，赞美了野蛮人的无知无欲的无拘无束；文明人的冷峻理性扼杀了人天然的怜悯心的冲动，使卢梭竟宣称"沉思的人，乃是一种变了质的动

---

① 卢梭：《论人类不平等的起源和基础》，第124—125页。
② 同上书，第148页。

物"①,"冷酷的理性,绝做不出卓越的事情"②,并热烈赞扬野蛮人所具有的天然道德情感。但正是卢梭本人清楚地知道,野蛮人的所作所为仅是服从本能,能把依从本能的行为称之为自由吗?本能的行为岂非受缚于自然的必然性?人区别于动物者在自由,在自做主宰,在不断完善自己的能力,自由中岂不必然包含有理性?卢梭悲哀的是这种自我完善的能力在一个邪恶的社会里成为人类不幸的根源,咎在滥用了这种能力。再来看道德问题。卢梭明确说过,野蛮人的行为是无所谓邪恶也无所谓美德的,"除非我们从生理意义上来理解这些词,把那些能够帮助自我保存的性质叫做美德",除此意义外,"自然状态中的人类,彼此间没有任何道德上的关系,也没有人所公认的义务"③。卢梭明白承认"道德判断本身的真正功能乃是一种社会的功能,一种交往过程中的比较和评价的功能"④,是在社会生活中产生的。按卢梭的辩证法,"正是由于每个人都渴望别人颂扬自己,正是由于每个人都几乎终日如疯似狂地想出人头地,才产生了人间最好和最坏的东西:我们的美德和我们的恶行;我们的科学和我们的谬误"⑤。通过以上的梳理,我们认为,把自然与社会的对立等同于自由与必然的对立绝非卢梭的全部思想。一方面,自由与必然的对立就在社会中,人类社会历史既以铁的必然性产生私有制(卢梭的说法是"那时一切事物已经发展到不能再像以前那样继续下去的地步了"⑥,他虽一再希望自然状态保持下去⑦,但他对人类自由本质的深刻领悟与对历史脉动的深刻敏感,使他的社会批判具有深远的文化批判的价值,而绝无复古主义的意图,这一点必须再三强调),人类的自由本质必会通过社会历史的条件为自己的发展开辟道路,在社会中确定的所有权、道德以及由于生产、交往而日益发达的理性皆为人类自由的环节⑧。因此在这里,自由与必然的关系是既对立又相互联系的。另一方面,对于卢梭所欲建立的那个未来社会而言,必然性指的恰恰是自然状态,而自由正是社会状态的特征。任何解释也赶不上卢梭自己在《社会契约论》中的一段重要论述:

> 由自然状态进入社会状态,人类便产生了一场最堪注目的变化;在他们

---

① 卢梭:《论人类不平等的起源和基础》,第 79 页。
② 转引自周辅成主编:《西方著名伦理学家评传》,第 435 页。
③ 卢梭:《论人类不平等的起源和基础》,第 97 页。
④ G. Hawthorn: *Enlightenment and Despair*, p. 23. 参卢梭:《论人类不平等的起源和基础》,第 113—115 页。
⑤ 卢梭:《论人类不平等的起源和基础》,第 144 页。
⑥ 同上书,第 111 页。
⑦ 同上书,第 79、111、120 页。
⑧ 参黑格尔:《法哲学原理》,第 4、51、71、72、81、82、91、94、103、104 等页,商务印书馆,北京,1979 年。

的行为中正义代替了本能,而他们的行动也就被赋予前所未有的道德性。唯有当义务的呼声代替了生理的冲动,权利代替了嗜欲的时候,此前只知道关怀一己的人类才发现自己不得不按照另外的原则行事,并且在听从自己的欲望之前,先要请教自己的理性。虽然在这种状态中,他被剥夺了他所得之于自然的许多便利,然而他却从这里面重新得到了如此之巨大的收获;他的能力得到了锻炼和发展,他的思想开阔了,他的感情高尚了,他的灵魂整个提高到这样的地步,以至于——若不是对新处境的滥用使他往往堕落得比原来的出发点更糟的话——对于从此使得他永远脱离自然状态,使他从一个愚昧的、局限的动物一变而为一个智慧的生物,一变而为一个人的那个幸福的时刻,他一定会是感恩不尽的。

……我们还应该在社会状态的收益栏内再加上道德的自由,唯有道德的自由才使人类真正成为自己的主人;因为仅有嗜欲的冲动便是奴隶状态,而唯有服从人们自己所规定的法律,才是自由。[①]

这个社会所有成员服从自己为自己制定的法律的社会就是一个合乎道德的好社会。这种法律不是出于个人的意志而是集中体现各个人意志的公意,是对社会成员需要的完美反映,因而在根本上是与个人的意志相一致的。它是社会契约的产物。所以公民服从法律,就是服从公意,也就是服从真正的个人意志,并且像以往一样地自由,因为他不是屈从于任何别人的意志,而只服从他自己为自己立的法。在这种情况下,人也是平等的,因为没有人对人的奴役。随着自由、平等的实现,由奴役与不平等带来的恶行也就随之消失了。作为社会契约的结果,一个民主的利维坦出现了,这是一个其部分与整体不可分的社会有机体。

以上的讨论表明,卢梭的著作包含了两个独立的社会概念:一个是他在《论人类不平等的起源和基础》中大加批判的奴役性的社会概念,另一个是他在《社会契约论》中为之辩护的平等的契约性的社会概念。对卢梭的自然与社会关系的思想的不少误解,在我们看来,部分地出自于未能分辨卢梭的这两个不同的社会概念。对前一个社会的批判,是对其奴役、压迫及不平等性质的批判。而他对不平等的否定,不是回到文明发祥前的"自然","不是转变为没有语言的原始人所拥有的旧的自发的平等,而是转变为更高级的社会契约的平等"[②]。卢梭的后一个社会概念,即契约的平等的社会概念,固然承继了 17 世纪的自然法思想,但他的阐发使之更具价值,更有胆识与勇气,把法国革命推进到不得不爆发的理论边缘。可以

[①] 卢梭:《社会契约论》,第 29—30 页。
[②] 《马克思恩格斯选集》第 3 卷,第 180 页。

图 6.2：安放在巴黎先贤祠的卢梭的棺柩。中国人有"盖棺论定"的说法,又说"仁义为己任,不亦重乎？死而后已,不亦远乎？"但这些说法全都不适用于卢梭。他无论生前死后,都是毁誉参半,从无论定。即便躺在墓室,似也不安分,还从棺木伸出手臂高举一柄火炬。他是想继续启蒙人类？还是想让后人铭记不忘？（于海摄）

说,卢梭的社会政治思想对于18世纪欧洲社会的进程的影响,超过了启蒙时代的大部分思想家。

6.4 法国唯物主义

法国唯物主义的主要代表人物是爱尔维修、狄德罗和霍尔巴赫（Holbach,1723—1789）等。

法国唯物主义从感觉主义、功利主义观点将人视为有着确定不变的人性及需要的生物体；又从经验主义的观点认为人的一切表象、一切概念和感觉都是周围环境对他发生作用的结果。这样,人的缺点也是为环境所决定的,如果你想和他的缺点斗争,那么你就应该相应地改变他的周围环境。而问题正是在于改变社会环境,因为自然界是不会使人变恶或变善的。将人们放在合理的社会关系中,即放在各人自保的本能不再推动他与别人作斗争的条件下,协调个人的利益和全社会的利益,德行便会自行出现。德行不需要说教而要以社会关系的合理制度来培育。他们把社会环境影响的全部总和名之为"教育",爱尔维修说"人完全依赖于教育","环境支配意见"。他们认为,环境的最重要因素是法律,法律有强有力的教育作用。个人的恶习不能单纯由个人负责,主要应归咎于政府,特别是立法;在立法的深处隐藏着一个民族的恶习,应该在那里挖掘、拔除产生恶习的根源。爱尔维修说:"假如制定了良好的法律,这些法律将会让公民们顺着他们要求个人幸福的倾向,把他们很自然地引导到公共幸福上去。造成各个民族的不幸的并不是人们的卑劣、邪恶和不正,而是他们的法律不完善……法律造成一切。"①"法律则决定我们的风俗和美德。"②道德在他们那里全部变为政治。

  问题是,良好的法律靠谁制定?进而要问,法律一般是由什么因素决定的?按法国唯物主义的人的趋利避害的本性论,人们认为那些对他们有利的社会关系是好的,那些对他们有害的关系是坏的。如果立法者彻底贯彻这一原则,法律不仍然是偏私和激情的产物?爱尔维修曾明确讲"那些为了公众利益牺牲自己的癖好和自己的强烈情欲的人,并不是具有美德的人,这样的人是不可能有的"③。这样他们就面临一个理论上的重大困难,要诉诸好的法律,只有求助于那些不再是欲望、利益之因果必然性的被动的被决定者,而是一些"热衷于一种新的荣誉,要想以人们的朋友这个称号留芳于后世"④的圣贤。他们愿意造就一些幸福的人,不愿造成一批奴隶,他们以社会福利为鹄的,而无自私之心。这样的天才显然是与凡人皆自爱的人性论相矛盾的。好的法律有待于伟大的立法者;好的教育有待于英明的教育者。这种观点又必然把人分成两部分,其中一部分人在聪明智慧以及道德品质方面大大超过另一部分,而这又同法国唯物主义的人的平等观相冲突。我们知道法国唯物主义者不是坐而论道的书斋哲人,他们是"百科全书派"的主将,都积极投身于批判旧制度、传播自由平等理性思想的启蒙运动。"环境决定人"的观点引他们得出必须改造旧制度的进步主张,但他们对环境的理解既不全面(决定性的是法律),更不知道何为决定环境的深层力量,结果在实践观上背叛了自己的理论观的唯物主义,陷入了环境决定意见、天才人物决定环境、意见决定环境的循环论证、自相矛盾的困境中。

  他们之中最杰出的是爱尔维修,他已经感到上述的二律背反在理论上方法上的弱点,力求走出这个怪论。他感到似乎有某种更根本的力量或原因。"可能,科学和艺术的进步,与其说是天才的事业,不如说是时代和必然性的事业。这仿佛得到所有国家中同样的科学发展过程的证实。事实上,如果像休谟所指出的,所

---

① 《十八世纪法国哲学》,第 537—538 页。
② 同上书,第 526 页。
③ 转引自赫·恩·蒙让:《爱尔维修的哲学》,第 377 页,商务印书馆,北京,1962 年。
④ 《十八世纪法国哲学》,第 534 页。

有的民族只有在他们获得善于写诗的本领以后才能学会善于写散文的话,那么我觉得,同样的人类理性过程就是某种共同的和隐蔽的原因的结果。"①循着这一思路,他认为伟人的产生不是出于偶然性,而是同时代有密切的联系。"产生伟大人物和伟大情欲的世纪,也是人民真正赞赏崇高和英勇的情操的时代。"②马克思肯定了爱尔维修,他指出:"如爱尔维修所说的,每一个社会时代都需有自己的伟大人物,如果没有这样的人物,它就要创造出这样的人物来。"③但是当爱尔维修具体讨论伟人与时代关系时,仍陷入了先前的那种矛盾中。他认为伟人的产生应该归因于多少贤明的行政、表扬和奖励。本来伟人降生是要革新国家和立法的,现在伟人的出现又有赖于贤明的行政,爱尔维修终未能找到那种共同的隐藏的原因,未能走出两难的困境。在他那里,以及在所有法国唯物主义者那里,理论上的决定论和实践上的意志主义、世界观的唯物论与社会历史观的唯心论是同时并存的。19世纪的空想社会主义承袭了这种形式的二元论。

以上的讨论表明,法国唯物主义的社会历史观很少社会学观念,"本质上也是实用主义的,它按照行动的动机来判断一切,把历史人物分为君子和小人,并且照例认为君子是受骗者,而小人是得胜者。旧唯物主义由此得出结论说,在历史的研究中不能得到有教益的东西;而我们由此得出的结论是,旧唯物主义在历史领域内自己背叛了自己,因为它认为在历史领域中起作用的精神动力是最终原因,而不去研究隐藏在这些动力后面的是什么,这些动力的动力是什么。"④恩格斯这段话是对18世纪法国唯物主义社会历史观的极其中肯的评价。

---

① 爱尔维修:《论人》,转引自《论人类不平等的起源和基础》,附录(二),第210页。
② 转引自葛力:《十八世纪法国唯物主义》,第337页。
③ 《马克思恩格斯选集》第1卷,第450页。
④ 《马克思恩格斯选集》第4卷,第244页。

第七章
18世纪苏格兰学派社会思想

7.1 苏格兰启蒙运动

启蒙运动的另一个强大中心在苏格兰,这是一个以"苏格兰道德哲学"而著名的学派,学派的主将多以苏格兰的大学为其活动中心,他们是大卫·休谟(David Hume,1711—1776)、亚当·斯密(Adam Smith,1723—1790)、亚当·佛格森(Adam Ferguson,1723—1816)和约翰·米勒(John Millar,1735—1801)。多年来对苏格兰启蒙运动研究多少受到忽视。近三十年来,西方学院里已有不少人对它重新肯定,重新研究,在一些圈子里也已蔚然成风,有所谓"苏格兰启蒙运动的复兴"之说,其中倡导最有力、阐述最精要的当数英国学者哈耶克(Friedrich von Hayek,1899—1992)。但重视苏格兰学派的观点并不是从今天才开始的。一些社会学家早已注意到苏格兰启蒙思想家乃是19世纪和20世纪许多不同的社会思潮如马克思主义、进化理论、功能主义及互动理论等的先驱者。

苏格兰学派的社会观点与18世纪的一般思潮有诸多不同,具有独特和永久的价值。首先,苏格兰启蒙学者所注重与提倡的理性及其对理性的解释与法国启蒙学者大异其趣。他们不相信理性有能力创造出完全合乎理性的社会,强调理性本身与文明的演化互相成长,理性无力跳出文明之外重新设计文明。因此,一切社会进步皆必须以传统为其基础,以传统为基础的建设才是切实的建设。其次,苏格兰学者对社会思想概念作了极清晰和系统的阐述,致力于把社会科学建立在经验的和观察的基础上,认定其本质与自然科学并无两样。再次,苏格兰学派提出并阐发了人作为社会生活参与者的概念,其活动从来不是仅仅依靠自己完成的,而必须与别人的活动相配合相联系。他们发现了社会行动无意后果说(Law of unintended consequences),也就是说,无论在社会生活中发生的是什么,都是人们行动的后果,但并非是人们刻意设计和追求的后果。最后,苏格兰学者把有关行为的理论与有关人们判断行为的理论区分开来,并把关注重点放在后者,由此而建立起关于人们行为的互动性的思想①。

与法国相比较,苏格兰启蒙运动的独特性还与英国及苏格兰的独特的社会环境分不开。英国已经历了自己的"光荣革命",它面临的不再是确定基本人权和寻求对基本人权的有效政治保障的问题,而是要理解和改善已经建立的市民社会,市民社会似乎既是某种自然的事物,同时又代表了社会进步的最高阶段;英国有其强大的经验主义传统,英国的哲学家自然会从这一传统汲取启发其方法论的资源。而苏格兰的社会境况则较为复杂,其农村地区还保留了较多的封建因素,但其大学为加尔文教的自由独立精神所鼓舞已成为文化的中心;与英国其他部分一样,苏格兰低地部分正在成为活跃的工商中心,但罗马法律仍有很大的影响。所有这些因素刺激苏格兰学者去理解这迅速而又不平衡的社会发展②。

7.2 休谟:人性的科学

18世纪是物理学的英雄时代。苏格兰学者热衷于把牛顿的科学模式当作一个普遍有效的模式,以此建立关于人的科学。休谟的《人性论》有一个很有意味的副标题:在精神科学中采用实验推理方法的一个尝试。休谟认为:"在人类的行动中,正像在太阳和气候的运行中一样,有一个一般的自然规程。有些性格是不同的民族和特殊的个人所特有的,正如有些性格是人类共有的一样。我们关于这些性格的知识是建立在我们对于由这些性格发出的各种行为的一致性所作的观察上面的;这种一致性就构成了必然性的本质。"③人类行为、制度等表现出的巨大差异,证明了教育和政府所起的作用,但我们仍可以发现包含在人类动机和行为中的一致性,如同机体组织所有的那种一致性,这种一致性出自于人性的稳定性。人性的知识对休谟来说乃是一切知识的源泉,因为我们知道的不是事物本身,而是从感觉、联想中获得的观念。

观念的反映论、报道性是启蒙运动的共识,但休谟运用到人性科学上而得出的结论却大大动摇了理性的世界观。启蒙学者都相信运用理性发现的真理,足可以设计和创造一个理性的王国。但正是休谟,"让启蒙运动的武器转而对准了自己",他"用合理的分析击败了理性的要求"(S. S. Wolin)④。休谟认为,科学告诉

---

① 参熊彼特:《经济分析史》第1卷,第200页。
② G. Hawthorn:*Enlightenment and Despair*, pp. 28-29.
③ 休谟:《人性论》,第441页,商务印书馆,北京,1981年。
④ 转引自《哈耶克思想精粹》,第552页,江苏人民出版社,南京,2000年。

我们的是什么,但不能告诉我们应该做什么,或应该成为什么。在这点上,休谟是实证主义的前驱。

休谟的人性科学或社会玄学,据熊彼特的看法,实质上是心理学的。"他们的联想主义心理学实质上是内省的,也就是说,它把分析者对自己心理过程的观察看作知识的有效来源。"① 休谟的观点没有为苏格兰学派的其他学者无保留地接受,他们认为人的行为多少还是受社会决定的。但在人性科学可以而且必须成为如同自然科学一样的一门独立科学这个问题上,他们是完全一致的。他们也都一致抛弃了对自然概念所作的规范的和价值的阐释。

休谟人性概念的一个基本假设是激情绝对先于理性,本能绝对先于反思。人们常把苏格兰启蒙学者看成是情感主义者。这是一种误解。他们并不鼓吹人要受激情支配,而只是指出人们事实上受情感支配。

休谟认为,"人类行为的最终目的在任何情况下都不能用理性来解释,而应归结为人的情感的选择,这种情感的活动不依赖于理智的机能",因此他认为"理性是并且也应该是情感的奴隶"②。在这个问题上佛格森走得更远,他怀疑把人类与动物相对立的观点。他说:"人的成就同任何动物的成就一样,是受自然的启发,是本能的产物,并受人类生活于其中的各种境况所指引的。"③

理性的作用在于支持已作的决定,而不是作决定。它分析所发生的事情,但单是理性本身不足以产生任何行为,或是引起意志作用,或确定善恶的标准。"情感是一种原始的存在",理性"除了服务和服从于情感之外,再不能有任何其他的职务"④。

基于对理性作用的这样一种看法,休谟对社会起源于契约之说大加驳斥。他认为不能由人类的理性机能推出社会结合的事实,后者基于更基本的人性特质之上。对共同体生活的好处的意识是在后来才形成的。社会无法根据人类普遍原则演绎产生。社会契约假设参加订约的个人对于以他们的自然倾向为代价换来的社会契约所欲达到的目的多少具有清楚的意识。而休谟认为,只有在人们仅为其自然倾向所驱使而无任何理智计算时,社会才是可能的。但休谟对社会契约论的批评不同于许多别的批评者。与佛格森不同,休谟没有取消社会起源问题;与后来的保守的批评者也不同,他肯定社会契约论所具有的民主政治内涵。他的批

---

① 熊彼特:《经济分析史》第 1 卷,第 193 页。
② 休谟:《人性论》,第 453 页。
③ Jerzy Szacki: *History of Sociological Thought*, p. 72.
④ 休谟:《人性论》,第 453 页。

评纯为理论的,依据的是反理性主义的人类学。在他看来,维持社会的是人的需要、自然倾向与习惯。社会不能是契约的产物,因为如果是这样的话,对集体生活的种种好处的认识将先于情感和意志。

总的说来,休谟坚持依人性的特质解释社会生活,而这些特质是先于任何反思的。性的冲动是人类社会的第一个原则,由两性关系产生了两代人,以及父母与子女的关系,塑造了集体生活最初的一些习惯,通过对此经验的反省,使人开始了解集体生活的种种好处[1]。人们首先认识到,他们的相互关系中最大的障碍是物品的稀缺,这些物品是人人所欲求的,但由于稀少而无法平均分给每个人。其结果是私有财产的确立,但这同语言的形成一样,并非单个人的行为,而是长期演化的过程。在休谟看来,保障私有财产是社会存在的主要条件,劫取财产则是社会最大的乱源。尽管"人类心灵中任何感情都没有充分的力量和适当的方法来抵消贪得的心理,使人们劫取他人的所有物"[2],但正是自利心导致了对自己的约束。这种自我约束并非产生于利他的仁慈感情,而是产生于同情。同情的心理机制是联想,指导人的行为的不仅是人们对其自身的直接的利益的考虑,而且还有对别人对其行为的反应的考虑,即能够把自己放在别人的立场上来考虑自己行为的利益之所在。当人们认识到,"让别人占有他的财物,对我是有利的,假如他也同样地对待我"[3],一种共同利益的感觉便在全体社会成员中产生,并由此而促成一种约束各自的非义的掠取、保障私有物的占有的稳定的社会安排(规则),人们因而对他们行为的未来的规则发生一种信心,而他们的节制与戒禁正是建立在这种期待之上[4]。正义既不出自人对他人的慈爱,也不可能产生于对人类所欲无限供应的环境,"把人类的慈善或自然的恩赐增加到足够的程度,你就可以把更高尚的德和更有价值的幸福来代替正义,因而使正义归于无用"[5]。"正义只是起源于人的自私和有限的慷慨,以及自然为满足人类需要所准备的稀少的供应"[6]。正义是由于应付人类的环境和需要所采用的人为措施,但非人的刻意的发明,而是生成的制度或形式。正是在这个意义上,"便利,或者说需要,导致了正义"[7]。这是关于自由产生秩序的最初的一种洞见,后经斯密的发挥和完善,成为自由主义社会秩

---

[1] 休谟:《人性论》,第526—527页。
[2] 同上书,第532页。
[3] 同上书,第530页。
[4] 同上书,第531页。
[5] 同上书,第535页。
[6] 同上书,第536页。
[7] 休谟:《道德原理探究》(芝加哥,1912年)第37页,转引自《西方著名伦理学家评传》,第369页。

序观的经典纲领。

在感情而非理性的范围内寻找社会结合的基础,这是对法国启蒙学者社会思想的突破。在法国学者(孟德斯鸠除外)那里,感情仅被看作反社会的因素,因其不服从理性的规则。但在休谟、斯密等苏格兰学者这里,人的激情却是普遍性的、联合的与真实的因素,而不是理性主义者为之不安的乱源。我们在这时期的苏格兰学者中实已发现这样一个观点(这个观点后来在保守主义者那里甚为流行):社会生活基于偏见之上。也就是说,反省之前,总有判断,不论是什么判断。

7.3 亚当·斯密:"看不见的手"

亚当·斯密无疑是苏格兰学派中最伟大的社会学家。今天,他的不朽地位主要得自于他的古典政治经济学创始人的身份和《国富论》的作者身份,但在其同代人的眼里,斯密首先是道德哲学的教授和《道德情操论》的作者。

经济学家的斯密与哲学家的斯密的关系是十分紧密的。他对劳动分工的分析和对同情的分析,看似涉及经济与道德两个根本不同的领域,但实际上基于同一种关系:相互的交换关系。

休谟已经证明原始的道德(正义观念等)起源于同情,但只是把同情视为一种在别人的感情中发现类似于自己所曾经验过的感情的内在机能,仅此而已;斯密则具体分析了同情在道德反省形成过程中的作用。休谟最感兴趣的是道德的起源;斯密则更关心道德的功能。休谟要追问的是社会如何可能存在;斯密则探讨社会如何作为个人控制其行为的镜子发挥作用。斯密用"公正的旁观者"(impartial spectator)[①]这个概念阐述了上述的问题,这预示了后来库利(Cooley,1864—1929)的"镜中自我"(looking-glass self)概念与米德(Mead,1863—1931)的"普遍化他人"(generalized other)概念。

斯密说:

> 一个人如果与他人没有任何交往,他也可能在离群索居的状态下长大成人,但他不会想到自己的性情,不会想到他自己情操和行为的合宜或过失;他不会想到他自己心灵的美与丑,如同他不会想到他自己面容的美与丑一样。所有这一切都是他不能轻易看到的对象,自然也是他不看的对象,他没有将它们显现在他面前的镜子。一旦到了社会之中,他便立刻得到了他所需的

---

① Adam Smith: *The Theory of Moral Sentiments*, London: G. Bell and Sons Ltd., 1911, p.192.

镜子。①

一个生活在社会中的个人,会想象有一个旁观者从外面观察他的行为,对他的行为表示赞同或谴责。事实上由于经验和习惯的教导,我们大家都自觉形成了"第三者"的眼光,从一个与自己无关的角度来公正地判断自己②。

别人作为一面镜子的思想在卢梭的著作中同样引人注目,但他多少是把根据他人的观点而形成的社会人视为自我的丧失。而根据休谟和斯密,个人正是观照"镜子"而长成的,在社会之外没有自我。斯密认为,即便是要认清个人自己的利益之所在,也一定要生活在社会中才可能。

在《国富论》中,道德的交互原则变成了经济的交换原则:个人需要他人,不仅在于需要别人对其行为的认可,而且还在于依赖别人满足其物质需要。市场是一个"公正的旁观者",通过市场,个人证明其劳动产品的质量,了解他自己是否真正为社会所需要。市场是面镜子,他通过市场来经营和控制其经济活动,如同他假想的"第三者"来控制他的道德行为一样。同人类的其他制度一样,劳动分工并非任何人类智慧的产物,即预想分工可普遍提高效益而刻意设计的,而是出于人类行为的主要动机之一的交换的癖好。斯密在这一点显然是把原因与结果混淆了起来。正如罗尔所批评的那样,"亚当·斯密所犯的错误是把他当时的社会特征看成是永恒有效的;他把受历史条件制约的当代社会秩序中的现象看成是自然的人类动机并且解释为普遍性的原则"③。与那个时代的许多思想家一样,斯密也真诚相信,只有发现个人的永恒不变的本性,才能解释社会、国家、政治、经济及道德。在斯密看来,人类的行为是自然地由六种动机所推动的(自爱、同情、正义感、劳动习惯、追求自由的欲望和交换),自然秩序是从人的本性中产生的。然而问题是,放手追求自身利益的个人,如何能达到一种利益相互协调的社会秩序?这并不是一个苏格兰学派首次遇到的新问题。把追求自身利益视为人类行为的原动力,并把公共利益视为无非是自身利益的加和,这一观点乃是自17世纪自然法学派到18世纪启蒙学者的共有假设,其实质为行动的个人与社会秩序的关系问题。自然法提供了一种解决,在那里,社会秩序多少被等同于政治秩序,因为只有通过政治权威的力量才能充分保障公共的利益;而且社会秩序还要求一种自觉的努力的支持,因为它是某种刻意的追求和设计。排除了社会秩序的自发出现的可能性,它的形成乃是作为自觉关心全体利益的一种产物。法国启蒙学者或是相信理

---

① Adam Smith: *The Theory of Moral Sentiments*, p. 162.
② Ibid., p. 192.
③ 罗尔:《经济思想史》,第153页。

性有能力设计一种个人利益与社会公共利益相互协调的社会秩序(如法国唯物主义和《社会契约论》中的观点);或是把社会秩序等同于社会整体结构的力量,视其为一种决定个人行动的强制力量(如孟德斯鸠和《论人类不平等的起源和基础》中的观点)。但无论是哪一种观点,都没有把行动的个人与客观的结构(社会)结合起来,也就是说,"能动的行动者与环境决定论的概念中包含的二元论却从未获得适当解决"①。苏格兰学派提出了一种假设:社会秩序是在个人丝毫不考虑公共利益的情况下追求各自最大利益而无意识地造成的。

类似的观点最初是由英国伦理学家曼德维尔(Benard de Mandeville,1670—1733)在其《蜜蜂的寓言》一书中作为一种道德学说提出的。曼德维尔把人类社会比喻成一个巨大的蜂巢,把人比喻成这个蜂巢中的蜜蜂。最初,"蜜蜂们",即商人、律师、医生、牧师、法官、政治家等,都是只为自己考虑的利己主义者,为了自己的利益,不惜采用一切手段来损害别人,因此在蜜蜂们的社会里,一切行业都充满了欺骗。"律师们的艺术是在人们之间制造纠纷","医生们轻视病人的生命,只是盯着荣誉和财富","商人们在市场上卖假货"②。然而,正是损人利己的邪恶导致了对人人都有利的后果(公共利益),因为"邪恶培植了聪明与机巧,这就带来了生活的便利。这是真正的欢乐、舒适与安逸。在这种情况下,穷人们也过着好日子","是他们的邪恶使他们伟大"③。曼德维尔的"私恶即公利"说惊世骇俗,遭到了许多人的批评,在18世纪的欧洲,他的著作名声不佳,苏格兰学者亦未认可他的道德学说,但两者的推理方式却是相同的。

亚当·斯密提出了社会上各种利益相互协调的第一个论述体系。"自然秩序"、"社会分工"与"看不见的手"等是这个体系中的主要概念。

"自然秩序"概念是从自然法的传统中引申出来的,法国重农学派的魁奈(F. Quesnay,1694—1774)对此作了重要的阐述。按照重农主义者的说法,人类社会是由自然法则所统治的,而自然法则永远不是统治者的独断法律所能改变的。自然法则就是"自然秩序",其主要方面是:享受财产所得的权利,从事劳动的权利,以及享有不妨碍他人的追求个人利益的自由。魁奈认为,自由竞争是符合"自然秩序"的,一切垄断、限制和政府干涉都是违反"自然秩序"的。故重农学派要求取消任何形式的干预,鼓吹"自由放任"的政策。

斯密极其彻底地发挥了重农学派的"自然秩序"概念。他一再强调自然秩序

---

① 斯温杰伍德:《社会学思想简史》,第22页。
② 转引自《西方著名伦理学家评传》,第283页。
③ 同上书,第284页。

的无比优越性,与此相比,人类制度存在着不可避免的缺陷。他说,把人为的选择和限制去掉,最显然并简单的自然的自由体系就会制定下来,事物的秩序是人类的自然倾向所促成的,而人为的制度过于频繁地阻碍了这些自然倾向。斯密坚信,每一个人自然是自己利益的最好判断者,应该让他有按自己的方式来行动的自由。假若他不受到干预的话,他不仅会达到他的最高目的,而且还能有助于推进公共的利益①。

斯密认为,虽然每一个个人都最关心为自己谋取最大的利益,但他是社会的一员,他追求利益的活动只能沿着自然的社会秩序所指定的道路前进。通过社会分工,一个人再也不能脱离别人而独立。人们必须相互协作、相互帮助,这是出于人们互通有无、物物交易、满足各自需要的利己心。一个人几乎经常遇到别人给他帮助,他却不能期待这种帮助仅仅是出于别人的仁慈。为了达到他自己的目的,他必须设法激起别人的利己心,而不是同情。"不论是谁,如果他要与旁人做买卖,他首先就要这样提议:请给我以我所要的东西吧,同时你也可能获得你所要的东西。"②"我们每天所需的食料和饮料,不是出自屠户、酿酒家或烙面师的恩惠,而是他们自利的打算。我们不说唤起利他心的话,而说唤起他们利己心的话。我们不说自己有需要,而说对他们有利。"③

追求个人利益的活动所以能自然地增进公共利益,在斯密看来,是因为自然秩序中存在着一种自然平衡和调节的机制,使得人的各种动机和冲突的利益自然达到调适。这就像受一只"看不见的手"的指导,由此而产生的行动必然在自己的利益中包括了别人的利益。他说,每个个人通常既不打算促进公共利益,也不知道他自己是在什么程度上促进那种利益。"他管理产业的方式目的在于使其生产物的价值能达到最大限度,他所盘算的也只是他自己的利益。在这种场合,像在其他许多场合一样,他受着一只看不见的手的指导,去尽力达到一个并非他本意想要达到的目的。也并不因为事非出于本意,就对社会有害。他追求自己的利益往往使他能比在真正出于本意的情况下更有效地促进社会的利益。"④斯密的"看不见的手",连同我们在其他苏格兰学者那里发现的"伟大的几何学家"、"伟大的自然导师"等,既是一种自然神观点,又是一种历史决定论。既然历史过程会调整和矫正人的自私观念和弱点,这就是说,存在着一种为能动的行动者所察觉不到

---

① 参斯密:《国民财富的性质和原因的研究》下卷,第252页,商务印书馆,北京,1994年。
② 同上书,上卷,第13页。
③ 同上书,上卷,第14页。
④ 斯密:《国富论》下卷,第27页。

的历史强制力。另外,人们的各种举动错综复杂、相互冲突,产生着对这种相互作用的所有参加者来说是完全预见不到的和意料不到的结果(人的行动无意后果论),那么,"社会整体的结构和动态,如不把它们同组成这个整体的各个个人(包括政治家在内)的意识相关联,也是可以弄清楚的"①。

哈耶克在《自由秩序原理》一书中对斯密的这一经典的自由主义秩序观给予如下的重述:

> 基本上,社会秩序是由个人行为需要依靠与自己有关的别人的行为能够产生预期的结果而形成的。换句话说,每个人都能运用自己的知识,在普遍与没有具体目的的社会规则之内,做自己要做的事,这样每个人都可深具信心地知道自己的行为将获得别人提供的必要的服务;社会秩序就这样地产生了。这种秩序可称之为:自动自发的秩序,因为它绝不是中枢意志的指导或命令所能建立的。这种秩序的兴起,来自多种因素的相互适应、相互配合,与它们对涉及它们的事务的即时反应,这不是任何一个人或一组人所能掌握的繁杂现象,这种自动自发的秩序便是博兰尼(Polanyi)所谓的"多元中心的秩序"。②

我们知道,这种自动自发的秩序就是资本主义条件下的自由竞争秩序。在斯密看来,它成功地调节着市民社会,即包括财产所有权、分工和社会阶级的复杂结构的离心倾向,使之保持利益的和谐与均衡。"斯密的观点基本上是一种乐观的看法:分工的不良后果可以通过教育、宗教以及市场力量的集体作用而减轻。"③

斯密在《道德情操论》中描述了一个按同情原则行事的"道德人",在《国富论》中则描述了一个受利己心支配的"经济人",这种矛盾正是资产阶级人格的真实写照。一方面他们是资本的所有者、私有者,追求自身利益最大化是其行为的根本驱力,亦是自由竞争的铁则;另一方面,"产生这种孤立个人的观点的时代,正是具有迄今为止最发达的社会关系(从这种观点看来是一般关系)的时代"④。私有者个人都必须在交往、交换、协作的社会生活中为了自身利益而考虑他人的利益。斯密如实地反映了市民社会中人的行为的这种两重性。他因此而赢得了他在社会学思想史上的崇高地位。

---

① 科恩主编:《十九世纪至二十世纪初资产阶级社会学史》,第 3 页,上海译文出版社,1982 年。
② 哈耶克:《自由秩序原理》,第 200 页,三联书店,北京,1997 年。此处引文转引自《读书》杂志 1993 年第 1 期,第 91—92 页。
③ 斯温杰伍德:《社会学思想简史》,第 23 页。
④ 《马克思恩格斯选集》第 2 卷,第 87 页。

7.4 社会变迁和社会结构理论

苏格兰学者都对历史学表示了相当浓厚的兴趣,这与他们倾向于把社会与文化视为一个自然的演化过程的观点有密切关系。休谟本人是声誉卓著的史学家,他的四卷本《英国史》常被认为可与伏尔泰的历史著作媲美。佛格森1765年出版的《市民社会史论集》被龚普洛维奇(Gumplowicz,1838—1909)誉为"第一部关于社会的自然史",是18世纪颇有影响的著作之一。

然而,苏格兰学者最重要的贡献不在历史编纂学或编年史方面,而是历史哲学。如佛格森的《市民社会史论集》,它关心的不是重建过去的事件,而是把握历史发展的一般趋势和规律,关心社会的变迁以及社会从一种类型变为另一类型的原因。佛格森对研究初民社会表现出浓厚兴趣,他认为了解野蛮民族的生活有助于正确理解社会的变迁规律和文明社会。苏格兰学者开始纠正当代人对野蛮人的种种浪漫的成见,他们认为野蛮人既不比文明人更自然,也不比当代人更幸福。卢梭的野蛮人概念是进行社会批判的武器,而苏格兰人的野蛮人概念则是为了支持一种从野蛮到文明的社会发展理论。

把生活资料的生产方式的变迁视为社会发展的主导线索,这是苏格兰学派社会变迁理论的一个重要特点。而他们的社会类型学,即原始、野蛮与精致(佛格森),狩猎畜牧、农业和商业(米勒、斯密),亦是根据社会的主导生产方式进行分类的。这就把社会变迁与社会结构统一起来,把生产方式的变化与社会关系、财产、政治组织及意识的变化结合起来。

斯密指出,商业社会的发展产生了一种社会结构,这种社会结构划分为三个主要的阶级:地主、资本家和劳动者。斯密的三个社会"等级"同经济要素之间的关系是十分明显的:他们分别依靠地租、股份和工资取得收入。财产是社会分化的基础,是与社会变迁有密切关系并且渗透到社会每个角落的"权势的天然根源"。斯密还讨论了不同阶级的利益与它们对整个社会的公益的关系,其结论是阶级利益并不都与社会公益相一致,包含有矛盾的不调和的因素①。

佛格森对劳动分工的社会后果的分析,显示了他卓越的社会学洞察力。同斯密一样,他在劳动分工中发现了塑造了现代社会的整合机制,但他也注意到分工导致的其他后果,直到19世纪人们才注意到这些后果。对他来说,劳动分工是一个导致意义深远的社会分层的因素:"在任何一个商业社会里,无论人们如何标

---

① 斯密:《国富论》上卷,第240—241页。

榜平等权利,少数人的成功必定意味着多数人的倒霉";在现代社会里,"一个共同体的成员,除了亲属和邻里联系外,对任何联系都失去了感觉;除了谈生意,再没有共同感兴趣的事情可交流"①。简言之,对佛格森来说,劳动分工既是社会整合因素,又是离心解体因素,这是初民社会所不知道的。它构成社会划分为阶级的基础,这是除了人的天赋差异和私有财产外最重要的社会等级制的基础。这也许可以解释为什么我们在他的著作中看不到那种对自发的社会秩序之可能性的自由主义的信念;相反,我们看到的是对进步是否真正需要的怀疑情绪。

在马克思以前,佛格森是对分工造成的人的片面发展和非人化后果进行批判的最早的思想家之一。他有一段名言:"凡是工业十分发达的地方,那里的人就最无须用心,那里的工场无须想象便可视为一架机器,而人则是机器上的零件。"②佛格森沉痛地看到,专业化使人的智力变得愚钝;任务分得越细,用脑越少;工人越劳动就越没有时间思考和研究。总而言之,佛格森的进步概念比其同代人远为复杂。社会发展实际上是利弊参半。

苏格兰学派的另一位学者米勒比佛格森更清楚地阐述了社会中不同阶级的利益对抗,并将他们间的关系分析为权力与隶属的关系。他写道:

  人们的财产分配情况,是使他们受世俗政权管辖并决定他们的政治结构形态的最根本的事实根据,不消说,穷人总是依靠富人糊口谋生;并且根据个人财产状况和差异,逐渐形成等级依附关系,各种权力等级也就顺顺当当地为人们所接受。③

米勒视社会发展主要为社会不平等的制度化过程,这个过程发生在政治和风俗两个领域中。他极其关注18世纪仍存在的奴役现象,在他看来,"这证明了人们的行为归根到底很少受任何哲学原则的指导"④。

---

① 佛格森:《市民社会史论》,第243页,辽宁教育出版社,沈阳,1999年。译文有改动。
② 同上书,第201页,译文有改动。
③ 转引自斯温杰伍德:《社会学思想简史》,第20页。
④ Jerzy Szacki: *History of Sociological Thought*, p. 81.

第八章
德国古典唯心主义的社会思想

德国古典唯心主义是指从康德到黑格尔这一百年间在德国占据主流地位的哲学运动。无论是康德的哲学，还是其后继者的哲学，用马克思的名言来说，都是法国大革命的德国理论，换言之，都是德国资产阶级革命的思想准备①。

德国哲学的社会内容原则上与法国启蒙哲学相同，即批判专制制度，论证社会成员的公民权利，论证用宪法保障私有财产和公民其他的基本人权。但是在18世纪，德国的经济、政治与社会发展远远落在英法两国的后面。恩格斯指出："在英国和法国，集中在大城市，特别是集中在首都的强大富裕的资产阶级，已经完全消灭了封建制度，或者至少像在英国那样，已经使它只剩下一些微不足道的残余，而德国的封建贵族却仍然保有很大一部分旧日的特权。封建土地所有制差不多到处都还居于统治地位。"②国内四分五裂，邦国林立，还未形成一个统一的政治实体。德国的思想家尚未有成熟的市民社会的经验。因此，德国理论不同于法国理论的地方是，其思想不是自觉地以市民阶级的名义出现，而是以从抽象的、无人身的、一般人类理性的原则演绎出资产阶级民主要求的思想家的面貌出现。正如马克思和恩格斯所指出的那样，康德"把法国资产阶级意志的有物质动机的规定变为'自由意志'、自在和自为的意志……的纯粹自我规定"③。

但另一方面，经济上政治上比较落后的国家，只要它借鉴在社会经济方面比较发达的国家的成就，批判地估计这些国家走过的道路，有时能够在精神发展方面超过这些国家。即使在18世纪，德国虽非英法历史的同时代人，却是其哲学的同时代人。也许正因为置身于当代欧洲的历史之外给了德国思想家更有利的认识机会，来更深入地思考为其他国家因过于贴近现实而忽略的问题。德国古典哲学继承了英国和法国启蒙思想的财富，并在思维的深度上更有发展。

而当德国哲学家考察德国现实时，他们对敏感的政治、宗教及社会问题的态

---

① 《马克思恩格斯全集》第1卷，第100页。
② 同上书，第502页。
③ 《马克思恩格斯全集》第3卷，第213页。

度是相当胆怯和克制的。文化是他们的旨趣之所在,席勒(Schiller)曾经写道:"德国人被排斥在外,他们在自身中发现了价值,即使帝国崩溃了,德意志人的尊严依然不变。这是一种德行的崇高,它存在于文化与民族性之中,而与任何政治的沉浮变故没有丝毫关系。"① 我们知道,那时联结德国社会的真正纽带是语言、传统与文学,而非组织和政治理想。因此,德国启蒙运动是哲学、文学的黄金时代,而非政治学的。

8.1 康德:自由与必然的辩证法

研究者一般都认为,在康德的著作中,社会问题讲得最不系统、最不完备,但这不能成为忽视康德社会思想的理由。社会问题始终受到康德的密切注意,"人是什么"这个问题在康德的哲学体系中占有最后总结的地位,而要回答这个问题,康德十分清楚就不能不研究社会,研究人与人的交往、人的现实生活过程。

康德的社会思考是以自由和必然的问题为出发点的。这是18世纪社会思想的典型问题:历史事件的必然性如何同历史行动的主体在主观上所感知、所希望、所要求的自由协调起来? 这个问题的理论意义是由它的实践上的重要性决定的:18世纪,资产阶级正在力争自己的自由,反对封建社会的结构给它设下的各种限制和框框。这样,自由和必然这个理论问题就意味着自由和强制的实践问题。

康德对上述问题的思考背景,在近代,最早可追溯到霍布斯。霍布斯认为人完全受欲望的必然性支配,没有意志的自由。人只是想象自己是自由行动的,自由无非是没有外在的阻碍。如果石头有思想,也会想象自己在没有阻碍的情况下自由地从高处下落。简言之,霍布斯将自由等同于必然。将这种观点推广至社会就既是决定论的又是宿命论的②。

斯宾诺莎把自由视为对必然性的认识,但仅此而已。斯宾诺莎并未解决自由与必然的冲突,而只是用认识所获得的自由感超脱于其他一切奴役人强制人的感觉,这就是斯宾诺莎的"自由"的实质。在这种情况下也就取消了人的社会行动,这种行动的自由本质上关乎政治的自由③。

对卢梭来说,构成问题的正是行动的、政治的自由。他认为人是生而自由的,却又无往不在枷锁中。自由会因不平等的社会奴役和迷失方向的文化而丧失,却

---

① G. Hawthorn: *Enlightenment and Despair*, p.37.
② 参梯利:《西方哲学史》下册,第31页。
③ 斯宾诺莎:《伦理学》,第五部分,商务印书馆,北京。

不能因强制而出卖。保障天赋的自由,唯有通过自由人自己制定的法律。"在一篇论政治经济学的文章中,卢梭写道:"个人不屈从于上面的发号施令,不侍奉任何主子,每一个人在一种明显的强制下仅仅失去了可能会给他人造成伤害的一小部分自由而却使自己的行动变得更加自由,这一切是如何发生的?这些奇事都是法律的结果。人的自由和正义归功于法律,正是这种健全的意志机构使人们之间的自然平等成为强制性的,正是这种来自上天的声音(heavenly voice)教导人们依共同的理性而行,使自己的行为与自己的判断的公理相符,而不是与自己(本性)相悖。"①

由普芬道夫开创并由莱布尼茨(G. W. Leibniz, 1646—1716)和沃尔弗(C. Wolff, 1679—1754)发展的对自然法进行道德论证的观点认为,自然权利潜在地包括了使人类将修养其生物本性作为责任的所有规范,即把自然法视为一道德对象,而道德的根源是人的理性而非人的感性。这样,人的自然权利亦是一种文化权利,而人的自由本质上是道德的自由,人的世界就是道德实体的世界,道德自由是人类尊严的基础②。

所有这些观点都汇合到康德的批判哲学中,他同意霍布斯的观点,认为作为感性世界或现象界的一部分,人是自然因果链条上的被决定的一环,无自由可言,但必然只是经验现象的属性;自由意味着就人的道德行动而言,人无需上帝,也无需求助于任何别人,每一个人都被赋有一种理性机能以指导自己的行为;而道德就意味超越因果决定的必然性而仅仅依从由善良意志发出的命令行事。这种基于人的自由本性的伦理学既与功利主义相对立,因为后者试图从经验的善利中引出道德原则;又与绝对主义相对立,因为它将外在于个人的道德权威引入伦理学,从而根本上破坏了个人的道德主体性原则,而这种外在权威通常就是建立在宗教禁令、文化习俗之上的传统伦理。

康德这种激进的个人主义似乎很少社会学的因素,因为它不含有为社会秩序制定规范的指令(除了视每个个人为自主的主体的原则外),它关心最抽象的责任、最内在的动机(善意),排除了对与其社会后果有关的人类行为进行评价的问题。

还有更严重的问题。康德的自然的人与自由的人的二元论不仅未能弥合自由与必然的由来已久的分裂,反而加深了这种分裂。这是因为如果人是自由的,

---

① G. Hawthorn: *Enlightenment and Despair*, p. 34.
② 参奥伊利尔曼主编:《辩证法史·德国古典哲学》,第83页,人民出版社,北京,1982年。以下凡引此书,皆简称为《辩证法史》;埃尔《文化概念》,第25页。

就是说他摆脱了他的实际的历史实践的因果必然性的支配,他就不可能是历史的主体;反过来说,如果人是历史的主体,他就是在历史因果的链条之中,他就不可能是自由的。

很显然,能动的个人与历史进程的统一(如果有的话)问题,在《实践理性批判》的道德形而上学架构内又是一个不能有解的二律背反。在康德看来,历史主体和道德主体的统一不能被理解为是个人的事业,而要被理解为是人类(族类)的事业,是在世界历史进程的大尺度范围内求解的;它涉及的不是个人的善,而是人类的至善,其目标是把"社会团体转变为道德的整体"。而其实现过程类似于为"看不见的手"所指引的利己的个人的盲目追求,康德用了一个"非社会的社会性"(unsociable sociability)的概念来阐述他的这一极富创造性的历史进步观。

人们在社会中既不像动物那样依本能而行动,也不是像理性世界的公民那样,按协调一致的计划和崇高的动机行动,而是按利己的想法追求自己的目的。表面看来人的行动似乎不受规律支配,但大量统计资料表明人的行为服从永恒的规律,一如四时交替。康德在其《世界公民观点之下的普遍历史观念》一文中写道:"每一个人,甚至整个民族都很少认识到,当他们按自己的想法并往往损害着别人去追求自己的目的时,他们无意中被引向自然所欲的路线前进,并且不自觉地推进了这一目的;而这一目的,即使他们知道了,也是不怎么感兴趣的。"①按康德的观点,社会过程的合目的性就是必然和自由、偶然性和必然性的某种综合,表面上的合乎理性,是建立在偶然的(而在社会发展中,偶然的也就是自由的,即由个人自主的意志所决定的)事件的积累、挑选和总结的基础之上的。历史进程显示其理性的本质,与其说直接通过历史中个人的意志,不如说间接通过由所有个人的追求、奋斗、挣扎、努力的意志所汇总而成的人的族类的发展,并且这种发展是一种由对抗促进的发展。康德指出:"为了实现人的各种天赋的能力,自然所使用的手段是人在社会中的对抗(antagonism),因为就长久的发展来看,对抗乃是由规律支配的社会秩序的原因。"②

单是依赖个人的善意去实现合理的与和平的世界之目标是没有意义的。人的本性是与别人争夺而不是与之和谐共处。

人是"非社会的社会性"动物。人既有过社会生活的倾向,同时伴随的是一种时时危及社会的抗拒(社会)的倾向。在康德看来,个人主义或非社会性的最深的基础是这样一种愿望:希望仅按自己的想法来安排一切事情。其结果,我们不难

---

① *Kant's Political Writings*, Cambridge University Press, 1970, p.41.

② Ibid., p.44.

估计到其他个人会对我的这种自主欲望进行抵抗。如果每个人都是自我取向的,那么别人自然不会顺从我的愿望。吊诡的是,从历史的观点看,"正是这种抵抗激发了他的一切能力,迫使他克服天性的懒惰并且在虚荣心、权力欲或自私心的鼓舞下,在自己周围的人中间为自己取得地位,这些人诚然是他不能容忍的,但没有他们又过不去"①。人的"非社会的社会性"使人逐渐变成文明的、有技能的和有教养的人,通过与别人的竞争与合作,他发展了自己的潜能,并开始按社会的法则规范自己的追求;为了比别人更强,人类成长了,同时彼此更加类似了,一种共同的文化由于我们追求超过别人的成就而发展起来②。如果没有这种孤独性,没有相互的抵抗,人就不成其为人。人的各种自然禀赋都将蛰伏而不能发挥出来。另外,也许人们期望能协调一致,但自然知道什么对人更好;自然使人有自我,有激情,要竞争,由此发展他的自然潜能。在道德家看到的是人的恶劣欲念及其恶果的地方,康德看到的却是"睿智的造物主的计划",没有人顽固的独立的自主意识以及从中产生的斗争,就不会有人类的进步和文明。恩格斯评论黑格尔关于恶的作用的名言:"正是人的恶劣的欲念——贪欲和权势欲——成了历史发展的杠杆。"③用康德的话来说:"自然的历史是由善开始的,因为它是上帝的事情;自由的历史是由恶开始的,因为它是人的事情。对于在使用自己的自由时仅仅看着自己的人来说,这一变化意味着失;对于把自己的目的置于人之中而以人类为指归的自然来说,这意味着得。"④但康德对历史进化的前景并不像法国启蒙学者那样乐观。首先他认为无限进化的思想是使人不愉快的。我们既然假定进化是向至善无限接近,就不得不也假定:我们注定不能有满意的感觉,"人现时所处的状态,同他准备进入的那种更好的状态比较起来,将始终是恶,所以,向最终目的无限进化的观念,同时又是恶的无限系列的前景……"⑤

其次,"在人类的进化中,才能、技巧和趣味(以及这一切的后果即奢侈)的文化,很自然地走在道德的发展前面。而这种状态对道德来说(同样也对实际的善

---

① *Kant's Political Writings*, p. 44.
② 同上。按 W·A·加尔斯顿(W. A. Galston)的看法,"这种分析显然是大大受惠于自由主义的和卢梭的传统。霍布斯将虚荣心斥为人类一切罪恶境况的根源;而康德却赞美它为最有益的激情。卢梭强调自然人与文明人之间存在巨大鸿沟,并认定虚荣心对各种人性败坏的嬗变应负责任,他对虚荣心的谴责与霍布斯的一样生动有力"。参 Galston: *Kant and the problem of history*, University of Chicago Press, 1975, pp. 234-235。
③ 《马克思恩格斯选集》第 4 卷,第 233 页。
④ 转引自《辩证法史》,第 93 页。
⑤ 同上书,第 94 页。

来说)是沉重而危险的,因为需求的增长比满足需求的手段增长得快"①。

最后,只有对人本身的信仰,把人永远视为目的而非手段,才是历史的条件。但迄今为止,在最好的情况下,个人仅仅是实现世界历史目的的被动的和无知无觉的工具。归根到底,"我们的道德状况是不受任何短暂变化支配的,它的生活是在苍天之上度过的"②。康德走了一圈,最后又回到自由和必然、个体和族类、个人和社会相对立的二元观。个人只有作为整体(族类)的一员才能发现世界历史所具有的惊人的智慧和合目的性。要么个性为普遍性作牺牲,只有在历史的总体性至善中才表现出个体的"绝对独立的、本身就是永恒的"和"无限宝贵的"东西。康德最后说,进化"不是靠事物的(自然)过程自下而上,而是自上而下"来实现的,就是说,"是按照最高权力的深思熟虑的计划"来实现的③。否则就是无力的和无可奈何的个体的悲剧性:个人在最高义务(至善)支配下的行动所产生的结果,注定是一个恶的无限系列。与通常的观点不一样,哲学悲观主义的创始人不是叔本华(Schopenhauer,1788—1860),而是康德。齐美尔(G. Simmel,1858—1918)以及马克斯·韦伯社会学中的悲观主义无疑与康德有着甚深的渊源关系。

康德思想对欧洲社会思想的影响是深广的。他关于人的二元论(自由与必然)已成为区分精神科学与自然科学的核心,这一区分经德国新康德主义哲学家李凯尔特(H. Rickert,1863—1936)的系统阐述,已成为公认的分析范式。康德提出并试图解决的关于自然秩序(必然性)与人内在的道德秩序(自由)的和谐统一问题至今争讼不休,涂尔干社会学的重大主题部分是从这里产生的。还有,康德的形式伦理学预示了齐美尔的形式社会学,因为他提出的思考人类行为的任务,既不求诸个人的心理动机,又使之与历史的脉络相脱离。因此,康德的思想仍是社会思想的一个有活力的启发性源泉,"它唤起别人的思想。它变成了许多人的财富……它发掘出现实的新层次"④。

8.2　黑格尔:市民社会

黑格尔哲学代表了德国古典唯心主义的最高成就。他把宇宙视为一逻辑体系;宇宙间的万事万物都是绝对精神自身发展的不同阶段的显现。绝对精神仅在

---

① 转引自《辩证法史》,第95页。
② 同上。
③ 同上书,第96页。
④ 阿尔森·古留加:《康德传》,第310页,商务印书馆,北京,1981年。

人类历史中方才达到自我认识,人的文化代表了绝对精神发展的最高阶段。因此,从哲学过渡到社会、国家领域乃是黑格尔体系的内在行程。黑格尔的社会理论主要见于其《法哲学原理》、《历史哲学》以及《精神哲学》的相应部分。

黑格尔的社会及国家理论向来被认为是十分保守的。他反对把哲学当作私人艺术来研究,肯定哲学是社会现象,是"与公众有关的存在",并公开声明哲学"是为国家服务的"政治目的,在当时,就是要使哲学成为普鲁士官方的哲学。他的许多观点与18、19世纪保守主义的议论颇为相似。例如他批评社会原子主义,崇尚社会整体主义,他为社会划分为等级进行辩护等。

但是,黑格尔的社会学说,如同康德、费希特的学说一样,担负为德意志资产阶级革命进行理论准备的使命,本质上是与反对变革的保守主义相对立的。他是个理性主义者,反对把社会生活视为非理性的,他的理想是理性的法律,而非保守派所津津乐道的民俗。他相信历史的进步,反对把过去加以神化。他认为过去只是在构成为精神发展的一个特定阶段的限度内才有合理性,"但是把木乃伊带到活人里面去是不能在那里支持很久的"①。他对法国革命抱着热烈赞美的态度,视其为"一次灿烂辉煌的日出"。这与保守派人士对法国革命的仇视态度大相径庭。

黑格尔对其同时代的自由主义有诸多批评,主要涉及的是个人与社会的关系,以及构成社会整体的因素究竟是什么等问题。黑格尔排除了任何原子主义的回答,也怀疑社会契约论的任何变种以及功利主义的概念。他认为自由主义的错误在于把社会整体放在诸如个人意愿、个人利益等如此不确定及不可靠的基础之上。但黑格尔仍然肯定个人的自主性,并不主张将这种自主性完全消融在社会整体之中。同时,他从未将个人与社会的关系问题简化为二择一的问题:不站在个人一极,就要站在国家或社会整体一极。黑格尔认为最有趣的问题恰恰是超越这种黑白二分的观点。

1. 市民社会与国家

黑格尔的社会分析在两个不同的基本层面上展开:社会经济关系层面(市民社会)与政治道德关系层面(国家),而在他所处时代的社会思想中,这两层关系很少分开加以讨论。通常是二择一(独立的个人对主权国家)政治的两种要素在这里被认为是社会化的两种形式或两个阶段。与保守主义不同,黑格尔并不认为从个人的自我利益发展出来的关系不存在任何社会联系的纽带,他把这种关系视为社会联系的特定形式。他也不像自由主义,视这种关系为最完美的社会联系。在

---

① 黑格尔:《哲学史讲演录》第1卷,第49页。

某种意义上,黑格尔综合了保守主义与自由主义的社会理论,但其出发点既非自由主义,也非作为一种确定的政治立场的保守主义,确切地说,是将自由派的政治经济学及市民社会概念与主要由孟德斯鸠提出的国家观调和而成的某种观点。

黑格尔把市民社会视为个人在其中经历社会化的环境之一,其基础是利益。在市民社会中,每个人都以自身为目的,其他一切在他看来都是虚无。但是如果他不同别人发生关系,就不能达到他的全部目的。市民社会的基本特征之一是没有人能够满足其利益,除非他同时满足其他人的利益要求。从动机看其行动时,个人完全是独立的原子;但从其实际的社会作用看其行动时,个人又是多方依赖于别人的。然而他之依赖于他人,并非有意选择的结果。这是为了满足各种需要的结果:社会生产基于劳动分工,如果得不到别人的帮助,或不向别人提供帮助,没有谁能满足自己的需要。这里包含了市民社会的两个原则:"具体的人作为特殊的人本身就是目的;作为各种需要的整体以及自然必然性与任性的混合体来说,他是市民社会的一个原则。但是特殊的人在本质上是同另一些这种特殊性相关的,所以每一个特殊的人都是通过他人的中介,同时也无条件地通过普遍性的形式的中介,而肯定自己并得到满足。这一普遍性的形式是市民社会的另一个原则。"①"个别的人……都把本身利益作为自己的目的……要达到这个目的,就只能按普遍方式来规定他们的知识、意志和活动,并使自己成为社会联系的锁链中的一个环节。"②此外,个人的生存也依赖于所有与其有关的其他个人是否尊重其所有的权利,以换取对他们各自权利的尊重。这特别适用于对财产的保障。这样,市民社会不仅是一个通过劳动和交换过程自发形成的人们的相互联系的体系,而且还是一个制度保障体系,以保障个人的利益、财产、安全、权力以及人们彼此间达成的契约。简言之,在黑格尔看来,市民社会指的是连同其制度化的法律保障在内的社会经济关系的总体。

黑格尔在这里谈的市民社会的特征并无特别新颖之处,无非重复了自洛克以来已经流行的资产阶级的观点。个人追求自己的利益(特殊性)最终导致某种全体的利益(普遍性)的观点似也在模仿斯密的"看不见的手"的概念。黑格尔大大得益于自由主义的政治经济学和他本人对资本主义经济运动的实际观察。正是这一背景使他不同于保守主义,因为对保守主义来说,任何建立在这种私利基础之上的社会是不可想象的。

黑格尔高于自由主义的地方在于他并不认为市民社会是完美的社会关系形

---

① 黑格尔:《法哲学原理》,第 197 页。
② 同上书,第 201 页。

式。市民社会是放任的不加约束的经济力量的产物而非理性或自觉意识的产物,在这样的社会里,"一切癖性、一切禀赋、一切有关出生和幸运的偶然性都自由地活跃着;又在这一基地上一切激情的巨浪,汹涌澎湃,它们仅仅受到向它们发射光芒的理性的节制"①,这样,市民社会成员由于相互需要结成的统一"不是伦理性的同一,正因为如此,它不是作为自由,而是作为必然而存在的"②。市民社会的第一个原则是特殊利益,"特殊性本身是没有节制、没有尺度的,而这种无节制所采取的诸形式本身也是没有尺度的"③;"另一方面,匮乏和贫困也是没有尺度的",因此市民社会必然要走向贫富的两极分化。黑格尔是现代产业制度的最早的激进的批评者之一。他指出工人已成为机器的奴隶,分析了劳动的异化,并认为这一过程势所难免。他在市民社会中并未看到真正的正义社会,而只是社会的一种特殊形式,这一社会是在现代伴随着工业和贸易的扩张而发展起来的。这样,市民社会的尖锐矛盾就不是任何时代政治上所固有的,而只是当时的时代所固有的。市民社会的特殊的关系形式,在黑格尔看来不是与人性(最高发展)联结着,而是与人类发展的特定阶级联结着。因此,市民社会只是一个中介的、否定的环节。个体与共同体的完全统一、融合为一,只有在最高的伦理实体中才能实现,这就是国家。

在黑格尔看来,国家是个人进行社会化的第二个场所,其基础是理性。他把国家定义为"伦理世界"和"伦理理念的现实"④。这个定义表明,黑格尔与康德不同,他不仅把国家看作是一个制定法律和执行法律的机构,而且还从国家这一术语的广义出发视其为展现一个民族伦理生活的有机体。这种伦理生活表现在一个民族的习惯、习俗、共同信念、艺术、宗教和政治制度中,简言之,它表现在其社会价值模式之中。这使人想起亚里士多德的 polis 和孟德斯鸠的国家。黑格尔的确直接追溯到孟德斯鸠,他说:"孟德斯鸠曾经指出真正的历史观点和纯正的哲学立场,这就是说,整个立法和它的各种特别规定不应孤立地、抽象地来看,而应把它们看作在一个整体中依赖的环节,这个环节是与构成一个民族和一个时代特征的其他一切特点相联系的。"⑤政治和法律只是总体中的一个环节,其他的环节对此总体同样作出了贡献:宗教、艺术、哲学,一个民族的文化、传统、道德等。由于个人是融合在其国家和时代的整体文化之中的,又由于他是其"国家的儿子"与

---

① 黑格尔:《法哲学原理》,第 107—108 页。
② 同上书,第 201 页。
③ 同上书,第 200 页。
④ 同上书,第 253 页。
⑤ 同上书,第 5 页。

"时代的儿子",所以只能通过国家去占有他作为一个理性存在的价值和实在,"个人本身只有作为国家成员才具有客观性、真理性和伦理性"①。

市民社会与国家都是普遍利益与特殊利益、客观自由与主观自由的某种统一体,但绝不能把这两者混同起来。这是因为,第一,市民社会的出发点和目的是自身利益,普遍物只是实现这一目的的中介和手段,并且市民社会的成员本身并不自觉地意识到普遍利益;国家与个人的关系不是这样。在国家中,个人的单一性及其特殊利益"一方面通过自身过渡到普遍物的利益,他方面它们认识和希求普遍物,甚至承认普遍物作为它们自己实体性的精神,并把普遍物作为它们的最终目的而进行活动"②。"他们进一步的特殊满足、活动和行动方式,都是以这个实体性的和普遍有效的东西为其出发点和结果。"③第二,在市民社会中,单个人本身的利益是人们结合的最后目的,"这些单个人的结合成为国家就变成了一种契约,而契约乃是以单个人的任性、意见和随心表达的同意为基础的"④。而由此任性达到的只是形式的自由和形式的普遍性⑤。而国家是客观精神,个人在其中被规定着要过普遍生活,"结合本身是真实的内容和目的"⑥,这样,"单个人的自我意识……在它自己活动的目的和成果中,获得了自己的实体性的自由"⑦,并使自己"回复到实体性的统一"⑧。所谓"形式的普遍性"是指普遍利益与特殊利益仍处在分离的甚至是对立的状态中,个人也因不自觉地按普遍物的目的而行动从而是不自由的(形式的自由);"现代国家的本质在于,普遍物是同特殊性的完全自由和私人福利相结合的"⑨,"是客观自由(即普遍的实体性意志)与主观自由(即个人知识和他追求特殊目的的意志)两者的统一"⑩。一方面,"普遍物既不能没有特殊利益、知识和意志而发生效力并终于完成";另一方面,"人也不仅作为私人和为了本身目的而生活,因为人没有不同时对普遍物和为普遍物而希求,没有不自觉地为达成这一普遍物的目的而活动"⑪。"只有这两个环节都保持着它们的力量时,国家才能

---

① 黑格尔:《法哲学原理》,第254页。
② 同上书,第260页。
③ 同上书,第254页。
④ 同上书,第255页。
⑤ 同上书,第201页。
⑥ 同上书,第254页。
⑦ 同上书,第253页。
⑧ 同上书,第260页。
⑨ 同上书,第261页。
⑩ 同上书,第254页。
⑪ 同上书,第260页。

被看作一个肢体健全的和真正有组织的国家。"①

根据上面的讨论,说黑格尔是国家崇拜论者似并不过分,但与其说是崇拜国家的现实,不如说是崇拜国家的理念。当他把国家称作"绝对的神物"、"神自身在地上的行进"时,反复申言所称的是国家的理念,在谈论国家理念时不应注意到特殊国家或特殊制度,不应只注意国家的个别方面、缺陷,而忘掉国家本身的内在机体、本质环节。他说最丑恶的人,如罪犯、病人、残废者,毕竟是个活人。尽管有缺陷,肯定的东西,即生命,依然绵延着。国家的理念就是他要谈的肯定的东西。

黑格尔的错误不在于谈论国家的理念,而在于把国家(理念)视为客观精神,"绝对自在自为的理性东西"和独立的本质。正如马克思所批判的那样,"在这里具有哲学意义的不是事物本身的逻辑,而是逻辑本身的事物。不是用逻辑来论证国家,而是用国家来论证逻辑"②。黑格尔怀疑自由放任的经济过程可自发导致完备的社会秩序的古典政治经济学的乐观主义,认为社会整体利益不可简化为特殊利益的加和,看到了国家所具有的社会整合、道德教化等复杂的功能,这比自由主义思想家大大前进了一步。但他把国家看作决定性的因素,市民社会是被国家决定的因素,这是倒因为果的唯心主义。"在现代历史中,国家的愿望总的来说是由市民社会的不断变化的需要,是由某个阶级的优势地位,归根结底,是由生产力和交换关系的发展决定的。"③

2. 社会历史发展的辩证法

马克思主义经典作家充分肯定了黑格尔哲学的历史主义特点。恩格斯指出,黑格尔哲学的真实意义和革命性质,"正是在于它永远结束了以为人的思维和行动的一切后果,具有最终性质的看法"④。"黑格尔第一次——这是他的巨大功绩——把整个自然的、历史的和精神的世界描写为一个过程,即把它描写为处在不断的运动、变化、转变和发展中,并试图揭示这种运动和发展的内在联系。从这个观点看来,人类的历史已经不再是被这时已经成熟了的哲学理性的法庭所唾弃的毫无意义的暴力行为,而是人类本身的发展过程,而思维的任务现在就在于通过一切迂回曲折的道路去探索这一过程的依次发展的阶段,并且透过一切表面的偶然性揭示这一过程的内在规律性。"⑤

---

① 黑格尔:《法哲学原理》,第261页。
② 《马克思恩格斯全集》第1卷,第263页。
③ 《马克思恩格斯选集》第4卷,第247页。
④ 同上书,第212页。
⑤ 《马克思恩格斯选集》第3卷,第420—421页。

黑格尔历史哲学的主要观点是：世界是受理性支配的；世界历史是自由的展开、上升和实现的运动，以及世界精神选择历史的民族。而最具黑格尔主义色彩的是，历史的发展乃是一个辩证的历程。

黑格尔坚信，在表面上五光十色的个别历史现象背后隐藏着本质的秩序性和规律性。"在世界历史上，由于人们的行动而得到的，除了他们所追求的和达到的结果以外，除了他们直接认识和要求的结果以外，还有某种别的东西"①。黑格尔认定人的行为是受激情、自我的狭隘的利益支配的，抱怨人的自私或期望有一天人们都能成圣成德毫无意义。真正的问题是，人们追求他们自己的利益，某些既非他们所意欲又非他们意识之所及的结果却产生了，黑格尔将这称为"历史理性的机智"，迫使人们将其盲目的激情及短视的知性行动为普遍性的历史目的服务。理性隐藏在背后，而让激情为自己行动，世界迈向进步，代价则由个人付出；"理念自己不受生灭无常的惩罚，而是由个人的情欲承受这种惩罚"②。由于"理性的机智"，个人的任性最终转化为世界历史过程的必然性，而同一些个人的被强制性则转化为世界精神的自由的展开与上升。历史是人的激情、希望和利益的巨大坟场，但理性和自由始终在历史上胜利地前进着。

"理性的机智"的辩证法的深刻性表现在，它既不会放过普通人，也不放过伟人。如果某个人物成了历史中的杰出人物，这并不是因为他们本人是与众不同的"天纵英明"，而是因为他们的特殊利益在历史某一特定时期正好与历史潮流相重合。而英雄本人在最好的情况下也只是模糊地猜测到自己的服务性作用，而且他们并没有意识到，他们这些个人是那些远比他们本人更具本质性的力量和趋势的工具，是被理性挑选来完成某项历史使命的，正是在这个意义上，黑格尔称拿破仑是"马背上的理性"。但关于这些英雄中的每一个人都可以说，他们完全属于资料的范畴。这是因为，第一，世界历史人物在完成自己的使命以后"就像谷物的空谷一样不再有什么意义"③；第二，不可替代的历史活动家是不存在的。如果说某个人似乎在扮演着历史所不可缺少的角色，那么这种角色仍然是可以找到另一个觊觎者的。恰巧某个伟大人物在一定时间出现于某一时空，这纯粹是一种偶然现象。但是如果把这个人除掉，那么就会需要有另外一个人来代替他，并且这个代替者是会出现的——或好或坏，但是随着时间的推移总是会出现的。正如恩格斯所说，"每当需要有这样一个人的时候，他就会出现，如恺撒、奥古斯都、克伦威尔

---

① 黑格尔：《历史哲学》，第66页，三联书店，北京，1957年。
② 同上书，第72页。
③ 转引自《辩证法史》，第319页。

等等"①。黑格尔以上的思想已经包含有历史唯物主义的萌芽②。

黑格尔还将世界历史的行程视为自由的发展上升运动,视为世界精神选择执行天意的民族的间断性的演化和飞跃。每一个伟大的民族都在神圣的演化中有其要执行的使命,它完成它的存在目的以后,乃让位于另一强大的民族。东方人还不知道人之为人的本质是自由的,他们只知道一个人是自由的(专制君主),惟其如此,这一个人的自由只是放纵、粗野、热情的兽性冲动,所以这一个人只是一个专制君主,不是一个自由人。"自由"的意识首先出现在希腊人中间,所以他们是自由的;但是他们,还有罗马人也是一样,只知道少数人是自由的,而不是人人是自由的。他们蓄有奴隶,而他们的整个生活与他们光辉的自由的维持同奴隶制度息息相关。各日耳曼民族在基督教的影响下,首先取得了人人自由这个意识,知道人类之为人类是自由的。这种精神慢慢渗透到世俗生活的领域;下一步的发展是以宗教改革与近代政治革命为标志的,尤其是在法国革命中,是自由精神的灿烂迸发。总之,"世界历史无非是'自由'意识的进展"③,其具体进程表现为东方世界、古代世界(希腊罗马)与日耳曼世界的依次更替。

黑格尔的社会历史辩证法的主要错误是他为历史安排了一个终点,绝对观念最终"在弗里德里希·威廉三世这么顽强而毫无结果地向他臣民约许的那种等级制君主政体中得到实现"④。而就更大的范围来说,黑格尔似乎认为,世界历史以他那一时代或多或少到处发生的"市民社会"的建立而告终了。当然这个终结不是时间意义上的,而是指不可能再有任何重大的社会变革了。黑格尔为他的时代和阶级的状况所限制,"没有完全脱去德国的庸人气味"⑤。

但是,正是黑格尔本人清楚意识到时代的限制,并明白地指出:"每个人都是他那时代的产儿。哲学也是这样,它是被把握在思想中的它的时代。妄想一种哲学可以超出它那个时代,这与妄想个人可以跳出他的时代、跳出罗陀斯岛是同样愚蠢的。如果它的理论确实超越时代,而建设一个如其所应然的世界,那么这种世界诚然是存在的,但只存在于他的私见中,私见是一种不结实的要素。"⑥他拒绝成为预言家,因为他认为哲学不仅不能超越时代,而且总是落后于现代。"无论如何哲学总是来得太迟。哲学作为有关世界的思想,要直到现实结束其形成过程并

---

① 《马克思恩格斯选集》,第 507 页。
② 参列宁:《哲学笔记》,第 348 页,人民出版社,北京,1971 年。
③ 黑格尔:《历史哲学》,绪论。
④ 《马克思恩格斯选集》第 4 卷,第 214 页。
⑤ 同上。
⑥ 黑格尔:《法哲学原理》,序言第 12 页。

完成其自身之后,才会出现。概念所教导的也必然就是历史所呈示的。这就是说,直到现实成熟了,理想的东西才会对实在的东西显现出来,并在把握了这同一个实在世界的实体之后,才把它建成为一个理智王国的形态。当哲学把它的灰色绘成灰色的时候,这一生活形态就变老了。对灰色绘成灰色,不能使生活形态变得年轻,而只能作为认识的对象。密纳发的猫头鹰要等黄昏到来,才会起飞。"① 这样,在关于历史终结的思想中表现出黑格尔这样一个信念:市民社会的外套已经容不下世界精神,对世界来说,在政治方面,几乎一切可能的事情都已做完了,今后精神的进一步发展将不再采取政治形式。用恩格斯的话来说,黑格尔的错误在于把人类"史前时期"的未来终结搬到了自己的资产阶级的时代,同时把"史前时期"变成了人类唯一的、最终的和"已经结束"的历史。

黑格尔的社会哲学和历史哲学对 19 世纪及其以后社会思想的发展发生了强有力的影响。他的"划时代的历史观是新的唯物主义观点的直接的理论前提"②。"科学社会主义本质上是德国的产物,而且也只可能产生于古典哲学还生气勃勃地保存着自觉的辩证法传统的国家。"③ 黑格尔主义影响了许多人文科学的发展,特别是在德国,是通常被称为历史主义方法论思潮的主要来源。根据卢卡奇(G. Lukacs,1885—1971)的说法,黑格尔把亚里士多德的"人是政治的动物"这一著名命题翻译为"人是历史的动物"④。"黑格尔的思维方式不同于所有其他哲学家的地方,就是他的思维方式有巨大的历史感作基础。"⑤ 任何将人类事务置于历史脉络之外的观点都是他坚决反对的;他的方法也是整体主义的,要求将社会生活视为一个相互作用、相互依赖的整体,这个整体当然是包括各种差别的,但它不能分裂成为自发自动的各个部分。黑格尔的所有这些观点最终证明远远走在了后来他的许多批评者的前面。

---

① 黑格尔:《法哲学原理》,序言第 14 页。
② 《马克思恩格斯选集》第 2 卷,第 121 页。
③ 《马克思恩格斯选集》第 3 卷,第 377 页。
④ Georg Lukacs: *Der Junge Hegel*, Berlin: Aufbau-Verlag, 1954, p. 536.
⑤ 《马克思恩格斯选集》第 2 卷,第 121 页。

第九章
19 世纪初期社会思潮

吉登斯认为欧洲社会学诞生的背景是 18 世纪后半期的法国政治革命和英国产业革命这两大革命。欧洲社会学的基本概念最好是被理解为 19 世纪初因工业文明和民主政治打击而导致的旧制度的崩溃所产生的秩序问题的各种反应①。这两大革命确立了资产阶级的统治地位,资本主义进入了它最初的蓬勃兴旺的时期,同时它的内部对抗和矛盾也在趋于公开化。法国革命建立的"理性社会",非但没有消灭富有和贫穷的对立,反而由于沟通这种对立的行会特权和其他特权的废除,由于缓和这种对立的教会慈善设施的取消而更加尖锐化了。"工业在资本主义基础上的迅速发展,使劳动群众的贫穷和困苦成了社会的生存条件。"②劳动者的极端贫困与资产者财富的迅速增长形成了鲜明的对照,从而导致了阶级斗争的尖锐化。与启蒙学者的华美诺言比起来,由"理性的胜利"建立起来的社会制度和政治制度竟是一幅令人极度失望的讽刺画;不同的阶级和阶层都对现存的社会秩序表达了他们的分析、思考与评价,由此形成了 19 世纪最初三十年的三大社会思潮:保守主义、自由主义和空想社会主义,它们不仅表达了不同的社会阶级的利益,而且也体现了不同的知识传统。

9.1 保守主义

英国保守党政论家塞西尔(H. Cecil)在其《保守主义》一书中追溯近代保守主义思潮起源时认为,"保守主义"的出现归因于法国大革命,这并不是说从 19 世纪开始才有保守主义思想。如果把因循守旧对抗任何变化的态度视为保守主义的话,我们在柏拉图、阿奎那、孟德斯鸠、休谟那里都可发现程度不同的保守倾向,但作为一种具有比较系统理论的思潮的保守主义,确是与资产阶级革命时代、尤其是法国大革命特别联系在一起的。这一历史背景决定了当代保守主义的贵族

---

① Giddens: *Sociology: A Brief but Critical Introduction*, London: Macmillan, 1982, p. 46.
② 《马克思恩格斯选集》第 3 卷,第 407 页。

倾向。

反对法国大革命及其成果的运动是由不同的社会集团和不同取径的思想家们发动的。大革命以后的发展在他们看来是破坏和一片混乱,他们把这种混乱和破坏同中古时代理想化的和谐与秩序、同大革命以前的情况相对照。但他们反对革命的观念与美化先前制度的程度各有不同。从社会思想的角度看,他们中最有意义的理论是那些寻求在一个变化不可避免的社会中如何保持连续性的途径的理论,而非那些捍卫特定旧制度的理论,这些思想也在某种程度上考虑了革命阶段的现实性,并努力使自己与社会稳定即使在最好情况下也是相对的这一事实相调和。他们知道恢复旧制度已不可能,因而只是在寻找某种一般的原则,以便有可能在新的形势下维持社会的秩序。这一不易把握的努力方向遂产生了保守主义的社会哲学,这同半本能地抗拒一切变革确有所不同。

英国人柏克(E. Burke,1729—1797)被公认是现代保守主义的奠基者,所著《法国革命论》使他声誉卓著。他标榜自由,这看起来与大革命的口号一致,但"我要自诩我爱一种高尚的、有道德、有规矩的自由"①,因此,那种没有任何限定语的抽象的自由、不与任何特定的风俗、纪律、道德、宗教结合在一起的"无法无天"的自由是他深恶痛绝的。他反对权利的天赋说,主张人赋说,权利是受之于历代人们的智慧结晶,"乃是我们得自我们祖辈的一项遗产,而且是要传给我们的后代的"②。塞西尔认为柏克是"阐明'保守主义'的第一个、也许是最伟大的导师,他以非凡的修辞才能倾写出反对革命信仰的篇章,赋予'保守主义'运动以哲学信条的尊严和宗教十字军的热情"③。

法国保守主义的主要代表是路易·德·博纳尔(Louis de Bonald,1754—1840)和约瑟夫·德·梅斯特(Joseph de Maiste,1754—1821)。德国的保守主义者中,亚当·缪勒(Adam Muller,1779—1829)颇负盛名,他是所谓政治浪漫主义的代表人物;还有历史法学派的创始人弗里德里希·卡尔·冯·萨维尼(Friedrich Carl von Savigny,1779—1861)。

下面我们讨论保守主义思想传布最广的若干要点。

1. 历史的、民族的、浪漫的人性观

保守主义的人性观基于两个重要假设。第一,人性既包括理性成分又包括非

---

① 柏克:《法国革命论》(此书更流行的译名为《法国革命感想录》),第9页,商务印书馆,北京,1998年。
② 同上书,第43—44页。
③ 塞西尔:《保守主义》,第25页,商务印书馆,北京,1986年。

理性成分,因此不能以任何方式对人性加以预言、控制,甚至不能精确地描述。人的行为不只受思想的支配,而且也受情感、兴趣、习惯等支配,换言之受所谓"偏见"的支配,这些都是先于反思的。理性时代的作者以消除一切"偏见"为己任,这既不可能也不明智。因为所有社会生活与道德活动都基于偏见,若无偏见,社会就成为完全同质的原子个体的一种堆积,就不能有任何持久的合作。保守主义用一种情感(优势)的生物的人的概念取代了理性时代的思想生物的人的概念。第二,这种非理性的人性是因民族、时代、文化的不同而有所不同的。梅斯特写道:"世上本没有人。在生活中我见过法国人、意大利人、俄国人,由于孟德斯鸠的缘故,我甚至知道还有波斯人。至于说到人,我想我是从未有缘见过;即使有人存在,我亦一无所知。"[①]人性的民族特质是由各个民族共同体的特殊历史造成的。空想的理性主义者无视这些差异,却视社会好似一块处女地。

保守主义者,特别是德国人,喜欢用"民族精神"的概念来描述民族的独一无二的特质。这个概念与孟德斯鸠有几分相似,但保守主义强调其非理性的特征,只有直觉才能把握它,面对民族精神,人唯有谦卑而已。保守主义喜欢说人无力改变或创造社会实在,社会实在如同植物一样自发成长,或直接是受神意指导的。既然没有普遍的和不变的人性,也就不存在基于人性之上的放之四海而皆准的政治原理和社会制度。

2. 社会有机体论

保守主义者反对理性时代的原子主义和社会唯名论。所谓社会唯名论,是把社会视为完全由独立的个人组成的集合体,并无自身的不可还原的存在,并且,这样的个人能依自己的利益和愿望与其他人一再地达成社会生活所需的某种一致(秩序)。这样,社会只是满足人的需要的工具,或只具有工具性的价值。

这种孤立的个人被保守主义者斥为纯粹的虚构。在他们看来,社会不仅在历史上先于个人,而且在道德上也高于个人;离开社会,个人的存在是根本不可能的。"个人基本上是国家产生的。不但他的几乎全部的财富,而且同他的个性有更密切关系的许多事情,都有赖于国家的作用。"[②]若不然,他就不会成为他现在的样子。理性主义者的自然人概念是保守主义者坚决反对的。柏克认为"艺术是人的自然";梅斯特指出所谓的野蛮人一点不比现代欧洲人更接近自然。

社会不等于单个人的总和,社会是一个有机的整体,是某种文化的总体表现。

[①] Jerzy Szacki: *History of Sociological Thought*, p. 95.
[②] 塞西尔:《保守主义》,第 100 页。

人不能创造社会,社会是神意的创造和历史演化的产物,其起点实是无从确定的,17、18世纪意义上的社会起源问题由此而被取消。缪勒明确认为国家不是一种人为的制度;萨维尼也反对把法律视为可由立法者任意地、故意地制定的东西。他说法律是"内在地默默地起作用的力量"的产物,它深深地植根于一个民族的历史之中,而且其真正的源泉乃是普遍的信念、习惯和"民族的共同意识"。就像民族的语言、建筑及风俗一样,法律首先是由民族特性、"民族精神"决定的。"法律随着民族的成长而成长,随着民族的加强而加强,最后随着民族个性的消亡而消亡。"①因此,人无权将自己的意志强加于民族的和社会的机体之上。个人的意志或理性与这个民族精神是不可同日而语的。

保守主义常常采用有机体论与机械论的对立概念来批评原子主义。机械论设想一个可以分解为各个独立的组成部分的社会;保守主义将社会看作一个灵敏的有机体,有机整体的一切要素作为不能化简的本质而结成一体。机械体没有历史,它是有序的或无序的,是好的或是坏的;有机体是成长发展的,它有其内在的"生命"和"灵魂",这使有机体有了活力。博纳尔说:"现代的哲学提出了个人的哲学,即关于'我的'哲学;我要提出社会人的哲学,即关于'我们的'哲学。"②关于"我的"哲学就是机械论社会观,而关于"我们的"哲学则是保守主义信奉的有机论社会观。

3. 社会纽带:传统、道德和宗教

革命和近代产业创造着一个新社会,在新社会中阶级关系已趋简单,个人与国家分别为独立的一极。保守主义认为这种取消了个人与国家之间一系列中介组织的社会结构十分危险。一个强有力的国家并非本质上善的,只有当它在社会生活的各个不同层面上都有一种调适的基础,它才是善的。人并非生活在国家(社会)本身之中,而是生活在家庭、团体、教区、法人组织等等之中,这是一种类似中古等级制的社会结构,个人正是通过这些制度加入社会整体、参与社会生活,使"我"变成某种"我们"。这样,保守主义者仍依据前工业社会的有机体论价值观,批评现代社会"是一种以注重物质利益同由正式规定和成文契约赋予的权力相结合的实用主义价值观念为中心的、锱铢必较的个人主义制度。这样的社会只能导致社会纽带的瓦解,并使个人同集体的有机联系变得难以捉摸"③。在保守主义的

---

① 参博登海默:《法理学——法哲学及其方法》,第82—83页。
② 转引自斯温杰伍德:《社会学思想简史》,第30—31页。
③ 斯温杰伍德:《社会学思想简史》,第31页。

信仰中,一个永恒的前提就是:"一个国家的整个中间结构,在个人主义和国家主义的浪潮之中,应有生存的权力,这种权力是由历史和社会发展所赋予的。"①

保守主义认为革命以后的社会危机实质上是社会纽带的有机性的瓦解。在他们看来,革命后的社会是一个唯我主义的社会,每个人追逐自身利益而不考虑他人。与此同时,他们美化封建社会的所谓和谐的秩序和人际关系。领主与农奴、君主与家臣的关系是父子般的和家庭式的;而资本家与工人的关系则是原子的及彼此外在的,完全建立在利益之上。而最可悲的是,资产阶级社会的所有关系都被归结为这种愚蠢的算计和买卖,现金交易日益成为社会的唯一纽带。在许多保守主义者那里,可以清楚地看到预示了后来滕尼斯的 Gemeinschaft(公社)与 Gesellschaft(社会)的类型学的两种共同体的对比概念:一个建立在人们直接的关系、习惯、传统、宗教之上,另一个建立在个人眼下利益、契约、正式的规定之上。根据柏克的观点,传统的纽带对于保持社会的团结具有决定性的意义。他说:"继承的观念提供了稳妥的保存原则和稳妥的留传原则,但它又并不排斥改善原则。继承的观念使人们能够不受约束地获得有价值的东西,但它又保护它所获致的东西。……由于选择了这样的继承原则,我们已经把血肉关系的形象赋予我们的政治组织;用我们最亲爱的家庭纽带来确定我国的政体;使我国的根本法律同我们的家庭之爱融合在一起;使我们的国家、我们的家庭、我们的祖坟和我们的祭坛密不可分,并用它们所有混合的、彼此相爱的热情加以爱护。"②保守主义还把宗教视为社会整合的最重要纽带之一。理性主义思想认为宗教观念是边缘性的残留现象,对社会的维系起不到重要而确定的作用。但保守主义认为正是理性对宗教的否定和批判,导致了社会解体的严重危机。宗教所以有价值,是因其渗透到社会生活的一切方面,它存在于人们的心中,它包含了深邃广博的智慧。宗教使人摆脱了自私的欲念,服从神圣的职责。总之,"支持宗教是'保守主义'最重要的职能。这是全部建筑物所依赖的拱门的拱顶石"③。法国的传统对宗教的社会作用这个主题最为关注。对它作了系统的社会学阐述的就有圣西门、孔德和涂尔干等。

保守主义自始就不只是一种政治纲领,它的意义有两个方面:一方面,作为一种系统的观点,保守主义服务于为反对革命的政策进行辩护的目的;另一方面,不同的保守主义学说激发了与这类政策较少联系的社会学的研究,这在社会思想史上是有意义的。本节关注的 19 世纪的保守主义,是在反对启蒙运动、法国革命和

---

① 达尔:《民主理论的前言》,第 190 页。
② 转引自《保守主义》,第 37—38 页。
③ 同上书,第 73 页。

工业制度的论战中塑造成型的。奈斯比特(Robert Nisbet)认为,保守主义因此不仅深刻影响了19世纪社会学的创立与发展,而且还因其对虚构的自然秩序和自然权利的批评,唤起了人们对被大大忽视了两个世纪的社会概念的关注①。保守主义的许多观点预示了后来的、旨在弄清社会整体内部相互联系的社会学观点。保守主义提出了重要的社会学问题,并且的确启发了不少反保守主义的人士。其要点是:批评抽象的理性;捍卫历史观点;强调社会生活中非理性力量的作用;视社会为一有机整体;对社会纽带问题的洞见;从社会整合的作用考虑宗教的地位;以及认为社会生活本质上是自发的和不可控制的等等。所有这些观点都丰富了社会学的想象力。

9.2 自由主义

自由主义是同资本主义一同诞生的,布丹(Jean Bodin,1530—1596)被认为是表达了自由主义信念和原则的最早的欧洲思想家之一。但我们这里称之为自由主义的社会哲学,与保守主义一样,也是特别与法国革命和工业革命的历史时代联系在一起的,在18世纪晚期与19世纪初期具有最典型的形式。

英国是近代自由主义的发源地及获得最大成功的国度,这是因为英国资本主义在当时最为先进。正如英国的政治革命是通过阶级妥协的"光荣革命"完成的一样,英国自由主义思想家的政治纲领也是温和的与改良的,与其说他们如法国雅各宾党那样煽动革命,不如说更关心通过渐进的改革以获得最大限度的经济自由。无论亚当·斯密的经济自由主义、边沁的功利主义与穆勒父子(James Mill,1773—1836;John Stuart Mill,1806—1873)的道德与社会政治学说存在多少差异,但他们的研究工作都基于一些共同的假设,这就是个人主义、功利主义、社会经济制度与政治制度的明确区分;相信社会经济具有一种无限的自我调控能力。正是这些共同假设构成了自由竞争时代自由主义的基本分析架构。

1. 个人主义

自由主义者把个人作为起点的分析单位,社会在他们看来只是一个"人造的躯体",是原子个体在某种程度上的机械组合,它可以通过人的自觉活动而加以变更和改善。社会从个人的利益观点看纯为工具。如果不是在本体论上,那么至少

---

① Nisbet: *Conservatism*, from Raymond Boudon, Mohamed Cherkaoui, Jeffrey Alexander (ed.): *The Classical Tradition in Sociology*: *The European Tradition*, Sage Publications Ltd., 1997, p.281.

在方法论上,优先权肯定属于个人。方法论上的个人主义是同旨在反对封建特权及专制集权的自由放任经济纲领密切相关的。

自由主义是理性主义的一种,边沁与斯密也是英国理性时代的杰出代表;法国自由主义可追溯到重农学派与孟德斯鸠。但在涉及个人自由权利的问题上,自由主义也是理性时代自然法思想与法国革命雅各宾主义的批评者与反对者。自由主义既反对专制权威,即少数人对多数人的专横统治,也反对雅各宾主义的激进民权论,即多数人压制少数人。自由主义者一般都认为,"对于他自己的身和心,个人乃是最高主权者","任何人的行为,只有涉及他人的那部分才须对社会负责"①。人类之所以有理、有权可以个别地或集体地对其中任何分子的行动自由进行干涉,唯一的目的只是自我防卫,若说为了那人自己的好处,不论是物质上的或者是精神上的好处,都不成为充足的理由。斯图亚特·穆勒怀疑根据人民意志强迫少数人就范的正当性。在他看来,"所谓人民意志,实际上只是最多的或者最活跃的一部分人民的意志,亦即多数或者那些能使自己被承认为多数的人们的意志。于是结果是,人民会要压迫其自己数目中的一部分;而此种妄用权力之需加防止正不亚于任何他种"②。他呼吁要把"多数的暴虐"这一点列入社会所须警防的诸种灾祸之内③。

2. 功利主义

通常都把功利主义与边沁的名字连在一起。事实上"功利主义"已是老演员,我们在洛克、爱尔维修、休谟等人那里,早已多次谈到功利主义的人性观和道德观。熊彼特甚至认为,功利主义是另一个或最后一个自然法体系。运用理性从非常稳定的、高度简化的人性中推出有关社会中的人的"法则",不仅是自然法哲学家的行动纲领,而且也是功利主义者的行动纲领。但熊彼特又认为功利主义还是创作出了某种新东西。第一,边沁是第一个以"最大多数人的最大幸福"为最高原则、最终目的的人生哲学家,展示了一种有关"最终价值"的图式,把整个人类价值世界都归结为功利主义图式。第二,功利主义是一种具有强烈法律倾向的体系。它一方面是道德命令体系,另一方面是立法原则体系。边沁认为自己主要是道德家和立法家。在他看来,"最大多数人的最大利益"这一原则之所以具有头等重要意义,是因为它是衡量立法好坏的标准。最后,功利主义是采用统一分析方法的

---

① 斯图亚特·穆勒:《论自由》,第10页,商务印书馆,北京,1982年。
② 同上书,第4页。
③ 同上。

综合性社会科学体系①。

功利主义与个人主义是孪生姐妹,确切地说,作为一种行为理论、政治纲领,功利主义是以狭义经验主义的人性论(原子主义)哲学为其根据的。根据这种高度简化的人性论,人的一切行为受两种动机的支配和指引,这就是趋利避害,其他种种动机皆可还原为这两种动机。这永久不变的人性特质与需要,既是一切社会知识的出发点,也是一切立法和政治制度必须考虑的头等重要的事实。个人的私利就是个人对快乐和痛苦的合理预期,而社会利益则是实现每个人的享乐主义的合理预期而给每个人带来的满足的总和。因此个人是唯一坚实的实体,不能归结为个人利益的任何超个人价值,按功利主义观点来看,皆为有害无益的虚构。

3. 自由放任与自发的社会秩序

自由主义假设每个人的本性是大体相同的,几乎没有或根本没有天生的性格,其基本点是利己的打算与合理的计算,如果我们让事物走自己的路,不加干预,我们就可以期望秩序与和谐从利益的冲突与分歧中自发地涌现出来。斯密对这一自由放任与自发秩序的思想作了经典的表述。

斯密是自然竞争的热烈的辩护人和赞美者,提议取消政府对社会生活的一切干预。但并非所有的自由主义者都像斯密一样走得那么远。边沁就认为,在增进最大多数人的最大利益这个目标上,政府不仅可以有所作为,而且必须有所作为,因为这是衡量政府之合法性正当性的最终依据。边沁进而认为法律控制的主要目的不是自由而是平等与安全;他的立法理论就为国家干预与社会改革打开了方便之门。但无论如何,政治制度是外在于并服务于社会经济制度的某种东西,在这一点上边沁和其他自由主义者没有两样。自由主义者将社会生活的自由主义观点比作博弈。立法者可以想象,他能像在棋盘上摆弄棋子那样轻而易举地摆弄社会中的不同成员。但他并不认为除了他走出的棋局外,棋子便无别的走法。在人类社会这个大棋盘上,每个棋子的走法亦不是立法者的规则所能预先决定的。

毫无疑问,自由主义是资本主义自由竞争时代的社会政治思想主流。自由主义者赞同社会改良,但断然反对任何革命性的变革,其所致力的主要目标是巩固完善资本主义社会秩序。正如马克思主义经典作家所说,功利主义"变成了替现存事物的单纯的辩护,变成了这种说教:在目前条件下,人们彼此之间的现有的关

---

① 参熊彼特:《经济分析史》第 1 卷,第 204—205 页。

系是最有益的、最有公益的关系"①。

但我们仍然有社会学的理由来重视自由主义。第一,自由主义加强了人们对自发社会秩序的信念,它的起源与功能与政治的权威没有关系,从而为后来的社会学家深入开展社会秩序的研究铺平了道路。第二,自由主义留下了两个在社会思想中有持续活力的分析范式。一个被帕森斯称为"功利人"概念,他认为这个概念直到19世纪末才被放弃。另一个被伯纳德(J. Bernard)名为"资本主义范式",它把人类共同体比作市场,在这个市场上,个人按照利益最大化、损失最小化的原则行事,而这些利己的行为同时却保证了集体利益的增长。萨基认为这后一个范式比古典自由主义思想流传更久,直到今天还为许多社会学理论公开地或未明言地所采纳,成为其基本假设之一②。

9.3 空想社会主义

恩格斯认为:"现代社会主义,就其内容来说,首先是对统治于现代社会中的有产者和无产者之间、资本家和雇佣工人之间的阶级对立和统治于生产中的无政府状态这两个方面进行考察的结果。但是,就其理论形式来说,它最初表现为18世纪法国伟大启蒙学者所提出的各种原则的进一步的、似乎更彻底的发展。"③恩格斯这里讲的现代社会主义,当然包括19世纪初的空想社会主义。恩格斯极其准确简明地概括了空想社会主义的两个来源:社会历史根源与思想来源,为我们正确把握空想社会主义提供了原则。

如果把保守主义对理性时代与法国革命的批判称为封建主义的后卫战的话,那么对资本主义的社会主义批判则可称为一场新的社会革命的前锋战。它是革命的,它没有什么过去的黄金时代要去怀念,它不需要从社会状态的旧体系中吸取灵感,它的目标是超越资本主义。19世纪初的社会主义思想,不再像先前几个世纪的乌托邦社会主义,徘徊于社会思想的主流之外,好似孤独的前行者,它已成为一种十分重要的社会思潮和社会现象。

社会主义首先是作为一场反对资本主义某些具体罪恶的反抗运动而开始的。政治革命的胜利并没有改变阶级压迫的事实,不过是用新的压迫代替了旧的压迫,经济不平等给予资本家的力量,在工人看来往往超过了中古时期的束缚。工

---

① 《马克思恩格斯全集》第3卷,第484页。
② Jerzy Szacki: *History of Sociological Thought*, p. 103.
③ 《马克思恩格斯选集》第3卷,第405页。

人过去所享有的经济保障比起他经常面临的失业威胁还要好一些,尽管以前他没有人身的自由,在法律上也没有平等的地位。极度失望的现实令人们明了:社会革命已经半途而废,从而唤醒人们要将革命推进至应有的结局,平等不能只是形式上的,而应是事实上的。

工业革命的社会后果之一是工人阶级队伍的迅速壮大,但是资本主义的发展对当时的工人来说就意味着贫困、失业的增长。漫长的工作时间、危险、不卫生的工作条件和压制性的监督等情况普遍存在。早期的工人阶级运动就是旨在取消产业制度的这些祸害。工人运动逐渐走上独立的道路,随着时间的推移,越来越有组织性和政治性。根据对资本主义制度的个别现象和个别资本家的斗争经验,产生了一个反对整个制度的理论。逐渐地工人阶级运动就感染上了社会主义目的。

但是,当时资产阶级与工人阶级间的对立,即新的社会制度所产生的冲突还刚开始形成,解决这些冲突的手段就更是这样了。正如恩格斯所说:"这种历史情况也决定了社会主义创始人的观点。不成熟的理论是和不成熟的资本主义生产状况、不成熟的阶级状况相适应的。解决社会问题的方法还隐藏在不发达的经济关系中,所以只有从头脑中产生出来。社会所表现出来的只是弊病;消除这些弊病是思维着的理性的任务。于是就需要发明一套新的更完善的社会制度,并且通过宣传,可能时通过典型示范,把它从外面强加于社会。这种新的社会制度是一开始就注定要成为空想的,它愈是制定得详尽周密,就愈是要陷入纯粹的幻想。"[①]

另一方面,空想社会主义正是 18 世纪启蒙原则的"进一步的、似乎更彻底的发展"。启蒙运动以全人类名义进行的自由、平等、公正、进步和理性的教化,产生了思想解放的巨大作用,它不可能阻止革命热情的贯彻发展,转而反对新的社会秩序,如果按照启蒙学者此前所许下的诺言来看,这个新秩序也是令人极度失望的。启蒙运动所建立的对人类社会的批判态度,成为人类思想的永恒特征。人们开始以理性的目光观察按照启蒙原则建立起来的资产阶级国家和经济制度,其结果是发现它也是不合乎理性的和不正义的。空想社会主义致力于一种真正的理性和永恒正义的王国,它从这种基于理性与自由主义哲学的运动获得其鼓舞的源泉。但它在某种程度上又超越了自由主义。社会主义运动关注的焦点不是个人,不是自由本身,而是整个社会的组织,特别是改革社会经济的现状;平等的要求已经不再限于政治权利方面,它也扩大到个人的社会地位方面;必须加以消灭的不仅是阶级特权,而且是阶级差别本身;致力于建立的是一个基于合作而非基于竞

[①] 《马克思恩格斯选集》第 3 卷,第 409 页。

争和冲突的社会新秩序,以解决各种社会问题;强调建立新型的产品分配制度。所有这些思想在罗伯特·欧文(Robert Owen,1771—1859)、圣西门(Saint-Simon,1760—1825)和查尔斯·傅立叶(Charles Fourier,1772—1837)这三位伟大的空想社会主义者的著作中得到了系统的阐述。此外,为 19 世纪上半期的社会主义思想作出贡献的,还包括法国的卡贝(Etienne Cabet,1788—1856)、布朗基(Louis Auguste Blanqui,1805—1881)、普鲁东(Pierre-Joseph Proudhon,1809—1865)、德国的赫斯(Moses Hess,1812—1875)和魏特林(Wilhelm Weitling,1808—1871)等。

1. 启蒙主义的人性观与社会观

空想社会主义与启蒙思想一样,都是从抽象的人性、理性与正义的观念出发,从中引出社会改革的内容、目标与标准。圣西门说:"我们这里介绍以生理学观察为基础的人类科学。这门科学是我用来建立道德体系的原则。"[①]欧文的人性理论直接来源于爱尔维修的感觉主义与边沁的功利主义。他认为自然赋予每个人的生理品质与心理品质大致相同,人人都有维持生命、享受生活和繁殖生命的自然欲望;人人都有意识观念的能力。这些是人的自然本质,人的永恒不变的人性。"人生来就具有谋求幸福的欲望,这种欲望是他一切行为的基本原因,是终身都有的;用一般人的话来说,这便是人的利己心。"[②]但他又依感觉主义原则,认为"环境对于人的本性具有决定性的影响"[③]。傅立叶不同意欧文的关于人性无限的可塑性的观点,但他同样将其体系建立在人性的基础上,认为"情欲的天性在一切人民中间,无论是过去、现在和将来都是始终不变的"[④],社会组织必须适应人性的不变要求。与理性时代遗产的这些联系得到了加强,就在于空想社会主义者的身份是抽象人道和正义的提倡者而非新社会中的任何特定阶级的辩护者。正如恩格斯所说,对所有空想社会主义者来说,"社会主义是绝对真理、理性和正义的表现,只要把它发现出来,它就能用自己的力量征服世界;因为绝对真理是不依赖于时间、空间和人类的历史发展的,所以,它在什么时候和什么地方被发现,那纯粹是偶然的事情"[⑤]。他们的社会主义不是立足于现实的基础,因而注定是乌托邦的而非科学的。

---

① 《圣西门选集》上卷,第 134 页,商务印书馆,北京,1985 年。
② 《欧文选集》上卷,第 60 页,商务印书馆,北京,1965 年。
③ 同上书,下卷,第 83 页。
④ 《傅立叶选集》第 1 卷,第 105 页,商务印书馆,北京,1964 年。
⑤ 《马克思恩格斯选集》第 3 卷,第 416 页。

应该注意到,在空想社会主义者中存在一种企图超越理性时代视野的倾向。这一趋势在圣西门那里甚为明显。以后,探究真正新的社会观的热情有增无减,例如,普鲁东试图创制一种社会哲学,依据一种与黑格尔三段式辩证法不同的正反题的辩证法。赫斯则从德国古典哲学那里借用某些概念,如异化概念来分析资本主义制度。这表明,空想社会主义者并未完全停留在启蒙时代的遗产上,而在认真地尝试超越它,并且已有人开始用历史的观念来反对不变的人性观念。

2. 资本主义社会的批判者

空想社会主义的巨大历史功绩之一是其对资本主义社会所进行的尖锐和全面的批判。恩格斯称赞傅立叶:"在傅立叶的著作中,几乎每一页都放射出对备受称颂的文明造成的灾祸的所作的讽刺和批判的火花。"①傅立叶断言,在文明制度结构内,个人利益与集体利益是对立的,"文明制度结构是个人反对大众的普遍战争"②。例如:"医生希望自己的同胞患热病;律师则希望每个家庭都发生诉讼;建筑师要求发生大火使城市的四分之一化为灰烬;安玻璃的工人希望下一场大冰雹打碎所有的玻璃;裁缝和鞋匠希望人们用容易褪色的料子做衣服和用坏皮子做鞋子……在文明制度的体系中,每一个人都这样处在蓄意与群众斗争的状态中——这是反协作制经营方式与颠倒世界的必然结果。"③傅立叶对文明制度下的爱情婚姻关系的批判也十分辛辣诙谐。他说夫妇关系不是出于感情,而是出于金钱利害关系,夫妇关系成了一种合法的持续卖淫关系,"正像在文法中两个否定构成一个肯定一样,在婚姻交易中也是两个卖淫构成一桩德行"④。傅立叶正确地指出,侮辱女性是文明的本质特征。他认为妇女地位的变化是历史进步的标志,"妇女解放的程度,是衡量普遍解放的天然标准"。对这一光辉思想,恩格斯给予了高度评价。

欧文对资本主义的批判触及这一制度的经济基础——私有制上,故其批判更见深刻。他断然认为私有制"过去和现在都是人们所犯的无数罪行和所遭的无数灾祸的原因"⑤。私有制制造竞争和敌视、嫉妒和不和、奢侈和贫困、专横和奴役;私有制使人成为拜金狂,总之,"私有制使人变成魔鬼,使全世界变成地狱",它在

---

① 《马克思恩格斯选集》第3卷,第305页。
② 《傅立叶选集》第3卷,第223页。
③ 同上书,第58页。
④ 转引自《马克思恩格斯全集》第2卷,第249页。
⑤ 《欧文选集》下卷,第13页。

理论上既不合乎正义,在实践上又同样不合乎理性①。

空想社会主义者真诚地同情劳动者的处境,他们的批判也达到了相当的深度,不过这种批判很大程度上诉诸道德义愤。恩格斯指出:"以往的社会主义固然批判过现存的资本主义生产方式及其后果,但是它不能说明这个生产方式,因而也就不能对付这个生产方式;它只能简单地把它当作坏东西抛弃掉。它愈是义愤填膺地反对这种生产方式必然产生的对工人阶级的剥削,就愈是不能明白指出这种剥削在哪里和怎样发生。"②

3. 社会主义目标的理想社会

在批判社会现状时,空想社会主义者不断以他们的理想社会与之作对比。这是一个想象的世界,在那里人的各种自然需要都能得到满足,社会组织的基础是协作,自由平等的个人的联合取代了强制与竞争,合作组织基于自愿参与的原则。

为了实现这些理想,空想社会主义者精心设计了许多方案并身体力行,致力于社会性的实验。欧文多次尝试创办财产公有、权利平等的示范公社;圣西门则相信社会整个地逐渐转变成以协作为基础的新型社会是可能的。有的不顾现存的政治制度,力图推行社会主义的改造计划;有的则想通过渐进的民主化过程建立没有私有制的社会。有的提出了建立社会主义国家的政治目标,而另一些人,如普鲁东,他设想的社会主义的社会没有政治权力,建立在以互利关系为基础的小型合作社的协作之上。有的认为,由于工业文明带来的技术上的各种成就,新的社会秩序是不难实现的;而另一些人则钟情于田园式的小的公社的乌托邦,没有产业和都市的制度。在所有这些不同的纲领中有一些共同点:这是一个重新加以组织的社会,消灭了一切等级的依附和并非基于美德而获得的显贵地位,消灭了一切驱使人对人全面战争的竞争,这种竞争的成功都是以牺牲他人而非共同的受益结果为代价。空想社会主义者一般不相信任何自发的社会秩序;相反,他们相信,精心规划的组织工作对于创造使社会合作可能的条件是必不可少的。有些作者甚至设计了详尽无遗的监察,以反对任何反社会的离心倾向。所有这些设想和方案不乏天才的成分,但总的说来,是从头脑中发明出来的,而不是通过头脑从生产的现成物质事实中发现出来的③。

---

① 《欧文选集》下卷,第 14 页。
② 《马克思恩格斯选集》第 3 卷,第 424 页。
③ 同上书,第 425 页。

4. 圣西门：工业社会理论

关于圣西门的社会思想需要专辟一节。他对孔德的实证主义社会学与马克思的科学社会主义都产生过强有力的影响。他的著作代表了从社会问题的研究向一种新的社会理论问题研究转变的范例，包含了许多新的社会学思想的萌芽。圣西门力图解释与新的工业社会有关的各类事实。"工业社会"这一概念就是圣西门首先提出来的。

跟许多同代人一样，圣西门认为欧洲正处在深刻的危机之中，危机本质上是由一个封建的尚武社会向一个工业与科学的社会的转变所造成的。克服这场危机需要采用与现有的政治学说和政策根本不同的理论及措施。一切思想的认同、集体的行动及协作都消失了，社会成为一个彼此竞争的孤立个体的单纯聚合体。法国革命在历史中有其地位，但它并未解决危机，它的作用只是破坏性的。这就是为什么社会的根本重建必不可少，而这一目标有可能通过意识的转变得以实现。圣西门把实证科学视为据以革新社会的基础。

圣西门相信社会的状态取决于占据主导地位的是何种观念，不同类型的思考都有相应的不同的社会制度。在神学的时代及玄学的时代之后是实证的时代，科学观念在这一时代居于支配地位，并成为社会组织的基础。但只有在科学成为系统的知识时它才能发挥上述作用。圣西门力图采用可以解释一切事实并能将一切事实归于一个基本规律之下的独一无二的原理使科学系统化。他声称牛顿的万有引力规律就是这样的原理，他说重新组织我们知识体系的方法只有一条，那就是以万有引力思想为根据。

圣西门把创建社会科学视为改造科学的一个基本要素。在他看来，他的时代的社会问题没能很好地解决，如果不把实证科学的方法应用于社会问题，科学的体系是不完全的。

圣西门提出的关于社会的科学这个名称清楚地表明，他执意要以自然科学为典范，以物理学和有机体的物理学即生理学为典范。他视社会为一有机体，社会有机体的结构与发展服从各种恒定的规律，人们可以发现这些规律，据以在实践中预测社会现象，并自觉地指导其发展路径。圣西门提出了"社会物理学"及"社会生理学"，但他并未滥用生物有机体的类比，也无意将社会事实归结为生物事实或物理事实。他视社会为一有机体，仅仅意味着采纳这样一个观点：社会是一个整体，只要社会机体处在健康状态，其各部分之间就存在着专门化的关系。此外，社会的科学对他来说首先是历史的科学，因此当他从事历史的研究时，他就不再提及物理学和生理学。

圣西门思想中最有趣的概念是"工业社会"的概念。工业社会是以生产为中心的,整个社会都建立在生产的基础之上。在他看来,实业(与工业是一个词)包括了所有服务于各类集体需要的设施和制度,因此不仅是指物质产品的生产,而且就它们对公众是有益的而言,也指科学和艺术。而"有益物品的生产者是社会上唯一有用的人,只有他们才能引导社会的发展"[1]。生产在社会生活中的基础性的意义决定了实业家阶级是最重要的;实业家阶级可以没有其他阶级,但其他阶级却离不开实业家阶级。他的时代的社会缺陷就在于实业的发展尚不充分,而实业家仍然屈居于非生产的游手好闲阶级之下,"在各行各业中,都是由一些没有才能的人去治理有才能的人"[2]。圣西门将基本的社会对立按其实业中心论的原则规定为生产者与寄生的游手好闲者的对立。一极是生产的组织者、工人、科学家、艺术家、工厂主、银行家等,另一极他列举了贵族、主教、法官以及资产阶级中不从事生产专靠租息为生者。圣西门对后者深恶痛绝,视其为社会的累赘。这里蕴涵了一个重要思想:以经济、文化的生产性活动形成的实业社会(市民社会)是第一位的,是基础,国家是第二位的;圣西门时常走得更远,甚至认为国家行政机关(非生产性的)对于工业主义过程所引起的生产需要以及对生产者阶级来说,也是寄生的和有害的。

圣西门不仅认为生产者阶级与非生产者阶级的斗争发生于当代法国与欧洲其他国家,而且还视这种斗争为自罗马帝国灭亡以来全部欧洲历史发展的枢轴。他强调这一发展是阶级斗争的发展和实业家的社会重要性的日趋加强。为了解释这种斗争的起源,他求助于当时很流行的一个说法,即:法兰克武士对高卢国家的征服,至19世纪实业制度的最终胜利标志着这一历史的终结。圣西门称只有两种互相区别的社会组织制度:封建的或黩武的制度和实业制度;在精神领域相应的是信仰的体系与科学证据的体系。文明人类的全部历史必然地划分为这两大社会制度,实业制度的最后成形宣告了一个"新世纪"的到来。

从社会学角度来看,实业制度与黩武制度的对立格外重要,因其涉及两种社会组织的不同的社会纽带关系,其最深刻的区别是一个基于暴力,而另一个基于契约与自愿的合作。在旧制度内,人民臣属于其统治者,在实业制度内人们与其管理者结合在一起;军队的长官对人发号施令,而实业首领只是给人以引导;工业社会的成员是伙伴而不是臣民,从普通劳动者到最富有的工厂主和最有教养的工程师都是真正的合作者与伙伴。在圣西门看来,工业社会完全是一种新型的人类关系的组织,他常常称它为联合体,以与封建的社团相对立。联合体中不同社会成员的结合,基

---

[1] 《圣西门选集》上卷,第210页。
[2] 同上书,第239页。

于主要为了生产性目的的合作自由,自由生产的原则产生道德上的一致与共识,工业组织按其性质来说是功能的和独立的。社会将成为一个以生产货物为中心的有组织的大工场,对人的政治统治将变成对物的管理和对生产过程的领导,政治则成为关于生产的科学,或将完全为经济所包容。管理社会利益的责任必将落在实业家们的身上,工业社会的管理部门将不再集中于国家,而是集中于市民社会。很显然,这里谈的社会理论是正在崛起的资产阶级的理论。恩格斯说得很对,"在圣西门那里,除了无产阶级的倾向外,资产阶级的倾向还有一定的影响"[①]。

圣西门心目中的工业社会虽然是一个合作体系,但他否认古典政治经济学家关于市场作用可以使经常发生冲突的不同利益协调而形成社会一致从而导致道德一致的观点。随着国家同市民社会的分离,社会调节机制也成为一个严重的问题。传统的权威模式及其维系的价值观念,已在个体权利高于整体权利的信念占上风的情况下崩溃,不再能赋予政治结构以合法性,从而在现代社会中出现了道德真空。而纯经济力量的自由运行绝不会产生社会团结。圣西门相信工业社会仍需要有一个有力的价值中心,这就是他在其最后著作中所描述的"新基督教"。它不同于传统基督教,其目标不是天国而是世间的幸福,它反对利己主义哲学,通过一批新式的传教士,即一批同人民休戚相关利害与共的艺术家、科学家和实业家而发挥作用。这并不表明他放弃了实证科学的信念,但两者之间的确呈现出一种不相协调的紧张关系,我们在后来的孔德与涂尔干那里将一再发现这种不协调的紧张。

空想社会主义对社会科学的贡献是多方面的。它向思想家们提出了新问题,激发了社会学的想象力;空想社会主义者中不乏富有创见的思想家,他们对其时代的社会知识做出了实质性的贡献,圣西门就是其中之一,他提出的实证社会科学的纲领具有深远的影响。分析社会主义者的社会思想,不难发现许多新颖的观念,实已走在其时代的前面。第一,他们留下大量关于早期资本主义社会情况的文献,特别是有关在工业革命下工人阶级处境的材料;第二,通过详尽讨论现代社会中的阶级分化与冲突,他们第一次将社会问题系统化了;第三,他们对诸如联合体、共同体等概念作了深入的分析,这些概念成为19世纪社会思想的一些重要概念;第四,他们的著作有助于研究者将其兴趣由政治法律问题转向社会经济问题;第五,他们描绘了一幅无阶级的社会主义和共产主义社会的图景,成为科学社会主义的直接思想来源。他们的社会主义虽然是空想的,但其本身意味着对资本主义的批判和超越,这在那些视资本主义为自然的制度的人们看来是不可思议的。这正是空想社会主义者的伟大之处。科学社会主义的创始人由衷地以继承了圣西门、傅立叶和欧文而感到自豪。

---

① 《马克思恩格斯选集》第3卷,第406页。

第十章
19世纪实证主义社会学

10.1 实证主义及其来龙去脉

近代社会学起源于实证主义(positivism)。实证主义在19世纪取得了原先宗教所具有的地位,其原则指导了大部分的社会学研究,并提供了方法论的基础。对当时大多数社会学家来说,掌握实证主义思想被认为是学养成熟的标志。

实证主义的基本信念是认为社会科学与自然科学并无根本区别。由于科学已经取代宗教成为无可争议的权威,将自然科学中卓有成效的方法运用于社会生活领域,建立一门关于社会的科学既势所必然,又合情合理。因此丝毫不奇怪为什么近代的第一批社会学家以实证主义为其理论和方法的源泉,而实证主义的主要创立者如孔德(Auguste Comte, 1798—1857)、S·穆勒(John Stuart Mill, 1806—1873)又都同时成为社会学的创始人。这一情况在相当一段时间里竟使许多人把社会学等同于实证主义。后来由狄尔泰开始的反实证主义运动,似乎不仅是反实证论的,也像是反社会学的。

孔德是最早把自己的哲学称为实证主义的欧洲思想家。他对"实证的"一词的含义作了这样的解释:(a)真实的而不是虚幻的;(b)有用的而不是无用的;(c)可靠的而不是可疑的;(d)精确的而不是模糊的;(e)肯定的而不是否定的[①]。社会学实证主义的基本原则有以下几点。

第一,本体论的自然主义假设。断言社会文化现象与自然现象本质是同类的,因此,社会过程同自然现象相比并非是崭新的现实,同样可依自然规律来解释。

第二,方法论的自然主义假设。社会学知识体系应以自然科学为楷模,并采用它的方法论观点,在这个问题上,早期的实证主义不像后来的实证主义那样刻板。孔德与穆勒都很关注社会科学与自然科学的不同之处,而且他们都未用这一个来反对另一个。

---

① 孔德:《论实证精神》,第29—30页,商务印书馆,北京,1996年。译文有改动。

第三,认识论的经验主义原则。实证主义可被视为是广义经验主义的一个别种。强调经验和感性资料在社会学认识中的作用,排斥思辨的社会哲学与形而上学的假问题,断言社会知识的可靠性和真理性取决于观察与检验。

第四,"价值中立性"的要求。科学只与"是什么"(what is)有关,而对"应是什么"(what ought to be)不感兴趣,作为学者的社会学家,应该放弃对被研究的现象与所获得的结果的本质作任何价值判断。

第五,社会科学是社会工程的工具与基础,科学使预测成为可能,而预测则有助于控制社会的过程与结束它的自发性与破坏性。因此,社会知识本质上是实践取向的。

证明社会对象与自然对象本质上相同的最常用的方法是类比法。根据两种主要的类比(即把社会同生物机体视为同一以及把社会现象与自然现象相类比),社会学实证主义可以分为两种基本类型:有机体论与机械论。孔德、斯宾塞、涂尔干是有机体模式的代表,这种模式把社会现象看作是完整的社会体系中相互联系的正在实现的某种功能,就像生物机体的细胞和器官那样;S·穆勒、凯特莱(L. Quetelet,1796—1874)是机械论的代表,在机械论的社会模式中,个人被视为一社会原子,而社会的组织与制度则是物理的或心理的机制。

实证主义社会学的发展史大体可分两个阶段:早期实证主义与新实证主义。第一阶段从19世纪30年代开始,它同孔德、斯宾塞、S·穆勒及其大批追随者的名字连在一起,而至19世纪与20世纪之交,即在进化论观念与机械论观念发生危机时期结束。社会学实证主义发展的第二阶段约从20世纪20年代开始,持续至今。早期实证主义的两种基本形态在现代西方社会学中获得了进一步的发展。结构主义、功能主义等可视为有机论的变种,它们恢复了社会有机体的思想,但已采取完全不同的解释;机械论的模式最终演变为行为主义社会学(各种类型的交换理论等),是现代实证主义的激进变种。

在反实证主义的历史主义与人文主义社会学兴起之前,实证主义是社会学的主流;今天,"实证主义"一词似乎成了社会科学中的贬义词,许多社会学家都回避它。一种十分流行的观点认为现代西方社会学已经克服了实证主义以及反实证主义倾向的极端性。如果我们赞同把现代西方社会学分为三种主要思潮,即自然主义社会学(实证主义在其中起了主要作用)、人文主义社会学(现象学社会学、民俗学方法论、符号互动论等)与批判的社会学,那么就可以说,实证主义仍三分天下有其一。

10.2 孔德:实证科学

　　孔德无疑是实证主义最重要的代表,他出身正统的天主教家庭,毕业于巴黎综合工艺学校,曾做过圣西门七年的私人秘书。这些经历部分地说明了他对宗教与科学的态度以及他得自于圣西门的影响。他一生坎坷,与圣西门交往多年后因某些观点的根本分歧而导致决裂。此后再未有过有固定薪金的工作。靠写作与私人教学为生,个人婚姻亦十分不幸,他的妻子在婚前曾做过妓女,与她离异后,孔德还有过一次柏拉图式的爱情。他始终未能进入学院圈子。1857年,孔德在几乎被人遗忘的境况下孤零零地死去。

　　孔德著作等身,著有《实证政治体系》(1824)、《实证哲学教程》六卷(1830—1842)、《实证政治体系或论建立人道宗教的社会学》四卷(1851—1854)、《实证主义总论》(1848—1851)和《致保皇党人》(1855)等。

1. 思想来源及研究旨趣

　　与大部分同代的学者一样,孔德也是以解释自己所处的时代为起点的,他的解释可以被视为是融合了自启蒙运动以来十分活跃的诸多思潮的产物。

　　他接受了圣西门的许多思想,认为一种由"神学"和"黩武"这两个词标明特点的社会类型正在消失,另一种社会类型即科学的和工业的社会正在诞生。具有新时代特征的思想方法是学者的思想方法。作为一种社会范畴,学者正在取代僧侣和神学家,成为社会秩序中精神和道德的基础。他相信进步是不可避免的和值得欢迎的,在这一点上,他自称是《人类理性进步的历史概观》一书的作者孔多塞的信徒。

　　但他对启蒙运动基本上持否定态度。他称赞孟德斯鸠的历史与社会现象的决定论以及社会的整体观,反对18世纪的个人主义;他对理性时代对传统的权威、道德、价值与宗教的否定抨击十分厌恶,认为他的时代正处在深刻的社会危机之中;大革命后旧的统治业已崩溃,新的工业统治尚在形成过程中,以往维系信念与秩序的宗教意识形态与神学体系已随封建社会的解体而瓦解,遗留下来的是道德和信仰的真空。他认为自由竞争的企业制度不能在利己的个人间产生任何持久的社会团结的纽带,他毫不犹豫地求助于博纳尔、梅斯特等保守主义者的反原子主义的有机整体社会观与文化道德的整合观。在孔德看来,社会首先是道德生活的所在,这就是为什么革命后的社会在他看来是危险的缘故,尽管它在经济领域内的成功无可争辩,并且给予个人的物质需要的满足也优于任何别的社会。

简言之，孔德的实证主义可以被看作是通过寻求秩序和进步观念、社会稳定与社会变迁观念的统一，对启蒙运动哲学否定与批判传统作出的回答，对解决两大革命后的欧洲社会经历的危机所作的尝试。

2. 人类知识的进步规则与社会学在科学体系中的地位

孔德认为，摆脱危机和社会重建的途径是引进一种新的知识与信仰体系，这就是一门关于社会的科学，将科学的实证方法运用于社会、政治、道德、宗教等问题上，就是说将社会学建立为一门科学。孔德用拉丁语的词头"soci"与希腊语的词尾"ology"合成为一个新词"社会学"，意味着社会学是以自然科学为范式的，不仅就其本体论的自然主义假设与认识论的经验主义方法论而言是如此，而且就其服务于人类这一功能而言也是如此。

社会学何以能充任新时代知识与信念体系的角色，又何以能保证它不是又一个竞争的意识形态？孔德提出人类观念进步三阶段论与科学知识的等级分类法，说明社会学的特殊地位及其作用。

三阶段法则与知识分类理论早已为前人特别是孔多塞和圣西门所提出。圣西门说，一切科学都以假说开始，经过由简到繁、由抽象到具体的发展而以实证结束。孔德对前人观点加以系统化，他说："我们的所有思辨，无论是个人的或是群体的，都不可避免地先后经历三个不同的理论阶段：通常称之为神学阶段、形而上学阶段和实证阶段。"在神学阶段，人类精神探索的目标主要是"万物的本源，探索引起注意的各种现象产生的基本原因（始因和终因）以及这些现象产生的基本方式，一句话，就是追求绝对的知识"。各种现象被看成一些为数或多或少的超自然的主体直接地、连续地活动的结果，这些超自然主体的任意干涉被用来说明宇宙间一切貌似反常的现象。在形而上学阶段，人类精神仍然"主要试图解释存在物的深刻本质和万事万物的起源和使命，并解释所有现象的基本产生方式。但形而上学并不运用真正的超自然因素，而是越来越以实体或人格化的抽象物代之，后者真正有特色的应用常常可以用本体论的名义称之"。形而上学认为，要说明这些现象，就只消为它们分别指定一个相应的实体。最后在实证阶段，人类智慧"放弃追求绝对知识"，不再探索宇宙的起源和目的，不再求知各种现象的内在原因，而只是把推理和观察密切结合起来，"把力量放在从此迅速发展起来的真实观察领域"，从而发现现象的实际规律，也就是发现它们的不变的先后关系和相似关系。每一门科学的发展都要经历三个阶段，概莫能外①。

---

① 孔德：《论实证精神》，第1—9页。

知识的等级理论与三阶段法则密切相关。不同的科学有不同的发展速度。某种知识达到实证阶段的先后与它的普遍性、简单性及不依赖其他学科的程度成正比。科学构成为一个等级的体系,每一门学科在体系中的地位取决于它达到实证阶段(即科学阶段)的时间的顺序;另一方面,我们可根据它的普遍性及独立性的程度,即依逻辑的顺序排列其在体系中的地位。历史的顺序与逻辑的顺序紧密地相互对应着,天文学,作为自然科学中最普遍和单纯的学科,首先得到发展,随后依次为物理学、化学、生物学与社会学,每一学科的出现要靠前一学科的发展。

这一知识层次的排列所依据的逻辑原则是:普遍性与抽象性的递减律(也即具体性的增加律);复杂性增加的程度;实用重要性的程度。数学是所有科学中最抽象、最普遍、最简单、距离直接的实用最远、数学家无法利用其他科学所获致的成果,故其独立性最高。社会学最具体、最复杂,与实用关系最直接,且须利用所有其他科学的一切成果,因而居于科学体系的最高层次。

孔德的这一知识分类理论,与流行于 19 世纪初的五花八门的其他科学分类说相比,除去将社会学包含在内之外并无新颖之处。但只要将这一分类理论与其赋予实证社会学的使命联系起来,我们马上不难看出其中所包含的方法论的意义。第一,社会学在时间上是最晚出的,在逻辑层次上是最高的,所有其他学科都为它作了准备,而它可把先前一切学科作为资源。第二,正像其他学科有其特定的对象与方法论从而构成为独立的知识门类一样,运用于社会学中的研究方法不仅有其特殊性,而且事实上与运用于其他学科中的方法程序截然相反(除去生物学以外)。其他科学都是从孤立的成分出发的,涉及的是无机的自然现象,生物学与社会学研究的是有机整体。就强调有机的整体这一点来讲,社会学与生物学是一致的。社会如同任何生物机体一样,是一个复合的整体,不可分割为其构成的要素,适用于无机自然现象的分析程序在研究社会时是无效的,不是从关于部分的知识进到关于整体的知识,而是相反,系统概念必定是生物学社会学的起始概念。但生物学方法的借鉴仍是有条件的,因为孔德视社会为一个整体的(集体的)有机体,而非单个机体(个人)的简单集合,因此社会学并非是关于社会之个体的命题的总汇。社会是一个不可分解为其组成部分的复合的统一体:社会之不能分解为个人正如几何学上的面不能分解为线,或线不能分解为点一样。如果社会在某种程度上可分解为其部分,那这种分解的最后界限是家庭,家庭是最小的社会单位。

以上两点决定了任何其他科学都不能取代社会学在认识社会现象、预测社会发展与重建社会秩序中的独一无二的作用与地位。

在孔德的科学等级体系中,没有在他的时代已获得广泛重视的心理学与政治经济学的地位,这是由他的反还原论的整体主义态度所决定的。他相信,将社会整体分析为其构成的个人(理性人、经济人)的做法,是旧形而上学方法的残余,驱除玄学思想方法乃是社会科学进步的必要条件。他对内省方法同样持批评态度,而自哈钦森、休谟时代以来,内省方法已发展为当时最重要的心理学方法,如果不是唯一的方法的话。他对政治经济学的否定,出于他对包含在"经济人"抽象概念中的理想化方法缺乏理解,这一方法多少已为经济学家自觉地加以运用。

3. 研究方法

实证科学是一个统一的体系,又是一个有等级的体系。这决定了社会学既可把其他科学所用的方法据为己有,同时又具有特别适用于社会研究的独特方法:观察、实验与比较方法是前者,历史方法则是后者。孔德强调在运用这些研究方法时,必须始终记住其对象即社会为一有机的整体,同时任何方法都须与其他方法相配合。他既反对思辨性,也反对经验主义的极端性。

孔德断言,观察是社会学的主要研究方法。对社会事实的观察有助于把社会学提升到科学的水平,使社会学家所运用的材料具有客观性。但观察并不是盲目地搜集事实,任何社会观察都应以基本理论的经常使用为前提,否则,社会学家除了一大堆什么也不能说明的孤立的和偶然的事实外,毫无所获。

实验是社会学的第二种重要方法。直接实验是指在专门为研究目的而创造的条件的影响下对现象变化进行观察,这类实验在人类范围内很少行得通。间接实验乃是研究社会中由于社会动荡或其他严重干扰而产生的病态性的偏差,社会机体所受到的干扰,如同人的机体所生疾病一样,通过病理学的研究可以获得对常态的理解。

比较方法对社会学来说颇为重要。通过比较同时居住在不同区域的各族人民的生活,有助于了解社会发展的一般规律:研究人种或气候对人类事务的影响,比较法是不可缺少的;而比较人类社会与动物社会,将使我们了解人与动物之间的异与同。但比较方法的缺点在于不能指出社会状态的连贯性(历时性特征),而只能把它们作为并存的东西来表达。

历史方法即把人类不同的连贯状态作历史比较的方法是最适合社会现象本性的方法,是社会学的专门方法。贯穿于人类发展全过程的历史比较是社会学研究的核心,失去历史意识,社会学就不能成立。孔德甚至认为在历史与社会学之间是毫无区别的。历史观点的支配地位在孔德看来是实证主义的最重要标志,同时也是它的主要结果。

4. 社会静力学和社会动力学

孔德的实证主义社会学旨在调和社会进步与社会秩序这种两观点，因此他把社会学分成研究社会稳定与秩序的静力学及研究社会发展与变迁的动力学。

静力学类似于解剖学，它所研究的是社会机体各个组成部分的作用与反作用的规律，各成分之间的相互关系的平衡，简言之，静力学着眼于社会结构的剖析。孔德虽提出静力学分析涉及个人、家庭与社会三个方面的社会存在，但"科学精神禁止我们把社会视为由个人组成。真正的社会单位当然是家庭——如有必要，还可将家庭分解为构成其基础的要素：夫妇。这样考虑与其说是心理学的，不如说暗示着这样一个真理：即家庭变成部落，部落变成国家；以至于整个人类都可视为单个家庭的逐步发展……社会机体的各种特质都可在家庭找到其萌芽……正是通过家庭，人才摆脱了单纯个人的人格，并学会用另一种人格去生活"①。把社会还原为严格意义上的个人，在孔德看来是一种无政府主义的分析。这与其说是解释社会，不如说是消解社会。突出家庭作为社会纽带的作用，势必抛弃关于社会结合的原子主义、功利主义及社会契约论的方案，并且将注意力集中于人的社会化上。孔德认为家庭是社会最持久的因素，因而也是社会重建的最好工具。

另一种使人们结合在一起的因素是分工。分工导致了社会机体日益加强的复杂性，并造成社会内部分化为职业团体与阶级。若无分工，即便是在定居生活已盛行的情况下，也不会有家庭之间的真正联合。"当职业分工井然有序地遍及全社会时，社会状态便趋于一致与稳定"②，正是分工造成了基于合作之上的政治秩序与基于亲情之爱的家庭内秩序的一切区别。孔德肯定分工对社会体系的存在必不可少，对于发展人的专业技能、道德感情与团结精神至关重要，但他与自由主义者不同，并不认为分工本身可自发地起作用。政府是必要的，政府可以运用强力确保不同社会团体的通力合作。在这个问题上，他赞同霍布斯主义，认定人一般都有强烈的唯我论倾向。这样，在家庭之上，城市即为社会结合的第二种基本形式；这是一个从政治上组织起来的共同体，它大体相当于霍布斯的市民社会。

经济的纽带，即使得到政治权力的加强，在孔德眼里也不是社会达到一致与和谐的充分基础。"心灵和精神的合作对于这种统一性来说是不可缺少的"③，唯

---

① Comte: *The Positive Philosophy*, Vol. Ⅱ, Book Ⅵ, London, 1896, from Talcott Parsons et al. (ed.): *Theories of Society*, New York: The Free Press, 1961, pp. 131-132.
② Ibid., p. 133.
③ 转引自雷蒙·阿隆：《社会学主要潮流》，第109页。

有感情的统一才能构成这样的基础,而只有宗教能提供这种统一。孔德的确把确保感情统一的因素叫宗教,而不管是否涉及超自然的信仰;他在简单的指导思想或哲学中看不到每个社会组织的基础,他看到的只是宗教在缔造社会秩序。没有宗教所产生的感情的统一,社会必难免离心的威胁。这就难怪任何政府都要支持一种宗教,以使统治常规化与神圣化。因此,教会是第三种及最后的社会纽带,通过宗教,社会进入其充分发展的阶段。

科塞正确地指出,孔德总是从宗教、分工等社会现象作用于较广泛的社会秩序这个角度去研究这些现象,而不考虑它们自身的意义。"从这个角度上讲,他可以被视为最早的社会功能分析学家之一,因为他不仅考虑社会现象对社会系统的重要性,而且还强调所有这些现象之间的相互关系。"[①]

社会动力学是孔德关于社会发展与进步的理论。孔德认为人类社会和人类理性的发展是由规律所支配的,而最重要的规律就是历史进步三阶段法则。动力学是从属于静力学的,人们通过人类社会的秩序才懂得什么是历史。"进步无非是秩序的发展",对孔德来说,进步本质上是观念和思想的进步,人类历史上的几个重大阶段都是由思想方法决定的。对应神学观念的,是一个运用强制力将社会严格控制在确定框格内的黩武社会,而实证的时代则是一个工业的社会。这种思想观念的演进与社会组织的变化之间的相互作用与相互联系是动力学理论中较为有趣的部分。

孔德发现自己总是处于与其时代的一切社会思潮相对立的地位上。当他声称拥护新的工业社会时,他站在了反对保守主义的立场上;当他强调只有道德才能提供对经济活动的充分调节,只有道德才能维系社会和谐时,他又站在了批评自由放任的自由主义的立场上;而当他既批评工业社会的种种缺陷又反对超越资本主义时,他的观点则明显是远离社会主义的。甚至许多实证主义者也纷纷离他而去,因他自命不凡竟要充当新宗教的先知和创始人,这与其作为社会科学家的身份极不相称,这一切造成了他的孤立。

不少作者对孔德之为社会学创始人的说法不以为然,此种态度有部分道理。同孔德名字相联系的许多思想实来自他的18、19世纪的前辈和同代人,很少他自己真正的首创,他是一个综合体系的构建者。但作为19世纪最有影响力的社会思潮之一的创始人,他创制了一门学科的名称;他划出了社会学的研究范围:静力学(社会结构)与动力学(社会过程);他把社会看作是一个有机的整体以及对社会功能的划分,长久地影响了欧洲社会学的结构主义、功能主义的传统;他把社会学

---

① 科塞:《社会学思想名家》,第12页。

看作是一门按自然科学原则发展的客观性知识的观点,对社会科学发生了深远的影响;关于科学社会学的信念,不能不追溯到孔德。S·穆勒说,孔德对社会科学发展的影响要大于他的实际成就,这是中肯且善意的评价[①]。

10.3　斯图亚特·穆勒:实证主义唯名论

斯图亚特·穆勒是英国最负盛名的实证主义代表之一,他在哲学、经济学、政治学、心理学、逻辑学等许多领域内都有辉煌的成就。他的《逻辑体系》(1843)被认为对以休谟与哈特莱(David Hartley,1705—1757)的学说为基础的经验主义认识论作了前所未有的最深刻的阐述。对于好几代的学者来说,他的《政治经济学原理》是经济理论的无可置辩的圣经,这本书代表古典学说和后李嘉图学派作者所引用的精密分析的最后综合。《论自由》一书则无疑是自由主义哲学与政治学的一篇最雄辩有力的辩护词。为了继承传统,其父詹姆斯·穆勒对他进行了苦心孤诣的培养和熏陶,这是哪一位著者也比不了的。S·穆勒在其《自传》中描述了老穆勒对他进行别开生面的教育的过程。这种教育是要他继承以老穆勒的《政治经济学纲要》中所表述的李嘉图经济学说和功利主义社会哲学的联合传统。老穆勒还引导小穆勒研究18世纪的哲学、哈特莱的心理学,结果是哈特莱的观念联想说像对他父亲一样,变成小穆勒心理学和同类科目的指导原则。也许正因为他所受的教育过于全面,多少减损了他的创造性。有的作者就认为"他的重要性正是在于他能够把理论上的折中主义和政治上的妥协,捏合成一种为大家所公认的具有难忘内容的体系"[②]。这种说法有几分道理。他是功利主义的信奉者与阐述者,相信私利是人类行为的主要动机,但他又倾向伦理学的直觉论与利他主义;他推崇经济上的个人主义,放任自由,但又同情弱者和被剥削者,主张政府的必要干预,鼓吹社会改革;终于他的"根本改良的理想远远超越了民主主义的范围",使他同情、接近社会主义。他在《自传》中告诉我们:"我们期待着这样的时刻,社会不再分化为懒惰和勤劳的人;不劳动不得食的法规不仅应用于穷人,而且大公无私地应用于一切人;劳动产品的分配不是像现在那样在很大程度上取决于出生的偶然性,而是要根据公认的公平原则由协商来进行;人们不再不可能或被认为不可能去竭力取得那不完全为他们所有而要和他们所从属的社会共同分享的利益。我们认为,将来的社会问题是如何把最大的个人行动自由与共有地球上的原料以

---

① 参斯温杰伍德:《社会学思想简史》,第37页。
② 罗尔:《经济思想史》,第346页。

及所有的人平等地分享共同劳动的利益结合起来。"①

让我们记住 S·穆勒的折中态度,现在来讨论他的社会思想。

首先我们要谈谈 S·穆勒与边沁的关系,因这与穆勒本人的社会学旨趣大有关系。上面讲过,边沁的功利主义是老穆勒所授的两项主要科目之一。穆勒自述接受边沁思想曾是他生活中的一个新纪元、思想史上的一个转折点,功利主义使他对事物的看法统一起来。S·穆勒本人也被公认是与边沁齐名的功利主义两大家之一。但在浪漫主义派与社会主义者对功利主义的批判影响下,他开始从严格的边沁观点中走出来。他在 1838 年写的《论边沁》一文中,否定了边沁所描绘的人性图景,即:私利是人类行为的主要动机以及人类永远在找寻个人幸福,除了爱自己或对其他有知觉的生物的爱或憎外,人类行为没有别的渊源。穆勒批评边沁的观点过于狭隘,"只能够教导人组织和管理限于社会事务的商务部分②的方法",而完全忽视了包括寻求自我完善、荣誉和其他完全为人类本身利益目的的动机,没有指明如何才能把管理生活中物质部分的方法用于改善民族性格的任务。在他稍后的《论科尔里奇》(1840)一文中,他称赞保守主义者科尔里奇(Coleridge)是他们时代中,"英国两个伟大的有创见的思想家之一"。他阐述了政治社会存在的永久的基本条件是合理地强调教育,从中培养出约束性的纪律;一切皆可为之牺牲的某种事物的存在;共同体或国家成员之间的强有力而又有生气的纽带。穆勒认为是保守派首先揭示了维系社会秩序的这些条件③。

与对边沁"功利人"概念的批评相比,他对政治经济学"经济人"概念的分析基本上是从科学方法的角度予以肯定的。他在《政治经济学中的几个待决问题论文集》(1844)一书中,明确指出"经济人"概念的理想化假设方法的性质。他说政治经济学并不讨论社会中人类的一切行为。"它所关注于人的仅仅是,作为一个人,他有占有财富的愿望,而且他赋有判断达到这种目的的各种可能性的能力。……它将其他每一种人类欲望或动机完全抽象掉……政治经济学认为人类把全部精力用于取得和消耗财富……这并不是说有哪个政治经济学家会荒唐到这样地步,竟然认为人类生活真正是这样组成的,而是因为这就是科学必然要前进的方式……政治经济学家探索这样一个问题,如果……没有被其他的欲望所阻止的

---

① 引自梯利:《西方哲学史》下册,第 304 页。
② S·穆勒的原文是"business part",着重号为穆勒自己所加,其意指人类事务中一切涉及利益追求与计算的部分,译成"商务"有几分别扭,当联系边沁的功利主义,从广义上去理解。见 J. S. Mill: *Essays on Ethics, Religion and Society*, London: Routledge & Kegan Paul, 1969, p.99.
③ Ibid., p.139.

话,这种欲望所产生的行动是什么。"①

无论是误把人类事务的商务性活动视为人的活动的全部的"功利人"观点,还是自觉地假设人纯为财富的动机所推动并有条有理地追求财富的"经济人"的概念,由此引出的结论是一样的:人性的世界应比边沁与经济学所描绘的图景远为丰富。为此穆勒提出一个"社会经济学"的概念,以便包括政治经济学所遗漏的方面。社会经济学对影响人们在社会中的行为与境况的人性的一切方面都怀有兴趣,"其任务是发现社会规律,即人性在社会状态中的规律"②。这里需要提一笔的是,S·穆勒是个原子主义的还原论者,他的"社会经济学"最终不免从属于心理学,这一点我们马上就要谈到。

这里,我们还要谈及穆勒与孔德的关系。穆勒对孔德是心怀敬慕的。他在英国宣传孔德的实证主义,其热情与成效较之孔德的信徒有过之而无不及。1865年,他写作了《孔德与实证主义》一书,至今仍被视为分析孔德主义最优秀的著作之一。他接受了孔德社会学的基本原理:人类发展三阶段说,静力学和动力学的划分,历史的分析方法,科学知识按普遍性抽象性程度排列成一个等级层次的体系的分类说,人类精神的进步是历史进步的基本因素,以及关于社会秩序基于情感、思想的一致说(共识,consensus)等。他声称,孔德在一切要点上的主要结论是不能否认的。他对孔德的唯科学主义也表示同意,即在研究方法上,自然科学同社会科学没有什么重大不同。

但穆勒与孔德有一个根本区别。穆勒是一个社会唯名论者,确信所谓的社会规律最终都可还原为个人行为的规律;而孔德是一个社会唯实论者,相信社会是真正的实在,一个受自身规律支配的有机整体。

穆勒坚持认为:"各种社会现象的规律不过是、也只能是在社会状态中集合在一起的人们的行动和激情的规律。人即使在社会状态中仍然是人,其行动和激情仍然服从个体人性的规律。已经集合在一起的人们是不会像氢和氧不同于水那样,转化为另一种具有不同特质的东西的。"③我们在穆勒与孔德这里发现了社会学观点对立的最初表述:心理学主义对社会学主义;还原论对整体论。

这种对立的一个重要结果是,穆勒将人性科学置于优先于社会学的地位,其人性科学包括心理学与个体生态学,因为一切社会现象都是按照支配人性的冲动和动机的规律构成的,不求诸心理学规律而解释社会现象在穆勒看来是不可能

---

① J. S. Mill: *Essays on Economics and Society*, p.321. 参罗尔:《经济思想史》,第354—355页。

② J. S. Mill: *Essays on Economics and Society*, p.320.

③ J. S. Mill: *A System of Logic*, London, 1976, p.464.

的。穆勒对社会现象的兴趣在于,由社会现象构成的环境使不变的人性呈现出复杂多样的变状,因为尽管个体心理学的规律是普遍的,每个人身处其中的环境总不同于其他个人,每个民族或每代人亦不同于其他民族或另一代人。所有这些差异都影响到不同性格的塑造。不变的人性正是通过这变化的环境表现出来的,但对这一点的强调并不影响穆勒关于一切社会现象都是人性现象的信念。因此,他所说的社会学规律的解释力远弱于心理学。前者解释的并非人类行为本身,而是因特定的历史或文化背景而偏离了一般标准的行为。由此看来,之所以需要社会学,并非因为存在有特殊的社会事实范畴,而不如说我们无法观察到纯粹状态的人。因此,不能期望社会学可提供一种独立的知识,以使我们避免两类正相反的错误:或是把经验观察推至任何可能的情况,或是依抽象的人性品质来臆测具体情况下的人类行为。这个立场决定了穆勒既没有提出一套系统的社会观,也没有创立有关社会结构、社会制度和社会变迁的充分的社会学理论。

穆勒的贡献在于,他试图在两种不同的社会学旨趣间架起一座桥梁:一种旨趣是流行于18世纪的永恒人性理论,此即人皆有之的抽象人性论;另一种理论关心一个整体社会的变化不定的特征,它在19世纪日趋引人注目。穆勒相信人性论,他看到可利用19世纪初心理学的新成就来解释人类行为的机会。但他不相信心理学家能满意地解释所有的社会现象,纵使最好的心理学家也不行。之所以如此,是因为即便人们知道人类行为的所有动机,也不能解释特定情境中的特定行为。另一方面,单纯研究具体情境中的特定行为所能提供的只是些残缺不齐的知识,这种片断的知识缺乏普遍性,而普遍性正是真正科学知识的基本标志。社会学是演绎科学,这是指社会学依据心理学提供的人性知识和人性规律,推断在不同的环境因素作用于人类群体的情况下会发生怎样的(人性)现象。不过,这个似乎中道的理论在穆勒并无多少实际的运用。政治经济学是他系统研究过的唯一的社会科学。这门学科给他带来的方法论上的麻烦是最少的,因为它是那些设想人类总是受同样的动机驱使而不大受不定的情境因素影响的抽象化社会科学中的一种。《政治经济学原理》的作者在社会学上很少建树,他与孔德一样,只是提出了社会学的方法问题。在这个方面,穆勒对社会学的最重要贡献是发现了人类行为规律的统计性质。穆勒的推理十分简单:由于人类行为是人性的一般规律与其自身个性的合力作用的结果,解释那些行为的关键是要找到一种可将一般规律与特殊的偶然的因素相分离的方法。统计学提供了这样一种方法,当我们充分考虑了大数现象后,就能将偶然的背离一一予以排除。统计规律并不能使我们预言特定情境中的特定个人的行为,但它可揭示某些倾向,这些倾向必定在巨大规模上呈现出来。只有当确定了群体的属性与集体行为后,才可能较有把握地断言个人的行为。因此,社会科学"原则上是与群体的而非坚硬的个体的行为有关,与共同体的而非单个人的命运有关"①。

穆勒对群众的兴趣与其他作者十分不同。群众在他这里并不是诸如人类、国家、民族或阶级一样的集合主体,而仅仅是可用大数规律表现的一大批个体;也不是普通的群众,而只是统计学的多数。这与他作为一个自由主义者和代议制政府理论家的政治观点是合拍的。穆勒感兴趣的不是社会运动,而是严格的个人行为,这些行为呈现出一些确定不变的分布,而这是明智的政治家应该清楚的。

穆勒的这个人类行为的大数规律,在比利时数学家和统计学家凯特莱的"平均人"概念里有更彻底更明确更具专业性的阐述。凯特莱在科学史上的地位主要是与其统计学的成就联系在一起的。他从不声称要拯救人类或建立一个包罗万象的哲学体系,但他在其有限的专业领域内阐述了真正的社会实证主义,我们或可确切地称之为自发的实证主义。他的哲学之符合孔德倡导的实证方法的各种要求甚至比孔德本人的社会哲学更见一贯与彻底。事实上,他在"社会物理学"的名称下创立了一门社会学,甚至比孔德更像是20世纪社会学的先驱。

10.4 斯宾塞:进化论社会学

进化论社会学(evolutionist sociology)属于实证主义社会学的一个别种。这并不等于说进化论者是孔德哲学的追随者,他们自己也不承认与任何哲学有什么关系。之所以仍称其为实证主义,乃是因为本章开头所列举的实证主义的五条原则亦全都是进化论者所信奉与恪守的基本原则。斯宾塞(Herbert Spencer, 1820—1903)甚至断言:"只要还存在认为社会秩序不顺从自然规律的信念,就不可能彻底承认社会学是一门科学。"②

然而,进化论社会学的确代表了实证主义在19世纪的最后发展。早期的实证主义首先是对建立一门社会科学之需要的反应,还不是对一门成熟学科在理论上与方法上的自我认识。致力于系统地提出社会学的概念、假设及研究程序,是进化论社会学贯穿于19世纪的抱负。就19世纪社会人类学与社会学的发展而言,进化论前后的社会学思想对此的贡献没有比进化论更大的了。反进化论观点的思潮多少也是在进化论的影响下发展起来的。进化论社会学创造的一大堆概念、假设与方法,在很长一段时间内并不被认为专属进化论或哪个特定学派的,而

---

① J. S. Mill: *A System of Logic*, p.428.
② 引自斯温杰伍德:《社会学思想简史》,第51页。

是社会人类学与社会学共同的财富。

社会进化论与达尔文主义的关系是社会思想史的一个有趣话题。达尔文对社会科学的影响无疑既深且广。许多独立于达尔文主义而发展起来的社会进化观点,将其最终的形式归功于达尔文,进而在公众眼里,这些观点是得到了这位伟大的生物学家的声望与权威的支持的。有些社会理论径直拿来达尔文的某些观点,如自然选择说,去解释社会进步。相当一批社会发展理论,特别是英国学者的,并不以达尔文主义为理论基础,却表现出与达尔文的科学概念与方法的明显的亲缘关系[①]。如此看来,斯宾塞与达尔文的关系确是紧密。

但过分强调社会学进化论与达尔文主义的渊源关系是有违事实的,尽管这是盛行不衰的看法。第一,达尔文1859年发表《物种起源》时,斯宾塞已经系统地阐述了他的进化论的基本内容。第二,进化与进步观念有其自身的来源,不仅可追溯到马尔萨斯(Thomas Robert Malthus,1766—1834)——达尔文也受了马尔萨斯观点的启发——而且还可追溯到佛格森、孔多塞等人阐述的社会发展理论,休谟的动物在自然中生存性的调适和演化的观点更是不可忽视的影响来源。人种学的材料的积累与考古学的进步亦是同样重要的,19世纪上半叶的这些进步已经能提供一幅关于石器、铜器与铁器时代前后相继的可信画面。第三,社会科学中的所有主要的进化论学说与达尔文学说很不相同,斯宾塞就倾向于接受拉马克主义。根据上述事实,就是以斯宾塞为其最大代表的英国的社会学进化论,也不可无保留的被视为是达尔文主义者。

进化论社会学是与赫伯特·斯宾塞的名字联在一起的。他的一生确实平淡无奇。他的父母生了九个孩子,除了最年长的他,其余的都在幼儿期夭折,斯宾塞从小体弱多病,他活下来尚不容易,竟还活到八十三岁的高寿;这是他平淡生涯的一件不平常的事。还有比这更让人可惊可敬的!他没有受过正规的系统教育(他的叔父做过他三年的教师,他的自学亦漫无系统,时断时续),被许多科学家视为不学无术;他一生受疾病折磨,在采取了各种措施后,才能保证每天工作几小时,每天下午不但必须放弃最简单的工作,甚至不能有丝毫的兴奋,否则夜间就不能入睡;他又没有财产。总之他处境十分不利,但却提出了要将他那时代的所有理

[①] 所谓的"亲缘关系",并非指英国的社会进化论来自英国的自然进化论,而是指这两者间的相互影响。若从进化论观点的起源上说,哈耶克的研究甚至认为休谟才是真正的鼻祖。休谟认为动物一直为在自然中的生存而调整着自己的活动方式,不间断地尝试新的秩序和机理,他坚信,人不能"谎称是所有动物中的例外,发生在所有生物之间的永恒的战争"也影响着他的进化。哈耶克说,又过了一百年,达尔文才把这称为"生存斗争"。哈氏相信,休谟思想影响达尔文的过程是可以详加追溯的。参《哈耶克思想精粹》,第567页。

论科学综合为一个"百科全书式"的体系的宏伟计划,这个计划需要他把全部生命无保留地贡献出来才能完成。这对于一个没有财产没有健康又缺少综合知识的人来说是何等艰难的事业! 斯宾塞硬是创造了奇迹! 他的综合体系共有十卷。第一卷《第一原理》于1862年出版,1864—1867年出版《生物学原理》,1870—1872年出版《心理学原理》,《伦理学原理》于1879—1893年写成,最后一卷即第十卷的《社会学原理》在1896年问世。有人说斯宾塞的胆大妄为部分是因为他的无知,这不无道理。他生前文名隆盛,可与达尔文媲美。在1870—1890年代期间走上社会学研究之路的学者们,几乎无不受斯宾塞著作的影响(库利语),但他在死后不多久就被人遗忘了。原因之一是他的体系过于庞大,而他又太喜欢在细节上炫博,因此,科学的日新月异很快就使其体系的大部分内容变得过时陈腐。美国科学史专家乔治·萨顿(George Sarton, 1884—1956)赞美和感激斯宾塞,不说他给我们增加了知识,而只说"他给我们树立了道德勇气和忠于信念的榜样"[①],这是得体的评价。

然而,漠视斯宾塞对社会学发展的贡献是愚蠢的。他对涂尔干与早期的美国社会学有过不小的影响;而维多利亚时代的学者没有受惠于斯宾塞的更是不多;他代表了进化论的经典与先驱者;他也是功能主义的开山祖,尽管很少功能主义的信徒承认这个尴尬的身世。毫无疑问,是斯宾塞发明了许多社会学术语,介绍和传播了诸如"社会结构"、"组织"、"功能"及其他许多今天仍在使用的概念。所有这一切要求我们应给予斯宾塞足够的注意。

1. 社会有机体

斯宾塞接受了世界的统一观,但统一不等于同质,世界被分成三大基本领域:无机界、有机界和超机界,这最后的领域就是社会世界。三个领域服从统一的进化规律。有了人才有了人类社会,人们结成社会才逐渐变成社会动物。社会并非人有意识地创造出来的,而是自然界长期演化的结果。斯宾塞从马尔萨斯的人口理论中找到了解决社会起源问题的思路。社会形成过程中的主要因素是人口的增加,人口的压力迫使人们进入社会状态,并建立起社会组织,发展了社会感情,促进了人的智力、技能和创造力;否则就不能适应新的情况,就会导致灭亡。社会的产生是一个长期的自发的过程。

在他的《社会学原理》第二卷的第二部分,斯宾塞提出了"社会是一个有机体"的著名的论证,其要点如下:

[①] 乔治·萨顿:《科学的生命》,第111页,商务印书馆,北京,1987年。

社会与有机体一样会成长发育,从各部分相似的未分化状态成长为各部分不同的分化状态。

当社会有机体在体积增大时,其结构也会增大,也就是说,结构会变得比较复杂和有所差别。结构上的分化同时伴随着功能上的分化。各种结构上的差别用来完成各种不同的功能。在简单社会中,没有分化意味着同一个人既是猎手又是战士;而一个结构复杂的有差异的社会意味着各种角色和功能的专业化。

一旦社会有机体的各部分变得不同,它们就相互依赖。随着分化的发展,各部分的相互依赖性也在增大,其结果产生了系统的整合,形成一个与单个有机体一样的集合体。

进化的发展使各部分的相互依赖更显重要,各种功能的配合协调更趋密切。在简单社会中,各部分基本相同,它们可以简单地相互替代。而在复杂社会中,一个丧失功能的部分不能由其他部分代替。因此,复杂社会在结构上比简单社会更脆弱,同时,整体总要受到其组成部分的功能运作过程的影响。

在复杂社会中,随着各部分之间相互的依赖性越来越大,社会结构的整合要求也越来越高,迫切需要一个能够控制并协调各部分行动的"管理系统"。像生物体一样,社会也发展出其最高的以及从属的管理中心,最高中心也会逐步扩大并复杂化。管理中心既有处理外部事物的职能又要担负起内部调节与社会控制的工作[①]。

斯宾塞拿生物有机体与社会进行类比,但也提醒人们注意两者之间的差异:社会的组成部分比较分散,直接的、连续的、有形的联系相对比较少;在联系模式方面,社会比起有机体对符号有更大的依赖性;单个有机体只有一个意识中心,在社会有机体里,有多少个个体便有多少个意识中心,社会的个别成员会死亡,但整体继续存在;生物有机体的组成部分是为整体的利益而存在的,社会有机体的整体则是为其成员的利益而存在,等等。

较之孔德的有机体理论,斯宾塞有机体理论的值得注意的进展是:第一,他把结构分析与功能分析结合起来,社会结构与社会功能是相互联系的。第二,他把社会的历史—进化方法与结构—功能方法结合起来,把社会的进化主要理解为社会结构的分化、功能的分化及满足需求的机制的复杂化,即把社会视为一个自我调节自我发展的系统;而孔德把社会的进步主要理解为观念与精神的发展。第三,功能的需求分析在斯宾塞的理论中已有明确的阐发。他从结构追到功能,又

---

① Spencer: *The Principles of Sociology*, Vol. Ⅱ, Book Ⅱ, secs. 212-217, 223, 270-271, from Talcott Parsons *et al.* (ed.): *Theories of Society*, pp. 139-143.

从功能追到某些普遍的需要,有机体和超机体都体现着某些普遍的需要;这些需要必须得到满足,以使它们能够适应各自的环境,否则它们就不能维持其生命。第四,他明确地把社会制度的建立及其性质与满足普遍需求的功能结合起来考虑。他认为一个社会有机体必须满足下列需求方能维持正常的生存过程:保证和传输各种必需的资源;加工和生产有用的物品;通过权力与符号使系统内部活动协调有序并统一起来。为此社会就应相应有分配系统、支持系统和调节管理系统。任何一个功能系统里的重大原动力都趋向于满足这些普遍的需求,而一个社会机体对其环境的适应程度则主要取决于它满足这些功能需求的程度。美国社会学家乔纳森·特纳(Jonathan H. Turner)正确地指出,在斯宾塞的阐述中已经包含了现代功能分析的基本要点①。

总之,通过一个"结构功能"理论,斯宾塞把"结构"、"功能"、"分化"、"整合"等概念结合为一个有较高解释力的分析范式。斯宾塞最后总结说:"社会通过简单的体积增大和群体的结合与再结合形成一个整体(integration)。而从同质向异质(homogeneity to heterogeneity)的变化则为许多实例所证明:从其各部分完全相同的简单部落社会,发展为具有结构与功能差异性的文明国家。伴随着一体化与分化发展的是凝聚力(coherence)的增大。我们看到流浪汉们好像一盘散沙,没有能把他们结合在一起的纽带;由其成员构成的部落通过服从于一位首领而较有内聚力;一些部落则通过一种政治结构联合起来,有一位领袖及其他一些次要的头领;及至于文明国家,其团结的纽带足以支持千年以上,与此同时确定性(definiteness)也随之增大。……进步是朝着更大的规模、凝聚力、多样性与确定性的方向发展。"②

2. 社会类型:尚武社会与工业社会

斯宾塞的社会类型学基本上是以其进化论为根据的。他有时按社会的复杂程度,分为简单的、复合的、双重复合的与三重复合的;有时按政治组织的复杂性分类,分为无控制中心的、有一个这类中心的内核和有中心的等;有时则一律按定居的程度划分社会类型。这些分类都不重要。重要的是他按社会组织及管理的类型所作的社会分类,即所谓"尚武社会与工业社会"的对比。

这是两类社会组织:一个直接起源于对个人目标的追逐,仅仅间接地导致社

---

① Spencer: *The Principles of Sociology*, Vol. II, Book II, sec. 271;乔纳森·特纳:《现代西方社会学理论》,第56页,天津人民出版社,1988年。
② Spencer: *The Principles of Sociology*, Vol. II, Book II, sec. 271.

会公利,无意识地且不靠强力发展起来的;另一个直接起源于对社会目标的追求,只是间接地带来个人福祉,是有意识地并且通过强力发展起来的①。各自追求的活动也是对立的,前者是"成长的活动"(growth actions),后者是"制造的活动"(manufacture actions)。

斯宾塞的类型学试图回答的问题是:与一个全力保证其成员能获得最大可能的幸福的社会相比,一个与其他社会完全处于敌对状态的社会是什么样的社会?

这种比较在斯宾塞看来是可能的。他借用了孔德的"共识"一词,认为社会是高度认同的。他声称在社会生活的不同领域间,特别是在社会成员优先追求的活动、社会组织、流行的价值体系、心理特征等方面存在着极其一致的同源性。斯宾塞相信,不同的社会类型取决于塑造社会的不同的条件。

如果我们忽视次一等重要的条件,如传统、人种特征、文化等,首要的条件是是否存在外部冲突。外部的威胁导致所有活动都服从于一个目标。每个男人都须携带武器战斗;其余人都服务于战斗的需要。其结果社会分成武士主人与苦役或依赖于武士的人。这种依附的经济基础是土地财产。创造这样一种集体生活的组织的主要原则是实施严密的管制,也就是说,把全社会变成一个军事组织。

因此,尚武社会只有一个中心,它负责控制社会的所有成员及其所有活动,不只禁止某些活动,而且决定应该做些什么。无论僧或俗、军人或老百姓、政治或经济,都无可逃遁于权力掌握之外。每个成员在地位、职业上有一个确定的安排,在社会等级秩序中有一个先赋的位置,这个位置与后天的努力无关。没有人可为自己的工作获致奖励,因其所为乃与身份相一致的社会职能。社会结构是确定不变的。社会对其成员的控制扩大到对其思想的控制,这导致观念的完全一致。任何自愿组织是被严禁成立与发展的,所能存在的组织,只能是与整体社会不可分的且是必要的,并须接受社会中心的严格监视。法律并不是为了维护个人利益建立的,而主要是使身份法规化、维持社会不平等并加强权威的力量。法律的源泉不是社会的成员的意志(契约),而是统治者的权力与意志,后者被描绘成具有超自然的神圣性②。

尚武社会的成员有其特定的精神特征。斯宾塞格外强调这一点,因如果在个人的思想和情感中不存在一个基础的话,这个社会是不能存在下去的。这些心理的精神的特征是:一致、服从、忠诚、墨守成规、无创新精神、依赖权威以及关于现状既是自然的又是唯一可能的信念。由具有这种思想组成的社会必然是保守的

---

① Spencer: *The Principles of Sociology*, Vol. II, Book II, sec. 447.
② Ibid., sec. 535.

和敌视创新的,是不灵活的及难以重新组织的。斯宾塞认为这些特点决定了尚武社会是极端低效的,因为为适应变化的条件,必须要不断地改变方案。斯宾塞将古代埃及、斯巴达、秘鲁及俄国视为尚武社会的典型。

工业社会正好是与尚武社会对立的。当然,历史的实例并不多,即便被认为是工业社会的代表,如雅典、汉撒同盟、尼德兰、北美社会及英国等,也要加上若干保留条件。工业社会首先被认为是作为进化之最高阶段的一个理想。

这个理想社会的主要之点如下:用有助于社会过程的自我管理的各自为政取代中央控制;取消积极的法规,只保留消极的禁令;取消个人对国家的服从,把捍卫个人利益作为国家的最高职责;抛弃划一的信念;用自愿联合的多元化组织取代严格的管制组织;以自致角色取代先赋身份制;用国际合作代替自我孤立;以保护个人间契约的法律代替维持身份的法律;用多个中心取代对社会所有领域加以控制的单一中心,将对个人活动的社会控制减少到最低点;用独立意识与求新求变精神代替舆论一律;以对他人权利的尊重代替对权威的崇拜;以社会流动代替职业地位的固定不变;以创新精神代替保守主义;以个人的信念力量代替外部的强制力;以合作的伙伴关系代替役使关系。

斯宾塞的社会类型与其他学者的类似概念一样,首先是一种社会转型概念——从一个旧社会向新社会的转变,这场从19世纪初开始的社会转型令许多思想家为之着迷,吸引了诸如黑格尔、圣西门、基佐(François Guizot,1787—1874)、托克维尔等人的探究兴趣。斯宾塞理论的许多要点在那时是十分流行的,如新的工业文明正在取代旧的军事与征服文明的观点,再如新的社会组织取消了对个人的旧式的服从与限制等。作为一种历史发展观,斯宾塞的理论只是其中的一种。而其最有意思的思想是认为各种社会秩序模式是孤立发展的,但是这多少与他的进化论不相一致。事实上,这部分思想与其进化观点的联系最松散,但却是富有成果的,因为这一类型说有助于在一个更概括的水平上分析社会现象。比起他的包罗万象的进化论或描述社会学来,这一类型分析也更具思想性。

3. 社会与个人

通过前两节的介绍,我们已经发现,实证主义的整体论有机体论倾向与原子论唯名论倾向在斯宾塞一人身上都有明确的表现。没有人怀疑他是一个有机体论者,但斯宾塞不知疲倦地重申,"社会只不过是一个称呼一群个人的集合名词"[①]。有机论与唯名论的调适问题是斯宾塞社会学的一个主要理论难题。从个

---

① Spencer:*The Principles of Sociology*, Vol. II, Book II, sec. 212.

人主观点出发,他认为社会的性质在很大程度上取决于组成社会的个体的性质;但从社会学主义观点出发,他又强调,那些只有通过许多人的联合行动才能获致的结果,我们应视其为社会的产物。最初这些成果显然归功于个人的联合的努力,但当社会的规模日趋增大、组织性越来越高时,它们便日益脱离个人的努力,而具有其自身的独特性质。斯宾塞承认这正是社会学所以必要的理由。

斯宾塞试图解决这种对立,但他是否真打算调解,连他本人也没有十分清楚的认识。他在谈论他的唯名论观点时,概念界定远不是清晰判然的。他说"集合体的性质取决于其单位的性质"时,这个命题可有不同的意思。有时斯宾塞指"基本的"性质,有时他又声称单位的属性仅仅规定了整体性质的"限界"。他时而倒向边沁,因其功利主义只用个体人性解释一切社会活动;但又时而拒斥边沁的人类学,因功利主义的人性论与其理论是完全对立的,他的全部理论基于这样一个假定:人性乃是社会影响的产物。

斯宾塞最后求诸一种单位与整体的互动论:整体的性质源自于其构成的单位,同时,个体也被整体的影响所塑造。"集合体施于其组成单位的控制,旨在塑造他们的活动、情感及观念使之符合社会的要求。而这些活动,情感与观念也试图重新塑造社会使之符合其要求。除了个人的本性与由个人组成的社会的本性外,还应考虑这两者派生的性质。最终相互的调整与改变成为两者变形的强有力的原因。"①

斯宾塞这里的相互作用之说显然不得要领;他终不能突破穆勒的个人主义唯名论,因为他没有提出行动的个人如何干预或参与社会过程的机制。他对工业社会的论证与孔德的集权型社会观是对立的。以结构和功能不断分化、不同机构之间及部分与整体之间相互联系为基础的工业社会必然缺少单一的控制中心,这一见解无论如何是与他类比于生物机体的社会系统观无法调和的。然而,他的有机体论的实证主义恰恰成功地阐明了社会是结构和系统,与他论证的工业社会与分权型新社会组织的同一性的观点一样有价值。系统的决定论原本内在地包含在他的社会有机体的假设中,他却没有循着系统、结构、功能、普遍需求的思路去连接起社会的结构与行动的个人,他的原子主义阻止他将整体的决定论贯彻到底。二元论在斯宾塞那里终还是二元论。

斯宾塞进化论的另一个重要缺点是反历史的倾向。这不是悖论吗?斯宾塞的确通过社会有机体的增长、分化等概念沟通了社会学的结构分析与过程分析,这一点我们在本节一开始就予以充分肯定。但斯宾塞的进化理论只限于讨论结

---

① Spencer:*The Principles of Sociology*, Vol. Ⅱ, Book Ⅱ, sec. 10.

构(功能单位)分化与功能分化,他既未将历史的因素如阶级等纳入其社会有机体结构模式,又未说明进化既产生结构与功能分化,还产生利益分化。因分工不同而形成的不同的社会团体,各有彼此不同的利益。这些不同利益多半是冲突的。斯宾塞既未能提出作为集体现象的利益观,如集团利益、阶级利益,更遑论将之纳入社会变迁的动力学之中加以考虑。因此我们说他的有机体社会类比观实际上只剩下共时分析而没有或很少历时分析。丢弃具体的社会历史因素而谈论进步进化理论,最终是没有或很少不陷入反历史主义的困境之中的,18世纪的进步理论是如此,孔德及斯宾塞也是如此。

实证主义进化论的反历史倾向还表现在其直线式进化观上,根据这一思想,一切民族都经过同样的发展阶段,并且在同样的自然条件和社会条件下,文化和政治实施等始终都是一样的。这种观点不理解社会发展的多样化,以过分简单的公式硬套事实。在这种情况下,实证主义进化论惯用的比较即历史方法就变为不加批判地收集事实以加强先验的分析的手段。历史学派批评实证主义进化论的机械论,迷恋于任意概括、牵强附会和公式主义,的确都打到了痛处。

尽管仍可把摩尔根(Lewis Henry Morgan,1818—1881)视为进化论者,但他的《古代社会》一书的确代表了超越斯宾塞主义的重大进展。恩格斯高度评价了这位伟大的人类学家的工作的意义:"摩尔根在美国,以他自己的方式,重新发现了四十年前马克思所发现的唯物主义历史观,并且以此为指导,在把野蛮时代和文明时代加以对比的时候,在主要点上得出了与马克思相同的结果。"①新进化论者L·怀特(Leslie White)认为摩尔根对社会科学的贡献犹如达尔文对生物学的贡献。

摩尔根的主要贡献是:第一,认识到技术和经济发展是社会进化的基本变项之一;第二,他强调政治组织与私有财产的发展之间的联系,强调财富的进化及其社会后果;第三,他试图确定不同社会设制的各种变形的相互关系。

摩尔根声称,社会进化的首要之点是人们获取生存所需资料的方式的变化。人类进步的伟大时代多少直接与生存资源的增长是一致的。他把历史划分为蒙昧、野蛮与文明三时代,指出:"人类从发展阶梯的底层出发,向高级阶段上升,这一重要事实,由顺序相承的各种人类生存技术上可以看得非常明显。"②而顺序相承的生存技术最终提供了历史分期的最令人满意的基础。

摩尔根的分析图式是马克思之外最具综合性的方案,旨在从一种非生物机体论的观点抛弃视社会进化为意识进化的流行概念。物质需求的压力促使技术的

---

① 《马克思恩格斯选集》第4卷,第1页。
② 摩尔根:《古代社会》上册,第18页,商务印书馆,北京,1981年。

革新在他看来是社会进化的主线索。但他也谈到人类在远古时期所产生的一些观念对于一些社会设制的发展的持续影响。他认为有些观念与财产的发展及后来的社会分层与政治组织的发展有关。摩尔根强调在社会制度的进化过程中财产形式的变化的重要性。例如,他认为社会进化是公共财产(原始共产主义)向私有财产、先前民族的平等合作向阶级分化与竞争的转变过程。财产制度的变化对社会生活的所有领域、尤其是政治组织发生了深远的影响。摩尔根说,政府、制度与法律完全是为了制造与保护财产而发明的。

许多进化论者对原始文化的价值估计过低,他们带着文明的优越感,把它们只看作是为欧洲文明做准备的阶段;摩尔根也许是唯一的伟大的进化论者,其著作对原始社会及其成员间的平等与友爱的品德表示了敬意和怀旧,并对欧洲人的文明优越感怀有歉疚。摩尔根确信,进化尽管带来总体的福祉,但不可避免会破坏一些有价值的东西,他希望未来的发展能复兴为我们遥远的祖先所持有的那些价值,他们既不知私人财产为何物,也不知道追逐利润。在这点上,他对人类社会起源的见解很不同于斯宾塞,后者倾向于接受人对人的全面战争的观点为社会进化的出发点。

摩尔根也是个社会整体论者,他视社会是一内在地联系在一起的整体,而进步则是从基于两性与亲属关系的社会系统向基于土地与财产的社会发展。但摩尔根的整体论不同于斯宾塞,后者从不关心研究具体的真实的社会。摩尔根的兴趣就在特定的社会而非一般社会,如易洛魁、阿兹特克、希腊、罗马等。

摩尔根开创和推动了社会人类学,使这门学科的主题明确具体,并提供了方法的示范,从而大大扩展了人类学的传统的兴趣。恩格斯说,摩尔根"给原始历史研究所建立的系统,在基本的要点上,迄今仍是有效的。甚至可以说,愈是有人力图隐瞒摩尔根是这一伟大进步的奠基者,他所建立的这个系统就愈将获得大家的公认"①。

我们考察的这段时期是进化论的鼎盛时期。达尔文对社会科学的最大贡献,也许是他的理论把自然、人、社会通过连续的进化链条连接了起来,从而为把科学引入长期为神学世界观占据的社会世界铺平了道路。19世纪的社会学都利用生物学的方法、生物有机体的类比及进化论的思想,这不是偶然的巧合。进化论成为19世纪思想氛围的主要因素之一和社会思想界的主要方向。进化论把社会学与人类学及人种学紧密地联系起来,从而沟通了两者共同的问题:社会和文化的产生问题。进化论社会学在探索社会发展的自然规律性和建立客观科学方针上起了良好的作用,从而有助于扫除唯意志论观点以及社会学中的神学观念和唯灵论观念。19世纪自然主义的社会学几乎都以进化论为其理论基础,它们或是把社

---

① 《马克思恩格斯选集》第4卷,第16页。

会发展的某些自然因素或动力提到首位,如力和能(机械论学派)、人的生物性、人种特征及遗传因素(人类人种学派)、地理环境与空间位置(地理学派)、有机体(生物有机派)等;或是把某一门自然科学的方法论上的样式提到首位。当然,将社会"力量"与社会"因素"片面地加以自然化,不利于把历史、社会作为人类活动的过程来理解。这正是自然主义进化论社会学的弱点。

19世纪末20世纪初,进化论社会学遭到来自文化科学、历史主义、人文主义等多方面的批评。这时,一些新研究方案已经提出,自然主义社会学的弱点也显露无遗。研究兴趣与调查技术正在经历重大变化,进化论似乎日益变得不合时宜。一些社会学家甚至不想对它进行批评,认为是过时的社会哲学,弃之一边了事。帕森斯《社会行动的结构》开篇第一句话是:"现在谁还在读斯宾塞?"但布东却怀疑:"他真的完全被埋葬了?"[1]近几十年对进化论社会学的态度大有缓和,在社会学中,至少学术的氛围已经对更公平地评价古典进化论变得有利。

一个不容置疑的事实是,进化论对于我们思索社会过程的思路及方式的影响如此巨大,以至于我们若不用进化论锻造的概念与术语,简直无法谈论这一问题。不少术语今天仍活跃在专业的文献和日常的生活中,如"发达国家"、"现代社会"等。如果谁想在其最后的分析里完全避而不用进化论的推理方式(如不用原始社会概念等),恐怕很难奏效。只要社会变迁问题仍然是理解社会生活的核心问题,某些类型的变化是否可被称为进化或用进化论概念来解释的问题就依然存在。

被人们广泛采纳的某些范畴是由进化论者创造的,这不仅有结构、功能范畴,还包括社会系统概念,拉德克利夫-布朗(Radcliffe-Brown,1881—1955)著作中的社会系统概念与有机论概念有着显而易见的联系。马林诺夫斯基(Malinovski,1884—1942)受进化论的影响转而研究社会人类学,他的需求概念整个来自进化论。似乎可以说,早期的功能主义只不过是没有进化概念的进化论,也就是说,它保留了进化论社会学,同时抛弃其历史哲学与有关的研究方法。

还应该注意的是,在进化论的旗帜下,社会学与社会人类学获得长足的进步,才具有如同所有其他学科的科学地位。当然,人们对此向来就有怀疑。但无论如何,是进化论最早传播了科学社会学的信念;其目的在于发现客观法则。社会学与社会人类学的制度化也是从进化论时期开始的。

---

[1] Raymond Boudon, Mohamed Cherkaoui, Jeffrey Alexander (ed.): *The Classical Tradition in Sociology: The European Tradition*, p. 82.

第十一章
19 世纪末 20 世纪初法国社会学主义

11.1 社会学主义

自从孔德提出"社会学"以来,迄今为止的努力主要集中在论证将社会学建成一门独立的科学的需要上。最初一批社会学家千辛万苦地割断其与哲学的联系,尤其要抛弃思辨哲学方法的传统,而与自然科学,尤其是生物学和心理学结成紧密的同盟。社会学主义代表了一种新观点:社会学必须以解释社会事实为宗旨;而社会事实乃是各种社会因素的结果;社会学不仅无需其他学科之助,而且在某些情况下还能有助于其他学科,如哲学和心理学等。社会学主义的倡导者们深信,社会学应成为人文科学的"新后",成为哲学、伦理学、历史学、法学、政治学、艺术理论、宗教学等学科的领袖。

社会学主义致力于发现一套社会学方法规则,它们能指导人们如何研究和解释社会事实。按涂尔干的解释,社会学主义有权对那些不能被划分为社会学的问题作出概括性的陈述。索罗金(Sorokin,1889—1968)把涂尔干、库利、龚普洛维奇、马克思等都称为社会学主义者。他的论点是,虽然这些思想家彼此极为不同,但都承认社会事实自成一类并且都反对心理学主义的还原论,这又把他们连成一气。按索罗金的理由,似也可把 18 世纪、19 世纪所有反原子主义和反还原论的社会学观点都视为社会学主义,例如我们在第九章介绍的保守主义。但社会学主义是在实证论的自然主义范围内发展起来的,并且特别是与涂尔干的著作和思想联系在一起的。保守主义和先前的唯实论观点只能构成为社会学主义的前史。

社会学主义仍是从属于实证主义传统的一个流派。涂尔干等人虽对实证主义的奠基人孔德、斯宾塞有诸多批评,然而批评的不是别的,正是他们的背离其实证主义宣言的哲学思辨倾向。涂尔干指责孔德和斯宾塞以社会现象的先入观念代替对现实世界现象的实际研究。如果社会学这门领域仍持续他们的研究方向,那它难免只是哲学的一个分支而已[①]。但涂尔干毫不怀疑,科学的社会学迈出的

[①] 涂尔干:《社会学研究方法论》,第 15—19 页,华夏出版社,北京,1988 年。

第一步是承认社会事实与自然现象,就其为客观事物这一点而言是毫无二致的,社会事实同样服从于恒定的规律。而实证主义的一些主要假设在实际的认识活动中是有坚实根据的,因此,社会学主义与教条的实证主义(社会学主义者这样称呼孔德和斯宾塞)的争论多少是家庭内的龃龉。

社会事实固然服从一般的规律,但社会事实乃是自然现象的一个特殊的类,而不能与现实世界的其他现象相混同。在这个问题上,龚普洛维奇对各种观点的批评很有力量。他批评孔德从对非社会生活的观察中得到的所谓一般规律来推演社会规律;他批评人性的原子论,认为集体生活的特殊规律不可还原为个体人性的特质;他也反对统计学主义,因其不懂得区分个体事实(可计算、比较及加和)与社会事实,如征服、民族兴衰、采邑制的废除等,而后者才是社会学的主题;他同样不满于有机论类比,认为这是硬把事实塞入外在于社会学的固定框架内,所解释的也非社会事实。总之,社会学主义坚持明确地划分个人事实与集体事实,从前者推不出关于后者的可靠知识。社会学的对象,既不是非历史的抽象个人,也非抽象的社会与人类概念,而是作为集体现象的具体社会制度(涂尔干)或"集团"(龚普洛维奇)[①]。

从社会现象的独特性自然得出社会学是一门独立的自足的学科的结论。社会学的命运很大程度上取决于它能否成功地保持其对其他学科的独立性,把握好自己的独特主题和方法,而不受制于其他学科的教条。

社会学主义也标志着与进化论的分道扬镳。社会变迁问题不再是社会学兴趣的焦点,问题集中到社会事实之间不变的和反复出现的关系上,集中到社会类型上等。共时性的结构的分析范式代替历时性的过程的分析范式。正因为如此,进化论的大部分功能分析思想被社会学主义保留了下来。

社会学主义的领袖人物也像孔德、斯宾塞一样雄心勃勃,试图用社会学将研究社会现实的各个不同领域的不同的学科统一起来。他们大力传播了这样一个观点:不同学科研究的社会事实是互相交织重叠的,而社会学方法的优点就在于提供了一种包容所有社会事实的综合的系统的观点。我们在涂尔干那里就发现了涉及经济(劳动分工)、政治(失范研究)、宗教、知识等许多领域的社会学分析。

"社会学主义"在其本质要点上亦可以称为"涂尔干主义"。柯林斯(R. Collins)的"社会学的三大传统"之一就是"涂尔干传统"。他把莫斯(M. Mauss, 1872—1950)、列维-斯特劳斯(Levi-Strauss, 1908—2009)等法国涂尔干学派的成员归在这一传统内,还将功能主义的大师布朗、帕森斯、默顿及互动论的代表戈夫

[①] Gumplowicz: *Outlines of Sociology*, New York: Paine-Whitman, 1963, pp. 13-15, 238.

曼(Goffman)等也列入其中①。涂尔干学派又称法国社会学学派,它是以"社会学主义"为其理论核心形成的。有关这一学派的情况我们将放在本章的最后一节来讨论。

11.2 涂尔干

科塞说涂尔干(Durkheim,1858—1917)是法国第一位学院式社会学家,也就是说,是法国第一位具有正式学术头衔的专业社会学家②。考虑到几代学者为使学术界承认社会学是一门严密而科学的学科所作的不懈努力,并对照一下孔德的境遇,涂尔干为社会学赢得的地位是划时代的。进入涂尔干时代,我们就迈入了社会学的古典时代。所谓古典,依J·亚历山大的说法,"古典就是有关人类研究的一些早期著作,相对于同一些领域的当代研究来说它们占有一个特权的地位。特权地位的概念意味着当代的研究者相信他们从对这种早期著作的理解中能够学到与其从其同代人的著作中所能得到的同样多的有关本学科的知识。……作为一种经典,这样的著作确立了特定学科领域内的基本的标准"③。今天,几乎没有人会认为古典理论就像圣典一样不可怀疑和不可动摇。我们最好按科学史家库恩的"范式"理论来理解古典社会学的理论意义和方法论意义。范式包括理论、方法、研究实例及制度化的设施。与单纯的理论不同,范式包含了科学实践中一切影响科学发展的认识的、技术的及制度的因素,体现了理论和实践的统一④。涂尔干提出了概括性很高的理论,"社会学主义"这一理论代表了他对社会世界的本体论观点。他系统阐述了社会学研究的方法论与规则(《社会学研究方法论》,1895年);通过具体地研究社会劳动分工(《社会劳动分工论》,1893年)、自杀(《自杀论:社会现象的研究》,1897年)及宗教生活(《宗教生活的基本形式》,1912年)等重大社会现象,他向学人成功地示范了他所倡导的社会理论及研究方法。此外,他在使社会学成为一项制度化的事业方面做出了开创性的巨大贡献。1887年,他使法国高等教育当局同意专门为他在波尔多大学文学院开设了一门社会学课程,这是法国大学第一次为以往设禁的学科敞开大门。1898年,涂尔干又创办了《社会学年鉴》(L'Année Sociologique),围绕这份刊物,以涂尔干为中心,很快形

---

① See Collins: *Three Sociological Traditions*, New York: Oxford University Press, 1985, p.159.
② 参科塞:《社会学思想名家》,第161页,中国社会科学出版社,北京,1990年。
③ Giddens & Turner (ed.): *Social Theory Today*, Stanford University Press, 1987, pp.11-12.
④ 参库恩:《科学革命的结构》,第8页,上海科学技术出版社,1980年。

成了一个才华横溢的年轻学者团体。《社会学年鉴》培养了社会学研究的队伍,发表重要的社会学评论与文章,传播社会学的观点与方法,影响了人类学、史学、语言学和心理学等学科的发展,并形成一个有牢固内聚力的"L'Année Sociologique"学派,即法国社会学学派。学派成员热情捍卫涂尔干的社会研究方法,团结一致为涂尔干社会学研究而献身。1902年,涂尔干转任巴黎索邦大学教育学系的教授,1906起他领导该系,1913年该系改名为教育学与社会学系。"经历了四分之三的漫长岁月,孔德思想的产物终于进入了巴黎大学。"(科塞语)在几十年内,涂尔干使孔德的祖国成为头等重要的社会学中心,即使在他死后,社会学界对他的兴趣仍然有增无减。通过1937年帕森斯的《社会行动的结构》一书,涂尔干的巨大影响又扩大至美国及英语世界的其他国家。

1. 学术旨趣及思想来源

涂尔干关心的主要问题在一方面与已经令梅斯特、圣西门、孔德、斯宾塞等第一批社会学家着迷的问题并无根本差别。这一点毫不奇怪,因为他们都处于近代欧洲社会的"危机"与"转折点"的一般趋势中。因此,涂尔干的思想与19世纪的社会思想遗产有千丝万缕的联系。不考虑这一社会历史背景,便无从理解涂尔干学术兴趣的焦点。主题是科学与宗教的关系、个人与社会的关系,焦点是社会秩序问题。阿隆说涂尔干的思想"不难纳入天主教与世俗思想之间的对话"[①]。扩大一点说,涂尔干思想是与19世纪的保守主义、自由主义和社会主义的持续对话。涂尔干看到传统的宗教不能再适应他所谓的科学精神的需要,现代社会的危机在他看来产生于基于宗教之上的传统道德未曾得到代替。他相信社会学应该用来奠定和重建科学精神所需要的道德。

从理论上重新确定个人与社会的关系是涂尔干工作的主要方面。他竭力求取摆脱传统束缚之个人自由与构建社会秩序之整体需要之间的平衡。个人解放既值得称道又不可避免;但事实同时告诉他,社会尚未产生任何机制足以控制由这一种解放过程所释放出来的无政府力量。

从法国的学术历史看,涂尔干思想的主要来源有两个:一是启蒙主义传统,一是圣西门、孔德传统。涂尔干接受了卢梭的"公意"观,这一概念设想社会是社会团结的体现,这种社会团结既不建立在经济利己主义(自由主义)基础之上,也非建立在公民对集权统治的屈从(霍布斯)的基础之上;他从孟德斯鸠学到了所有社会现象和文化现象都相互联系的思想。而涂尔干强调道德信仰的约束力是团结

---

① 阿隆:《社会学主要思潮》,第332页。

的基础,强调分工在彼此依赖的个人之间创造出整合力,这些观点基本出自孔德和圣西门。上述影响加强了他对自由主义—功利主义的批评倾向。他批评自由主义者视社会仅为个人聚合而成的名义存在,批评其将人不适当地还原为单纯的"经济人"、"功利人",从而将社会的功能归结为只在保证个人最大的独立性及物质的利益。涂尔干相信人必须受教育,社会必须组织起来,没有哪一项职能可以听任自发力量的安排。因此自由放任的个人主义既错误又危险。

涂尔干对社会主义的态度很难按肯定或反对这样简单的二择一格式来判定。他对社会主义运动抱着热忱而严肃的研究态度。1896年,他撰写了《社会主义》教材(这本书是在他死后的1928年才发表的)。在他看来,社会主义的产生与社会学的诞生及19世纪初的宗教改革为本世纪初的三大运动,出于同一种社会危机的影响。他所认为(也是他所赞成)的社会主义是:"凡是主张把所有的经济职能(或目前尚处于分散状态的某些经济职能)和指导性的、有意识的社会中心联系起来的学说,都叫做社会主义学说。"①他又说:"社会主义不能归结为工资问题,或正像有人所说的吃饱肚子问题。它首先是对社会机体进行重新调整的愿望,其目的在于用另一种办法把工业机器纳入整个社会机构,使工业机器摆脱自动运转的黑暗,暴露在光天化日之下,接受人类意识的监督。但是我们现在已经能够看到,不仅社会下层阶级有这样的愿望,国家本身也有这样的愿望,因为随着经济活动日益成为社会生活的一个越来越重要的因素,国家迫于形势和在与生命休戚相关的必然性影响下,也在进一步监督和调整经济活动的表现。"②就其把社会主义的中心思想理解为有意识地重新组织经济生活的观念,理解为把个人融合在社会里的更自觉的组织的观念,他是一个社会主义者。但他既不愿把阶级斗争特别是工人和资本家之间的斗争看作是社会发展的动力,也没有把所有制的变革视为社会主义思想的基本点。在他看来,资本主义社会的生命力远远没有耗尽,当代社会的危机也绝非靠一场社会主义的政治革命所能解决的,在这些问题与观念上,他是反社会主义的。

涂尔干常被人们视为保守人士。涂尔干对当代社会与道德危机的诊断,他对于原子主义自发秩序论的批评及对社会权威与道德权威的强调,无疑可看出保守主义的影响。但正如阿隆所说,涂尔干是一位属于世俗传统的法国哲学教授③。涂尔干崇尚理性,宣称作为社会理论家,他的"主要目标是将科学的理性主义扩展

---

① 转引自阿隆:《社会学主要潮流》,第404页。
② 同上。
③ 参同上书,第332页。

到人类行为"①,他为使社会学成为公民教育的基石而不辞辛劳;他在德雷福斯案件②高潮期间,积极为德雷福斯辩护,表现了一个自由民主战士的勇气;他在精神上与卢梭、康德、法国革命是一脉相承的。

涂尔干认为,解决现代社会危机的方案既不是功利主义的,也不能是保守主义的,其方向应由科学来指引。因此他瞩目于实证主义。但他指责先前的科学主义的意识形态犯了与社会政治意识形态同样的错误,即满足于现成的信条,而未走上直接接触事物的道路。因此,他的社会学是第一个不从观念出发而从事物出发的关于社会的学科。

2. 社会学的对象及其性质

对涂尔干来说,这个问题关系到社会学能否作为一门独立学科跻身于严密而客观的科学的行列。在我们上面提到的那些书中,特别是在《社会学研究方法论》中,涂尔干提出了他对社会学的看法。他指出社会学以社会现象(或社会事实)为对象,"社会学方法的基础是必须把社会现象当作客观事物"③。涂尔干知道这一命题会招致误解,他马上接着解释,这不等于说"社会现象是物质事物,而是认为社会现象像物质事物那样,也是一种客观事物"④。所谓客观性,涂尔干是指社会现象的实在性,也即实际上存在的现象,不管人们是否意识到它的存在,这也排除了人们主观上认为存在而实际上不存在的事物。但作为客观事物的社会现象并非通常意义上看得见摸得着的东西,它反映着一种同个人所理解的现实非常不同的现实。它是一种"自成一类"(sui generis)的特殊实在,既"不能通过个人意识的状况去解释"⑤,也不能"简单地等同于社会中的普遍现象"⑥。"它的特别属性只有通过耐心细致的观察和分析才能揭示出来"⑦,这是因为,社会事实不是个人的心理现象,也不是常识所了解的普通现象,而是为普通知觉所觉察不到的社会的潜在秩序、结构和模式。简言之,集体性社会性的现象,"这种现象的性质与其他自

---

① 引自科塞:《社会学思想名家》,第161页。
② 德雷福斯(Dreyfus)为法国一位犹太裔军官,被军方判为叛国罪。许多人认为这是反犹运动的结果。第三共和国的许多社会名流,知识界精英起来为德雷福斯辩护,并发展为一场声势浩大的民主运动。德雷福斯案件以法国民主力量的胜利而告终。
③ 涂尔干:《社会学研究方法论》,法文第二版序言,第2页。
④ 同上。
⑤ 同上书,第7页。
⑥ 同上书,第3页。
⑦ 同上。

然科学所研究的现象的性质有着很大差别"①。正因为此,社会学始有它专门的对象和目的,否则,它的活动领域就与其他科学混淆起来从而丧失其存在的理由。只有坚持社会现象的客观性、独特性,社会学才能进步。涂尔干反复强调这种集体的现象具有一种新质,"只有用'社会的'一词可以表明这种性质和它的含义"②。"我们必须将社会现象看作是社会本身的现象,是呈现在我们面前的外部事物,必须摆脱我们自己对它们的主观意识,把它们当作与己无关的外部事物来研究"③,这是什么意思?难道社会现象不是人的活动的产物?虽然涂尔干一再说社会现象是"非有机体的"和"非心理的"现象,但他并不怀疑社会现象是与人有关的,人对其产生起了作用。他认为:第一,社会现象产生于若干个人间的相互作用之中;第二,一经产生它便获得了一种新质,成为自成一类的集体现象的实在。它的新质的独特性可从以下几方面来考虑。

  合成的新质 社会的性质不能归结为其组成部分的个体性质,这就如同化学元素合成的新物质,其性质不同于其构成要素。例如生命现象只存在于蛋白质、氨基酸等大分子结构的水平上,而不能还原到分子水平。

  集体心理的新质 涂尔干进而利用 19 世纪集团心理、社会心理的研究成果,说明聚合在一起的个人的行为不同于其独处时的行为。人从未生活于彻底孤立的状态中,这就是为什么精神风尚的影响及强度会持续变化并凝结为社会的理念和集体的观念。

  先在的实在性 集体现象是一种先于我们个人的实在。"信徒在出世之初,社会上早已有了宗教和信仰。这个事实说明信仰和宗教规则是在信徒个人以外的事物。同样,我们用以表达思维的语言信号系统,用以结算债务的货币制度,用以商业往来的信贷手段,以及从事职业活动的规范……都是独立运行的,并不在乎我们是否使用它们。"④对于每一代人来说,意识形态、法制规章、社会组织等都表现为先于他们而存在的历史前提,而不是由他们所创造的。这使我们想起马克思致巴·瓦·安年柯夫(1846 年 12 月 28 日)信中的一段名言:"人们不能自由选择自己的生产力——这是他们的全部历史的基础,因为任何生产力都是一种既得的力量,以往的活动的产物。所以生产力是人们的实践能力的结果,但是这种能力本身决定于人们所处的条件,决定于先前已经获得的生产力,决定于在他们以

---

① 涂尔干:《社会学研究方法论》,第 1 章,第 3 页。
② 同上书,第 1 章,第 5 页。
③ 同上书,第 1 章,第 23 页。
④ 同上书,第 1 章,第 4 页。

前已经存在、不是由他们创立而由前一代人创立的社会形式。"①涂尔干自然没有达到历史唯物主义的结论,但在肯定社会条件和因素对于个人的先在性这点上是与马克思一致的。

强制性 人们大多数的意念和倾向都不是他们自己造就的,而是来自社会。人们必须使自己的行为方式、思维方式和感觉方式适应团体、社会所认可的标准。如果不这样做,而试图抵抗它,马上就会感觉到社会的强制力,从道德舆论的压力到法律的禁止与惩罚。不遵从习俗,穿着不合时宜或不合身份,会招致嘲笑和轻视;不用大家通用的语言,不用大家通用的货币,只能到处碰壁。"工业也不禁止人们采用古代的方法来操作,但是如果有人硬是仿效古老的生产方式,他肯定会以失败告终。法律也同样。法律并没有叫人不要违犯它、反对它,即使法律被人反抗并且被征服了,它的压制力也仍然可以从反抗力来证明其存在。"②并非只是具有一定组织形式的现象有强制力,"社会潮流"虽然没有固定的组织形式,但同样以个人为对象,同样强制着个人。"教育儿童的现象,不论过去还是现在,总是一个不断强迫的过程。儿童视听言动的方式不是生来就如此的,而是通过教育的强迫力使然。"③"社会强制力之所以特别表现在教育方面,是由于教育的目的在于将个人培养成为社会的一分子。"④

综上所述,社会现象(或社会事实)是客观的、自成一类的、集体的和强制性的现象。作为社会学对象而被涂尔干提到的社会现象有:政治团体、宗教、政党、行会,法制规章、货币制度、职业规范、思维方式、行为准则、语言系统、教育、"社会潮流"等。结合他在《社会学研究方法论》第五章对"社会形态学与社会环境"物质性条件的讨论,可将社会现象分成两类。

一类指物质性的社会现象(或事实):

a. 社会;

b. 社会的构成部分(如政党、教会、行会等);

c. 社会的形态成分(如人口密度、交通设施等)。

另一类指非物质性社会现象(或事实):

a. 道德;

b. 集体意识和集体表象(如思维方式,价值模式等);

---

① 《马克思恩格斯选集》第 4 卷,第 321 页。
② 涂尔干:《社会学研究方法论》,第 1 章,第 5 页。
③ 同上书,第 1 章,第 7 页。
④ 同上。

c. 社会潮流（如"自杀潮流"）。①

涂尔干将制度性、物质性与观念性的几类不同社会现象概视为外在于人强制人的客观实在，这自然招致了不少怀疑与批评。批评者认为涂尔干的集体性的社会事实概念仍不免是哲学实体论本质论假设的残余，不比他所批评的孔德的抽象的"人类"概念或德国浪漫主义的"民族精神"好到哪里去。一些批评者主张抛弃与社会体系结构有关的古典问题，而只研究诸如人类行为这样一些真正的社会学问题。

涂尔干一再为其集体现象集体意识的客观性辩护，否认关于他试图将它实体化的批评。他不认为"社会生活是由表现以外的事物构成的"②。但就社会的表现在大多数情况下绝非人们主观所想象的那样而言，社会超越于个人，但社会亦内在于我们之中，因为社会只有借人才能存在。一方面，"人必须开化才能成为人"，只有在社会里，并且由社会开化才能成为人。"很久以前，卢梭就论证过，如果从人身上剔去来自社会的那一部分，剩下的只是一个只有感觉、与动物不大有区别的生灵。"③因此，"个人从社会那里得到了他身上最好的东西，一切使他成为有个性的及在其他生物中由于他的知识的与道德的教养而占有一个特殊地位的东西。……但另一方面，社会存在于个人中并只有通过个人才有其生命。如果关于社会的观念在个人的心智和信念中死灭了，团体的传统与抱负不再为个人所体会所共享，社会也就灭亡了"④。

涂尔干固然倾向于把社会现象分成物质性的与观念性的两类，但他显然更重视后者：集体表象的意识；并且这种观念实在论基本上可按关系实在论来理解，即是指人们之间存在着真实的、持久的关系，它们是思想、感觉及行动的模式，这些模式是个人在其社会化的过程中内化的并从内部支配着个人，而成为自我的"不可分割的一部分"。社会以这种方式作为一种道德力量进入个人。"因此，社会学并不研究外在事实，而是研究社会事实为道德因素所渗透的方式。"⑤用文化人类学的观点来看，涂尔干的基本问题可阐述为"社会制度、人格与文化的相互渗透问题"（帕森斯语）。

为了正确理解涂尔干社会实在论（社会独立于外在于个体的含义），我们还须

---

① 参涂尔干在《社会学和社会科学》中对社会学的研究所作的划分，引自 Kenneth Thompson（ed.）：*Readings from Emile Durkheim*, Routledge, 1985, p.27。
② 涂尔干：《社会学研究方法论》，第3页脚注。
③ 转引自阿隆：《社会学主要思潮》，第420页。
④ Durkheim: *The Elementary Forms of the Religious Life*, London: Allen and Unwin, 1976, p.347.
⑤ 斯温杰伍德：《社会思想简史》，第100—101页。

了解涂尔干说的个人的具体所指。我们已经知道了涂尔干的人性二重性观点,即剔去社会给予个人的属性,人纯为一生物。人的经验的生物性与人的超越的道德性在涂尔干看来是人性的两源、两极,处在永远的对抗中。人若想使其行为具有道德性,就必须突破其动物性的限制,因为动物没有自我否认与牺牲,无此就无道德行为①。然而这一超越(动物性)如何可能?涂尔干从对宗教生活的研究找到了解答这一问题的思路。正是在宗教生活中,某种超越感官经验限制的神圣经验进入人的心中。面对神圣,人体验到尊崇与畏惧,这约束了他的自然的冲动,而上升到道德的存在。而在涂尔干看来,宗教体验中的这种神圣力量无非是社会力量的化身,正是社会使人成为一个有理性有道德有尊严的人。理性与感性、道德与本能、利他与唯我、圣与俗的人性二分归根到底是社会与个人的两极对立。"因此,社会学看来注定要开辟一条走向人的科学的新途径。迄今为止,思想家们总是使自己处在下列两种二择一的困境之中:不是把人联结到其低级的形式,把理性联结到感觉、心智联结到肉体来解释人的高级的独特的机能,这等于是否认人的独一无二性;就是把这些低级的部分附加在其所设想的某种超验的实在之上,而后者的存在是不能借任何观察建立的。使他们陷入困境的是将人视为最终完成的存在,即自然进化的最后的生物;似乎再没有什么超越人的东西了,或至少科学只能到人为止了。但一旦认识到社会高于个人之上,它并不是一个理性杜撰的名义的存在,而是一种作用力的体系,一种解释人的新方法便变得可能了。"②根据上述观点,当涂尔干说社会外在于个人、社会不能根据只适用于个人的概念来解释时,他指的是完全孤立和抽象的生物学的个人。社会与个人的对立的真正含义是在"社会体系"与"自然属性"之间、在文化与自然之间划出一条界线来。他经常谈到,个人越是将社会公认的思想方式、感觉方式与行为方式内在化(即越是社会化),社会就越少外在于个人。社会意识的发展过程,也就是集体意识作为外在于个人的一种强制力逐渐减弱趋于消失的过程。当然,人不可能完全超越其动物性,这就是社会何以不可能自发地达到整合与秩序的人性根据。

---

① 涂尔干这里的观点在 1970 年代兴起的社会生物学看来是有问题的:第一,动物,尤其是社会性动物,由于亲缘选择的结果,个体具有为了种群的绵延而牺牲自己的"无条件利他主义行为";第二,人若有利他主义的倾向,也不超出这一生物进化选择的范围,并且,正是人很少"无条件的利他主义",即其利他主义多为图回报的"有条件的利他主义"。可参考威尔逊《人的天性》、道金斯《自私的基因》等书。

② Durkheim: *The Elementary Forms of the Religious Life*, p.447. 此处"a system of active forces"一词采用渠东、汲喆的译法"作用力的体系",参渠东、汲喆译:《宗教生活的基本形式》,第 584 页,上海人民出版社,1999 年。

3. 机械团结与有机团结

现代的第一批社会学家都把"社会团结"问题放在一个极其重要的位置上,涂尔干也不例外。他反对斯宾塞、穆勒关于个人利益是内在和谐的、其本身便可促成自发的团结的观点。个人可以自由地追求私利的原子主义观点,绝不能产生社会团结。但涂尔干对抽象地谈论社会团结不感兴趣;他也不认为社会团结的纽带在任何社会形式中都是一样的。社会团结及其纽带的性质是一个典型的社会事实,应当依据客观的表征(从外部可以观察的),使得研究和评价社会团结变得可能。涂尔干认为法律是适当的入手处。在《社会劳动分工论》里,涂尔干区分了两类法律:刑事法,其条文是镇压性的制裁、惩罚错误或罪行;合作法,或恢复原状法,其本质不是为了惩处不法行为,而是在错误发生后,把事情恢复到原来状态或组织个人间的协作,这适用于民法、交易法与行政法。两种法律的不同在于:前者主要针对那些破坏了一个特定社会中人们共有的思想、感觉与行为方式的行为;后者只适用于那些影响到个人或社会某部分的一类行为。这一区别,反映了两类社会组织及社会团结的区别①。

在惩罚性的刑法占优势的社会里,几乎全部个人生活都被置于社会监督之下。信仰和情感高度趋同化,集体意识和集体信仰主宰一切,个人意识几乎难以辨认;社会与宗教结为一体,使宗教观念渗透到整个社会。任何偏离社会公认标准的个人行为都会受到惩罚。但这样的偏离不可能是经常性的和频繁的,因为个人不过是集体意识的简单反映者。在这样的社会里,"集体意识等同于全部社会意识,也就是说,集体意识包括了全部的社会心理生活,而它只有很小一部分,在开化社会里尤其如此。法律的、行政的、科学的、行业的功能,简言之,所有专门化的功能都具有一种心理的规约作用"②。个人意识的范围基本上等同于集体意识的范围。社会是个几无分化的同质体,社会与个人的关系也是直接的,其成员之间的团结可称之为机械团结,它与社会分化及个人化的程度成反比。简言之,机械团结建立在相似与同质的基础上。涂尔干把这样的社会类比为节肢动物。物质产品的原始共产主义、宗教的主导地位以及传统主义等皆为这种社会的显著特征。涂尔干认为这种社会所缺少的正是劳动分工。

在合作法盛行的社会中,社会团结建立在社会分工和社会分化的基础上。分工同社会团结的关系在涂尔干具有道德的意义。分工的真正功能在于使人们之

---

① Durkheim: *The Division of Labor in Society*, Glencoe, IL: The Free Press, 1947, pp. 68-69.
② Kenneth Thompson (ed.): *Readings from Emile Durkheim*, p. 39.

间产生友爱、合作与团结。分工越细,每个人对社会的依赖也就越深;另一方面,每一个人的行动越是专业化,个性就越鲜明,就越是摆脱集体意识的监督。基于社会相似性的团结为基于分化及加强社会纽带的团结所取代。这种团结被涂尔干比作高级动物的有机结构,其躯体的每个器官都有各自特定的功能和独立性,一方面高度分化,另一方面又高度统一。有机团结意味着一个有着功能分化和专业化并因各部分的相互联系而达到的统一的系统,有机团结正比于社会的分化和个体化。有机团体的典型社会就是近代工业社会。在这样的社会里,当然还会有刑事法,但它完全与信仰的意念无关,仅仅是为了保护生命和财产。集体不再监视和管制个人生活的所有方面;信念与实际事务也日益失去其宗教的性质;理性思考取得了日益显著的重要性;先前没有差别的一致的道德体系让位于不同团体的不同的道德体系;更多的主动性与个性、更多的活动的自由等观点已深入人心[1]。

涂尔干将两种社会团结的区别视为一种历史规律,以反映人类社会从机械团结向有机团结发展的一般趋势。但他更重视其类型学的意义,在他看来,在所有现存社会中,这两种团结是同时并存的。这样,社会团结的类型理论不仅可以用来比较两种对立的社会:原始社会与现代社会,而且还可用来分析同一社会生活的不同方面。

涂尔干的这个类型理论在许多方面类似于斯宾塞关于工业社会与尚武社会的社会类型说。这两种社会的不同也在于同质性、集体主义与分化、个人主义的对立。但涂尔干根本不同意斯宾塞关于利己主义的活动及专业化机制如果任其发展可导致社会和谐的论点。他认为,没有任何征兆表明有机团结的出现可令共同体的普遍规范功能自动取消。如果没有普遍化的道德规范,科学和工业的进步必然导致失范。他说:"如果社会不再强求每个人步调一致,它将更多地致力于确定和调整不同社会功能之间的特殊关系,由于社会如此分化,这种活动只会更多。"[2]

涂尔干谈到恢复原状的法律或补救性法律如何扩展到民法、交易法、宪法之中,并通过专门机构如行政法庭和自治的地方行政长官发挥积极的作用;谈到国家活动范围的扩大以及一个具有独特的道德规范的新社会的发展等。他强调必须用道德规范新社会的发展等。他还强调必须用道德信仰的共识来对抗个体化的不良后果,否则会因社会分化的发展导致"极端的道德混乱"和"利己主义"。

---

[1] Durkheim: *The Division of Labor in Society*, pp. 111-115.
[2] Parsons: *Theories of Society*, p. 205.

"利己主义"曾经是从自然法到启蒙思想用来批判封建意识形态、为资本主义价值观念张本的论战依据。在古典政治经济学中,自由放任的利己主义与自发的社会和谐被斯密认为是统一的过程的两个方面。尽管他在《道德情操论》里发挥利他主义的同情说,但社会秩序问题仍是按功利主义的思路解决的。利己主义被认为是社会纽带瓦解的根源,是从保守主义开始的。

利己主义在孔德的社会理论中变成道德评价的否定性论据,在这一点上,涂尔干是追随孔德的。他对有着贪得无厌的欲望和私心的人的合群能力感到悲观,不相信人本身有任何制约欲望的东西,只有靠外部力量才能使欲望受到有效制约。他在《社会主义》教材中写下了这样的话:"如果要让社会秩序占据优势,就必须使绝大多数人对自己的命运感到心满意足。但要让他们感到心满意足,并不是说他们或多或少有些东西,而要使他们相信他们没有权利得到更多的东西。要做到这一点,就必须有一个他们认为具有至高无上地位的权威发号施令才行。这是因为任何人仅仅在自己的需要驱使下,永远不会承认他自己的权力已经达到了最大的限度。"[①]这与《社会劳动分工论》中对劳动分工社会分化所带来的集体监督松弛与个人独立性的增长的称颂是不相容的。涂尔干摇摆于自由主义的个人主义价值观与保守主义的整体主义的秩序观之间。当他把利己主义等同于失范时,其倾向显然是保守主义的。

4. 宗教社会学

涂尔干对宗教问题一直怀着浓厚的兴趣。他的兴趣,一是源于近代法国的思想传统,一是受到其"社会学主义"倾向的加强和鼓舞。关于第一个影响,正如科塞所说,"从雅各宾派在法国摧毁了天主教并试图创造一种综合的'理性宗教'去填补随之而来的精神空虚,到圣西门的新基督教和孔德的人性宗教,法国非宗教思想家一直研究的是在现代没有宗教信条约束的条件下如何保持公共道德与个人道德这一问题"[②]。

关于涂尔干的宗教旨趣与其"社会学主义"方法论的关系我们在前面提及过:宗教使人体验到一种神圣的东西,从而超越人的生物性限制而为道德目标做出牺牲。涂尔干从宗教的这种反个人主义、抑制自然冲动的功能里看到了重要的社会学问题,即宗教在个人身上创造出力求符合于社会需要的责任感的力量,创造出社会整合的机制。他对宗教的理解与对宗教的流行解释很少共同之处。

---

① 转引自阿隆《社会学主要思潮》,第410页。
② 科塞:《社会学思想名家》,第155页。

流行的观点把宗教与信仰超自然的现象联结在一起,宗教起源于神灵,起源于人对梦中怪异景象的解释与对人死后灵魂的想象,那就等于说宗教所崇拜的是一种不真实的虚幻的东西,或者说宗教是集体的错觉。

涂尔干认为宗教是异常持久深厚的感受,是一种十分具体的巨大的现实。神灵、梦境可以解释怪异世界是如何产生的,但不能解释神圣世界是如何产生的。"宗教是一种与圣物(即被升华和禁用的东西)有关的信仰与仪式的统一体系。这些信仰和仪式把所有坚持信仰和履行仪式的人团结在一个叫做'教会'的同一个道德共同体内。"① 因此,自然主义观点并不能解释宗教的起源。

涂尔干以澳洲土著部落的图腾崇拜为对象来研究宗教的本质。这一研究并非社会学的边缘性的种族民俗学研究,而是为了理解宗教本身,并进而找到解释一般社会生活的出发点。图腾崇拜某物,动物、植物或其他什么事物,某物便成为一神圣的标记,而画有图腾的物件及一些个人也成了圣物,于是有了对圣物的崇敬与对违反崇敬的有关行为的禁忌。重要的是圣俗的区分,即把全体社会现实区分为两大类,一类为神圣的事物,另一类为世俗的亵渎的事物,只要划分神圣和亵渎的范围,宗教现象就会出现。但任何事物本身既不是神圣的,也不是亵渎的,圣俗划分是社会的需要并由社会作出的。神圣的东西成为价值源和价值中心,将人们凝聚起来,并将他们从平常生活的功利性偏见解放出来,提升到道德的、超越界的高度,使人们的生存状态与终极价值联系起来,并赋有了意义。

涂尔干的论点和问题是,任何社会都需要有诸如宗教这种将社会成员结合起来的共同信仰,对个人主义和唯理主义充分发展起决定作用和促进作用的社会更是需要共同信仰,但问题是这类信仰似乎不能再由难以适应科学精神要求的传统宗教来提供了,宗教对社会生活的全面统治早已一去不复返。用什么可以取代它?传统宗教的退场是否意味着所有价值纽带的断裂与道德共同体的崩溃?

涂尔干认为他的宗教科学(即宗教社会学)揭示了解决问题的方法:宗教不仅是社会的产物,而且实际上就是被神化了的社会。宗教的本质是对集体力量和社会的崇拜。最早的图腾崇拜是对氏族的崇拜,而不是对某些动物、某些个人或某些图像的崇拜,它是对无名的非个人力量的崇拜。这种力量存在于上述物体之中,但又不混同于这些物体。没有任何一个人全部拥有这种力量,但所有的人都参与其中。它完全独立于它所体现的个人,因而先于个人,比个人存在得更久。个人死了,一代一代传下去,由别人接替。但是这一力量永远是现时的,充满活力而一如往昔。社会所以成为崇拜的对象是因为社会本身具有神圣的力量。社会

---

① Durkheim: *The Elementary Forms of the Religious Life*, p. 47.

先于个人、高于个人、比个人远为丰富全面,集体意识是对意识的意识,所以是精神生活的最高形式。社会不受个人或局部偶然性的影响,它是从永久的、本质的方面去看待事物,并将其转化为可交流的思想。同时,社会所处地位使它看得更深远。既然宗教无非是社会力量的自我神化,那么宗教的式微并不意味着社会的式微。社会学发现了所有宗教的奥秘,它不能再创造一种宗教,但可寄希望于社会,相信社会有能力在未来创造自己所需要的众神。但是涂尔干也并未追随圣西门和孔德去试图建立一种新的人道宗教,"我们必须在宗教概念的核心之中寻找出那些丢失了的、被掩盖其中的道德实在",从而致力于去发现"宗教概观念的理性替代物"①。这个理论替代物不是别的,就是公民道德。依涂尔干的"社会学主义",不仅道德是一社会事实,社会本身就是一道德事实。涂尔干的意思是说:"在公众舆论的眼光里,当大众无私、忠诚不渝抬头时,才开始有道德。但是只有在我们所从属的主体比我们个人具有更大的价值时,无私才有意义。然而,在我们生活的世界里,我只知道有一个主体,这就是集体,它较之我们具有更丰富、更复杂的道德现实。"②总之,不论是宗教还是道德,都蕴含着激发起崇敬、畏惧和服从的"神圣性",其功能都在"指引我们的行动去追求那些虽高于我们但同时看起来又是值得追求的目标";其本质都是一种集体的存在和集体意识,因为只有集体——家庭、教会、团体,才具有道德权威所必须具有的本质属性:"神圣性"。社会主宰着我们,因为它外在于并且高于我们,"它同我们之间的道德差距使它成为我们的意志所服从的权威"。"社会就在我们中间","集体表象"正是"我们内心对崇高的集体召唤的反响"③。

涂尔干的宗教社会学还从仪式活动的角度研究了宗教的社会功能。

首先,个人最初是通过宗教仪式加入集体生活的,禁忌制度(消极的仪式)培养个人的自我约束能力,从而为其参加积极的仪式(到一定年龄后)做准备,因此,宗教仪式是纪律的基本形式。

其次,宗教仪式有助于团体的整合,是社会组织借以定期地重新肯定自己的手段。日常生活使人们彼此分离,导致团体观念的削弱。之所以需要定期的仪式,是在于使个人再次感受到与其他成员间的道德的统一,从而起到巩固团结的作用。

再次,宗教仪式保持并发扬了团体的传统继承性,这在某种程度上对一个团

---

① 涂尔干:《道德教育》,第12页,上海人民出版社,2001年。
② 转引自阿隆:《社会学主要思潮》,第422页。
③ 转引自斯温杰伍德:《社会学思想简史》,第112页。

体的独特道德面貌是至关重要的。涂尔干写道:"一个团体的神话是该团体共同的信仰体系。因回忆而使其价值不朽的传统表现了社会借以表现人与世界的方式;它是一种道德体系,一种宇宙论,也是一部历史。仪式的作用是也仅仅是使这些信念保持活力,使其不致被遗忘,总之,复活集体意识中最重要的因素。"①

现在与过去在仪式中的联系就是个人与团体的一次又一次的联系。

最后,宗教仪式具有使人振奋的作用,在个人遇到不幸和危机时给他们以支持,减轻其痛苦;恢复教徒的幸福感,恢复他们所从属的精神世界的正义感;重建个人信念与共同信念之间的平衡。

5. 自杀的社会学研究

涂尔干对宗教的社会功能研究,旨在揭示某种持久的社会的与心理的需要,这些需要在所有情况下必须被满足,虽然并不都是以同一种方式来满足。不论宗教是否能以这种或那种方式永久存在下去,有一点是肯定的:如果个人失去了其所属团体的道德支持,他就不能再过正常生活;而当社会不能再对个人施以道德的支持和监督时,也将面临解体,涂尔干称之为失范。

涂尔干在论劳动分工的著作中,已谈到了经济活动缺少一切规范及赞成不加约束的个人放任的社会后果。他声称缺少规范不能保证功能的正常与和谐。他带着恋旧的心情谈到先前的行业公会在经济生活中的调节作用。他还忧虑地谈到大工业割断了工人与家庭的关系,并使工人与工厂主互相对立,这破坏了社会平衡。社会的阶级分化使社会团结变得十分困难。当社会处在分裂状态时,劳动分工就是被迫的和不正常的,这使能力不能得到自然的配置和发展。

涂尔干的自杀研究试图回答这样一个问题:在那些社会控制已经大为削弱,并在其所有生活领域内摆脱了严格管理,但尚未产生可以发挥先前宗教和政治组织功能的新的机构的社会里,发生了什么?他对自杀现象的兴趣在于,自杀是现代社会中个人与团体关系趋于紊乱的反映。自杀虽然是最具有私人性的个人行为之一,但涂尔干认为不能用心理学原因来解释自杀率这一社会现象。"当社会高度整合时,社会将个人置于其控制之下,驱使个人为社会服务,并禁止他们随意地处理他们自己。因此,社会反对个人逃避其责任,至死方休。"②在现代社会中,社会整合的条件不复存在,故自杀率直线上升。涂尔干的自杀研究,不仅新在运用统计学方法来证明理论假说,为运用"社会学主义"研究具体社会学问题提供了

---

① Durkheim: *The Elementary Forms of the Religious Life*, p.375.
② Durkheim: *Suicide: A Study in Sociology*, New York: The Free Press, 1951, p.208.

一种方法论的示范；而且还新在他在吸收了现有经验研究成果的社会学框架内，对不同的自杀率提出一种系统而严密的社会学理论。他把自杀原因同过度的个人主义、社会潮流等联系起来，强调社会潮流将个人引向死亡，这反映出他研究自杀的强烈的社会学主义的关切。

涂尔干把自杀分为四种类型：利己主义型、失范型、利他主义型和宿命论型。失范型自杀是社会混乱引起的自杀，产生于个人的活动缺少规范。经济急剧变化时代、社会组织转型期及道德意识松弛落后时，"人们的欲望不再受舆论的控制变得迷乱，不再承认对于他们的适当限制"，失去节制的人们同时丧失他们原来所在群体的信念与理想，突然出现的社会繁荣会导致一些暴发户的产生，但社会因不能立即向他们施以采取新的生活方式所需的约束力，也会导致失范。总之，他的研究展示了由于个人行为缺乏社会规范而产生的后果。他关心的不是个别人的自杀原因，而是广泛的社会伴随现象：自杀率或自杀倾向。自杀率同社会在个人心目中的形象有密切关联：失范型自杀正是由于社会规范未能抑制住个人的欲望而产生的。他由此得出结论："自杀率与社会的整合程度成反比。"涂尔干发现，他所认为的人类关系的最好的组织（有机团结）并未发展到足以满足基本的社会需要的程度。问题出在现代社会的道德松弛与滞后。因此，他认为最好的措施乃是道德教育，在新的经济条件下，要产生与在传统社会中一样有效的社会纪律，有赖于公民道德的教育。

6. 整体论与功能分析

涂尔干将社会当作自成一类的实在，视为一个有机整体。社会作为支配个人的道德结构，其各部分的功能不是同个人而是同整体联系着，这方面可明显看出孔德对他的影响。他激烈的反个人主义及反还原论与他的整体主义互为表里。他的术语也充满了有机体论的类比：他爱说"社会机体"、"形态学""生理学"、"解剖学"、"灵魂"、"神经系统"等。涂尔干的有机整体论最好地体现在下列两个假设中：其一，假设社会处在正常状态（"健康"状态），其各部分就是高度耦合的；其二，假设社会机体存在着某些特定的需要，这些需要是必定要满足的，它们不能被还原为其组成部分的需要。他对这一问题的阐述与发挥使他成为功能主义的一位先驱者。他是第一个明确地阐述了功能要求分析的社会学家。在《社会学研究方法论》中，他指出："当我们解释社会现象时，必须分别研究产生社会现象的真实原因和社会现象所实现的功能。使用功能一词而不用目标或者目的等字眼，这是因为一种社会现象不是由于它有效用就能存在。"他进而说，确定事物的功能对于完整地解释社会现象是必要的。"事物的效用虽然不是事物生存的原因，但是，一般说来，事物要能够生存，必须有存在的效用。"①涂尔干的著作提供了一系列功能分析的实例。他对宗教的分析着眼于宗教加强社会团结，使个人同团体、社会达成整合的功能；他对分工的分析也着重于在正常情况下分工有助于促进社会团结，而"强迫性"的和失范的分工形式则无助于社会团结的发展；他倡导职业团体，也是基于认为它们能够行使大体上如昔日的行会组织的功能，如调节劳动关系、工资、劳动条件等，从道德上调节经济活动并为真正的社会团结奠定基础。涂尔干如此重视这些职业团体、专业集团的作用，反映了一个基本事实：在工业社会中，有机团结逐渐瓦解了社会中的强制性权力，从而出现了一种合作的社会秩序。它不受国家机构的管理，而是越来越多地受专业团体及其服务于社会的伦理观念的调节。涂尔干指出，国家已不能成为复杂的现代社会中道德统一的根源，在这种社会中道德责任的根源来自市民社会的组织。但正如斯温杰伍德所分析的那样，涂尔干在论述这些中介组织的作用时，"根本不重视人的能动性，也不能反映群众民主的各种形式；他的专业团体酷似一种其功能在于维持社会和谐的官僚主义结构；它们并不是能够反映群众不满和利益冲突的组织，而是使这类因素服从于社会秩序的基本要求的工具。这种组织所反映的是一套要求人们服从的集体信仰和实践，是使社会变成一个共同体的信条和情感；在这个共同体里，个人的差别固然重要，但终需融合到一个更高的统一体中，从这个意义上，它们的功能是半宗教性的。"②

社会团结始终是涂尔干理论兴趣的聚焦点。这种强调和谐、合作、功能协调的社会秩序，而把社会冲突与矛盾都视为越出"正常"、"自然"秩序范围的"失范"与"反常"的观点，无疑是当代结构功能主义所接受的最重要的思想遗产。涂尔干的分析范式的缺点是缺少历史的观点和能动的观点。他的整体论功能主义以静态的观点解释社会，强调组织是调节人类行动的机构，因而忽视了作为人类活动产物的组织的历史基础。他未能表明社会组织连同其集体的表象与意识是如何历史地形成与演变的。只有一个历史袭得的静止的巨大的实体单向度地决定着个人，社会秩序几近一种异己的力量，以其可畏的威力，摆布着无所施其计的个人（如自杀潮流选择自寻短见者）。主体、个人、价值、意义、历史科学、人文精神等最终都从其视野中消失了。涂尔干的确没有任何像样的主体理论，在人与社会的关系中，他重视的并不是作为意义创造者的主体，而是主体对集体的社会力量的反应。他的理论具有严重的决定论倾向，他虽然也讲过"关于社会生活不应当用参

---

① 涂尔干：《社会学研究方法论》，第75—77页。
② 斯温杰伍德：《社会学思想简史》，第129页。

与其间的那些人的观点,而应当用更为深刻的原因来加以解释"①,这似乎接近于马克思的言论,但我们的讨论表明,涂尔干说的"更为深刻的原因"并非马克思所说的生活资料的生活方式这类经济基础的原因,而主要是集体的意识、表象、道德、潮流等观念形态的因素。

当然,涂尔干在社会学史上永久的崇高地位是无须争辩的。帕森斯将涂尔干与韦伯、帕累托相提并论,占有现代社会学理论的经典的一席之地。他被公认是经验社会学的奠基者、现代文化理论的先驱者。他对原始分类和范畴的研究开创了知识社会学的一个传统。他对比较研究也有过人的先见,而这在今日社会学中已日趋盛行。简言之,正如我们本章一开始就谈到的那样,在经典这一词的十足的意义上,涂尔干是个经典社会学理论家,你不必全部接受他的思想,但你几乎在所有方面都可能从他那里获得启发性的灵感。

11.3　社会学学派

联合法国社会学学派的基本制度形态是《社会学年鉴》杂志。1898年这份杂志第一期出版,可以说这一年是学派成立的年份。学派集合了当时法国大多数最优秀的社会学学者,在很长一段时期内影响与支配着法国的社会学界。一系列的因素促成了法国社会学学派的诞生。首先是涂尔干社会学的方法论对许多学科都具有启发性。其次,当时法国的社会政治形势有助于学派的产生:涂尔干的研究纲领对许多年轻学者极有吸引力,他们中的一些人赞成社会主义,有志于社会改革,但在现存的政治结构中却无任何立足之地。最后,最重要的因素当然是涂尔干本人。涂尔干坚信思想的力量,但也意识到需要组织上的配合,才能使思想在大学机构中普及,总之"不仅通过学术讨论,而且通过组织手段,来试图为社会学争得正统地位"(科塞语)。这样,他的追随者们不仅获得了在学校从事社会学教研的机会,而且更重要的是形成了一个交流观点、合作研究、互相考察其所获成果的学者的中心,这就是《社会学年鉴》小组,科塞称"这批人可能是有史以来社会学领域汇集的最光彩夺目的一簇群星了"②。可与之相比的社会学领域内其他的学派大致只有由斯莫尔(Small,1854—1926)发起,由帕克(R. Pack,1864—

---

① 转引自 N·C·科恩主编:《十九世纪至二十世纪初资产阶级社会学史》,第264页,上海译文出版社,1982年。
② 科塞:《社会学思想名家》,第186页。

1944)、托马斯(Thomas,1863—1947)等人组成的芝加哥学派①。

1. 《社会学年鉴》

这份期刊的作用是极其重要的,在社会科学史上罕有与之匹敌者,它事实上成了一个研究机构。正如莫斯回忆的那样,"年鉴不只是一份出版物,围绕它形成了一个地地道道的'小集团'。在涂尔干的权威下,它是一个在知识和精神两方面都得到了充分发展的社团,一大批调查和观念在这里被精心构思……我们实践了一种真正的劳动分工。"②

涂尔干的威信是毋庸置疑的,他被其他成员认为是学派中最杰出的天才。但涂尔干从不强求学派内的所有合作者统一观点,事实上合作者间的观点交换、对话十分活跃。他们合作得如此之好,以至于常常很难准确地确定各人的贡献。《年鉴》的许多文章是合作撰写的,有些文章对学派的发展有重要意义,如涂尔干与莫斯的论分类的各种原始形式、霍伯特(H. Hubert,1885—1954)与莫斯关于巫术的一般理论等。

涂尔干学派成员的分歧不在基本观点上,而在特殊的兴趣方面。对《年鉴》作出贡献的不仅有专业社会学家,还有其他学科的代表人物,后者的兴趣与其说是关于涂尔干一般社会学理论的可能性问题,不如说是其命题处理各种具体问题的应用性。《年鉴》中主要的分工便是这些专业学科的分工。

不过,专门化的研究对涂尔干主义者来说并非目的本身,事实上他们对传统的历史编纂学和其他人文学科中的这种方法是持批评态度的。他们在第一次建立了社会学的各门分支学科并为此在《年鉴》上辟出专栏的同时,坚定地推进社会学的统一。莫斯的名言是"不存在许多种社会科学,只有关于许多社会的一门科学"。要点是保持社会学作为一门理论科学的理想,能够解释作为一个整体的社会的功能过程,并把这一理想与这一信念结合起来:没有一件与其他社会事实相孤立的社会事实能够得到合理的解释。

因此,《社会学年鉴》的战略是在各门专业研究成果的基础上建立一种完整的普通社会学,这些研究成果是由专业社会学家与其他社会科学中掌握了社会学的方法并不再孤立地对待社会事实的代表人物根据一个统一的计划而取得的,其意图旨在保障有利于成果积累的条件。

对上一年法国和国外发表的社会科学著作发表严谨而高水平的评论,是《年

---

① 科塞:《社会学思想名家》,第186页。
② Jerzy Szacki: *History of Sociological Thought*, p. 304.

鉴》力图使其研究基于一种确定理论的又一证明。《年鉴》小组的显著特点不是无视他人的成果,而是把实事求是地评价同代社会科学的一切成果视为自己的责任。涂尔干学派成员的著作证明他们懂得如何利用这些成果。例如,他们大量使用了当代人类学者的发现,这使得他们关于原始社会的讨论远远超出业余爱好的水平,尽管他们并未亲自开展田野调查。同时这些评论也有助于《年鉴》成员在评论其他人成果的同时解释自己所从事的事业,并将涂尔干学说的观点传递给那些既想了解但尚不信服的局外人。但另一方面,涂尔干学派对异己的理论概念却理解得不多,对这些理论他们往往只有相当表面的了解,并且不能透彻地加以讨论。

正如科塞所说,《年鉴》的光辉事业是与非凡的出版家阿尔康的贡献分不开的,他不仅出版《年鉴》,而且还出版了涂尔干的所有重要著作及其他一些重要社会学家的著作。这家出版社成了"社会学新实证主义"的基地。阿尔康运用出版社的声望与信用,"通过书籍、评论、推荐、谈话、参考书目等方式,向公众传播处于领先地位的历史学家和哲学家的思想、方法和学说"[①]。

2. 莫斯:社会事实的完整性

莫斯(Mauss,1872—1950)是涂尔干的外甥、学生和最亲密的合作者,在涂尔干去世后领导了社会学学派。他是创建于 1925 年的法国社会学会的第一任主席。

与涂尔干合作期间,莫斯的兴趣主要在社会形态学、宗教和知识社会学方面。莫斯后期的兴趣转向方法论与普通社会学。在后期的著作中,他提出了研究"完整的社会现象"的要求,这一要求阐述得并不清楚,但对理解莫斯的著作及其在涂尔干学派中的地位和他后来对法国的社会科学与人文科学的影响乃是至关重要的。这一要求是莫斯对社会科学中日益增长的专门化、分化趋势的反应。这一方面可视为莫斯对涂尔干的统一的社会学理想的捍卫;另一方面也表明莫斯是个革新者,而非涂尔干思想的亦步亦趋者。

在《关于原始的交换形式——礼物的研究》中,他认为历史学家关于社会学家求助于过分的抽象和对社会因素的过度划分的批评是正确的。社会学家应该效法历史学家,研究确定的社会现象,例如,研究罗马人、希腊人或普通法国人、太平洋岛屿上的美拉尼西亚人,而不是祈祷及法律本身。孤立研究与抽象化的时代已经过去,现在到了重建运动中的、转瞬即逝的社会整体的时候了,正是在这运动

[①] 引自科塞:《社会学思想名家》,第 185 页。

中,社会及个人获得了有关他们自己及其与他人有关的境况的情感性的意识[①]。

首先,社会学家不应只关心人类行为、事件甚至制度的单一方面,而应更关注各种确定的"系统"。其次,应该把社会生活的参与者作为一个完整的人,一个同时是社会的、心理的和生物的完整的人来分析。真正想要理解人的社会学家不应自囿于人类行为的社会方面,而必须考察人的心理的与激情的方面。"我们所描述的是有机体、有心灵(psychai)的人,是这样的人群的行为和与之相对应的心态:是群众或有组织的社会及其次群体的情感、观念和意志。"[②]这样,莫斯转向了生物学与心理学,并且不公开地放弃了涂尔干主义的哲学人类学的二元论。因此,了解人们运用其身体的方式以及基于不同文化的心理反应的分化的方式也是重要的研究程序。正是在把个人的肉体与心理的性质引入社会学主义者的兴趣轨道上这一点上,我们注意到莫斯多少有些离涂尔干而去。确切地说,反涂尔干主义的因素在于,莫斯取消了集体观念的首要地位,将一个广大的与个人行为及经验有关的问题领域视为完整的社会事实的不可分割的部分包括在社会学之中。其结果是,当谈及完整的社会事实时,既意味着系统考察社会事实的方法,又意味着这项事实的非意识化与内在化。

这些思想一再出现于莫斯的许多论著中,在上面提到的那篇论礼物的文章中发挥最为透彻。但他仍只停留在直觉层面,而非一个方法论的方案。他设想研究整体,但却没有解释整体是什么。他没有像英语世界的人类学者那样从事过特定社会的专题研究。莫斯关于研究完整社会事实的建议看来把许多不同的问题拉扯在一起,像历史编纂学一样,试图展现具体的个人与社会的各种活动;或如心理学那样,利用整体性的人格概念;或类似语言学,既是描述的又是概括的。可以说莫斯试图发现一个最一般的理论以便能根据社会科学迅速的进展与专门化的实际状况重新确定社会学的位置和任务。他对非社会学的社会科学不能再持涂尔干式的自大态度,但也不愿抛弃社会学主义包罗万象的野心。结果,他留下了大量富有启发性的评论与概念,但却没有构成一个完整的理论体系。

3. 社会学学派的其他成员

社会学学派的其他的重要成员还有 G·达维(Georges Davy,1883—1976),他始终是涂尔干主义最激进的信徒之一,他所表述的"社会学主义"甚至比其老师还要激进。他认为,同个人因素相比,社会群体是特殊生物,它用特殊方式来感觉、

[①] 参莫斯:《礼物》,第 206 页,上海人民出版社,2002 年。
[②] 同上。

思考和行动。社会是对个人的解释原则,所以社会学是对心理学的解释原则。他在其博士学位论文《挚信》中,试图用土著人的某些风俗来说明契约论的起源。按照他的分析,北美印第安人安排宴会、酒席及分配财产的波特拉奇节"就包含了契约关系的关系,因为它在群体和个人之间产生权利和义务的相互关系"。因此,契约并非法律上个人主义的发明,而是客观的制度。

另一位社会学学派的著名代表是哈尔瓦克斯(M. Halbwachs,1887—1945)。与涂尔干相比,他更像个哲学苦行者。他最初的训练是哲学,从哲学家柏格森(Bergson,1859—1941)等人那里得到不少灵感。他的科学兴趣十分广泛,但他的理论取径在涂尔干学派中属于中距型的。他有强烈的经验论倾向,是学派中为数不多的采用数量方法研究社会过程的人。他乐意利用历史材料,但对人类学问题似乎没有明显的热情。哈尔瓦克斯的两个主要研究领域是集体记忆与社会阶级。这两类问题都与涂尔干的集体意识有渊源关系,但都越过了老师的问题范围。他对集体记忆的研究已将个人心理学包括在内。这方面的著作有《论记忆的社会范围》(1925)、《集体记忆》(1950)等。他的集体记忆理论证明,记忆不是单纯记录事实、保存印象与观察的机械能力,而是由记忆主体对往事不断重建而构成的。他力图证明仅当主体作为一特定社会团体的成员时,才会有这样一种重建能力,因为集体为每一次记忆过程提供了框架。社会的相互作用是记忆的重要因素。社会环境提供了在空间和时间中调整记忆的可能性,它是记忆本身以及体现这些记忆的概念的源泉。由此哈尔瓦克斯提出了社会时间的概念。正是哈氏的集体记忆的概念,启发了诸如"社会如何记忆"的后续研究[①]。

哈尔瓦克斯的社会阶级研究主要反映在《工人阶级和生活水平》(1913)一书中。我们已经知道,涂尔干社会学向来忽视社会阶级理论,因其是社会团结社会学,而非社会冲突社会学,自然关心使社会整合的因素,而非使之分裂的因素。对涂尔干来说,没有马克思主义意义上的社会阶级问题。哈尔瓦克斯在这个问题上在涂尔干学派内发起了一次革命。他证明社会危机不仅源于社会的过分的个人主义化,而且还源于大批群众即穷困的阶级疏远社会。社会是划分为阶级的,而阶级通常根据对财富的态度来确定,"因为在每种类型的社会中财富都被看作是最重要的东西"。根据哈尔瓦克斯的解释,社会阶级仍属于社会意识范围内的事实。他认为假设一个阶级的存在而意识不到其自己的存在,这是自相矛盾的。在他看来,在任何一个社会中都有一套公认的价值,但接近这些价值的机会并不是向所有人同等开放的;很大一批人被迫周期性地疏远社会,被剥夺了实现社会理

---

① 参保罗·康纳顿:《社会如何记忆》,导论,上海人民出版社,2000年。

念的可能性,从而不再接受社会价值。在当代工业社会中,工人阶级首先处在这样一种间歇的疏远状态。哈尔瓦克斯阶级理论的核心问题是需求概念,他认为在物质需求和社会需求之间存在着明显的区别。研究特定社会中的阶级等级,意味着研究各种各样的需求及其满足的程度。这样,阶级分化问题便由生产领域转到了消费领域,这与马克思的理论取向正好相反。哈尔瓦克斯的社会阶级研究涉及人类需要的社会起源及其条件,并且他还试图通过调查家庭开支来计算这些需要,这是他的贡献。他的"需求的社会学理论"直到今天仍是人们感兴趣的问题,而它对现代社会学的价值,不妨引一段马克思的话来说明:"我们的需要和享受是由社会产生的,因此,我们对于需要和享受是以社会的尺度而不是以满足它们的物品去衡量的,因为我们的需要和享受具有社会性质,所以它们是相对的。"[①]哈尔瓦克斯关于不同社会阶级的集体记忆与传统在阶级意识的形成中的作用等思想同样引人注目。他的著作清楚地展示了涂尔干主义的种种局限性,这从社会学史的角度看是饶有趣味和富有教益的。

　　社会学学派的影响主要限于法国,在法国之外影响不大。这主要是因为,涂尔干主义扎根于法国的知识传统,它的反个人主义、实证主义等观点并非到处受欢迎。而它所回答的问题产生于法国的社会实践,与美国、英国、德国社会生活产生的问题大为不同。它是一种独立的制度化的社会学,本能够在一场广泛的知识革新运动中发挥领袖作用,但当时这样的社会学在法国以外的任何国度尚未形成。

　　到了20世纪30年代末,对涂尔干社会学主义的崇拜已经退潮,V·卡拉弟写道:"由于在社会学学派的学说中找不出解决西方世界政治经济危机问题的答案,从此以后,青年社会学家就在马克思主义中,在韦伯和帕累托的社会学中,以及在美国经验主义中汲取鼓舞的力量。"[②]

　　无论如何,《社会学年鉴》确实是涂尔干的成就,"如果没有《年鉴》,恐怕没有理由说'法国社会学派',进而要说'涂尔干学派'也有几分勉强"[③]。

---

① 《马克思恩格斯全集》第 6 卷,第 492 页。
② 引自 N·C·科恩主编:《二十世纪上半叶资产阶级社会学史》,第 117 页。
③ Philippe Besnard: The "Année Sociologique" Team, from Raymond Boudon, Mohamed Cherkaoui, Jeffrey Alexander (ed.): *The Classical Tradition in Sociology: The European Tradition*, p.132.

第十二章
19世纪末20世纪初德国历史主义与人文主义社会学

12.1 世纪之交社会学的转折：对实证主义的批判

我们此前讨论的法国社会学主义属于广义的社会学实证主义。实证主义的思潮主导了社会学发展的第一阶段，19世纪末，实证主义受到来自德国的历史主义、人文主义思潮的认真系统的批判。这一批判加速了早期实证主义的解体。

对实证主义的批判并非始于德国学者，第一代实证主义的粗陋的自然主义遭到批评是不足为奇的。以往的批评所以未能克服实证主义并提出一种替代的研究方案，主要原因在于批评者实未超越实证主义的基本立场。社会学中整体主义与原子主义之争、社会学主义与心理学主义之争也未触及这一基本立场问题。也就是说，在英法的社会学传统中，对于关于自然界和社会之间存在着基本的一致性的世界统一观，以及关于适用于自然科学研究的方法也适用于研究人类社会和文化的科学统一观的实证主义的基本立场，产生不出深刻而有力的怀疑。对实证主义真正构成颠覆性威胁的批判来自一种与英法知识传统十分不同的哲学精神、科学思想模式或知识传统。

社会学史上所称"反实证主义的突破"勃然兴起于德国，并终成蔚然大观之势，形成古典社会学又一主要传统：历史主义与人文主义传统，这并非偶然。德国是浪漫主义运动与历史批判的故乡。浪漫主义的灵魂是诗的性灵，是情（炽情）意（意志）哲学与人主体哲学。按罗素的观点，浪漫精神隐伏于人性与社会精神的最深处，是孤独本能对社会束缚的反抗[①]。浪漫主义反对整齐划一、普遍性的框格、可计算的简单性；反对把生命现象机械化；对标准化抱着美学上的反感；力图冲破对主体心灵的一切束缚，渴望个体生命的充溢、飞扬。浪漫精神有着强烈的非理性主义情绪，这是很自然的。极端的浪漫主义哲学家尼采批判了源于苏格拉底的

---

① 参罗素：《西方哲学史》下卷，第221—222页。

西方主智主义传统把一切本源于诗的东西都变成了一种技术性的概念推演,变成了逻辑系统。其恶果是"不知餍足的发明兴趣的膨胀,是挤入别人宴席的贪馋,是对现在的轻浮崇拜"①。浪漫主义强烈反对主体生命的沉沦、意义世界的实证化;突出了人主体的不可还原的独特性、人格的至上性与性灵的原创性。

  历史精神同样是德国知识传统中最基本与最深刻的要素,将"自然"与"历史"看作"在某种意义上各有其特征的两个截然不同的世界,这一观念是属于德国从她伟大的哲学时代、康德和黑格尔时代继承下来的传家宝"②。认为自然科学概念和方法就其本质而言不能反映人类世界历史的复杂性的那种呼声在19世纪的德国思想中从未沉默过。19世纪后半叶,以狄尔泰为代表的生命哲学与以文德尔班、李凯尔特等为代表的新康德主义哲学的兴起,不仅复活了浪漫主义,形成新的历史主义学派,并且就社会科学的性质、对象、方法等一系列问题展开了批判实证主义的论战。

  德国历史主义学派明确反对实证主义的世界统一性原则与科学的统一性原则,反对将自然科学的研究方法推广到社会历史领域。文德尔班区分了旨在总结普遍规律的自然科学的立法的(nomothetic)方法与旨在描述个别事实的历史科学的表意的(ideographic)方法。狄尔泰、李凯尔特等以不同的方式贯彻了这一区分,要点是唯一适于历史(科学)的方法是个别化方法。实证主义力图到处揭示一般的、重复出现的、同样的事物,但忽视了这样一个基本事实:人类历史范围的东西,"从最广泛的意义说,就是那种仅仅出现一次、件件都是个别的、属于经验范围的实际事物;它既带直观性,又带个别性"③。

  德国学者明确反对实证主义把社会生活看作是无个性的社会因素和社会力量在不同层面上的自发的运作过程,反对丢开人主体的行动、主体间的互动来谈论社会过程。他们在行动者、行动者的动机、谋划、赋有意义的活动及与其他行动者的相互作用中寻找社会生活的动力本源,强调社会生活的互动性、主体性与价值性。

  既然人主体的自觉参与是社会过程的内在因素,这样从外部获得社会事实的知识的思想就被抛弃,认识主体与客体、科学意识与常识的实证主义二分也变得

---

① 引自刘小枫:《诗化哲学》,第138页,山东文艺出版社,1986年。而都市客观文化的过度膨胀导致个人文化的萎缩,也是尼采对城市满怀憎恶之情的主要原因,这段评论转自齐美尔《都市及其精神生活》一文。
② R·G·柯林伍德:《历史的观念》,第187页,中国社会科学出版社,1986年。
③ 李凯尔特:《自然科学概念构成的界限》,引自《现代西方历史哲学译文集》,第6页,上海译文出版社,1984年。

毫无道理。社会认识是从属于特定时代、国家、文化、社会团体的人主体的自我认识,其本身即为生活的表现而非对独立于观察者的外部实在的反映。德国的人文主义思想家不仅对人的行为感兴趣,而且关心行动者想象这些情景的方式。这样,对人的活动的认识,需要求诸一种身临其境或设身处地的"理解"活动,这意味着拒绝客观主义的解释方法。

实证主义认为"概括性的"社会学于社会科学可称"后",而"描述性的"历史则至多是一门辅助的学科。相反,在德国历史主义那里,一切社会的与人文的科学都建立在历史的基础之上。历史主义原则对德国学者来说就像一只看不见的手,不仅组织了文化科学的工作,而且还渗透到日常的思维中。历史是最重要的,历史的社会学在狄尔泰看来与历史无异,因此是多余的。但这一点是齐美尔和韦伯所不能同意的。

总之,德国思想家与实证主义的方法之争,代表了社会学发展的一个新阶段的开始:人文主义社会学,或理解社会学、社会行动的理论。

12.2 狄尔泰:"历史认识上的康德"

狄尔泰(Dilthey,1833—1911)对德国社会学的发展有重大影响,尽管他对社会学的态度并不友好。他的主要著作《精神科学导论》(1883)被认为是这一时期讨论历史科学及其方法的最好的著作。

1. 生命与体验

狄尔泰早在文德尔班之前十一年,就在《精神科学导论》中提出了人文科学与自然科学的区分。他激烈反对把自然科学方法推广到对社会与文化的研究,那么社会—历史科学又如何成为可能?在狄尔泰看来,那仅仅因为社会、历史是由人创造的,精神能够且只能理解它所创造的。如果说"自然界是某种外在的东西",只"包含着与精神活动无关而独立呈现的实在"的话,那么,人文科学则是关于精神的科学,它的材料来自于人的生活、生命和人的直接经验,来自人对自己、对他人和对人们之间关系的直接观察。"凡是人能动地打上了自己烙印的事物,都是人文科学的研究对象。"简言之,精神、社会、历史最内在的东西是人自身的世界。

人文科学因而转向人的生活、人的生命活动。生命不能仅从生物的方面来理解,生命与对生命的体验须臾不能分开,毋宁说体验正是人的生命的本质①。生命是有限个体从生到死的体验的总和。生命表现为由情感去感受、以思去反思的体验,而体验又总是与不可重复的具有完整心理活动的个人世界关联着。体验着就是在生活着,生活着就是在体验着。生活本身就是由命运、遭遇、诞生、死亡、创生、历史等境遇组成的,这些境遇也构成着体验的过程。体验就是感性个体将自我在与生活世界及其命运的遭遇中所发生的许多具体的经历结为一体。这样,体验必然是从生活着的感性个体的内在感受出发的。体验也就是从自己的命运和遭遇来感受生活,理解自己在世界中存在的意义和价值,并通过深入到他人的内部经验,或让他人活在自己的心中来体验了解他人的内心世界、活动动机与文化符号。由于体验,人的活动就有了内心性与主体性,渗透了全面的人格。实证主义的错误在于无视这样一种在生活着体验着的全面的人格,把一个生生不已的世界强分为主体与客体,而客体则成为外在于人主体的对象。又由于经验,有了同情、理解、沟通与交往的基础,社会的世界、具有共同意义的世界就这样产生了。因此,体验是精神科学的基本方法,从而,必须经由心理学,我们才能获得关于生活、历史、人主体的知识。在这个意义上,狄尔泰支持心理学主义,并认为心理学"是第一位的与基本的人文学科,它所提供的真理构成为全部知识大厦的基础"②。但是除了相信心理学至关重要这点外,狄尔泰与19世纪盛行的心理学主义观点再无共同之处。他所寻求的心理学涉及的首先是一种全人格的精神生活,不能将它分解为任何片段和要素;其次,这种科学力求把握人格与历史的社会世界的统一。个体并非一个由诸如其感觉印象等给定的要素聚合而成的个体,社会也非人的单纯聚合。个人是一个历史的社会的终极的因素,同时,他也是那个社会的具体化的表现。个人是一个自足的整体,他与一个更大的全体的关系犹如一个小宇宙与大宇宙的关系。

精神生活的历史性概念对狄尔泰十分重要,因为这关系到以直接体验为基础的个体精神如何走出主观性的范围达到客观性的知识的问题。他反对实证主义,并非反对实证主义对于社会科学的科学性和客观性的要求,而是反对实证主义不能如实地了解人主体,其自然主义的人性图景既不科学,也不客观。而他的"精神科学力图客观地认识自己的对象……客观地认识社会、历史和人,这始终是精神

---

① "生命"与"生活"在德文中均为一个词 Leben。在 Leben 一词前面加上一个富有能动意味的前缀 er,erleben 即为"体验"。参刘小枫:《诗化哲学》,第 3 章。
② Dilthey: Gesammelte Schriften, from Jerzy Szacki: *History of Sociological Thought*, p.324.

科学的目的"①。他认为人类精神具有一些普遍的性质,这使得跨时代、跨文化的历史研究成为可能。但是关于人本身的知识在人文学科中是十分不够的。历史人格的生活过程是一个互动的系统,在这个过程中,他接受历史世界的刺激与塑造,反过来他也影响这个历史的世界。狄尔泰在别处还谈到个人乃是各种社会互动系统的会合点。因此,狄尔泰强调心理学为最基本的人文学科,实与心理学主义大异其趣。令他着迷的不是永恒不变的人性要素,而是人主体在川流不息的历史生活之流中,体验着他在不断变化的社会影响下的遭遇和命运,并由于这种影响不断地形成与改变他的体验的方式。狄尔泰像后来的研究人格与文化相互作用的学者一样,赋予自传材料很高的认识价值,因为在他看来,个人的全部生活史往往表现了一个特定时代的丰富内涵。

2. 社会生活的主观性、整体性及历史性

心理学对于获得人类世界的知识既必要又不够。生命和生活的过程也是一个不断产生相对稳定的互动结构的对象化过程。所谓社会生活的主观性,是指被实证主义社会学视为独立自主的因素的那些无主体的社会关系和社会结构乃是对象化的,是人们过去和现在活动的产物,这种产物当然只有与这种活动联系起来才能被理解。在狄尔泰看来,生命活动的对象化结构主要有两类:宗教、艺术、科学、法律、经济、语言及哲学等构成的文化系统;以及家庭、国家、教会及不同的合作团体构成的社会的外显组织。它们是人类内在精神外化的结晶,绝不可视为超人格的自主的实体。然而,心理学也不能充分解释这类现象,它们比个体活得时间更久,有其自身的内在秩序,研究者们面对与感兴趣的是由这些结构产生的问题而非个人经验提出的问题。而且,如果将个人的经验与文化体系及社会组织制度脱离开来,对个人经验也是无法理解的。只有在共享的价值、模式、制度架构中才能理解个体的言行、姿态,或其他表现。因此,凭借文化知识即关于生活的各种固定的表现方式,人才能理解自己。尽管终极的人学实在是个人的精神体验的实在,尽管文化也源自这种精神的体验,但的确存在着一个客观思想的世界。对狄尔泰来说,它绝非可从人文科学中剔去的虚构。

事实上,狄尔泰对文化的解释逐渐与其主观内省的体验说相背离,这是其重心的一次重要转移,从强调"神入"并重建别人精神过程到强调对文化产物与概念结构的释义。

所谓社会生活的历史性与整体性,意味着社会生活在人主体的精神体验之流

---

① 引自 N·C·科恩主编:《十九世纪至二十世纪初资产阶级社会学史》,第159页。

中展开及在精神的对象化的历史形式即文化与社会结构中运作这两重意义上都是历史性的。故就方法论而言,理解不仅仅是对他人行动的再体验,即对个人经验的再定义,而且总是与文化整体的概念联系在一起的。"生活是由相互内在地联系在一起的不同部分即不同经验组成的。每一种具体经验都同某种自我有关,是这种自我的一部分……同其他部分有着结构联系;因此,相互关联性是一个源自生活的范畴。"①

狄尔泰的观点因而不免陷入自相矛盾之中。他的著作呈现出一种心理主义与文化主义、主观唯心主义与客观唯心论的持续的紧张。没有作为生命对象的文化概念,他不能超脱自然主义的心理主义;但彻底抛弃心理学,将意味着否认其生命哲学的主要假设,因为他相信,与自然相比,文化科学的独特性就在于文化是为个人所体验着的(我们前面讲过体验就是创生)。狄尔泰很清楚,如果生命体验是疏离外在的,就不可能有解释;而如果体验中全无陌生的东西,解释也不需要了。因此,解释应该存在于两极之间。

3. 理解概念

上述那种内在的对立也影响到狄尔泰对理解(verstehen)概念的解释。在他看来,理解方法乃是人文科学特有的认知手段。在人文—历史领域,认知主体与客体不是彼此外在的,而是构成一个同类的世界,即便其在时空中相距甚远,也是内在的同一的,否则何以说明历史的可能。"人文科学优越于自然知识者在于其主题并非一种在感觉中给定的现象,仅仅是对意识中真实显现事物的单纯反映,而是本身就是直接内在的现实。"②因此,无须像实证主义所建议的那样只限于观察事实,我们有机会达到对被隐蔽在事实背后的东西的了解。人文科学研究的事实是这种深层次实在的符号,深入其中获取对它的知识正是人文科学的使命。从最一般的意义上讲,理解就是揭示被遮蔽在社会世界表层下的东西的方法与程序,而对表层的可观察部分的了解当然要借助于自然科学的方法。理解与说明各有所用,"我们说明的是自然界,而我们理解的则是精神生活"③,而贯穿人类研究的全过程,这两种方法是同时需要的。

狄尔泰对理解方法的阐述多有歧义,每种说法都可找到支持的论证。大体说来可分为心理学的理解与解释学的理解两种。须记住的是狄尔泰本人并未作过

---

① 引自斯温杰伍德:《社会学思想简史》,第 133 页。
② Dilthey: The Rise of Hermeneutics, from Jerzy Szacki: *History of Sociological Thought*, p. 327.
③ 引自 N·C·科恩主编:《十九世纪至二十世纪初资产阶级社会学史》,第 157 页。

这一类区分。

简单说,所谓心理学理解就是根据自己的经验而扮演他人角色的重建性体验。举他历史研究方法论常用的说法是,历史学家要理解恺撒和拿破仑,就要力图成为恺撒或拿破仑,在自己的心灵中复活着过去。但他并不认为仅此方法就足够了。他区分了理解(verstehen)与有倾向的重构(erlebnis),认为后者的许多缺点应该消除,如主观随意性、无法证实性等。他提出简单的与复杂的两种理解方式,对某些事的理解可用简单的类比即告成功,而对另一些事则须诉诸复杂的思考与超心理学的知识。例如我们要想知道不同情况下人流泪的意义,就得理解特定语言中流泪一词的语意、文学作品的描写以及历史人格的有关行为。直观自己的内心经验,尽管有帮助,但还是不够。我们必须求诸历史背景知识和各种人文学科积累的一般知识。理解不只是对自己的内心的体验,而且还要将事实置于一个确定的整体中加以考察,包括语言、文化、社会制度等。这样的理解需要许多种心智活动的协调配合,这里谈的已是解释学的理解了,狄尔泰认为解释学已是一种知识,而心理学的理解则是一种艺术。

我们说过,狄尔泰本人并未作过理解方法的明确区分,这一区分的实际运用在他自然也不会十分清楚。他在讨论生命时,往往止于生命的直接体验;而在讲到生命的对象化时,其兴趣便转向解释学。涉及体验时,他试图发现感性个体的表现与其内心状态的关系;而在涉及解释学时,他要发现的是一种表现的确定形式与对象化产物的总体的关系。在涉及复杂的精神现象时,狄尔泰求诸的不是心理的理解,而是概念的构造及其结构规则。但无论在何种情况下,理解主要是非理性的过程。在一种情况下,人们进入人的体验的心灵;在另一种情况下,人们进入的是诸如一个时代、一件艺术作品这样的特定的整体的心灵。

许多作者认为狄尔泰的著作标志着人文科学的一种革命。他的哲学乃是人文科学与社会科学的最早的独立宣言。其独立的根据是人文科学有其迥异于自然科学的主题,因此必须求诸性质根本不同的方法。狄尔泰的思想在人文科学方法论中产生了一种新潮流,任何时候,只要自然科学模式的普遍有效性与直接适用性受到怀疑,这股思潮就会趋于活跃。它已对欧洲社会学产生重要影响。但他的学说缺少内在的一致与严密,并且受到生命哲学非理性主义的过多感染,必须大大修改完善方能作为社会科学方法论发挥作用。新康德主义的弗赖堡学派推进了狄尔泰的工作,并力图超克他的哲学。狄尔泰曾被人们称为"历史认识上的康德",就他清算社会学半个多世纪的实证主义形而上学教条、另辟社会科学发展之路径的工作而言,确可与康德对旧形而上学哲学的成功批判相媲美。

12.3 李凯尔特：历史科学的方法论与价值论

新康德主义与狄尔泰一样坚持反对实证主义自然主义方法论的立场，强调历史活动的主体性质与个体化特点，也认为历史学比社会学更重要，或确切地说，要将历史学作为文化科学建立起来。但新康德主义力图摆脱狄尔泰生命哲学的非理性主义，并且把人文科学的逻辑—方法论问题置于其兴趣的首位。

文德尔班(Windelband,1848—1915)1894 年在斯特拉斯堡大学的题为《历史与自然科学》的著名演讲中，提出了代表新康德主义科学概念的基本原理。他反对按科学研究的对象来分类，因为各对象的对立并不与认识方法的对立相一致。他主张按照科学认识方法及其认识目的的形式的性质来划分科学的大门类。他说："经验科学在现实的事物的认识中寻找的，要么是自然规律形式下的共相，要么是历史规定形式下的殊相；它们所考察的，有的是常住不变的形式，有的是现实事件的一次性的、特定的内容。有一些是规律科学，有一些是事件科学；前者讲的是永远如此的东西，后者讲的是一度如此的东西。如果我们可以造一些新术语，那就可以说是科学思想在前一种场合是制定法则的，在后一种场合是描述特征的。如果我们要仍旧使用通行的用语，那就必须要本着这种自然科学与历史科学对立的意义来说话。"[①]

文德尔班提出的方法问题在李凯尔特的《自然科学概念构成的界限》(1902)一书中得到了更加细致和系统的探讨。

1. 个体化方法

李凯尔特(Rickert,1863—1936)认为其导师文德尔班所作的方法论区分是不言而喻的。他赞同自然科学与历史科学的方法及其目的区别是一般化与个体化思想之间的区别。但他认为这种区别是相对的，而不是绝对的，因为对立并不涉及两类不同的实在和领域，而只是一个方法论与科学的目的问题，是从两种不同的观点观察同一个现实形成的区别。当我们从一般性看它时，经验现实成为自然；而当我们从其个别性看它时，经验现实则又成为历史。个别化的方法原则上可以适用于自然界(半历史性的自然科学，如地质学、进化生物学)；而一般化的方法原则上也可以适用于社会现象(半科学性的历史科学，如社会学、经济学、理论

[①] 文德尔班：《历史与自然科学》，引自《西方现代资产阶级哲学论著选辑》，第 55—56 页，商务印书馆，北京,1964 年。

法理学等)。纯粹自然科学与严格的历史科学是一般化方法与个别化方法的两极,两极之间为一般化或个别化程度不同的各种研究的空间。李凯尔特没有追随狄尔泰用历史学取代社会学,而是为它在两极间的过渡带上留了一席之地。但他仍坚持认为个别化方法提供了研究人类历史—社会现实的最好方案,用自然科学方法处理历史现实是把具有生命力的东西"强制地同僵化的一般性捆绑在一起",因而不能胜任历史—社会认识的任务。

李凯尔特最关心的是个别化概念及方法的逻辑问题。他是这样提出问题的:"所以历史概念的构成问题就在于:能不能对直观的现实作出一种科学的处理和简化,而又不至于像在自然科学的概念中那样,在处理和简化中同时失掉了个别性;而且经过处理和简化所得到的并不是一个还不能视为科学表述的单纯事实'描述'。"①这段话很重要,但也不大好理解,我们须先对李凯尔特的个体概念的确切意思有一了解。李凯尔特认为属于经验范围的实际事物都是个别的,这种直观意义上的个别性不是任何科学所致力的目的。自然科学的目的自然是从大量个别的事物中分离出一般性来,而把表征其个体性的事物弃置一边;历史科学也不能把所有的个别性事物都当作自己的对象,因为事实上没有什么历史—社会领域的事件不是一次性的和个别性的。而根据我们马上要谈到的李凯尔特确定的个别化概念构成的标准,任何对象均可成为"历史"的个体,譬如,一颗纯为自然物的钻石。因此,在李凯尔特看来,重要的是从单纯的有差异的个体中,区分出对历史学有意义的个体,并且,必须是科学表述上有意义的个体,这后一句话的意思是,"对一次性的个别事物进行普遍有效的表述"②,才是历史学追求的个体概念。

认为个体化概念排斥普遍意义概念,这是对李凯尔特的误解,客观有效性与普遍意义的概括与表述,是任何科学所应满足的条件。李凯尔特说得好:"谁要是认为只有一般事物而永远不会是个别事物才具有一般意义,谁就忽视了这样的事实:那些最具一般意义的价值恰恰能够寓于绝对个别和绝对独特的事物之中。"③

现在的关键问题是:这样的个体概念如何可能? 是根据什么考虑构成的?

李凯尔特指出,历史学上有意义的个体概念不仅具有一次性的、特殊的和独特的事物的意义,而且同时还具有不可分事物的意义。这两种意义紧密相连,寓于个体一词中,缺一不可,而最重要的是不可分意义,或不可替代的意义。但不可

---

① 李凯尔特:《自然科学概念构成的界限》,引自《现代西方历史哲学译文集》,第 6 页,上海译文出版社,1984 年。
② 引自《现代西方历史哲学译文集》,第 27 页。
③ 同上书,第 26 页。

分或不可替代均不是工艺上的或自然意义上说的性质,而是由人的态度上或确切地说对于人的意义和价值关系所得到的性质。李凯尔特举了一个煤块与科伊诺大钻石①相比较的例子。同科伊诺大钻石一样,放在我们面前的这块煤也不会在世界上存在两次;因为凭其个别性,不仅有别于其他种类的东西,而且也有别于其他所有的煤块。当考虑到不可分性时,情况就完全不同了。它们二者虽然均可被分割,只需用锤子一击便可将这两个个体统统砸碎。煤块的分割恐怕是世界上最为令人漠不关心的事了。与此相反,人们将小心翼翼地保护钻石使其免遭此祸。其所以如此,就是因为随时都可以用另一块煤来代替这块煤,但第二块科伊诺大钻石也许是永远也找不到的。李凯尔特由这一例子引出了从社会学观点看他的最重要发现:即价值关联(value-relevance)。钻石所以不可分割,不是真的不能分割,而是人们不想让它被分割,因为它宝贵无比。"不可分个体永远是与价值有关的个体。""一次性的、人的个性的统一性或不可分性并不是任何其他的什么统一性,而仅仅是和某种价值有关的个体的统一性。"上面提到的两类个别性的概念在这里变成具有重要方法论意义的两类个体:广义的个体与狭义的个体。"任何一种现实事物(不管它是精神性或是物质性)都能分解为狭义的个体和广义的个体。我们还会懂得,我们何以如此轻易地便忘记了:就独特性而言,一切现实事物都是以相同的方式作为广义的个体而存在的。它们当中的绝大部分仅仅是独特的,只有当它们和某种价值发生联系并因此而在其独特性上变得不可分割地统一了时,我们才重视它们的独特性,并且有机缘去明确认识它们(对精神性的个别事物来说几乎永远如此)。"②也就是说,人们是把对于人的生存、发展有意义、有效用、有价值的独特性个体视为认识上与实践上重要的东西,从而"进行这种区分是极为理所当然的,所以人们极少想到它的道理,而且根本就没有想到区分时的选择是为价值观点所左右的"③。这种受价值观点支配而形成的对世界的个别化的理解(或观点)被李凯尔特称为实践生活的世界观,此即本来的、无所不包的历史观。"可以把对有意志的、能评价的人来说是不可分个体的个体称为历史上的个体。"这样,历史科学就被李凯尔特定义为文化科学,因为在他看来,文化正是价值的领域。无论是人们根据其价值目标的行动所直接造成的任何产物,还是人们为了价值起见至少是有意促成的一切,都构成了文化。

---

① 科伊诺大钻石为英国王室珍宝,重109克拉。
② 引自《现代西方历史哲学译文集》,第21页。
③ 同上书,第22页。

2. 文化科学：价值领域

李凯尔特的文化概念含义并不十分清楚，但它指涉人文科学之思路仍是清晰可辨的。可以说它相当于狄尔泰的客观精神，而有一点不同，李凯尔特将文化与精神生活分离开来。他说："文化科学不应限于对心理事件的研究，它也十分不适于描述那些处理人类'心灵'的种种表现的科学，如果人的'心灵'专指人内在的心理活动的话。"文化科学与个人所体验的内容没有关系（那是心理学的课题，心理学是被当作一门自然科学推进的），而与对人们有意义的事物或与各种价值有关联的事物有关系。就存在一词的本意言之，价值不存在于任何心理的或精神的感官中，而是像道德公理一样与人们形成一种纽带关系。文化价值若不是事实上为所有人视为有效而被接受的话，便至少是由某些先知先觉者所设定的。文化科学对伴随着评价的精神现象不感兴趣，其唯一关心的是哪种价值由于何种历史现实而获得一种确定的结构，结束其无形式性与无名性，并成为有条理的。

按这一方式发现的历史秩序无论如何不是绝对的秩序。李凯尔特有时虽然也会谈到超历史的价值，但他更关心"实际上被接受的价值，它们像海浪一样变化不定"。世界呈现给经济的历史学家是一幅图景，呈现给法律的历史学家或艺术的历史学家则是另一种面貌，没有哪一幅画面比任何其他画面更真实；也没有任何可能将它们捏在一起。但李凯尔特坚持认为这些不同价值都是在历史进程中发现的，因而具有客观性。为此他区分了价值关联与评价。"作为一个科学家的历史学家和有意志的人相反，他不是搞实践的，而是搞理论的，因之他总是去表述而不是去评价。……历史并不是一门评价科学，而是一门与价值相联系的科学。"[①]历史的个体是由特定的对象与既定的价值间的关系构成的，而不是由历史学家自己的评价构成的。李凯尔特的价值关联与价值评价的关系的思想对韦伯的理解社会学有重要的影响。

李凯尔特从价值观念角度解释历史—文化现象，并不意味着放弃因果概念。他说，尽管有个体化的方法与价值的取向，历史仍得研究在一次性的个别的事件中存在着的因果关系。

在把历史视为文化，并力图加诸历史经验之流一种确定的结构，从而使对历史的认识成为可能的方面，齐美尔的工作可与李凯尔特相媲美。不同的是，李凯尔特关心的主要是历史认识的逻辑方法论，齐美尔则不仅提出了关于获取历史知识的方法，而且还有关于现实本身的结构问题。李凯尔特从新康德主义立场出发

---

① 引自《现代西方历史哲学译文集》，第24页。

设定历史认识的对象是由研究者构成的。在李凯尔特看来,经验实在本身并无形式,是研究者运用不同的逻辑、方法、概念(最重要的方法即为一般化方法与个别化方法)加诸经验实在使之条理化。齐美尔则假定,与自然不同,社会实在有其本身的秩序,因为社会是由自觉的行动者发出的各种行动构成的,行动者必然会产生秩序。齐美尔认为社会是客观的统一体,不需要一个不在社会中的观察者,其目的是为了作出社会的统一来。在他看来,人与自然物的差别在于人们之间是沟通的、联合的与统一的,其统一性存在于理解中,在爱的情感及共同的努力中,而自然物是彼此隔离的、孤立的,没有共享的东西。

形式概念是齐美尔哲学的枢轴。形式是生命所创造的,借以表达和实现自己,而形式就构成了文化。艺术作品、宗教、科学、技术、法律及无以数计的其他的事物都是文化的各种具体形式。这些形式浸透在生命之流里,为它提供内容与形式、自由与秩序。尽管这些形式源于生命过程,但由于本身独特的性质,它们不会时时随生命变化不定的节奏,如潮水般涨落,不停息地分合变化。它们需要有确定的形态,一种逻辑的框架与本身的结构法则,这使它们逐渐远离精神的动力源,后者创造它们并使之独立。文化有历史。在奔腾不息的生命之流与固定的形式之间的一种持续的张力亦构成了文化的特征。齐美尔认为文化时时受到追求无限制变化的威胁,他重视形式的相对稳定性。

从狄尔泰到李凯尔特、齐美尔,我们正在走近一种与此前介绍的传统完全不同的社会知识。他们力求克服实证主义传统。实证主义在其猛烈的火力下的确受到了重创。但这是两种对立的意识形态,不是两种可通约的理论系统,原则上谁也不能一劳永逸地战胜谁。我们在第十章里曾谈到,实证主义的第二阶段的发展在20世纪20年代又趋活跃,现在仍作为西方社会学的主要潮流在发挥着影响。实证主义的视野反映了世界的一个永恒的维度,仅此而言是无法超越的。当然,这种确定的观察角度,使其洞烛透视了世界的一面,也不免遮蔽了其他面。正像李凯尔特的价值取向说所说的那样,我们区分出某些客体与我们结成了有意义的关系,便把许多其他客体视为彼此可替代的而留在了背景中。科学方法的嬗递,在某种意义上,就是不断发现新的视角、世界的新的维度。所有这些意见对于德国的历史主义人文主义观点亦是同样适用的。这些不同的理论范式既是互不相容,又是互相补充的,批评性建设性的对话对科学的进步无论如何是不可缺少的。

德国人文主义在批评实证主义的同时,提出了自己的观点,也遇到了理论上的两难问题。它最主要的假设有两个:一是理解的方法,这种方法较之自然科学的解释或说明的方法对社会人文科学更重要;二是文化概念,文化首先被认为是历史上各个特定共同体的财富,其次被看作是一种非物质形式的或价值的结构,是由有目的主体的行动所创造而保存的。但这两个假设,正如我们在狄尔泰等人的思想中所发现的那样,尚未能整合为一个统一的阐述体系,因此不免会产生理论上的困难。一方面文化是客观精神领域,对个人而言是相对自发的;另一方面,个人的体验、主体的行为乃是终极的经验实在,是一切客观化精神产物的源泉。这两个命题如何协调?这是我们遇到的第一类困难。为了推进新的文化理论,就需解决心理主义问题,李凯尔特的努力可视为这一方面的尝试。

第二类困难产生于这样一种冲突:一方面试图依整体论的历史主义的观点去理解社会—文化世界;另一方面又意识到这样一种运动中的整体实在是无法理解的。尽管已经抛弃了自然科学提供的选择研究资料的手段,历史科学的研究者仍无法回避这一问题。于是历史主义的学者采用了形式主义的框架,这实际上是默许历史经验之流中可有某种稳定的和结晶的东西。

也就是说,德国的人文主义哲学面临心理主义与文化论、历史主义与形式主义的两难,必须着手解决文化的客观性质及相对稳定的秩序问题,这些问题可用科学的方法来研究。它必须与研究自然秩序的方法有所不同,但其科学性和精髓性应当与之相同。李凯尔特以后的德国社会学的发展正是与对这些问题的新的尝试联系在一起的。

12.4 滕尼斯:*Gemeinschaft und Gesellschaft*

滕尼斯(Tönnies,1855—1936)是德国社会学学会的创始人,他的 *Gemeinschaft und Gesellschaft*[①](1887)一书是德国社会学史上一部划时代的著作,他贡献了德国社会学的第一个大的综合体系。

滕尼斯博采众家,如霍布斯的自然法、孔德和斯宾塞的实证主义、叔本华的意志哲学、马克思主义、摩尔根等进化论者的人类学研究、基尔克(Gierk,1841—1921)的中世纪法研究等都是影响和启发他思想来源,这形成了他的体系的恢宏阔大的综合特征。几乎当代的所有重要的学说都可在滕尼斯体系中发现一席之地。在这个体系中,实证主义、进化论与人文主义并存,心理主义与社会学主义、历史主义与形式主义并存,理论社会学与实用社会学并存。他对各家学说固

---

① 英译者指出,翻译中所遇到的一个困难就是如何找出一组成对的术语来翻译 Gemeinschaft 和 Gesellschaft,英文采取了在原术语后加括号的方法,分别译为"community"和"society"。而当它们是在理想类型意义上被使用时,英译文直接引用不作翻译。本书引文依据英译,在英译加括号的语境里,分别译为"共同体联系"和"社会联系",而在直接表述社会类型概念时,则译为"社区"和"社会"。

然有所折中,但他在社会学史上的地位是其独特的理论贡献赢得的。他是第一个试图将英法的实证主义与德国思辨哲学、历史主义与生命哲学思想遗产加以综合的人,他部分突破了实证主义,为齐美尔、韦伯开辟了一条道路。较之狄尔泰的理论,滕尼斯提供了一条德国社会学发展的便捷之路。他的旨趣集中在19世纪社会学的两个主要问题上:个人与社会之间各种纽带、关系的性质;导致欧洲社会进入现时状况的发展的性质。他煞费苦心地锻造概念,力图用一种新的观点看待在资本主义的冲击下解体的先前共同体(或社区)的社会学问题,他推进了前人的研究。

社会联系或社会结合的纽带的性质的问题,是滕尼斯社会学的焦点问题。在其早期讨论霍布斯思想的一部著作中,滕尼斯阐述了这一问题的理论内涵及思想来源。他说:"霍布斯的一部分追随者在他那里寻找公社意志的绝对主权这一概念的支持……根据当时的历史实际情况来看,这种做法是与具有无限权力的君主政权一致的。另一部分则从关于人的本性的乐观主义概念出发,甚至否定了这一新的凌驾于其他一切之上的权威;他们根本不认为公社本身是必要的,而是认为人类可能有的最大幸福可以通过社会的国家,即通过个人彼此之间平等的、双方的、可以建立也可以断绝的关系在纯粹的社会中达到。这一思想的第一位有成就的代表者是洛克。……这种观点的现实基础是以自由派立宪政体的形式表现出来的。"[①]

滕尼斯还接受了英国法学家 H·梅因(H. Maine,1822—1888)关于迄今为止的社会运动是一个从身份地位社会到自由契约社会的运动的二分观点。梅因在其著名的《古代法》中阐述了他认为由他发现的社会进化的普遍规律之一:

> 所有进步社会的运动在有一点上是一致的。在运动发展的过程中,其特点是家族依附的逐步消灭以及代之而起的个人义务的增长。"个人"不断地代替了"家族",成为民事法律所考虑的单位。前进是以不同的速度完成的,有些社会在表面是停滞不前,但实际上并不是绝对停滞不前,只要经过缜密研究这些社会所提供的各种现象,就可以看到其中的古代组织是在崩溃……我们也不难看到:用以逐步代替源自"家族"各种权利义务上那种相互关系形式的,究竟是个人与个人之间的什么关系。用以代替的关系就是"契约"。在以前,"人"的一切关系都是被概括在"家族"关系中的,我们似乎是在不断地向着一种新的社会秩序状态移动,在这种新的社会秩序中,所有这些关系都

[①] 滕尼斯:《十七世纪哲学和社会学研究》,引自《十九世纪至二十世纪初资产阶级社会学史》,第172页。

是因"个人"的自由合意而产生的。①

身份处在一种先赋的位置,个人的努力无助于改变这一位置。它也是一种社会制度的象征,在这种制度中,群体而非个人才是社会生活的基本单位。每个人都被束缚在家庭与集体的关系网络中。随着社会的进步,身份地位逐渐让位于一种契约的社会制度,其特征是个人自由、权利与义务都源于自愿的行为,而且是行使人类自由意志的结果。根据梅因的观点,一个进步的文明社会的标准是:独立的、自由的和自决的个人作为社会生活的基本单位而出现。

滕尼斯在继承前人思想的基础上,在 Gemeinschaft und Gesellschaft 这本使他声誉卓著的著作中,提出了他的两种社会联系的学说。

他从人的两种意志谈起。一种来自人性自我的最深处,称之为有机的或本质的意志。本质的意志是一种整体的意志,思维过程与生命、情感及全部的人类经验不可分割地联系在一起。另一种意志即选择的意志则是独立的。每一种意志都与不同类型的人的行动结合着:本质的意志意味着内在动机驱使的行为;选择的意志意味着与所欲达到的外在目的有关的行为。

社会关系是由这两种意志所塑造的。本质的意志产生社区(Gemeinschaft),选择的意志导致社会(Gesellschaft)。这两个概念是滕尼斯社会学体系的枢轴,其作用至少同斯宾塞的尚武社会与工业社会、涂尔干的有机团结与机械团结的概念一样重要。滕尼斯首先概述和对比了经由两种不同意志而形成的两种不同的联系和关系形式:

> 通过这两个术语的实际使用,我们将看到其含义的有选择的表述是基于它们在德语中彼此联想的用法。然而直到今天,在科学用语中,它们仍常常被混淆,被毫无区别地随意使用。为此,需要先作一番介绍,解释一下两个概念之间固有的区别所在。我们发现,凡是亲密的、私人的和排他的共同生活,都被理解为共同体联系的生活。而社会联系是公共生活——即世界本身。在家庭的共同体联系中,人们从一出生就与之休戚与共、祸福相连。而一个人涉足社会联系,却像到了陌生的国度。人们提醒年轻人抵制坏的社会联系,但若说坏的共同体联系就背离了这词的原义。律师或许鉴于社会联合体的法律概念而提出本国社会的说法,但是本土社区或家庭生活却对每一个参与其中的人所能够感受的人的灵魂有不可估量的影响力。同样的,所有新婚夫妇都意识到他或她的婚姻完全是一种"生活的共同体"。而"生活的社会"本身就是自相矛盾的说法。在这个意义上,一个人保持和享有的是与他人的

---

① 梅因:《古代法》,第 96 页,商务印书馆,北京,1995 年。

社会(或公司)联系,而不是与他人的共同体联系。一个人可以成为宗教共同体的一分子;而宗教的社会联系(协会或学会)如同别的由特定目的形成的群体一样,仅当它们置身于诸多政治性组织中或表达某些理论的观点时才存在,而与宗教共同体毫无瓜葛。存在有语言的共同体、民俗的共同体、道德的共同体或信仰的共同体;与之相反的是,存在有商业的社会、旅行的社会或科学的社会。就如非常重要的商业上的社会联系(协会或公司),即使生意伙伴可能彼此熟识而存在共同体联系,但人们恐怕还是难以接受商业共同体的说法。而像"股份合资共同体"的说法会让人反感。但另一方面,对农田、森林、草原的拥有权可以形成共同体联系。夫妻之间财产上的共同体联系则不能称作财产的社会联系。如上辨析,许多区别就明显起来了。①

腾尼斯进而对两种类型的社会进行了详细的对比:血缘、邻里和朋友关系是社区的主要纽带,在社会中则为契约、交换与计算的关系。前者亲如一家,后者则为与单一功能联系着的角色。社会控制在社区中依据的是习惯与传统,而在社会中则依靠形式化的法律;引导社区成员行为的是信仰,在社会中则为舆论;社区的经济基础是土地和集体财产,在社会中则为金钱和私产。与涂尔干的概念正好相反,靠本质意志建立起来的社区是有机的团结;而靠人的选择意志建立起来的社会,是通过法律、权力、制度、利益的观念把关系疏远、彼此异己的个人组织起来的。尽管人们通过契约、规章发生联系,但手段与目的在本质上是相互分离的,因此社会是一种机械的团结②。

社区与社会的这对概念中,不难看出梅因的影响,它无疑包含了社会进化的历史观点。腾尼斯试图以这种历史的对比,说明欧洲社会在资本主义的冲击下发生的变化。在这点上,他又是追随马克思的。至少就他指出的旧的共同体的纽带已经破裂、新的社会关系正在出现、在这种社会关系中人人追求利己的目的而以别人为手段等情况而言是如此。但他不能说明社会变化的原因,他或多或少把社会和发展视为理性不断增长的过程,由此绝对地认为其发展方向是从社区走向社会。就这点而言,他的观点与历史唯物主义创始人的观点没有共同之处。

腾尼斯的这对概念还表现了较明显的价值倾向。他把社区范围内的社会关系描述为亲切友好、合作和真挚友谊的关系,却忽视了情感意义上的任何消极关系和内部的冲突关系,他的描述有非历史的和理想化的缺点。但另一方面,他指出随着个人独立性、自主性的发展而导致的某些社会价值与社会有机团结的崩

---

① From Parsons: *Theories of Society*, pp. 191-192. 中译采用徐珂的译文(未刊稿)。
② Ibid., p. 192.

溃,已使个人主义社会的秩序成为一个问题。他还对没有某种社区(共同体)的精神而能有真正持续稳固的社会团结的观点表示怀疑。这是他的深刻之处,超过了自由主义—功利主义者。

滕尼斯本人总在各种场合强调他的概念不涉及真实的历史过程,是价值中立的,即绝无站在中世纪一边反对现代的动机。不管这一声明的真实性有几分,有一点是肯定的,他的社区—社会概念也是一种类型学的方法,从而是方法论性质的概念。他认为这两种社会联系在任何社会中都是同时存在的,纯粹的社区或社会是想象之物而非真实事物,所有真实的社会都同时具有 Gemeinschaft 与 Gesellschaft 的因素,因此将这对概念作为社会形态分类概念是不准确的,而只是社会联系、社会团结的分类概念。

分类法尽管不能被视为滕尼斯方法论的全部,但的确反映了滕尼斯的一种很重要的倾向。他认为理论或纯粹社会学的主要任务不是描述事实,而是将社会关系概念化、形式化,所形成的不是供直接观察的问题,而是思想的对象。它们是从生活情境中即从社会互动事实中抽象出来的思想产物,以便为分析社会生活极为不同的领域、无限丰富的对象以及变化不定的社会过程提供一个有条理的框架和理论说明的概念结构。当然,纯粹社会学还停留在抽象水平上,只有通过应用社会学和经验社会学我们才能接近事实。

滕尼斯的类型方法对社会学的意义是两方面的。一方面,由于它的形式主义性质及缺乏划分社会关系类型的可按照社会事实确定的标准,这种分类法只能适用于描述事实而不能对事实作社会学的解释。简言之,它缺乏理论的阐释力。另一方面,它反映了分析的(与历史的相对立)社会学思想的自觉,表明社会学按其意识本身是一门分析的科学,证明社会学力图自我肯定并找到自己对社会的分析方法。在分析对象时不顾其内容特征而集中注意其所体现的社会关系的形式,这一形式社会学的思想得到了齐美尔的响应和支持。

滕尼斯的类型方法对涂尔干的社会团结类型说的影响是明显而重要的,涂尔干对此影响有公正的评价。这种类型学还以变化了的形式为帕克、雷德菲尔德(R. Redfield,1897—1958)和 20 世纪三四十年代的其他社会学家所运用,宗教社会与世俗社会、民俗社会与都市社会等二分理论是与社区—社会(Gemeinschaft-Gesellschaft)理论一脉相承的。

齐美尔和韦伯的巨大身影多少遮蔽了滕尼斯的光彩,但滕尼斯的 *Gemeinschaft und Gesellschaft* 无疑是社会学史上最具影响力的著作之一。有人甚至说,全部德国社会学史可以归结为滕尼斯引入的这两个概念的历史。这是夸张,但夸张也说明了滕尼斯的概念的影响力。

12.5 齐美尔:形式社会学

齐美尔(Simmel,1858—1918)是社会学史上一个气象万千的人物。早期他曾倾向于实证主义,随后一个时期追随康德主义,后期沉浸于生命哲学。他的学术兴趣极其广泛,哲学、历史学、艺术、音乐、伦理学、宗教、文学、文化理论、社会学等领域都留下了他深深的印迹。他一生写了几百篇论文,近三十部著作,有十五部是重要著作,如《社会分化:社会学和心理学研究》(1890)、《历史哲学问题》(1892)、《伦理学导论》(两卷,1892—1893)、《货币哲学》(1900)、《社会学:关于社会交往形式的研究》(1908)、《哲学的主要问题》(1910)、《哲学的文化》(1911)、《社会学的根本问题:个人与社会》(1917)、《现代文化的冲突:一种阐述》(1918)等。他以重视小团体的互动的微观社会学的研究著称于世,又以对资本主义文化的总体批判的宏观巨制卓尔不群;他是他的时代最优秀的演讲家之一,他同时为学术圈与公众工作,在课堂上和学院外的广大听众中同样获得了巨大的成功;他可称罕见的天才,并且是现代思想的中心人物,但却是其所处时代的边际人;他是个犹太人,生长于德国反犹主义盛行的时代;他的学术成就受到那个时代著名的学者如李凯尔特、韦伯、胡塞尔等人的赞赏,但他却一生为大学学术当局所排斥,直到晚年才获得正式教师聘职;无论是大学的文化圈,还是柏林的反主流文化圈,齐美尔在两个范围内都是边际人;这种边际的色彩在他生平时代深深挫伤了他,但也许正因为如此,他才能从旁观的角度更卓越地洞悉社会生活的内蕴。

1. 社会学的对象与领域

齐美尔反对关于社会学是受其内容所决定的观点。社会学不能通过特殊的、为其他科学所未曾研究过的对象来建立,因为如果把人理解为社会的存在,社会就是所有历史事件的体现者,既然社会学以这样一些事实为基础,那么它所包含的一切对象,都已为现存的学科研究过,"就其他科学的成果构成其题材而言,社会学似是一门折中的学科"①。但那些希望社会学能够成为一门包揽人类一切事务的总科学的想法是徒劳无益的。认为社会学是关于社会的科学的主张也是十分可疑的。如果社会指的是发生于社会中的一切事物的总和,莫非社会学要承担全部社会科学才能完成的任务?齐美尔认为"社会"一词还有另一种含义,它指各种社会交往形式的总和,个人通过这些交往形式组成了第一种含义上的"社会"。

---

① David Frisby: *Georg Simmel*, London: Tavistock Publications, 1984, p.48.

社会学就是以各种社会交往的纯粹形式为对象,其方法"是从各种现象中分出社会交往的要素……如同语法之把纯粹的语言形式与这些形式赖以存在的内容分开一样"。"一门真正的社会学只能处理特定的社会形式及社会交往(Vergesellschaftung)本身的各种形式,而不同于社会交往借以实现的种种特殊的兴趣与内容。"①这样,社会学至少涉及两类领域:对社会交往的纯粹形式的描述与系统化构成为纯粹社会学或形式社会学;运用纯粹社会学的方法在各门社会科学的传统对象的范围内揭示各自特殊的规律构成为一般社会学。在这两个方面,社会学都不把一个整体的社会当作自己的研究对象,这是对迄今为止占主导的社会有机理论(孔德、斯宾塞、涂尔干是其主要代表)的一次重要超越。

另一方面,对社会学中的心理主义观点,即把一切社会现象完全归结为个体、个体的性质和感受,视社会仅为一种名义存在的原子主义观点,形式社会学所作的处理是独特的,既非反人本主义的和唯科学主义的决定论,也非心理主义的还原论。首先我们要记住,在涉及社会生活根本性质的本体论问题上,齐美尔继承的是德国历史主义人文主义的传统,坚持社会归根到底是人们行动的产物。他在《历史哲学问题》中坦言:

> 政治的与社会的、经济的与宗教的、法律的与工艺的等一切外部事件,如果不是出于或产生于心理的途径,那么对我们来说它们就既乏味又不可理解。如果历史不是一出木偶戏,那就必定是心路的历程史,精神所描述的一切外部事件不过是些连接物,一头接着意志的冲力与活动,另一头接着由这些外部事件所激起的各种情绪的反应。②

在《社会学》一书中,在讨论"社会如何可能"的问题时,他将个体性视为三个先天条件之一(另两个是角色与结构)。这意味着"生活并不完全是社会的",个人绝不完全等同于一个或一群社会角色。个人有反社会角色化的一面,"这是基于个人自发自主的机能,使人能以自己为中心并为了自己看待其生活"③。

尽管齐美尔认为考虑心理现象是必要的,并把心理生活视为社会生活的最微观的基础,但他却未尝试去发掘和解释心理本身运作的内涵,也不认为仅仅通过个体心理便足以解释全部社会生活。社会学感兴趣的不是心理过程本身,而是社会的互动。心理还原论的错误在于忽视了一个基本的社会事实,即:社会互动形式的变化、互动人数的变化,都会引起新的属性的发展,而这种新的属性从研究孤

---

① David Frisby: *Georg Simmel*, p. 52.
② Jerzy Szacki: *History of Sociological Thought*, p. 349.
③ David Frisby: *Georg Simmel*, p. 122.

立的个人中是推演不出来的,但是互动过程仍是一个心理现象。因为行动者不是社会交往结构中的被动角色,社会交往及文化的形式一经产生固然拥有自己的生命(详见本章第 3 节),但另一方面这些形式、结构只有概念化、内心化才能影响个人,只有经过行动者的解释、评价后才能"活动"起来。因此,齐美尔社会学的特点是强调微观(心理层)的互动与交往(社会层)。

综上所述,齐美尔社会学存在着三个基本层次的主题:第一层次,是他对社会生活本体论的心理成分的微观假设(哲学社会学的一部分);第二层次,是他对于人际交往关系形式的社会学成分的兴趣(纯粹社会学与一般社会学);第三层次为宏观层次,是他对于所处时代的社会与文化精神的结构与变迁的学说(文化社会学)。

2. 形式社会学

齐美尔对当代社会学的贡献,最为人熟知的是他对社会交往的模式与形式的阐述。我们择其要点予以介绍。

齐美尔首先确定了社会学以社会交往为其主题,并且着重研究社会交往的形式。这是因为,第一,作为社会生活内容、材料的各种动机和行为如饥饿、爱、劳动、宗教信仰等本身并不是社会的,只有将它们纳入交往关系中,它们才是社会交往中的因素。第二,社会交往的因素只有通过确定的交往形式,如合作、统治、竞争等,才能实现自身而从个人的属性转变为社会现象。社会既不存在于个人之外,仿佛其本身是一个有生命的独立自存的实体,也不是一种名义的存在,仿佛除了个人的心理现实外不再有任何超越于独立个人的客观现实。社会就在人们具一定形式的交往、互动中产生着、维持着、延续着。交往及其形式概念使齐美尔既能保留能动的人主体的概念,又能对更大的制度和社会过程作客观的分析。

形式概念为社会学的研究提供了一组范畴,使我们能在一向被认为是主观任意的、一次性的历史事件领域与人类活动领域中发现事件及活动的潜在的同一性结构,从而使历史、社会的研究获得客观性普遍性的品格。齐美尔说明,尽管历史上的君主的个人遭遇与性格特征彼此相去甚远,但社会学家可以抛开所有历史的特殊性,证明所有君主的活动都受到君主制的限制。如果再作深入的剖析,他甚至不必涉及君主制,而只去研究冲突与合作、统治与服从、集中与分散这样一些结构。同样,虽然不同的价值、利益与目的使人类社会产生出各种不同的团体,但它们实现这些目的与利益的社会互动形式是相同的,例如战争与经济都含有合作这一形式。当然,不同的形式也可服务于相同的目的。为了经济利益,既可通过竞争,也可借助联合。通过形式的范畴,经验世界被转化为一个分类体系,一个兼有认识论和本体论性质的概念图式。形式为多样而散乱的客观世界提供统一性。齐美尔力图建立一门社会生活的几何学。

社会几何学的一个主题是数学在社会生活中的意义。他对于人员数量所引起的互动性质的变化,在对两人群体与三人群体的差异讨论中有精彩的分析。据齐美尔的分析,两人群体不存在独立的社会结构,没有比独立的两个个体更多的事物与意义。群体的存在依赖于双方,任何一方的撤出都会导致群体的解体。而群体中的每个成员都具有高度的个性,因为其中的个体并不低于团体的层次。团体加入第三者后,其性质便发生重大变化。首先,三人团体构成了一个最简单的独立结构,具有可以支配、约束其成员、追求并不属于每个个体的目的的超个体的力量与动机。许多新的社会过程与社会角色开始出现于三人团体中。例如,一个第三者可以充当团体内纠纷的仲裁者或调解人;或者借团体内其他两人的争执而得渔翁之利;或者蓄意怂恿其他两人发生冲突,从而获得优势。团体若超过三人时,成员增加所造成的影响则无异于第三者。

社会几何学的另一个主题是距离在社会互动中的意义。在《货币哲学》一书中,齐美尔指出,事物的价值是由它与行动者之间的距离所决定的。如果一事物距离太近又太容易获得,或者它太遥远又极难获得,那么它的价值就不高了。最有价值的事物,是那些有可能获取但必须付出最大努力代价的事物。在《陌生人》一文中,距离概念是一核心概念。"陌生人"就是一种与我们的关系不近不远的类型。与我们太接近,那他就不是陌生人了;如果距离太远,则他与团体间的接触就告终止。这种特殊的距离,使得陌生人与团体成员之间发生一些不寻常的互动模式。例如,陌生人可以与团体成员维持一种较客观的关系,团体成员也能较平和地表现对他的信任等[①]。

齐美尔并不想要编制一张社会交往形式的详尽的目录表,他只是试图从社会互动模式、社会过程、社会类型等不同角度,从社会生活的生动现实中挑选出可视之为交往构架的问题和方面来。他把统治、服从、竞争、分工、交换、时尚、穷人、娼妓等都视为互动的形式或社会类型。齐美尔常被批评为追求形式而牺牲了内容。例如,他把军事冲突与夫妻间的口角、士兵对军官的服从与工人对企业主的服从等极不相同的现象混为一谈,并按形式特征将它们归在一起。这种批评当然是对的。齐美尔本人也十分清楚,把社会生活仅仅归结为它的形式要素是不可能的。事实上,我们看一下齐美尔所作的大量交往形式的分析,其中真正有价值的倒是他的极富辩证精神的交往内容的分析。例如,他批评了一味地否定社会生活中的

---

① Simmel: Stranger, from Charles Lemert (ed.): *Social Theory*, Westview Press, 1999, p.185.

冲突因素和一味否定肯定一致因素的观点的幼稚,正确指出了不满情绪的发泄具有安全阀的作用;如果没有这种安全阀,很多社会关系就不能持久,指出社会总是冲突和协调这两种形式互动的结果。他更辩证地将社会冲突视为一种社会交往,"如果人与人之间的每一次互动都是社会交往的话,那冲突必然被认为是社会交往。毕竟冲突是人类最活跃的互动行为之一,而且不可能由单个人进行"①。再如,关于时尚,它既是模仿,又体现个性化,因为在追求最大限度的同一性社会及由寡头控制的社会中,不存在出风头赶时髦的动机和条件。而当任何一种现象一旦成了时尚,它就会立刻开始变得不再时髦。时尚的魅力就在于,它既是新的,同时又是过时的。关于个人与社会的关系,他认为社会化的个人与社会总是保持一种双重的关系:他被结合在社会里,又和社会相对立;他为社会而存在,也为了自己而存在;他既是社会的产物,又是社会生活的产物。"一方面,我们面对(社会的)这个非人格命令唯有服从;但另一反面,它并非外在的控制力量,只有依赖我们个人的内在的激励力量才能为我们所遵循。"②个人的心智可以保持行动者免受外部环境的控制,而心智同样也会将社会实在物化,创造一些事物,最后反过来奴役行动者,等等。在这些充满理趣的分析中,齐美尔处处追求的是社会内容具体的、真实的、矛盾的及多维度的曲折往复的过程,如此丰富生动的内涵,绝非唯形式的社会关系语法学与几何学所能范围。他揭示出同一交往形式所包含的对立统一方面(时尚既新亦旧);刻画了不同的甚至对立的交往形式的相互转化(如冲突具有整合功能,社会内在于个人);他敏锐地意识到人类文化的深刻的二律背反。所有这些都是齐美尔思想最具创见处。他的形式社会学固然聚焦于社会互动的抽象而恒定的形式以及微观的小团体的相互作用,但如果忽视了他的大气象的理论旨趣、洞见及成果,那对他是很不公平的。

3. 历史与文化社会学

齐美尔历史与文化社会学的焦点是现代历史的发展趋势及社会客体的文化层次,即他的"客观文化"。

齐美尔创造性地重新阐述了现代历史发展的自由主义观点,即由圣西门、孔德、涂尔干、梅因、斯宾塞等人所阐述的近代工业社会取代传统社会的历史进步观。"根据这种观点,演变就是从同质向异质、从共性向个性的转变,是从个人由

---

① Simmel: *Conflict and the Web of Group Afflications*, translated and edited by Kurt Wolff, Glencoe, IL: The Free Press, 1955, p. 13.
② Kurt H. Wolff (ed.): *The Sociology of Georg Simmel*, Glencoe IL: The Free Press, 1950, p. 254.

传统的小范围的可预见行动向多重关系和开放性机遇的大范围的活动的转变。西方历史的潮流导致了从地位关系发展到契约关系;从机械的团结发展到有机的团结;从阻碍个性发展的封闭社会发展到由有着多重复杂联系和契约而产生的个性和个人自治的社会。"①

这是齐美尔历史与文化社会学的自由主义进步观的一面。他的理论还有文化悲观主义的一面。这一面阐述了个人与社会、文化的创造与文化的创造物之间的深刻的二律背反。这一观点不是来自英法的进步思想,而是起源于德国哲学的异化观点与马克思的传统。其直接的社会背景当然是欧洲工业文明正在经历的变化,但似乎德国哲人的唯美的浪漫主义气质更敏感于现代文明进步中的退步因素及个人日趋无奈的命运。

齐美尔文化理论的出发点是文化乃人类的创制,但一方面人类对自己的创造物有物化的能力或倾向(宗教是人之所创,到头来人却膜拜宗教);另一方面,文化一经被创造,其存在就独立于创造者,于是文化世界与社会世界似乎有了自己的生命,成为一种人不得不面对的巨大的、现实的客观实体,此即齐美尔客观文化的基本含义。

关于客观文化的构成,齐美尔在其著作中多次提到这样一些成分:工具、科学成果、艺术、宗教体系、法律制度、抽象理念、语言、伦理规范、逻辑规则、信用制度、交易规则等。近代文化发展的总趋势是,扩张呈指数形式,结构更趋复杂、独立与自足。它逐渐超越了创造者、行动者的控制,并反过来支配人、奴役人;这样,客观文化变得既脱离它的产生原因,又脱离它的服务于人的目的,变成一种异己的与人对立的力量。客观文化的成长导致人的主观文化的失落,客观文化与主观文化的鸿沟的日益加宽等,正是齐美尔真正忧虑的文化问题。

在最能表达其思想的巨著《货币哲学》中,齐美尔提供了将微观的互动分析(以货币形式的交换为例)与宏观的客观文化概括结合起来、将过程分析(互动)与结构分析(社会制度)结合起来作出一种文化批判的范例。

齐美尔是把货币作为一种社会现象、交往形式来讨论的,即不只视货币为一种特殊的价值形式,而且还注重货币与行动者的关系,以及货币对于整个文化中各类现象的影响,这些现象包括交换、占有、个人自由、思维方式、生活样式、人格价值、内心感受、文化等。简言之,齐美尔试图从货币分析中抽象出时代的精神和文化的发展趋势。

《货币哲学》的思想与马克思对资本主义的批判有许多共通之处,这一点毫不

---

① 科塞:《社会学思想名家》,第 210 页。

奇怪。马克思对《货币哲学》的作者的深刻影响：第一是马克思的劳动异化和商品拜物教概念的方法论启发；第二是马克思的资本主义制度及生活方式的批判的社会学的影响。但马克思的理论是特定的历史分析，他把异化与拜物教归于商品生产的范畴，是与特定的社会历史阶段与社会经济形态联系在一起的，因而消灭了异化产生的社会条件也就超越和消灭了异化。齐美尔则把它视为人与文化关系的永恒的悖论，在这方面，齐美尔更接近于韦伯，后者用工具理性与实质理性、职责伦理与信念伦理、目标合理与价值合理等一系列对立概念来阐述这一人类文化历史发展的悲喜二重奏。

首先，货币创造了一个物化的世界。货币把我们与所需物品隔离开，如果我们没有钱的话；货币又消灭这种距离限制，如果我们有足够的钱的话。货币成为一种无所不能的力量。货币还为市场与现代经济的发展提供基础，最后使一切具有市场价值（与货币价格联系在一起）的事物都成为外在于人并强制人的实体。以物易物的交易并未导致物化的世界，而现代市场经济的产物便是物化的世界。货币促成了这一切。货币为"大规模的企业"、"信用投资体系"等提供了条件。货币不仅创造了物化世界，而且还发展出以货币为轴心的象征结构，这两种结构都对行动者产生控制的作用。

货币原则对社会生活的影响日益深广，有助于增进社会世界的理性化。齐美尔认为理性主义与货币经济原则本质上是相同的，任何情况都不予考虑的理性不接受主观的因素，任何人原则上都可使用。这一切既是现代货币经济的特征，也是唯智论的特征。化质为量，使一切事物和性质丧失其质的特征而都变成可量化的对象，这是智力与货币共同的特征。货币本身是物的价值关系的纯粹反映，它是任何一方都可以同样享用的，所有的人在货币关系上都是等价的。"化质为量的趋势，在货币中达到了最高最纯粹的表现。"[①]此外，货币交换把一切关系都转变成计算关系，这又要求具有复杂的心智过程，这一切加剧了"文化的智性化"；也就是说，部分因为货币经济缘故，智力被视为最有价值的品质。

货币在现代社会里扮演的这种核心角色，使货币这样一种极端的手段最终变成目的本身。货币的这种异化导致许多负面影响。如果一个社会的所有方面，不论是最高层次的还是最低层次的，都能出售和化约为共同的分母金钱的话，就会产生犬儒主义与玩世不恭的态度，因为每件事物都可以在市场上随意交易买卖，不论是一片面包还是美德与智慧。货币交易消除了一切事物的性质差异，也消除

---

① Simmel: *The Philosophy of Money*, London: Routledge, 1978, p. 280. 另参齐美尔：《都市及其精神生活》。

了个性的差异。计算理性的发展保证着极不同的出身和精神气质的人们彼此之间理解的容易程度,而其反面则是过去时代所特有的内心感受的质量的下降以及精神生活的平均化。

货币还导致劳动者与其劳动产品的异化、劳动者与其劳动手段的异化,管理也失去一种主观的个性成分,服从成为工艺的一部分,这是个体在生产过程中的异化。

在这普遍的异化过程中,人们丧失了自己的主观性和独特性。一个吊诡的情景是,我们的生存日益依赖处在其他社会地位上的他人,但我们却对占有这一位置的人知道得越来越少;填塞在特定位置的具体个人变得不重要,人格消失在这个位置之后。人的价值被用金钱来计算,人变成交易的一部分。

齐美尔甚至拿卖淫与货币的本性相类比:"货币在听任对其作任何一种用途时的那种冷漠,抛弃任何一个主体时的那种轻率——因其与任何一个主体都没有真正关系,它们作为纯粹工具所固有的那没有任何情绪活动的物性,这一切使货币与卖淫有某种相似。"①

总之,通过分析货币关系这种现代社会最基本最普遍也是最纯粹的交换形式对社会生活的全面影响,齐美尔揭示了理性文化客观文化成长的过程,也是文化的主观性、个体性、特殊性、差异性趋于丧失的过程。客观文化的财富在不断增加,主观文化却日渐贫乏。劳动分工的发展带来个人独立性创造性的发展,促成人类以更精良的能力去创造文化世界的各种成分;但同时,高度专业化的个人也丧失了整体文化的意义,丧失了控制它的能力。例如,语言本身在大量扩展,但既定人群的语言能力却衰退了;科学技术日新月异,个人所需的技能却大大退步;知识总量在急剧扩张,而越来越少的人可被称为知识分子;客观文化在使人丰富(数量上)的同时,又在使人单一化(性质上);文化的创造物越多,个人的创造力似乎越枯竭;人需要文化使自己受到教育,但人创造和吸收文化的能力却越来越衰退。这种趋势的结果使现代人感到自己深深处在一个不可知的世界中。人们从绝对主义的概念中解放出来,又陷入了一个失去价值、意义、内心敏感性的相对主义的困境中。客观文化使我们的所得低于所失。齐美尔警告人们,小心现代客观文化与货币经济对人类的不良影响。对于未来,他的态度是悲观的,他预言铁笼将把人们禁锢在社会功能里,客观世界的完善将以人的心灵的衰退为代价。齐美尔的文化批评揭示了资本主义文明在文化领域内的深刻矛盾,他的著作开了专门分析"资本主义精神"的无数尝试的先河,他的后来人写下的同类的著作中,声名遐迩

---

① Simmel：*The Philosophy of Money*，p.377.

的有桑巴特(W. Sombart,1863—1941)的《现代资本主义》、韦伯的《新教伦理与资本主义精神》、斯宾格勒(O. Spengler,1880—1936)的《西方的没落》等。批判理论的工作也在某种意义上继承了齐美尔的传统。

齐美尔对社会学发展的影响是不可低估的,但并没有什么齐美尔学派,这是因为他的著作缺少连贯统一的体系,也因为他一生处在大学学术圈的边缘。齐美尔的影响是多方面的。

第一,他的哲学观点与宏观的社会学观点有助于摧毁支配19世纪的社会思想模式,传播一种新的互动的、人文主义的社会思想。齐美尔用关于社会互动的科学取代关于社会的科学,用人文主义观点取代自然主义观点,从而对超越有机论与进化论的遗产有重要贡献。

第二,齐美尔的纯粹社会学对一些社会学家有较大影响。一种形式主义的社会学,将社会理论转变为术语及分类体系,后者将普遍适用于对社会事实的描述。形式主义就是将社会交往的观点扩展为一个详尽的体系,其主要代表是维泽(L. von Wiese,1876—1969)、古尔维奇(Gurvitch,1894—1965)等。但他们并非一个什么学派,他们的引人注目的成就也与形式主义理论假设没有什么关系。作为一种学说,形式主义的不结果的教条主义对正在挣脱哲学思辨传统的社会学弊多利少。

最后,齐美尔的交往互动的微观社会学理论在美国芝加哥学派的社会学家和社会心理学家中间很受欢迎。斯莫尔、帕克、伯吉斯等人出版了齐美尔著作的译本,并对那些对他们影响最大的齐美尔著作进行了广泛的宣传。齐美尔还被认为是冲突理论的思想先驱之一。科塞认为,虽然我们今天的社会学拥有比齐美尔时代优越得多的技术手段和理论工具,但只有傻瓜才会因此认为齐美尔的思想过时了。"齐美尔永远和涂尔干、韦伯一样有力地激发着社会学的想象力。"[①]

12.6 马克斯·韦伯:理解社会学

韦伯(Max Weber,1864—1920)从来被认为是20世纪社会学最伟大的经典作家之一。他系统阐述了一个理论上包罗万象、其影响最为深远的人文主义社会学体系。他提出了许多深刻的问题,却从不使自己接受任何轻而易举的答案。现代社会的性质是什么?世界历史的规律是什么?行为者必须遵循的规则是什么?人们能赋予自己的存在于世以什么意义?每个人的价值观念与他的生活方式及

---

① 科塞:《社会学思想名家》,第239页。

对经济、对国家的态度之间的关系是怎样的？韦伯对这些问题的思考、回答所形成的概念与理论已成为现代社会学知识传统的一部分。

韦伯的兴趣十分广泛，他的研究包括法律、经济史、比较宗教史、政治经济学、政治行动理论、社会科学方法论、社会学等。韦伯的主要著作有《新教伦理与资本主义精神》（1904—1905）、《中国的宗教：儒教和道教》（1915）、《印度的宗教：印度教和佛教社会学》（1916—1917）、《古代犹太教》（1917—1919）、《经济通史》（1919—1920）和《经济与社会》（1920—1922）等。

1. 思想来源与学术旨趣

韦伯是社会学的中心人物，他的著作、他的思想也成为人们研究评论的焦点。柯林斯说："没有争议也就没有韦伯。"[①] 不仅是因为当代社会学的许多问题不能不追溯到韦伯，或从韦伯处汲取灵感，还因为韦伯思想包含着多种取径不同甚至是对立的倾向，遂使各种十分不同的解释成为可能。

韦伯的学说阐述了一系列对立的主题，如目标合理与价值合理、职责伦理与信念伦理、文明进步的开明观点与文化演进的悲观主义等。这一系列对立主题多少反映了他内在精神的两个极端，韦伯终生为这两极端对立的紧张所苦。而对此种分裂的人格的形成影响颇大的是韦伯的双亲在观念、道德及性格上的重大差异。

韦伯的父亲并无出众的人格魅力，但他在仕途上顺利，政治上腾达，家里经常是高朋满座，名流会集。韦伯从他父亲处学到了政治的现实感及妥协的必要性。韦伯的母亲与其父亲性格迥异。她生长在一个虔诚但颇开明的加尔文教的家庭。她信念坚定，极度节欲，心地仁慈，德行高尚，热衷于公益与慈善事业。双亲间的巨大差异导致婚姻关系的紧张，对韦伯产生深刻影响。最初，他以父亲为榜样，后来受母亲影响更大。从外表看他像他冷静、务实的父亲，但内心却受母亲的道德支配。在生活中，他严峻、男子气，热衷于向学生灌输纪律观念，并以豪饮为荣；韦伯当过兵，军队的制服与决斗的伤痕都令他骄傲。但在内心深处，母亲的信念与影响业已扎根。这两种人格的激烈争斗，加之他父亲的突然病故，导致韦伯染上精神崩溃之疾。1897年后的六七年内，韦伯无法入眠、无法工作，直到1903年才稍事复原。这种人格的二元性也在他的政治生活与学术生涯的矛盾中表露无遗。受其父亲影响，他热衷于政治事务，并对政治的本质有透彻的理解，他一直坚持认为在政治中恪守纯洁无染的道德信条是灾难。但他的个人行为始终表现出最极

[①] Randall Collins: *Max Weber: A Skeleton Key*, Sage Publications Ltd., 1986, p.9.

端的道德立场,这无疑是受了母亲的影响,这也决定了他在政治上不可能如他父亲那般顺利。韦伯最后转向学术工作并非他本心所愿,而是因为他的性情很难适应政治。韦伯试图在政治与学术、行动与反思、现实与道德、享乐与禁欲等两极端间求取解决,他那多重取向的智力工作便是这种冲突的反映。

当然,人们会羡慕韦伯家庭极其有利的条件助成了韦伯智力探求的氛围。从很小起,他就认识了他的时代的大知识分子。德国最负盛名的历史学家与哲学家们常在他父亲书房里会面。在大学读书期间,韦伯有机会听了很多名教授的课,这也成为韦伯的渊博与自信的源泉。大历史学家孟森(T. Mommsen)曾参加韦伯博士论文的答辩,提名韦伯为他的教席的继承人。孟森也是韦伯家的朋友,他的儿子与韦伯的妹妹结为秦晋之好。

韦伯还有一批志同道合的学有所成的朋友。尽管他本人是一个具有伟大创造力的思想家,他的一些概念仍受益于他的同仁。韦伯的"理想型"概念可谓出名,但最早使用这个概念的是杰林克(Jellinek),一位法学学者,他碰巧是韦伯在海德堡大学的同事与朋友。在其方法论著作中,韦伯受李凯尔特的影响极大。李凯尔特的父亲也是柏林的一位政界人物,与韦伯的父亲是至交。韦伯对宗教奇里斯马(即具有超凡魅力的领袖人物)的著名分析取自图尔希(E. Troeltsch),海德堡的一位神学家,他曾一度与韦伯同住一幢公寓。在他的知识圈子里,韦伯常与那时代最优秀的思想家们展开热烈的对话,这自然是使韦伯置身于当代学术中心的最好途径。

从学术渊源上说,韦伯思想与学术旨趣与现代德国的历史主义(狄尔泰)、新康德主义(李凯尔特、齐美尔)及历史唯物主义(马克思)这几大思潮有甚深的关系。首先,韦伯的社会科学代表了一种以历史主义观点超克实证论者的自然主义的努力。韦伯称自己是历史学学派的门徒,强调他的努力旨在获取社会事实之历史方面的知识。在韦伯看来社会科学是典型的历史学科,方法论旨在推进历史学家的自我认识,改善其研究历史事实的方法。

但韦伯严厉批评了狄尔泰。在他看来,狄尔泰历史主义在对现实的丰富性的认识问题上走了一条错路,因为狄尔泰试图直觉地把握历史的整体,而抛弃了研究手段的精确性。此外,狄尔泰相信,无须设定理论假设,也可能认识事实。而韦伯则认为,放弃自然科学的模式并不意味着对社会生活的研究可以放弃精确与理性思考的要求。

其次,韦伯接受了新康德主义的一些重要思想,尤其是接受了典型的李凯尔特与齐美尔的问题:选择历史材料,并将之组织为一个有意义的整体,它并非简单地反映事实,而是认识主体的一种创造,并且,认识主体须采用适当的认识工具及精确的方法。在对历史过程的人文主义理解与一种典型的自然科学范式的解释之间存在的差异不必也不应该是一种认识之合理性程度的差异。

马克思主义是韦伯思想的第三个来源。事实上,韦伯不仅对马克思的著作有透彻的阅读,而且还肯定它们是社会科学的重要财富。韦伯与马克思的关系十分复杂,这是一个很大的专题,不适合在此详加讨论。我们要注意的是,韦伯在开始其古代世界经济史的最初研究时,既利用了马克思在个别问题上的假设,又讨论了马克思历史唯物主义的若干问题。韦伯涉及的关键问题是资本主义的发展问题,他的解决途径与马克思的很不相同。韦伯不接受经济决定论和历史规律思想,他认为经济决定论的错误在于试图把一切事物归结为一种因素,并且抹杀了人主体与文化的能动的自觉的因素。但他认为关于社会过程的经济条件的假设具有重大的启发价值,如适当修改,可以成为对文化现实的某一方面的合理分析。在韦伯看来,最重要的问题在于,一切有关现代社会的理论都必须考虑马克思的成就。他曾对自己的一位学生说:"判断一个当代学者,首先是当代哲学家,是否诚实,只要看他对待尼采和马克思的态度就够了。凡是不承认没有这两个人所作的贡献就没有他们自己的大部分成就的人,都是在自欺欺人。我们在其中从事学术活动的领域,在很大程度上是由马克思和尼采创造的。"[①]

2. 社会科学方法论问题

韦伯社会科学的方法论思想与19世纪的社会学思潮有密切的关系。他反对实证主义关于人的活动及社会科学认识的自然主义观点,同时也反对德国历史学派的主观主义的倾向和关于在历史领域不能作出合理概括的观点。在关于社会科学的主旨、题材的选择、资料的组织等方面,韦伯继承和发展了德国人文主义传统,坚持人与自然的截然划分、人的自由意志与主体性学说以及社会历史是一文化科学的主张;而在涉及社会科学的研究态度、研究程序、研究成果的性质等问题上,韦伯坚定地站在实证主义一边,坚持事实与价值的截然划分,反对德国唯心主义哲学的神秘化的直觉体验,坚持科学程序的客观性及科学成果的普遍有效性。人文主义的取向与客观科学的意图在韦伯都是极其强烈的;在某种意义上,他又超越了这两种观点,做成了一种综合;他力图把历史学的个别化方法(李凯尔特)与社会学的类型化方法(齐美尔)结合起来;把意义的理解与因果的说明结合起来[②]。

---

① 引自科塞:《社会学思想名家》,第274页。
② 参苏国勋:《理性化及其限制:韦伯思想引论》,上海人民出版社,1988年。

(1) 研究对象:社会行动

韦伯把社会学视为一种探讨人主体的社会行动的理论。"行动意指行动个体赋予主观意义的一切行为,而不论行为是外显的还是内心的、不作为的或容忍默认的。社会行动是指行动的个人赋予主观意义的行为,是考虑到他人行为的并在其行动过程中也是以他人行为为目标的行为。"[①]韦伯定义的主要之点是社会行动的意向性,其社会分析的中心放在个体行动者及行动的主观动机和意义联系上。韦伯将纯反应性的或机械的行为排除出社会学的范围之外,而专注于主体赋予意义的行动。社会学上有意义感兴趣的行动是采取一定的态度、追求一定的目标、委身于一定的价值的行动。有意义的行动是社会行动的本质特征、历史领域内的独一无二的现象,从而是有别于自然现象的根本所在。韦伯的社会学之所以是唯名论的或个体主义的,是因为集体并不行动,只有个人是行动的并赋予行动以意义。"解释性社会学把个人及其行动看作基本单位,看作'原子'……个人是……有目的行动的最高限度和唯一载体。……诸如'国家'、'社团'、'封建制度'等概念指的是人类相互作用的某些范畴。所以社会学的任务就是把这些概念一律简化为'可理解的'行动,简化为参与者个人的行动。"[②]

然而,韦伯并不排除在社会学中使用诸如家庭、民族、国家、军队这样一些集体性概念的可能性,因为没有这些概念,社会学的研究是无法进行的,而且事实上,韦伯以开阔的历史眼光研究了各种社会组织与过程,如新教伦理、前工业社会结构、科层制度及民族国家等整体范畴。但在韦伯看来,所有这些组织仅仅是人主体的某些特殊行为的过程、结果与方式而已,只有后者才是我们所理解的具有意义目标的行动的承担者。问题是组织是否"存在"? 韦伯明确说:"端视领袖或管理者的存在与否。更精确地说,它的存在有赖于某人可以从事下列行动的机会,即以他的方式将组织秩序予以贯彻;换言之,当情况发生时,可被期待以如此方式行动的个人能够出现。"[③]韦伯坚决反对把诸如"人民"、"社会"、"国家"、"经济"这样一些社会的"整体"当作原始的实在,而把单个的个体仅仅视为社会机体的"细胞"的有机体论社会学。我们可以理解个人的行为,但不能理解细胞的行为。我们也不能理解人民的"行动"或国民经济的"行动",虽然我们完全可以理解组成人民的或参与国民经济的个人的行动。"行动作为以明确的意义为目标的行

---

① Weber: *The Theory of Social and Economic Organization*, New York: The Free Press, 1947, p.88. 此处中译文参考了顾忠华(《社会学的基本概念》,台湾远流,1993年)据德文《经济与社会》的翻译。另参吴景北译:《社会学的基本概念》(上海人民出版社,2000年)。
② 转引自科塞:《社会学思想名家》,第241—242页。
③ 韦伯:《社会学的基本概念》(顾忠华译本),第85页。

为,对于我们来说总是仅仅作为一个或多个单独的个人的行动而存在的。"①法学可以把国家或某一团体视为"法人",社会学则不能这样做。社会学对法律、宗教、国家等社会设制的研究,是把这些社会设制与个人的行动联系起来,按照使这些设制对行动的个人有意义的方式,按这个个人在自己的行动中实际是以这些设制为目标的方式来进行的。"在个人行动的决定因素和结果中,起重大作用的是人对于一定的法律原则的'目的'和'意义'的观念。"②

关于个人赋予其行动的那种意义,韦伯一再强调是指主观所表示的意义,也即行动者本人清楚地意识到的目的和价值,而不是所谓某种"最高的"、"真正的""形而上学"的意义,也非个人行动最终已不依赖于他自己的意图而可能获得的那种"客观的"意义。个人行动主观上意指的意义与客观意义存在着不一致的可能性,但在这种情况下,韦伯宁可不用"意义"一词。因为意义是对主体自觉的意识而言的。韦伯把意向性的行动作为社会学的出发点,是为了反对把个体行动者视为历史整体发展的被动的客体,反对把意识解释为副现象。诚然,人并非总是知道自己想要做什么,但社会学必须假设社会行动是以个人有意义的自觉的行动为前提的。

社会行动的意向性还有第二层含义,即行动是以他人为目标的。韦伯解释这种以他人为目标的社会行动"可能是以过去、现在或将来所期待的他人的行动为目标的。这样,其动机可能是对过去所受的侵犯进行报复,对现在受到的侵犯进行防御;对未来的侵犯采取预防措施。他人可能是一些个人,可能是行动者本人所熟识的,或可能是许多不确定的和根本不认识的个人。"③

"以他人为目标"表现了社会行动的交互性原则。此外,韦伯还试图在主观意义的行动之间建立起客观的、普遍的社会联系。韦伯以如此迂回的方法来肯定"普遍的事物"的存在。在韦伯看来,只有通过这种方法才能表明社会学意义上的"普遍的事物"意味着什么。"普遍的事物"仅在为各个个体所认可并为他们的实际行动规定方向的限度内才是存在的④。独立于个人之外的社会实体是不存在的。未赋有主观意义的和非交互性的集体现象也非社会行动。例如,两辆车相撞的事件不能视为社会行动,仅在事故发生后两位车主的相互争吵或友好商谈才属

---

① 转引自《十九世纪至二十世纪初资产阶级社会学史》,第 286 页。
② 同上书,第 287 页。
③ Weber: *The Theory of Social and Economic Organization*, p. 112.
④ 美国哲学家塞尔(John R. Searle)区分了两类实在,无关乎人的意志自然实在,和只有由人们的同意和相信其存在才存在的社会实在,货币、财产、政府等就是塞尔相信的属于社会实在的事物,这一观点完全来自或契合于韦伯。见塞尔:《社会实在的建构》,第 3 页,上海人民出版社,2008 年。

于社会行动①。

(2) 价值评价、价值关系与价值中立

韦伯将社会行动规定为包含各种动机和情感的意向性的和价值取向的行动，这意味着人们是根据由其价值态度所决定的世界与他们的意义关系来采取行动的。韦伯认为，人们选择什么样的目的、委身于何种价值完全出于个人主观的意志和情感作用，价值只与个人的自由、决定与选择有关。在道德评价这个问题上，科学所能告诉我们的只是人们的行动是受价值支配的。因此，必须从价值这个维度去发现和理解社会现象。

价值因素不可避免地要影响研究者对题材的选择。在韦伯看来，这不仅是因为社会科学的研究活动同样属于意向性的社会行动，研究者总是最关注他认为有意义有价值的问题；还因为社会科学与自然科学一样，都不可能穷尽社会生活中所存在与发生的每一个现象，必然有一个题材的选择与材料的组织的方法论问题。如我们所知道的，李凯尔特正是以这样一种方式提出人文科学与自然科学的区别的。李凯尔特认为历史认识的目的是理解个别的事件和人物，但历史学家为什么选择此事此人而非彼事彼人作为研究对象？李凯尔特提出价值关系的概念。历史学家的选择依据历史事件及人物与某种价值的关系。韦伯将"价值关系"作为研究者选择题材组织材料的方法，这一思想无疑是对李凯尔特的继承。所不同的是，依李凯尔特的观点，使某个人物成为历史人物的不是某一学者认为他有价值，而是他与普遍承认的文化价值有关系；而按照韦伯的看法，研究者本人的价值观影响着他的选择，而这种价值也非李凯尔特的那种超历史的客观化的东西，是某种历史时代的目标，是时代所固有的兴趣。"'属于价值'的说法指的仅仅是对这样一种特殊的科学的'兴趣'作哲学的解释，这种兴趣指导着经验研究对象的选择和处理。"②总之，对题材的选择与对材料的整理是与价值相关的，否则，面对社会事实我们是又聋又哑。"对我们来说，经验实在成为'文化'，仅仅是因为我们使之与价值观念相联系。只是因为与价值关联着，实在的这一部分对于我们才变得具有重要性。"③没有什么社会事实本身是重要的，它们变得重要是由我们的价值选择决定的。

价值关系仅仅意味着研究者须从价值的维度来选择主题，并把人们的行动与人们为之奋斗的"价值"、"目的"联系起来考察。在科学研究中，研究者必须保持

---

① Weber: *The Theory of Social and Economic Organization*, p.113.
② 转引自《十九世纪至二十世纪初资产阶级社会学史》，第272页。
③ Weber: *The Methodology of the Social Sciences*, The Free Press, 1949, p.76.

价值的中立,也就是说,研究者一旦选定了研究题材,就绝不可把自己的价值观念强加到研究方式和对经验材料的解释中去。他必须遵从他所发现的资料的指引,走向事实与逻辑引导的结论上去,而不论该结论对他有利还是无利。研究者在从事科学工作时必须受"科学内的禁欲主义"精神所支配,而绝不能等同于一个普通人。

韦伯继承了新康德主义关于事实观念与价值观念严格区分的观点,科学无权也无法评价目的、价值。从"实然判断"推不出"应然判断"。一种经验性的科学绝不能劝导任何人应该做什么,尽管有时它会有助于人们弄清自己能够或希望做什么。韦伯用价值关系与价值中立这对概念,力图解决人们熟知的一个矛盾:热衷于科学研究的学者一定不能是公正客观的。但是认为宗教是以迷信为基础的人,永远也不能深刻理解宗教生活。"要真正懂得人类就必须关心人类所经历的事情,但要找到一个普遍有效的答案,回答历史人物出于激情而提出的问题,还必须不顾自身的兴趣。"①

(3) 解释性的理解与因果性的说明

韦伯认为,必须理解自己的研究对象,这是社会科学与自然科学的又一区别。由于社会行动的独特之处在于其意向性,因此,只有把人们的行动与其对意义、价值、生存的总观念联在一起才是可理解的。也就是说,理解(verstehen)社会学强调寻求推动历史行动者行动的主观意义。

韦伯的理解观点主要是得益于狄尔泰与雅斯贝尔斯(K. Jaspers,1883—1969)。狄尔泰主张历史领域的认识应要求有一种设身处地的、移情的体验,深入到对象中,或使对象成为自身体验的一部分。雅斯贝尔斯区分了解释和理解的不同。我们可以用落体原理解释下落的石块,而无须附加上"意义"或"目的"的概念。但如童年时的经历与后来的精神病状之间的联系,就只能通过深入的理解去把握。韦伯同意人的行为具有一种内在的可理解性,但他既反对把理解按狄尔泰的非理性主义的方式归结为心理学的内省或体验,也反对把理解与因果说明对立起来。韦伯指出:"社会学是一门通过对社会行动的解释性理解以获得对这一行动的进程和结果的因果性说明的科学。"②

韦伯区分了可观察的理解与解释性的或动机的理解。前者指的是这样一种情况,被观察者的行动的意义通过一些逻辑的心理的证据就能为观察者所把握,在这种情况下,为了了解行动的意义,只要观察人的行动就足够了。正是通过这

---

① 阿隆:《社会学主要思潮》,第539页。
② Weber: *The Theory of Social and Economic Organization*, p.112.

种方式,我们理解了表情、姿势和数学演算。韦伯认为,这种理解对应于对人的行为的理解的初级水平,尽管它要求观察者具有一定的知识,而不能单靠直觉来达到。解释性的理解代表了对人的行为的较高层次的认识。它并非以揭示行为本身的意义为目的,而是旨在获得有关指导行动者的动机的知识。在这种情况下,关键不是要知道个人做了什么,而是要知道他们为什么做了这件事。例如,我们在森林中看到一个人在砍柴,我们可以认为,他砍柴是为了挣钱,或为了给自己准备过冬的燃料。在这种情况下我们理解的既是行动的意义又是行动者的意图。砍柴人的行为也许纯粹是迁怒或撒气的举动,在这种情况下,行为本身的意义与行动者的动机是不一致的,或者不妨说,我们须从行为者加诸行为的主观意义来理解行为[1]。

理解社会学不仅要理解行动的主观上意指的意义,而且还应说明人们的信念和价值观如何决定人们的行为。换言之,社会科学在用解释性的理解方式理解社会现象的同时,还须从因果关系上说明这些现象。因果分析是确保科学成果的普遍有效的基本程序之一。

与传统的因果观不同,韦伯是用或然性、可能性、机遇概念来表述因果关系的。首先,韦伯认为,因果关系不是整体决定整体或部分决定整体的关系,而是部分对部分的关系。历史学的因果性要确定一个事件之所以产生的特殊环境。社会学的因果性则表现为确定两个现象之间的规律性关系,它不必是"A 必然导致 B"的形式,也可以是"A 或多或少有助于 B 的产生"的形式。由一个组成部分单独地决定整个社会,这种情况是没有的,不论它是经济的、政治的还是宗教的。其次,组成历史总体和社会总体的因素众多,要找到其全部确定的因果关系是不可能的。人不是早已注定的命运的同谋,而是能动的、积极的行动者,他的选择范围是一个可能性的空间,历史变化的方向事先无法确定。再次,韦伯认为,应用思想的实验可以使人较容易探讨历史文化领域的因果关系。可以设想,假若未发生斐迪南大公被刺事件,第一次世界大战还会不会发生。如果结论是仍然会发生,那么就可把暗杀事件从大战的原因中排除。我们还可以问,马拉松战役是不是希腊文化发展的主要原因之一。可以设想假定波斯征服了希腊会怎样,同时观察一下希波战争发生时希腊本土发生了什么。这种思想实验可使我们确信,假如希腊在这次战役中失败,那么波斯人就会扶持和利用希腊土生土长的神秘宗教以作统治工具,扼杀思想自由,建立一个东方式的专制社会。由此我们可以说马拉松战役作为希腊城邦独立的保证,是理性文化的必要原因之一。在特定的历史环境下,

---

[1] 参韦伯:《社会学的基本概念》(顾忠华译本),第 26 页。

一次大的事件的不同结局甚至可以决定全部文化的走向。"这样的解释有利于恢复人物和事件的作用,有利于表明历史进程并非事先确定的,有作为的人可以改变历史进程。"①而且,正是马拉松战役"在两种'可能性'之间作出了'决定',或者极大地影响了那个'决定',这显然是我们——本身不是雅典人的我们——之所以对它发生历史兴趣的绝对唯一的原因。如果不对那些'可能性'以及在我们的回溯性考察看来取决于那个决定的不可替代的文化价值作出评估,就不可能对它们的'意义'作出确认"②。最后,韦伯认为因果关系不是线形决定的,而是双向的、反馈的与多重的关系。例如,在一种意识的内容与该意识的倡导者的物质利益之间可以有一种"选择性的亲和关系",但不存在预先确定的和谐关系。把从利益角度所作的解释与从思想角度所作的解释对立起来,在韦伯看来是没有意义的。因为支配我们对利益的认识的是思想,甚至是超验的或宗教的思想。总之,韦伯着意的因果性说明,是在具体的历史的脉络中,来发现因果关联的客观可能性,并提出恰如其分因果关系判断③。

(4) 理想型与社会行动类型

将理解方法与因果方法结合起来,将历史学个别化方法与社会学类型学方法结合起来的概念工具,就是韦伯的理想型概念。阿隆与科塞都认为理想型是韦伯认识论的中心的、关键的概念。理想型概念首先是一种思维的建构:

> 通过片面强调一种或几种观点,通过综合许多散乱的、不连贯的、时有时无的具体的个别现象,并按上述片面强调的观点将这些现象安排到一个统一的分析结构中去,就可以形成一个理想型。就其概念的纯粹而言,我们在经验现实的任何地方都不能发现这种精神的构造。这是一种"乌托邦"。在每一种情况下,确定这种理想构造接近或离开现实的程度,乃是历史研究所面临的任务。④

理想型不是对经验现实的真实描述,也不是指社会"理想"或道德"理想",或平均状态。它只是表示某种现象是接近于典型的,如同"理想真空"、"经济人"、"道德人"等典型化概念一样,在任何时候都不会以纯粹形态存在于现实中。理想型提供了一种分析的框架、一种判断的尺度以及一种比较研究的方法,它使社会或历史的材料变得更易理解。例如,资本主义的含义从来也没有像在社会学的概

---

① 阿隆:《社会学主要思潮》,第 539 页。
② 韦伯:《社会科学方法论》,第 76 页,中国人民大学出版社,北京,1999 年。
③ 同上书,第 72 页。
④ Weber: *The Theory of Social and Economic Organization*, p. 90. 参中译本第 27—29 页。

念中这样清晰明白过。理想型展示的不是事物所是的样子,而是其所可能的样子。它是从可能性中认识事物。由于三个原因,没有什么具体的现象精确地对应于一个理想型:首先,任何具体现象都会有许多特征不被包含在理想型中;其次,那些被包括在内的性质表现为理想的或"纯粹的"形式;最后,并非理想型的所有特征都体现在它的每一个具体实例中。

第二,理想型并非随心所欲的虚构,它是以理论结构的形式表示的"时代的兴趣",是现代社会的历史文化现象的逻辑和规则。诚然,理想型并非现实的摹写,但它仍来自于现实本身,是通过"变型"的现实,即通过把研究者认为是具有典型意义的那些因素予以加强、突出、极端化或简化而取得的。这种理想的、客观化的概念将有助于我们在研究中增长推断的技巧;它不是"假设",但它提供了构想假设的方向;它不是对实在的描述,但它的目的却为这种描述提供了一个清晰的表达手段。

第三,韦伯指出有两种不同的理想型。一种是历史形态的理想型。在韦伯看来,历史学的理想型不仅旨在重现一般的历史实在性与独特的历史实在性,而且还旨在对历史的个别现象进行因果分析。以资本主义这一历史学理想型为例,资本主义一词不仅确定整个经济制度的一般特征,而且根据韦伯的定义,资本主义仅在西方社会才有典型(个别化)的表现。此外,资本主义这一理想型概念在西方社会各个个别的历史构成物之间建立起因果的联系。

另一种是关于历史实在中的抽象组成部分的理想型,如"科层制"、"封建制"等,它们可能存在于多种历史和文化的背景之下,而不像历史学的理想型仅出现于特定的历史时期与特定的文化区域(如西方的城市、新教伦理)。韦伯将这些具有社会学特征的理想型又称为"纯粹的理想型"。作为社会学研究的概念工具,它是更一般的典型。这种理想型的抽象层次亦有不同。在第一个层次是诸如科层制与封建制这样一些概念。在更抽象的层次上是关于统治类型的理想型,即:法理型、传统型与奇里斯马型。这三种类型的统治可被称为原子概念,是各个历史时期在世界的各处都可遇到的。大部分政治制度是由属于这三种类型的统治形式的因素组成的。之所以需要理想型,正是因为历史实在并非这样清晰判然,不存在纯粹的奇里斯马的天纵英明人物的统治或传统的统治,而是各种统治形式在现实中互有交叉,所以需要在思想中用严格确定下来的概念来区别不同形式的统治,衡量概念与实际间的距离,以把握复杂的现实。在最后一个抽象层次上,我们看到的是各种类型的行为:目标合理的行为、价值合理的行为、习惯行为与情感行为。理想型越是抽象,越是纯粹,越是脱离历史的经验实在的个别性,就越具有一般性内容,就越适于充当类型学的方法,但它在一般化的道路上只达到了典型的地步,而未达到规律的普遍性程度。正是在这个意义上,我们说韦伯的理想型概念缓和了个别化的思维方式同一般化思维方式的对立,或者说,这两种思维方式倾向在韦伯那里总是交织在一起,历史学和社会学往往是不可分的。

社会行动的类型概念是韦伯社会学体系的重要基石。我们已经知道,韦伯将单纯的反应行为排除在社会行动范围之外。只有在个人具有至低限度的自觉意识因而其行为被赋予意义时,才会产生社会行动。因此,社会行动的分类所根据的是其与可被合理地称之为意义取向的行动的距离的远近。距离最近的是理性行为,距离最远的是传统行为与情感行为。

> 社会行动也像其他形式的行动一样,可以根据其取向模式划分为四种类型:(1)目的理性式:是透过对周围环境和他人之对象性行为的预期所决定的行动,这种预期被当作达到行动者本人所追求的和经过理性计算的目的之"条件"或"手段";(2)价值理性式:是透过自觉地坚信某些特定行为的自身价值,无关于能否成功,纯由其信仰决定的行动,如伦理的、审美的、宗教的或其他形式的行动;(3)情感式,尤其是指情绪式:是透过当下的情感和感觉状态所决定的行动;(4)传统式:是透过根深蒂固的习惯所决定的行动。①

情感式行动与传统式行动处于临界线上,一边是纯粹的反应,另一边是理性的行为。

阿隆把在决斗中身亡的拉萨尔和与自己船只同归于尽的船长的行为视为价值理性式行动的实例,这种行为本身已包含着主观合理的因素,因为行动者自觉地确定了自己的行为与作为目的的一定的价值之间的关系。行动者不考虑行动的可预见的后果,或外在的得失,只根据自己的信念而行动。"以绝对价值为取向的行动,总涉及行动者认为自己有义务实现的'律令'或'要求'。只是因为人们行动是以实现这种无条件的要求为目标,我们才视其为以绝对价值为取向的。"②

目的理性式行为的特点就在于行动者追求的目的明确,并为达此目的而考虑与使用一切最有效的手段,如工程师建造桥梁、投机商钻营谋利、将军力图取胜等就是这种行为。"这种行为包含了理性地思考获致目的各种可选的手段、其目的与采用任何确定的手段而产生的其他可预见后果的关系以及最后可能达到的各种不同目的的相对重要性。"③最接近目的理性式理想型的社会行动是最容易理解

---

① 韦伯:《社会学的基本概念》(顾忠华译本,译文有修改),第49页。引自Weber:*The Theory of Social and Economic Organization*, p.115。

② Weber:*The Theory of Social and Economic Organization*, p.115.

③ Ibid., p.116.

的行动,因为这种行动的主观意指的意义与客观有效的意义最趋于一致,因此韦伯最重视目的理性式行动,它为韦伯分析其他行动类型提供了一种参考框架。

韦伯按合理性逐步增强的顺序划分社会行动的类型,这不仅具有方法论的意义(社会行动的意向性),还包含了韦伯对西方社会及他所生活时代的解释。他认为在西方社会中,人们的行动越益受到目的理性的支配,而在以前人们的行动主要受传统、感情或价值理性支配。他还认为合理化乃是一个世界历史过程。合理化大体上与目的理性行为的范围的扩大是同步的。经济企业是合理化组织,科层制度也是如此。整个现代社会趋于一种目标合理的组织,而非西方的社会也在走上这条合理化的道路。"行动'合理化'过程最重要的方面之一是依自身利益而有计划地适应环境来代替因循守旧。当然行动'合理化'概念并不限于这一过程,因为除此之外它还会向其他不同的方向发展:从积极方面说,向着自觉的绝对价值合理化的方向发展;或者可能是消极的,即它不仅会破坏习俗,而且会排斥感情的价值;最后由于人们信奉合理性的道德怀疑论,还会抛弃对绝对价值的信仰。"[1]

(5) 合理化

柯林斯认为,韦伯学说的真正核心是合理化概念。韦伯从不讨论一般资本主义的存在,他反复讨论的只是合理的资本主义。而且,合理性观念远不限于资本主义。科层制可被视为合理的组织形式。在政治学中,合法统治的理想型之一是"法理型"。而在他的行动类型中最为他所重视者也是两种合理的行动:目标合理与价值合理。韦伯还把合理化视为世界历史,尤其是西方社会发展的主流[2]。

韦伯认为,西方社会的合理化乃是欧洲文化一系列因素相互结合的产物。但他认为这些因素的结合与其说是必然的,不如说是偶然的或是历史发展的巧合。在欧洲历史的各个不同时期曾出现了一些理性文化的要素:如希腊的科学、逻辑和数学;罗马法;文艺复兴时代的试验科学;近代的合理的劳动组织及管理方式,它是由于劳动力与生产手段的分离而产生的。是什么因素促成上述的及此处未涉及的其他的合理因素结合成为合理的资本主义?韦伯在新教伦理中找到了使社会经济生活合理化的世界观前提,因为新教伦理将世俗的职责提高到天职的地位,从而将经济活动与终极的价值联在一起。这样,我们就从韦伯的社会学的方法论进入其历史社会学、宗教社会学等实质的研究。

---

[1] Weber: *The Theory of Social and Economic Organization*, p. 123.
[2] Randall Collins: *Max Weber: A Skeleton Key*, p. 62.

3. 宗教社会学

韦伯的宗教社会学研究是从 1904 年的《新教伦理与资本主义精神》一书开始的。这时期他的兴趣集中在这样一个问题上：新教的禁欲主义伦理对于现代资本主义的建立及在更广阔的世界历史合理化过程中起到了何种作用。韦伯假设及力图证明的是：新教教义的某种解释曾经造成过某些有利于资本主义制度形成的动机。

韦伯的问题涉及宗教伦理原则与经济活动形式之间的关系。他的讨论针对一种把宗教理解为经济关系的产物的观点。他的观点正相反，认为包括经济行为在内的人的社会行为都是赋有意义的，都与一定的伦理原则联系着。而人们的伦理观点是在某种更根本的关怀中形成的，就西方文化而言，这种终极的关怀便是宗教。

宗教，不论其内容真伪，实质是一种终极的阐释体系和一价值根源。它包含了仪式、团体、信仰、教义、禁忌等要素，所有这些都与某种救赎有关，而救赎的根本义是要达到一种有意义的生活，进入一个所谓真正的生活世界。这意味着接受一套合理生活的原则，并据此安排自己的日常生活，使他自觉地认为他会得到神的恩宠，从而导致在内心确信自己在尘世的每个行为都有意义，并达到对个人行为的合理控制。

在西方基督教中，这种合理控制的基本途径是禁欲苦行。人们拒绝奢侈的和眼前的消费，推迟现世的满足并避免一切本能的享受，目的是为了超越人的自然状态或"堕落状态"，过一种为上帝所许可的生活从而获得拯救的希望。韦伯认为，正是这种对非理性欲望加以抑制的伦理动机结构构成了资本主义精神。

韦伯的一个基本观点是不能把资本主义等同于对营利与金钱的追求。获利的欲望存在于并且一直存在于所有人的身上。"对财富的贪婪根本就不等同于资本主义，更不是资本主义的精神。倒不如说，资本主义更多的是对这种非理性欲望的一种抑制或至少是一种理性的缓解。"①

但这并不等于说资本主义不以追求利润为目的。韦伯正确地指出，在一个完整资本主义式地社会秩序中，任何一个个别的企业若不利用各种机会去获取利润，那就注定要完蛋。把一般的营利愿望与资本主义的特有方式区别开来的是和平地获利与合理的劳动组织。将事务与家庭分离开来以及与之密切相关的合乎理性的簿记方式是这类理性组织的两个关键因素。韦伯要研究的是这种西方特

---

① 韦伯：《新教伦理与资本主义精神》，第 7—8 页，三联书店，北京，1987 年。

有的以其自由劳动的理性组织方式为特征的且有节制的资本主义的起源问题。

韦伯承认西方资本主义一直依赖于技术因素，这在根本上意味着依赖于现代科学；另一方面，科学的和以这些科学为基础的技术的发展又是在其实际经济应用中从资本主义利益那里获得重要的刺激。但韦伯认为西方科学的起源不能归结于这些利益。印度人发明了十进位制计算，并一直在使用着。但只有在西方资本主义在其发展中利用了它，而在印度却没有导致现代算术和簿记法。对科学知识的技术应用，在西方确实受到经济考虑的鼓励，这些考虑当然对科学技术的应用十分有利。但韦伯断言，这种鼓励是从西方社会结构的特性中衍生出来的。因此要问的是，这一鼓励来自哪些方面？

韦伯也同意近代理性的资本主义还有赖于一种理性的法律。没有它，可以有冒险性和投机性的资本主义以及各种受政治制约的资本主义，但绝无可能有个人创办的、具有固定资本和固定核算的理性企业。这样的理性法律只在西方才处于一种相对来说合法的和形式上完善的状态，从而一直有利于经济活动。现在要问的是这种法律从何而来。韦伯不否认资本主义利益也曾有助于为一个在理性的法律方面受过专门训练的司法阶级在法律和行政机关中取得统治地位铺平道路，但韦伯指出，资本主义利益绝非独自地促成了这一点，甚至在其中也未起主要作用，因为这些利益本身并没有创造出那种法律。"为什么资本主义利益没有在印度、在中国也做出同样的事情呢？为什么科学的、艺术的、政治的或经济的发展没有在印度、在中国也走上西方现今所特有的这条理性化道路呢？"①

韦伯认为某种社会精神气质(ethos)对于资本主义精神的发展，尤其是对于它的起源是至关重要的。韦伯的论点是，新教教义的精神与资本主义精神之间具有一致性，也就是说，主观上按新教伦理所采取的价值观在客观上符合资本主义职业观的要求，一种价值合理的信念却有助于一种目标合理的行动。这如何可能呢？

韦伯认为关键之点在于在宗教原则与适合于资本主义要求的现世活动之间建立一种新关系。正是马丁·路德最早强调，个人道德活动所能采取的最高形式应是对其履行世俗事务的义务进行评价。这一点必然使日常的世俗活动具有了宗教意义。路德在此基础上首次提出了职业思想。由职业思想引出了所有新教教派的核心教理：上帝应许的唯一生存方式不是要人们以苦修的禁欲主义超越世俗道德，而是要人完成个人在现世里所处地位赋予他的职责和义务。这是他的天职。但韦伯认为路德的职业观依旧是传统主义的，他所谓的职业是指人不得不接

---

① 韦伯：《新教伦理与资本主义精神》，第 15 页。

受的、必须使自己适从的、神所注定的事,把绝对地顺从上帝的意志与绝对地安于现状等同起来。"从这种思想基础出发,路德不可能在世俗活动和宗教基础之间建立起一种新的、在任何意义上是根本的联系。"①

在韦伯看来,在所有新教教派中,只有加尔文教派成功地把适合资本主义精神的价值观同职业观结合在一起。加尔文教的上帝不再是天主教中那个富有人情味和同情心的圣父,而是一个超验的存在,是人类理解力所无法企及的存在。他以他那不可企及的圣喻规定了每个人的命运,并且永恒地规定了宇宙间最琐碎的细节。既然圣喻不可改变,那么得到上帝恩宠的人也就永远不会失去这一恩宠,而上帝拒绝赐予恩宠的人也就永远不可能获得这一恩宠。这种绝对的预定论,使得通过教会、圣事而获得拯救的任何可能性都被完全排除。

这种宗教观产生了一些重要的后果。首先它排除了神秘主义。世界历史的解除魔力的过程在加尔文的预定论中达到了它的逻辑结局。

在一个人们把来世生活看得不仅比现世生活更重要而且更确定的历史时期中,这种预定论使每个个人感到空前的内心孤独,面对那个永恒的早已为他决定了的命运,他只有独自一人走下去,谁也无法帮助他。教士无法帮助他,因为上帝的选民只能用自己的心灵来理解上帝的旨意;圣事无法帮助他,因为圣事并非获得恩宠的手段,而只是信仰的主观的"外在支柱";教会也无法帮助他,因为取得外在性的教会成员的资格也仍然要接受末日的审判。于是,一个无法回避的问题迟早会出现在每一个信徒面前:我是不是上帝的选民?我如何确知自己处于恩宠状态?

在全无依傍的情况下,一方面这种孤独感成为有幻灭感及悲观倾向的个人主义的一个重要来源;另一方面它又造成了一种新的心理律令,即通过坚定的自信心与自我成就的证明来找出上帝选择的征兆。

信徒所选择的是,把自己看作选民,把所有的疑虑统统视为魔鬼的诱惑,并与之进行斗争。因为缺乏自信是信仰不坚定的结果,因而也就是不完整的恩宠的结果。另一方面,为了获得这种自信,勤奋工作被当作是合适的手段。只有世俗活动能驱散宗教里的疑虑,给人带来恩宠的确定性。信仰须以其客观效果来加以证实,以便为信念的确实性提供一个坚实的基础。它必须是"有效的信仰"。在这个意义上,善行是必不可少的,是成为选民的信号。但善行不是用来购买救赎,而是用来消除罚入地狱的恐惧的技术性手段。这实际上意味着上帝帮助那些自助的人。"因此有时人们指出加尔文教徒自己创造了自己的救赎,或者更准确地说,创

---

① 韦伯:《新教伦理与资本主义精神》,第63页。

造了对得救的坚定不移信念。……这个信念……存在于全面系统的自我控制之中,这种自我选择时刻面临着冷酷的选择:成为选民还是沦入地狱。"①

信徒的生活完全是为了一个超验的结局,即获得拯救。但上帝的绝对超验与预定铁则,像一道大堤挡住了宗教禁欲主义摆脱日常的世俗生活的潮流,加尔文教于是将出世禁欲主义变成了入世禁欲主义。"一切为了增添上帝的荣耀"这一信念必须在世俗活动中得到证明。于是,修行生活从无计划的来世性和荒谬的自我折磨中解放了出来,而发展为一套合乎理性的行为的系统方法,目的是克服"自然状态",使人摆脱非理性的冲动的影响,不要太看重尘世的财富,并节制自己的消费。另一方面,尘世的成就既然被视为是天职,视为上帝恩宠的信号,那么勤奋地有条有理地工作,获取财富又不耗用财富,则不仅在道德上是正当的,而且是应该的。以神意来解释追逐利润,为实业家们的行为提供了正当理由。"这种世俗的新教禁欲主义与自发的财产享受强烈地对抗着;它束缚着消费,尤其是奢侈品的消费。而另一方面它又有着把获取财产从传统伦理的禁锢中解脱出来的心理效果。它不仅使获利冲动合法化,而且(在我们所讨论的意义上)把它看作上帝的直接意愿。"②"当消费的限制与这种获利活动的自由结合在一起的时候,这样一种不可避免的实际效果也就显而易见了:禁欲主义的节俭必然要导致资本的积累。强加在财富消费上的种种限制使资本用于生产性投资成为可能,从而也就自然而然地增加了财富。"③

在上述的讨论中,韦伯清楚地阐明了他的理解方法、意义理论的一个实例的应用。韦伯表明的是经济活动与全面的世界观极为有关,每个人对这种或那种活动的兴趣与价值体系对生存的全面观点不可分割。"对于一个加尔文派教徒来说,还有什么东西能比发现决定自己命运选择的信号更有意义呢?神学左右着生存的方向……因而他们以某种方式劳动着。"④但韦伯并不认为特殊的神学思想本身对资本主义的产生起着决定性作用,只有从加尔文教预定论和自我成就证明的观念中产生的心理律令保持有效的情况下,"这种伦理观念才对生活行为,从而对经济秩序产生独立的影响",韦伯强调"这才是整个文章的主旨"⑤。此外,韦伯认为应当分别解释资本主义制度的形成过程和资本主义的运转情况。资本主义一旦存在,个人要想适应资本主义的法则已经不需要什么形而上学的或伦理上的动

---

① 韦伯:《新教伦理与资本主义精神》,第 88 页。
② 同上书,第 134 页。
③ 同上书,第 135 页。
④ 阿隆:《社会学主要思潮》,第 571—572 页。
⑤ 韦伯:《新教伦理与资本主义精神》,第 160 页。

机了。清教徒曾经希望成为忙碌的人,而我们则是不得不成为这样的人;对圣徒来说,身外之物只应是披在他们肩上的一件随时可甩掉的轻飘飘的斗篷,但命运却注定这斗篷将变成一只铁的牢笼。当天职观念已转化为经济冲动从而也就不再感受得到的时候,个人也就不会再试图找什么理由为之辩护了。宗教的根慢慢枯死,让位于世俗的功利主义。世界趋于合理化的过程,也是昔日神圣的价值被祛除魅力的过程,今天的人注定要生活在一个不知有神也不见先知的时代。当韦伯断言人类在将来极有可能会陷入自己制造的铁笼之中时,有一点变得很清楚:他关于世界历史的理性化进程的观点,与其说是乐观主义的,不如说是悲观主义的,我们在康德、齐美尔那里,不已发现了这种德国哲人特有的文化悲情吗?

不少人认为韦伯提出了一个与马克思历史唯物论根本相反的观点,即用宗教观念来说明经济。韦伯本人并不这样认为。他说他只是尝试性地探究了新教的禁欲主义对其他因素产生过影响这一事实和方向。尽管这是非常重要的一点,但也应当而且有必要去探究新教的禁欲主义在其发展中及特征上又怎样反过来受到整个社会条件,特别是经济条件的影响。"以对文化和历史所作的片面的唯灵论因果解释来代替同样片面的唯物论解释,当然也不是我的宗旨。每一种解释都有着同等的可能性,但是如果不是作作准备而已,而是作为一次调查探讨所得出的结论,那么每一种解释都不会揭示历史的真理。"①

4. 政治社会学

如果说韦伯的宗教社会学着重于行动的主观意义分析与理解,那么他的政治社会学则更关注行动的"以他人为目标"的方面。"以他人为目标"这一范畴源自于法学的"承认"概念。政治社会学研究的主要是合法统治问题。统治是一种特定的权力施用关系,即具有特殊内容的命令(或全部命令)得到特定人群服从的可能性。所谓合法性乃是促使一些人服从某种命令的动机,而不论这些命令是由统治者个人发出的,还是通过契约、协议产生的抽象法律条文、规章或命令形式出现的。简言之,合法性就是人们对享有权威的人的地位的承认和对其命令的服从。可见,涉及相互承认的"以他人为目标"的期待乃是政治合法性问题的要点。统治要求相互的承认和期待:命令者期待他的命令得到服从;服从者期待命令具有他们所承认的性质。也就是说,任何形式的统治,只有在它被人们认为其统治具有"正当"理由时才为人们所服从,从而具有合法性。关于正当性,韦伯的定义是:"行动,特别是在社会关系中发生的社会行动,会受到行动者对存在着的一种合法

---

① 韦伯:《新教伦理与资本主义精神》,第143—144页。

秩序的信念的支配。行动事实上受到这种信念支配的可能性称为这个秩序的'正当性'。"①

正当性信念的分类基本上对应于韦伯的社会行动分类,即:传统式行动是对习惯正当性状态的期望;价值理性式行动是对伦理、审美、宗教等终极价值正当性的信念;情感式行动来源于对情感正当性的信念;目的理性式行动则是对法律正当性状态的期望②。在韦伯看来,行动者正是依据上述四种正当性的信念把一定社会秩序视为具有合法性的。韦伯又将这四类正当性表述为合法性的三个基础,即:情感的正当性被视为合法性的"奇里斯马"(或个人魅力型)基础;传统的正当性被当作合法性的传统基础;审美、伦理、宗教价值的正当性与法律的正当性被归并为合法性的理性基础。这就是韦伯所说的历史中产生过的合法性统治类型的三种基础。

理性基础及法理型统治所依据的是对经由立法产生的法令规章以及拥有权位的人依法律规则有发布命令的权力的信念,这是法理型的统治。人们服从法理型权威,是因为法律成功建立的是非人格的秩序。该权威仅仅根据正式的法律并且仅在确定的范围内才是合法的。

传统的基础及传统型统治相信古老传统的神圣性以及拥有权威的人依传统权威实施统治的合法性。在传统型统治形式中,统治者应据有传统上所认可的权威而享有他人服从的权力。但在这里,服从的义务不是基于非人格的秩序,而是表现为在习惯所规定的义务范围内对个人的效忠。

"奇里斯马"的基础及"奇里斯马"的统治,在于对个人和个人所启示或制定的规范模式与秩序的超凡神圣性、英雄气质或非凡人格的献身。在这种统治形式中,"奇里斯马"的领袖因人们确信其有启示、个人魅力、非凡品质而受到信徒的服从③。

韦伯多次强调这里说的每一种统治类型都是一种可能的解释,是纯粹的理想型。在现实中各种统治形式是彼此混合重叠的,科塞解释道:"尽管希特勒的统治在很大程度上是建立在个人超凡的才能上的,但法理型统治的因素仍存在于德国法律的结构中,而德国民众的传统则基本上可说明国家社会主义对他们的吸引力。"④

---

① Weber: *The Theory of Social and Economic Organization*, p. 124.
② Ibid., p. 125.
③ Ibid., p. 134.
④ 科塞:《社会学思想名家》,第 249 页。

在韦伯看来,这三种统治类型未必有前后发生次序上的固定联系,但他也曾暗示,奇里斯马型统治属于历史的早期阶段,而法理型的统治则要到相当晚期的世界史中才出现。下面我们讨论这三种统治类型,重点放在法理型的科层制上。

(1) 奇里斯马型统治

韦伯用"奇里斯马型"一词,旨在表征某些人的人格特征,他们被认为具有超凡的力量与品质,因而被视为"天纵英明"。奇里斯马式人物及其追随者都相信他们具有天赋的神圣权力,能同宇宙中最主要、最强大、最权威及最神秘的力量保持联系。韦伯认为,人们如何认定奇里斯马是无关紧要的,重要的是奇里斯马式人物具有吸引一些人使之成为其狂热的崇拜者、追随者的能力,因此,这一概念表征了一种统治—服从的类型。在这个意义上韦伯的奇里斯马概念是纯粹形式的和价值中立的。他把宗教运动与政治运动中伟大的先知、救世主、英雄、领袖等都纳入奇里斯马概念来考虑。这样,佛陀、耶稣、穆罕默德(世界宗教的创始人)以及梭伦、亚历山大、恺撒、拿破仑(伟大的立法者和征服者)等都是具有神授才能的奇里斯马式人物。

韦伯把奇里斯马统治的出现同社会变迁的观点结合起来考虑。当社会发生危机,社会处在一种"失范"状态时,普通人期望某种根本的变化或新的秩序,就为某些具有特殊才能的人大显身手创造了机会。此时真可谓天下大乱,群雄并起,领袖登高一呼,万众响应。在前理性时代的社会中,对非凡个人的追随很容易变成狂热的崇拜与迷信。韦伯认为"神授"人物的统治与传统型的统治是正相对立的,后者因循守旧,而前者则是"伟大的革命力量",因为它动摇了传统的价值观念和行为方式,改变了人们的信念,并使失去了活力的社会结构发生了变化。

联结神授人物与其追随者的关系的是情感性的和个人性的,是领袖对信徒的感召力与个人魅力,以及后者对前者的崇拜与效忠。这与无个性的法理统治关系正相对立。韦伯强调,正因为如此,神授的领袖们应当经常证实神授的存在以保持其对信众的殊誉和魅力。其统治没有常规的准则,或依启示或依个人的榜样,是一种独断的人治。

(2) 传统型统治

传统型统治的权力来自传统,其基础即为传统型行动。获取权力的方式乃根据相沿成习的惯例,西方历史中的长老制、东西方都存在过的家长制、世袭制都属于传统型统治形式。韦伯认为这种统治的最纯粹形式是宗法家长制,其结构类似于家庭结构,这一情况使其统治的合法性显得特别稳固。在传统型的统治—服从结构中,最基本的特征是对个人的忠诚与臣服,最基本的关系是臣民人身依附于统治者。统治合法性依据的是传统古训,任何事实上可能有的创新皆须在古已有之的典籍中找到根据才有可能取得合法性。因循守旧、压制创新是传统型统治的固有倾向。

(3) 法理型统治

韦伯认为法理型统治是现代社会的统治形式。它的基本特征是：①它是对受规则支配的管理功能的持续不断地组织。②它有明确的职权范围，包括：执行劳动分工系统划分出的特定功能的义务，授予在职者完成这些功能所必需的权力，以及明确规定具有强制性的必要手段和使用这些手段的条件。以这种方式组织起来的行使权力的单位被称为"管理机构"。③各种职位按等级原则组成，下级服从上级的控制和监督，而下级亦有权向上级陈情与上诉。④调节一个职位的行为的可以是技术性规则，也可以是法规。实施规则若要充分合理，就必须经过专业训练。只有具备适当的技术训练的人，才有资格充当行政管理人员。一种理性组织的管理人员都是由典型的"官员"所组成的，不论这组织是政治的、宗教的、经济的，还是其他性质的。⑤在这种理性组织中，行政管理人员应该完全与生产或行政管理工具的所有权相分离。官员、雇员及工人只是在履行职责时使用这些工具，而不是拥有这些工具。官员有义务汇报与说明其对财物的使用情况，进而组织的财产与官员的私产相分离，办公场所与生活场所相分离。⑥在这种理性组织中，官员的职权有明确的划分，不能越俎代庖。为保证管理行为的完全的客观性与独立性，必须各守其位，各尽其责。⑦一切管理的行动、决议和规章均须用书面形式表述和记录，即便是在口头讨论中也应如此。这一原则至少适用于预备性的讨论与提议、最后的决议及所有类型的法令与规章。书面文件与行政功能的持续不断的操作的结合构成"职位"一词的内涵，这是现代各种法人组织行动的主要特点。⑧法理型统治可有许多不同的形式，科层制(bureaucracy)是其主要的理想型①。

科层制在韦伯看来是最符合法理型的行政管理制度。科层制是由"官员"组成的，他们的任命及行动依据下列标准：①他们有个人自由，仅仅听命于非人格的公务上的职责。②他们按明确规定的职位等级组织起来。③法律上明确规定了各自的职责权限。④职责依自由的协议而产生，原则上是一种自由的选择。⑤职位的候选人是按其专业的熟练程度挑选的。在最合理的情况下，专业资格是通过考试来测定或由专业训练机构颁发的文凭来保证，或两者兼而有之。官员经由任命而非选举产生。⑥官员有固定的薪金报酬，绝大多数有权获得养老金。⑦把自己的公务看作唯一或至少是主要的现职职业。⑧有一个"晋升"的制度，或根据资

---

① Weber: *The Theory of Social and Economic Organization*, pp. 330-331.

历,或根据成就,或两者兼有。晋升取决于上级的裁断。⑨官员的工作完全与行政管理手段的所有权相分离,不能利用职位挪用公物。⑩服从严格的制度化纪律并控制自己的管理行为①。

科层制是一种以工具—目标合理性为取向、讲究效率与功利的管理组织。随着构成现代经济支柱的高度专业化分工的发展,科学技术的飞速进步及其在经济生产领域的广泛应用以及"世界解除魔术"的世俗化过程的彻底完成,必然导致科层化的更大发展。在韦伯看来,科层化已成为不可抗拒的历史潮流,它正是世界历史理性化的一种具体表现,不仅国家、法律领域如此,而且社会生活的各个领域,如政党、企业、群体、社团、大学、教会、军队等,无一不被科层化了。尽管韦伯本意竭力反对这种技术至上、效率至上的做法,但他不得不承认科层化是现代人不可避免的"命运"。在任何一个领域中,要想实施连续不断的行政管理而不以官员办理公务的方式进行,不啻是一种幻想。在行政管理领域,要么科层制,要么外行作风,除此之外别无选择。科层制组织方式在技术上优于其他方式,它是大规模计划和资源利用不可缺少的条件。只有通过科层制,国家才能调动和集中政治权力,才能动员起经济力量,也才能促进资源使用的合理高效与节约,促进政治、经济、技术等各方面的发展。科层制组织形式高于其他各种管理形式,一如现代机器生产高于手工生产方式。

但是,人类也为科层制带来的进步付出了代价。首先,科层制导致它的非人化。一切行为及计划的可计算性、可预测性及其对资本主义经济活动的适应性越是得到充分的实现,科层制就越是使自己非人化。它从公务中排除爱憎等各种纯粹个人的感情,尤其是那些非理性的难以预测的感情。人们要做出有意义的社会行动就必须加入一个大规模的科层组织,在那里他们占有一个整体所要求的功能位置:他们必须牺牲个人的偏好,全心致力于系统的目标。组织是一种个人必须无条件适应(而不是相反)的巨大的异在。科层组织方式极大地提高了效率,但合理化的世界也变成了一个怪物,它把自己的制造者非人化了。这一思想与马克思的劳动异化观极为接近。但马克思认为异化只是人类解放道路上的一个历史阶段,是与资本主义的生产方式特别联系在一起的,共产主义将必定超越这一异化。韦伯不相信人类能从自己制造的困境中解救出来。不管生产资料所有制的地位如何,科层化理性都不能不继续有所发展。合理组织生产以达到用最低的成本从事生产的必要性,在生产资料公有的社会中还会存在。

其次,科层制既是西方社会合理化、民主化过程的产物,它的发展却又产生和

---

① Weber: *The Theory of Social and Economic Organization*, p. 335.

加强了反民主的趋势。一方面,合理化的现代社会是一个利益多元的分权结构;但另一方面,进步导致了科层组织的高度集权和官僚的独裁,以至于科层制已成为现代世界的主要的权力来源。为了把握韦伯这一吊诡的命题,先要简述一下韦伯的权力及社会分层理论。

(1) 多元的权力来源与多元的分层机构

与马克思主义者用经济利益与阶级结构解释权力的观点有所不同,韦伯认为在一个利益冲突、变动不居的开放社会中,知识技能、生活方式及政治组织都不只是经济利益的从属的派生现象,而是对现代多元分层结构的形成起着重要作用的积极的独立因素。产生权力的来源不是一个而是多个,这是因为现代社会是一个多元分层的结构,对韦伯来说意味着存在着阶级、身份和政党等多重结构因素。

韦伯认为,阶级结构当然是重要的权力来源,同时,阶级的划分显然与财产(经济利益)紧密相关。财产之有无,"是一切阶级地位的基本范畴"。但他反对把阶级地位仅仅归结为财产地位。他还认为,阶级地位是按向市场提供的服务类型加以划分的,也就是说,技艺也可以成为一种产生内部等级差别的财产。市场结构中的"机会"对于个人的命运具有决定性作用。为此韦伯强调"阶级地位"与"市场地位"的密切关系,在"有产阶级"之外,又划分出一个"获取阶级",后者是因向市场提供服务从而享有特殊地位的人,如企业家、金融家,及其他自由职业者。韦伯认为阶级并不是有确定意义的共同体,而只是某一种共同体行为的可能的基础。我们说是一个"阶级"时,是指:①一群人,他们共同拥有某种特殊的、构成原因的生存机会的因素;②只要这种因素仅仅通过经济的货物占有利益和获利利益来表现;③它是在(商品和劳务)市场的条件下表现的(阶级状况)[①]。

(2) 身份

身份集团是韦伯提出的分层理论的又一个新概念。韦伯说:"我们可以用'地位状况'来指陈个人生活命运的每一典型方面,它是由社会对个人声望的一定的褒贬评价所决定的……声望不必与'阶级地位'联系在一起。相反,一般说来它与赤裸裸的财富权利的主张是对立的。"如果说阶级地位是市场、经济因素所决定的,那么声望地位则是由文化所决定的,与此相联系的是一种特定的生活方式,它给期望成为一特定身份集团中的成员的任何人打上了区分性的标记。"人们可以说,'阶级'分层是根据它同商品生产和商品获取的关系,而'身份集团'分层则是根据它的特殊'生活方式'所体现的商品消费原则。"[②]

---

① 韦伯:《经济与社会》下卷,第247页,商务印书馆,北京,1997年。
② 同上书,第253—254页,译文有改动。

(3) 政党

最后,韦伯提出了社会分层的政党的理论,作为权力的又一个独立根源。他说:"在任何个别情况下,政党可以代表由'阶级地位'或'身份地位'所决定的各种利益,从而获得这一个或那一个的支持。但它们需要的既非清一色的'阶级'的政党,也非清一色的'身份集团'的政党,往往只有部分如此,或常常一个都不是。"[1] 如果说"阶级"的故土在"经济制度"里,"身份"的真正故土在"社会的制度"里,即在"声望"分配的领域里,那么,"政党"的故土原则上在"权力"的领域里,党派的行为旨在获得社会的"权力"[2]。当然这里讲的"权力"是狭义的,即政治意义上的。

韦伯的这个多元分层理论是以假设存在一个多元利益的市民社会为前提的,因而权力是市民社会利益分配的反映,同时权力、分层等不能同经济因素混为一谈。确切地说,现代社会结构至少存在三个层面:经济的层面(阶级)、文化的层面(身份集团)与政治的层面(政党)。相对于这三个层面至少有三个独立的权力来源。

但韦伯认为,现代分权的民主制度不可避免地变成一种科层民主制度。一切组织,从工厂、学校、政党、军队到基金会、社会团体,无不建立在技术的效率取向和法律—合理的权威的基础上,管理者完全同财产所有权相分离,劳动同劳动资料相分离。这一合理化过程日益加剧官僚制的集权化以及少数对多数的统治,从而使市民社会这一独立的、多元而有活力的结构名存实亡。尽管韦伯并不同情古典的民主理论,但他对祛除巫魅之后落入没有灵魂和心肝的专家统治的前景,更是深感失望。尽管他希望能有奇里斯马式的领袖,靠其超凡的个人魅力来把广大群众引入现代社会,遏制科层化的不良发展,但他对人类的前景是悲观的。在他看来,等待人类的是"铁的牢笼"。"没人知道将来会是谁在这铁笼里生活;没人知道在这惊人的大发展的终点会不会又有全新的先知出现;没人知道会不会有一个老观念和旧理想的伟大再生;如果不会,那么会不会在某种骤发的妄自尊大情绪的掩饰下产生一种机械的麻木僵化呢?也没人知道。因为完全可以且不无道理来这样评说这个文化的发展的最后阶段:专家没有灵魂,纵欲者没有心肝;这个废物幻想着它自己已达到了前所未有的文明程度。"[3] 世界理性化理论的最伟大的阐述者却对理性化的前景乃至整个人类文化的前景表示了深深的疑虑和不安,这是最耐人寻味的。

---

[1] 韦伯:《经济与社会》下卷,第261页,商务印书馆,北京,译文有改动。
[2] 同上书,第260页。
[3] 韦伯:《新教伦理与资本主义精神》,第143页。

没有人怀疑韦伯在现代社会学中的无与伦比的地位。科塞甚至认为,可以将社会学划分成前韦伯时期和后韦伯时期。这使我们想起了葛尼斯堡的哲人康德,近代哲学汇集到康德,遂有一伟大的综合,康德问题又构成了现代哲学思潮的一个重要源头。韦伯在社会学历史中的地位大体相仿。实证主义、心理主义、历史主义汇集到韦伯理论中,都有所折中,有所扬弃,有所充实和提高。韦伯思想的主干无疑是德国唯心主义精神的传统,这在他的"意义"概念、"理解方法"、"社会行动"理论及宗教心理学的分析中是再清楚不过的,但他给了英法实证传统应有的尊重。他的或然性的因果观点、价值中立思想、科学中的禁欲主义等都反映了实证科学精神的影响。

韦伯思想又是现代思想的一个强有力启发的源泉。每个人似乎都能从他这里找到其所需要的东西,但很少有人有勇气走入韦伯思想的迷宫。这一点并不奇怪。自韦伯以来,社会学半个多世纪的专门化的发展已经如此五花八门,以至于今天很少有人再有能力去把握所有韦伯认为具有基本重要性的社会学问题了。因此,方法论学者关心他的理想型概念;人文主义社会学的倡导者讨论他的解释社会学;现代化问题的理论家热衷于理性化过程思想;组织学的学者抓住了他的科层制概念;研究政治关系的社会学者自然特别青睐他的统治和权力理论。

这也许最好地证明了韦伯在西方社会学中的永久地位,他也许是唯一一个从未被人忽视的古典大师。对韦伯表明某种态度已成为每一位社会学家的一种职业性的责任。正如阿隆所说:"与埃米尔·涂尔干或维尔弗雷多·帕累托相比,马克斯·韦伯更是我们的同时代人。"[1]韦伯无愧为科塞所赞誉的"社会分析的科学和艺术的至今无人企及的大师"[2]。

最后,我们对本章作一小结。德国社会学的意义在于它代表了依据根本不同于实证主义的立场重建社会学的初步尝试。德国社会学家力图证明,社会学的研究既遵从严格科学的要求又不盲目照搬自然科学的模式是可能的。即使按实证主义的标准看,德国人文主义社会学代表人物的著作也丝毫不比孔德与斯宾塞的著作逊色。

德国学者的创见主要在于将社会行动问题置于其学术旨趣的中心,指示了自觉的行动者通过他们的互动构成了社会。社会不再是从外面观照的一个客体,而是一个连续不断的交往的过程,只要社会成员仍在行动着,这个过程就不会停息。这意味着对社会学主义与心理主义的超脱。

---

[1] 阿隆:《社会学主要思潮》,第596页。
[2] 科塞:《社会学思想名家》,第284页。

然而，我们此前谈到的横亘在对立的社会学学派间的那些两难问题在德国社会学那里并未得到根本解决。一个问题是，他们用来描述人的行动的制度化过程的概念尚不充分有效。形式社会学用的概念有丰富内涵，但不能代替社会制度概念，德国学者批评有机论从而也摧毁了社会制度概念。另一个问题是，作为社会行动理论基本假设的动机概念缺少坚固的心理学基础。由于回避心理主义，并把心理学视为一门自然科学，德国人文主义社会学发现自己处在一种两难境地中：它直接关注个人的经验，却又不想创制一种适当的心理学概念。这一步是由美国的互动论迈出的。还有的问题，是让人既兴奋又困惑的理解概念。如果社会学旨在研究人的意识，那就肯定要采纳理解的方法，但德国人文主义社会学的奠基者们不幸却没留下任何令人满意的实施这一方法的方案。现象学的社会学派的创始人舒茨（A. Schutz, 1899—1959）就认为，韦伯理解社会学中包含了关于社会的真正的科学的纲要，但这一纲要主要之点的概念都没有得到论证。

第十三章
20世纪美国互动理论

13.1 实用主义与互动理论

迄今我们讨论的宏大的社会理论都是欧洲学者贡献的。社会学作为一门独立的学科,在美国形成于19世纪末20世纪初。在美国社会学发展的初期,其代表人物,如沃德、斯莫尔(Albion Small,1854—1926)、萨姆纳(W. Sumner,1840—1910)等致力于把欧洲社会学"美国化"。由于欧洲的理论家大多开创了社会学的不同传统,美国学者能轻而易举地从中汲取可用的资源。在欧洲学者中,斯宾塞与孔德对美国社会学的发展最为重要。齐美尔的形式社会学、布朗的人类学、涂尔干主义等也都是美国早期社会学最重要的启发源泉。德国反实证主义的社会思想似乎未对美国社会学造成重大影响。韦伯的影响是稍后若干年的事,通过帕森斯的工作(《社会行动的结构》,1937年),他逐步被视为一个方法论学者和社会学家而为美国人所接受。

在影响美国社会学发展的因素中,不可忽视的是美国社会历史本身的一些特殊情况。美国社会学的形成适值美国社会经历着重大的事件和变化,如南北战争、都市化与大规模的移民等,研究由此而产生的都市社区、种族、少数民族文化、社会环境等经验性应用性问题的兴趣成为美国社会学具有压倒优势的倾向。早期的美国社会学家大多是从实际活动领域步入社会学界的。他们的宗旨是把社会学变成处理社会实际政策的日常任务的手段,他们对欧洲社会学理论的重视,主要在于使之适应美国社会生活特殊应用的需要,因此,实用主义方针始终占有主导地位。

其次是美国社会学的制度化。前苏联学者安东诺维奇认为,美国早期的社会学史更像是"一部创立于1905—1906年的美国社会学协会的活动史,一部将近两千个社会学高等院校、科系的社会研究工作发展史,一部设在各大公司、工业财团、政府机关和部门的数以百计的社会学中心的活动史"[①]。美国社会学制度化的

---

① 安东诺维奇:《美国社会学》,第2页,商务印书馆,北京,1981年。

一个有利契机是社会学与现代大学体系在美国的同时出现。在欧洲大学里,大学体系早在社会学出现以前就已建立,新近的社会学不易在大学的学术部门里生根。美国的情况则不同,社会学比较容易在新大学体系中站稳脚跟。1874年,萨姆纳在耶鲁大学开设社会学,第一次在美国将社会学列为大学科目,而他写的《社会习俗》(1907)对几代人产生持续影响。1893年,芝加哥大学建立了第一个学院的社会学系。两年后,该大学创办了一份拓荒性质的社会学杂志《美国社会学杂志》(American Journal of Sociology)。在斯莫尔的主持下,芝加哥大学的社会学系很快成为一个有重要影响的学术中心。只一代人的时间,美国大多数的大学都开设了社会学[1],社会学在美国因此获得稳固的制度性的基地。我们知道,这是当时那些社会理论远为先进的欧洲国家的社会学家全力以赴却尚未获得的条件啊(涂尔干创建法国第一个教育学和社会学系是在1896年)!

最后,仅仅靠引入和运用欧洲思想,不可能有真正的独特的美国社会学。萨姆纳、斯莫尔等学者积极普及了社会学这一新学科,并使社会学努力适应美国自身的传统,打上了强烈的个人主义与唯意志论的色彩(这就是为什么斯宾塞的影响力更大于孔德的缘故),从而为美国社会学的发展铺平了道路,但他们并不是美国社会学传统的原创者。土生土长的美国社会学乃是被称为实用主义的美国的知识革新的产物。这场革新对于与实用主义哲学结合在一起的心理学,对于美国社会学新取向的确立具有特殊的重要意义,这种新取向就是被公认为美国人对社会思想最具创造性贡献的互动论。

实用主义把世界看成一个开放的世界,其特征是不确定性、选择性、创新及可能性。实用主义关于人的观念,不再是服从于自然规律的客体,或独立于他的社会过程的旁观者的观念,而是行动者的观念。把人视为自然(天性)的现成的产物(如本能主义)的观点,或视人的心灵为一块白板,被动地接受自然或社会环境的刺激的观点都与实用主义人性观格格不入。人通过与由其他行动者组成的环境的互动成为他所是的样子。对世界的认知是这一互动过程的一部分。认知主体不是被动反映世界的一面镜子,认知者是一行动者,他本身即为真理的一个因素,同时他认识由他助成的真理。实用主义反对把社会解释成不同于一种互动个人的集合的某种存在。但除了这种互动外,个人概念在实用主义者看来便纯为一种抽象,就像他们批评沃德、斯宾塞等人那样,是一种形而上的虚构。正是社会与互动过程改变和抑制了其参加者的生物性使之成为具有社会性的人。实用主义还反对任何形式的二元论,灵与肉、意识与生活、思想与行动、有机体与环境、个人与

---

[1] 参 Encyclopedia Americana 中"社会学"词条。

社会等概念间的传统对立被实用主义取消了,取而代之的是达尔文、黑格尔传统的"过程"概念。

互动论正是在这种典型的美国思想中孕育而成的,基本上属于一种社会心理学的视野。其注意力已从欧洲学者热衷的诸如阶级冲突、社会有机体及其进化等宏观的社会过程、社会结构以及具体的个人行为方式与抽象的心理特征等问题转向了社会互动过程和社会关系。互动本身被视为分析单位。人与社会结构等问题在互动论者眼里较实证论观点更复杂,更不可预测。社会由互动的个人组成,他们的行为不只是反应,而且还是领悟、解释、行动与创造。个人不是一组确定的态度,而是有活力的并不断变化着的行动者,一直处在生成中但永不会彻底完成。社会环境不是某种外在的静止的东西,它一直在影响着和塑造着我们,但这本质上是一互动的过程,因为环境正是互动的产物。人有内心生活,同时又是一个自我,自我并非一心理实体,而是社会互动过程的一个方面。互动过程首先是一符号的过程,符号被行动者赋予了意义。这种我们与他人共享的意义,关于社会世界的定义以及对现实的感知与反应,均产生于互动过程中。布鲁默(H. Blumer, 1900—1987)说:

"符号互动"一词当然是与人们之间发生的互动的独特性质有关系。这种独特性在于,人们事实上解释或"定义"彼此的行为而非单纯对他人的行为作出反应。这样,人类的互动是以符号的使用、解释、或对彼此行为的意义的确定为中介的。这种中介等于是在人们行为的刺激与反应之间插入一个解释过程。①

米德(George Herbert Mead,1863—1931)是互动论的基本思想贡献最大的一位思想家。他是一位哲学家,哲学系的学生都把米德看作实用主义哲学的主要阐述者。米德的许多观点与詹姆斯(W. James, 1842—1910)、杜威(Dewey, 1859—1952)及库利(Charles Cooley, 1864—1929)的观点颇多相似,事实上,他大大受惠于这几位互动论思想的先驱者,后者提出的一些重要概念构成了米德理论的重要资源。

13.2 詹姆斯:多元的自我

詹姆斯是 20 世纪美国最负盛名的哲学家之一。他的科学研究集中在心理学

---

① Blumer: Society as Symbolic Interaction, from Arnold M. Rose: *Human Behavior and Social Process: An Interactionist Approach*, Houghton-Mifflin, 1962, p.179.

工作上。尽管他似乎对社会的理论没有表现出很大的兴趣,但其《心理学原理》(1890)的确包含了一些令社会学家感兴趣的重要思想。詹姆斯使一些社会学家开始认识到"个人"只是对人性各种各样具体的反应、习惯、气质及能力的一种总括的说法,所有这些都是因互相联系的生活的影响而产生并得到确认的,而不是指示个体的一种标签。詹姆斯发现,对社会过程的研究,必须同时是对社会个体产生过程的研究,这种个体只能通过社会互动的过程获得他的各种基本品质。这实已是詹姆斯个人主义中的新成分,因为以前的个人主义概念一般都将给定的个人品质当作互动的条件和出发点,社会被认为旨在满足现存的需要而非创造这些需要。詹姆斯提出的"社会我"概念证明,对于互动过程的研究是至关重要的。

詹姆斯心理学的社会学的内容在他对社会自我的分析中可以看得最为清楚。他假设不存在任何实体性意识,而只有一种凭借与他人的互动而不间断构成其个人同一感的意识流。在这种认识世界的过程中,人既是认识主体(纯粹自我,I),又是认知对象(经验自我,me)。"客我(me)是被客观感知的事物的经验的集合,而感知事物的主我(I)本身则既不是一个经验物的集合,也非诸如灵魂那样的不变的形上的实体,或纯粹的自我原则。"[1]经验自我包括个人称呼他自己的一切,某些情感的来源及行动的灵感。因此,经验自我不仅包括他的身体、他的体能,还包括他的服饰、屋宇、妻子及子女,他的先辈及朋友,他的荣誉及作品,他的土地和马,他的游艇和往来账目。詹姆斯进而区分了"物质我"(一个人的身体、衣着、房子及家庭,他所拥有的东西,特别是那些通过其工作所获得的东西);"社会我"与"精神我"。在讨论社会我时,詹姆斯深入地分析了这样一个过程:个人通过想象他人如何评价他,以及他所看重的那些人对他所作所为的某种期待,产生了他的自我认同感。此外,由于个人总是许多团体的成员,这就产生了一个多元社会自我的问题,每一个多少都与其他的有所差异:对于不同的人,一个人通过扮演不同的角色表现其不同的侧面。这样,"詹姆斯将笛卡儿一元论哲学的主体融于自我多元论中,其产生来源于和外部世界的繁多的接触交往,并强调不少于外部世界的多元自我可被视为客体。由此,詹姆斯为库利和米德的社会心理学打下了基础,也可以说为以后的社会学和社会心理学的角色理论打下了基础"[2]。

---

[1] James:*Principles of Psychology*, from H. S. Thayer (ed.):*Pragmatism: The Classic Writings*, Hackett Publishing Company, 1982, p.153.
[2] 科塞:《社会思想名家》,第354页。

13.3 杜威：调适与互动的社会心理学

杜威在社会学与社会心理学领域是一个富有创造性的理论家，但他主要是哲学家、心理学家和教育家，因为他的主要贡献之一是帮助创造了有利于美国的理论家们活动的知识氛围，而这显然比他对社会学的直接贡献更为重要。他影响了库利、托马斯和米德。杜威写下了许多使他享誉的著作，如《人性和行为》(1922)、《经验与自然》(1925)、《确定性的追求》(1929)、《民主与教育》(1916)、《学校与社会》(1915)，在这些不同题旨的著作中都包含了社会理论的讨论。

杜威最初的兴趣在心理学方面，1922年的《人性与行为》一书标志着转向社会心理学的一种重要变化。重要之点是，如果没有杜威与米德及芝加哥学派的其他一些实用主义思想家们发动的有关心理学基础的解释的那场革命，美国社会心理学仍将沿着美国社会学家罗斯与英国心理学家麦独孤的思路蹒跚前行。

杜威等人倡议的心理学的新取向的要点是：第一，它主张将有机体的活动当作一种完整的过程来研究。将这个过程分成各种要素必然导致对人类行为的歪曲的描述。第二，如果把心理过程视为独立于有机整体的功能过程之外以及独立于有机体与环境的互动之外的过程，这些过程就不能得到令人满意的解释，因为所有这些过程均在确定的情境中发生的。第三，它主张从功能的观点来研究人的经验和行为，这些功能是有机体在其适应与控制环境的过程中通过其各种不同的反应来实现的。

杜威经常强调他说的环境是指"自然的或社会的环境"。他注意到自然环境并非单纯给予人的东西，在某种程度上它也是人们自己活动的产物，故必然具有社会的特质。另一方面，与环境发生互动的人性概念也是社会化的概念。在杜威看来，人性绝不是一个生物学概念。他反对个人主义心理学的假设，认为没有任何一种属于人类个体之秉性的品质可以解释个体在社会中的行为，只有这种社会个体才是我们观察所能及的，关于社会与个人孰为第一性的传统争论诚然荒谬，但说某个社会先于每一个个体，个体之间的某种形式的互动，或习惯、制度等历时比个体久远，这是正确的。问题是要探究这些互动的体系如何塑造个人，以及这些个体反过来又是如何改变这些体系的。[①]

---

① See Dewey: *Human Nature and Conduct: An Introduction to Social Psychology*, New York: Modern Library, 1930, pp. 89-94.

因此,杜威的社会心理学不是要将人与自由对立起来,而是要求取一条调适两者的中道,力图发现一种人主体生活于自然环境中的独特方式。既要保留自然主义心理学与社会学的唯名论观点,又要说明社会对于个人的主导影响;既主张人对于自然与社会环境的依赖,又要证明适应是双向的;人受外部条件的决定但又是自由的,他依赖于过去又有塑造未来的能力。杜威试图发现一个概念,一个可在决定论与唯意志论、对现成习俗的依赖与创新、生物性的冲动与抽象的理性之间充当调适的概念。

习惯概念可以胜任这一目的。杜威煞费苦心地给这一旧词注入新的意义。"我们需要一个词来表现人类的活动,它受先前的活动影响,就后者获得的意义上而言;它本身包含了某种给予活动的次要成分以秩序的作用或系统化的作用;它是向外投射的、充满活力的和伺机公开显现的,即使在没有显著的活动时,它也在暗中活动着。"①杜威强调习惯是习得的,同时又是可塑的与易变的,强调习惯决定行为的一般方向而不是其具体形式。杜威的习惯概念最接近于同一时期其他美国学者提出的态度概念。关键在于,习惯不是有机体本身的一种性质,而是与他人互动的个体的一种性质。一个人做出某种行动,随即在环境中得到反应。行为总是共同参与的,这就是活动与心理过程的区别。

对杜威来说,环境并不是个人必须使其行为与之适应的死板的社会关系的体系或现成的规章。环境是个人首先习惯地对之作出反应的一种自然流迁的情境;如果他遇到了障碍,他便会逐渐改变其行为,直到造成一个他所希望的变化。个人的行为,无论是不是习惯行为,总是对情境而不是对任何单纯的刺激的一种反应。

既然个人行为是在个人之间互动过程中被塑造的,只有用人们的交往才能解释个人的行为。杜威认为:"社会不仅因交往、沟通而持续存在着,而且简直可以说就存于交往沟通之中。Common(共同的)、Community(共同体)、Communication(交往)这些词之间的联系不只是词义上的。人们由于他们共同拥有的一些东西而生活在一个共同体内。交往便是他们由以拥有这些共同的事物的方式。为了组成一个共同体或社会,他们所必须共同拥有的东西是各种目标、信念、抱负、知识——一种共同的理智——即如社会学家所说的志趣相投。这类事物不能像砖块那样可从一个人有形地传给另一个人;它们也不能像人们将一块馅饼分成几片来分享那样为人们所享有。"②

---

① Dewey: *Human Nature and Conduct: An Introduction to Social Psychology*, pp. 40-41.
② Dewey: *Democracy and Education*, New York: The Macmillan Company, 1916, pp. 5-6.

社会作为一个思想和感情的共同体的观点并不是什么新思想。杜威的创见在于考察重心的转移，从把思想一致视为社会的一种属性，到思考由于个人间的互动而产生一个思想与感情的共同体的过程。孔德、涂尔干及后来的功能主义者感兴趣的是一个既成的共同体，而杜威感兴趣的则是某种形成中的共同体。不是社会塑造个人，而是个人通过互动塑造他们自己，社会因此而存在着并改变着。

13.4 库利:"镜中自我"

库利是个学养深厚的学者，在他的思想中不难发现斯宾塞的社会进化论、达尔文的生物学、歌德的哲学的影响。尽管他已在试图超越19世纪诞生的社会学宏大体系的遗产，但仍不免受具有这些体系特征的术语和主题的支配。进化论、有机体等概念在库利的著作仍发挥着特殊的作用。很少有社会学家对把社会学做成一门科学而显得态度冷淡，库利算是其中的一个。他认为把社会学与文学、哲学分离开来乃是一个致命的错误，他想使社会学成为一门艺术。

毫无疑问，库利的思想与杜威、米德有特殊的亲缘关系。他赞赏杜威关于社会生活的有机性质的观点和对交往性质及功能的分析，杜威的成果促进了他在这些领域中的工作。库利深信，只有理解个人，即人性，才能有望把握社会，即社会秩序。1902年，库利出版了他第一部也是最重要的一部著作，其书名是《人性与社会秩序》(*Human Nature and the Social Order*)，书名确实反映了他对社会学的观点。

1. 社会生活的有机观

社会生活的有机观是库利社会学的首要概念及其更综合的哲学观的要素之一。库利依据这种有机观批评19世纪社会学的遗产，并抛弃了一系列困扰社会学创始人的两难命题。在库利看来，大部分命题乃是错误地设定的。在社会生活中，每一个事物均为一更包罗万象的有机整体的一个方面；因此我们必须用和(and)而不是或(or)来连接下列这些对立项：个人和群体、人和社会、唯我论和利他主义、自由和必然、冲突和合作、创新和传统、遗产和环境、精神和物质、人文和技术、自由意志和决定论、科学和艺术等。

这种有机观点反对任何形式的还原论，即反对用单一因素解释所有其他的因素。不论是生物学主义、心理主义、经济决定论，还是其他什么单一因素决定论，均在库利的反对之列。这种还原论导致对一种整体的生命及过程的歪曲。每一个因素都有其不可替代的作用，但没有哪一个因素比其他因素更为基本。

这种社会有机观决定了库利对个人与社会关系的观点必然是一种交互论。他既批评深深扎根于美国思想中的个人主义,又同样反对集体主义和社会实在论。他与杜威、米德等人一样,认为必须放弃个人或社会孰为绝对第一性的问题,应该考察个人如何存在于群体中及群体如何存在于个人中这样的问题。个人与社会是同一现象的不同侧面,经验上是不可分的。库利说:"我们说社会是个有机体,这意味着它是一个通过互动而存在和发展的各种过程的复合体。整个社会是一个统一体,它的一个组成部分所发生的变化都要影响到所有其他的部分。它是一个庞大的互动组织。"①库利又说:"你在生活中发现社会性的时候,也就是你发现个性的时候,反之亦然。"②因此,库利断言:"独立的个人是在经验中不存在的抽象物,同样,脱离个人的社会也是如此;它既可能从个人方面考虑,也可以从社会即普遍的方面考虑;而且事实上它永远包含着个人的和普遍的两个方面。"③

库利这一交互观点的重要性不仅在于它是对美国最根深蒂固的原子个人主义的否定,而且还在于提出了相互作用或相互渗透的机制与内容问题,这个问题在社会学史上意义重大。

在这个问题上,库利坚决拒斥本能主义的回答。他不否认遗传的作用,但他声称:"人的遗传并不特指一种注定做某些事的与生俱来的倾向,而是一种天生的学习能力,学习在特定情境中所需做的一切。"④学习的唯一方式是与其他人交流。交流概念也许是库利社会学体系最重要的一个概念。交流意味着一种机制,"通过这种机制人们的关系得以存在和发展——所有的精神符号,以及使它们穿越空间和在时间中留存的方法。它包括了表情、态度和姿势的表现,声调、语词、书写、印刷、铁路系统、电报、电话及一切其他的征服时空的最新成就"⑤。

2. "镜中自我"(The Looking-Glass Self)

儿童通过与其母亲、其他家庭成员、他的同龄人和社区的其他成员的交流而发展了他的人格。及至年长,个人扩大了他与别人的接触,参加各种组织,并借助文字,建立起与整个世界的联系。交流的手段尽管极不相同,但塑造人格的机制是大体一样的。这就是库利所说的"镜中自我"。人们彼此都是一面镜子,映照着

---

① Cooley:*Social Process*, Southern Illinois University Press, 1966, p.28.
② 库利:《人类本性与社会秩序》,第26页,华夏出版社,北京,1989年。
③ 同上书,第23页。
④ Cooley:*Social Process*, p.200.
⑤ Cooley:*Social Organization*, Schocken Books Inc, 1963, p.61.

对方。

　　我们在镜中看我们的脸、身材和衣服,因为我们的兴趣在于这些形象是属于我们的。我们根据这些形象是否符合我们的愿望而产生满意或不满意的心情。同样,我们在想象中得知别人对我们的外表、风度、目的、行动、性格、朋友等等的想法,并受这些想法的影响。

　　这种自我认识似乎有三个主要成分:对别人眼里我们的形象的想象;对他对这一形象的判断的想象;某种自我感觉,如骄傲或耻辱等。……我们在别人心目中看到我们自己的另一个人的角色和力量,对我们的情感有很大影响力。我们羞于在一个坦率的人面前显得躲躲闪闪,在一个勇敢的人面前表现出胆怯,在一个优雅的人眼里显得粗鲁,如此等等。我们总是想象,并在想象中与另一个头脑持同一判断。①

　　库利把社会互动首先视为人们互相的想象,"人们彼此对对方的想象是可靠的社会事实",进而,他更直接把社会定义为"人们观念中的一种关系"②。"对社会关系的直接研究表明,人的观念才是真正的人。那就是说,只是在观念中一个人对他人才是存在的并直接对他的心灵起作用",否则就没有社会实在,"直接的社会实在正是人的观念",质言之,社会就存在于心灵中③。

　　库利把社会互动甚至社会实在归结为个人彼此之间的想象,完全局限在主观内省的水平上,这一思想连对库利评价甚高的米德也认为难以接受。在米德看来,库利的心理内省论接近于唯我论,因为库利并不认为社会真实地存在于个人意识范围之外,而他的自我概念,尽管有其内在的社会性,却仍是想象的产物④。

3. 首属群体(Primary Groups)

　　作为描述基本的人类社会关系的"镜中自我"概念,其逻辑的扩展便是库利的"首属群体"概念,这一概念制定了一切社会组织的基本含义。"我所说的首属群体是指那些具有亲密的面对面的联系和合作特征的群体。这些群体的首属性表现在若干方面,但是,最为主要的是,它们是个人的社会性和理想形成的基础。从心理学上来讲,这种亲密联系的结果是种种个体特性在一个公共整体中达到某种融合……对这种整体性最简单的描述大概是'我们'一词。'我们'包含着一种同

---

① 库利:《人类本性与社会秩序》,第118—119页。
② 同上书,第78页,译文有改动。参英文版(纽约,1968年),第119页。
③ 同上书,第76页。
④ See Mead: *Mind, Self and Society*, University of Chicago Press, 1934, p.224.

情和相互之间的认同,而'我们'就是这种认同的自然表达"①。首属群体在库利看来就是社会的发源地,其特征是亲密、面对面的互动、温情和合作。在首属群体中,人的自我意识与社会意识是一同发展的,随之而产生类似的"I—Me"(主我—宾我)感与"Us—We"(宾格我们—主格我们)感。这种"我们的感觉"促进了自我对群体如儿童游戏群体、家庭等的强烈认同。

最重要的首属群体是家庭、儿童游戏群体和邻里。这些群体乃是产生人类合作、伙伴与友谊关系的土壤。"在这些首属群体中,人性逐渐长成。人性并不是人生来就有的;人只有通过团体关系才能获得人性,人性也会在孤立中丧失。"②群体迫使个人放弃个人利益,优先考虑整体利益,培育群体内的同情与亲情。这些群体基本上是和谐友爱的,但竞争、自主意识、动感情的争论也会出现。但库利认为,这些激情受同情作用的社会化,倾向于服从共同精神的约束。个人是有欲望的,但在首属群体中,人们追求的主要是以他人利益为重的目的。

库利社会思想围绕着这样一个核心,即:相信人类的进步乃是人的同情心的不断发展扩张,这个过程开始于首属群体的家庭、邻居,不断推进,最后完成于共同体、国家和世界。这样,库利既乐观、浪漫,又充满了人文精神。今天看来多少有点迂,不过,科塞还是认为,"在他的著作中即使那些看来被过分的善意所毁坏的部分,人们仍可以发现持久性社会学观点"③,这就是社会学对于人性发展与社会化关系的洞见。

库利以不多的篇幅讨论首属群体,但对社会学的影响却颇大。它为把小群体的研究引入社会学作出了甚至比齐美尔等作者还多的贡献,这类研究先前几乎是慈善家和社会改革家的禁脔。随着人们对小群体及社会化问题的关注,库利的首属群体概念在一度被人忘怀后又见流行了。

库利对美国社会学的影响有两个方面:一方面,他取消了许多传统的问题,主要是与笛卡儿的心物二元论联系在一起的那些问题;另一方面,他提出了一些新的研究主题,它们特别是与小群体与社会化过程联系在一起的。他激发了美国社会学的想象力,但在实证研究的方法与技术方面却几乎毫无建树。他是一个坐在书斋的安乐椅上推进社会科学的芝加哥学派的学者。

---

① Cooley: *Social Organization*, p.23.
② Ibid., p.24.
③ 科塞:《社会学思想名家》,第340页。

13.5 托马斯:"情境定义"

托马斯(W. I. Thomas,1863—1947)从不把自己看作理论家,他无意做一个书斋的思想家,而要成为一个研究者,社会心理学对他来说是一门研究技术,而不单纯是一种观点及批评传统社会思想和心理学的基础。但不管他对自己的评价如何,托马斯确实是芝加哥学派的一位极重要的理论家,他以态度概念为特点的社会心理学研究为美国互动论提供了重要的理论资源。

1. 《波兰农民》一书的方法论观点

托马斯早期是人种学史家,那时期他研究原始社会的作品有不少生理学与心理学的偏见,例如他认为"男人在形态上的发展比女人更重要";又如他把异族通婚的原因归于"男性的不满足"及其"寻求更多的陌生妇女"的愿望[①]。但在他学术生涯第一阶段结束时,他的兴趣已经转向社会学与社会心理学,并在技术上已臻娴熟。这时他的结论是必须用历史和社会生活而不是生物学来解释人类行为。他确定了社会心理学的任务是研究以社会为其前提条件的个人的心理过程以及以意识状态为其前提条件的社会过程。这门科学的特征是它与历史、社会人类学及社会学有紧密的关系。

当他从人种学转向社会心理学,他的研究也随之由原始社会转向现代社会,首先集中在移民问题上,其成果便是他与兹纳涅茨基(Znaniecki,1882—1958)合作而成的不朽著作《欧洲和美国的波兰农民》(1818—1920)。

《波兰农民》一书将向来分离的社会理论与经验研究结合在一起,这标志着美国社会学的一次重要转折。托马斯与兹纳涅茨基所从事的这种结合,首先意味着对方法论问题的检讨。他们对思考社会问题的各种根深蒂固的习见提出了怀疑。他们批评没有任何方法论思想却自称可以提供可靠知识的常识社会学;带着直接实用的目的而使研究限于片断的观察的做法;脱离社会生活的完整的背景对社会事实的考察;以及这样一种信念:以为人们总是对同样的环境刺激作出同样的反应,而不管他们各自的经验如何不同。托马斯与其合作者坚持社会科学研究必须置于方法论的基础上;从事实的全部联系中,尤其是从整个文化的内在联系中把握社会生活的因果关系;用互动的观点考察人与环境的关系。新方法论的突出之点是对主观因素与客观因素、人格与文化、个人态度与社会价值的相互作用的首

---

① 参科塞:《社会学思想名家》,第 581—582 页。

要关怀。《波兰农民》全书贯穿了这种互动论的分析，为此，他们提出了一些重要的方法论概念，如态度和价值、社会人格、情境定义等。

(1) 态度和价值

他们的一个基本观点是，为了充分解释人的行为，必须把个人的主观态度与文化的客观价值结合起来考虑。态度指的是社会组织成员的主观的品质；价值则被规定为社会生活的客观文化要素。他们认为，那些撇开与人的意识的关系而仅注意客观的社会过程的社会学研究低估了主观态度的社会作用。社会过程始终包含了一种心理变项，它一直影响着客观因素的效果。人是社会过程的积极的参与者，他们会以不同的态度因应环境的刺激。心理中所有影响其反应形式、方向及强度的因素都可称为态度。强调哪些因素为态度并不重要，因为没有任何一种心理因素本身是一态度，仅在它以一社会价值为目标时才成为一态度。这样他们就把单纯的心理状态与态度区分开来，前者属于普通心理学，后者则属于社会心理学范畴。心理过程局限于对注意力的反应，仅同一个人的其他状态有关，而态度则是在和社会的联系过程中表现出来的心理过程，它首先与某些社会价值有关。"心理过程总是基本停留在某个人的一种状态上，而态度则基本上停留对某一事物的看法上。"[1]他们强调外界或客观因素对人类行为的影响，只限于那些曾在主观上被体验过的方面。因此，社会分析所要解决的任务就是要说明经验如何形成人的主观预想和态度，后者又如何反过来决定人主体对客观因素的反应。

另一方面，社会过程亦不能仅仅通过个人的态度来解释，因为它总包含了文化的客观方面，对社会价值的研究属于正统的社会学范围。社会价值是摆在人们面前的、客观的文化材料，包括行为的准则、行动的目标以及与这两者有关的起着整合和协调作用的制度性的体系。就先于任何具体的个人而言，它是来自外部的东西；就它构成为群体的社会组织而言，"态度是服从于价值观的"。[2] 但从社会变迁与社会互动的观点看态度与价值的关系，它们是不能孤立地考察的。"一个社会现象或个人的行为从来都不是另一个社会现象或个人的行为单独造成的，而是社会现象和个人行为共同产生的结果。更确切地说，一种态度或一种价值观的出现从来都不是孤立的态度或价值观单独造成的，而总是它们结合的产物。"[3]这一观点具有明显的论战意图。它既反对形形色色的社会学决定论，以涂尔干的社会学主义为代表，它仅用一种社会现象解释另一种社会现象；也反对形形色色的心

---

[1] 引自科塞：《社会学思想名家》，第 575 页。
[2] 同上。
[3] 同上书，第 573 页。

理学主义,即从孤立的个人推出社会事实来的观点。总之,托马斯和兹纳涅茨基力图超越社会学主义与心理学主义加诸社会研究的种种限制。

(2) 社会人格

《波兰农民》一书的原始素材来自移居芝加哥的波兰人的生活史。这些材料包括私人信件、自传、日记和其他一些私人的文件记录。内容丰富又极具个性。问题是如何从这些自传性的材料出发达到普遍有效的概括性命题?托马斯及其合作者认为需要一种将个人视为社会人格的理论。这个理论是通过比较研究大量传记性材料得到的。虽然这些材料反映的人性情况都是独一无二、不可重复的,但大量的材料仍显示了人性的相似性,这就有可能据以确定各具特色的人格类型。社会人格大体可归为三类:腓力斯人①、波希米亚人②和开拓型的人。腓力斯人"永远是一群遵奉者,通常只接受他们那个最稳定环境中的社会传统……然而在生活环境中一旦出现重大的或突然的变化时,腓力斯人的活动就会变得失常"③。波希米亚人渴望获得新鲜的经验,"他们能够不断向前发展,这是因为他们的民族性格还未形成"④。开拓型人则在渴望新的经验与争取至低限度的必要稳定之间求取某种中道。就产生新的态度的机会而言,波希米亚人最高,腓力斯人最低,开拓型人处在这两者之间。

人格类型不可被视为决定个人行为的现成结构。重要的问题不是人性的现成状况,而是人性的生成过程;不是要列示人的性情、品质的种类,而是要说明具体的个体经由何种途径从具体的性格发展而成。

人格的发展与社会化是同一过程。社会化首先包含了个人自觉适应现存状况之能力的发展。这一过程使个人在情境结构中实现自己的目的。借助于情境的结构,而不是靠培养习惯,个人的行为趋于符合特定社会信奉的规范。意识在这一过程中发挥着重大的作用:解释情境并找出适当的解决方法。个人社会化的这种高度自觉性质,绝非行为主义者研究习惯的方法所能揭示。必须用意向、愿望、激情等概念来解释人类行为,不能无视客体对于有意识的个人所具有的意义和隐含的意味,因为正是这些意义决定了个人的行为。行为主义者的观察方法同样无效,因为个人不是一个只对来自环境的刺激作出反应的有机体,而且还是一个可以作用于环境的行动者。

---

① 腓力斯人原是地中海东岸的古代居民,此处取其"守旧、对事物不敏感"的喻义。
② 波希米亚为捷克一地区,此处取其"豪放不羁"意。
③ 转引自科塞:《社会学思想名家》,第 577 页。
④ 同上。

2. "情境定义"

情境分析无疑是托马斯贡献于社会理论的核心成就。托马斯很早就有了"情境"思想,情境概念最初是在《波兰农民》中提出的,而经典的表述是在其《未经调教的女孩》一书中作出的:

> 高等动物,首先是人,具有一种拒绝接受他们先前追求过的刺激的能力。先前刺激的反应可能曾有痛苦的结果,因而在这种情况下的规则和习惯也发生了改变,我们称这种能力为抑制力。它取决于这样一个事实:神经系统存有对过去经验的记忆和记录。因此,行动的决定因素不再完全来自外部,而且也存在于有机体内部。
>
> 任何一个自我决定的行动,在其开始以前,都有一个考察和深思熟虑的阶段,我们可以把这称为"情境定义"。事实上不仅具体的行动有赖于情境定义,而且整个的生活谋略和个人人格都逐渐遵从一系列这样的情境定义。
>
> 但是儿童总是降生在一个群体中,在这个群体里,能够出现的一般种类的情境都已经得到定义,相应的行为规则也已发展出来。因此在这样的情境中,他想不受影响地按照自己的愿望做出自己的定义,这种机会是微乎其微的。人们总是共同生活在群体中……
>
> 因此,在一个有组织的社会中,成员自发形成的情境定义和社会提供给人的定义之间总是存在着一种对抗。个人总倾向于奉行享乐主义的个人第一的原则来选择活动;而社会则倾向于功利主义的选择,以安全为首务……
>
> 正是这种关系,一套支配人们的行为、调节个人愿望的道德规范产生了。而这套道德规范是通过连续的情境定义才建立起来的。实际中胆大妄为的行为是最先发生的,规范就是为防止这类行为的一再发生而设定的。因此,道德通常就是被接受的情境定义,无论它如何被表达:在舆论或是不成文法律中,在一部正式的法典中,或是在宗教戒律和禁忌中。
>
> 家庭是最小的社会单位和最初的定义组织,儿童一旦有了自由行动的能力……他的愿望和活动开始受到抑制,并且逐渐的,在家庭中被定义,在学校中被同伴所定义,在主日学校里,在共同体中,通过正式的教导,通过非正式的赞成或不赞成的手势,这个在成长中的社会成员不断学习着社会的规范。①

情境定义概念使人们注意在环境刺激与行为反应之间,有着人类行为特有的解释、选择、判断等主观的心理活动。"只有不断关注人类心理的间接功能,才有

---

① Thomas: *The Unadjusted Girl*, Boston: Little, Brown, and Co., 1923, pp.41-44.

助于解释这个根本的事实:即给两个人以同样的刺激,但他们很可能对这个刺激产生完全不同的反应。""一台录音机对于一个闲得发腻的城里人来说,只是他用来打发时间的工具,而在一个原始人看来,他所听到的无异于是上帝的声音。除非分析家们能注意到主观含意,即各种情境定义,否则他们是无法理解人类本身,也是无法理解其他文化的。"①

在托马斯看来,人们不仅对情境加以解释,而且更主要的是按自己对情境的定义来作出反应。科塞说托马斯写过的最富哲理的一句话是:"人们一旦被情境所限定,他们的行动也就随之而确定了。"②如果人们把情境定义为真实,那么这种"真实"的信念就会支配他们的行动,例如,一旦黑人被称为"黑鬼",或犹太人被称为"犹太佬",这类人就会通过社会定义这种奇特的炼丹术而完全变成另一类人,就会成为歧视和偏见、暴力行为甚至杀人者的目标。社会定义因此具有"妖魔化"的作用。在当今国际关系中甚为流行的一句名言是,你把某个国家视为敌人,它就会成为你真正的敌人。这可以成为基于情景定义而为默顿发展出的"自我实现的预言"的一个例证。这就是为什么托马斯强调知道人们实际上怎样想的要比知道他们所想的内容在客观知识意义上的真伪更重要的缘故。科塞说,托马斯的"情境定义"这一概念到今天仍然对社会学思想具有很重要的意义,如果没有托马斯的影响,美国的社会学将非常贫乏。科塞的评价是中肯的③。

13.6 米德:自我与社会的相互作用

尽管库利、托马斯是互动理论的重要思想家,但米德被公认是这一理论最有影响的创立者。"米德处于库利的极端主观主义和涂尔干的极端客观主义之间。在库利那里,只有'想象'才是社会学的研究课题,而在涂尔干那里,只有具体的社会现象即'社会事实'才适于进行社会学分析。"④米德既承认客观世界的现实性及其在人性发展中的作用,又承认人主体对客观世界所作的主观解释的重要性,这两者之间的关系成为米德的核心议题。

米德生前很少出版著作,所教授的课程是哲学而非社会学。米德所以跻身于社会学理论史的中心地位,是因为:第一,米德的学生大都来自社会学系。他的思

---

① 科塞:《社会学思想名家》,第584页。
② 同上书,第584页。
③ 同上书,第633页。
④ 波洛玛(M. Poloma):《当代社会学理论》,第194页,华夏出版社,北京,1989年。

想对其学生影响甚深;而这些学生更将米德的思想与得自社会学系的托马斯和帕克的学说结合,最后促成了符号互动论的产生。第二,这些学生将米德授课的笔记在他死后汇编整理成遗作出版,遂有《现代哲学》、《心灵、自我与社会》、《19世纪的思想运动》、《行动哲学》等著作。尤其是《心灵、自我与社会》一书广受世人推崇,被视为互动论的经典之作。

1. 思想的来源

米德受到的思想影响是多方面的,他的社会心理学可视为与这些影响持续对话的结果。

首先,米德反对将任何不变的人性质素归于孤立个人的还原论观点,或将意识视为不同于物理秩序的独立秩序的心理实体化观点。米德批评库利的方法完全是内省的,库利认为心灵是相互作用的自我的活动场所,却对心灵的客观化这一方法论问题当作形而上学问题避而不谈。这样在交往中出现了一个同我们周围的物理世界平行的自我的社会世界。米德说:"我们不能指望运用两种语言:一种关乎一定的物理事实,一种关乎一定的意识事实。"①意识、心灵不是实体,心理学也不是关于某种性质上不同于有机世界其他部分的实体的科学,而是关于某些可观察的事实,即在一定的环境条件下产生的有机体的行为(就社会心理学而言,便是指社会条件下的行为)的科学。换言之,意识并非作为自成一类的实体而是作为有机体的功能而存在。米德相信人类行为可以从外在的方面来研究。上述观点与20世纪初支配美国心理学的行为主义有相通之处。

米德赞同华生(J. B. Watson,1878—1958)的行为主义的激进的反内省方法的观点,但对他把人类的行为归结为刺激—反应的机械论模式却是断然拒绝的。米德认为,这种心理学的行为主义源自动物心理学,其研究集中于动物的中枢神经系统与环境的关系,因而忽视了行为的内在(心)与外在(社会)两个向度。米德认为,人类的行动与反应不同于台球的碰撞,因为人不是刺激的被动接受者,他选择并解释刺激,联系其先前经验,他对于可能的不同反应是有所选择的,进而他会追求某些特定的刺激,而不是仅仅被动地接受。寻求社会科学中的主导概念并不是米德所感兴趣的,因为他不想用独立的因素对主体的结果来解释人类行为,不管这是生物的、环境的还是心理的,而是把人主体的行动本身作为中心问题。米德反对一个给定于个人的社会世界的观点,一如他反对给定于个体的心理秉性的观点。米德反对任何形式的决定论,就上述观点而言,米德继承了德国唯心主义与

---

① Mead: *Mind, Self and Society*, p. 40.

19世纪浪漫主义的传统,这两者均强调人主体对文化的形成与发展的重要性。米德说过,研究自我—他人问题,如果没有从黑格尔的分析那里得到强有力的推动,就绝不会采取在《心灵、自我与社会》这一著作中所表现的形式①。在《心灵、自我与社会》一书中,米德巧妙地利用了黑格尔在《精神现象学》中所提供的对理解和交往的分析。

但是德国唯心主义没有把主体建立在普通人日常经验的基础上,未能很好地解释自我的起源。米德认为自我是在与他人、环境、社会及与自身的这外在与内在两类互动中产生的。概言之,其兴趣的焦点不仅是行动,而且是自我的行动和在社会互动、符号互动结构中的自我的行动。这一部分思想显然吸纳了实用主义、生态学(研究有机体与其环境之关系的学科)的社会学解释,以及人类学发展出的局内观察法(participant observation)。正如科林斯所说,对米德而言,"自我不是悬空存在的静态的统一体,而是动态的、历史的过程,包含了主—客体的关系,并且是在与其他自我的互动中产生的。我们对在持续不断的社会过程中的我们自己认识得越清楚,我们的'类意识'就增加得越多"②。

2. 人类互动的实质:符号的互动

米德的基本思想是个人、自我、社会均产生于持续不断的对话与交往,而人类交往则是通过"有意义的"动作,即有别于非人类行为的自觉的行动实现的。米德对交往的分析是从"姿态"(或动作,gesture)这一概念开始的。动物以"动作"进行对话,如一只狗龇牙咆哮,另一只狗则掉头逃跑。但这不是有意义的举动,狗之间的"动作"是对刺激的本能反应与调整,它们互相之间并无理解。只有当"动作"或"姿态"伴随有一种引起确定反应的意向,并且该"动作"不但能引起对方的某种反应,而且也引起自己相同的反应时,"有意义的"对话才出现。动作被赋予了意义,姿态就变成为符号(symbol),符号的互动正是人类社会行为的本质特点。透过符号的交流,我们双方都能为对方易地设想,这与动物的"动作"对话大不相同。动物不能够由此互相认同,造成这种区别的是有意义的符号。

有意义符号的形成是一个复杂的过程,它至少涉及以下诸方面的问题。第一,语言使社会行动的参与者理解意义,并使意义得以交流。语言是社会黏合剂,它使人类组成拥有共同意义的共同体成为可能,这种共同体不可能产生于动物世

---

① 参《现代资产阶级理论社会学批判》,第79页,中国人民大学出版社,北京,1981年。
② M. Francis Abraham: *Modern Sociological Theory: An Introduction*, Oxford University Press, 1982, p.220.

界中。第二，抽象思想的出现，它使人能够进入一个纯用符号操作的世界，能在想象中排演各种角色和情境。第三，主体成为他自己的一个客体，对他自己的刺激作出反应，与他自己对话，把他自己当作行动的目标，解释和反思他自己的行为等。第四，互动的社会制度的形成，没有这种相对稳定的结构，有意义的对话是不可能的。以上诸点涉及两类不同取向的交往与对话：一类是"外在的对话"，我们一同创造我们共同的世界的互动过程；另一类是"内在的对话"，自我的两个不同面相之间的对话产生了"自我"。

3. 自我与社会

米德的"社会行为主义"与华生的行为主义的根本分歧在于后者的行为理论缺少一个"自我"的概念。然而，米德"自我"理论最具创见处在于他强调自我如何借助于符号的互动产生的过程，而这一过程实为自我不断涉入与宾我(me)、他人(the others)以及普遍化的他人(the generalized other)的对话的过程。

自我起源于社会，因为自我是由对话形成的。一切思考均为"内心的对话"，为了懂得怎样与自己对话，人必须首先与他人对话。个人是在社会经验中发现对话者的，在其经验中首先被给予的正是那些他人，在这个意义上，只有通过他人，个人才知道他自己的经验。米德举盲人海伦·凯勒的例子，"直到她能运用能在她自身引起在其他人身上引起的反应的符号与他人发生交流为止，她才获得了我们所说的心理内容，或者说，获得了一个自我"[①]。但这并不意味着个人根本上是由其社会环境决定的。第一，社会并非一完全客观的存在，因此，它并非从外部单向地决定个人的东西。第二，在社会和个人的互动过程中，社会既非一套现成的标准和模式而强使个人接纳，个人也非一切外部刺激的被动的接受者。唯一可以确定的是主体可以把一切变成符号，从而在自己的想象中加以选择、组合、排演。自我通过扮演他人的角色，把自我放在了一个想象的他人的审视之下。如许多儿童在自己经验中创造看不见的、想象中的游戏伙伴。"他们通过这一方式把在他人身上和他们自己身上引起的反应组织起来。"[②]他想象着他人对其行为的看法及其反应。他不停地将自己置于一群想象的观众面前，他就像一位演员，对着镜子琢磨自己的表情，想象着观众对其表演的反应。

这种对"他人"角色扮演的进一步发展，便是把整个社会群体当作"他者"：其他人的态度被一般化、概念化了，而主体表现为整个的民族、社会、国家、道德或上

---

① 米德:《心灵、自我与社会》，第133页，上海译文出版社，1992年。
② 同上。

帝。"扮演他人"若可称为玩耍阶段,那么"普遍化的他人"就是游戏阶段。在前者,个人扮演某些特定的角色,模仿他们的行为;在后者,个人的行为则要符合某些一般规则,使自己的行为适应整体的行为。米德举棒球队游戏为例,说明了如何以"普遍化他人"的态度要求自我角色承担的:

> 在第一种玩耍的意义上玩游戏的儿童,并未得到基本的组织。在那个初始阶段,他从一个角色变到另一个角色,不过是随兴所至。而在涉及许多人的游戏中,担任一个角色的儿童必须准备担任其他所有人的角色。如果他参加棒球比赛,他在自己的位置上必须具备各个位置上的反应。为了完成他自己的动作,他必须知道其他每个人准备做什么。他必须扮演所有这些角色。他们并不是全都必须在同一时间出现在他的意识中,但是在某些时刻,他采取的态度必须考虑到三四个人的情况,例如那个准备把球投出去的人,那个准备接住球的人,等等。这些反应必须以某种程度表现在他自己身上。因此,在游戏中,存在这样一些有组织的他人的一套反应,一个人的态度唤起其他人的适当态度。①

"普遍化他人"的概念与斯密的"公正的旁观者"及库利的"镜中自我"颇为接近。对此,米德不否认这两位思想家对他的启发,但仍认为他的"普遍化他人"的思想比借来的思想丰富得多。斯密的"公正的旁观者"是一个为了社会地位居住在一户利己的人家中的利己的客人。而米德的"普遍化他人"则不是客人,他就是户主自己②。米德的这一说明亦使我们了解到,如果将他的"普遍化他人"、"扮演角色"等概念与涂尔干的"集体表象"和学习社会规则等概念视为相同,这不免有些勉强。在米德看来,通过扮演他人所形成的自我概念只适用于自我的"集体"部分,米德称这一自我为"宾我"(me)。但还有自我的"个体"部分,即"主我"(I),对自我的发展的描述须同等地包括"主我"与"宾我"两个方面。

> "主我"是有机体对他人态度的反应,"宾我"则是个人所想象的一套组织化的他人的态度。他人的态度构成了组织化的"宾我",进而有机体作为一个"主我"对"宾我"作出反应。③

当一个人作为"宾我"时,他将按照他人对他的态度来左右自己,或对自己作出反应。他的自我评价是他所设想的他人对他的评价的结果。"宾我"是按照有意义的他人和整个共同体的观点来设想和认识自我,它反映了法律、道德及共同体的

---

① 米德:《心灵、自我与社会》,第134—135页。
② 参科塞:《社会学思想名家》,第389页。
③ 米德:《心灵、自我与社会》,第155页。

组织规范和期望。当一个人作为"主我"时，他会意识到自己是一个主体，它代表了人的冲动的倾向和自发的行为，它是不可计算、不可创造和不可预测的。正因为有了独一无二的"主我"，"宾我"才能成为一个客体。可以说，人格（自我）乃是一个"主我"与"宾我"不断互动的过程，这类似于有机体与环境的不断的互动。

米德的自我理论标志着社会学的行动理论的一个重要进步：行动和自我是同社会过程联系在一起的结构，但又是创造的和反思的。个人作为一个有意识的主体，将社会规范内在化而参与社会生活，但也能够怀疑这些规范，从而使共同体免于停滞，而如果人格的塑造仅仅是对习俗的同化，那么停滞便在所难免。

但米德的自我理论仍反映了某种保守的倾向，他没有意识到文化（"普遍化的他人"）对个人的压制性，以及自我的创造性和与自由意志的一面同现代产业社会集体的、服从的性质之间的潜在冲突。

米德的社会理论是与他的自我理论紧密联系在一起的，因为人格（自我）是任何特定的社会的基础：没有人主体的有意识的行动的相互联系，就没有社会的实在；在自我与他人的互动过程之外，也不存在社会秩序。"自我"的发展不仅不会削弱相反会增强个人与共同体的联系，这是因为对情境的共同定义把群体结合起来。这是借用托马斯的概念，米德类似的概念则是制度概念或"制度化的态度"概念。将社会控制等同于自我控制（"制度化的态度"），而完全撇开权力问题不谈，这是米德思想的显著特点，因为米德其实把"社会"一词用来指称一切发生了个人间互动的情境。由于人主体的互动主要是符号性质的，社会的界线也就是交往的界线。很显然，凡不能依社会心理学观点提出的问题全被米德抛弃了，这多少还是库利的路子。

米德为社会学留下了丰富的遗产。米德强调"自我"的社会性、开放性是在互动中对话中形成发展的，并反对把人归结为行为主义所假定的那种"心理机器"。这样，米德同时反驳了社会学中的心理主义与机械论；米德否定大多数古典哲学认为思想与行动之间存在根本区别的观点，赋予思想以互动的结构，又给人们的互动形式注入有意义的符号内容，在这个意义上，米德为从社会学角度具体地研究社会和思想过程之间的关系奠定了基础；米德把意识视为运用有意义的社会符号而进行的内心谈话，同时把社会情境纳入川流不息的主观释义中（普遍化他人），这为填平向来分隔开原子个体与社会结构之间的鸿沟提示了一条启发性的思路；米德的扮演他人角色的概念是指一个人对他自身将取他人对他所持的态度，这与现代社会学称为角色表现或实行某一特定身份要求的期望等概念不是一回事，但正是从米德那里借用了角色概念，才有现代角色理论的持续不断地完善和发展，这一点在学界已无异议。

当然,米德留给美国社会学的遗产不是没有缺点的。他关于自我意识在社会中发展的洞见虽深刻,但他对社会中社会组织的解释并不十分清楚;米德未能涉及所有社会学领域,这本来不足为奇,但他几乎不关心权力与社会分层、阶级与社会流动等问题,这不能不说是他严重的疏忽;他关于我们时代进步的观点则是过分理性主义的和乐观的。米德分析了互动的现存的形式,但却未考虑这些形式历史形成的问题。他也没有从互动的内容方面,尤其是从生产过程的社会关系方面分析互动过程,因此不可能把生产过程中的相互关系当作决定与规定其他一切形式的互动的因素区分出来。米德对社会与个人之间的互动的观点,是一种从"内部来的"(扮演角色)、不超出现成的、既定的东西的观点,因此而产生米德观点不可避免的主观主义、唯意志论的倾向,这正是他对库利的批评,但他终也未能完全克服。

13.7 符号互动论

在米德强有力的影响下,一种名为符号互动论的社会理论在米德后学中发展起来。这场运动的领袖是芝加哥大学的社会学教授布鲁默,他为这个学派创造了符号互动论(Symbolic Interactionism)名称,但坚持米德思想是符号互动论的真正起源,而将自己的工作定位于对米德思想互动论意义的明确阐发,这是社会学科史上有过的最感人的一个伟大的导师和一个伟大的学生的故事。它讲述的是真正的师生之道,学术薪火不仅得到传承,更得到创造性的发扬,蔚然而成当代社会理论的一个大传统。

1. 符号互动论的三个前提

在阐述符号互动论最为经典的《符号互动论:视角和方法》中,布鲁默开宗明义,指出符号互动论归根结底基于三个简单的前提:

> 第一个前提是,人们根据事物对于他们所具有的意义而对这些事物采取行动。这些事物包括人在他的世界中所能注意到的一切——物质客体,如树木或椅子;他人,如母亲或商店营业员;人的各种范畴,如朋友或敌人;制度,如一所学校或一个政府;指导性理念,如个人独立或诚实;他人的活动,如他们的命令或请求;以及日常生活中个人遭遇的各种情境。第二个前提是,这些事物的意义来自于人们之间的社会互动。第三个前提是,这些意义是通过

人在应付他所遭遇的事物时所进行的释义过程而被把握和修正的。①

布鲁默进而辨析互动论的三个前提与其他社会理论的分别之所在。人们根据事物对于他们所具有的意义而对这些事物采取行动,对互动论的这第一个前提很少学者会有异议,但这一观点却令人奇怪地在当代社会科学和心理科学中都被忽视或贬低。布鲁默指出人们或者把事物的意义视作理所当然而弃之一边,或者认为它仅是连接环境诱因和人的行为的中性环节(neutral link)而不加深究。无论社会科学还是心理科学,都把人类行为当作是作用于人的各种因素的产物,关注的是行为以及被认为是导致这些行为的诱因。心理学家用各种知觉和人格类型解释人类行为的各种既定形式,而社会学家则依靠诸如社会地位、身份要求、社会角色、文化规定和群体归属等因素来给出行为解释。在这两种典型的心理学与社会学解释中,事物对于正在行动的人所具有的意义,或者被忽略,或者被用来解释他们行为的各种因素所吞没。

"相反,符号互动论的立场是,事物对于人们所具有的意义本身就是最重要的。忽略人们的行动所指向的意义就是对所研究行为的歪曲。强调据称是产生行为的因素而忽略意义,则是对意义在行为形成中所起作用的严重忽视"②。

但布鲁默认为第一个假设本身过于简单,以至于无法使符号互动论区别于其他的方法取向。主要的区别是由第二个前提确定的,即意义的来源。有两种著名的传统方式对意义的起源做出了解释。其中之一是将意义视作内在于具有意义的事物,是物体客观构造中的自然组成部分。因此,一把椅子就是一把椅子本身,一朵白云就是一朵白云本身,一场叛乱就是一场叛乱本身,等等。由于意义内在于拥有它的事物中,所以人们只需要通过观察具有意义的客观事物并把意义从其中分离出来即可。这种观点反映了哲学中传统的"实在论"立场。另一种传统观点认为,一件事物对一个人所具有的意义,是由这个人赋予事物的一种心理添加物(psychic accretion)。这种心理添加物被认为是这个人的精神、心灵或心理组织的组成成分的一种表现。这样,人们便通过把产生意义的特殊心理要素分离出来来解释一个事物的意义,如用国民性(如日本人)来解释事物意义(樱花);再如曾经十分流行的心理分析学说,也是将事物(如自恋、爱、攻击等)的意义归结为心理的本能(如生本能、死本能),等等。

"关于意义的来源,符号互动论具有与上述两种主流观点迥然不同的看法。

---

① Blumer:*Symbolic Interactionism：Perspective and Method*, Chapter One, Englewood Cliffs, NJ: Prentice-Hall, Inc., 1969, pp. 2-21. 中译为俞美锋、张钰所作,以下凡引布鲁默本书此章节者同上,不另注。
② Ibid.

它不认为意义发自具有意义的事物的内在固有构造(intrinsic makeup),也不认为意义源于人的各种心理要素的结合。与这些观点不同,它认为意义产生于人们的互动过程。一个事物对某人所具有的意义,是从他人就这一事物而对该人采取行动的各种方式中产生的。正是他们的行动界定了该事物对这个人的意义。因此,符号互动论认为意义是社会产物,是人们互动时通过定义活动而形成的创造物。"①

  布鲁默认为,进一步把符号互动论与其他理论区分开来的是第三个前提。布鲁默指出,承认事物的意义形成于社会互动、出自互动中的行动者固然重要,但如果认为人对意义的使用只是对出自互动的意义的一种应用(application),仍然不合符号互动论的本义。其错误在于没有看到人在行动中对意义的使用涉及一个意义解释的过程。就这个方面而言,这一观点与上述两种主流观点——即认为意义内在于事物本身的实在论和意义仅为心理要素之表现的心理决定论——如出一辙。所有这三种观点都认为人对意义的运用只不过是对给定意义的唤起和应用。这样三者都没能看到行动者对意义的运用就是通过对意义的解释而实现的。

  这一过程有两个明确的步骤。首先,行动者对自己指出他的行动所针对的事物,他必须向自己指出那些具有意义的事物。这种指出的过程是一个内化了的社会过程,因为行动者在与自己互动。这种与自己的互动并不是心理要素之间的相互作用;它是一个人与自己交流的过程。其次,由于这种与自己交流的过程,释义变成了对意义的操纵。行动者根据他被置于其中的情境和他的行动方向而对意义进行选择(select)、审度(check)、搁置(suspend)、重组(regroup)和转化(transform)。因此,释义不应该被视为只是给定意义的一种自发应用,而应该被看成是一个意义被使用和被修正的形成过程,在这一过程中,意义被当作指导和形成行动的工具。必须看到,意义是通过一个自我互动(self-interaction)的过程而在行动中发挥作用的。②

2. 符号互动论关于人类社会和人类行为的基本概念和分析框架

  布鲁默概括了符号互动论的议题,诸如人类群体或社会、社会互动、客体、作为行动者的人,等等。它们也是一些基本概念和意象,表现了符号互动论观察人类社会与行为的方式,并构成了研究和分析的框架。以下是对这些基本概念和分析框架的简要叙述。

---

① Blumer: *Symbolic Interactionism: Perspective and Method*, Chapter One, pp. 2-21.
② Ibid.

(1) 人类社会或人类群体生活的性质

从根本上来说,人类群体或社会存在于行动之中,并且必须根据行动来加以看待。对任何有意从经验角度来对待和分析人类社会的方案来说,以其他方式描绘社会的概念方案,都只能是出自人的行动或由复杂行动形成的复合体。对当代社会学中的文化与社会结构这两种主导概念都应如此看待。文化作为一种概念,无论是界定为习惯、传统、规范、价值、规则,还是类似的其他什么,都出自人的活动。相似地,表示社会结构的任何概念,不论是社会地位、身份、角色、权威,还是声望等,指的都是从人们针对他人而采取行动的方式中所衍生出来的关系。符号互动论的一个主要原理是,人类社会自始至终都是由参与行动的人组成的。

(2) 社会互动的性质

群体生活必然预设了群体成员间的互动,但人们却还是认为社会互动是理所当然的,都只把社会互动当成一种中介,或一个场景,通过这种中介或场景,行为的决定因素便得以产生该行为。

符号互动论不仅仅是郑重地承认社会互动的存在,而认为社会互动本身意义重大。这一重要性表现在社会互动是形成人类行为的过程,而不仅仅是用于表现或释放人类行为的一种手段或场景。简言之,互动中的人必须考虑对方正在进行及将要采取的行动;他们必须根据考虑的结果来指导自己的行为或应付面临的情境。这样,他人的活动在人们自己行为的形成过程中起了积极作用;当面对他人的行动时,一个人可能会放弃一种意图或目的,可能会修改它,审视或搁置它,强化它,或者替换它。一个人必须以某种方式使自己的活动路线适合(fit)他人的行动。他必须考虑他人的行动,而不能将其仅仅视为用来表现他被要求做或开始做的事情的一个舞台(arena)。

米德识别了人类社会中两种形式的社会互动,把它们分别称为"姿态对话"与"使用有意义的符号";而布鲁默则把它们分别称为"非符号互动"与"符号互动"。"非符号互动"是在人们不对行为进行释义而直接对其作出反应时发生;"符号互动"则涉及对该行为的释义。非符号互动在反射性反应中最容易看到,如拳击手自动抬起胳膊抵挡对手的攻击。但如果拳击手反思性地把即将到来的一击识别为对手企图诱骗他的虚招,那么他就在进行符号互动。在这种情况下,他会尽力确定这一击的意义,也就是说,这一击对于对手的计划意味着什么。当人们试图理解彼此行动所具有的意义时,他们互动的典型方式就是符号层面上的。

米德对符号互动的分析非常重要。他认为符号互动是姿态的展现和对这些姿态的意义的反应。姿态的意义顺着三个向度产生,它指明(signify)了姿态接受者所要做的;指明了作姿态者所计划要做的;它还指明了通过双方行动的结合而将要产生的共同行动(joint action)。这样,一个强盗命令其受害者举起双手就意味着:(a)指示受害者所要做的;(b)指示强盗所计划做的,即抢劫受害者的钱财;(c)指示正在形成的共同行动,在这里就是一次拦路抢劫。如果这三个向度的意义中的任何之一存在混淆或误解,那么,沟通就会失效,互动就会受阻,并导致共同行动的形成受到妨碍。

互动双方还必须相互扮演对方的角色才能使互动得以进行。命令被劫者举起双手,强盗必须站在被劫者的角度令这一命令被后者所理解。相应地,被劫者也必须领会强盗的意图及其即将采取的行动。这种角色的相互扮演是沟通和有效的符号互动的必要条件。

人类群体生活是一个像这样来定义他人如何行动并对他人的定义进行释义的宏大过程;通过这个过程,人们使他们的活动互相适应,并形成他们自己的个人行为。由于符号互动,人类群体生活必然是一个形成的过程,而不仅仅是表达事先存在(pre-existing)因素的舞台。

(3) 客体的性质

符号互动论的立场是,为人类及其群体而存在的"各种世界"(worlds)是由客体构成的,而这些客体则是符号互动的产物。客体是人们可以指示、指向或提及的任何东西,如一片云、一本书、一个立法机构、一位银行家、一种宗教教义、一个鬼魂等。可将客体分为三大类:(a)物理客体,如椅子、树木或自行车;(b)社会客体,如学生、教士、总统、母亲或朋友;(c)抽象客体,如道德原则、哲学学说,或如正义、剥削或同情之类的观念。任何一种客体,是由对于视它为客体的人所具有的意义构成的。这个意义确定了他看待该客体的方式和准备对该客体采取行动的方式。一个客体,对不同的个人来说可能具有不同的意义:一棵树对于一个植物学家、一个伐木工人、一个诗人和一个家庭园工来说,是不同的客体。从根本上来说,客体对一个人所具有的意义,源于与他互动的他人向他定义该客体的方式。通过一个相互指示的过程,共同客体(common objects)出现了,它们对于既定的一群人来说具有相同的意义,并由他们以相同的方式来看待。

从上面对客体的讨论中可以得出若干结论。首先,人类行动的环境的性质并非由组成它的客体的性质所决定,而是由客体对于与之发生关系的人所具有的意义确定的。这样,人们可以生活在一起,却生活在不同的世界里。事实上,"世界"这个词比"环境"一词更适宜于用来表示场景、周围环境以及它们所面对的事物的结构。人们所要应付的,以及他们的行动所指向的,正是这个由他们的客体所组成的世界。因此,要理解人们的行动,就必须识别出他们所处的客体世界。

其次,客体(就它们的意义而言)应被视为社会创造物(social creations),即被视为在人们互动时发生的定义和释义过程中形成并产生出来的。人们通过赋予客体以意义来形成、维持并转化他们世界里的客体。除非客体的意义在人们对其进行指示和定义的过程中得以维持(sustained),否则,客体就不会有固定的地位。所有类型的客体在意义方面都是可以改变的。天空中的一颗星对于一位现代的天体物理学家与对于一位处于圣经时代的牧羊人来说,是极其不同的客体。从符号互动论的立场来看,人类群体生活是一个过程,客体在这一过程中被不断地创造、确认、转化和抛弃。人们的生活和行动必然随他们的客体世界的变化而变化。

(4) 作为行动有机体的人

符号互动论认识到,人一定有一种符合社会互动性质的构造(makeup)。人不仅被视为一种在非符号层次上对他人作出反应的有机体,而且被视为一种对他人作出指示并解释其指示的有机体。正如米德所着重指出的那样,他只有拥有一个"自我",才能做到这一点。这句话并没有什么深奥的含义。它只不过意味着一个人能够成为他自己行动的客体。这样,他能够把自己看作一个角色,比如说一个男人,年轻的学生,身负债务,正在努力成为一名医生,出身平常家庭,等等。在所有这些情况中,他是他自己的一个客体;他针对自己采取行动,并且根据他对他自己而言所是的这种客体来引导自己对他人的行动。

从人具有自我这一事实还可以推导出一个更加重要的论点,即:这使他能够与自己互动。这种互动采取的不是心理系统中两个或多个部分之间的互动的形式,如需要之间的、情绪之间的、观念之间的,或者弗洛伊德理论中本我(id)与自我(ego)之间的互动。与此不同,这种互动是社会的,是一种沟通的形式。在这种形式中,人们把自己当作一个人来与之对话并进而作出反应。自我互动从根本上说是作为一个向自己作出指示的过程而存在的。

符号互动论因此提供了一幅人作为一个有机体的画面,这个有机体通过一个向自己作出指示的社会过程而与自己互动,是一种与当代的社会科学与心理科学中关于人的主流思想截然不同的观点。这些思想流派或者把它看作一种生物组织,或者看作一种心理组织,或者看作一种从个人所属群体的社会结构整合进来的社会组织,但在把人看作是一种反应性的机体上却都一样,都认为人的行为或是作用于其结构之上的各种因素的产物,或是对其结构各部分之间的相互作用的表现。符号互动论所持的关于人的观点则与之根本不同。人不再只是一种对作用于它或贯穿于它的各种因素作出反应的有机体,而是被看作一种不得不应付他所注意到的事物的有机体。他通过进行一种自我指示的过程来应付他这样注意到的事物,在这一过程中,他把他注意到的事物变成客体,赋予它以意义,并把这种意义当作指导他行动的基础。在这个意义上,进行自我互动的人并不仅仅是一个反应性的有机体,而是一个行动着的有机体。

布鲁默认为,以上对符号互动论之诸基本概念的简要勾勒,已将该理论的视角和思路表述清楚了。"这一研究思路把人类社会看作生活着的人们。这种生活(living)是一个持续不断的活动过程,在这个过程中,参与者在它们所遇到的众多情境中不断地发展各种行动。他们被卷入一个庞大的互动过程,在这一过程中,他们不得不使彼此不断发展的行动相互适应。这种互动过程包括:就做什么向他人作出指示,以及由他人对这些指示作出释义。他们生活在客体的世界之中,并在取向和行动上受到这些客体的意义的引导。他们的客体对象,包括他们自己这种客体,在彼此的互动过程中得以形成、维持、削弱和转化。当然,应该看到这个一般过程必然具有一种分殊的特征,因为人们聚集于不同的群体之中,属于不同的联合体并且占据不同的位置。因此他们以不同的方式相互对待,生活在不同的世界里,并用不同的意义引导他们自己。但无论人们是在分析一个家庭、一个男孩团伙、一家实业公司还是一个政党,他们都必须把集体的活动视为是通过一个指称和释义的过程而形成的。"[①]布鲁默认为,符号互动论的解释不仅对面对面的人际互动是有效的,对更大的集体行动和组织如公司或政党也一样是有效的。

3. 符号互动论的芝加哥学派和衣阿华学派

符号互动论至少有三种不同的形态,布鲁默及芝加哥学派、库恩(M. Kuhn)及衣阿华学派、戈夫曼的拟剧论。戈夫曼将另辟专节讨论,这里仅对互动论的两家门户的对比作一简要的辨析。

如果说布鲁默着重于互动过程与解释过程,注意到意义发展与改变的方式,那么库恩则尝试将这些见解转化为可测量的变项。衣阿华学派的基本理论取向与芝加哥学派大体一致,但对后者的方法论持批评态度,认为他们太多直觉,过于含糊,缺乏科学应有的精确性,库恩坚持社会学方法应追求以可靠的手段对行动者的符号过程加以测量。他们对诸如"自我"、"社会行动"和"普遍化的他人"等符号互动论的关键概念制定了方法论上严格的操作定义,发展了结构化的测量手段,如问卷表等,以便对关键变量进行可靠和有效的测量。库恩测量方法尝试的例子之一是运用"二十条陈述测验"(Twenty Statement Test,缩写为TST),把对自我的研究客观化。这道"我是谁"的测验题,要求受测者选出最能准确地描述他们自己的二十条陈述,并且必须在限定时间内完成,然后主测者及研究者将结果

---

① Blumer:*Symbolic Interactionism: Perspective and Method*, Chapter One, p. 21.

与受试人的社会地位加以对照。芝加哥学派批评这是用定量的和静态的方法将本质上动态的与有机的过程对象化,衣阿华学派则批评芝加哥学派的方法缺乏判断力。

两个学派之间还有其他一些重要的差别。布鲁默强调自我的过程性质与变化的特征,库恩则强调"核心自我"(Core Self),把它规定为一套相对稳定的意义与态度;布鲁默赋予人的行为以自发的非决定论的潜质,把人视为世界的能动的创造者,库恩则视人格为有结构的和相对稳定的,强调人类行为的连续性和可预言性;布鲁默认为行动是由主动的自我取向的一种"构建",库恩则认为行动多少是集体力量影响下的一种"反应"。同样,布鲁默强调社会组织的过程性质,库恩则强调其结构特征;前者的非决定论观点将社会结构描绘为可解释、筹划与改变的对象,后者则认为社会世界是确定的,"核心自我"主要是塑造而成的。

正如美国社会学家乔纳森·特纳所说,布鲁默和库恩各自的立场确立了符号理论在其中发生的两级立场,很少有符号互动论者严格遵循布鲁默和库恩的立场,"因为,这种分界只是一种趋势,一种看待人类、互动、社会组织、方法和理论的倾向"①。

13.8 戈夫曼:拟剧论(Dramaturgical Theory)

戈夫曼(Erving Goffman,1922—1982)被选为美国社会学协会主席这一年,因病重而不能亲临讲台发表主席就职演说。就任主席和发表就职演讲具有重大的象征意义,代表着美国社会学共同体对一位美国社会学家杰出成就的郑重肯定,但了解戈夫曼性格的圈内人士都知道一篇字斟句酌或华而不实的演说辞对一向特立独行、藐视权威的戈夫曼是不可思议的,因此谁也吃不准他会在就职演讲中说些什么。不久,戈夫曼在他声名鼎盛之时逝世,自然也就取消了那让人徒生悬念的演讲,这无意的安排倒也合于逝者的心意。

戈夫曼1922年生于加拿大,1945年获多伦多大学学士学位,随后就读于芝加哥大学,1953年获博士学位。1961年起,戈夫曼在加州大学伯克利分校执教;1968年,他辗转宾夕法尼亚大学。到80年代已没有人怀疑戈夫曼是战后头等重要的社会家之一,他的著作散发出明快的智慧、动人的魅力;这一时期的社会学家没有一个像戈夫曼那样同时为学术界和普通大众读者所着迷。但是按英国社会学家吉登斯的判断,戈夫曼通常不被列入主流社会学家的行列中,因他的研究范

---

① 乔纳森·特纳:《社会学理论的结构》下卷,第33页,华夏出版社,北京,2001年。

围和兴趣迥然不同于美国社会学的帕森斯、默顿的传统,而与以福柯、哈贝马斯和布迪厄等人代表的欧陆社会学相去更远。他拒绝写作同仁视为"理论"的东西,但其学说却对社会理论产生了重大影响;他被认为是芝加哥学派的重要传人,但他的方法多姿多彩,从不拘泥于一家一派;他对专业文献了如指掌,但他的写作却完全从他自己独一无二的话语系统展开去。戈夫曼的语言平白浅显,没有那些满脑子理论家自我意识的学者所热衷把玩的新奇术语。戈夫曼对人性的看法充满了尖锐的、震撼及醒觉人心的洞见,因此曾被人称为社会学的卡夫卡。他的著作有《日常生活中的自我表现》(1956)、《避难所》(1961)、《互动仪式》(1961)、《邂逅》(1961)、《公共场所的行为》(1963)、《污记》(1963)和《框架分析》(1974)等。

《自我在日常生活中的表现》一书缘起于戈夫曼的博士论文,他曾对苏格兰一个海岛社区中的社会交际网络进行研究,在这份研究的基础上写成了《自我在日常生活中的表现》,这本书做成了互动论分析的又一经典或传统,这就是与戈夫曼名字完全连在一起的"拟剧论"。

戈夫曼开宗明义,指出本书所用之观点是拟剧论,其原理从舞台演出的艺术原理引申而来。戈夫曼坦承以演戏喻人生无非老生常谈,莎士比亚岂不早就说过:"世界是一个舞台,所有的男女都是演员。他们有各自的进口和出口,一个人在一生中扮演许多角色。"而在戈夫曼所属的符号互动论传统中,库利的"镜中自我"和米德的"扮演他人角色"都已包含了拟剧论的思想,但这绝不能否认戈夫曼的独创性,将一句老生常谈发挥成一种社会理论,戈夫曼是第一人。《自我在日常生活中的表现》要回答的问题简单说是两个:"人为什么演戏?""人怎样演戏?"围绕这两个问题,戈夫曼发挥了互动论的"情境定义"(针对第一个问题)和"角色表演"概念,并贡献了"印象管理"的观点(针对第二个问题),这三个概念可视为戈夫曼拟剧论话语的关键词。

"情境定义"可说是互动论中位居首席的概念,从托马斯提出情境定义,到米德的人的自我互动和互相扮演他人角色的符号性互动的思想,再到布鲁默对上述概念尤其是米德思想所作的系统化阐释,择其要点是:(1)人的行为并非单纯对他人行为作出反应,更要紧的是解释或定义彼此的行为,而这种定义的行为本源于人是一种意义(导向)动物;(2)定义所依据者为两类:个人的经验和价值,社会的常识和规范;(3)社会秩序(即持续有效的社会互动)产生于和实现于行动者们一致的"情境定义"中。戈夫曼称他关心的是社会遭遇的结构,而这一结构中的关键因素是维持单一的情境定义。但戈夫曼比任何人都更清楚一致定义的复杂和困难,因为情境中始终存在着大量可能使互动崩塌的因素和过程,例如,如果客人照实说出对主人饭菜的不满,马上就会破坏气氛,使主人下不了台;再如果夫妻当着客人的面继续吵架,就会使客人十分尴尬。而通常客人会装出吃得津津有味的样子;吵架的夫妻也会马上换上一副和好无事的面孔共同接待客人。这就像在演戏一样。的确,在戈夫曼看来,为了维持有效的社会互动,为了维持符合社会期望的情境定义,人们岂不时时处处在演戏,何止于特定场合?

这样,"角色扮演"在戈夫曼就大大超越了米德仅是在想象中"扮演他人角色"的范畴,而成为日常人际互动中的常规节目。在社会舞台上,人人既是演员,又是观众。无论人们是否相信自己的表演,他总要设法创造出令观众相信的形象。如果他是个医生,可能对他治愈某种疾病的能力不大自信,但他在病人面前会表现出有信心和镇静,使病人相信"一切都会好起来"。"当某人扮演一个角色时,他会含蓄地要求观察者认真对待在他们面前建立起来的印象。他要求他们相信,他们所看到的人物实际上具有他看来好像拥有的品性;要求他们相信,他所表演的剧情将有其暗中希求于它的那种结局,总之,要求他们相信,事情就是它们看上去的模样。"①

戈夫曼设想了表演的两个极端,在一个极端上,人们发现表演者完全有可能被他自己的表演所欺骗;当他的观众也如此相信他所呈现的表演时,他能真心相信他表演给出的关于现实的印象是真正的现实。在另一个极端上,表演者可能根本不为他自己的例行表演所欺骗。此时,没有一个观察者能站在比表演者更为有利的位置上去识破表演。当个人不信任他自己的表演,并对于观众的信任毫不在乎时,我们可以说他玩世不恭,但这并不表示,所有玩世不恭的表演者都是为了所谓的"自身利益"或私人受益而有意欺骗他们的观众。"一个玩世不恭的表演者可能是出于他自视为有益于观众的或社群的好处而哄骗他的观众……我们知道,在服务行业,那些也许在其他情况下较为真诚的从业者有时候会因为其顾客发自内心的请求而被迫欺骗他们。那些不得不说安抚话的医生,那些顺从地为焦急的女司机反复检查轮胎压力的汽车加油站服务人员,那些卖合脚的鞋并告诉顾客这正是她所要的尺码的鞋店营业员——这些都是玩世不恭的表演者,他们的观众不允许他们真诚。同样地,精神病病房中有同情心的患者有时为了不让实习护士因他们神志正常的表现而感到失望,会装出古怪的症状。"②

表演分前台和后台,在前台进行例行表演时,表演者会显出一种理想化的面孔,同时设法掩饰与其理想化形象不相吻合的情节和动机。后台既是化妆间也是卸妆

---

① Goffman: *The Presentation of Self in Everyday Life* (Doubleday & Company, Inc., 1959), from Lewis A. Coser and Bernard Rosenberg (ed.): *Sociological Theory*, Macmillan Publishing Go., Inc., 1982, p. 252.
② Ibid., p. 253.

室,回到后台的人便不再"像真的一样";而观众如果未经邀请便冒失闯入后台,就会坏了表演的规矩,用戈夫曼的术语就叫使互动的情境定义崩塌。因此成功的表演有赖于人情练达的观众的配合,而此老练配合又何尝不是一种表演?聪明的女学生为了维持与其男友的互动,常会装得自己很笨,而如果男友足够机敏知道女孩在作假,通常也不会去揭穿她,更可能善解人意地将此可爱的游戏玩下去。

问题已经清楚,"人怎样表演"的问题在戈夫曼就是在互动中人们如何管理他给予他人的印象的问题。人们有意或无意地都在利用一些技巧以使别人产生一种自己希望他们产生的印象,并使这种印象恰到好处地为自己的目的服务。客人对主人饭菜的溢美,女孩的装笨,都属于"印象管理"的技巧,但这并非是要存心骗人,而是为了能使互动维持下去,并在参与互动者之间共同促成一种全面的"情境定义"。

> 人这个字,最初的含义是一种面具,这也许并不是历史的偶然。而是对下列事实的认识:每个人总是处处或多或少地自觉地在扮演着一种角色……正是在这些角色中,我们互相认识;正是在这些角色中,我们认识了我们自己。①

以上的引文并非戈夫曼所言,是他引用帕克的话,但完全表达了戈氏的想法:人就是戴着面具,在社会舞台上扮演着角色的动物,由此不仅知其所是,更成其所是。

批评者认为拟剧论提供的是一幅过于狭隘和主观的人性图景:人类充满着他们给予他人的印象。布鲁默评论道:"由于过分强调了人们在相遇时对别人的看法的考虑,而认为人类在对待自己时主要关心的就是这种自我认识,这种看法是有些牵强的。团体中的人们并不总是注意别人怎样看他,以及他如何来影响别人对他的看法。在有的时候他们会是这样,有些人可能更甚于他人。但是,这并不能构成一个人在与自己互动时的中心内容。"②读完《自我在日常生活中的表现》,对上述批评多少会产生一些共鸣。但必须注意到,戈夫曼认为拟剧论只是分析社会关系的一种角度,还有多种考察角度,它们包括技术的、政治的、结构的和文化的角度。在《框架分析》中,戈夫曼更明确指出,在任何方面社会结构分析都是第一位的,而涉及个人参与的拟剧分析则是第二位的。

拟剧论体现了戈夫曼的学术旨趣和风格:完全无意于帕森斯式的宏大叙事,而是深入于微观的社会互动,在活生生的人际遭遇中展现社会的力量和逻辑。美国社会学家科林斯认为,"正是戈夫曼,率先对日常生活进行了真切细微的经验研究,在录音录像技术发明之前,戈夫曼仅凭他自己的眼睛完成了这一切";戈夫曼

---

① Goffman: *The Presentation of Self in Everyday Life*, from Lewis A. Coster and Bernard Rosenberg (ed.): *Sociological Theory*, pp. 253-254.
② 引自波洛玛:《当代社会学理论》,第189页。

的工作构成战后日常生活社会学发达兴旺的主要推动力。对日常经验的偏好使他的作品骨子里透出平易和亲切,这为社会学赢得了读者和尊敬,像《自我在日常生活中的表现》这样通俗易懂的社会学经典确是极为少见的,读过他的书后人们会觉得社会学似乎要比向来为人所了解的远为有趣。

对符号互动论的典型批评是指它对社会结构的宏观特征不加注意,因此无力处理权力、冲突、分层、变迁等问题,并且批评它的理论陈述的暧昧、柔顺多变。符号互动论的反驳是,它的目标旨在揭示人类行动的"随缘而应"、"因时而异"的逻辑。如果社会互动确是不断流动的过程,则理论的出发点必须是柔顺多变的和"敏感性的"(亦即暧昧的),否则就会丧失研究对象的根本特征。如果我们把它强行纳入一个完整精密的理论的话,我们就可能扭曲我们的研究对象。上述的辩护有其道理,但这并不等于说因为社会的过程特点我们就不能研究社会结构的比较确定的性质和影响。互动论的作者承认我们所研究的人们往往会使用"社会"一词,研究者可以探讨"社会"一词对他们的意义。我们可以合理地认为,人们所以谈及"社会",是因为他们意识到某种东西或力量的影响。如果把社会说成纯粹的虚构,这种假定就没有正视人们对"社会"的影响的体验。而这种假定正好与符号互动论自己设定的方法论相矛盾。

另外,在互动论者的眼里,人纯粹是认知性的存在,似乎只要我们了解了人们自以为对世界拥有的知识、他们的目的及自我认识,我们就可以了解他们[①]。这样,互动论就完全不能处理马克思所说的意识形态的幻觉作用。此外,还有感情,还有无意识的过程,符号互动论对这些层面均未加处理。由此我们知道,关于人的理论必须处理人格的不同层面及其相互间的关系。互动论还低估了意义形成过程的复杂性。

符号互动论开辟了一种有关人类行动的目的论解释,但由于互动论自觉地侧重于互动的过程的一面,也不愿意更进一步发展概括性的理论,这使互动理论长期停留于纯粹描述性的工作上。作为一种关于人与社会行动的理论,它无意跟其他行动理论一样,也变成关于社会的理论。但为了掌握现实情境的复杂性,互动理论应设法弥补其理论性单薄的缺点,发展出一个更复杂的理论性解释,将人类行动更多的层面(情感、非理性、无意识等)纳入理论考虑。否则,对诸如"互动论不是一个理论,只是一种研究传统"的评论[②],符号互动论还是无力反驳的。

---

① 有学者批评互动论的这种取向是只关心事情如何发生的而不问事情为何发生的。参 John Wilson: *Social Theory*, Englewood Cliffs, NJ: Prentice-Hall, Inc., 1983, p.143。

② John Wilson: *Social Theory*, p.143。

第十四章
20世纪美国功能理论

芝加哥学派在美国社会学界长期占有支配地位。20世纪30年代，米德和帕克的相继去职，使芝加哥大学社会学系从此一蹶不振，失去其在美国社会学界的领导地位。在那以前，美国社会学学会（American Sociological Association，缩写为ASA）与《美国社会学杂志》（American Journal of Sociology，缩写为AJS）基本上是芝加哥大学社会学系以及它所培养的学者所把持的。芝加哥以外的学者，日益反感芝加哥大学社会学系对学会和学刊的垄断。1935年，协会的重要职位被芝加哥以外的学者全面占据，后者决定出版自己的刊物《美国社会学评论》（American Sociological Review，缩写为ASR）。这一趋势，象征着其他学术重镇的出现，其中最著名的是哈佛社会学与结构功能主义的兴起。1937年，帕森斯《社会行动的结构》一书的出版，可以说是美国社会学发展的一座里程碑，它开辟了一条新的道路，即功能分析的道路；代表了一种方法的转折，即从早期美国社会学主导的微观取向的社会心理学方法向反心理学的整体论方法的转折。第二次世界大战后，功能主义已成为主要的社会学范式。到了50年代，功能主义不再被人看作仅仅是诸多社会学方法之一，而是被视为唯一的社会学方法。一直到60年代中期，功能主义主导了美国社会学理论的发展方向。帕森斯无疑居于此派理论的核心地位。本章先简要介绍功能主义的源流，然后着重讨论帕森斯，最后讨论功能分析所包含的理论难题。

14.1 功能方法的历史源流

功能主义作为一种社会理论和分析方法，首先起源于孔德、斯宾塞和涂尔干的著作，其次也起源于拉德克利夫-布朗、马林诺夫斯基的人类学著作。

近代社会学是孔德借助于生物科学引入科学殿堂的，他把有机体类比带进了社会学研究，以细胞、器官、组织等生物学概念类比家庭、阶级、城市等社会组织。这一情况有助于说明，为什么功能主义是社会学的古典理论，并且孔德是功能理论的先驱。

斯宾塞对推进功能分析有突出的贡献。第一,他论证了生物有机体和社会超机体都展现的"类似的有机原理",第一次把结构差异与功能分化勾连。第二,他对"功能主义需求"的思想作了阐发,那就是一个系统的存在和发展必须满足某些基本的需求,任何一个系统里的动力过程都可视为是满足这些基本需求的功能过程;一个系统对其环境的适应程度取决于它满足这些功能需求的程度。斯宾塞锻造的概念——结构、系统、功能、需求、适应等,早已成为功能分析的基本术语。

孔德与斯宾塞对现代功能主义的影响主要是通过涂尔干的学说而传播的。涂尔干社会学的首要关怀是社会整体的团结。他认为,各种社会组织的存在仅仅是为了满足特定的社会需要。他指出,必须区分社会因果与社会功能这两个概念,在解释社会事实时,不仅要重视它们由以存在的原因,还要揭示它们对建立社会普遍和谐的功能。涂尔干在研究社会分工、宗教生活等社会现象时,无不在进行因果分析的同时,致力于它们对于社会团结的作用的功能分析。

英国人类学家拉德克利夫-布朗与马林诺夫斯基在对土著部落社会的研究中,创造性运用了结构—功能分析,使功能主义作为一种社会分析方法光荣地载入了20世纪前半个世纪的社会思想史册。拉德克利夫-布朗认识到,社会学的功能方法是以生物有机体的类比为基础的,他力图克服这一类比带来的难题。在他看来,最严重的问题是功能分析中隐含了目的论的假设,他注意到功能定义实与系统的局部满足系统整体的需求的思路有关。为了避免目的论的解释,他建议用"生存的必要条件"一词代替"需求"一词,如此界定的功能分析或结构分析可得出如下要点:"(1)社会存在和发展的必要条件之一是使其组成部分实现最低限度的整合;(2)'功能'一词是指维持这种必要的整合或必要的团结的过程;(3)因此,可以用对维持社会必不可少的一致的作用来说明每一社会的结构特征。"[①]一个社会系统,即一个社会的整个社会结构同社会习惯的整体,构成了一个"功能的统一体",在这一功能统一体中各组成部分以一种充分和谐和内部一致的方式发挥作用。既然文化是一个统一的整体,要想解释任何信仰、准则、习俗和制度,就要从功能方面把它们同作为一个系统的文化结构联系起来进行分析。

马林诺夫斯基的功能分析基于斯宾塞的两个重要观点:(1)系统层次观点;(2)各层次上需求多样性观点。马林诺夫斯基认为,系统存在三个不同层次:生物学层次、社会结构层次和符号性层次。如果各个层次上相应存在着生理上的健康、结构上的完善和文化上的统一的问题的话,那么各个层次都存在着一定要满足的需求或生存的必要条件,每一个层次都有俨然不可替代的实存独特性,以及

---

① 引自乔纳森·特纳:《社会学理论的结构》上卷,第14页,华夏出版社,北京,2001年。

满足各自独特需求的独特过程;同时,系统层次又呈现出轻重高低的层面分级。马林诺夫斯基强调系统层次是社会学功能分析的重点,这一思想对帕森斯关于四个普遍的功能需要理论是有启发作用的。马林诺夫斯基的工作使功能方法对后来的社会学理论家更具吸引力。

14.2　功能方法的基本观念

社会学的功能方法旨在根据社会现象与某种系统的关系来理解社会现象。这一陈述中包括两种不同的程序:第一是评价一种行为模式在维持某个更大的系统中所发挥的作用;第二是解释一种行为模式所以保持的原因。

默顿反对把功能与主观感情混为一谈,坚持认为社会功能具有可观察的客观结果。功能分析力图描述现有的文化习惯或社会构成要素的后果,分析整体的一部分对其他组成部分和对整体的具体贡献。功能方法的基本观点是:

第一,功能分析强调系统优先于其组成部分。有机体系乃是功能主义的基本分析模式。马丁代尔(Martindale)说:

> 功能分析的特点是将某种系统概念用作社会学分析的首要概念。可理解的分析的第一个要求是清楚地定义所设想的系统。使一种功能分析最快亦最彻底地陷于含混之中者莫过于不能确定其所研究的特定系统的构成要素。一旦将系统独立地区分出来,下一步工作便是确认其组成部分。一旦组成部分得以确定,这些部分之间的关系便成为研究的重点。[①]

对功能主义者来说,一个系统要多于其组成部分的总和,系统也意味着它的组成部分之间的各种关系;功能分析的首要兴趣是探讨部分对维持系统(或导致系统解体)的作用。

第二,系统的组成部分在功能上是相互联系的。作为一个有机体的社会,它是功能相互联系的各部分组成的一个系统,每一个部分如同一个器官,执行着一种对于系统的存在必不可少的功能。一个部分的正常运作须以另一个部分的正常运作为条件。

第三,系统的每一个部分都有一种功能,或是积极的,即有助于该系统的持续的运作;或是消极的,即造成系统的解体和变异。功能主义的中心问题是分析这类作用,它们分为正功能和反功能,视其对系统的维持的作用而定。这样,宗教的作用被认为是缓解社会组织中存在的紧张;乱伦禁忌旨在控制性接触,避免身份

[①]　M. Francis Abraham: *Modern Sociological Theory: An Introduction*, p.77.

的混乱;监狱制度则旨在加强社会控制,等等。

第四,每一个系统是一个各部分良好整合而成的结构,成为一个有机整体。早期的人类学分析将传统社会描绘成具有内在的划一性与同质性的和谐的文化体系。尽管现代社会十分复杂,远不是同质的,其结构高度分化,但仍被视为其各部分相互依赖的系统。

第五,每一个社会都是一个具有自我调节机制的相对稳定的结构,可以自发地调节被内部和外部力量破坏干扰的系统平衡。保持相对的稳定,包括某些变化过程的稳定性,意味着必须要有某种机制,以使有关的系统适应其环境的变化。这一涉及系统平衡与环境变化之关系问题的思想经历了三个不同的阶段。第一阶段的功能主义把社会视为一个有着模式化的互动或结构化的社会关系的稳定系统。根据这一观点,系统组成部分之间的基本关系很少变化,其强调的是诸如秩序、稳定、结构、整合等概念。在第二阶段,功能主义者力图克服规范的解释和社会不变性假设带来的困难,他们从基于生物学范式的目的论解释转向基于物理学范式的机械论的或因果的分析。他们提出了一种社会自动平衡论,即认为社会会暂时受到危机的干扰,但会自动地恢复平衡态。第三阶段,这种自动平衡论被人批评是维持现状而没有根本变革的观点,面对这种批评,功能主义者引进了动态平衡的概念,意指一种"总结果的净平衡"的"最低限度的整合"。根据这一观点,变化是可能的,现状并不一定要恢复,新的平衡仅仅在于维持新的秩序。

第六,社会系统的功能运作取决于社会成员在共同目标及与社会基本需要有关的价值问题上的观念一致。帕森斯认为,整个社会体系大大依赖于共享的价值。一个社会系统的一致性要求对于帕森斯的功能主义确是核心问题。

> 一套共同的价值模式与成员人格的内化的需求/倾向(need-disposition)之结构的整合是社会系统动力学的核心现象。除了稍纵即逝的互动过程外,任何社会系统的稳定都取决于这类整合的程度,这一点可以说是社会学基本的动力学原则。一切分析的主要之点便是对社会过程进行一种动力学的分析。①

在帕森斯看来,秩序和稳定是可能的,因为个人将社会规范内化并与之符合一致。

第七,社会的主导状态是由稳定与信念一致所支持的秩序,而不是基于强力与分歧的冲突。在功能主义看来,反功能、张力和越轨的确存在并会持续,但它们常常自行得到解决,故久而久之而"制度化"。换言之,如果达不到完美的均衡或整合,这就成为社会系统必须面对的限制,变化一般是逐渐地和调适地发生的,而

---

① Parsons: *The Social System*, Glencoe, IL: The Free Press, 1951, p.42.

不是以突然的革命的方式发生。剧烈的变化事实上多半影响及于社会上层建筑，社会与文化结构的主要因素则很少变化。

第八，如果一个系统要生存下去，就有某些功能必要条件是必须满足的。功能必要条件可以被规定为维持一个系统或一个具体单位所必需的一般条件。对这类必要条件的确定向来是见仁见智，未有一致看法。下列条件据认为其中的任何一个都足以导致社会系统的崩溃，故可视为否定性的必要条件：

  a. 生物体的死亡或成员的离散；
  b. 成员态度漠然，个人不再有动力；
  c. 一切人反对一切人的战争；
  d. 该社会被另一个社会所吞并。

下列条件被认为是有助于社会存在的积极条件：

  a. 关于对环境及性的一种适当的关系的规定；
  b. 角色分化与角色分配；
  c. 通信；
  d. 共享的认知取径；
  e. 共享的并清楚表达的目标；
  f. 感情表达的规则；
  g. 社会化；
  h. 对越轨行为的有效控制[①]。

14.3 帕森斯：结构功能主义

  社会学功能主义的领袖人物当然是帕森斯（Talcott Parsons，1902—1979）。1902 年，帕森斯出生于科罗拉多斯普林斯的一个宗教和知识教养背景深厚的家庭。1924 年，他在阿默斯特学院完成大学教育，去伦敦经济学院继续研究生学业。1925 年帕森斯到德国海德堡大学时，韦伯虽已去世五年，但围绕韦伯形成的韦伯圈的余晖犹在，帕森斯就这样被笼罩在这余晖之下。曾经风云会合、星光灿烂的韦伯家的沙龙，在韦伯遗孀的主持下，依然高朋满座，帕森斯是这些聚会的常客。帕森斯说韦伯对他的思想产生了"极端重要的影响"，帕氏表白的真实性是毋庸置疑的。1930 年，帕森斯翻译了韦伯的名著《新教伦理与资本主义精神》，使韦伯的第一本主要著作在整个英语世界流行。韦伯后来在美国受到的重视超过了在他

[①] See M. Francis Abraham: *Modern Sociological Theory: An Introduction*, pp. 76-80.

自己的祖国,这首先要归功于帕森斯对韦伯著作不遗余力的译介和传播。

1927年,帕森斯开始其在哈佛大学的教学生涯,虽然他转系多次,但直到1979年逝世未曾离开过哈佛。

帕森斯称自己是个"无可救药的理论家",从积极面理解良非虚言。韦伯以后,在体系的博大与著述的宏富方面,恐怕无人可以与帕森斯争雄。1937年,帕森斯发表他的第一部重要著作《社会行动的结构》,该书使帕森斯声名鹊起,从此确定他的学术地位。1951年发表《社会系统》,帕氏如日中天,已是美国主流社会学无可争议的领袖人物。帕森斯的主要著作,除上述两部,还有与柏里斯(R. F. Bales)、希尔斯(E. A. Shils)合著的《行动理论手稿》(1953年),与斯梅尔瑟(N. Smelser)合著的《经济与社会》(1956年),以及《社会:进化的与比较的观点》(1966年)、《社会学理论与现代社会》(1967年)和《现代社会体系》(1971年)等。

1. 帕森斯的理论观及其特点

帕森斯在美国社会学中的卓尔不群的地位,与他力图创建一个广涵的理论体系的工作是紧密联系的。帕森斯走上理论活动道路的时期,主导美国社会学方向的还是经验性的研究。帕森斯大声疾呼,社会学最需要的是理论。针对根深蒂固的偏见,他竭力证明,理论本身不会作为资料累积的产物出现,因为资料在某种意义上乃是源自于理论的指导。针对那种认为理论仅仅意味着概括已知的事实的观点,他赞同亨德森(Henderson)的说法,"事实是根据概念图式有关经验的一种陈述"。也就是说,何为事实、何为有意义的事实发现,都是由理论而非由所谓的"事实"本身来确定的[①]。他比他同代的任何社会学者更坚定不移地相信,任何有效的科学研究,都必须以适当的理论概念为前提,在这点上,他是个坚定的康德主义者。

帕森斯对19世纪和20世纪初期的各种社会思潮作了全面的检讨。他认为功利主义哲学含有自觉追求私利的个人的概念,因而体现着一个强大的行动的因素。但其原子论的社会观、随意的和分散的目的观以及过分的理性观,无法解决社会秩序的问题。一个完全的功利主义社会正是霍布斯意义上的自然状态,人人都是自私的,人人又都是理性的,即懂得怎样利用最有效的手段实现自利的目的。由于大自然赋予人们在体力和智力上的能力差不多是相等的,因此,如果两个人都期望得到不可能为两人共享的同一东西,他们便成了敌人。如果没有任何强制性的控制,为确保目的的实现,最直接、最有效的手段就是暴力和欺诈。无限制地使用这些手段,结果就是互相毁灭或征服。"这就是说,按照最严格的功利主义假

---

① 帕森斯:《社会行动的结构》,第7—8页,译林出版社,南京,2003年。

设,在社会的条件下,一个完整的行动体系将会成为霍布斯所说的'战争状态'。"①正是在此意义上,帕森斯将社会秩序问题称为"霍布斯问题",因为霍布斯以功利主义逻辑进行的思想实验,宣告了功利主义社会思想无法解答"社会秩序如何可能"的问题。实证主义的决定论和还原论也受到帕森斯的抨击。实证主义倾向于让主体的能动作用消失在一个基本的经济和文化系统之中;把人的行为归因于生理的、心理的、遗传的、地理的和社会的因素的影响,它不能为行动者主观的、随意的、有选择的和有目的的行为留出余地。而在涂尔干、韦伯、帕累托以及在较小程度上还有滕尼斯、齐美尔那里,则有一种唯意志论的行动理论处于重要的优先地位。他们所关心的不是从个体角度规定的"自身利益",而是对行动者有意义的价值和调节行动的规范。这些价值与规范被行动者内在化。唯意志论的行动理论指出了一个主体主动认同某些价值观念的赋予意义的过程。调节人的行动的规范因此不像实证主义所认为的那样是外在的约束力量,而是人类行动结构中的有机成分。在个人和规范之间,有着一种主动的、意志自愿的而非被动的关系。这样,唯意志论的行动理论回答了秩序如何可能的问题,"社会的存在确实在很大程度上取决于其成员的道德共识,如果这种共识瓦解得太彻底,所得到的惩罚是社会的灭亡"②。但唯意志论的行动理论也未能对社会结构和意识形态之间复杂的相互作用作出令人满意的解释。因为这一理论将不同时代和不同地区的社会行动者的行为差异,归结为观念和文化的决定作用。如果把每一个具体社会的特征都说成是由该社会的价值观和精神气质所决定的,"那么,绕过文化差异而试图发展一门普遍适用的解释人类行动的社会理论就是不可能的。而帕森斯所要做的恰恰就是发展这样一种理论"③。从另一方面看,社会行动不仅以主体性为特点,还以社会性、整体性与系统性为特点,行动构成一个系统,社会是一个行动的系统。也就是说,作为基本分析单位的行动者,只有在与其他行动单位结成的行动体系中才能最终得到解释。这一思想部分地取自涂尔干的整体主义,而大部分则是受帕累托的社会系统概念的影响。

帕森斯的理论便是基于对上述社会学重要理论的批评、扬弃、吸纳与充实而做成的一个综合体系,帕森斯为这一体系花费了近五十年的时间。首先,它不只是一个单纯的社会学体系,确切地说是一般社会科学体系,具体说是以基本的手段—目的的行动理论为方法论基础的分析性行动科学的体系。在《社会行动的结

---

① 帕森斯:《社会行动的结构》,第 104 页,译林出版社,南京,2003 年。
② 同上书,第 440 页。
③ 科塞:《社会学思想名家》,第 637 页。

构》中,该体系包括了经济学、政治学、社会学、心理学和技术科学等五门分析性学科[①]。其次,它是一个抽象的体系,帕森斯关心的是构建一个广涵的理论,注意力集中在人类行动的突出的和系统的特点上面,并且不必涉及大量经验材料就可以解释人类社会的主要特点。但这并不意味着帕森斯无视理论的经验品格和实践要求。在《社会行动的结构》这部公认帕森斯最具思辨性的理论著作中,帕森斯一再强调"本书力图完全成为一本以经验为根据的专著。它所关心的是事实和对事实的理解"。他相信他的书所探索的不仅仅是一个包罗广泛的思想运动,更是科学的进程,"实际上那是一个引人注目的科学进展。其中一个主要方面,是对于范围广泛的有关人类行动的种种事实有了比较清楚、比较完善的理解"[②]。最后,帕森斯力图调和古典社会学的主体概念与结构概念之间、唯意志论与决定论之间、反自然主义与自然主义之间、原子主义与整体主义之间、心理学主义与社会学主义之间以及动力学与静力学之间所呈现出的那种紧张对立的关系。

帕森斯的思想有两个中心主题。第一,他依据人们的观念和意志,尤其是依据人们的行动规范与价值观来理解社会世界。规范是为行动者内化的社会公认准则,用以指导其行动;价值关乎人们对"世界应该是怎样"的信念,它们具有决定人类行动的作用。因此,最重要的社会过程是意义的赋予、符号的互动与对话。第二,他关心单位的行动组成行动体系的方式。他结合了社会行动的"个体观"理论和"整体观"理论。学术界一般的看法是《社会行动的结构》和《社会系统》两书代表了帕森斯学术发展的两个阶段,以《社会行动的结构》为代表的第一阶段的重点是社会行动理论,而《社会系统》代表的第二阶段的重点则是一般系统理论。必须指出的是,帕森斯思想基本上一以贯之,确有重点的转移,而无根本转变。他的行动论源自韦伯,但融合进了帕累托的系统论,故从来都是系统论的行动论。《社会行动的结构》一开始作为讨论起点的"单位行动"概念,将行动定义为行动者和情境之间的关系,并将这种关系视为包含着行动者、行动目标、行动情境和规范性要素的复杂结构,这无疑已是一种系统论的分析。而他的系统论,渗透着韦伯的行动理论传统,故也从来都是行动论的系统论。更确切地说,行动系统是帕森斯理论的最一般系统,社会系统以及文化、人格系统等无非是具体的行动系统,或一般行动系统的子系统。但无论就历史的起点还是体系的起点而言,他的社会行动概念是其理论的起始概念。

---

① 帕森斯:《社会行动的结构》,第869页。
② 同上书,第787、874页。哈贝马斯评价《社会行动的结构》提供的示范,可作为自身理论命题的真实性的经验标准,肯定了帕森斯此书的"以经验为根据"的探究抱负。

2. 社会行动理论:单位行动与行动体系

在《社会行动的结构》一书中,帕森斯认为,他所检讨的每一位古典理论家,都趋于向一种"唯意志论的行动理论"或"普遍的行动理论"汇合。所谓唯意志论的行动理论,其基本信条是,"无论从积极方面说,还是从消极方面说,科学知识的方法论体系都未能全部囊括行动中所有重要的主观成分"。此外,"唯意志论行动理论体系明确地包含着具有规范特征的成分"①,但规范所指并非实存的状态,规范能否实现,"取决于行动者的个人的努力以及他们行动所处的条件"。帕森斯将此称为人与规范之间关系中的积极成分,此即有创造力的行动或唯意志论的行动的含义②。"行动是具体的人起积极作用的过程,而不是单纯的适应"③。把行动定义为有机体以一定的方式对环境所作的反应是远远不够的,因为关键的问题不在于有机体与环境(environment)之间的关系,而在于行动者与情境(situation)之间的关系。这种关系中包含了一个行动者以及各种目标、情境和规范原则等要素;用帕森斯的术语,这诸种要素构成了一个"单位行动"(unit act)。根据其定义,

> 一项"行动"在逻辑上包含有:1)一个当事人,即"行动者"。2)这个行动必须有个"目的",即该行动过程所指向的未来事态。3)该项行动必然在一种"情境"内开始。该情境又可分解为两类成分:一类是行动者所不能控制的,就是说不能根据自己的目的加以改变或者防止它们被改变;另一类是行动者能够控制的。第一类可以叫做行动的"条件",第二类可以叫做行动的"手段"。4)最后,这个单位在用于分析方面时,它的概念内在地包含着这些成分之间某种形式的关系。也就是说,只要该情境允许对于达到目的的手段有所选择,在那种选择中就存在着行动的一种"规范性取向"。在行动者控制的范围内,所采取的手段一般说来不能被认为是随意挑选的,也不应该被认为完全取决于行动的条件,而是必然在某种意义上受一种独立的、明确的选择性因素的影响。④

行动的情境是由许多自然因素与社会因素构成的,它表征着行动的实际可能的范围与限制条件。如果我的视力不好,我就无法成为飞行员;当经济衰退、基建规模缩小时,我无法选择当一名工程师,因为没有多少工程师的职位可供选择。

---

① 帕森斯:《社会行动的结构》,第 90—91 页。
② 同上书,第 441—442 页。
③ 同上书,第 490 页。
④ 同上书,第 49—50 页。译文有改动,主要的改动是将中译本中的"处境"一词改为"情境"。

这是受制于情境中个人无法控制和改变的条件因素。规范与价值所以被定义为行为取向,是因它们足以影响我们对目标与手段的选择。一个信奉天主教的产科医生,即使有选择机会,也不会去专修堕胎技术。而在斯巴达那种尚武且视荣誉重于生命的社会中,一个战士不是得胜而归便是英勇战死,极少有苟且偷生的选择。

重要的是,关于行动的情境分析必然是涉及许多行动者之间关系的互动分析。情境是以"社会客体",即追求自身一定目的的其他的个别行动者与集体行动者为其组成要素的。他们的每一个行动必然要成为相互作用的,因为他人的行动是一个行动者实现他自己目标的必不可少的条件。社会学的问题是:这种互动是如何固定化的?事实上,帕森斯回到了霍布斯提出的并为若干世纪的社会思想家们反复追问的问题上:社会秩序是如何建立起来的?为什么其原则为所有人所遵守?在帕森斯看来,只要庸俗功利主义心理学仍在流行,这一问题必然无法解决,因为这种心理学认为人类行动仅仅旨在满足个人利益。19世纪末20世纪初社会科学的伟大发现在于肯定了社会规范和价值对于个人行为的塑造作用;这些规范和价值建立起人际关系的规范秩序,它是在互动过程中产生的,并反过来使互动固定下来、持续下去。正因为如此,帕森斯对涂尔干的集体意识概念及弗洛伊德的超我概念极为重视。因为他们两人提出了两个极重要的社会过程,即制度化与内在化。前者是对行动模式的一种集体的同化,后者则指一种个人的同化。这两个过程互相补充、互为条件。帕森斯的社会行动理论的创见就在于一种双向的透视:将个人层面上社会秩序(社会行动理论)的分析与集体层面上社会秩序(社会系统理论)的分析结合了起来。并且从注意个别行动者的选择,转而注意行动体系对于个别行动者的限制甚至决定作用。

"系统"概念首先是作为单位行动者之间的互动结构即行动体系的概念提出的。如果行动者通过与他人的互动实现了自己所追求的目标,即获得了所欲的满足,他就会重复该行动。于是,每一行动者都会期待其他行动者作出某种反应,社会规则或规范便由此而形成,连同一般公认的价值,一起致力于保证这些互动反应的实现。用帕森斯的术语,通过地位/角色把个人与他人(社会)结合起来,把个别行动单位整合到一个社会行动的体系中去。地位指的是行动者在社会体系中的位置,如教师、医生、总统等。角色则是加于教师、医生、总统之地位上的被期待的行为或规范(常规行为)。"社会结构乃是一种有能力扮演与他人有关的角色的行动者间的模式化关系的体系。角色这一概念把作为一心理学行为实体的行动者的子系统与特定的社会结构联系在一起。"①仅是存在社会角色与地位分化、承认相应的权利与义务的分化并有共享的规范和价值时,社会系统才存在。这样一种社会行动体系的形成包括两个互相关联的过程:社会系统的价值目标的制度化结构化与个人人格的价值体系的内在化。而内在化则是制度化的基础,因为只有被期待的行为(角色)模式化内在化而得以保持不变(不论是谁占据该地位)时,才存在稳定的互动格局(结构)。"这意味着一种超我组织的因素与个人的每一种角色取向模式是相互联系的。"②作为一个整体的社会,或社会中的各种制度,都可以被视为地位/角色的网络,而每一个地位/角色则因内化了社会的规范和价值始能发挥社会结构要素的作用。

这样,在社会行动中包括的不只是社会体系这一个体系,通过对行动体系形成的制度化的描述,实预设了其他三个体系:追求一定目标的行动者的人格体系;调节加诸不同地位/角色的不同规范使之整合为一的价值观体系(即文化体系);社会必须适应的自然环境体系。

3. "功能必要条件"与一般体系理论

从开始体系分析起,帕森斯关心的主题有了重大变化:其互动构成特定结构的行动者概念为体系概念所代替。帕森斯将社会体系视为更普遍的行动系统③的组成部分,其他主要的部分还有文化体系、人格体系和行为有机体;任何体系若要生存下去,就必须满足这四种功能必要条件(functional prerequisites)或需要。行动的四个子系统之间的分别是功能上的。"我们用所有行动系统都具有的四项基本功能来描述它们,这就是模式维持、整合、目标达致和适应。"④

> 一个行动系统首要的整合问题是如何对它的组成单元,首先是个人进行协调,这样我们将整合(Integration)功能首先归于社会体系。
>
> 我们将模式维持(latent pattern maintenance)——包括创造性的模式改变——归为文化体系的首务。组织一个社会体系首先关乎各种社会关系的连接,而对文化体系的组织则涉及象征意义复合体的各种性质,如体系据以

---

① Parsons: *Essays in Sociological Theory*, Glencoe, IL: The Free Press, 1964, p. 230.
② Talcott Parsons and Shils, Edward A. (ed.): *Toward a General Theory of Action*, Cambridge: Harvard University Press, 1951, p. 55.
③ 本句中"体系"和"系统"的英文为同一个词"system",我们用"系统"专指帕森斯所谓的"一般行动系统",以区别于第二级系统概念,即社会、文化、人格和行为有机体等,后者则译作"体系",也可与另一二级系统概念"子系统"(subsystem)理解无碍地交换使用。
④ Parsons: *The System of Modern Societies*, Englewood Cliffs, NJ: Prentice-Hall, 1971, p. 4.

而被结构起来的符码规则,体系使用的特殊的符号束,以及作为行动系统的组成部分的文化体系的利用、维持和变化的条件等。

我们将目标达致(goal attainment)主要归于个体人格。人格体系是行动过程的首要的能动机制,因而也是执行文化原则与要求的行动机构。在动机层面,人格力求报酬和满足的最大化乃是行动的首要目标。

行为有机体被视为适应(adaptation)子系统,这是主要的人类工具性的领域,也构成为其他子系统的基础。它体现为一组行动必须适应的条件,以及处理与物理环境相互关系的初级的作用过程,特别是在中枢神经系统通过输入和加工信息,和通过运动神经的活动对付环境的紧急事件的那些过程。表 14-1 列出了系统与功能的关系。①

表 14-1　行　　动

子系统	基本功能
社　会	整合
文化*	模式维持*
人格*	目标达致*
行为有机体*	适应*

有*者为社会子系统的环境。

帕森斯指出,分析行动的四个子系统的相互关系时,关键是要记住它们是互相渗透的现象。内化是互渗的例子:文化规范经社会化机制内化为个体人格;而文化体系的规范要素被制度化为社会体系的结构成分则是互渗的另一个例子。行为规范出自社会经验,但弗洛伊德(用的是超我概念)和涂尔干(用的是集体表象)都将行为规范视为个人人格的一部分,"断言它们不是人格部分就是社会体系部分都是站不住脚的"②。

在上述行动的四个子系统中,社会体系是在分析的意义上被从整个互动过程中抽象出来,其余三个体系则构成为社会体系的环境。

(1) 社会体系　根据帕森斯,"社会体系存在于大量在一情境中彼此互动的个人行动者之中,情境至少包括一物理的或环境的因素,以及行动者。行动者的动机倾向于追求'最佳的满足',而行动者与其情境及他们彼此之间的关系则根据一

---

① Parsons：*The System of Modern Societies*,pp. 5-6.
② Ibid.

个具有文化结构的和共享的符号体系来规定和调停"①。在这段话里,帕森斯没有把社会体系视为一种独立的实在,它产生于个人之间的互动过程,但它不是由具体的个人与集体的全部行动所构成的,而仅仅涉及他们"特定的角色"行动。

社会体系的核心是模式化的规范秩序,人群的生活得以组织为集体生活有赖于这一秩序。作为一种秩序,社会体系包含了各种价值及各种具体的规范与标准。作为一种集体性存在,它提供了一种定型的成员概念:在个人中区分其归属。社会体系是一开放体系,既处在与其环境的交换过程中,同时又包含着其内部单位的相互交换。

从最基本的意义上说,构成社会体系之单位的乃是行动,但就大多数更宏观的社会体系的分析目的而言,帕森斯谈的是高一层的单位即地位/角色,而不是行动。"由于社会体系乃是一种行动者之间互动过程的体系,它是卷入互动的行动者之间的关系的结构,这一互动过程基本上是社会体系的结构。社会体系则是这类关系的网络。"②

因此,帕森斯将行动者在一模式化的互动关系中的参与视为社会体系最重要的单位。参与,即取得一个社会地位并扮演一个社会角色,所以最有意义,是因为它意味着个别行动者被整合到社会(行动)体系中去,从而保证社会的正常的功能过程。帕森斯强调,地位/角色并非行动者的属性,而是社会体系的单位。其次,作为一社会行动者或复合的地位角色丛,行动者本身是社会体系的一个单位。最后,集体也是社会体系的单位。

以上的讨论将我们带到社会体系的结构分析,根据帕森斯,可由两类分析范畴描述社会体系的结构成分:第一,规范秩序分析,包括规范和价值;第二,组织分析,包括角色和集体。以上种种即为社会体系的结构成分:(a)按角色组织起来的个人;(b)集体,包括角色和集体性存在,必须被纳入秩序并加以控制;(c)据以控制的规范,规范根据这些单位的功能及其情境而分化;(d)规定合意的关系体系的价值。帕森斯进而指出:

> 这四种结构范畴——价值、规范、集体、角色——可与我们的一般功能范式相联系。价值在社会体系的模式维持功能过程中头等重要。规范主要是整合的因素;它们管理着大部分有助于实现模式化的价值承诺的过程。集体组织的主要功能关乎社会体系的实际目标的实现。在个人发挥重要的交往功能的地方,正是作为集体的成员他们才具有这种能力的。最后,社会体系

---

① Parsons: *The Social System*, pp. 5-6.
② Ibid., p. 25.

中角色的首要功能是适应。这一点对(角色的)服务范畴特别清楚,因为完成有价值的角色扮演行为的能力乃是任何社会最基本的一般适应资源,虽然它必须与文化的、有机的与物质的资源相配合才行。①

无论如何,社会系统是由这些结构元素结合而成的。如欲制度化为一种稳定的样式,集体和角色必须受到确定的价值和规范的"控制",而价值与规范本身的制度化,也只有在它们为特定的集体和角色奉行时才可能②。

最后的引文表明帕森斯最重视的是整合、模式维持的功能。由于他认为整合的主要途径是制度化和社会化,即使价值观念模式制度化为社会的结构性存在,以及通过明确的社会化媒介,如家庭、学校和社区,使个人将社会目标内在化,使单位行动符合系统的要求,因此,帕森斯把价值、文化体系视为最重要的社会秩序的条件和机制便是毫不奇怪的。

(2) 文化体系　帕森斯将文化体系定义为这样一种有组织的行动:"它与符号的特殊性质及建立符号的稳定体系的迫切需要有关。它是依意义的模式构成的,当其稳定时,则是指为行动体系指示方向的构成性符号体系的普遍化的复合结构,必须视它为独立于社会互动的任何特殊体系之外的结构。因此,尽管有许多支流汇入诸如语言、通信等领域,但典型的文化体系是那些信仰与理念的领域。它们能在时间中延绵不坠,能从这一人格或社会体系扩散至另一人格或社会体系,或许这就是文化体系之独立结构的最重要的标志。"③

文化体系是由认知的信念、表意符号体系及个人道德义务构成的。文化体系的主要功能是使社会的规范秩序合法化。文化价值模式在使社会规范秩序合法化过程中提供了社会体系与文化体系之间最直接的联系环节。文化价值规定了什么是道德上可取的,什么是不可取的。正如帕森斯所说:

> 文化(或模式维持)体系置于文化价值模式制度化的中心,这一体系在一般文化层面可被视为道德体系。制度化的社会价值及其适用于社会化体系的规范仅只包含行动的道德价值的有关部分;道德价值经内在化也被包含在人格和行为有机体的结构中;更一般地说来,它们与宗教,科学及文化体系中的艺术相联系。④

---

① Parsons: *Societies: Evolutionary and Comparative Perspectives*, Englewood Cliffs, NJ: Prentice-Hall, 1966, p. 19.
② Parsons: *The System of Modern Societies*, p. 8.
③ Parsons: *The Social System*, from *International Encyclopedia of the Social Sciences*, The Macmillan Company, 1968, p. 459.
④ Ibid., p. 463.

帕森斯指出文化模式与行动的关系是双重的,它们既可是情境的客体,又可被内在化而成为行动者目标模式的因素。文化的这种特性是把文化视为特殊范畴的主要依据。帕森斯提出一文化模式类型论:它包括认知观念或信念的体系;调节模式或表意符号的体系;整合模式或价值取向标准的体系。

在20世纪60年代的许多著述中,帕森斯研究了社会体系内各个次体系间的交换问题,他实际上运用了控制论的观点,把符号、信息视为体系沟通与交换的一般手段。有的作者认为他用"控制论功能主义"代替了"规范的功能主义"。而在他看来,归根到底符号过程高于社会结构因素,因为社会体系本质上就是信息系统。社会系统内部就系统的各种成分而言,通常是通过货币(经济子系统的符号)、权力(政治子系统的符号)、影响力(社区的符号)及承诺(信托子系统的符号)这些象征手段,才得以运作并联结起来。这些手段可以看作是社会系统内部的信息控制,可以引导、限制和发展各种社会行动。由于符号手段是文化体系的主要部分,帕森斯甚而认为文化体系具有对社会体系的控制作用。在这样一个强调价值观念制度化(结构)与内在化(人格)的体系内,事实上已不再有自主的社会行动的余地,因为不存在合法反对笼罩一切的中心价值观念的来源,不存在表达另外的社会选择的可能性的制度化手段,除非是以"异常行动"的形式出现。帕森斯的功能主义把人主体只看作系统的支持者,因此把人主体从社会理论中排除出去了。从"唯意志论行动理论"强调行动者与规范秩序的积极的创造性关系,到被批评为"人的过度社会化"的功能主义理论图景,帕森斯这一人主体形象的变化确是意味深长的。

4."模式变项"

模式变项概念是帕森斯结合其思想中的两条不同路线,即专注于个体选择的"唯意志论的行动理论"与侧重于整体结构的"社会体系理论"而提出的分析行动系统特点的概念。因此,模式变项不仅能解释人格体系中占主导地位的价值模式,而且可以解释社会体系中的各种规范。

模式变项概念图式起源于滕尼斯的公社—社会的二分法,但帕森斯给了它一种新形式,并使之更为精确、更多面相的、更适用于各种水平的社会学分析。这些模式变项是从行动系统的基本成分组合的可能性中推导出来的。帕森斯认为它们实质上都处在同一概括层次上,并且穷尽了该层次上所有相关的逻辑可能性,因此模式变项组成为一个体系。该体系实为一个由可能的角色期望模式经排列组合而构成的关系体系,它规定了行动者的取向模式。取向的两极,一极为动机取向,是从角色方面说的;一极为文化取向,是从价值方面说的。无需怀疑,在帕森斯的权衡中,"文化的价值取向方面是至关重要的"。模式变项都取成对的形式,它们是每一种社会行动和价值世界中所固有的对立倾向。表 14-2 列出了全部五对的模式变项:

表 14-2 价值取向的模式变项

(a) 满足—自律的两难选择
　　情感投入与情感中立
(b) 私人兴趣与集体兴趣的两难选择
　　自我取向与集体取向
(c) 在价值取向标准类型之间的选择
　　普遍主义与特殊主义
(d) 在社会对象的"样态"(modalities)之间的选择
　　成就与先赋
(e) 对社会对象的兴趣范围的定义
　　专一性(specificity)与弥散性[①]

情感投入—情感中立,是指允许进入互动情境的情感投入量。在某种关系中行动的个人,或为了满足情感上的需要而投入情感(如夫妻之间、父子之间);或在感情上是中立的(如营业员与顾客之间)。

专一性—弥散性,是指互动情境中义务的性质。在专一性关系中,人与人之间仅在片面的有限的情境中发生联系(如营业员与顾客之间仅有买卖关系);而家庭关系则是一种弥散性关系,它涉及家庭成员全人格的互动。

普遍主义—特殊主义,是指在互动情境中评价他人的标准。或是根据普遍适用于所有其他人的标准而与某人发生关系;或是根据特别挑选的标准与人发生关系。"任人唯贤"代表前者;"任人唯亲"代表后者。

先赋—成就,要看在评价一个人时,是根据他的所作所为还是根据他的先赋身份。评价一个中世纪的贵族,依据他是谁;评价一个现代的公务员,则根据他的工作表现。

自我取向—集体取向,指在自我取向的关系中,人们所追求的是自己的个人利益,而在集体取向的关系中,群体的利益占支配地位。

这五个模式变项是以社会体系的角色关系为中心的,它们也同样关系到规范

[①] Parsons: *The Social System*, pp. 66-67. 译文参考谢立中、孙立平主编的《二十世纪西方现代化理论文选》,第 68—69 页,三联书店,上海,2002 年。

制度和文化制度模式的界定。但帕森斯将角色关系制度视为社会结构的核心,由此核心入手,有助于对体系的全面分析①。

帕森斯认为,这些模式变项可以结合起来解释互动情境中的行为,如父子关系是先赋的、情感投入的、弥散性的、属特殊人格关系的等。他其实是把模式变项当作构造复杂的社会体系的理论的步骤。后者在他看来乃是一种理想型。没有这一概念,现代社会学的功能主义是不可能的。

5. 社会进化与变迁理论

人们常批评帕森斯关心社会秩序、均衡以及使社会各部分得以整合的规范和价值,却忽视社会变迁与发展。但在其后期著作中,帕森斯开始热衷于进化论,其热情程度一如他先期对于唯意志论的行动理论和对功能论的体系理论的热衷程度。反对过斯宾塞、认为他的思想完全过时的帕森斯,又回到了斯宾塞,但他声言他并未因此而抛弃功能主义的假设。他试图将他的社会进化观念置于自早期进化论以来所形成的主要理论与经验的发展脉络及行动理论与体系理论的脉络中。他反驳人们关于他未能对社会变迁与社会发展作出令人满意的解释的批评,强调为了能够研究过程,只有先从研究结构开始,生物学是这样,社会学也是这样。

帕森斯提出四组有关社会变迁的问题:社会均衡、结构变化、结构分化与社会进化。他一步步由体系内的变化问题进到体系的变化问题。进化在帕森斯看来意味着社会适应能力的增强,它是通过两个过程(斯宾塞对此早有描述)实现的,即分化与整合。前者包含每一个新产生的功能及其相应的角色与组织。由此产生合作协调问题,而这个问题必须通过产生能够适应新的更复杂境况的新的价值体系才能解决。社会结构日益增长的复杂性要求文化模式具有更大的普适性。整合就在于出现合适有效的社会控制手段。由此看来,帕森斯对社会进化的兴趣仍集中在文化的变迁上,因为文化保证着社会控制,就这一点而言,他的旨趣确是一以贯之。

根据适应能力与社会控制形式的差别,帕森斯描绘了进化的三个阶段,与之相对应的是原始的、过渡的与现代的这三种社会。原始社会结束时取得的进步是人类掌握了读写的技术,文化因此而能被对象化和得到稳定的发展,而不再依靠不确定的运气,并成为一个独立的行动体系。人类历史的下一个转折是法律与相关的制度的诞生,帕森斯看到的是文化进一步得到加强。因此,对帕森斯来说,社会进化就意味着文化在人类社会生活中的力量不断加强与进步。

---

① Parsons: *The Social System*, p. 67.

另一方面,社会进化也意味着角色的分化。先前,家庭的、政治的与职业的角色往往是由同一个人去扮演。例如,家族的首脑同时也是行使政治职权的长老,并且还是经济活动的管理者。这种集多种功能于一身的角色在现代社会中已不复存在,取而代之的是功能各异的不同的角色扮演者。在不同岗位上的不同的角色互不干扰地行使各自的职权。角色的变化也伴随着评价角色行为的合法化标准的变化。以妇女的性别角色的变化为例,先前,妇女把自身首先献给丈夫和子女是天经地义的,社会进化的结果是,妇女投身各种形式的职业参与和社区参与则被普遍接受为女性的正当权利[①]。

14.4 默顿:社会学功能分析范式

在把社会学的功能分析典范化系统化方面,默顿(Robert King Merton,1910—2003)的贡献比任何其他社会学家更大。1949年,默顿发表的论文《社会学功能分析的范式》可以被视为关于结构功能理论的最重要的阐述之一。在这篇论文中,默顿批判了功能分析的三个流行的假定,而他提出的修订性新概念,有助于赋予结构功能论以新的活力及持续的影响力。

第一个是社会的功能统一性假设(the functional unity of society)。这一假设主张,所有标准化的社会与文化的信仰及措施对社会整体和社会中的个体皆具有功能。默顿认为,一个社会完满的功能统一性常与事实相悖。例如,某些社会习俗对某个群体是有功能的(即有助于加强团体),而对另外一个群体也许则是反功能的(即可能会导致群体的解体)。如增进个别家庭的荣耀常常以破坏一个小的地方社区的团结为代价。功能统一性假设只看到积极的功能,而无视反功能的存在[②]。

第二个是普遍的功能主义假设(universal functionalism)。这一假设主张,"所有的标准化的社会或文化形式与结构,皆具有正功能"。默顿已引进与"正功能"相对的"反功能"概念。默顿又提出运用"功能结果的净平衡"(net balance of functional consequences)概念来衡量文化与社会形式的积极的和消极的功能,"以避免功能分析集中于正面功能的趋势,而提醒研究者同时注意其他后果"[③]。

第三个是不可或缺性假设(indispensability)。这一假设主张,所有标准化的社会与文化形式,不仅具有积极功能,同时也是一个整体中不可或缺的一部分,也

[①] 帕森斯:《关于变迁的功能理论》,引自谢立中、孙立平主编《二十世纪西方现代化理论文选》,第97页。
[②] 默顿:《论理论社会学》,第109页,华夏出版社,北京,1990年。
[③] 同上书,第115页。

就是说，所有的结构与功能对社会整体而言都是功能上必要的，没有其他的结构和功能可以代替现今社会中已被发现者而可作如此妥善的运作。默顿认为这一假定含糊不清。是功能不可或缺还是履行功能之事项(风俗习惯、物件、观念、信仰)不可或缺？抑或二者兼有？默顿指出，不可或缺的假定可有两层意思。第一是假定某种功能不可或缺，否则社会就无法生存。这是社会必需的功能必要条件概念。第二是假定为了履行这些功能，某些文化或社会形式是不可或缺的。关于功能必要条件的设定，这须从经验上加以检验。对于第二层意思，默顿提出功能替代概念。我们至少必须承认，在社会中应可以发现各种的功能替代项，也就是说，"履行某种功能的结构，可以有一个变异的范围"①。

默顿提出了他的功能分析典范或范式。

(1) 功能分析始于对一标准化的(模式化的或反复出现的)社会或文化项目(item)的选择，如社会角色、制度模式、社会过程、文化模式、社会规范、团体组织、社会结构、社会控制的机构等。它要回答：若特定的事项需要接受有系统的功能分析，观察的程序应包含什么？

(2) 功能分析要研究社会体系中的个人的动机、目的等主观的东西，但这不应与行动者的态度、信念、行为的客观结果概念相混淆。

(3) 功能分析要研究各种文化和社会事项的客观后果，如正功能、反功能等。

  第一个问题需要建立多种后果的概念以及各种后果总和之净均衡的概念。

  功能是为我们所观察的后果，正功能有助于一个体系的适应或顺应；反功能则削弱体系的适应或顺应。在经验上也可能有非功能的后果，即与我们所考察的体系无关的后果。

  在任何既定的情况中，一个事项可能兼有正功能和反功能的后果，从而产生一个困难但重要的问题，亦即设立评估诸种后果之净均衡的准则。(当然，这在运用功能分析以形成及制定政策中最为重要。)

  第二个问题(源于动机与功能的混淆)则需要引进一种概念区分，即主观目标与客观后果相符的情况(显性功能)和二者不相符的情况(隐性功能)。

  显性功能(manifest function)是有助于体系之适应或顺应的客观后果，这种后果为此体系之参与者所预期并认可。

  隐性功能(latent function)与显性功能相对应，这种后果既非预期的，亦未被认可。②

---

① 默顿：《论理论社会学》，第117页，华夏出版社，北京，1990年。
② 同上书，第138—139页。

(4) 力求辨认某一项目已对社会整体实现的功能可能产生误导,因为某些项目对某些个人和群体具有功能,对其他的个人和群体则可能具有反功能,因此必须考虑任何功能后果的范围。

(5) 任何功能分析或明或暗地都会有体系的功能需求概念,这是功能论中最含混的概念。必须设法建立功能必要条件(普遍或特殊)的类型,以及使这些必要条件的假设成为合法有效的程序。

(6) 功能分析必须致力于辨别与分析功能借以实现的社会机制,如角色分隔、价值的顺序等级、社会分工、礼仪的制定等。

(7) 抛弃了关于特定的文化项目的功能不可或缺的不合理假设后,我们必须将焦点放在可满足某一功能需求之事项的可能变异和替代范围上。

(8) 功能分析必须认识社会体系组成部分的相互依存,以及文化形式可以完成社会体系中指定的功能的确定的结构限制。断言每一事项与其他每一事项都有联系是无益的。但认为排除体系的某些要素而不致影响体系的其他要素的假设也是没有道理的。

(9) 功能主义者一般最关心社会结构的静力学,而拒绝研究结构的变化。意味着结构层面存在有冲突、张力的反功能概念提供了一种研究动力学与变迁的分析方法。

(10) 默顿提请人们更多地注意各种功能的合法有效性问题。这首先要求有关社会学分析程序的严格陈述,这种程序最接近于实验的逻辑。

(11) 功能分析本身并不对任何意识形态有确定的承诺,当然,社会学家们提出的具体的功能阐述可有一种意识形态的倾向,但切勿将这两类不同的问题混淆起来[①]。

默顿区分功能与反功能、显功能与隐功能,可以视为他对功能分析的最重要的贡献。默顿的工作使对文化模式与社会制度的功能分析更有意义,也更为科学。科塞认为默顿的分析方案比帕森斯的宏大理论的影响更为显著[②]。

14.5 对功能主义的批评

20世纪五六十年代,正是结构功能理论走红的日子。1959年,金斯利·戴维斯(Kingsley Davis,1908—1997)甚至宣称,功能主义根本就是一切社会科学所使

---

① 参科塞:《社会学思想名家》,第642页。
② 同上。

用的方法,无论他是否自称为功能主义者。他指出,功能主义是一种把部分与整体、部分与部分相联系的方法,而这不过是社会学分析的方法①。但吊诡的是,正是在功能主义在美国社会学界如日中天时,也开始了它衰退的历程。功能主义理论对美国社会学的独霸局面,招致各方面的批评。批评者认为,功能主义远不是一种中立的社会学方法,而是一种保守的意识形态。

批评之一是认为功能主义是一种贫乏的理论,无法证实自身的许多命题。例如,帕森斯认为,社会若要生存下去,就有一些需要必须满足。批评者指出这种说法没有意义。如果要证实这种说法,我们就必须以一些已经灭亡的社会为例,并证明它们确实未能满足所有的功能要求。但除了极其单纯的社会外,我们很难找到这种例子。此外,解释某项事物的存在而诉诸它所实现的功能,其实已使"原因"概念变得毫无意义。因为除非事物已经存在,它不可能实现任何功能;这样,结果即事物的存在却又先于作为原因的功能,这是自相矛盾。霍曼斯(G. Homans,1910—1989)甚至认为功能主义完全不是一种理论,而仅仅是一概念图式。

> 没有范畴体系,或概念图式,任何科学都将寸步难行,但这本身并不足以给予它一种解释力。概念图式不是理论。科学也需要一套有关范畴之间关系的命题,因为没有这类命题就不可能有解释。没有命题就没有解释!但是现代社会学理论一旦建立了它的概念图式便似乎对自己心满意足了。②

第二种最常见的批评认为功能主义只关心社会秩序,这就造成了社会学家的片面性,从而扭曲了对社会事实的看法。典型的功能主义观点致力于发现社会的稳定,而不是社会变迁;是一致,而不是冲突;是因循,而不是创新;是规范的拘束力量,而不是规据以建立或被新规范所代替的机制。达伦道夫(R. Dahrendorf,1929—2009)把功能主义的社会世界图景比作乌托邦性质的社会幻象;在这个乌托邦中有着普遍的和谐,所有的价值和制度彼此完全协调一致;不存在内在的冲突根源;社会与其他社会是隔离的,等等。米尔斯在他著名的《社会学的想象力》和古尔德纳在他的《西方社会学面临的危机》中对帕森斯提出了类似的批评。

上述批评不是没有误解的。功能主义固然最关心社会秩序与社会稳定,但也没有避而不谈其他问题。默顿就引进了反功能概念,证明从功能主义观点看并非任何事物都对体系的均衡有贡献,而功能与反功能的区别可用来说明变迁与冲突。另外,功能主义视秩序为一问题,而非一简单的事实。帕森斯工作的最大努

---

① From Szacki: *History of Sociological Thought*, p. 503.
② George Caspar Homans: *Social Behavior: Its Elementary Forms*, Harcourt Brace Jovanocich, Inc., 1961/1974, pp. 10-11.

力就在于解决在以最大自我满足为动机取向的个体组成的行动体系中秩序是如何成为可能的霍布斯难题。换言之,功能主义无意证明所有的社会都处在平衡与和谐的条件。

但是就另一方面来说,上述批评确实指出了一个真正的问题。功能主义富有创意或想象力之处在于,它运用有机体类比,把社会体系比作一生物有机体,但帕森斯把这一类比推向极端:社会体系乃是有机体模型的一种类型。这样做等于对社会世界的性质提出一种没有根据的形而上学的假设。运用这种社会有机体模型有助于发现一种作为高度整合与均衡的整体的社会图景,但却容易转移人们对变迁与冲突等现象的注意力,忽视社会体系与其他有机体系的差异。功能的解释如果不能辨认这种区别,就一定会产生保守主义的偏见。而这正是批评者对功能主义最常见也最集中的批评。

批评者指出功能主义说明各种制度如何有助于社会的生存,从而提出了一种竭力将现状合法化的意识形态。如果人们的注意力集中在使社会成为一和谐体系的方面,那么他就不大会批评社会,也不大会同情改革社会的激进要求。这样,研究社会秩序和社会体系"正常发挥功能"的问题,可能会成为支持关于资本主义秩序牢固性和永恒性的幻想的一种意识形态工具。

主要的批评是功能主义者不能在他们自己的理论中提出和处理一个充满了冲突与需要根本改革的当代社会中的主要问题。人们批评功能主义对现实社会问题漠不关心,当社会要求社会学家投以道德的热情时,功能主义者却热衷于用抽象概念构造理论,而对社会事务的道德关怀正是社会学者们的显著特征。功能主义作为一种一般性社会理论,不论它的主要代表是否自觉地为资本主义辩解,但它的确不加谴责地对资本主义的困难提出了一种理解。它将这些困难视为演进过程的一部分,而此过程是朝着更大程度的稳定与整合前进的。帕森斯在第二次世界大战后的美国社会学界所以走红,也是因为资本主义的发展与他的理论竟然亦步亦趋(反过来说他的理论也最适于说明战后美国的发展)。帕森斯主宰社会学的这段期间,正好也是美国乃至整个资本主义世界经济相对稳定与经济扩张的时期。到20世纪60年代后期,随着资本主义陷入困境,帕森斯主义也无可挽回地退潮而去。科塞说得对,对帕森斯思想的批评并不是造成他的影响减弱的主要原因。科塞说人们对结构功能分析的兴趣已经转移了,而我们认为,这种转移正是需要用社会原因来解释的。

对功能主义的批判已成为当代社会学的一种景观,各种左翼激进的社会学流派,既在理论的也在经验的范围内,尖锐批评了功能主义这一占有官方的"学院派"地位的社会学。他们既怀疑功能理论的几乎全部哲学——世界观的一般方法论的原则,同时也怀疑所有立足于实证主义基础上的社会学的原则。批判的情绪也渗透到学院环境中,造成了这样一种情况:"批驳功能主义几乎是一种授予社会学上成熟称号的升级仪式。"但正如我们在讨论第一代实证主义时所说的那样,一种重要的社会理论取向是不大可能被其他的理论取向完全代替的。这对社会学中第二代的实证主义也是适用的。虽然"功能主义在一年一年地、一学期一学期地'死亡着',在学期开始的导论课上遭到宗教仪式般地判决,但是它的周期却像古代东方死而复生的神的周期一样"①。新功能主义的代表人物亚历山大(Jeffrey Alexander)不仅描述了从正统的功能主义向改造之后的新功能主义的转变之势,而且相信,后者已经在当代社会理论界成功地确立了自己的地位。新功能主义的著作已经大量涌现,它们对社会学领域内涉猎相当广泛的专题研究产生了越来越大的影响②。且不论功能主义的当代复兴是不是亚历山大等功能主义的当代传人的一厢情愿,事实上,对功能主义的批判同样促进了一系列新理论的兴起。本书以后几章的讨论将表明,诸如冲突理论、交换理论等都与功能主义有某种或远或近的因缘。克莱伯(Ian Craib)甚至认为它们不过是帕森斯理论体系的一些断片③。此说不免偏颇,但有助于加强本书坚持的一个观点:不同的理论视角是互相补充的,我们力求的是视界的融合,而不是完全地另起炉灶,这事实上也是不可能的。

---

① 《现代资产阶级理论社会学批判》,第 39 页。
② 亚历山大:《新功能主义及其后》,第 258 页,译林出版社,南京,2003 年。
③ 参克莱伯:《当代社会学理论,从帕森斯到哈贝马斯》,第三章,桂冠图书,台北,1991 年。

第十五章
20世纪社会冲突理论

帕森斯逝世于1979年。他的逝世,代表一个社会学时代的结束(默顿语)。克莱伯认为:"在社会学中,自来唯有结构功能主义曾经最像是一套主流学说。在帕森斯手上,它已经发展得淋漓尽致。"但它绝不是唯一的学说,在美国,始终存在另一些截然不同的取径。我们在第十三章中讨论的符号互动论是一个,还有一个可以追溯到凡勃伦(T. Veblen, 1857—1929)的激进传统,在20世纪50年代和60年代初期,它的著名代表是米尔斯。事实上,自60年代帕森斯主义由盛而衰,社会学中再没有形成一个主流理论,确切说不再有追求或被接受为主流理论的智识氛围。对立的取径分割了社会理论的天下,一系列替代的理论勃然而兴,它们大都源于欧洲的学术传统。冲突理论的基础是德国思想家(马克思、齐美尔、韦伯等)所奠基的学说;交换理论与欧陆的功利主义经济学与美国的行为主义心理学有着同等重要的亲缘关系;现象学社会学则可追溯到德国胡塞尔的现象学运动的影响。从本章开始的下面若干章节,将在一个批评功能主义的框架内讨论对西方社会学具有重要意义和明显影响的这些新的理论动向,首先是冲突理论。

15.1 冲突思想的历史渊源

按照柯林斯的分类,冲突理论是现代社会理论的一大传统,它力图成为一种取代结构功能主义或与之竞争的社会学分析范式。冲突理论起源于现代,而其若干重要观点则在古代便已成为哲学家和政治家们所提出。马丁代尔对冲突理论的历史线索提供了一个综合性的说明。

一旦冲突被当作社会的中心事实,我们就可以利用一个丰富的知识传统来解释冲突。每一社会都有它的各种的冲突;每个社会都有人必须面对的冲突。古典希腊的许多思想家,从赫拉克利特到智者都把冲突视为一个主要的、或许是主要的社会事实。古代冲突理论在波利比奥斯①那里发展得最为完善。在他看来,冲突乃是政治制度发展的基本事实。事实上,他把国家设想为一种稳定下来的权力制度。在中古阿拉伯世界,伊本·赫勒敦②发展了一种社会的冲突理论,他依据的假设是,游移民与农人之间的斗争乃是文明进化的基础。伊本·赫勒敦的思想直到19世纪才影响西方思想,而波利比奥斯的概念则直接过渡到尼可罗·马基雅维里,他也在冲突中发现了国家及其核心制度的起源。这些观念被布丹所扩展,他是近代主权理论的先驱者。这些思想传至霍布斯,他将它们发展为一种唯物的理性主义。

休谟、斯密和佛格森将近代冲突理论从理性的传统中拉出来转而置于经验的考察之下。休谟将冲突视为一经验的事实,他就为当代的政党理论打下了基础。佛格森把这些观念变成对被他认为起源于斗争的政治制度和政府的一种概括的说明。

类似的理论也出现在法国杜尔哥③的著作中。取自近代冲突理论的普遍竞争思想成为古典经济学的中心概念。马尔萨斯继而又把作为经济行为的核心法则的竞争变成一种普遍的生存竞争。冲突理论现在则准备转移到生物学,在达尔文的著作中,它已成为重建生物科学的基础。社会冲突理论在西方有过丰富多彩的经历。有时它成为对特定事件的十分具体的解释;有时则成为对人类事务的一般考察。④

概言之,古典著作中的冲突理论有两个不同的传统:(1)政治哲学的权力关系传统,马基雅维里、布丹、霍布斯等用权力关系分析了政治中的冲突,把国家当作分析的主要对象;(2)古典经济学中的竞争传统,斯密、马尔萨斯及数代经济学家将经济的竞争置于其考察的中心。社会学的冲突理论很大程度上是这两种传统的综合,其首要关怀是社会的不平等。种族冲突、阶级斗争、宗教战争与冲突、罢工、学生运动、革命、农民起义等也是冲突分析的主题。冲突理论在某些作者那里,如科塞,只是局部性的学说,但更多的是一些综合性的冲突理论力求解释整个社会的变迁。马克思、达伦道夫代表了宏观的冲突理论;米尔斯的权力精英理论

---

① 波利比奥斯(Polybius,公元前205?—前125?),古希腊历史学家,其名著《通史》四十卷叙述了公元前264—前146年间的罗马历史。
② 伊本·赫勒敦(Ibn Khaldun, 1332—1406),阿拉伯历史学家、社会学家和哲学家,"阿拉伯历史哲学"的奠基人,写有穆斯林北部非洲史巨著《历史导论》。
③ 杜尔哥(A.-R.-J. Turgot, 1727—1781),法国经济学家,重农学派的代表人物,著有《关于财富的形成好分配的考察》。
④ M. Francis Abraham: *Modern Sociological Theory: An Introduction*, pp. 105-106.

也是一种巨模理论,只是其分析框架限于美国社会这样特定的对象;柯林斯定义冲突理论即为一种社会科学的总体性方法,虽然他自称自己的贡献在于对宏观冲突论的微观补充。

西方学术界公认马克思是现代冲突理论的大师。根据马克思的阶级斗争理论,不同社会阶级的存在乃是不可避免的社会冲突的持续的根源,而社会结构则是通过激烈的阶级斗争而发生变革。

齐美尔把冲突视为一种交往形式。"冲突被认为导致和改变了利益集团、联合、组织……如果人们之间的每一种互动都是一种交往,那么,冲突——它毕竟是最具活力的互动之一,而且独自一人是不能做成冲突的——必定被视为一种交往。事实上,离心的因素,憎恨、妒忌、需求、欲望是冲突的原因;由于这些因素而爆发冲突。冲突从而被安排来解决二分的局面;它是达到某种统一的途径,即便这是通过消灭冲突的一方而达到的……冲突本身解决了对立双方的紧张对峙。冲突旨在和平,这一事实仅仅是冲突本性的一种表现,一种特别明显的表现:即它是相反相成不同因素的综合。"[①]齐美尔反对把冲突视为破坏性的暂时的阶段的概念,他认为和平与冲突同为社会现实的事实,没有哪一个是内在地建设性的或破坏性的。"与这种纯粹的否定性相反,冲突包含某种积极的东西。然而它的积极面与消极面是联结在一起的;在概念上能将它们分开,在经验中则不行。"[②]正是从齐美尔那里产生了现代冲突理论的安全阀思想与积极功能的认识。

韦伯的政治学著作,尤其是他对权力、权威与社会变迁的强调,为冲突理论的发展做出了重大贡献。韦伯的冲突分析一头连接着对以传统权威为基础的社会向围绕着法理权威而组织起来的社会转变所作的分析,一头连接着对伴随着合理化过程而产生的异化力量的文化悲观主义分析。在社会变迁分析中,韦伯探讨了三种情况。(1)权力、财富与声望三者是高度相关的,也就是说,当经济的精英同时也是社会的和政治的精英,或反过来也同样如此的情况下,那些被排除于权力、财富与声望之外的人便会愤愤不平从而铤而走险,采取对抗的姿态。(2)在可欲资源分配方面存在着明显的特权与不平等时,必然会加剧不同等级之间的紧张和仇恨。这种仇恨进一步触发那些没有权力、声望与财富的人对占有这些资源的人进行对抗。(3)低水平的社会流动也在加剧冲突。当那些处于低等级的人很少有机会进入社会上层或进入新的阶级、政党或身份群体时,必然使仇恨积累,从而触

---

① Simmel: *Conflict and the Web of Group Affiliations*, translated and edited by Kurt Wolff, Glencoe, IL: The Free Press, 1955, p.13. See Parsons: *Theories of Society*, pp.1324-1325.

② Ibid., p.14.

发下层不满上层的冲突①。

韦伯的冲突分析还见于他对世界历史合理化进程的阐述。我们在第十二章中对此有过较详细的讨论。简言之,人在使世界合理化的过程中,却导致了生活意义的失落和与合理价值的疏远;合理化进程给往日受宗教教义、社区、阶级及其传统力量支配的个人带来了解放与自由的力量,却又造成了诸如市场、科层制等非人格的力量以及对人的新的全面控制,法理统治的"铁笼"给人类的选择带来了更大的限制;这是人与社会、历史的冲突,人自身内两极(手段合理取向与价值合理取向)的冲突。正因为冲突源于人性最深处,任何社会变革都不能最终消除这一冲突,韦伯观点与革命的马克思主义观点完全不一样,他认为社会及人类将无可奈何地被这非人格的科层制力量继续统治下去。

意大利政治哲学家莫斯卡(G. Mosca,1858—1941)与德国社会学家米歇尔(R. Michels,1876—1936)也被认为是冲突理论的前驱人物。莫斯卡的冲突理论围绕政治权力的斗争。他论证道,任何社会都有一个统治阶级,它总想牺牲下层阶级的利益来垄断政治权力,这导致上层阶级与下层阶级之间无所不在的冲突。他说:

> 在所有社会——从极不发展和尚未达到文明黎明阶段的社会到最发达最强有力的社会——中有两个阶级:统治阶级与被统治阶级,通常人数较少的第一等级行使着所有的政治职能、垄断权力、享受权力带来的种种好处,而人数较多的第二等级,被第一等级所指挥所控制。现在的统治手段多少是法律的,多少又是武断的和强制的,至少从表面看,第二等级以维持生计的物质手段和以对维持政治机体的生命必不可少的各种手段供养第一等级。②

正是垄断了对力量的运用,维持了统治阶级的权力,因此只有通过革命的力量才能推翻这种权力。莫斯卡断言,即使在民主政治中,仍然是"一个有组织的少数将它的意志强加给无组织的多数"。米歇尔的"寡头制铁律"(Iron Law of Oligarchy)同样是一种冲突取向的观点。大规模组织的"技术的和管理的"迫力导致统治精英的出现,他们对团体的普通成员施加寡头政治的影响力。民主制没有组织是不可想象的,因此必然服从寡头制铁律。

---

① 参特纳:《现代西方社会学理论》,第 198 页,天津人民出版社,1988 年。
② M. Francis Abraham: *Modern Sociological Theory: An Introduction*, p.107.

15.2 冲突理论的基本假设

的确存在着许多种而不是一种冲突理论,如特纳就把达伦道夫的观点称为辩证冲突论,把科塞的称为冲突功能论等①,但它们也有一些共同的观点。功能主义关心一致、调适与合作,冲突论则关心冲突与斗争。功能主义研究一种因素对于另一种因素的适应,冲突论则研究它们不协调的程度。前者视社会体系的均衡为关键概念,后者则认为系统的变迁至关重要。用功能主义的语言来说,冲突论者用对社会制度的反功能的研究代替了对其积极功能的研究,而反功能的概念却是默顿引进的。达伦道夫对此有一评论,他认为在每一门科学中,剩余性的范畴往往是新发展的富有成果的出发点。"对我来说,小心分析结构功能主义的'反功能'一词所隐含的问题,能使我们自动地便置身于有意义的社会学冲突理论的思路中。"②

下面是冲突论者大体接受的一些基本的共同假设。

第一,从一般社会分析的观点看,解释特定社会中那些特殊的群体冲突(如美国的黑人与白人、爱尔兰的新教与天主教,或黎巴嫩的伊斯兰教与基督教之间的冲突)是不够的;只有一种综合性的冲突的阐述可以证明冲突如何产生于社会结构的性质,基本假设是冲突的根子深深藏于每一个社会结构中。

第二,社会世界及其构成要素皆处于变化中,这种变化无处不在无时不在,也就是说,社会的每一部分皆在川流不息的变迁中。因此,冲突理论关心影响变化过程的因素。功能主义将秩序与稳定视为社会的主要状态,故把变化视为对正常的、平衡的系统的偏离,而确信持续变化的冲突论者则认为社会结构不能发生变化时才真正令人忧虑。

第三,尽管冲突是社会结构固有的,冲突并不总是激烈的与明显的。社会冲突可以是潜在的、有规则的与受到控制的。社会结构内在的变化倾向存在于一连续的范围内,从完美的和谐这一种理想的状态到极少发生的流血革命。在任何特定的社会结构中,冲突的强度与形式各有不同,从像战争、革命这样的剧变到议会的争吵,以及更微妙的,如利益集团之间隐蔽的斗争与竞争。

第四,达伦道夫强调冲突只可以暂时得到抑制、控制或被引导,但不可能被人

---

① 参特纳:《现代西方社会学理论》第二部分"冲突论"。
② Dahrendorf:Toward a Theory of Social Conflict, from Walter L. Walace (ed.), *Sociological Theory: An Introduction*, Chicago: Aldine Publishing Company, 1969, p.216.

根本消除。因为冲突根源于社会的内在性质,只有冲突在特定情境中的表现如罢工、僵持局面等可以解决。

第五,社会的冲突模式除了变化、冲突概念外,还有第三个概念,即强制力。从冲突模式观点看,把社会与社会组织结合在一起的不是认同,而是强制;不是普遍的一致,而是他人施加的压力。谈论一个社会的价值体系对某些目的也许是有用的,但在冲突模式中,价值与其说是共同的,不如说是统治者的,与其说是被人认可的,不如说是强迫人们接受的。假定冲突无所不在,那么在有人类组织的地方,强制也无所不在,冲突导致变化,强制可被认为是生产性的冲突。

第六,冲突论者认为下列事实不能用动态平衡模式来解释,而唯有用冲突理论来处理:

对系统外的变化的反应并不总是适应;

社会系统可能长期经历日益加深的整合失调的恶性循环;

变化可能是革命性的,即突发的或深刻的;

社会结构本身通过内部的冲突与矛盾产生变化[1]。

15.3　米尔斯:权力精英与无人身操纵

现代冲突理论的主要代表人物是达伦道夫、米尔斯、科塞、科林斯等。他们的理论并未形成一个统一的学派,他们对待功能主义的态度也有很大差异。有的认为自己的理论是对功能主义的一种特殊的补充;有的冲突理论则构成未来的一般理论的一部分;还有的冲突理论是一个与功能主义全面对立的理论的核心部分。

美国左翼激进社会学的创始人米尔斯美国对帕森斯功能主义进行了无情的批评。帕森斯在向美国介绍欧洲古典社会学的伟大传统时,几乎不提马克思,在他那本皇皇八百页《社会行动的结构》的巨著中,涉及马克思的部分仅寥寥几页,这大大影响了美国主流社会学家对马克思理论的了解。米尔斯在美国社会学界一片反对声中,独撑马克思传统。许多西方现代马克思主义社会学理论家理论上的成就超过米尔斯,但他们仍不忘归功于米尔斯;正是米尔斯坚韧卓绝的努力,奠定了日后他们发展的局面。

米尔斯的著作反映了他激进的政治思想,在《白领:美国的中产阶级》(1951)一书中,他对日益成长的一个职业类别白领工人的身份地位给予了细致的分析和严厉的批评。现代庞大而无个性的商业组织和科层组织,令原先的独立职业者如

---

[1] See M. Francis Abraham: *Modern Sociological Theory: An Introduction*, pp. 111-113.

律师、工程师等变成了机构的雇员和工具,在中产阶级中发生了"身份恐慌"及在时尚消费中对身份标志的追逐,白领成了"娱乐的机器人",自主导向的美国公民文化变质为沉迷于消费和娱乐的流行文化。白领们在周日的度假和消费中花钱买到高地位的感觉,以弥补在工作中几近丧失殆尽的职业声望。"白领工人可能在每月的月底或者年底之前忍受长期的地位匮乏,然后尽情地挥霍自己的声望和消费。"米尔斯讥讽地名之为"地位周期"。"地位周期通过使人暂时摆脱阶级和声望差别,模糊了这一差别现实。"地位周期与娱乐机器在制造一个人的"好形象"上是合拍的。"看电影时,白领姑娘对她想扮演的角色感同身受,她所诉求的尊重获得兑现。在地位周期的浪尖,她直接扮演上层人物,因为她相信自己将永远如此。娱乐机器与地位周期维系着这样一个虚幻世界,许多白领人士就沉溺于其中。"①

在《权力精英》(1956)中,米尔斯不再认为中产阶级是重要的,而大型商业公司、官僚制和军队才是最重要的组织。他在书中描述和分析了美国社会如何受一小撮人所主宰,他们包括企业家、政治家和军事首领等,尤其是军队与公司供应商之联盟的"军事—工业联合体"统治了美国。

米尔斯的激进主义取向,使他一直不被美国主流社会学所接纳,几乎成为众矢之的。他转向严厉批评社会学,这种批评态度在《社会学的想象力》(1959)一书中达到顶点。而在他所批评的对象中,又以对帕森斯的批评最严厉,以至于许多人熟悉米尔斯的批评内容的程度,甚于对帕森斯思想本身的了解。

米尔斯可以被正确地称为"将冲突取向重新引入社会学的重要催化剂"。从一开始,米尔斯就着迷于权力问题及其在社会中的不公平的分配。他看到,一方面精英巨头集权力、声望与财富于一身;另一方面,街头的大众被剥夺了对公共事务的一切影响力,完全依赖于非他们所能控制的各种力量,迷失在有着各种大规模组织的异化的世界中,没有能力清楚地认识他们在社会中的位置。

米尔斯的权力精英理论解释了美国社会的铁板一块的权力结构原则,所有重大的决策都是由其利益紧密结合在一起的少数巨头做出的。他们出自具有类似背景的家庭,在名牌学校接受教育,可以直接进入权力中心。"随着权力的制度性手段和将他们联系在一起的通信手段变得日益有效,如今他们对人的控制已成为对人类历史前所未有的统治工具的控制。"②米尔斯认为将经济视为掌权者的决定因素的马克思主义的观点,将政治领导人视为权力首脑的自由派观点,以及把军

---

① 米尔斯:《白领:美国的中产阶级》,第203—204页,南京大学出版社,2006年。
② Mills:The Higher Circle, from William J. Chambliss (ed.), *Sociological Readings in the Conflict Perspective*, Addison Wesley Publishing Co., 1973, p.288.

阀视为真正的独裁者的常识性观点都有简单化之嫌。这就是为什么他要用"权力精英"一词来说明由经济、政治、军队的巨头组成的三头政治的现实的缘故。

权力精英理论只是米尔斯对冲突理论的诸多贡献之一。他关于美国中产阶级的经理权贵层的分析也是冲突观点的重要文献。他看到了上层各种功能的合理化,企业与机构已发展为对组织的崇拜,以及掌权者日益运用操纵而非权力的倾向正成为现代科层制的主要趋势。无人身的操纵与有组织的无责任感乃是现代工业社会的首要特征。强制力无所不在,但它又是匿名的,在暗中发挥着控制的作用。米尔斯认为无人身的操纵比公开的强制更加有害,因为它是隐蔽的;人们无由知道敌人并对之宣战,找不到进攻的靶子。米尔斯进而指出:

> 在显然可见的权力体系之下,在整个19世纪,受害者知道他正在受害,无权者的痛苦与不满是明明白白的。在20世纪无定形的世界中,操纵代替了权力,受害者不清楚他的地位。由最新心理学设备来完成的正式目的是使人们内化经营管理者要他们做的事,不让他们知道自己的动机,但却仍要具有这些动机。许多鞭策来自内心,人们不知道他们如何走到这里,或他们正在这里。从权力到操纵的过程中,权力由可见的变为不可见的,从可知的变为匿名的。随着物质水准的提高,剥削变得更少物质的而更多心理的了。①

这些倾向为现代民主国家的科层制,大众传媒工具及与人疏离的组织的怪物所加强。个人面对经理权贵与他们的被操纵感到渺小和无助。

米尔斯将阶级斗争置于其理论的中心地位,显然是受马克思的影响。但马克思是把私有财产当作阶级结构的基础,而在米尔斯看来,阶级斗争则是围绕现代科层制的层级等级制展开的。马克思认为在资本主义社会的经济安排中,强力压迫必然是明显的,而根据米尔斯,现代科层运用强力更多是通过无人身的操纵而非权力。

米尔斯1962年去世时已是美国最重要也是最有争议的社会学家之一,他被1960年代早期的激进主义者尊为指示了这一道路的先驱,但也仍然为他坚持不懈批判的热衷于"宏大理论"和"抽象的经验主义"的社会学界所排斥。然而,没有人能够忽视以社会学的想象力锻造的米尔斯特有的社会批判力,柯林斯中肯地评价了米尔斯留给我们的精神遗产:"米尔斯教给我们怎样看透意识形态,不管它们是何种类型。我们生活在一个组织的世界,它在制造出我们生活中的各种问题的同时,也在制造出一种公共意识,这一意识使我们看不见实际正在发生的事情。而

---

① Steven Deutsch and John Howard (ed.), *Where It's At: Radical Perspectives in Sociology*, New York: Harper and Row, 1970, p. 291.

米尔斯激励我们去直面这些组织。"①

15.4 科塞：冲突功能论

科塞(Lewis A. Coser,1913—2003)追随的是齐美尔的传统,主要关心冲突如何通过施加一种有利于革新与创造的压力而防止社会制度的僵化。他也是使社会冲突问题重新为人们关注的贡献最大的社会学家之一。他致力于研究社会冲突的功能而不是反功能,也就是说,"关心那些有助于增加而不是减弱团体的特殊的社会关系的适应或调整的社会冲突的后果。社会冲突远非单纯'分裂'的'消极因素',它可以实现群体中及其他人际关系中许多确定的功能：例如,它会有助于保持团体的界限,防止成员退出团体"②。

事实上,科塞力图使其同时代的社会学家习惯这样一个观点：冲突在社会生活中起了重要的作用,冲突有助于社会整合。这既是"复兴"冲突论,但又不抛弃功能主义的框架。他感兴趣的是社会冲突之于社会结构的后果,而不是相反。尽管社会结构决定了冲突的表现形式及解决方案,但冲突的根源须在别处寻找。科塞并不重视对立团体利益的概念,这一概念本来在社会冲突理论中有着重要的地位。

科塞致力于冲突有助于社会整合功能的发现,但他首先要澄清一个问题,即并不是每一种冲突都会有益于群体结构,而冲突也并非对所有群体都有这样的功能。社会冲突是否有利于内部适应,取决于是在什么类型的问题上发生冲突,以及冲突在什么类型的社会结构中发生。他又指出,冲突的类型和社会结构的类型都不是独立的变量。

以下内容为科塞冲突功能论的主要观点,影响冲突之社会结果的分析涉及冲突的类型,如内部冲突和外部冲突；冲突的强度和频率；冲突的社会文化和制度安排等③。

第一,如果内部社会冲突所涉及的目标、价值或利益与在已建立的社会关系之上形成的基本前提不相矛盾的话,此种冲突倾向于对社会结构发挥积极的功能。反之,如果内部冲突中的竞争各方不再共享那些社会系统的合法性赖以为基

---

① 柯林斯等：《发现社会之旅：西方社会学思想述评》,第398—399页,中华书局,北京,2006年。
② Lewis A. Coser: *The Function of Social Conflict*, Glencoe, IL: The Free Press, 1956, p.8.
③ 以下内容摘自 Lewis A. Coser: *The Function of Social Conflict*, pp.151-156,中译为未刊稿,译者为王惠珏、严文斌。

础的基本价值观,由此产生的冲突就有可能彻底破坏社会结构。

第二,内部冲突是否能够成为社会关系的平衡手段,或是成为对各种竞争性要求的再调整,还是成为分裂的威胁,在很大程度上取决于冲突发生所在的社会结构。

社会结构的一种情况涉及群体内部关系的性质和人格参与的程度。

在那些存在着成员间高频率互动和全面的人格参与的密切结合的群体中,有一种压制冲突的倾向。虽然成员经常有产生敌意的机会,但表现敌意情感被认为是对这种亲密关系的危害,由此,群体内就倾向于压制而不是允许敌意情感的表达,敌意容易积累并从而强化。在成员以整个人格参与并且冲突又被压制的群体中,冲突一旦爆发,就可能危及他们关系的最为根本的基础。

反之,在由那些只是部分参与的个人组成的群体中,冲突就不大可能是彻底破坏性的。这样的群体有可能经历各种各样的冲突。敌意的发生不允许积累,冲突可以在有可能消除紧张的任何地方发生,而不会激发被抑制的敌意。

社会结构影响冲突之后果的更一般因素则涉及社会的组织方式和开放程度等。

科塞认为,在具有弹性的社会结构里,大量的冲突彼此交织,因而避免了沿着一根主轴而发生的根本性分裂。而大量冲突中的局部参与就在结构中形成了一个平衡机制。

在结构松散的群体和开放的社会中,冲突的目标是消除对抗者之间的紧张,它对这种关系会有稳定和整合的功能。通过允许立即而直接地表达竞争性要求,这类社会系统能够借助消除不满的根源,来重新调整它们的结构。它们所经历的多种多样的冲突,会有助于清除导致社会分化的原因并且重建统一体。

上述的社会不仅容易容忍冲突,也容易创造让冲突常规化和制度化的社会环境。这相当于"安全阀"机制:社会在引导不满和敌意的同时保持对抗从中产生的关系不致受到损害。安全阀制度提供了转移敌对情感的替代对象,以及发泄侵略性倾向的手段。令冲突常规化、制度化,给社会带来的震荡最少,也有助于各群体及人们之间的妥协、调和与团结,从而起到积极的社会整合功能。

第三,内部冲突还有其他积极功能,其一是,社会冲突是调整规范使之适应新情况的机制。一个具有弹性的社会从冲突中受益,因为冲突行为通过帮助规范的创新和改进,保证社会在变化了的条件下继续生存。其二是,内部冲突也可以成为确定结构内对抗利益之间相对力量的手段,由此形成一个维持或不断重新调整权力平衡的机制。由于冲突的爆发意味着抛弃各方之间先前存在的和解,一旦对抗者各自的权力通过冲突被确定下来,一个新的平衡就会建立,而彼此的关系也就在这个新的基础上继续发展。其三是,与一些人的冲突产生了与另一些人的联合或联盟,这样冲突就创造了新的社会联系,从而有助于减轻社会孤立或把彼此缺乏联系或互相对立的个人或群体联合起来。一个能够容纳大量冲突的社会结构包含了沟通的机制,它把彼此孤立、冷漠或相互敌对的各方联合起来,并将他们带入一个公共社会活动的领域。

第四,转向外部的冲突,科塞以发生冲突的频率区分出两种不同的后果。正在不断斗争的群体倾向于要求其成员完全的人格参与,以至于外部冲突会动员起成员的全部能量并且影响所有的成员。因此,这样的群体不太可能容忍对群体统一的过度偏离。在这种群体中,有一种压制冲突的倾向;如果发生了内部冲突,就会由于分裂或反对者的被迫离开,而导致群体瓦解。

而那些不经常与外界发生冲突的群体,较少要求成员完全的人格参与,并且更可能显示出结构的灵活性。它们容忍的大量内部冲突有可能逐一对群体结构产生平衡和稳定的影响。

一旦群体和群体之间的联合通过与其他群体的冲突建立起来,这样的冲突可能会进一步维持群体与环境之间的界限。通过这种方式,社会冲突借助为系统内不同子群体分配位置以及帮助确定它们之间的权力关系,有助于将更大的社会环境组织起来。

15.5 科林斯:冲突与互动仪式

科林斯(Randall Collins,1941—)运用冲突的观点对现代复杂的组织、国家、分层等现象作了十分透彻的分析。科林斯相信社会学确有一个解释原则的坚实核心,但它首先是包含在冲突传统之中的。科林斯力图提出一个适用于整个社会的概括性的冲突理论。他根据各种团体在利益、社会位置、可利用的资源和选择等方面的冲突这样一个一般假设来分析一种广泛的社会现象。按柯林斯之见,存在有不多的但重要的社会生成性机制,而"权力过程和地位过程"则是社会分层化和组织化的基石[①]。他并未特别钟情于几位社会冲突理论先驱者中的任何一位,而同样接受了马克思、韦伯、涂尔干、米德、舒茨及戈夫曼等人的影响,他也汇合了符号互动论、现象学和常人方法学的观点,力图提出一种社会冲突的综合理论。他声称他的目标在于:

采用马基雅维里的一般观点,而不只是他为佛罗伦萨设计的纲领;采用

[①] 柯林斯等:《发现社会之旅》,第 457 页。

尼采与弗洛伊德的主要洞见,但没有他们的生物主义与泛性论。冲突论是没有君主的马基雅维里;没有唯心论的韦伯;没有维多利亚女王时代时尚的弗洛伊德——最好说是恢复尼采的历史学假设的弗洛伊德。它以一种不偏不倚的态度,将社会学中解释性成就的主要线索纳入视野之中。①

科林斯承认他从韦伯和涂尔干的理论中获得灵感最多。从韦伯那里,他认定分层和正式组织理论不仅是韦伯对社会学的永久贡献,也是"研究社会学其他所有领域的两个关键因素。也就是说,实质上所有群体都可以看作分层的某些方面,而人类社会的各种体制——政治的、经济的、宗教的、教育的等等——要根据组织理论的原则才能得到最深入的分析"②。

柯林斯的分析始于对韦伯权力理论的阐释。权力是韦伯分层理论中的一个维度,但却是一个关键性的范畴,因为它指涉国家及政治。而国家在韦伯看来是一个关键组织,因为它是强制性权力和合法性权力的最终归属之地。韦伯的国家理论还指涉其官僚制理论和正式组织理论。柯林斯如此理解的韦伯权力理论,实际上已经将分层的三个维度的理论(阶级、身份和权力)连接成了组织理论,因为权力指涉正式组织中的各种身份。柯林斯进而扩展了韦伯的政治权力理论,发展出一个一般的权力分析理论。在柯林斯看来,"权力并不只存在于国家领域。每一个组织,包括企业、教会、学校和俱乐部,只要是在划分了各种地位的正式结构的地方,都有政治性的一面"。因此,"经济阶级的基本生成性结构是真正的权力。个体维持生计、获取生产物质的方式,是最直接地由他们在组织中的权力位置所决定的"。

进到微观层面,柯林斯发展了一个以上述权力/阶级分析为根据的互动的冲突论,权力和阶级被化约为一个简单的分层关系:发出命令者和接受命令者,两者正是在日常生活的互动仪式中展开着为权力决定的冲突关系。那些处在权力位置上的人是日常生活中的发布命令者(order-givers),他们是"前台"(戈夫曼拟剧论意义上的)人物,"他们始终处于表演状态中,扮演着其组织的官方方面。这是内在于权力本质中的。发出命令者必须让他人确信,他或她代表着组织,而组织则支持他或她所提出的任何要求"。

接受命令者(order-takers)则代表了不同的阶级文化。"他们是其上司所上演

---

① Collins:The Empirical Validity of the Conflict Tradition, from Alan Wells (ed.), *Contemporary Sociological Theories*, Santa Monics: Goodway Publishing Company, 1978, p. 170.
② 柯林斯等:《发现社会之旅》,第 458 页。以下关于柯林斯观点的叙述和征引,不特别说明其他来源者,皆概括或引自《发现社会之旅》第十五章"柯林斯"节(458—467 页)。

的权力仪式的被动观众。不管是有意识地还是无意识地,他们感觉到这些仪式就是为了摆布他们。相应地,接受命令者倾向于规避官方的各种理想。"柯林斯继续使用戈夫曼的术语,将接受命令者的工人阶级的文化喻为一种"后台文化",强调个人的私人生活,并对前台正在发生的持嘲讽态度。

只要有等级化的正式组织存在,权力阶级就存在,不仅存在于国家和企业,也存在于教会、学校和其他领域。柯林斯的阶级冲突观点由此而与马克思主义者的观点区别开来。"发出命令者与接受命令者的对立是一个根本性的划分,但由此划分出来的两部分通常都不是很平等的。"发出命令者在很高程度上被动员起来,并已经结成相互联系的人际网络,他们通过日常的互动而增加能量。而接受命令者则往往是地方化的、被动的和离群的。在组织的上层和底层都存在大量潜在的紧张,但它们很少会表现为公开的冲突。一个主要原因就是命令的阶级是分裂的、分散的,其成员在心理上疏离于他们所属的正式组织。

当柯林斯说大部分冲突发生于发出命令者的不同派别之间,如保守派和自由派之间,主要是高层阶级卷入相互间的冲突时,柯林斯的冲突论与马克思传统的阶级斗争观点几无共同之处了。权力阶级不同派别间的差别源自他们所工作的、所认同的组织不同。保守派主要来自商界,而自由派则多为非营利部门的雇员。因此,"基本的分裂存在于各组织之间,而不是各权力阶级之间"。这样,政治就被定义为"发出命令者中的各对立群体间的对抗",他们利用他们的普遍性声明和宣称自己代表下层群体的利益,掩盖了他们自身的地位[①]。

以上所述,是透过互动仪式展开的社会冲突的微观图景。柯林斯固然将冲突理论视为整个社会学领域中的一种总体性方法[②]。因为冲突本身就体现为分层结构、支配的强度以及使群体得以组织和动员起来(或阻止他们组织和动员起来)的各种资源。而冲突理论的经典形式也主要是宏观历史冲突理论。通过对宏观历史模式的反思,马克思、韦伯、帕累托以及其他学者将注意力集中于不断变化的分层形态、政治派别和冲突、意识形态争论以及教条和道德方面的统治时期。但柯林斯自诩:"我对冲突理论的主要贡献在于给这些宏观理论增加了一个微观的层面。我尤其试图说明分层和组织是建立在日常生活互动的基础之上的。"柯林斯进而指出,两个最重要的现象需要恰当的冲突论的解释:一是表现为"阶级冲突"之微观面的敌对、统治和冲突的模式;二是将群体联结起来的团结的模式。正是

---

① 柯林斯等:《发现社会之旅》,第 462 页。
② Collins: Conflict Theory and the Advance of Macro-Historical Sociology, from George Ritzer (ed.), *Frontiers of Social Theory: The New Syntheses*, New York: Columbia University Press, 1988, p.70.

对这两个重要现象的解释,柯林斯做出了他的贡献:

> 我认为,通过对戈夫曼有关互动仪式模式的发展,这两种现象均可以理解。一方面,在日常生活中发出命令和接受命令的表演中,前台和后台形成了相互对立的动机和意识类型;另一方面,在同级的人之间由仪式交往活动(ritual sociability)所形成的团结,包含着丰富的感情和话语交流。我进而试图去说明,当人们谋划某些活动并且存在一定的物质资源的时候,围绕微观控制权所展开的斗争就会催生各种不同类型的组织结构形式。既然组织是建构资本主义企业、政党、国家、军队、教会和几乎其他一切的砖石,那么冲突论的解释就可以前后一致地贯穿社会学的所有经验领域。①

15.6 达伦道夫:权威关系

达伦道夫(Ralf Dahrendorf,1929—2009)是一位德国社会学家,曾积极参与了美国社会学对帕森斯结构功能主义的批评,他在美国暂居期间,还用英文撰写和改写了有关阶级和阶级冲突的著作《工业社会的阶级和阶级冲突》。在20世纪50年代末期,达伦道夫不断猛烈抨击功能主义者的均衡论、整合论的乌托邦观点,认为他们提出了一种过于统一、整合与静止的社会观。但他没有像科塞那样借助齐美尔的冲突理论,而是将马克思(某种程度上也包括韦伯)的见解纳入自己的冲突理论中,提出了一种辩证冲突论的理论模式。这种观点是否比它所批评的功能主义对社会过程的解释更有效,许多作者对此是心存疑虑的,但它的确体现了对过分强调整合的帕森斯主义所做的某种重要的纠正。

达伦道夫并未将冲突理论视为一般社会理论,他似乎并不决意用冲突模式取代功能分析模式。他的意图是要保证这两种分析的同等的效力。他说:"社会有两副同样真实的面孔:一幅是稳定、和谐与共识,另一副是变化、冲突与强制。"②他认为现今的社会学主要关心前者,因此重要的是要致力于后者的研究,制定一种社会冲突的理论,它对于解释社会变迁是必不可少的。把冲突与变迁紧密地结合在一起,正是达伦道夫与此取径的许多其他作者的共同特点。他后来的观点在此方向上有所推进,认为结构功能主义虽也可以分析一些事物,但冲突理论可以分析得更好。

---

① Collins: Conflict Theory and the Advance of Macro-Historical Sociology, from George Ritzer (ed.), *Frontiers of Social Theory: The New Syntheses*, pp. 73-74. 引文为龚玮和张钰翻译。
② Ralf Dahrendorf: Out of Utopia: Toward a Reorientation of Sociological Analysis, from Lewis Coser and Bernard Rosenberg (ed.), *Sociological Theory*, New York: The Macmillan Company, 1969, p. 225.

达伦道夫的社会观基于下列假设,它们与功能主义依据的均衡论的假设截然对立:(1)任何社会无处不经历着变迁,社会变化无处不在;(2)任何社会无时不经历着社会冲突,社会冲突无时不在;(3)社会中的每一种要素都对它的变化有贡献;(4)任何社会都基于其一些成员对它的另一些成员的强制之上①。他批评功能主义歪曲了社会现实,因为它把社会的均衡一面当作唯一的和全面的社会图景。冲突理论旨在回答是什么因素破坏了社会的平衡并导致了社会的变迁。达伦道夫强调变迁的原因必须在社会系统内寻找。因此,

> 必须发展出一种模型,以使社会冲突的结构性起源变得可以理解。要做到这一点,看来只有在我们把冲突理解为社会群体之间的斗争时才是可能的,也就是说,我们要把任务明确化,直至把将其化约为对冲突群体的结构分析。在这一假定之下,三个特别的问题就突显出来,它们是冲突理论所必须回答的:
> (1)冲突群体是如何从社会结构中产生的?
> (2)这些群体之间的斗争能够采取何种形式?
> (3)这些群体之间的冲突是如何影响社会结构中的变迁的?②

达伦道夫按马克思的阶级冲突是社会变迁的动力的思路来回答上述问题,但他不同意马克思关于阶级区分的基础乃是生产资料的所有权的思想。他提出,阶级划分有一个新的基础,这就是统治者与服从(统治)者之间的权威关系。一些人参与群体的权威结构而另一些人则不能参与群体的权威结构;一切社会组织都基于上层地位与下层地位的区别之上,"每一个强制统合群体(imperatively coordinated group)中,都能区分出两个聚合(aggregate):一部分人只拥有一般的('公民的')基本权利,另一部分人的权利则使之拥有凌驾于前者之上的权威。与声望和收入不同,权威的分配无法形成一个逐渐过渡的续谱,而更是一种明显的二分(dichotomy)。强制统合群体中的每一个地位,都被认为是属于某个支配者或被支配者的"③。强制统合群体中社会角色的二分,即分为正面支配角色与负面支配角色,在达伦道夫看来是社会结构的一个事实。依据这种二分的假定,达伦道夫提出以下步骤来建立社会冲突的分析模型:

(1)在每一个强制统合群体中,正面与负面支配角色的承担者可以明确地划

---

① Ralf Dahrendorf: Toward a Theory of Social Conflict, from Walter L. Walace (ed.), *Sociological Theory: An Introduction*, p.217.
② Ibid. 此处及下文中出自同一篇目引文为汲喆和潘莉所译。
③ Ibid., p.219.

分为两个有着对立的潜在利益的准群体(quasi-group)。所以称之为"准群体",是因为在此所处理的只是一些聚合,而不是有组织的单位;所以称"潜在利益",是因为在这一水平上,其对立的前景不一定非得自觉,它可能仅仅作为和一定地位相联系的期望而存在着。这里说的对立有明确的形式意味,具体地说,与正面支配角色相联系的利益期望在于维持现状,而与负面支配角色相联系的期望则是改变现状。

(2)正面与负面支配角色的承担者,即对立准群体的成员,除非有某些经验的可变条件(组织的条件)的介入,都会把自己组织为有外显利益的群体。相对于准群体,利益群体是组织起来的实体,诸如党派、工会;其外显利益被明确阐述为纲领和意识形态。

(3)以这种方式形成的利益群体,就维持还是改变现状经常冲突,冲突的形式与强度由经验的可变条件(冲突的条件)决定。

(4)就本模型而言,利益群体之间的冲突经由支配关系的变化,会导致相关的社会关系的结构发生变迁。此类变动的种类、速度和深度取决于经验的可变条件(结构变迁的条件)①。

通过把社会冲突视为社会组织的权威结构中所出现的群体之间的冲突,达伦道夫相信问题范围已经划定,组织条件、冲突条件和变迁条件中的相关因素也因此得到确认。而它们的秩序,以这一模型为基础可以被表述为三种功能:如果给定了强制统合群体,利益群体(如政党)就是组织条件的函数;如果给定了利益群体,冲突的特殊形式(如议会辩论)就是冲突条件的函数;如果给定了利益群体之间的冲突,变迁的特殊形式(如革命)就是变迁条件的函数。"这样,冲突理论的任务就被转化为确认这三套条件并尽可能明确它们各自的权重——而且最好是用定量的方法。"②

经由上述的理路,功能主义的社会体系的生物有机体类比就被"强制统合的体系"的概念取代了。这个取自韦伯思想的概念,其实是"权威"或"权力"体系的一种繁复的说法。正是这种权威体系导致了社会内在冲突的条件。执掌权力者的利益与被剥夺了权力者的利益是不相容的:前者最关心的是维持现状,后者则力图改变现状取消特权。但利益可以是明显的,即被明确认识到的,也可能是潜在的,即未被明确认识到的;它们是客观利益,是人们所承担的角色所固有的,这

---

① See Ralf Dahrendorf: Toward a Theory of Social Conflict, from Walter L. Walace (ed.), *Sociological Theory: An Introduction*, p. 220.

② Ibid., p. 221.

样，人类社会遂形成各种潜在的冲突群体，即准群体；当潜在利益发展为明显利益时，准群体就变为群体，即利益群体。利益群体之间为保持或改变地位、现状的斗争便随之发展起来。这也意味着社会结构或快或慢地将发生变化。从准群体到明显利益群体的过渡，类似于马克思的从"自在阶级"到"自为阶级"的过渡。达伦道夫认为这一过程及其伴随而来的利益群体冲突是不可避免的，企图去压制或消灭冲突是徒劳无益的，"在现代社会中，一旦利益的对立被认识到，就必须通过制度化调节冲突"[①]，例如，工人与管理者之间的冲突要通过工会而制度化。反过来，工会将成功地从事冲突活动，这种冲突会带来法律和经济领域的变迁，并在社会分层结构中引起相应的改变。新的中间阶级实际上就是通过阶级冲突制度化所带来的结构性变迁所产生的。

马克思、达伦道夫都把社会冲突视为结构性的，都把阶级斗争放在其理论的重要位置上，难怪达伦道夫常被人称为新马克思主义者。但他们的分歧大于其相同点。马克思的阶级划分及阶级斗争的基础是生产资料的占有权的经济关系；达伦道夫则归之为权威关系，并把这种统治—服从的权威关系模式运用到社会中的每一个群体或组织上，这样，一个处在服从者地位上的个人在另一个群体中或许可能是掌权者。马克思强调阶级斗争的革命性质，由此引出的是消灭阶级冲突乃至于阶级本身的革命结论；达伦道夫绝没有得出超越资本主义、消灭阶级的结论，他的结论是把冲突纳入社会结构中使之制度化、常规化，因而未触及根本动摇现存社会制度的问题。在这些根本立场问题上，马克思与达伦道夫是泾渭分明的。

此外，达伦道夫的观点在学理上也有诸多不足。权威关系当然是极重要的社会关系。尤其是达伦道夫注意区分了权力与权威，权力多半要倚仗强制力，权威则是合法化的权力，即已得到普遍承认的权力，这里同样可看出韦伯合法性思想的影响。但权威关系并非唯一的决定性因素，财产、地位、声望、生活方式等也是社会分层结构的重要因素，就这一点而言，韦伯的分层学说要比达伦道夫更为周全。

其次，权威关系也并非唯一的与首要的冲突根源。种姓之间与宗教之间的冲突很少源自于权威关系。纵观人类历史，许许多多的冲突产生于意识形态、价值模式及信仰体系。

最后，达伦道夫所说的社会变迁似乎仅限于权威结构，这一点也不足为信。历史的例外可以举出不少。有时变化是深刻的社会变化，但权威结构却无根本变化，如日本的明治维新、俄罗斯彼得大帝的改革等。

对冲突理论的批评可归结为以下几点。

[①] 波洛玛：《当代社会学理论》，第 100 页。

第一,把复杂的社会冲突归结为一共同的原则的化约主义错误。大多数冲突论者都有这一倾向,例如,权力对于米尔斯,命令对于科林斯,权威关系对于达伦道夫,都是划分社会冲突二分结构的首要且单一的原则。他们把世界一分为二:权力精英与大众,统治者与被统治者等。过分的简化往往无法把握丰富多彩的社会冲突现实。

第二,与功能主义者将稳定与均衡视为社会的主导秩序不同,冲突理论则假设人类社会是一个持续的变迁流转过程。这一观点忽视了这样一个历史现实,几千年间相对稳定而几无变化的社会(传统社会、部落社会等)的例子屡见不鲜。真理与经验事实存在于两个极端之间:变化是社会的正常属性,没有完全静止的人类社会,稳定也是社会的基本属性,在任何时候,将(社会)结构及不变因素从社会系统中分离出来加以分析是完全可能的,这意味着对社会稳定因素的承认。

第三,冲突理论倾向于把冲突等同于变迁,混淆了两个毕竟不完全等同的概念。它假设变化必然是从阶级、利益、价值的冲突或任何其他的冲突中产生出来的。如果没有明显的或潜在的冲突,就没有变化。这一点也与经验现实有诸多不符。变革而未导致严重的冲突,或冲突并未带来有意义的变迁的例子在历史上同样可以举出不少。

与这一缺点有关的是冲突理论未曾小心区分积极的冲突与消极的冲突、冲突的不同形式及其对不同社会因素的不同影响。功能论把冲突等同于结构性的偏差与干扰,而冲突论走向另一极端,视冲突为不可避免,故都是有益的(科塞除外)。设问冲突是利是弊是没有意义的,应该追问的是哪种冲突、什么结果、对什么人是有利还是有弊。冲突可能有助于社会的整合与稳定,同样也会导致社会解体。冲突具有安全阀的功能,即可以使社会冲突合法地得以表现,或使冲突制度化;同样,冲突也会无可弥补地毁坏社会组织导致它的彻底瓦解。冲突理论应把这些完全不同的结果都纳入其理论视野中,用一种更广阔更精致的框架代替仍嫌粗糙的理论。

尽管有上述的缺点,冲突理论仍是一种重要的社会学分析模式。结构功能主义分析的遗漏处,正是冲突理论尤擅胜场处。正如前面所说的那样,冲突与共识、和谐与强制是同一社会现实的两副面孔。社会现象在均衡与失衡、稳态与紧张、整合与疏离之间持续波动着、变化着。无论功能主义还是冲突理论都不能自诩具有完全的独一无二的解释效力,对有些社会现象,功能主义的分析妥帖中肯,而对另一些社会现象,则冲突理论的解释似更胜一筹。

第十六章
20 世纪交换理论

16.1 交换学说的理论背景

现代社会学的交换理论是在美国社会学家霍曼斯和布劳的著作中诞生的,同冲突理论一样,交换理论也是作为对功能主义的反拨而发展起来的。交换学说的主要思想可以追溯到很远,它融合了 18 世纪的功利主义经济学、19 世纪的功能主义人类学及 20 世纪的行为主义心理学。

1. 功利主义经济学的"理性人"(经济人)的思想遗产

交换理论的智识根源最早可追溯到 18 世纪古典经济学的功利主义传统。亚当·斯密、边沁等人描绘了一幅理性的经济人的图景:人类在自由竞争的市场上与他人进行交易,他们理性地追求最大限度的自身利益。依据他们关于市场形势的知识的力量,以及对成本与利润的计算,人们能合理地考虑所有可供选择的方案,并确定最后的行动方向。自愿的交换最终会增进社会的福利,但亚当·斯密告诫:不要将此归于人的善意,恰恰相反,交换中唤起的是人的利己心。"我们每天所需的食物和饮料,不是出自屠户、酿酒家或烙面师的恩惠,而是出于他们自利的打算。"① 交换行为的道德不再诉诸主体的动机,而是实现于各自为了自利而利他的最终结果中。不过,近代的与经典的社会学家一直试图提出替代功利主义的人性观。现代交换论者认识到人并不总是理性的,他们也并非每次交换都追逐最大限度的利益,他们的互动关系受外部条件的限制。但人们总是通过与他人的交易获得某些利益,并且确实在交易中盘算成本与利益,这仍然是所有交换理论的基本假设。

2. 人类学中的交换论

弗雷泽爵士(Sir James Frazer,1854—1941)的著作提供了交换理论的最初阐

---

① 亚当·斯密:《国民财富的性质和原因的研究》上卷,第 14 页。

述。在对原始社会五花八门的亲属与婚姻行为的研究中,弗雷泽惊奇地发现,澳洲土著居民极愿意姑表联姻,而禁止姨表联姻。他试图用人们熟悉的功利主义经济学思想解释此等习俗:澳洲土著人由于没有财力娶妻,不得不交换自己的女性亲属以得到妻子。换言之,人们进入制度化的交换框架以满足他们基本的经济需要。弗雷泽也认识到这种交换关系对于人的地位与权力的后果。他写道:"由于在澳洲土著人中妇女具有较高的经济与商品价值,所以拥有众多姐妹与女儿的男子就富有,而那些没有姐妹、女儿的男子就贫穷,甚至可能得不到妻子。"[1]老年男子可能在年轻妇女中为自己物色好几个妻子,而家中没有可供交换的女子的年轻男子则不得不独处或满足于与被长者所遗弃的妻子相结合。这样的交换制度也使掌握了具有较高经济价值物品的年长男子获得权力与社会特权。

马林诺夫斯基是清楚划分经济交换与社会交换的第一人。在对特罗布瑞安岛民的人种学研究中,他讨论了被称为"库拉圈"(Kula Ring)的交换体系,在一个封闭的人群圈子里,岛民用臂环交换颈饰,又用颈饰换来臂环。与弗雷泽的功利主义观点形成鲜明对比,马林诺夫斯基认识到臂环与颈饰的礼节性交换的象征意义在于加强一个人际关系的网络。此外,库拉交换只能在同伴之间进行,交换人没有追求最大的物质利益的目的。交换体系用来满足个人与社会的各种社会心理及其功能的需要。

马林诺夫斯基承认解释社会行为时基本的心理需要的重要性,但他拒绝关于人的行为渗透经济动机的假设。马林诺夫斯基触及个人与社会关系的核心问题。他据以解释库拉关系的基本假设是,一种既满足个人的需要又有利于维持作为一种不断发展的利害关系的社会的制度,比起只能保证一项功能的制度要更加稳固。

针对马林诺夫斯基的心理学的解释,莫斯重新解释了"库拉圈"。他力图发现促使接受礼物者给予回报的力量。他认识到是社会而不是个人管理着交换,交换行为是由集体控制的。这种认识导致了现代交换理论中第一个集体的或结构的取向。在《礼物》这本人类学的不朽著作中,莫斯对以库拉圈代表的礼物交换称为一种总体呈献体系,即它们并非单纯的财物交换,更在实现复杂和全面的社会功能:

> 首先,不是个体,而是集体之间互设义务、互相交换和互订契约;呈现在契约中的人是道德的人,即氏族、部落或家庭……
> 其次,它们所交换的,并不仅限于物资和财富、动产和不动产等在经济上

---

[1] Peter P. Ekeh: *Social Exchange Theory*, Cambridge: Harvard University Press, 1974, p. 23.

有用的东西。它们首先要交换的是礼节、宴会、仪式、军事、妇女、儿童、舞蹈、节日和集市,其中市场只是种种交换的时机之一……

第三,尽管这些呈献与回献根本就是一种严格的义务,但是,它们却往往透过馈赠礼物这样自愿的形式完成。我们建议把这一切称为总体呈献体系。①

因为,这种交换和契约不单单涉及人和物,而且还涉及与之或多或少有所关联的神圣的存在。②

总之,礼物交换所呈现的过程和现象都既是法律的、经济的、宗教的,同时也是美学的、形态学的。所以莫斯要将礼物交换的研究定义为关于总体社会事实的研究,"它们是'总体',是我们所试图描述其功能的各种社会体系的总体"③。而其中的关键是由礼物交换所连接的义务和所象征的社会生活:

那里的物质生活、道德生活和交换,是以一种无关利害的义务的形式发生、进行的。同时,这种义务又是以神话、想象的形式,或者说是象征和集体的形式表现出来的:表面上,其焦点在于被交换的事物,这些事物从来都没有完全脱离它们的交换者,由它们确立起来的共享和联合是相当牢固的;而事实上,这些被交换的事物的持久影响作为社会生活的象征,则是直接传达了使古代环节社会中的那些次群体凝集起来的方式;正是通过这种交换,各个次群体不断地彼此交叠,并感觉到相互间都负有义务。④

归根到底,莫斯的主要贡献在于他认识到,社会交换过程为一个更大的社会产生行为的道德规范,道德规范则获得一种社会交往情境之外的独立存在并指导着社会的、经济的、政治的人际关系,即礼物交换贯彻着社会秩序的功能。如是观之,最终回到行为主义立场的现代交换理论能从莫斯的工作获得多少真正的启发是颇可怀疑的。这也是我们在此不厌其详介绍莫斯的理由,现代交换论恰恰忘却了莫斯工作的伟大遗训:"以一种合理的经济体系,取代那种把财物交换当作实现与维系群体之间和个体之间的人际关系的道德行为而不是机械操作的经济体系,不管会带来多大的进步,我们都将失去很多。"⑤

列维-斯特劳斯,作为最有影响力的结构主义者之一,既反对弗雷泽的功利主义解释,也反对马林诺夫斯基的心理学的概念,而采取一种类似于莫斯的分析,精

---

① 马塞尔·莫斯:《礼物》,第 7 页,上海人民出版社,2002 年。
② 同上书,第 25 页。
③ 同上书,第 204 页。
④ 同上书,第 63 页。
⑤ 同上书,第 221 页。

心阐述了一个最明确的结构交换观点。他不是从经济利益上考虑,而是从文化意义上定义交换项目,它们的价值不是固有的,而是外加的与象征的。交换的首要功能是更大规模社会的结构的整合,他也强调交换模式随社会组织形式而有所变化,它们受社会的规范与价值的调节。此外,

> 所有的交换关系都关系到个人所付出的代价,但是不同于经济和心理学对交换的解释,这种代价应归于社会——归之于社会的风俗、规则、法令和价值……个人自己不承担这些代价,而把它归之于"社会秩序"……①

列维-斯特劳斯还批驳心理学对交换过程的解释。第一,社会交换是一种独特的象征过程,它既不出自也不能归之于动物行为。人与低于人的动物具有某些共同的性质,但是使人成为人的独一无二的性质不是人与动物共有的性质,而是使人从事社会交换的性质。第二,社会交换是受社会规则支配的规范的行为。第三,交换行为是创造性的和动态的,而缺乏想象力的动物行为则是静态的。列维-斯特劳斯指出:"在文化领域,个人总是获取多于付出。付出又多于获取。"②此外,人还赋予被交换的事物独立于其内在价值的意义与价值。第四,交换行为是在经过定义的制度性的框架内进行的③。

回顾了人类学的交换论的遗产后,让我们引一段特纳的评论:"这一知识遗产对社会学中交换理论的战略和战术都已发生了影响,但其影响的发挥却只有在心理学中的一支特殊的体系即行为主义观点对它的假设和概念作了重大的修改之后。"④

3. 行为主义心理学对交换论的启发

作为一种社会行为主义,交换论大大受益于源自巴甫洛夫(I. Pavlov, 1849—1936)的条件反射心理学的行为主义。从著名的巴甫洛夫实验中得出的一些原理最后汇入到行为主义。这些原理包括:若刺激 a 连续不断地与刺激 b 相伴随,那么刺激 a 会引起一种特定的心理反应;如果与刺激有关的满足感不再出现,那么这种条件反射现象就会消失;与引起条件反射相同的刺激也可像刺激一样引起相同的反应;如一刺激渐渐不同于曾引起某种反应的刺激,那么这类反应就会逐渐减少。巴甫洛夫意识到这些发现虽然是从动物实验中得到的,但对研究人类行为一

---

① 引自特纳:《现代西方社会学理论》,第311页。
② Peter P. Ekeh: *Social Exchange Theory*, p.46.
③ 引自特纳:《现代西方社会学理论》,第312—323页。
④ 同上书,第323页。

样有启发意义。

美国心理学家华生紧紧抓住刺激/反应这一概念结构,发展出一套极端的行为主义心理学。其要点是不否认意识的存在,但完全撇开目的、意识等内省的概念和方法,研究刺激/反应关系,可接受的唯一证据是公开的行为,完全站在人类意识的"黑箱"之外,只研究与刺激有关的可观察到的行为。他将行为主义的中心原则概括为高度简明的一句话:"一切复杂的行为均来自简单反应的成长或发展。"[①]由此他断定,对刺激及由刺激集合而成的情境所做的适应性的反应或行为(act),便是人类行为的基本模式。他确信如果可以将法老时代的孩子送到波士顿教育,他们将丝毫不逊色于哈佛的其他弟子。他坚持认为行为主义的事实几乎来自行为肇始的婴儿社会。如中国的孩童必须学习使用筷子,吃稻米,学会说中国话,用一定方式打坐,崇敬其祖先,等等。而美国的孩童则必须学习使用刀叉,迅速学会形成个人整洁的习惯,成为一夫一妻制的维护者,敬仰基督上帝,去教堂,甚至在公众论坛上大胆说话,等等。如此一来,传统心理学的诸如"本能"、"记忆"、"人格"概念都变得十分可疑。华生事实上也将它们统统归入刺激/反应的解释模式中,如关于记忆,"我们仅仅意指这样的事实:当一个刺激消失之后我们再度碰到它时,我们从事了原有的习惯性的事情(说原先说过的话,表现原有的内脏—情绪—行为),也即从事那些当该刺激第一次呈现在我们面前时我们学着做的事情"[②]。而华生对人格下的定义是,"通过对能够获得可靠信息的长时行为的实际观察而发现的活动之总和。换言之,人格是我们习惯系统的最终产物"[③]。在华生的模式中,一个有思虑、有价值追求和复杂情感的人的主体的古典形象完全消失了。

特纳将行为主义与功利主义作了有趣的比较,认为前者在许多方面类似于后者。根据行为主义,人是寻求酬报的有机体,他总在寻求选择获得最多酬报最少惩罚的目标。"酬报"简直就是经济学中"利益"概念的另一种说法,而"惩罚"则差不多就是"成本"的代名词。

美国心理学家斯金纳(B. F. Skinner,1904—1990)的著作坚定地致力于行为主义原理的探讨,对于发展出社会学风格的行为主义给予了强有力的推动。

斯金纳对社会学的理解的释义的传统提出最强烈的批判。在《超越自由与尊严》(1971)一书中,斯金纳的主要目的之一是从社会科学中逐走他所谓的"自主

---

① 约翰·布鲁德斯·华生:《行为主义》,第124页,浙江教育出版社,杭州,1998年。
② 同上书,第231页。
③ 同上书,第271页。

人"(autonomous)概念。"自主人"概念在人文主义传统中有深厚的根基。就此观点而言,人类拥有一个内在的核心,其行动正是从这一核心发射而出的。它允许人们创意、开发与创造。这正是一种人主体的、唯意志论的观点。斯金纳将这种人具有内在的自主的核心的观点斥之为社会科学必须加以清除扬弃的一种神秘的、形而上学的立场。"自主人"乃是由于我们的无知而被虚构出来的概念,它对于我们对行为的了解毫无益处。"传统的观点主张行为乃是自主人的所作所为,由于行为科学采用了物理学和生物学方略,自主人被环境所取代。正是在环境中人类才得以进化,个人的行为才得以形成和维持。"①行为,以及产生行为的条件才是关于人的科学研究的主题。斯金纳坚信,我们不应专注于诸如"自由"、"尊严"、"目的"之类的概念;而应该专注于行为的检验与控制,以及影响行为的环境条件。或者确切地说,斯金纳不遗余力地试图驱除环绕在"自由"、"尊严"、"目的"、"意识"等概念上的神秘色彩,还它一个行为主义的分析。何为"自由"?斯金纳肯定人有争取自由的行为,但这并非因为人的自由意志,而是由于人这种有机体所特有的行为过程决定的,"其主要效能在于躲避或逃脱环境中的所谓的'不利的'特征"②。何为"尊严"?尊严不过是一种幻觉,以为人的行为完全出自他们的"自由意志"并且超越明显的环境条件的限制,表现出自主人特有的价值而配享人们的赞美和钦慕,如果"人的行为在很大程度上应归因于先期的事件,环境比人更应该对人的行为负责",一个人就不能"再因他的行为而赢得赞扬或钦慕,那么他的尊严或价值便会受到伤害",这样看来,"尊严"无非是"关于人的传统观念对人的逢迎恭维",是个体和集体的自恋概念③。而关于"目的"概念,斯金纳要摧毁的并非"目的"概念本身,而是它在自主人传统中被赋予的内在意图的含义,他以手的进化为例,行为主义化了"目的"概念。他问道:地球上的各种生命形态是否体现了某种目的?它们是否某种有意设计的产物?"灵长目动物在进化过程中产生了手,其目的是为了更成功地操纵事物,但这一目的并不是某种先在的设计所规定的,它是自然选择过程的产物。同样,我们可以通过操作条件作用使手熟练地掌握某种动作,但这种动作的目的乃是由该动作所引起的后果决定的。"④总之,他继续以传统的行为主义由环境刺激引起有机体反应的关系思路来把握人类行为,但下面的叙述则显示斯金纳对发展行为主义所做的新贡献。

---

① B·F·斯金纳:《超越自由与尊严》,第149,贵州人民出版社,贵阳,2006年。
② 同上书,第33页。
③ 同上书,第149、174—175页。
④ 同上书,第167页。

斯金纳引入了驱力概念,这些驱力终至于推动一个有机体走向它的目的物,如食物等。如果有机体得不到满足,就会加大活动量。如果偶然的行为得到预期的满足,这一偶然行为就会得到加强,这与巴甫洛夫、华生的简单的刺激/反应模式的应答行为不同,是把驱力包含进去的一种"操作性条件作用"程序("operant-conditioning" procedures),简称操作的行为。

著名的"斯金纳箱"提供了对上述思想的一个极其简洁的实验研究。构造一个箱笼,其中只有一个横棒,动物能够把它压低,从一个小盒中释放出一小团食物。如果动物偶然压低了横棒,它就会得到一团食物,此即所谓酬偿,它便会乐意重复这一压棒行动。当酬偿撤销后,动物驱向酬偿的反应便会逐渐消退。由这里得出行为主义的一个重要命题,现时行为的反馈会影响到未来的行为,而这就是"学习"过程,或"造型"原理。

如果类似先前的伴有酬偿的情境重现,动物会乐意重复这些情境中的行为,此等情境中的刺激则称为强化刺激(reinforcing stimuli)。现在要研究的已不是一个条件刺激同一个无条件反应的联系,而是那些可以明确说明的对种种强化因素都有效的定律,已使我们能够研究学习曲线、概括曲线和消退曲线的性质。由于情境的极其简单化使这一切可以最好地完成。研究表明,有机体(动物与人)学习的速度、学习内容的推广于新的情境以及获得反应的消退等是直接地并且可以预报地依赖于强化程序(例如,强化是在每一动作——如已被选定为所需反应的压低横棒等——之后,或是采取有规则的间隔强化,或是采取不规则且不能预报的强化程序)。这样,完全可以避免使用内省的概念或方法,便已实现对于学习和消退过程的高级控制。

最后,可以得到的奖酬亦可以是刺激本身而不是原来的奖酬(如对斯金纳箱里的鸽子来说,就是那把曾使它获得食物的钥匙)。通过一系列的中介达到最后的奖酬,这样,行为似乎就有了目的,一个有机体在驱力驱动下努力以赴的目的,但这已不是传统目的论意义上的目的,而是控制论意义上的目的,如自动温控系统,通过信息的输入输出的反馈(无需了解系统黑箱的情况)达到似有目的的结果。至于究竟人实际上是不是一架机器、来自外部酬报的一时满足是否能够代替对于行为主要动机的深邃关注等问题,并不是斯金纳所关心的。我们等待着反应——尽管它可能是不可理解的——然后给予强化,这就够了。"在斯金纳手里,行为工程学和实际知识的灌输具有压倒一切的合法地位。"[①]

斯金纳的学生设计了更为复杂的鸽子给食实验。这一实验增加了一把钥匙,

[①] G·墨菲、J·柯瓦奇:《近代心理学历史导引》下册,第450—451页,商务印书馆,北京,1982年。

有规则和不规则地改变给食量及给食间隔时间。实验发现,如果鸽子从对一把钥匙的反应中得到20%的酬报,就对钥匙做出20%的啄食行为,如果酬报增加到40%,啄食行为也相应增加20%。这就是所谓配比律(matching law),这一定律可用来解释人类的经济行为,在涉及可选择的行为与酬报的关系时,可用配比律而无需用意识的术语来解释。如果一个酬报伴随另一个惩罚,则用计算净结果的方法来考虑人的行为选择,同样无需求诸目的论的语言。

　　斯金纳坚信以上的理论是关于人的一门真正的科学,但如此激烈的反自主人和反传统目的论的姿态,必然会引出"人被取消了吗"这样深刻的疑问和焦虑。斯金纳坚定地回答,作为人类的人或作为个体的人当然不会被取消,取消的只是自主的内在人。这是一种重要的进步。实验分析把行为的决定因素从自主人那里转到环境上,但这绝不意味着人就此成为"纯粹的受害者或被动的旁观者,他对降临到自身的一切只能听之任之"。因为"我们必须记住,这种环境本身却主要是由他自己创造的。文化演进正是人的一种规模宏大的自定控制。人们时常抱怨,关于人的科学观念会导致受损的虚荣心、绝望感和怀旧感,但是,没有任何理论能改变它所研究的对象。人依然故我。一种新理论所能改变的只是我们对它的研究对象所能做的事"。斯金纳相信:"关于人的科学观提供了令人振奋的可能性。我们还未看到人到底能将人造就成什么。"[①]

16.2　霍曼斯:社会交换论

　　霍曼斯(George Caspar Homans,1910—1989)是现代交换理论的最卓越的倡导者之一。他早期的著作《人类群体》(1950)的重点在于系统的分析,而在《社会行为:它的基本形式》(1961)中,个体心理水平上的交流交换行为成为其首要关怀。他把功利主义的古典经济学与行为主义的心理学融为一体,尤其注重斯金纳的行为主义基本原理,认为只有诉诸得自于动物行为研究的心理学原则才能有效地解释人类行为与社会组织。所有的人,就像斯金纳箱子中的那些鸽子,是根据情境所提供的奖惩的刺激来修正其行为的。霍曼斯交换理论的基本假设主要基于行为主义的下列观点:

　　(1)在任何特定的场合,有机体都将发出那些能得到最大报酬和最少惩罚的行为。

　　(2)有机体将重复那些已经证明能得到报酬的行为。

---

①　斯金纳:《超越自由与尊严》,第176页。

（3）有机体将重复在某一场所进行的行为，而重复行为的场合则是类似于过去它们的行为曾得到过报酬的场合。

（4）目前的刺激如果在过去的某种情况下是曾与报酬有关的话，那么这种刺激将引起与过去相同的行为。

（5）只有能不断地得到报酬，此类行为才会不断地重复出现。

（6）如果在同样或类似场合下，某一行为以前得到过报酬，而现在却突然一无所获，那么有机体就会闹情绪。

（7）有机体因某一特定行为而得到的报酬越多，那么这一行为对它来说就越不值得去做（报酬过多导致饱和），而且越有可能去换做另一种行为，以求获得其他报酬[①]。

霍曼斯自称是个"彻底的心理还原论者"，因此他援用动物行为的条件作用原理而不是象征性的人类行为来构造他的交换理论。众所周知，这些原理是基于行为心理学家对实验室动物的高度控制的观察而制定的。动物的需要可以通过研究者设计的严格控制的实验推测出来，但人的需要却很难确认。此外，人是在团体环境中互动的，实验控制对此等环境也无能为力。

为适用于人类的社会组织，对斯金纳原理中要做的最重要的调整就是，要考虑到人的需要是通过其他人来满足的，并且人们是相互酬报与惩罚的。斯金纳的动物只是间接地通过实验室的工具与斯金纳发生互动，并且没有能力来酬谢斯金纳，与之不同的是人类却不断给予和索取，或交换着报酬与惩罚。

为理解霍曼斯交换论命题，对交换论的若干重要概念应先有明确的把握。霍曼斯在他的基本交换原理的陈述中所使用的主要概念有：

刺激：环境中的暗示，个体是用行动来对刺激作出反应的；

行动：旨在得到报酬与避免惩罚的个体的行为；

感觉：一个特定的共同体的成员用以交流感情和态度的各种活动；

互动：人们的活动彼此指向对方的社会行为；

价值：人从一行动单位中得到的强化或惩罚效果的等级；

酬报：人们得到的任何为他们所积极评价的事物或活动。

除了这些借用行为主义心理学的术语外，霍曼斯还从经济学借来了以下两个概念：

成本：从事一系列行为时所放弃的酬报与招致的惩罚；

利益：从事某一活动所得减去成本的酬报。

[①] 引自特纳：《现代西方社会学理论》，第 315—316 页。

基于上述概念,我们来讨论霍曼斯交换理论的主要命题,它们一共是五项,系统地出现在霍曼斯为交换理论奠基的《社会行为及其基本形式》一书中。霍曼斯开宗明义,表达了行为主义的研究立场:"我们对人的行动比对人的态度要感兴趣得多,尤其是在态度没有导致行动时。我们厌恶那种人们总是'准备'行动却又从不行动的社会科学。但是,我们也不会关心人的所有行动。我们的命题不会涉及反射性行动,例如人们熟悉的膝跳反射,但会涉及斯金纳所谓的操作性行为,我们将其称为自愿行动(voluntary actions)以区别于显然非自愿的反射。""我们的第一个命题是关于一个男人(或一个女人)的行动在获得一个有利的结果方面的成功。在古典心理学中,它被称作'效果法则'。因为我们认为另外一个名称会让它的意思更为显豁,所以我们愿意将其称作成功命题(the success proposition)。"①

他认为可以将成功命题表述如下:

Ⅰ.对于人们所采取的全部行动而言,一个人的某个特定行动越是经常得到酬报,那么他就越是可能做出那个行动。②

这个命题并不讨论为什么某人最初进行这项行动,而只是说,如果某人发现他的行动在对他产生了积极价值的意义上成功了,他会乐意重复这一行动以再获酬报。行动的频度取决于酬报的频度,并且也取决于酬报的方式。人与斯金纳箱的鸽子一样,如果有规则地频繁地获得酬报,其行动的频度反倒会降下来。不规则的酬报则会提高行动的频度。"而且,一个曾经有规则地获得酬报的行动,当酬报停止时,就会比一个不规则地获得酬报的行动更快地绝迹。人们之所以会孜孜于赌博、钓鱼或打猎,甚至在很少获得成功时也乐此不疲,一个原因就在于这些行动典型地获得不规则的酬报。"同样,一项曾经得到酬报的行动不再有任何酬报时,便会中止,除非得到新的酬报。当然,霍曼斯最关心的是重复的社会行为及由此导致的相对持久的社会结构的过程,因为他相信,"没有重复发生的社会行动,就没有持久的社会结构"。

第二个命题是刺激命题(the stimulus proposition)。"这一命题涉及伴随行动的环境对行动的影响。因为在关于操作或自愿行为的许多报告中,这些相伴随的条件被称作刺激(stimuli),所以我们称它为刺激命题。"

刺激命题被陈述如下:

Ⅱ.如果一个过去发生的特定刺激或一组刺激是一个人的行动获得酬报

---

① 以下关于霍曼斯交换理论命题的叙述,摘自 George Caspar Homans: *Social Behavior*: *Its Elementary Forms*, Harcourt Brace Jovanocich, Inc., 1961/1974, pp.14-51. 中文译者张钰。
② Ibid., p.14.

的契机,那么现在的刺激越是与过去的刺激相似,这个人现在也就越是可能做出那个行动或某个相似的行动。①

命题Ⅱ说的是,伴随成功行动的条件的重现使得重复这一行动变得更加可能。因此,曾往幽暗的池塘里抛线并捕得了一条鱼的垂钓者,现在会更倾向于再次在幽暗的池塘里捕鱼。刺激与行动之间的联系既受制于一般化(generalization)又受制于分殊化(discrimination)。如果我们的垂钓者曾在一个幽暗的池塘里取得成功,那么,他就可能更加经常地到任何一个多少有点幽暗的池塘去捕鱼。他还可能准备将他在钓鱼上的经验用于其他活动上,如打猎。上述例子说的是一般化的情形。另一方面,他可能只在非常特定的水、光、影的条件下学习钓鱼,只要他只在这些条件下而非其他条件下获得过成功。在这个例子中,支配他行为的刺激变得高度分殊化了。如果唯一可能获得成功的条件变得复杂了,它们就可能根本不成为对行动的刺激了。或者说,他无法辨认出它们。由于对酬报的考虑,刺激与行动之间的临时关系会有其他不同的情形:如果关键性的刺激早于行动太长时间,行动者可能就不会得出这种联系。酬报的价值越大,这个人对刺激可能就会变得更加敏感,甚至对无关的刺激也会作出反应,直至遭到失败的纠正。最后,对刺激的警觉或留心本身就是一个行动——像任何其他种类的行动一样——如果它能带来酬报,就可能被人更经常地做。所有这些关系都应被看作是对主要的刺激命题的补充。

刺激命题的关键变项是现在的刺激与在它之下行动得到过酬报的过去刺激之间的相似程度。比如,马拉多纳、乔丹、"魔术师"约翰逊等超级球星所穿球衣的号码都是固定不变的,想必这些号码与一连串的胜利联系着。棋手们也乐意在曾给自己带来好运的赛地博弈,更乐意相信好运会在这些特定的地方延续。

第三个命题是价值命题:酬报与惩罚(the value proposition:reward and punishment)。"命题Ⅰ说一个行动成功地获得酬报对一个人重复该行动的可能性的影响,但是这个命题没有说那个人认为它在多大程度上是有酬报的。这个变量,即酬报的程度,我们现在将它引进来,并称之为价值。这里提到的价值总是一个既定的酬报单位的价值,不管这单位是怎样被定义的。"可以这样来表述价值命题:

Ⅲ.一个人行动的结果对他越是有价值,他就越是可能做出这个行动。②

价值这个变量要么取正值(positive),要么取负值(negative)。一个人行动的

---

① George Caspar Homans:*Social Behavior:Its Elementary Forms*,p. 23.
② Ibid., p. 25.

结果对他具有正价值，可称之为酬报；而具有负价值的则称之为惩罚。刻度上的零点则表示一个人对自己行动的结果无动于衷。价值命题意味着：正如酬报的正价值增长会使一个人更有可能做出某个特定行动一样，惩罚的负价值增长则会使人更加不可能那样做。

从以上的基本定义可方便地得到一个推论：任何一个所得结果在于使人可以避免或逃脱惩罚的行动等于由该结果得到了酬报。这样就有两种酬报：固有酬报（intrinsic reward）和规避惩罚（the avoidance of punishment）。相似的，也有两种惩罚：固有惩罚（intrinsic punishment）和取消酬报（the withholding of reward）。

人们能发现价值的事物很多，但"还是不应该把我们的理论认作是仅关心物质性价值的享乐主义理论。一个人所获得的价值完全可能是利他主义的。我们的理论所要求的只是正在被谈论的价值必须是一个人自己的价值，而不是那些某个其他的人认为他应该具有的价值。一个人获取的成功，不论是利他主义的价值还是利己主义的价值，对他的行为具有同样的效果：他变得更加可能做出那些证明是成功的行动，而不管它们可能会是什么"①。但即使某些人总乐意为别人做好事并给予很高的价值，也不能断言他们具有的利他主义美德本身就是一种酬报，从而不需要外来的酬报和他人行为的改变来维持它。霍曼斯以他熟知的一位乐善好施的女士为例，说明她的高尚的行为是要求一种外来酬报的，"那就是我们要允许她为我们做好事的意愿"。"如果我们有时不乐意给予这种机会，她就会像最物质主义的女人被剥夺了最物质性的东西一样生起气来。"设想持有利他主义价值的人同样需要酬报，绝不意味着我们必须嘲讽他们或者减少对他们的尊敬。重要的是，寻求酬报的命题绝不排斥利他行为，也绝不因利他行为而失效。

第四个命题是剥夺—餍足命题（the deprivation-satiation proposition）。价值命题关注行为是否带来酬报或躲避惩罚，却并不真正关注一个人的价值观是什么。剥夺—餍足命题是对价值命题的补充，它关心的是酬报的相对价值。这一问题又分成两个单独的问题：第一，同一种酬报在某时是否比在彼时更有价值？一个人是否认为捕鱼，例如，在今天上午比在今天下午更加有利可图？第二，在同一个时刻，一种酬报是否比另一种酬报更加有利可图？例如，一个人是否觉得今天下午去捕鱼比在花园里劳动的成果更能给人好处？

剥夺—餍足命题只涉及第一个问题。可以将其陈述如下：

Ⅳ. 在最近的过去，一个人越是经常地得到某种特定的酬报，该酬报的任

---

① George Caspar Homans：Social Behavior：Its Elementary Forms，p.26.

何一点增加对他而言价值就越少。①

如果一个人已经经常得到酬报,他就会开始对其感到餍足。它的价值对他而言就在减少,而根据价值命题(Ⅲ),他就会变得不那么容易做出能带来这种酬报的行动。该命题强调"最近的过去",因为有很多酬报一个人只会暂时地对其感到餍足。食物是最好的例子。另一方面,如果一个人已经学会了重视某一类酬报但在最近的过去却很少得到它,我们就说他被剥夺了这种酬报。对他而言,它的价值在上升,并且按照价值命题,他就会更加倾向于做出能带来这种酬报的行动。

关于一种酬报是否比另一种酬报更有价值的第二个问题,霍曼斯承认不能提出一个有助于回答此问题的一般性命题,但可以尝试着去解释特定的案例。例如,一个没穿外套的人如果遇上冷雨,他当时就有可能赋予躲雨以比其他酬报相对更高的价值。再如波洛玛所设想的情境,一个学生为什么会觉得参加一个音乐会比得到一个好的考分更好,情况可能是我们的学生已经在这门功课的考试中有了若干个高分,他(她)会觉得音乐会要比再多一个好的考分提供的报酬更大。在这里,解释的关键是因餍足某种特定的报酬,从而导致对别样酬报的价值的肯定和选择。

第五个命题是侵犯—认可命题(the aggression-approval proposition)。先前的命题对人的情绪行为尚未着只言片语,并因此而遗漏了许多使人成为人的那些东西。本命题引入情绪行为,通过将其分为关于侵犯和关于认可两个部分,霍曼斯期望能更方便地表述互动中的情绪行为。

第一部分可称为挫折—侵犯假说(frustration-aggression hypothesis):

Va. 当一个人的行动没有收到他所期望的酬报,或者收到了他所不希望的惩罚时,他就会愤怒;他变得更有可能做出侵犯性行为,而这类行为的结果则变得对他更有价值。②

当一个人遭遇挫折时,他就易于做出侵犯性的行动。如果由于任何原因,受挫的真正来源不能被攻击,情急之下几乎任何东西都可成为目标。当然本命题更关心有关人的挫折来源和侵犯目标。并且,在愤怒时,侵犯性行动的成功结果对一个人也是酬报,而没有愤怒时是绝不会有这种效果的。"当我们对某人感到极端愤怒并揍他时,看到他在我们的打击下畏缩就成了丰厚的酬报。"

侵犯—认可命题的第二部分可以这样来表述:

Vb. 当一个人的行动如愿以偿时,尤其是所得超乎所愿时,或者没有得到

---

① George Caspar Homans: *Social Behavior: Its Elementary Forms*, p. 29.
② Ibid., p. 37.

他所预料的惩罚时,他就会高兴;他变得更可能做出认可性的行为,并且这类行为的结果对他变得更有价值。①

对本命题的第二部分,霍曼斯有两点补充。其一,尽管人们对给予他们非同寻常的酬报的人常常会示以他们自发的赞美,但显然他们也能学会将给予他人的赞美仅仅作为由以获得进一步酬报的手段,之所以可能,是因为人们发现他们从别人那里得到的认可是酬报性的,正如他们发现侵犯是惩罚性的一样。简言之,认可像侵犯一样既可以是一种情绪也可以成为一种自愿行动。其二,如果一个曾经是超乎期望和不同寻常的酬报的东西,通过重复而成为一种期待之中的和平常的东西,那么人们最初的情绪反应在强度上就会减弱,而这并不意味着他将停止把认可当作工具来使用。

对以上的五项命题,霍曼斯提出两条方法论的指示,一是"必须把这一系列命题作为一个整体来看待",先前孤立和抽象地叙述的单个命题的实际效力,必须联系真实的情境及与系列中其他命题的复杂关系才能把握和确认。也就是说,这个系列必须被看作一个完整的命题体系。为此霍曼斯举例说明:

成功命题(Ⅰ)说,一个行动越是经常地得到酬报,人就越是会经常做它。但是这一联系在现实生活中确实并不总是有效的。因为,如果酬报来得足够频繁,根据餍足命题(Ⅳ),人对下一个单位行动所赋予的价值就会减少,也许甚至会达到他暂时对之漠然的程度。但是当酬报的价值减少时,根据价值命题(Ⅲ),人就会变得不太可能而非更加可能去做它。把这三个命题放到一起,那么会有:当行动仅仅以刚好使他保持轻度的被剥夺感的足够频率得到酬报时,一个人将以最快的速率做出该行动。如果他被完全地剥夺了,这就意味着他的行动在获取酬报方面完全不成功;而完全缺少成功会像餍足一样导致不行动。②

二是必须注意命题所蕴涵的历史性。"人们以往的历史,不只是最近的过去,常有更久远的过去会对他们现在的行为造成很大影响。一个人以往的成功、刺激和价值习得的历史,都影响着他现在的行为方式。他过去所作的选择会仍旧限制着他今天可能得到的机会,或者他会将其看作一种限制;因此现代心理学的所有流派都极为看重一个人的早期经验。"

最后一个是理性命题(the rationality proposition),可以这样来表述:

当在可选择的行动之间进行选择时,一个人将选择那样一种行动——他

---

① George Caspar Homans: *Social Behavior: Its Elementary Forms*, p.39.
② Ibid., p.40.

在当时看来,是其结果与获得该结果的概率(P)的相乘而价值(V)较大的那个行动。①

以上的说法听起来很像当代理性选择理论,霍曼斯确实用了理性选择的概念,他也确被视为此派理论的来源之一。但霍曼斯并不想以理性选择来解释人的一切行为,他明确说过"许多行为不能用理性命题来解释"。霍曼斯最喜欢的例子是征服者威廉1066年侵入英格兰的决定。在这项决定中,威廉除了想通过入侵当上英格兰国王的念头外,根本不知道他的机会在哪里,而且威廉的同代人多半也认为他成功的机会是很小的。威廉为什么还坚持去做这一事业呢?答案是此前20年中他几乎从未中断过的军事胜利给他以信心。是成功命题而非理性命题可以解释这些胜利对他的决定的影响,"理性命题让我们记住,行动是由成功和价值共同决定的"②。

霍曼斯更清楚理性命题并不是自明的,因为人们赋予理性一词以不同含义。他坚持他定义和使用的理性观点,第一是当事的和常人的,而不是全知全能的旁观者的,因为后者知道从长远看某些酬报对人是有害的,当下追求酬报的行为就是非理性的。霍曼斯实际上触及普通人的有限理性的问题,并以此为理性命题的出发点。

第二,"我们对人们应该怎样行动并不感兴趣,而只是对他们事实上怎样行动感兴趣,所以在这里我们就不关心——尽管我们在其他地方确实会关心——一个人的价值是否是理性的",简言之,理性命题关心的是行为的实然而非应然。这样,所谓理性命题可以设想的人的行为是:"不管一个人的消息、认知和计划可能是任何可以想象的东西,即使他事实上并不拥有最好的可能性,但却根据那些他确实拥有的东西去行动,即使它们可能是错的或不恰当的,他仍是在理性地行动。"而一个非理性的人是这样的:"他既不愿放弃某些直接利益以便投入某个更好的未来,又不愿获取知识并进行计算以便揭示达到未来的途径。"③

第三,尽管为了长远利益而进行的有意识的计算在人类事务发挥着作用,理性命题不想给予它以特别的关注。因为,"不论所讨论的行为是有意识还是无意识的,命题都将有效。在我们感兴趣的那些人类努力中,有意识和无意识的行为常常同时出现"。另外,"为了长远利益进行计算乃是例外而非法则"。

霍曼斯强调,从经济学到伦理学,其努力旨在改变行为而非解释行为;而他的工作是有解释的。关切的问题是:假如你认为达到某种目标是有价值的,那么你

---

① George Caspar Homans: *Social Behavior: Its Elementary Forms*, p. 43.
② Ibid., p. 49.
③ Ibid.

要怎样行动才能更有效地达到它们呢？人们常常做得不成功,但理性命题说的只是所有更好行动的建议或尝试,都有可能被人想到或采用,只要行动总要追求当事人所认为的成功的话,"只要人们会采用它,只要他们会从中学习,它就可能改变他们下一次的行为方式……我们将理性归于他们,说的只是：他们非常明白要从雨中逃出来,除非他们喜欢被淋湿。当然,我们现在留给他们的理性不会很多,因为我们意义上的理性行为,而非全知的观察者意义上的理性行为,仅仅是指被决定的行为"①。

霍曼斯认为上述行为命题能充分解释的不仅是动物的和个人的行为,而且还包括复杂的社会行为；不仅是人们交换商品、货币及其他物质性酬报（或惩罚）的经济的行为,而且还包括交换赞赏、尊重、爱戴、谴责等非物质性的或象征性的酬报（或惩罚）的一切社会行为。霍曼斯批评功能主义对人类行为没有解释能力。理由是：第一,功能理论强调人的行为受社会规范与价值模式支配,但功能主义并没有让我们明白是什么东西促使个人遵守这些规范,以及这些规范又是如何发展的。这就需要交换论的假设,如果体现了规范的行为得到了来自系统的酬报,规范就以这种方式强化了那一行为。这里必须有两者的互动。这样,"功能结构主义与交换结构主义之间的关系可以总结如下：功能结构主义只关心特定的社会关系的一面,而交换结构主义照顾到了两面"②。交换论的特点在于它不仅关心一种特定的行动如何巩固系统的问题,而且还关心那一行动为什么会进行、重复和固定下来的问题。第二,在帕森斯的理论中,社会成了一个自给自足的自我平衡的系统,社会过程产生在人的行动之外。霍曼斯认为,社会并不能离开处于社会交换过程中的人而存在,"社会学家所研究的制度、组织和社会完全可以分解为人的行动"③。第三,功能主义把功能需求视为社会的,是社会生存下去的必要条件,交换论的还原论决定了它拒不承认社会群体或系统有自己的需求,有需求的是人而不是社会。霍曼斯批评功能主义目中无"人",只有系统、规范。"然而,一种制度对社会具有功能只是因为它对人具有功能。不存在社会生存的功能必要条件,除非社会给予其个体成员以足够的酬报,使他们致力于对社会的维持,并且得到酬报的个人不只是作为那一社会的成员,而且作为人……社会是由人成就的,这就是社会的秘密,除了人所加进去的东西外,社会中什么也没有。"④

---

① George Caspar Homans: *Social Behavior: Its Elementary Forms*, p.51.
② Walter L. Wallace (ed.): *Sociological Theory: An Introduction*, Chicago: Aldine Publishing Company, 1969, p.28.
③ 引自波洛玛:《当代社会学理论》,第 56 页。
④ George Caspar Homans: *Social Behavior: Its Elementary Forms*, pp.384-385.

作为第二代的实证主义,交换理论的主要缺点在于把人类行为、社会现象自然化,忽视社会界、文化与人性的质的特点。交换论的人性观的基础是斯金纳的狭隘的"行为主义心理学",这种心理学将动物行为与人的行为混为一谈。霍曼斯虽也把能反映人的主观方面的感觉、理性概念引入自己的理论,但严格说来这是同他采用的行为主义方法相对立的。有人讥讽他试图把"经济人"同"心理学的鸽子"杂交起来,但这一杂交并不成功。在他的交换论中暴露出一大堆实证自然主义所固有的方法论缺点,如反历史主义、还原论、机械论等。

从交换论的观点来分析社会相互作用,结果是一幅非常公式化的、理想化的社会生活图景。现实的人际关系被孤立的个人之间相互交换的机械反应所代替。在这里,没有社会的阶级划分,没有文化的历史发展,只有不变的人性及每个个人似乎都具有相同的交换手段的假设。

霍曼斯交换理论至少未曾认真探究人的不同于动物的性质,这使他多少忽视了一个重要的事实:符号、象征是人类世界的特征。人并不总是在所有的情境中都盘算成本、酬报与避免危险,人并不总在追逐最大的物质利益。事物对人具有一种象征的价值,而不是只有其固有的价值,这是由于文化赋予其意义的缘故。鸽子并不会寻求或感受礼仪的报酬,而人却愿意为十字架或一面旗帜而献身。

霍曼斯用条件作用、奖惩机制来解释行为,自然强调过去经验对于决定现在行为的重要性。但根据人的行为的符号的性质,过去经验并非现在行为的必要充分条件。象征的行为的主要特点是能把现在的行动与未来的可能性联系起来。否则无法解释人遇到新的情境仍然有所行动的事实。与这一点相关的是,条件作用的行为论只是重复过去的行为,而忽视了人类的行为的创造性。

至于将一切社会关系统统归结为交换关系的看法,显然是十分片面的。把世界看作是一个趋向于平等交换的系统的看法也是不真实的。奴隶制、剥削关系不能用交换原则来说明。交换理论囿于小团体、面对面的互动,而对权力、宏观社会结构及社会过程的研究,则至少是不充分的。

法兰克福学派、现象学社会学都参与对包括交换论在内的社会学实证主义的批判,但他们在指责实证主义把社会现象自然化的同时,自己却陷入另一个极端,即把社会生活的独特性、人文性绝对化,否定社会发展规律的客观性,陷入主观社会学的立场。

这使我们格外注意包括交换论在内的实证主义社会学的合理的思想成分,例如,在研究人的行为时采取客观方法的意向。就我们现在讨论的交换理论而言,一方面,作为一种普遍的理论,交换理论是有吸引力的,它为行为科学的一种真正综合创造了条件,鼓舞了一切致力于一门客观的社会科学的尝试;另一方面交换理论强调人对社会的参与,个人是社会秩序的缔造者。难怪一些人在这种激进的自然主义理论中看到了与当代人文主义社会学某些相似的东西。

16.3 布劳:从交换论到结构论

美国社会学家布劳(Peter Blau,1918—2002)原籍奥地利,1918年生于维也纳。1939年移居美国,四年后成为美国公民。他就读的艾姆赫斯特学院属于伊利诺斯州的三流学校。他的大学生活为"二战"所中断。战争期间他投笔从戎,并以勇敢表现获得荣誉勋章。战后他回到学校完成学业。1952年获哥伦比亚大学博士学位。布劳在社会学领域最初获得广泛承认的工作是他对正式组织的研究。他对组织的经验研究及他写的有关正式组织的教科书,至今仍被广泛引用。布劳与邓肯合著的《美国的职业结构》,也为他带来学术声誉,该书获1968年度美国社会学学会有分量的索罗金奖,成为社会学研究社会分层的最重要成果之一。

布劳虽以一系列经验研究闻名于学界,而最令人感兴趣处主要是他对社会理论的贡献。1964年他的《社会生活中的交换与权力》一书被认为是霍曼斯《社会行为:它的基本形式》(1961)之后当代交换理论的又一部最重要的文献。而20世纪70年代以降,布劳又成为结构理论研究的前沿人物。在他担任美国社会学学会主席期间(1973—1974),推动结构理论研究成为当年社会学年会的主题。在该领域,布劳出版了一系列的著作和文章,阐述和发展结构理论,其代表作有《不平等与异质性:社会结构要论》(1977)、《社会结构的宏观社会学理论》(1977)、《微观过程与宏观结构》(1987)等。布劳在行为取向的交换理论和结构取向的结构理论两方面的研究中都是具有代表性的人物。

1. 社会生活中的交换与权力

布劳的《社会生活中的交换与权力》比霍曼斯《社会行为:它的基本形式》晚出三年。布劳在该书序言中坦承霍曼斯对他的影响最为显著,"他的这本书在我的书的前一半几乎无处不在"。布劳也将以社会交换原则指导的人类行为,视为其他一切行为及社会关系的基础。"是什么吸引人们去交往?"布劳的回答是:"个人由于期待内在的或外在的报酬而被吸引到交换中去。"爱、荣誉、社会地位、美的追求等可视为内在的报酬,而金钱、服务、商品等则属于外在的报酬。然而布劳与霍曼斯的分歧要大于他们表面上的共同点。布劳自己认为他与霍曼斯看法有着根本区别。霍曼斯倾向于心理还原论,相信对个人行为的解释可导致对所有群体行为的解释。布劳则明确警告社会学家注意还原论的危险,他更强调群体的整体效应性质。布劳也不满社会定义范式,由该范式产生的偏向是使理论的注意力离开了对人与人之间的实际交往及其交往结构的研究,而专注于对交往行动的主观解释。布劳开篇明义:"本书的目的是通过分析支配着个体和群体之间关系的社会过程来帮助人们了解社会结构。这里要提出的基本问题是,社会生活怎样被组织成日益复杂的人与人交往的结构。"[1]简言之,重点不是"社会行为"的结构,而是"社会交往"的结构。

布劳同意霍曼斯之见,小群体中的个人是由于期望得到各种酬报而被吸引到相互交往中的,但又指出,复杂组织中的活动就不能被还原到心理期待的水平。并非所有的社会交往都是以对称的、平等的交换为基础的,人际关系可以是交互的,也可以是单方面的。当人们需要别人服务而自己又无相应的好处回报时,要实现自己愿望可以有如下四种选择:(a)强迫别人提供服务;(b)从别处得到其所需要的服务,或设法找到替代品;(c)学会和习惯不用这种服务;(d)听命于别人以换取自己所需的好处。以上 a 和 d 的选择就造成了支配和被支配的权力关系,这意味着从原初的对等的交换关系发展为一种社会分层系统,一旦社会地位区分出高低,就要用权力关系而不是交互关系来维持。强制性的权力关系是一种存在不平等的交换关系,后者是用消极的惩罚手段来维持的,如威胁停止给予报酬等。

分层的社会结构是一种复杂的社会结构,它不同于小群体的简单结构。大多数成员在复杂结构中并无直接的社会互动,而多为间接的社会交换。有组织的慈善就是一例。在现代的慈善事业中,施主和受惠人之间并不直接接触或交换。富商和社会名流做出慈善义举是为了符合上层社会流行的关于善行的期望,博得同阶层人士的美誉,而非受助人的感谢。分析这个例子我们发现,虽然直接交换可以充当个人面对面互动的媒介,但只有共享的价值观念才能充当个人与群体、群体与群体间社会交换的媒介。这个原则可以使复杂结构能够在个人之间没有直接接触的情况下运作。这样,共享的社会价值观念就成为理解较大社会集体中的交换和权力的关键[2]。

布劳提出四种基本价值类型,各自发挥着不同的功能。(a)特殊性价值可以充当社会整合的媒介。所谓特殊性价值指仅为某一群体承认为价值者,如宗教信仰、党派意识形态等。这些价值有助于造成一种休戚与共的社群,并使不同归属社群间的界限变得分明,如赞成安乐死和反对安乐死群体的对立等。(b)普遍性价值可作为标准,以衡量各种可交换事物的相对价值。普遍性价值指无论拥有它

---

[1] Blau: *Exchange and Power in Social Life*, p. 2, from George Ritzer: *Sociological Theory*, p. 439.
[2] See George Ritzer: *Sociological Theory*, p. 442.

还是不拥有它的人都普遍认为有价值者,如社会声望、地位、财富等。普遍性价值的存在能使人们进行间接交换;它提供社会一种标准,来评价个人对社区贡献的价值并且给予有贡献者适当的报酬,例如较高的社会地位等。(c)合法性权威是第三种价值类型,它充当追求集体目标的组织的媒介,赋予某些人(如老板、总统等)更多合法权力以扩展有组织社会控制的范围。(d)反抗的(或革命的)价值充当变革现存秩序的媒介。这些价值,如资本主义社会中的社会主义和无政府主义,使针对权威价值合法化之权力的对抗获得合法性[①]。

布劳虽声称他的方法只是将交换论从行为层面扩展至社会结构层面,但实际上这是两个非连续的和根本有别的层面。随着重点的转移,布劳确实已换了一套分析范式,确切说是用社会学主义传统(涂尔干)的社会事实范式代替了心理学传统(斯金纳)的社会行为范式。他认为社会事实范式更适于证明社会关系结构的整体效应。

2. 异质性与不平等:宏观社会结构参数

布劳后期的工作完全转向宏观结构研究,他认定社会学的主旨就是对社会分化的不同形式、关系、它们得以产生和变化的条件以及其对社会联系的丰富内涵进行结构分析。他将个人交往从社会学中排除出去,认为社会的组成部分是各种群体及人们所属的阶级,而非行动者及其行动,关注重点是社会分层的结构及其对人际关系的影响,而非对人际关系的社会心理过程作繁复的分析。布劳的理论范式因此而发生从社会行为主义向宏观结构论的蜕变。

为了阐述一种社会学的结构理论,布劳从提出和回答一些简单问题入手:社会学的任务是什么?研究社会。但社会是什么呢?它是由人组成的。人是一些个体,是由心理学家研究的,甚至连社会条件对人的影响也由他们中的一部分——社会心理学家——来研究。那么还剩下什么明显是属于结构的而需要由社会学家来研究的呢?以结构术语来定义社会学就要求用一些不同于其个体成员特征的人群特征的概念。

一个社会(或其他集体)的人群有这样两个特征:其成员中的差别和他们彼此间的联系。孤立的个人有其身体,若他们并非始终孤立隔绝的话,则还有人格,但却不能将社会差别和联系归于个人。布劳结论是:任何集体成员的差别和联系是界定一个集体的标准和社会学独特的主题[②]。

[①] From George Ritzer: *Sociological Theory*, p. 443.

[②] Peter Blau: Culture and Social Structure, from Alan Sica (ed.), *What is Social Theory*, Blackwell Publishers Ltd., 1998, p. 273.

布劳强调结构理论的研究单位是社会或社区或其他大的集体,而非个人或小群体。它是一个在马克思的意义上的结构理论,而非列维-斯特劳斯意义上的。这就是说,"结构"是指人们的社会位置和他们的关系的客观差异的系统,而非文化神话、象征符号或婚姻规则,但布劳认为他的理论与马克思的也有不同。"马克思首要关注经济位置和经济关系,而我除了经济差别外,还注意到其他的社会差别,如人种或种族的差别。根据帕森斯对文化和社会结构所作的区分——正如他自己所言,这使他成为一个'文化决定论者'——我的理论关注的是结构而非文化对社会生活的影响。"①

这一理论的目标是用结构术语来解释社会关系的模式,而非用文化的或心理学的术语来解释个人行为。例如在一个主要由新教徒组成的社区里,宗教结构限制了人们与天主教徒结婚的机会,而扩大了与新教徒结婚的机会。用来解释的工具/要素不是内化了的文化价值和规范;也不是心理偏好。相反,它是社会结构——即人群在各方面所产生的分化——对机会所施加的外部限制的影响,并且无论文化价值和心理偏好是什么,这些限制总会对关系产生制约。

用抽象术语对社会结构进行定义②,是指一个人群分布于其中的社会位置的多维空间,重点是人们在各方面的社会位置的差异。布劳用"抽象"一词仅指理论的一般概念,以区别于验证理论所用的它们的经验内容。这样,异质性和不平等是布劳理论中的抽象概念,而人群的族群异质性和收入不平等就是表象它们的经验变量。异质性促进群体间的联系是一个抽象的定理,而一个社区的族群异质性促进族群间联系便是可以验证该理论的经验内容之一。布劳把这种抽象理论及其所蕴涵的经验验证之间的区别,视同于齐美尔对社会生活的形式和内容所作的区别。

异质性和不平等关乎结构的分化程度,被称作结构的参数。社会结构是由其参数来描述的。换言之,结构参数是指一个人群的成员在各个方面变异的程度,例如一个国家的财富集中度、经济的产业多样性、一个组织的劳动分工、一个城市的收入分配或一个社区的种族构成。这些不同社会位置之间的关系是复杂的,有些社会位置的差异,如教育和职业地位,是密切相关的;而另外一些,如性别和宗教,一般则不相关。一种社会差异与其他社会差异的共变的程度也被视为一种结

---

① Peter Blau: Contrasting Theoretical Perspectives, from Jeffrey C. Alexander & Bernhard Giesen (ed.): *The Micro-Macro Link*, University of California Press, 1987, p.80.
② 以下内容根据布劳"Culture and Social Structure"和"Contrasting Theoretical Perspectives"两文的中译文(张钰翻译)编写。

构参数,例如,人们的种族差异与他们的教育、职业和经济差异的相关程度。

可以区分出三种普遍形式的参数,它们涵盖了人们很多具体的社会差异。其中两个参数是在单一维度上的分化,而另一个则是一个集体中的成员在几个维度上的共变。这两种单一维度的分化形式是异质性和不平等。

异质性是一个类别参数,它指一个集体的成员分化为不同名义群体的程度。例如种族、职业、语言等都是表征异质性的范畴。一个人群在某一特定维度上所能够分成的次群体越多,并且人们在这些群体间的分布越不均匀,异质性就越大。衡量异质性的标准是随机选取的两个人属于不同群体的预期机会。例如随机抽取两个日本人,他们属于不同种族的预期机会显然要比随机抽取两个美国人的要低很多。

不平等是指一个人群在资源或等级地位上所产生的分化的程度。财富的集中是不平等的一种形式;而教育差异的程度也是。衡量一个社会或社区在某一特定维度上的不平等的标准是,与所有人的平均地位或资源成正比关系的、任意两个人之间在地位或资源上的平均绝对差异。这样,所有两个人之间收入上的绝对差异的平均值除以整个劳动大军的平均收入,便指示出了收入上的不平等(基尼系数是这一标准的最直接的操作性量度)。

第三种参数是指人们之间由于若干种差别密切相关因此而相互交叉(intersecting)的程度,而非或多或少不相关的程度。如果各方面的社会位置的差异高度相关,那么它们将加固群体间的界限和阶级间的差别,并加强群体内和群体外或在等级地位上不同的人之间的屏障。例如种族背景、教育、职业、收入和权力之间典型的密切联系。与这种社会位置在各种维度上的固化正相反的,是在它们之间的弱关联中表现出来的各种维度的相互交叉(intersection),如宗教信仰、性别和年龄之间的低度相关所表现的那样。在弱相关的情况下,自己人和外人之间的区别便不再是确定无疑的,因为人们在一个维度上属于群体之外,而在其他维度上则是一个群体内的成员。所有社会差别的完全交叉,同完全固化一样是一种不可能的极端情况,但同样的一些社会因素之间交叉或固化的程度则因社会或社区而异。这些变异对于庞大集体内的社会整合和社会关系的结构具有重大的意义。

从这一理论和三个结构维度的抽象定义中可以引申出三个主要的抽象定理。第一,异质性增加群体间联系的机会。第二,不平等增加人们之间的平均地位差距(确实,不平等增加了地位的显著度,从而减少了远距离地位之间联系的可能性。但不平等的直接正面的结构效果超过了它的间接负面效果)。第三,异质性与不平等的交叉增加群体间的联系。

用抽象术语建构的理论已被它所蕴涵的变量间的经验联系所证实。接受测试的群体全部来自1970年人口超过二十五万的美国标准都市统计区(SMSAs,

Standard Metropolitan Statistical Areas)。这些区共有一百二十五个。自变量是六种形式的异质性(族裔、籍贯、出生地、行业、主要职业和具体工作);三种形式的不平等(受教育年数、收入和社会经济地位),以及八种形式的交叉参数(intersection)(除具体工作以外的上述所有变量)。

布劳在他 1994 年的一本书中简要概括了这次测验的结果。对六种异质性的检验,除以主要职业划分的群体异质性外,其他五个都支持这一理论。这可能是因为一旦考虑(控制)更具体工作的更具体的差异之后,主要职业群的异质性对于人际联系就没有意义了。对所有三种不平等形式(教育、收入和社会经济地位)的检验全都支持这一理论。对所有形式的交叉参数的检验(族裔、籍贯、出生地、行业、主要职业、教育、收入、社会经济地位)也都支持这一理论。简言之,十六项检验中有十五项,即除一项之外的全部异质性,以及所有形式的不平等和所有形式的交叉参数都支持这一理论。唯一不支持这一理论的是当控制具体工作变量时对由其组成的主要职业群的检验。

16.4 科尔曼:理性选择:从微观行动到宏观结构

科尔曼(James Samuel Coleman,1926—1995)出道甚早,20 世纪 50 年代毕业于哥伦比亚大学社会学系,不久就有学术专著《社区冲突》(1957)问世。60 年代他著有《青年人的社会》(1961)、《元社会学引论》(1961)等。七八十年代未知其有何力作闻达于学界。真正为他带来崇高声誉的是 1990 年才付梓的《社会理论的基础》,这年科尔曼已逾花甲(六十四岁),这一已近黄昏的辉煌,可说是"夕阳无限好"。科尔曼题签本书献给他的导师罗伯特·默顿,默顿的评语是"科尔曼教授对'法人行动者'的分析是具有深远影响的新思维"。

科尔曼被公认是理性选择理论的代表人物。他的工作与霍曼斯的交换论有着内在的承继性,经由霍氏的理性命题进入科尔曼是顺理成章的。本节关注的微观行动与宏观结构的关系是霍曼斯心理还原论甚少涉及的,但方法论的个人主义则是他们共同秉承的观点立场。

在近代以来的社会理论中,关于微观与宏观的方法取向向来存在两个对立的传统:原子论—整体论,还原论—有机论,个体—系统,行动—结构,心理主义—社会学主义。功利主义、行动理论、交换理论等代表了前者,社会学主义、功能结构主义代表了后者。20 世纪 80 年代以来,出现了将宏观方法与微观方法结合起来的趋势,整体主义的社会理论力图引入人主体的能动因素,而个体主义的社会理论则扩大视野,力求认真对待系统性的宏观现象。芝加哥大学的政治学教授邹谠认为,理性选择理论一开始就将宏观和微观的看法结合起来①。从理论阵营上看,科尔曼属于微观取向的,但他的《社会理论的基础》一书,力图探究的就是分析宏观水平的现象如何经由微观水平的行动而"涌现"(emergence)出来。

先让我们来了解理性选择理论的一般观点。"理性选择理论试图解释社会后果是如何从受制度和环境的种种可能的制约的有目的的行动者的行动中涌现出来的。"②邹谠将此理论程序分为两个过程:第一个过程的重点是环境对人的影响,第二个过程或程序是个人或集体行动者的选择与决定。环境作用表现为三个方面:第一,环境对人类行为不论是个人合伙集体行动者的行为都有很大的约束作用,环境将无穷尽的抽象的可能的途径和方法,缩小成为数目不多的可行的途径和方法。邹谠以中国革命为例,在国民党统治下,反革命力量在城市中非常强大,先夺取城市来导致全国革命的成功是不可能的。环境对人类行为的第二个作用是向个人或集体行动者提供机会。仍以当时中国为例,由于农民生活的痛苦、国民党和军阀的矛盾、国民党和各军阀的武装力量不能控制各省的边缘地带,使得中国革命采用从农村到城市的形式,而取得最后胜利。但是可行的途径与方法变成政策之前,必须有人认识到它是一个可能采用的方法和途径。这就是所谓"已被人认识的可选择的途径和方法"。不同的人看到了不同的可行途径和方法,这就发生选择与决定的问题。这一选择和决定的过程,受到行动者的偏好、信念和判断、意志和品格以及价值观念包括理想或道德规范等四个主观因素的影响。而环境的第三作用是对这四个主观因素都会自然发生约束和强化的影响。环境对人类行为的约束可能改变人的偏好、信念和价值观。而强化的作用,如握有不受约束的权力,则可以诱使人以权谋私③。但客观现实并非决定一切,而个人或集体行动者也不是没有选择的余地。在确定的社会制度下,人们仍然可以选择并非主流社会的意识形态或宗教。"某一个人相信死后去见上帝,另一个人相信死后去见马克思,这些人的行为和这些不同的人组成的社会就有很大的分别。"④邹谠认为,这就是理性选择理论关于环境影响与行动者选择关系的主要洞见。

让我们回到科尔曼。科尔曼认为社会理论应包含三方面的研究:从宏观到微观;个体水平的行为;以及从微观到宏观。科尔曼集中于从微观到宏观的讨论,称

---

① 邹谠:《二十世纪中国政治:从宏观历史与微观行动角度看》,第 28 页,香港牛津大学出版社,1994 年。
② Debra Friedman and Michael Hechter: The Comparative Advantages of Rational Choice Theory, from George Ritzer (ed.): *Frontiers of Social Theory: The New Syntheses*, New York: Columbia University Press, 1990, p. 218.
③ 邹谠:《二十世纪中国政治》,第 28—30 页。
④ 同上书,第 32 页。

他采用的理路是一种方法论的个体主义。

（1）社会学的核心问题是解释社会系统的现象。但系统现象并非涂尔干意义上的与个体行动者无关的"自成一类的实在"。如市场价格是具系统特征的现象，但市场价格无非是市场行动者一系列交易互动中涌现出来的一种交换比率，绝不能撇开具体的交易行为孤立谈论市场价格。因此，研究应从低于系统水平的个体行动者开始，由系统组成部分解释系统，科尔曼也将这种分析模式称作"系统行为的内部分析"[①]。

（2）方法论个体主义的关键概念是源于理性选择理论的"理性行动者"概念，即用理性行动者及其行动（微观）解释一切系统水平的现象、关系、结构和组织（宏观）。理性行动的关键意涵有两点：目的性行动；以及最大限度追求自身利益的目的性行动。肯定人总在追求增进自身的最大利益，既是人性的基本事实，也是方法论的要求。第一，最大限度效益的原则便于理论的定量研究，与只有定性称述的原则相比，具有更强的预测能力。第二是有利于保持理论的简洁，不论人们结成何等复杂的关系、结构和系统，莫不可用利益驱动的原因来解释。"自身利益"概念在社会世界中扮演的角色，如同万有引力在物质世界运动中的地位一样[②]。

（3）方法论个体主义的程序是从行动进到结构，从元素进到系统，用微观原因说明宏观结果。最基本的元素是两个：行动者和资源。资源是行动者可以控制并用来获得自己利益的事物。如果行动者控制的所有资源都能满足自身获利的需要，他们肯定采取直接实现个人利益的行动。但在更多情况下，能使行动者获利的重要资源控制在其他行动者手中，对自身利益的追求驱使理性行动者进入一种行动系统，与其他行动者进行资源的交易、控制权的转让及各种形式的互动行为，从而产生系统水平的种种关系、结构和组织：交换关系、权威结构、法人组织等。由目的性行动产生的系统现象，可由目的性行动合理来解释，却不能作还原论的理解。有目的的行动往往产生无意的社会后果，生活中人人争先恐后的利己行动，其集体后果多半不是最优，而是最差[③]。

（4）微观与宏观的关系包括两个方向的转变，即宏观如何影响微观，微观又如何影响宏观。科尔曼以公共场所的抽烟权利分配的变化来说明宏观—微观关系的辩证过程。在公共场所抽烟者是否有不受限制抽烟的合法权利，而不抽烟者是否有控制抽烟者抽烟行动的权利，长久以来是一个争论不休的问题。20世纪

---

① 科尔曼：《社会理论的基础》（上），第5页，社会科学文献出版社，北京，1999年。
② 同上书，第35页。
③ 同上。

60年代初,关于抽烟损害健康的信息广泛传播,影响日增。人们首先了解到,抽烟影响吸烟者的健康,这导致许多抽烟者戒烟。80年代关于被动吸烟损害健康的信息开始流传,它为不吸烟者反对抽烟者权利提供了充分的证据。关于在公共场所抽烟权利的冲突,在上述信息的作用下朝着有利不吸烟者的方向转变,最终改变了利益冲突的结果,使抽烟者在公共场所不再拥有抽烟的权利。上述过程可用下图表示:

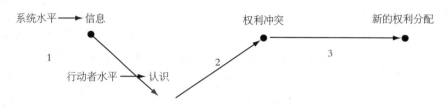

图 16.1

说明:1代表从宏观到微观的信息改变个体认识过程;2代表从微观到宏观的个体认识改变冲突力量对比过程;3代表从宏观到宏观的权利冲突导致新的权利分配过程。①

批评者认为,如果微观和宏观分属两个不同层面,那么微观与宏观的结合关系必须涉及两类问题,或者说要满足两项条件。第一,从形态上看,这应是两类不同的现象,而这种不同不能用因果来解释。一个较好的例子是语言和说话:实际的说话永远不能全部实现或符合语言,语法及其全部可能性;语言是宏观性,结构性的,而说话则是微观性,行动性的。第二,从实际后果看,也应是两类不同的现象,一个好的例子是亚当·斯密的古典经济学命题:个人有目的的行动产生了意想不到的社会后果。科尔曼的方法论的个体主义符合第二项,而不符合第一项。科尔曼始终采用因果方法,由行动的微观领域过渡到(作为行动后果的)系统的宏观领域,很显然,这种解释无论如何不能适合于像自然语言这样一类的宏观现象。而且,我们可以有把握地说这种因果解释对大部分狭义的文化现象也是无效的。当然科尔曼可以反驳任何这一类的批评,因为他在《社会理论的基础》的序言中就明确指出本书的理论是为现今人们出于各种目的自觉创建的人造社会组织构筑基础,属于特定的社会理论,本来就不曾想要解释一切社会系统,更不必说那长久演化而成的语言、文化等社会现象。

---

① 科尔曼:《社会理论的基础》(上),第68页,社会科学文献出版社,北京,1999年。

第十七章
20 世纪现象学社会学

　　现象学的社会学出现于 20 世纪 60 年代,它是德国社会思想家 A·舒茨改造胡塞尔的现象学并将之融入韦伯的行动理论和美国的互动理论的产物。在舒茨的影响下,知识社会学在彼特·伯格和卢克曼的阐述里发生了现象学的改造。而产生于同一时期的美国的常人方法学(ethnomethodology)同样极大地借鉴和发挥了欧陆哲学现象学的思想,因此,尽管不无争议,仍可视其为现象学社会学的一个重要流派。

　　胡塞尔作为现代哲学现象学的创始者,其思想无疑对当代社会科学具有重要影响,而把哲学现象学发展为社会学的理论的可能性不是没有疑义的。但正如上文所说,他的思想已被舒茨及其他现象学社会学家改造了,而且,对他的思想之借用和引申是有所选择的。因此,在估价胡塞尔的贡献时,我们最好是把注意力集中于那些被后人有选择地借鉴和引申的观点上。

　　现象学的社会学依据的主要是胡塞尔晚期的哲学。胡塞尔后期研究的旨趣集中在对他所谓"现代科学的危机"以及摆脱这一危机的出路的讨论。在胡塞尔看来,现代科学的危机意味着科学丧失了它的活生生的人的意义,不论是自然科学还是社会科学,都撇开了一切主观的东西,撇开价值的观点,撇开任何关于意义、关于人的生存的价值和品格的判断。其结果人不再是具有其全部生命的整体的人,而成为"单纯的科学事实"的丧失其全部真实生命的内容的人。

　　胡塞尔拒绝那种认为科学应从其探究分析中清除一切主观的或内省的成分的观点。胡塞尔证明,人类只有通过意识,通过"我思"(Cogito)才能认识世界,对人有意义的世界是在意识中。这并非要否定外在世界的存在,而是主张,外在世界只有透过人对它的意识才有意义。如果存在一个现实的世界,则意识必须出场。换言之,本源的现实世界正是人们生活于其中并包含了其全部现实的、可能的及具体意识生活的"日常世界",或"生活世界"。它是由常识、日常语言、客体、人群、位置、思想以及其他种种使人们经验其存在、行动和追求的变项所组成的。它是主观的,因为个人所能直接感受、直觉把握的正是这一世界;而其主观性又是一种"无名的"主观性,因它对任何个人表现为一种自然而然的既存的现实,它的内容不是任何个别主体自身的能动性所能决定,而是由在主观性范围内存在着的世界的现象所决定的,它组合着并形成着人们行动与思考的方式。普通人很难不以一种"自然态度"对待这个生活世界,即视其为独立的、客观的存在,以缺乏反省的习以为常的态度对待它。胡塞尔说,引入一种现象学的还原方法,将我们对一切超越(意识)之物的独立存在的信念搁置起来(或放入括号内),回到绝对无前提的、绝对内在的和绝对的自身被给予性的"我思",我们就会发现生活世界的一切皆为"我思"的意向性活动所创造、维持和改变的。科学事业根源于这一日常经验的世界,这不仅指它不能逃逸出这一世界之外,而且还指它也是以日常生活的那些未被阐明、默认和信以为真的前提为基础的。简言之,试图寻找一种不受日常谈话方式影响,旨在提供一幅有关这一日常生活世界的纯粹的、形式的和无人身的语言的想法实为虚妄。胡塞尔认为,现象学的任务即在重新揭明科学的性质及起源,恢复科学与生活世界的结合关系,从而克服"现代科学的危机"。

17.1 舒茨:日常生活的社会学

胡塞尔本人并未打算将现象学运用到社会学上去,现象学与社会学的综合是由他的学生舒茨完成的。

舒茨(Alfred Schutz,1899—1959)生于维也纳,在维也纳完成了学业。毕业后进入银行工作,这项终身的职业不能满足他智力探求的需要,他在韦伯的社会学和胡塞尔的现象学中发现了他终身的学术兴趣。1932年,他出版了《社会世界的现象学》。"他所做的工作是,在意识生活的基本事实中探索社会科学所特有的那些范畴的起源,这样,他就把韦伯的'理解社会学'与胡塞尔的先验现象学联系起来。"①本书直到1967年才有英译,舒茨著作在英语世界的广泛接受也因此推迟了35年。

"二战"爆发后,舒茨移民美国,在许多年里他的工作分成银行家和写作与讲授现象学社会学的学者,但在学术圈内,他长期是一个"业余爱好者"。1943年,舒茨在纽约的社会研究新学院(The New School for Social Research)正式任教,同时还继续他在银行的工作,其结果是,"社会科学家们所界定的科学思考和日常生活这两种大不相同的经验同时并存于一个人的生平中"(Richard Grathoff语),直到1956年,舒茨才最终放弃他的双重生涯,专心于现象学的教学和研究。但他作为一个全职社会学家的生涯只有短短的三年,1959年他因病在纽约离世。由于他

---

① 舒茨:《社会实在问题》,第4页,此处引文为H·L·凡·布雷达为《舒茨文集》第1卷写的前言,华夏出版社,北京,2001年。

对现象学的持续兴趣、他的双重职业生涯以及他所任教的新学院的前卫性质，舒茨一生处于社会学的边缘地位。舒茨的工作和影响最终通过他的学生（例如彼特·伯格、卢克曼和加芬克尔等）而进入社会理论的核心。

与胡塞尔现象学的对话一直处于舒茨思想的核心，另一个重要启发的来源是韦伯的社会学。在法西斯主义崛起于欧陆之后他移居美国，这使他能够接触美国的互动理论，也的确深受实用主义哲学和符号互动论影响。一些学者甚至认为了解其学说的最佳途径也许是把它当作更系统也更透彻的一种互动论。不论这一看法有几分真实，舒茨工作与美国文化的结合是确实的。

舒茨的社会学可恰当地称为日常生活的现象学，正如《舒茨文集》第一卷《社会实在问题》的编者莫里斯·纳坦森（Maurice Natanson）在绪论里所言，舒茨的哲学"表达了他对常识世界的各种预设前提、结构以及涵义的最深刻的发现……通过这个世界的大量复杂性来观察这个世界，探索和概括它的基本特色，并且勾勒出它的多方面联系，这些都是他的中心任务"[1]。舒茨同意韦伯认为社会行动必须被确定为赋予意义的经验的观点，但舒茨并不认为韦伯真正说明了行动如何获得意义，或行动者彼此如何获得理解。舒茨相信韦伯已经奠定了社会科学的出发点，但要继续韦伯的工作，必须对行动及世界的意义结构作更深入的探讨。

舒茨批评经验科学都把世界当作预先给予自己的对象，却忘了经验科学本身连同其全部工具，都是这个世界的各个成分。科学果真希望成为"严格的"科学的话，那么必须具备的与其说是表现于逻辑及数学之形式上的严格性，还不如说是阐明科学的起源和科学受到"预先给予的东西"的世界的制约，科学就是从这一世界中产生出来并活动于其中的。这一先于客观化的科学反映的世界，就是人的直接性的世界，就是感觉、企求、幻想、希望、怀疑、断言、回忆过去和预料将来的现象的世界，即胡塞尔意义上的"生活世界"。希望弄清楚自己根基的社会学应当转向这个世界。应当把探究社会世界借以构成一意义整体的过程作为出发点，而不是预先假定社会世界已经具有意义并考察其后果。社会世界的概念化和程序化不应被视为"理所当然"的，而应依据常识的范畴和普通人的日常建构来解释。"社会科学方法论的首要任务应该是探究人们在日常生活中据以组织其经验，尤其是那些社会世界的经验的一般原则。"[2]

---

[1] 舒茨：《社会实在问题》，第1—2页。
[2] Alfred Schutz: *Collected Papers*: *I. The Problem of Social Reality*, The Hague: Martinus Nijhoff, 1962, p. 59.

经验的组织和意义的构造问题在胡塞尔现象学中居于中心地位①。对胡塞尔来说，对象的意义并非对象本身固有的，而是意识赋予的，而这种意义赋予的活动，也即对象在意识中被构造的活动。胡塞尔直接把现象学归结为可能意识之对象的构造问题②。舒茨将这一思想应用到"社会世界如何获得其意义"的问题上，就变成"社会世界的经验如何被构造得有意义"的问题。在舒茨看来，这些构造乃是社会行动者借以解释其行动情境、把握他人的意图和动机、达到主体间的理解和合作以及一般说来参与社会世界一切活动的根源。因此，要求在理论和经验层面上对构造活动的内容与性质进行系统的考察。如果从社会理论的根基处着眼，这些构造的性质问题是无法回避的，因为这一"从头开始"的社会理论涉及的是一个日常生活和经验的社会世界，"它是使社会现实的世界不被科学观察者所虚构的非存在世界所取代的唯一的最终保证"③。

"社会世界的经验是如何被构造的"这一问题自然是要询问常人如何组织其日常生活的经验，但这一问题则是超越了日常经验的素朴态度（又称"自然态度"）而提出的其实质为"社会是如何可能的"社会学学者的问题。素朴态度认为社会世界是自始存在并在他们辞世后继续存在下去的客观实在。现象学的社会理论则要揭示这个世界实际上是为人们的思想和行动，确切说互动所创造、维持和改变的，揭示出为常人实际所用但却多半不自知不自觉地保持社会现实感有序性的方法。这要求现象学社会理论研究常识和日常经验的认知的若干重要特征。既然是从常识中发现常识世界之被构造和维持的方法，普通人就是正常人，舒茨的普通人是有标准肖像的，他（她）是清醒的（wide-awake）和成熟的（grown-up），是精明的和练达的（sophisticated），并且是在与同代人的互动中"一起变老练的"（we grow older together）④。概言之，普通人是有思维能力、学习能力和行动能力的人，记住这一点至关重要，下文关于社会世界的种种叙述，都是关于这些清醒、精明和老练的普通人的故事，他们不仅是这些故事的主角，甚至是故事最初的叙述者，我们马上就知道这是怎样的一种叙事。

第一，日常生活的世界是一个为舒茨所称"自然态度的搁置"所渗透的世界⑤。

---

① 参阅胡塞尔:《现象学的观念》,第 2 页,上海译文出版社,1986 年。
② Edmund Husserl: *Cartesian Meditations: An Introduction to Phenomenology*, The Hague: Martinus Nijhoff, 1960, p. 81.
③ Alfred Schutz: *Collected Papers: II. Studies in Social Theory*, The Hague: Martinus Nijhoff, 1964, p. 8.
④ Alfred Schutz: *Collected Papers: I. The Problem of Social Reality*, p. 7, p. 220.
⑤ Ibid., p. 299.

人们普遍都不怀疑,事物一如其向我们显现的那样,过去的经验将为今日行动的可靠指导。普通事物及事件的客观性及类型建立在"习以为常"或"信以为真"的基础上。人们如果不是把这个"信以为真"的日常世界作为问题来怀疑的话,至少把对它的疑问暂搁起来。这是因为"我们从一开始就把我们生活于其中的这个世界,既当作一个自然世界来经验,也当作一个文化世界来经验,不是把它当作个人的世界来经验,而是把它当作一个主体间际的世界来经验,它或者实际上是给定的,或者是每一个人都有可能接近的"①。

第二,普通人自然主义地看待他们生活的世界,不等于说社会世界是如同物理世界一样的自然的;普通人对这个世界不加怀疑、信以为真,不等于说社会世界是外在于人的客观事实。"信以为真"透露了关于社会世界的秘密,即信以为真完全可能是科学意义上的错误,如人们曾长久地相信的巫术,但"对于17世纪的塞勒姆(Salem)居民来说,巫术不是一种幻想,而是他们的社会实在的一种成分"。这样,"社会实在包含着信仰和确信的成分,它们之所以是真实的,是因为参与者把它们界定为真实的"②。信以为真的关键是"信",信不仅是意志状态,也是知识构成,只有加上常人的"信"的意志和构想,物和世界才会成"真",日常生活世界在此意义上确是"信以为真"的,与其说这揭示了常人对世界的非反思态度,毋宁说它更透露了实在实为常人所建构的消息。"从根本上说……社会世界并不是没有结构的。对于人类在其中的生活、思考和活动来说,它具有特殊的意义和特殊的关联结构。"这个社会世界"已经通过一系列关于日常生活实在的常识构想而被预先选择和预先解释过"③。因此,"我们关于这个世界的所有知识(无论是常识方面的知识还是科学思维方面的知识)都包含着各种构想,也就是说,都包含着思维组织的各个层次所特有的一整套抽象、一般化、形式化、理想化。严格说来,根本不存在这些作为纯粹而又简单的事实的事物。所有事实的都从一开始即是由我们的心灵活动在普遍的脉络中选择出来的事实。因此,它们总是经过解释的事实"④。当社会科学家反思为常人"非反思地"看待的社会世界时,他们面对的并非一个概念或构想的"处女地",而是已经被常人在世世代代的日常生活中无数遍解释或构想过的"熟识的世界"。正是在此意义上,舒茨说:"社会科学家所运用的这些构想都是二级构想(constructs of the second degree),也就是说,它们都是关于

---

① 舒茨:《社会实在问题》,第91页。
② 同上书,第93页。
③ 同上书,第32页。
④ 同上书,第31页。

行动者在社会环境中所作出的构想的构想(constructs of constructs)。"①

第三,普通人对社会世界的构想,既非凭空而为,也非孤立个人的行动,而是行动主体经由个人独特的"生平情境"(biographical situation)、透过一个为"现有知识库"(stock of knowledge at hand)所提供的"熟识的或似曾相识"的框架参与主体间性(intersubjectivity)的互动的构想过程。舒茨现象学的上述三个关键概念还需要分别予以阐释。"生平情境"讲世界和经验构造的主体性和肉身性,实在是活生生人的具体经验,是从他们独特生平情境遭遇和构想的实在,是与行动者的身体感受不可分的"主观的"世界,"行动者的实际情境具有它自己的历史,它是他以前所有主观经验的积淀。行动者不是把这些主观经验作为毫无个性的东西来体验,而是把它们作为独特的、从主观角度呈现给他并且仅仅呈现给他的东西来体验②"。这是社会世界之现象学的初始动力学。各人的生平情境是独特的,但彼此的生平情境却并非互不可及或不可沟通的,现有的知识库的概念保证了不同生平立场沟通的可及性。"现有知识库"讲世界与经验构造的历史性和社会性,历史性是指这个世界在我们出生之前就已经存在,而"对这个世界的所有解释都建立在人们以前有关它的各种经验储备基础之上,这种经验储备或者是我们自己的,或者是由父母和老师传授给我们的,这些经验以'现有的知识'的形式发挥参照图式的作用"③。因此,现有知识库的产生完全是社会的,对社会成员来说,知识库组成了一种"最高的现实",一种形成和指导所有社会事物及事件的绝对现实感。行动者运用这种知识库和现实感去处理与其环境及他人的关系。在此意义上可以说,知识库并非有关世界的全部现有知识,就其实际效用而言,它们就是世界本身④。"主体间性"讲世界和经验构造的互易性与互动性。虽然个人总是从他自己的视角出发限定他的世界,但他却是一种社会存在,植根于一种主体间际的实在之中。"这个世界从一开始就不是每一个个体的世界,而是一个对于我们所有人来说共同的主体间际世界。"⑤在一个交互主体的世界里,主体之间的关系结构是社会化的,这意味着,"如果我和我的同伴交换位置,那么,我就会像他所做的那样,以实质上相同的视角经验世界的同一个部分,我们那特定的生平境况对于现有的所有各种实践意图来说都变得毫不相干了"。舒茨将此种理想化称为"视

---

① 舒茨:《社会实在问题》,第 32 页;Alfred Schutz: *Collected Papers*: Ⅰ. *The Problem of Social Reality*, p. 6.
② 舒茨:《社会实在问题》,第 5 页。
③ 同上书,第 33 页。
④ 这样的说法已经为知识社会学的现象学转化做好了准备。详见下节彼特·伯格对知识社会学的讨论。
⑤ 舒茨:《社会实在问题》,第 285 页。

角互易性"的理想化①,而将"我"的"此在"与他人的"彼在"的可相互转变性,视为获得共享的实在存在的必要条件。主体间互易立场的可能以及相互理解的可能,还在于主体间的世界是一个有意义的社会世界。"他人的躯体不是被当作一个有机体来经验,而是被当作一个同伴来经验。"我们通常也"知道"他人在做什么,他为什么这样做,以及他为什么在这个特定的时间、在这些特定的场合这样做,因为"我们可根据我们的同伴的动机和目标来经验他的行动"②。舒茨由此提出,在韦伯社会学中作为核心概念的"理解"(verstehen)"主要不是一种供社会科学家使用的方法,而是一种特定的经验形式,常识思维通过它获得对社会文化世界的认知"③。正是在主体间的互动理解和互易视角的意义上,文化领域与自然领域区别开来了。自然世界从不互相理解,而离开了主体间的理解活动,不触及社会世界的意义结构,就不存在社会的实在。

第四,日常生活世界又被称为工作的世界。"我们对它不具有理论兴趣,而是具有突出的实践兴趣。它既是我们的各种运行和互动的舞台,也是这些行动和互动的客体。为了在其中、在我们的同伴之中实现我们所追求的意图,我们必须支配它,必须改变它。我们不仅在这个世界中工作和操纵(operate),而且也影响这个世界。"④这个工作世界被个体当作实在的核心来经验,它是"处在他力所能及的范围之内的世界(the world within his reach)。这种他力所能及的世界不仅包括他的操纵领域,而且还包括那些处在他的视觉范围和听觉范围之中的事物,同时,它还包括这个世界既对他的实际工作活动开放也对他那随之而来的潜在的工作活动开放的领域"⑤。

第五,实在是一个多重的实在,日常生活世界则是最高的实在。在舒茨看来,日常生活世界、想象和幻想的世界、儿童的游戏世界、梦的世界和科学静观的世界、精神病患者的世界以及艺术的世界,它们都是通过我们的行动而被构造为一个有意义的领域,从而构成为实在的不同的面向。以游戏为例,只要不受到干扰,小女孩的游戏世界就是她的实在。她就是妈妈,她的洋娃娃就是她的孩子。因此,"正是我们的各种经验的意义,而不是客体的本体论结构,构成了实在"⑥。而由于下列的理由,日常生活的外部世界乃是最高的实在:

---

① 舒茨:《社会实在问题》,第 101 页。
② 同上书,第 94—95 页。
③ 同上书,第 95 页。
④ 同上书,第 285 页。
⑤ 同上书,第 302 页。
⑥ 同上书,第 442 页。

a. 因为我们总是利用我们的身体参与它,即使在做梦的时候也是如此,而我们的身体本身就是存在于这个外部世界之中的事物;

b. 因为这些外界客体通过向我们提供抵抗为我们的行动自由的可能性定界;如果说这种抵抗可以从根本上克服的话,那么,我们只有通过努力才能克服它;

c. 因为这个领域正是我们通过我们的身体活动所能够连接的领域,所以,它是我们可以改变或者改造的领域;

d. 因为在这个领域中,而且也只有在这个领域中,我们才能与我们的同伴进行沟通,因而在胡塞尔的意义上建立一种"共同的理解环境"。[①]

所谓最高的实在,也是因为这个外部世界被我们的常识认为是理所当然的,我们认为它是一种自然实在,从而如同自然实在一样的坚固,"在没有经验到一种特殊的、强迫我们打破这些'有限'意义域的界限并把实在的特征转移到另一个有限意义域上去的冲击的情况下,我们就不准备放弃我们对这种实在所持的态度"[②]。但事实上,冲击的经验在日常生活中是经常发生的,它们本身也属于日常生活的实在,如幕布拉起时我们的经验向戏剧世界实在转变,而我们入睡时则意味着实在向梦的世界跳跃等。重要的是,我们仍然可以从戏剧回到现实、从梦境转为清醒。科学的情况有所不同,科学家当然可以出入他的实验室,在日常世界和他的物理化学世界来回往返,但舒茨并不将科学世界中的经验本身视为日常生活世界的实在。当科学家携带科学的人造符号和方程式迈入科学领域中,他不仅将"物质"、"心灵"等概念交还给日常生活语言,他的科学理论的有效性也是完全独立于人的常识思维的,因此关于日常经验的知识与科学知识很少共同之处。科学知识合理性的主要标准是:在分析任何对象时从形式逻辑的观点来看的手段与目的关系的一致性,语义学上的明晰性、情境的确定与科学知识的一致性。常识的知识按上述科学的标准似乎是不合理的,因为它包含了许多含糊的陈述、暗示、意会、猜测、假设、模棱两可、心照不宣等。但依舒茨的观点,常识有其内在的合理性,其合理性体现为源于"实践的兴趣",并以"实践目的"为依归的"实践的推理"。而这正是观念化日常生活世界的主要思路。

舒茨把"生活世界"规定为最高的经验现实。他对这一世界的分析力求回答行动者如何通过互动创造一个共同的主观世界以及这种创造对于维持社会现实具有何种意义等问题。舒茨令社会学从帕森斯的概念世界转向日常世界,开辟了

---

① 舒茨:《社会实在问题》,第444页。
② 同上书,第446页。

日常生活的社会学。舒茨将社会科学的首要目的定义为对知识的研究，但知识的规定在舒茨那里发生了革命性的改变，它首先指的是"关于社会实在的经过组织的知识"①，即日常经验的常识，这启发了知识社会学的"现象学转向"。彼特·伯格和卢克曼正是沿着舒茨的方向，改造了或重新阐释了知识社会学，从而大大通俗化了原来更像是一门哲学的现象学，使之成为真正的社会学的现象学。舒茨的工作通过对哈贝马斯、吉登斯等人的影响最终成为主流社会学理论的强大传统，他本人也跻身最具创造力和最伟大的社会学家的行列。在谈到自己对社会科学的贡献时，舒茨谦虚地表示他对自己工作的结果没有十足的把握，但他对自己工作努力所具有的真理性确信不疑，"这里的问题就是社会科学的问题"②。

17.2 彼特·伯格和卢克曼：《现实的社会建构》

本节以彼特·伯格（Peter L. Berger, 1929— ）和卢克曼（Thomas Luckmann, 1927— ）的一本著作为题，我们的讨论也将聚焦于这本将知识社会学现象学化的经典之作。

伯格1929年生于维也纳，1954年获纽约新社会研究院博士学位，并留校任教，现任波士顿大学社会学教授。伯格被公认是现代现象学社会学的大家，他与卢克曼的合作贡献了现象学社会理论的一部当代经典。伯格也称得上是西方宗教的一位当代"居士"，《神圣的帷幕：宗教社会学理论之要素》（1969）、《巨大的荣耀：在一个轻信的时代寻求信仰》（1992）等著作，代表了古典传统以后当代世俗学者宗教社会学理论的不俗成就。伯格学术的另一个重心是现代化和发展问题。20世纪70年代后的东亚发展经验激发了他极大的热情，他说他对东亚的兴趣就像一个艺术收藏家之向往意大利的佛罗伦萨、一个登山者之向往喜马拉雅山。我们在他的研究中分明看到萦绕于伯格思考中的关注，也与韦伯《新教伦理与资本主义精神》的旨趣一脉相承。

卢克曼是现象学社会学的另一位重要作者，除了与伯格合著《现实的社会建构》一书外，他与舒茨合编与合著的《生活世界的结构》也属于学派经典。卢克曼和伯格同为舒茨的亲炙弟子，读《现实的社会建构》（以下简称《建构》）会感受到无处不在的舒茨影响，但他们并非亦步亦趋地复述老师的学说。《建构》一书将舒茨艰涩深奥的现象学理念转译成主流社会学术语，使现象学具有了可读性，这是本

---

① 舒茨：《社会实在问题》，第91页。
② 同上书，第26页，着重号是舒茨自己所加。

书最引人入胜之处。他们还试图将韦伯的社会行动理论与涂尔干的社会作为外在事实的思想结合起来。在融合这些不同思想传统时,伯格和卢克曼扩展了现象学社会学的旨趣与领域。

《建构》开宗明义,指出讨论的主要内容已揭示在书名和副标题中:实在是由社会建构的;而这种建构的过程正是知识社会学分析的对象,"知识社会学就是要致力理解为常人视为理所当然的'现实'的过程。换言之,知识社会学是对'现实'的社会建构过程的分析"①。我们知道,知识社会学并非伯格和卢克曼的发明,而是在马克思、舍勒、曼海姆等人的著作中发展起来的,在他们那里,知识主要指由知识分子群体所创造的理论、世界观、意识形态等所构成的系统知识。伯格和卢克曼不能满意这种古典的知识定义,由此而将系统知识作为知识社会学的核心,更是一种错误的选择,"因为像理论思想、概念或世界观都不是社会中最重要的部分。在社会中从事理论和概念思考的人只是极少数,而事实上每一个人都以某种方式参与着社会中的'知识'工作……无论是从科学、哲学,还是从神话的系统来为现实作理论建构,都无法穷尽被社会成员视为'真实'的事物。因此,知识社会学必须首先将人们在生活中'所知'的当作'实在'处理。换言之,常识性的'知识'比'概念',更适合成为知识社会学研究的主题。更确切地说,正是这种'知识'网罗了各种意义,没有它,就不可能有社会的存在"②。

上面引文最后一句说出了现象学社会学的要旨。社会作为一种实在,绝非一现成给定的外在于人、独立于人的实在,它是为意义充满的,为常识支持的。向来大多的哲学家们鄙视常识,更鲜有人向常识挖掘建构社会实在所需资源。例如,在视日常社会世界为"理所当然"的常识态度中又有什么?是的,常人很少认真怀疑日常世界,因为他们已经"习以为常",或"信以为真"。理论家们完全可以批评常人态度缺乏反思。然而伯格和卢克曼会提出这样的反驳:难道只有反思性的思想是知识,非反思的思想不是知识?"信以为真"也许最终被证明是似是而非,然若是众人的"信以为真",那它岂非社会中一"实在"的"知识"?而且正是这种共享的"信以为真"的"知识",使人们共享了一个有意义的(真的)和有秩序的(共信的)"现实"。这里谈的过程正是本书作为主旨探讨的"现实的建构"过程,并且很显然,这是一种意义的建构、"知识"的建构。"知识社会学关注社会中成为'知识'的事物,而不论这种'知识'是否具有终极的妥当性,因为人类所有的'知识'都是在

---

① Peter L. Berger and Thomas Luckmann: *The Social Construction of Reality*, *A Treatise in the Sociology of Knowledge*, Anchor Press, 1967, p. 3.
② Ibid., p. 15.

社会情境中发展、传递和维持的。"①伯格和卢克曼的这段话令我们想到美国互动论学者托马斯意思相近的另一句名言:知道人们实际上怎样想的要比知道他们所想的内容在客观知识意义上的真或假更为重要。

实在的建构不仅是一种意义的和知识的建构,更是一种社会的建构;或更确切地说,只有在社会脉络中建构有效的"知识",才能构成一种行动者在其中可共享的"现实"。伯格和卢克曼强调,"知识社会学不仅处理人类社会中'知识'在经验上的多样性;更要处理任何'知识'体系是如何由社会建构成一种'现实'的各种过程②"。伯格和卢克曼将实在的建构视为集体的事业,这不仅因为人本质上具有社会性,人一旦离开他人而陷入孤立时就将丧失人性;更重要的是人构造世界的经验实在性总是社会的实在。个人当然可以虚构许多比其社会中实际得到承认的制度更有趣,或许更有效得多的关于机构制度的安排。但只要这些构想仍局限在个人自己的意识之内,没有得到他人至少承认为具有经验上的可能性的话,那么,它们就只是幻想而已。个人自己的经历只有在社会世界之有意义的结构中得到了解时,它才在客观上是真实的,并且可能为他人所分享而成为社会现实的一部分。现在只说社会植根于人类活动之中显然是不够的,还必须说,社会是客观化了的人类活动。

不过他们提请读者谨记,社会制度的客观性无论如何巨大,仍是人为的产物。制度之有客观性,是因人类活动已客观化的结果;而且,也只有在人类所经验的社会中方才具所谓的客观性③。而当伯格和卢克曼讲到制度的强制性的事实性时,他们强调的主要是对制度事实性的经验,而非外在实在性本身。"现在已经成型的制度是被人们经验为拥有一种自身特有的实在,作为一种外在和强制力而与个人面对的实在。"④社会中各种制度通常是相互连贯的,但在伯格和卢克曼看来,这并非由于它们的客观性质,而是人们以此方式观察制度的禀性使然。也就是说,至关重要的是人们关于社会的知识。因此社会学应该专注于研究人们如何重建他们对社会实在的知识,这不仅包括世界的历史性的生成,还包括对世界的日复一日的持续建构。

最后,客观化了的世界通过内在化的过程重新被吸收进意识中,被建构为主观的实在。内在化意味着人际交往世界的客观事实性变成了主观事实性。社会

---

① Peter L. Berger and Thomas Luckmann: *The Social Construction of Reality, A Treatise in the Sociology of Knowledge*, p. 3.

② Ibid.

③ Ibid., p. 60.

④ Ibid., p. 58.

建立起的制度程序,在主观方面也和态度、动机、生活规划一样是实在。至此,我们说社会是人的产物,人也是社会的产物,正是人不断与塑造他的社会"回嘴",从而继续维持了作为实在的社会。

批评者认为,伯格和卢克曼承诺要将弗洛伊德、米德、韦伯的行动理论与马克思、涂尔干的社会事实学说融为一体,但他们事实上未能成就这样一种综合。本书的核心命题是"社会是人的产物,社会是客观实在,人是社会的产物",但本书也未能使人产生社会是一客观实在的感觉。结果,他们致力于刻画的人与社会的辩证关系便丧失了其大半的意义和效力。

尽管有以上批评,伯格和卢克曼努力扩展现象学于传统的意识研究之外的领域,仍应得到学界的赞许。《建构》自出版以来一直为人广泛阅读和讨论;它被公认是自舒茨以来对现象学社会学的一次最透彻系统的富有创新意义的阐释;他们重新界定知识社会学的范围,创造了知识社会学的新传统;他们虽未能令人满意地处理好社会结构问题,但这并不意味现象学不能将社会结构研究融合到它的方法中来。在当代社会学出现微观—宏观的新的综合趋势时,人们不应忘记伯格和卢克曼在《建构》一书中所作的前驱性的综合尝试。

17.3　常人方法学

常人方法学一词,是美国社会学家加芬克尔(H. Garfinkel,1917——)类比"民俗学"(ethnology)这一文化人类学中通用的术语而构想出来的。顾名思义,常人方法学就是对"常人或俗民"(ethno)在社会互动所使用的"方法"(method)的"研究"(ology)。加芬克尔曾是帕森斯的学生,但舒茨对他的影响更为深广。常人方法学也常常被置于"现象学社会学"的标题下来讨论,尽管对此归属的非议从来没有停止过,但在现象学的脉络上把握常人方法学仍是方便而可靠的分析进路。

加芬克尔的《常人方法学研究》开篇明义,提出了常人方法学的研究试图把各种实际活动、实际情况以及实际的社会学推理当作经验性研究的题目来对待,并通过把通常给予各种异乎寻常的事件的那种注意力放到日常生活的各种最平凡的活动上,把这些活动当作自身具有存在权利的现象来了解。这里所主要介绍的是:

> 社会成员用于产生和操纵有组织的日常事务的各种环境的种种活动,与他们用于使用这些环境变得"可以叙述"的种种程序是一致的……当我们谈到可以叙述时,我指的是可以观察和可以报道的实践,也就是说,是正处在观看和讲述的实践之中的人们所能够利用的实践……这些实践是由处于那些环境之中的各种团体的人们进行的,他们百折不挠地依赖、认识和运用那些

错综复杂的工作技巧、知识、资格和才智,来实现各项实践活动。并视这一切为理所当然。①

常人方法学者自认为(并且其他许多社会学家也认为)提出了一种激进的新范式,向当今存在的有关社会秩序概念进行挑战,从功能主义到符号互动论无一例外。特纳认为这种挑战空话多于实在②。特纳还具体分析了常人方法学从芝加哥互动学派汲取的诸多启发,例如,通过布鲁默的思想,促使人们去注意行动者在互动的情景中如何创造意义或给出定义。其重点在于互动的过程,在于行动者用何种方法建立一种他们对世界具有共同经验的感觉。再如,戈夫曼强调行动者用姿势去创造在特定社会场景中的印象,并倾向于强调印象处理过程本身,而不强调行动所指向的目标。常人方法学者与戈夫曼一样,关心行动者在社会场景中创造印象的技巧③。

然而,常人方法学确与我们迄今为止所讨论的社会理论有许多不同。首先,它反抗公认的社会理论尤其是结构功能主义,批评它日益脱离日常的社会经验。从结构功能主义的背景看,它促成了一种令人耳目一新的转变,即摆脱与我们大多数人所经验到的社会生活甚少关联的、高度抽象的理论范畴,循着舒茨的理路,直接关注日常生活的世界。其次,常人方法学向为社会学理论所关心的社会秩序问题提出了具有挑激性的质疑。它反对帕森斯的方案,即把社会秩序的现实视为结构性规范性的"外在的"东西,个人通过反映这种结构规范的文化价值来内化这个现实,从而支持社会的秩序。常人方法学否认社会秩序有其自在的现实性。多少与符号互动论一样,它认为秩序是行动者在互动中赋予某种情境的,是他们通过创造及共享事物的意义和情境定义创造出来的。但互动论尚还承认如此产生的社会秩序,并且关心形成各种明确的和意会的共同定义、规范及价值观的条件,从而有可能解决社会是如何组织起来的问题。而常人方法学则对究竟是否存在着一种由共同定义、规范及价值观等构成的秩序现实的问题存而不论(放入括号内),我们所能谈论的仅仅是行动者对定义、价值观之类的东西取得一致的印象从而产生的一种"秩序感"。"常人方法学者不问社会怎样才可能有秩序,而问怎样才可能有秩序感。"④因此,形成了什么样的定义和规范并不是他们所关心的中心问题,其最感兴趣的问题是:行动者如何才会对定义、规范之类的东西取得一致的

---

① Harold Garfinkel: *Studies in Ethnomethodology*, Cambridge: Polity Press, 1984, pp.1-2. 中文采用霍桂桓的译文,刊于《国外社会学》,1993年第5期。译文有改动。
② 特纳:《现代西方社会学理论》,第540页。
③ 同上书,第543页。
④ 同上书,第544页。

印象？通过什么方法人们可以看到、描述和证明定义和规范的存在？人们如何利用其相信定义、规律的存在这一点来维持社会秩序的现实感？社会成于社会成员的共谋并仅仅保持在其成员对它具有共同经验的感觉中。以家庭为例,实证主义社会学用角色概念描述为社会结构的家庭在常人方法学眼里似只是关于家庭结构的共同感觉。

> 家庭成员共享一种对他们自己独一无二的共同时间；共享一种共同的空间或至少有权进入其间并对非家庭成员关闭；他们有唯其成员知晓的秘密,需时时提防外人的窥探；他们表现和赋予身份以一种个人生平的整体性,而这种整体性乃是在家庭持续再创造的小天地中创造的和维持的。①

在这段话里有两点值得注意,第一,"家庭性"被描绘成一种共同的领悟,观念及休戚相关的东西,如果我们视同样的事物是休戚相关的,如果我们"讲着同样的语言",我就与你一样是同一家庭的成员。第二,作为一客体的家庭,必须借其成员的行动给予维持和一再确认。

最后,传统的社会学方法大多是科学理性取向的,它们假定行动者对自己的行动、对社会世界及社会秩序多少具有自觉的认识。帕森斯的人性图景既是合理化(手段—目的之合理化)的又是社会化(认同社会规则及共同的价值)的；而互动论也强调人们如何依据在互动中形成的共同定义和价值观来看待社会世界及感觉其彼此间的互动问题。"由于强调科学理性,社会学家却远离了日常生活中的理性。"②常人方法学者坚持认为日常生活中所用的推理方法代表了与科学推理方法极为不同的一种理性类型。正如加芬克尔所说：

> 实际上,作为稳定的行为特征的科学理性是由理论化的科学态度支配的。相反,由日常生活态度支配的行动的明显特点是缺少这种或是作为稳定的特点或是作为能得到认可的理想的理性。③

在常人方法学者看来,所谓日常生活态度,是指常人对日常生活世界习以为常、不加反思的态度,以及对他们创造维持及改变其共同的社会现实感和秩序感的"方法"习以为常、"日用而不知"的态度。社会学的研究程序不应强使人们的日常行为符合科学理性的范式,而应如实反映人们习以为常的行为方式,描述我们熟悉的共同知识,并彰显我们"日用而不知、习焉而不察"的那些互动沟通的方法,将一

---

① A. Weigert: *The Sociology of everyday life*, New York: Longman, p. 169, from John Wilson, *Social Theory*, Englewood Cliffs, NJ: Prentice-Hall, Inc., 1983, p. 151.
② 波洛玛:《当代社会学理论》,第 223 页。
③ 同上书,第 223 页。

个至今还鲜有人提及的我们共同知识的更深沉的领域展示出来。常人方法学者相信,较之标准的社会学所探究者,日常世界的常人方法乃是更本源的领域。

常人方法是指常人在建立、维持和改变他关于在外部现实世界里确实存在着社会秩序的假定时所使用的方法。这些方法如同语法规则使言谈与写作可能一样使互动成为可能。它们表明的是互动的形式而非内容。常人方法学里的现实构造者完成的是现实的有关程序,而不是任何的具体现实。这些方法也使解释、理解及运用诸如角色规范与价值等更表观的"生活方案"成为可能。这些方案一般说明了什么被视为是正常的和可接受的,但它们的意义则基于那些更基础的常人方法。举例来说,如果我们想要观察巡警的行为,就会注意到,他们对于情况正常与否的判断,绝非简单运用有关规则就能做出的。警官必须确定特定情境中正常事态的含义,以及他们看到的情况的意义,等等。为了说明警官的行为,我们还需了解警官是如何辨认他所认为的越轨的或违法的现象的,以及他处理了多少信息使之成为能向他人描述的"证据"和被认可为有关真实事件的"事实"。换言之,我们需要了解警官用了什么方法以便建立一种社会结构感[①]。

这并不是说研究者也运用常识的方法。我们已经说过常识的态度是非反思的。常人对其互动的情境抱着习以为常的态度,故其互动也成为例行公事。比如,一般人都不会怀疑,在车站问询处他可以期望得到某种回答;他与家人有某些特殊的共同经验,因而会有更亲密的交往方式,等等。总之,行动者具有许多被共同认为理所当然的知识,他们依据这些共同的日常知识的行动总能得到对方的适当的因应,从而使互动正常地进行。加芬克尔将这种活动称作"背景预期"(background expectancies)。常人方法学的洞见是通过向这种"背景预期"挑战,用一种故意打断互动的正常过程的实验而显现的,这就是所谓的"破坏实验"(breach experiment)。例如,加芬克尔让学生回到自己家中,却表现得仿佛只是寄宿者,这项实验几乎无例外地引起学生家中人际关系的紊乱。再如设计一系列的对话,在这些对话中,实验者对被试人所作的每一回答都提出诘问,其结果对话发生了令被试人不解的障碍。下面是一个例子:

  被试人告诉实验者(他们两人是同一停车场的使用者),前几天在上班途中她的汽车的一个轮胎瘪了。
  被试人:"我的一个轮胎瘪了。"
  实验者:"你的一个轮胎瘪了是什么意思?"
  被试人马上显出吃惊状,然后用敌意的口气回答:"你说'什么意思'是什

[①] See John Wilson: *Social Theory*, p.152.

么意思？瘪轮胎就是瘪轮胎，我就是这个意思，没什么特别的意思！多么奇怪的问题！"。①

下面是另一个例子：

  星期五的晚上妻子和丈夫一起看电视。丈夫说他累了。妻子便问道："你怎么累了？是身体疲乏了还是精神不支，或只是犯困了？"

  被试人：我不知道，我想主要是身体吧。

  实验者：你是说你的肌肉痛还是骨头痛？

  被试人：我猜是吧。行了，别问得那么技术。

（又看了一会）

  被试人：所有这些老片子里面的床架都是一样的旧式铁床架。

  实验者：你是什么意思？你是说所有的老电影，还是一些老电影，或只是指你看过的老电影？

  被试人：你怎么啦？你知道我说什么。

  实验者：我想你说得具体点。

  被试人：你完全听得懂我的话！见鬼！②

在许多类似的实验中，受试人对实验者的这种突兀举动不是表示出上述的恼怒，就是请求实验者解释其行为，或试图将其行为解释为一个玩笑。加芬克尔指出，当实验使得习以为常的活动变得很成问题时，一些日常不为我们注意的过程、性质、程序、方法等便易于觉察了。

行动者们都假定，他和别人可以有相同的经验，如果他们交换位置的话。就他们眼下的交往目的而言，互动双方各自的独特经历并不足以造成交往的麻烦。此可称为"视野的可互换性"。

行动者假定人的行为是正常的，或是按一些人所共知的规则行事的。在典型的互动过程中，行动者彼此都有一种类似的关注，即"表现出正常的举动"。而在意义含混不明的情境中，行动者通过将情况重新定义为典型的或例行公事的，以及做出某种修正来实现正常状态，他们总在搜索和选择那些以使社会环境显得正常的种种性质。

常人对日常经验的表达，无论是姿势、暗示、话语或其他的方式，都是索引性的。它类似于图书馆的索引系统，指引我们查阅论及同一课题的其他著作、同一作者的其他著作等。日常表达中的每一用法的意义则指引我们注意它所在的脉

---

① Harold Garfinkel：*Studies in Ethnomethodology*, p. 42.
② Ibid., p. 43.

络,即它的语境、上下文、背景知识等。"如果不具备某些背景知识,像互动双方的生平,他们公开承认的宗旨、他们过去的互动经验之类等等,那就很可能会误解互动个体间的符号沟通意义。"① "索引性表达"(indexical expression)概念强调日常经验、表达的意义是受特定背景内容限制的。这一事实引导研究者去注意行动者如何在某种背景联系中去组织其经验、赋予互动以意义及建立一种共有的社会结构感的问题。

正因为索引性表达的内容远多于它实际所讲的内容,其表达方式必定是省略的、暗示的、喻指的,行动者就必须不断地解释、引申所交流的内容,填补或等候必要的信息来意会对方的表达。这就是所谓"如此等等原则"(the etcetera principle),它似也是人们相约成习的一条不成文规则。下面是一段实验的记录,加芬克尔让学生尽量写下日常谈话中彼此默认而被省略的部分,左边为实际谈话内容,右边是学生补充的理解。

丈夫:达那今天不用人举,就将一枚硬币放进停车收币器中。	今天下午我接达那——我们4岁的儿子从幼儿园回家,他的个头已经长高到使他能将一枚硬币放入停车收币器中(这时我们正在一个计时停车区),而在以前,他一直要人将他举起来,才能够着这一高度。
妻子:你带他去唱片店了?	既然他在投币器内放了一枚硬币,那么就是说,在他和你在一起的时候你在一个地方停车了。我知道你要么在接他的路上,要么在回来时总要在唱片店停一下。难道你不是在回来带着他的时候,在唱片店停了一下吗?要么你就是在去的路上逛了唱片店,而回来带着达那在别的地方停车了,是吗?
丈夫:不,去修鞋店里。	不,我在接他的路上去了唱片店,在带他回家的路上,我在修鞋店停了车。
妻子:为什么?	我知道一个你可能为什么去修鞋店的理由,但事实上你是为了什么?
丈夫:我买了些新鞋带。	你也许还记得,前些天我的一双棕色浅口鞋鞋带断了,所以我停车,买了些新鞋带。
妻子:你的平底鞋太	你忘了别的事,我刚刚想到,你本应该将那双需要钉

---

① J·特纳:《现代西方社会学理论》,第547页。

需要钉钉掌了。　　　　　　后掌的黑色平底鞋带去。你最好尽快修一下。①

　　学生们迅速而轻而易举地填完了这张纸的左边部分,但是,他们发现填写右边的部分无比困难。当加芬克尔把作业分配下去以后,许多人都来询问老师想让他们填写多少东西。随着加芬克尔逐渐精确、清楚、明确地提出要求,这种作业变得越来越艰巨了。最后,当加芬克尔要求只有通过逐字阅读他们从字面上写出的东西,他才能了解他们实际上所谈论的是什么的时候,学生抱怨说这种作业是不可能完成的,因而放弃了这种作业。这项实验证明了戈夫曼以下的看法:"为使一场普通谈话的互利合作顺畅进行,我们必须赞赏这种简略原则,也就是说,参与者有理由认为暗含地提及其共同的经验部分将与充分论及它一样有效。"②

　　行动者对社会现实感的维持和对互动情境的解释,在常人方法学看来还有一个重要的特征,这就是"自反性"(reflexivity)。这一概念在不同的常人方法学者那里至少有两层含义。其一,当我们解释定义某一情境,我们同时就在创造该情境,使它显得确实、合理和有意义。这与托马斯的"情境定义"概念有异曲同工之妙③。其二,这样,行动者给予其行为的说明就成为那行为的一部分,它建立和维持着一种那行为是正常的和例行公事的感觉。借此自反性概念,"社会成员就同时创造了一种情境及其对该情境的理解"④。人们在互动中就会忙于维持他们是受一定现实引导的这一假设,即使遇到反常的情况,他们也会首先反身性地寻找另一种解释以维持世界的合理性信念。例如,我们路遇一位熟人,主动向她打招呼却没有得到回应,我们会给出一种解释(如"她可能身体不适或走神未及注意"等)以重新肯定这次邂逅仍是熟人间的一次常规互动。在自反性解释中,人们解释的内容比实际发生的要多。但与其说常人方法学者关心这些解释的内容,不如说他们更重视这类解释表现出的那种不顾一切维持社会结构感的意图。由此又可知道,在常人方法学者看来,并非秩序感使社会成为可能是的样子,而是人们积极主动地创造和使用各种规则以说服彼此相信存在一个真实的世界的能力"做"成了社会⑤。质言之,社会就存在于"社会之印象"的种种创造、维持及改变的努力中。这就是现象学社会学的要义。

　　克莱伯(Ian Craib)说得不错,现象学是观念论的一种,只关心人类意识的结构与运作,我们生活的世界被认为是在人的头脑中被创造出来的,了解现象学社

---

① Harold Garfinkel: *Studies in Ethnomethodology*, pp. 25—26;中文采用杨善华主编的《当代西方社会学理论》中李猛的译文(第59—60页),北京大学出版社,1999年。
② E. Goffman: *Relations in Public*, New York: Harper Colophon Books, 1971, p. 168.
③ 参阅本书第13章第5节。
④ C. R. Freeman: Phenomenological sociology and ethnomethodology, from J. Wilson, *Social Theory*, p. 158.
⑤ See M. F. Abraham: *Modern Sociological Theory: An Introduction*, p. 262.

会学方法论的最佳方式,是把它当作"社会认知"的一种①。其所关切的正集中在人们对"是什么构成了社会现实"的问题取得一致认识的方式。现象学社会学家不相信他们的问题可用社会学的标准方法来解决。他们断言实证主义社会学遮蔽了事实。而他们的工作标志着"一种范式的转换",这种转换将惯常的研究方式"搁置"起来,因其对应构成问题的现象视若当然。故现象学社会学自视为一种独特的研究程序,他们探究的世界至今鲜有人涉足,而其处理的问题也是其他社会学家甚至未曾想到提出过的。这些自负的说法自然引起了广泛的争论,有学者认为现象学方法对概念构成和资料采集工作所作的细察详审使社会学这门学科更具生气;但多数社会学家认为现象学所标榜的常识的推理方法似过分琐碎,而现象学社会学家所获致的结论也与常识无异。特纳不怀疑人们对分享共同世界的感觉是互动和组织的重要特征,但不认为它是互动的唯一动力。常人方法学者"极度地主张他们探究的领域是唯一的现实,就使自己显得有点愚蠢"②。

　　对现象学社会学最具学理的批评集中在其现象学的基础上。现象学被指责有一种唯名论的偏向,它竭力使我们相信社会现象仅在个人的行动和例行公事地确认它们的限度内才是真实的。所谓社会存在于心灵中,这一指责意味着现象学社会学也未能超越作为实证主义之基本特征的主客二元论,而且深陷于主观主义的泥潭。舒茨大大鼓励了这种倾向。他把社会世界描述为"严格说来我的世界",而社会结构的真实性仅限于行动者对它形成观念的限度内。

　　现象学社会学的唯名论倾向还可归之于它所接受的维特根斯坦和奥斯丁(J. L. Austin,1911—1960)的"日常语言"哲学的影响。这一学派的一个重要思想是词的意义(推广及至行为的意义)为其使用的方式所决定。脱离语言的使用而孤立地讨论意义就会产生曲解,因为这是假设意义可超越使用。现象学的社会学由此接近于否认社会情境的客观性质和非语境化的客观意义的存在的可能性。但如果所有社会意义依赖于使用,所有的社会意义随背景而变化,我们如何还能谈论社会结构和社会关系?造成日常生活背景的活动与行动者用来使这些背景得以理解的步骤并非一回事。精神不是自足的,意识也不能脱离社会、政治及经济的条件而自发变动。

　　现象学的社会学的唯名论倾向尤为明显地表现在其对社会结构问题的处理上。他们问怎样才会有一种"社会结构感"而不是"社会结构"。这使他们提供不出多少概念工具,来处理行动者不大能意识到的各种社会力量的相互作用。他们

---

① 参阅克莱伯:《当代社会学理论》,第 6 章,桂冠图书,台北,1991 年。
② J·特纳:《现代西方社会学理论》,第 557 页。

的探究也只能集中在微视规模上和有限的领域内,缺乏对宏观社会过程的任何社会学的分析。由于虚化了社会结构,现象学社会学家就不能也不愿解释为什么这种或那种说明、类型或规则像现在这种样子被采用。他们将主要注意力集中在"事实性"所完成的方式上,却忽视了一个问题:人们为什么看重这一套事实而不是另外一套?

此外,倾全力于说明日常生活的情境和面对面的遭遇,加上强调一切关系都是脆弱易破的,就给人一种印象:似乎社会生活中"一切都会发生"[①]。其实不然。社会中的行动者是划分成不同阶级、阶层的,拥有的资源、权力亦不同,这使得强者更有可能将他们认可的确立为真实的事实。由于缺乏关于权力的结构分析,现象学的社会学就不能解释为什么是某一些而不是其他那一些的事实得以构造。它也不能说明意义可能是虚假的,或许还有刻意使之虚假的可能性。说社会互动有赖于互动主体间的交互理解,这不失为一洞见,但其理解可能有错,行动者也会受虚幻意识之害。说人类的行动必定基于其对社会世界的某种理解上,这也有几分道理,但不能说由此便可推出他们的行动就具有了其理解中世界所有的性质。

在常人方法学看来,社会秩序是普通人持续不断的日常行为的成就,正是具有资格能力的社会行动者通过"日常生活里有组织的、富于技巧的实践"持续不断地建构他们的社会世界。布迪厄肯定了现象学立场的长处在于,"它认识到了在社会持续不断的生产过程中,那些世俗的知识、主观的意义和实践的能力扮演了多么重要的角色。它强调了能动作用,还强调了'社会认可的类型化与相关性的体系'的重要性。正是透过这一体系,人们才赋予他们的'生活世界'以意义"。但首先,现象学"将社会结构理解为知识个人策略和分类行为的聚合,从而无法说明社会结构的韧性,亦无法说明这些策略所维系的或是加以挑战的那些自然而客观的构型"。其次,布迪厄继续批评,为了反对某些机械论的行动观而强调社会行动者同时作为个人和集体建构着社会现实,"那么我们同时也必须注意,我们不能忘记行动者并没有建构那些他们在其建构活动中所运用的范畴,而这一点正是互动论和常人方法学家所经常忽视的"[②]。而更大的问题在于,如果我们接受常人方法学,"则我们将无法处理任何重大的社会问题,诸如失业、犯罪与战争,而它们都是我们生活中的重大情节"[③]。

[①] H. Mehan and H. Wood: *The Reality of Ethnomethodology*, New York: John Wiley, 1975, p. 23.
[②] 布迪厄、华康德:《实践与反思:反思社会学导引》,第 10 页,中央编译出版社,北京,1998 年。
[③] 克莱伯:《当代社会理论》,第 147 页。

第十八章
批判的社会学

18.1 批判的社会学的宗旨和诉求

本章之前我们讨论的社会学思潮都属于非马克思主义的传统。事实上,马克思主义自它诞生以来就成为社会科学一个独树一帜的强大传统。正如恩格斯在马克思墓前的悼词中所说的那样,"正像达尔文发现有机界的发展规律一样,马克思主义发现了人类历史发展的规律"①。一方面,马克思主义同19世纪发展起来的西方社会学之间存在重大的和根本的分歧。马克思主义是现代社会主义的理论学说,这一运动的目标是超越资本主义社会,这就决定了它对旨在为资本主义社会的"合理性"进行辩护的资产阶级社会学必然采取批判的态度,而我们所讨论过的几乎所有社会理论都或多或少包含了这种辩护的意图及内容。另一方面,在涉及现代西方工业社会的集权的国家结构同分权的经济结构的关系等问题上,马克思主义同社会学又有不少共同点。"社会学把市民社会规定为研究对象,提出了强调现代工业社会之分化性与潜在自主性的各种理论,马克思主义则提出以经济'基础'决定社会文化'上层建筑'的社会形态理论。"②这种分权的社会学的社会观,构成社会学思想各大传统的结合点。马克思的思想对古典社会学的形成起过极为重要的作用,韦伯、涂尔干、齐美尔等欧陆思想家的大体系在某种程度上都是在同马克思的思想的持续对话、论战中发展起来的。由于马克思主义与欧洲社会主义运动的深厚历史关系,20世纪前半世纪马克思主义传统社会学的重大发展都在欧洲。帕森斯三四十年代在向美国社会学界介绍欧陆社会思想主流时,把韦伯、涂尔干与帕累托尊为三大巨头,几乎不曾提到马克思。"二战"后,美国与世界资本主义经济出现发展、稳定与繁荣的景象,帕森斯的理论独霸天下,马克思主义传统社会理论在美国没有一席之地。60年代以后,资本主义经济与帕森斯理论都遇到了困难,冲突理论的崛起意味着马克思主义传统在美国的最初复兴,但激进

---

① 《马克思恩格斯选集》第3卷,第574页。
② 斯温杰伍德:《社会学思想简史》,第2页。

如米尔斯等人,并未展现成熟的马克思主义理论。马克思以后,西方社会学中真正造成大局面的马克思主义传统的理论首推法兰克福学派。

法兰克福学派标榜批判的社会理论(critical social theory,简称CST),狭义地理解批判社会理论就是指法兰克福学派,若广义理解,指对包括资本主义在内的主要现代性制度和现代性理念的批判的话,则还要加上后现代主义、女性主义、文化研究等理论流派。这些流派自然并非在所有方面都观点一致,但它们之被称为批判社会理论,必具有某些共同点,美国社会学家本·艾格(Ben Agger)概括了以下七个特点:

(1) 批判社会理论反对实证主义,不相信知识是对一个冰冷的外在世界的简单反映,而是科学家与理论家的积极创造的产物,他们必会对其所研究的世界提出某些假设,因而不可能是价值中立的。批判社会理论也不同意科学应该描述社会的自然规律的实证主义观点,而是针锋相对地主张社会具有与时变化的历史性,从而不遵从自然科学意义上的自然规律。

(2) 批判社会理论区分支配性的、剥削性的和压迫性的过去、现在和驱除了这些现象的可能的未来。它声称一个更好的未来的可能性业已包含在过去与现时之中。在此意义上,批判社会理论支持进步的可能性。通过协调的政治行动与社会行动,这种未来的社会是有可能实现的。批判社会理论的任务是唤起对现今压迫的意识,展现不同品质之未来社会的可能性。因此,在有助于引起社会变化的意义上,批判社会理论就是政治。它并非简单的煽动。它从社会后退一步,以便研究和批评社会,并向卷入社会运动中的人们与团体提供它的洞见与分析。

(3) 批判社会理论认为支配是结构性的。也就是说,人们的日常生活是受更强大的社会力量如政治、经济、文化、话语、性别和种族等制度支配的。批判社会理论阐明这些结构,有助于人们理解压迫他们的国内的根源与国际的根源。

(4) 批判社会理论认为支配结构不仅是外部的力量,也是经由人们的虚假意识再生产出来的,并为意识形态(马克思)、物化(卢卡奇)、霸权(葛兰西)、单面思维(马尔库塞)等所强化。今天,诸如经济学、社会学等社会科学都在培养人们的虚假意识,这些学科描绘社会是受不可抗拒的规律所支配的,暗示人们只有合理的行为才能适应这些确定的规律模式。批判社会理论坚持通过个人的和集体的行动力量改变社会,来揭穿这种虚假意识。

(5) 批判社会理论相信社会变迁始于家庭,发生在人们的日常生活中:性角色、家庭角色、工作场所等。批判社会理论因此避免了决定论,而支持某种意志论。

(6) 在此方向上,批判社会理论追随马克思,将结构与行动的关系概念化为一种辩证环节。也就是说,结构固然为日常经验的条件,但关于结构的知识则能帮助人们改变社会条件,为建构这一辩证的环节,批判社会理论明确拒绝经济决定论。

(7) 批判社会理论将日常生活联系到宏观社会结构,自然反对将最终的进步置于只有以牺牲人的自由甚至生命的代价才能穿越的漫长历史征途之尽头的概念。聚焦于日常生活与结构的辩证关系,批判社会理论坚持人们须对他们自己的自由负责,并告诫人们不能以一遥远的未来自由的名义压迫他人。批判社会理论拒绝革命的权宜之策,"权宜地"牺牲自由和生命并不能获致自由[①]。

18.2 法兰克福学派的历史兴衰与思想资源

作为西方马克思主义的一个重镇,法兰克福学派的批判矛头当然直指现代西方资本主义社会,克莱伯(Ian Craib)这样描绘具有批判旨趣的现代社会学家眼中的现代社会:"在现代的工业社会中,人或者被视为孤立的个体,或者被视为集结在一起的群众;而无论如何,个体性的一切美善都已消失。现代世界变成了精神的荒漠,生命所曾拥有的一切意义都已消失;人是空洞、迷失的灵魂,游荡于他们无法了解的世界。这些主题以不同的面貌,出现于多位社会学开创者的著作中。在马克思,那是异化;在涂尔干,那是失范;在韦伯,那是魔咒的解除。而在法兰克福学派的笔下,萧瑟的风景已经变成梦魇:社会世界变成了电子怪兽,不断喂饱它自己的成员,且不断操纵与吸收一切可能出现的反抗。"[②]这样一个曾被18世纪启蒙学者向往的社会,在血腥的20世纪不是更接近"真正的人性状态,反而深深地陷入了野蛮状态"[③],特定的历史遭遇和智识环境孕育了批判理论最早的学派法兰克福学派。1923年建立的法兰克福社会研究所,特别是1930年霍克海默(M. Horkheimer,1895—1973)领导研究所,将社会、文化和意识形态批判确定为研究主题,标志着法兰克福学派的诞生。希特勒上台后,迫使学派成员纷纷流亡美国。先是在纽约恢复社会研究所,隶属于哥伦比亚大学,后迁到南加利福尼亚大学。这一时期,社会研究所把批判法西斯主义、国家社会主义作为首要任务。1949年,霍克海默、阿多诺(T. W. Adorno,1903—1969)等人回到德国,恢复了社会研究所与法兰克福大学的联系,而马尔库塞(H. Marcuse,1898—1979)、弗罗姆

---

① Ben Agger: *Critical Social Theories: An Introduction*, Westview Press, 1998, pp. 2-5.
② 伊安·克莱伯:《当代社会学理论》,第11章绪言,桂冠图书,台北,1991年。
③ 霍克海默、阿多诺:《启蒙辩证法》前言,第1页,上海人民出版社,2003年。

(E. Fromm,1900—1980)等仍留在美国。1951年研究所重新开张,阿多诺主持工作。重建后的研究所仍继承着魏玛时期的传统,再次成为具有独立思考和批判头脑的知识分子的中心。20世纪50年代,用以表征"正统马克思主义与自由民主主义的批判者"形象的"法兰克福学派"这一名称开始出现,并于60年代起流行起来,成为西方哲学、社会学思潮主要流派之一,并越出学术界的圈子,在美国与西欧的左翼青年中产生广泛影响。自1970年代起,法兰克福学派结束了它的灿烂缤纷的极盛期,走向衰落。因理论上分歧加深,遂导致组织上开始解体。1968年学生造反失败后,以法兰克福学派的激进主义理论为指导思想的新左派运动逐渐沉寂,学派的影响也日趋削弱。随着它的第一代主要成员阿多诺、霍克海默、马尔库塞和弗洛姆的相继去世,从整体上看,原先意义上的作为一个旗帜鲜明、队伍庞大的法兰克福学派,已成为历史,但它的学术影响和社会影响从未真正消失过。法兰克福学派在将近六十年的发展中,成员达数十人,绵延三代。这些学者,尽管学术背景不同,观点分歧,但对现代社会秉承批判研究的立场则是一致的。

法兰克福学派称自己为马克思主义者,其思想资源当然主要来自马克思,他们的工作是以捍卫马克思的遗产,首先是马克思对异化的批判和走向一个非异化的社会主义社会目标的精神开展的。但与正统的马克思主义不同,他们更重视马克思的早期著作及其黑格尔的思想渊源,致力于吸收欧洲当时形形色色的心理分析理论、美学理论、社会理论和文化理论,以重新阐述、改造和发展马克思,因此从不被正统马克思主义所认可。但法兰克福学派的工作是诚实而严肃的,他们汲取其他知识传统并将之添加到马克思主义的理论中,包含有创新的成就。

法兰克福学派重新阐述马克思主义,集中于两个核心问题:第一是提出一个"启蒙辩证法"的分析,以解释启蒙理性如何成为神话;第二是提出一个"文化工业"的概念,以解释意识形态的操纵与文化操纵问题。在这两个方面,法兰克福学派都深受20世纪早期两位重要的马克思主义理论家卢卡奇和葛兰西的影响。

卢卡奇的工作基于他发明的物化(reification)概念,而这又是来自马克思的商品概念和商品拜物教的分析。商品凝集的是人与人之间的社会关系,但它表现的却是物的属性,展开的是一种客体的形式。在资本主义社会中,人们在与自然的活动中生产了各种物品或商品。但人们常常看不到这样的事实,是他们制造了这些商品并赋予它们以价值。价值被认作是由独立于行动者的市场所创造的。商品与市场被资本主义社会的行动者赋予了独立客观的存在,这就是商品拜物教的过程①。马克思的这一概念是卢卡奇物化概念的基础。但卢卡奇扩展了商品拜物

---

① 《马克思恩格斯全集》,第25卷,第934页。

教的释义,将它从原来限定的经济领域推广至全部社会领域:国家、法律和经济制度。资本主义社会的人们倾向于相信,社会结构有其自身生命,因而它们拥有客观的属性。卢卡奇这样说明物化过程:

> 资本主义社会的人们面对一个由他自己(作为一个阶级)'制造的'现实,这个现实显得像是外在于他本身的一种自然现象;他整个地置身于此现实的'规律'的怜悯之下;他的活动限于利用某些特定的规律以实现其自我的利益。但即便如此'行动',他仍然只是事件的客体而非主体。①

葛兰西的核心感念是"霸权"(hegemony)。在葛兰西看来,这是一个历史哲学的概念,它被定义为由统治阶级行使的文化领导权。他拿霸权与强制相对比,强制是由合法权力行使的,或者说是借助警察权力的运作表现的。经济决定论的马克思主义者倾向于强调经济和国家统治的强制方面。反之,葛兰西强调"霸权和文化领导权",统治阶级维持其统治,并非只是依靠其赤裸裸的强制性暴力,还依靠其文化上对社会的主导影响,令被统治者在观念上认同现存的秩序。葛兰西的研究试图了解在资本主义社会中,一些为资本利益服务的知识分子如何获得文化领导权和大众的认同的。瑞泽指出:"霸权概念不仅有助于我们理解资本主义社会中的支配,也使我们了解葛兰西对革命的观点。通过革命而掌握经济与国家机器是不够的,还必须获得对社会的文化领导权。正是在这里,葛兰西看到了共产主义知识分子和共产党的关键作用。"②

18.3 霍克海默和阿多诺:启蒙辩证法

《启蒙辩证法》是霍克海默和阿多诺1944年在美国完成的。这一年纳粹德国行将灭亡,该书处处可见对极权主义的严厉批判是可以预料的,但作者却将极权主义的暴政多少归咎于启蒙,这岂止是出人意料,更可说是"骇人听闻"。不仅如此,本书的主题是探讨文化进步如何走向其反面的各种趋势,作者声称他们是根据20世纪30和40年代美国的社会现象来揭示这一主题的。这又是令人震惊的。在纳粹迫害最深重的时刻是美国庇护了这些德国的犹太人,不仅给了他们人道的生活条件,也给了自由的学术环境,然而,霍克海默和阿多诺的批判的焦点之一恰恰是美国的"文化工业"!在人人都视极权主义与启蒙及美国自由主义文化为势不两立时,霍克海默和阿多诺坚称它们之间的内在联系,这确是惊人之语,更意味

---

① George Ritzer: *Sociological Theory*, McGraw-Hill, Inc., 1992, p. 278.
② Ibid., p. 280.

深长，表明他们并不是作为纳粹的受害者来控诉极权主义的，而是作为体现真正良知和理性的批判知识分子来揭示极权主义的启蒙之源、文化之源，进而展示人类走向真正人性状态的解放之路，他们会感恩于美国，但他们更会超越一己之恩怨而为人类工作，在此意义上，他们确是秉承了马克思的精神，后者在他流亡的英国，写下了要埋葬当时以英国为首的世界资本主义的革命巨著《资本论》。

1.《启蒙辩证法》

本书开宗明义：启蒙走向反面，启蒙的目标是要祛除神话，启蒙理性本身却变成了神话；启蒙要使人摆脱对超自然物的恐惧，却陷入对自然总体性的恐惧；启蒙高扬人的主体性，但"被彻底启蒙的人类丧失了自我"[①]；启蒙当然反对暴政，但启蒙造就了新的暴政；启蒙崇尚理性，带来了社会的进步，却同时伴随着人性的堕落；启蒙"提高人的才智的同时，也使人变得更加愚蠢"[②]，"被彻底启蒙的世界却笼罩在一片因胜利而招致的灾难之中"[③]。这就是启蒙的辩证法。

霍克海默与阿多诺不反对启蒙，即不反对小写的启蒙或一般意义的启蒙，启蒙是通向解放的道路，以上他们的批判指向的是"启蒙运动"的启蒙。"启蒙"何以走向自己的反面？启蒙的实现当然需要社会的自由，取决于历史的条件，研究当代历史的学者不难举出欧洲极权主义的例子，来说明对启蒙所追求的自由和理性的遏制和消灭。但霍克海默与阿多诺却认为极权主义的盛行恰恰需要说明，与其说它是启蒙倒退的原因，毋宁说是启蒙自我倒退的结果，"启蒙思想的概念本身已经包含着今天随处可见的倒退的萌芽"，如果启蒙不对这一倒退的环节进行反思，启蒙也就无法改变自我毁灭的命运[④]。

何为导致启蒙倒退的内在因素？支配，理性的支配、技术的支配、对自然万物并进而对社会对人的支配。启蒙的工作是从祛除神话对人的支配开始的，在启蒙的理性看来，神话的基础是神人同形说，即用人主体来折射自然界。这样，"超自然物，比如精神和神灵都是人们自身畏惧自然现象的镜像"，破除神话的第一步是将这泛神论的世界还原为人主体[⑤]。如此逆转造成两个结果，一是将一切神话去神秘化，也即将一切对象去魅化，用韦伯的话说是世界进入一个"放逐众神、不见众神"的合理化时代；一是人主体，确切说，是主体理性成为唯一的主体和绝对的

[①] 霍克海默、阿多诺：《启蒙辩证法》，第36页。
[②] 同上书，前言，第4页。
[③] 同上书，第1页。
[④] 同上书，前言，第3页。
[⑤] 同上书，第4页。

标准，面对并衡量一切已被客观化的对象事物。这两个结果意义深远，一方面，启蒙将世界去魅化，它就"摒除了一切不可度量之物"，在理性可度量的抽象作用下，万物趋向同一，其代价是"万物不能与自身认同"，"个人只是把自己设定为一个物，一种统计因素"，高扬主体的启蒙却吊诡地让真实的个体、主体和质的丰富和多样性归于消失，"获得自由的人最终变成了'群氓'，黑格尔称他们是启蒙的结果"①。另一方面，相信能祛除世界的一切神话的主体理性，当然视世界为透明的和可控的，相信理性不仅可以通过知识掌握世界，也可以通过理性造就的技术利用世界和控制世界，这就招致了启蒙所要反对的神话和信仰的复辟，即创造了对理性（科学和技术）无所不能的新的神话。

新的神话带来了新的支配，首先是对自然的支配，"神话变成了启蒙，自然则变成了纯粹的客观性……启蒙对待万物，就像独裁者对待人。独裁者了解这些人，因此他才能操纵他们；而科学家熟悉万物，因此他才能制造万物。于是，万物便顺从科学家的意志。事物的本质万变不离其宗，即永远是统治的基础"②。

其次是对人的支配。对自然的支配就是技术的支配、工业化的支配，这必然伴随着对人的支配的集体的权力和制度的权力的同步增长。"泛灵论使对象精神化，而工业化却把人的灵魂物化了……凭借大生产及其文化的无穷动力，个体的常规行为方式表现为唯一自然、体面和合理的行为方式。个人只是把自己设定为一个物，一种统计因素，或是一种成败。他的标准就是自我持存，即是否成功地适应他职业的客观性以及与之相应的行为模式。其他一切事情，不管是观念，还是罪行，都受到集体力量，受到从班级一直到工会这些集体力量的监控。但是，连具有威慑性的集体也只有骗人的嘴脸，而它根子里却隐藏着把集体操控为权力工具的权力。这种权力野蛮地把个体拼凑起来，全然不能体现出人的真正性质，就像价值全然不能体现出消费品的性质一样。物与人在求助于没有偏见的认识过程中，采用的却是一种可怕的扭曲形式，这恰恰证明了它所具有的支配力量。"③

新的支配带来了新的异化，首先是人的异化，理性的机构和技术的机构越是复杂和精致，身体所能得到的经验便越是贫乏。"通过理性化的劳动方式，消除人的本质以及把人变成单纯的功能等做法从科学领域进入了经验世界。这些做法无非是再一次使人的经验类似于两栖动物的经验。今天，大众的退步表现为他们毫无能力亲耳听到那些未闻之音，毫无能力亲手触摸到那些难及植物，这就是祛

---

① 霍克海默、阿多诺：《启蒙辩证法》，第10—11、25页。
② 同上书，第7页。
③ 同上书，第25页。

除一切已被征服了的神话形式的新的欺骗手段……让劳动者软弱无力不只是统治者们的策略,而且也是工业社会合乎逻辑的结果;因为工业社会竭力想摆脱本来的命运,最后却还是落入了这一本来的命运。"①

其次是主体和理性自身的异化,将一切去神秘化并用实证的知识和技术支配一切的主体理性,最终也将自己工具化了。"为了进一步实行严格的控制,主体性悄悄地把自己转变为所谓中立的游戏规则的逻辑。实证主义,最终没有给思想自身留有任何余地……主体在取消意识之后将自我客体化的技术过程,彻底摆脱了模糊的神话思想以及一切意义,因为理性自身已经成为万能经济机器的辅助工具。理性成了用于制造一切其他工具的工具。"②从将理性高扬为认识一切、衡量一切和支配一切的至高无上的权威,到理性自我退化为实施支配的工具,或确切说,制造支配自然和社会的工具的工具,这真是最惊人的否定的辩证法!成为工具的理性还能阻止奥斯维辛对人的极有效率的屠杀吗?至此,当霍克海默与阿多诺说"启蒙带有极权主义性质"、断言"技术造就起来的大众时刻准备着投身到任意一种暴政当中"③时,我们还觉得"骇人听闻"吗?放弃了思想的实证主义的启蒙,不仅难以避免工具理性和技术反过来奴役发明它们的人类,而且必然招致思想的报复,"放弃了思想,启蒙也就放弃了自我实现的可能"④。

2. 文化工业

法兰克福学派认为,艺术不仅是审美的表达和获得满足的经验,也是批判观念的最后一个庇护所,通过将马克思所说的关于实在的种种幻觉表现出来,"艺术就抵制了艺术作品的商品化,表达不被资本逻辑污染的表象和经验,保持独立的能力,从而可以批判地思考社会"⑤。但在晚期资本主义(二战后),文化与技术结合,文化作品商品化,包括电视、电影、畅销书、主流报刊和杂志及商业电台在内的文化工业导致的文化进步的辩证法是,文化在文化工业中走向反面,文化产品不再提供审美价值、不再激发思考和批判,反成为麻醉人、欺骗人舒舒服服顺从资本主义社会秩序的操纵和支配的工具。"文化工业"的这一批判进路与上述"启蒙辩证法"的分析完全一致,而《启蒙的辩证法》中"文化工业"章的副标题"作为大众欺骗的启蒙",更是明确文化工业已成为晚期资本主义社会的意识形态形式,它比早

---

① 霍克海默、阿多诺:《启蒙辩证法》,第33—34页。
② 同上书,第27页。
③ 同上书,前言,第3页。
④ 同上书,第38页。
⑤ Ben Agger: *Critical Social Theories: An Introduction*, p.90.

期资本主义中的官方意识形态对大众更隐蔽也更有效地实施了文化霸权(葛兰西)或符号暴力(布尔迪厄),从而更隐蔽也更有效地生产和再生产了现存的经济与社会制度。

文化工业理论集中于文化工业性质的辨析及其欺骗性和操纵功能的批判。首先,文化成为工业,文化作品成为工业产品,产品的要求压倒了作品的要求。"文化工业的发展使效果、修饰以及技术细节获得凌驾于作品本身的优势地位……在音乐中,单纯的和声效果消除了对整体形式的意识;在绘画中,对各种色彩的强调削弱了构图的效果;在小说中,心理描写变得比小说框架更重要。"[1]"所有消费者的兴趣都是以技术而不是以内容为导向的,这些内容始终都在无休止地重复着,不断地腐烂掉。"[2]文化工业没有创新吗?最新产品的不断变化,是一切商品包括文化商品的特征,但"大众文化时代的新颖之处就在于,它排除了新颖之处"[3],因为千篇一律的求新,只是商品的时髦,旨在迎合消费者的接受习惯以获得利润而已,一切业已消失,仅仅剩下了风格。"当人们谈论文化的时候,恰恰是在与文化作对。文化已经变成了一种很普通的说法,已经被带进了行政领域,具有了图式化、索引和分类的含义。很明显,这也是一种工业化。"[4]正是在这个意义上,霍克海默和阿多诺说"文化在今天令一切彼此相似"。文化工业的问题,不仅在于将艺术变成了商品,更在于它否定了艺术自身的独立性。阿多诺指出:"文化产业的全部实践将谋取利润的动机挪到精神产品上来了……带有文化产业风格的精神产品不仅长久地也是商品,而且越来越是商品。"这样,在文化工业中失去的东西形同作品的内在审美消费价值[5]。概言之,文化工业消灭了文化,这是典型的阿多诺式的否定的辩证法。

其次,文化工业的产品以其特殊的技术和消费方式,模糊了虚构世界与真实世界的界限,将人们的关注从真实的社会问题引开,不仅使人将虚构的生活当实在来认同,也误导人在表象的欢娱中将现实理想化,人们观看电影的经验就是如此。"正因为电影总是想去制造常规观念的世界,所以,常看电影的人也会把外部世界当成他刚刚看过的影片的延伸……真实生活再也与电影分不开了。"有声电影的发明,将艺术再造真实的能力臻于迄今未有的完美程度,以至于"电影强迫它的受害者直接把它等同于现实",观赏者若不想漏掉连续的电影情节,就必须集中

---

[1] 霍克海默、阿多诺:《启蒙辩证法》,第140页。
[2] 同上书,第152页。
[3] 格尔哈特·施威蓬豪依塞尔:《阿多诺》,第192页,中国人民大学出版社,北京,2008年。
[4] 霍克海默、阿多诺:《启蒙辩证法》,第146页。
[5] 转引自格尔哈特·施威蓬豪依塞尔:《阿多诺》,第199页。

所有的注意力,而这必然失去自己的自主思考和想象空间①。对那些常看电影的人来说,"生活变得更加容易了。电影向人们保证,生活就是它们那种样子,它们总是对的,在它们的权力范围以外,人们根本用不着问这问那"②,"这种认同和转移的过程,令文化工业在给电视台、电影公司、杂志社和主题公园带来利润的同时,又对生活的异化有疗治作用"③。他们认为,马克思说宗教是人民的精神鸦片,文化工业也以同样的原则发挥作用。然而如艾格评论的那样,人们可以周日不再去教堂或把经书放回书架而离开宗教,但却很难对文化工业扭头说再见,文化工业已浸透生活,鲍德里亚意义上的拟像包围了我们,它们是由表象和意象构成的厚厚的织物。"每一件事物都成为广告,且难以识别和批判,因为它被层层包裹在由文化工业在我们和实在之间制造的幻觉之下。"④

第三,文化工业无论是在操纵人的意义上还是驯服人的效果上都是一种文化霸权或符号暴力。一方面,文化工业将一套物化了的世界的观念加给了大众。"对大众意识来说,一切也都是从制造商们的意识中来的。不但颠来倒去的流行歌曲、电影明星和肥皂剧具有僵化不变的模式,而且娱乐本身的特定内容也是从这里产生出来的。"⑤"没有人会从每一个有声电影或每一个广播节目中推断出社会效果,但是社会效果确是为所有人共同分享的。整个文化工业把人类塑造成能够在每个产品中都可以进行不断再生产的类型。"⑥另一方面,大众之被操纵,不仅在于文化工业意识形态的欺骗,还在于大众对文化产品的"理解"和认同。"今天,受骗的大众甚至要比那些成功人士更容易受到成功神话的迷惑。他们始终固守着奴役他们的意识形态。普通人热爱着对他们的不公,这种力量甚至比当权者的狡诈还要强大。"⑦因此,"文化工业的权力是建立在认同被制造出来的需求的基础上,而不是简单地建立在对立的基础上,即使这种对立是彻底掌握权力与彻底丧失无力之间的对立"⑧。布尔迪厄将这种得到被支配者认同而发挥支配作用的符号称之为"符号暴力",它是通过一种既是认识又是误识的行为完成的,此种行为是超出行为者的意识和意愿控制的。以男性秩序为例,它在社会结构上体现为两性的劳动分工,而其认知结构(文化形式)则体现在身体和心智之中。"被支配者,

---

① 霍克海默、阿多诺:《启蒙辩证法》,第141页。
② 同上书,第163页。
③ Ben Agger: *Critical Social Theories: An Introduction*, p.90.
④ Ibid.
⑤ 霍克海默、阿多诺:《启蒙辩证法》,第139页。
⑥ 同上书,第142页。
⑦ 同上书,第149页。
⑧ 同上书,第153页。

即女性,将这种无思性的思想图式,运用到这一支配关系借以实现自身的人们身上,并类似地应用到(自然和社会)世界中的万事万物之上,特别是他们身陷其中的支配关系之上……女性从支配者的立足点来构建这种支配关系,也就是说,将其视为自然而然的。"①这种为完全无思地认同的男性的社会正义论最终将铭刻于女性的身体上,作为一种"身体化政治"而赋予男性统治一种无可争议的合法性。引入布尔迪厄的"符号暴力",有助于更好地理解"文化工业"的权力分析,现在已经清楚,如果说,文化工业是迎合消费需求的文化生产,那么这种消费需求恰恰是由文化工业制造出来的。文化工业许诺给人带来娱乐和美,"然而,不论电影院有多大,这些言过其实的快乐机制并没有给人们的生活带来尊严。那种'完全利用'现有技术资源和设备来满足大众审美消费的想法,正是构成经济制度的重要部分,而这种经济制度却从来不肯利用资源去消除饥饿"②。

最后,文化工业的权力背后站着资本的权力,"最有实力的广播公司离不开电力公司,电影公司离不开银行"③。文化生产过程整合了所有的生产要素,从电影改编成的小说,到最后制作成的音响效果,"所有这一切,都是投资资本取得的成就,资本已经变成了绝对的主人,被深深印在了在生产线上劳作的被剥夺者的心灵之中"④。

"文化工业"这一概念后来成为批判理论最有效的概念之一,也引出广泛的争议和批评。文化研究学者反对文化工业批判对"高雅"文化的过分偏好,而低估大众文化所具有的潜在的解放作用。阿多诺争辩道,他说的文化工业有别于大众文化,如果后者指的是"大众自发形成的蓬勃向上的文化"的话。文化工业是为大众生产的,其产品也因此并非大众自身的东西。因此法兰克福学派批判文化工业,完全不是从有教养的资产阶级的规范性美学立场出发,对大众文化的所谓低级产品一味谩骂。"相反,阿多诺恰恰在强调,这里根本不可能有针对'高雅'文化谎言的实质性抵抗,因为像插科打诨、赶集逛市、杂耍胡闹这些'低级'形式的颠覆性潜能已经在遍布开来的文化产业中得到了驯服,再不能展现出荒谬的力量。它已完全用于以商品形式提供消遣手段,引导消费者同现存社会整体保持一致。"⑤

作为历经大萧条和大屠杀并在资本主义最发达的美国生活过的批判知识分子,霍克海默和阿多诺对文化的批判带着深刻的悲观主义,他们不仅看到了以启

---

① 布迪厄、华康德:《实践与反思:反思社会学导引》,第 226—227 页。
② 霍克海默、阿多诺:《启蒙辩证法》,第 156 页。
③ 同上书,第 137 页。
④ 同上书,第 138—139 页。
⑤ 格尔哈特·施威蓬豪依塞尔:《阿多诺》,第 196—197 页。

蒙名义进步的文化工业,实际是对大众的欺骗,"它阻止了独立的、自主的、自觉作判断的、做抉择的个体的形成",也对文化将人带入真正人性状态的前景没有信心,"如果强调文化足以祛除人的野蛮,脱身于蒙昧状态,脱身于长久的暴力压制,那么文化是败落了"①。他们还把纳粹集中营与美国资本主义放在一起批判,两者的区别只是,艾森豪威尔的美国不需要集中营,因为电视一再生产出社会的服从。这样的对比当然引起许多人的不满和不快。但正是法兰克福学派发明的文化工业理论开了文化研究的先河,他们从社会深处追踪渗透于日常经验中种种的操纵与支配,启发了后来的文化研究学派。他们的全部工作旨在揭示,追求解放的启蒙如何反而深深陷入了野蛮状态;这项探究工作仍是未竟的事业,激励一代代的后来者。他们所要致力的人类的真正的人性状态的目标,则永远具有感人至深的道义力量。

18.4　哈贝马斯:交往行为与生活世界

　　德国社会学家哈贝马斯(Jürgen Habermas,1929——　)生于德国的杜塞尔多夫。纳粹垮台时,他只有十六岁,但法西斯的滔天罪行带来的深刻冲击却使他终身难忘。1954年哈贝马斯在波恩大学获博士学位。与批判理论的社会学家阿多诺的亲密交往对哈贝马斯后来的发展至关重要,正是在阿多诺等人的影响下,哈贝马斯逐渐成为法兰克福学派第二代批判理论的代言人。韦伯以后,哈贝马斯也可以说是德国最具原创性和体系性的社会学家了。哈贝马斯著述宏富,主要代表作有《公共领域的结构转变》(1962)、《社会科学的逻辑》(1967)、《知识与人类旨趣》(1968)、《合法性危机》(1975)、《交往行为理论》两卷(1981)、《现代性哲学论述》(1985)、《在事实与规范之间》(1992)等。

　　虽然几乎所有对哈贝马斯的讨论多在社会批判理论的标题下展开,但他的思想和工作却有多维的面向。他是公认的法兰克福学派第二代的代表人物,一方面他继续前辈的批判和主题,如作为意识形态的技术,如对工具理性的批判,如西方民主制度失去实质而成为伪民主等。另一方面,他推进了批判,发展了批判,丰富了批判的武库,如从对理性的消极面批判(工具理性),到对理性积极面的阐发(交往理性),并发展为社会批判的规范基础。但也正是这种阐发理性积极面的工作,让许多学者对他作为批判理论继承者的身份发生怀疑,罗蒂将哈贝马斯视为自由主义者,这并非轻率的戏言。哈贝马斯肯定资产阶级民主制度提供的各种自由,

---

① 　格尔哈特·施威蓬豪依塞尔:《阿多诺》,第202页。

特别是学术自由是社会批判不可或缺的。"我们明白资产阶级自由究竟有多么重要,因为一旦出了乱子,首当其冲的牺牲品就是左派成员。"①这与他的左派前辈对资产阶级自由的全面抨击形成鲜明对比。在关于公共领域的著名讨论中,他推重自由主义的模式,而对福利主义的模式大加批判,而这两者的背后粗略地对应着右派和左派的分野。所以,有人视哈氏为法兰克福学派中的右派,或更确切说,是新左派中的右翼,是不足为怪的。哈贝马斯的批判理论又被公认是承继了马克思主义的传统。塞德曼(Steven Seidman)就认为,马克思主义的理论和政治学是哈贝马斯理论的中心,必须把哈贝马斯放在马克思主义历史的背景中来考察,"他铸造了一种社会理论,其目标是在20世纪晚期的欧洲保持作为一种社会力量的马克思主义的批判精神"②,哈氏的著作如《理论与实践》、《作为意识形态的技术和科学》、《走向一个合理的社会》、《文化与批判》、《重建历史唯物主义》、《合法性危机》、《交往行为的理论》,从书名便不难发现哈氏要在晚期资本主义发展马克思主义的勃勃雄心。但质疑他的马克思传承的正统性的声音却从来没有停止过,他用社会交往理论取代了作为马克思社会批判的核心的社会生产理论和再生产理论,不仅被认为是片面的,更被批评为是对马克思的全面的误解③。

1. 哈贝马斯的问题

哈贝马斯说:"现代性是一项未竟的事业。"哈氏的这一名言代表了他的抱负:既反击后现代主义对现代性的攻击,更意在肯定现代性的解放潜能远没有耗尽。简单说为现代性和理性辩护并不确切,克鲁格的说法最为中肯。他认为,哈贝马斯提出的理性理论对理性作了广泛的、以交往为定向的理解,"使得他能够把资本主义特有的理性形式的选择(即目的理性——本书作者注)同现代社会发展和文化发展的广阔交往可能性加以区别。他必须既不为资本主义的错误的理性化辩护,又不对全部现代社会文化的理性化进行非理性化的批判"④。全面地说,哈贝马斯的理性工作既是批判,也是建设;既是辨析,也是阐发。简言之,是一项全面的重建工作。为此,他与欧美近代以降的社会思想家们对话,从对话的名单可见

---

① 转引自德米特里·N·沙林:《批判理论与实用主义的挑战》,见苏国勋、刘小枫主编《二十世纪西方社会理论文选:社会理论的政治分化》,第110页,三联书店、华东师范大学出版社,上海,2005年。
② 史蒂问-塞德曼:《有争议的知识:后现代时代的社会理论》,第116页,中国人民大学出版社,北京,2002年。
③ 克鲁格:生产与交往:马克思与哈贝马斯,见苏国勋、刘小枫主编《二十世纪西方社会理论文选:社会理论的分化》,第100页。
④ 同上。

哈氏工作的宏大：康德、黑格尔、马克思、尼采、米德、帕森斯、韦伯、霍克海默、阿多诺、弗洛伊德、舒茨、波普尔等。他有所批判，有所吸纳，从而有所综合。哈贝马斯反对意识哲学，反对主体哲学，从来将知识和认识论问题与实践及人类旨趣勾连。他曾写有《认识与旨趣》，从人类实践的关切（旨趣）的不同引出不同的人类知识。以控制和操纵自然环境为目的的技术的兴趣是自然科学的基础，它本身则以人的劳动能力为基础。以社会交往为认识的兴趣是社会科学的根基，在此重要的不是人的劳动能力，而是人运用语言的能力。这两种兴趣并未穷尽人类的科学，一种解放性科学的目标是使人免于外力或自我强加的种种幻觉，马克思的意识形态理论和弗洛伊德的精神分析学说，就是这种解放性科学的两个特定模式，而批判理论则是其一般的模式①。虽然在其后期的著作中，哈贝马斯不再使用认识与旨趣的论说，但我们依然可以此论来探究哈贝马斯工作的旨趣，或者说何为哈贝马斯的论说问题。

一是启蒙问题，或霍克海默和阿多诺问题。启蒙许诺理性和进步给予人类以解放的前景，但在霍克海默、阿多诺的笔下，在纳粹的毒气室，理性成为残害人的最有效的工具；在美国模式的文化工业里，除了表面的欢娱，一再生产出的是大众对资本主义秩序的顺从。"通过理性来促成一个良好社会的启蒙信仰似乎已成一种逐渐消失的希望和被弃绝的谬见。"②在这样的智识氛围和社会背景下，哈贝马斯要作启蒙思想的捍卫者和阐发者。

二是韦伯问题，即理性问题和世界的理性化问题。韦伯提出理性的两种形式，工具理性和价值理性。世界的理性化，主要讲的是工具理性对世界的理性化，它带来了效率，确立了专家对社会生活的权力。但世界的理性化，也是世界的去魅，以往给予世界以神圣秩序和意义的价值理性失去了魅力，人生活在一个没有神或众神被放逐或诸神的冲突而没有统一意义的世界中；另一方面工具理性侵蚀了自由，理性化的官僚组织和专家管理将一切纳入工具理性的效率追求和秩序中，美学的、意志的、友情的及一切无效率或无明确功利的人类活动，都被工具理性吞噬或压制了。

哈贝马斯对韦伯理性化的批评，首先认为韦伯的理性概念过于狭隘，他只是或主要讨论的是工具理性（又称为目的理性），而未关注以达成共识为目的的交往理性。其次，理性化产生非理性结果的悖论，不是如韦伯所断言那样的工具理性与价值理性的对峙，"冲突并不在于交往行为和目的行为这两种类型之间，而在于

---

① 安德鲁·埃德加：《哈贝马斯：关键概念》，"认识兴趣"条，江苏人民出版社，南京，2009年。
② 塞德曼语，引自瑞泽尔《后现代理论》，第211页，华夏出版社，北京，2003年。

社会整合的不同原则之间……生活世界合理化使得一种系统整合成为可能,这种系统整合与理解的整合原则之间存在着冲突",此即以货币和权力为媒介的系统对以语言为媒介的生活世界的侵入和支配,而导致的生活世界的殖民化①。再次,韦伯对理性化的理解也是片面的,他只看到目的理性行为的扩张,并将此种资本主义特有的理性形式选择视为现代世界理性化的全面图景,其实,交往行为中的合理性潜能才是核心之所在,这种合理性潜能永远不会完全枯竭,从交往角度看,"合理化主要表现为生活世界的结构转型",这种转型指人类的认知活动、规范活动和审美活动得以按各自的有效性要求(详见后文)"而各自获得专业化的知识的生产机制,渗透到了日常交往层面当中,并且取代了传统知识主宰互动的功能。正是在这个意义上,导致了一种日常生活实践的合理化……亦即导致了一种生活世界的合理化",韦伯看到了经济和国家等行为系统的合理化,却"忽视了这种生活世界的合理化",因此面对由目的理性造成的"铁笼",韦伯只能看到世界理性化的悲观主义前景②。

三是米德问题。哈贝马斯的工作代表了一种范式转换,即从目的行为向交往行为的转变,或确切说,以交往行为为合理性研究核心的范式转换,这一转换开始于米德,哈贝马斯明确说:"由米德的社会心理学准备的范式转变所以值得我们关注,皆因它启发了交往理性的概念。"③米德"把以符号为中介的互动提高为理性的一种新范式",而这预示着一个超越旧"意识哲学范式"的重大进步。意识哲学滥觞于柏拉图的理念论,勃兴于近代笛卡儿的"我思"的唯理主义,至德国唯心主义而登峰造极。意识哲学将世界分为主体与客体,又以理性为主体的本质,意识哲学意义上的理性与主体不仅完全脱离历史际遇、社群互动和生活环境而被纯粹、抽象和独立地理解,而且成为据以映照现实结构的"真理之镜"④。哈贝马斯批评意识哲学,"没有顾及人类生活根本性的交互主体性本质,以及人的交往技能在创造和维持社会生活方面所起的作用"⑤,他也从米德社会化理性的论述中看到了超越意识主体哲学的交互主体的范式转变的思路,他相信自己工作是"从孤独的合理目的向社会互动的视角转变"⑥

---

① 哈贝马斯:《交往行为理论》第一卷,第324页,上海人民出版社,2004年。
② 同上书,第322—323页。
③ Jürgen Habermas: *The Theory of Communicative Action*, Volume 2, Polity Press, 1987, p.5.
④ 参罗蒂:《哲学与自然之镜》,中译本作者序,第11、13页,三联书店,北京,1987年。
⑤ 安德鲁·埃德加:《哈贝马斯:关键概念》,"意识哲学"条,第28页。
⑥ 转引自德米特里·N·沙林:《批判理论与实用主义的挑战》,见苏国勋、刘小枫主编:《二十世纪西方社会理论文选:社会理论的政治分化》,第114页。

2. 交往行为与交往理性

在以上预备性的讨论中,不时出现的概念是"交往行为",以此来开始我们对哈贝马斯理论的正面阐释是恰当的。他的最重要的著作名为《交往行为理论》,而围绕"交往行为"展开的工作集中在"合理性话语"上。《交往行为理论》开宗明义:"意见和行为的合理性是哲学研究的传统主题"①,其实也是该书的主题,确切说,哈贝马斯要从不同于并对比于目的行为的交往行为来阐发一种旨在获致理解和共识的合理性:交往理性。

(1) 行为类型

哈贝马斯的行为理论与韦伯的行为②类型关系最深,获自后者的启发,从方法上讲,一是从行为取向(如目的取向、情感取向等)和合理性类型(如目的理性和价值理性等)区分不同行为;一是从行为类型分析出两种协调机制,利益协调(如工具性行为),和规范协调(如价值性行为)。但哈贝马斯重新界定行为取向和行为语境,以目的/沟通之二分取向,和社会的/非社会的两种语境,发展出他自己的行为类型论,详细见下表:

表 18.1　行为类型③

行为语境＼行为取向	以目的为取向	以沟通为取向
非社会的	工具行为	——
社会的	策略行为	交往行为

根据哈贝马斯,其行为类型理论有如下要点。

合理性行为有两大类:目的理性行为,以成功为取向;和交往理性行为,以人际间的沟通、达致理解和共识为取向。前者为利益协调行为,后者为规范协调行为。

目的理性行为又分两种,若从遵守行为规则的角度来考察,并从对状态和事件的干预程度来评价,可称为"工具行为";若从合理选择规则的角度来考察,并从影响对手抉择的程度来评价,则可视为"策略行为"。简言之,工具行为旨在影响

---

① 哈贝马斯:《交往行为理论》第 1 卷,第 1 页。
② 此处的"行为"实为"行动",在韦伯和行动论的脉络中,这两者有实质的区别。但本节引用的《交往行为理论》的曹(卫东)译本,都将韦伯意义上的"行动"一词译成"行为"。为方便行文,本节关于"行动"之叙述都从曹译,除非有区别两者的需要,否则不再作特别说明。
③ 哈贝马斯:《交往行为理论》第 1 卷,第 273 页。

自然(世界)，策略行为意图影响社会(对手)。工具行为可能与社会互动联系在一起，但策略行为本身就是社会行为。

交往理性行为，其行为计划既非斤斤计较，又非算计(或影响)他人，而是通过相互沟通获得协调，而"沟通是具有言语和行为能力的主体相互之间取得一致的过程"，因此，交往行为的合理性在于，它既是以语言为中介的社会互动，它必须是在行为当事人通过说理(协商)而共同确定的语境中来对互动行为进行协调，通过沟通而能达到的共识，不能是"强制的客观效果"，即屈服于外界影响或暴力，而必须是基于充足的理由，"共识的基础是相互信服"①。

哈贝马斯提出交往行为，代表着合理性分析范式的转变，他相信交往理性才是行为合理性进而社会合理性的核心，因此，从韦伯到阿多诺的仅以目的理性为行为合理性基础的观点是过于狭隘了，由此分析而对世界理性化的非理性结局的预言和批判也是有偏颇的。但哈贝马斯的立场仍然是中道的，他提出的是合理行为的两大类型，不是以交往理性否定目的理性，而是肯定了目的理性是人类合理性的一大源泉；他从目的理性中区分出控制客观世界的工具理性和影响社会世界的策略理性，是他对西方理性言说的一大贡献，更透露出他在理性行为分析上的方法论思考，即不是从行为者和行为本身来区分行为，而是在行为与世界的关联中来分析，他称之为以本体论为前提的行为分析②。

按哈贝马斯之见，有三个世界：客观世界、社会世界和主观世界，相应的就有行为者与世界的三种关联方式，从而有一个比上述行为类型更复杂的行为图式。目的行为，与客观世界关联；规范调节的行为，涉入社会世界；戏剧行为，主要关系主观世界，以及交往行为，关联全部的三个世界③。哈氏还认为，有关这些行为的理论分别来源于经济学理性主义与博弈论(目的行为)；涂尔干和帕森斯(规范调节行为)；戈夫曼(戏剧行为)，以及米德与加芬凯尔(交往行为)④。

至此我们已经接触到哈贝马斯的两种行为类型说，即先前的二分说和此处的四分说，为后面的讨论计，需要对四分说作点澄清。

四分说，在下列两种意义上仍是两分说。其一，交往行为区别于其他三种行为，在于交往行为旨在通过互动达成全面的沟通，而其他三种皆有片面性，"具体而言，第一种是间接沟通，参与者眼里看到的只是自己的目的；第二种是共识行

---

① 以上各点，见哈贝马斯：《交往行为理论》第1卷，第273—274、281页。
② 同上书，第83页，哈氏这样说："我们选择一定的社会学行为概念，接受一定的本体论前提。行为者的行为具有多大程度的合理性，主要取决于我们为行为所设定的世界关联。"
③ 同上书，第82—94页。
④ 同上书，第85页。

为,参与者只是把已有的规范共识付诸实现罢了;第三种是与观众相关的自我表现"①,换言之,这里单列的交往行为是全面的沟通行为。其二,交往行为以语言为媒介,按其功能而有记述式语言、调节式语言和表现式语言,相应有会话、规范行为和戏剧行为。哈贝马斯明白地将这三种行为定义为"纯粹类型的交往行为,或者说交往行为的三种临界状态"②,换言之,交往行为是总说,对话的交往、规范的交往和表达的交往则是分说,对立的是目的(策略)取向行为。通观哈贝马斯,这是他更经常也更为人熟悉的行为类型说法。

(2) 普通语用学与有效性要求

以上的讨论可引出哈贝马斯交往行为理论的核心和基础:普通语用学(或形式语用学)。语言是沟通行为的媒介,但语言在哈贝马斯绝非止于语言工具的意义,更具有沟通规范的意义。他关心的不是一般意义的语言能力,而是更广泛的交往能力;语言不仅用于传递关于世界的事实与意见,语言还可以被用来建立与他人的社会关系,如下命令、协调立场或寻求合作等③。在此意义上,交往行为分析转为语言行为分析;也因此,研究人们为了能够进行交往而需要的合理性的规范和程序的普通语用学(后改为"形式语用学")成为理解哈氏交往行为理论的关键。

首先,沟通就是被理解的语言表达。"'沟通'(verständigung)一词的基本含义:(至少)两个具有言语和行为能力的主体共同理解了一个语言表达。"④"所谓交往行为,是一些以语言为中介的互动,在这些互动过程中,所有的参与者通过他们的言语行为所追求的都是以言行事,而且只有一个目的",即以语言的使用实现沟通和达致共识。"相反,如果互动中至少有一个参与者试图通过他的言语行为,在对方身上唤起以言取效的效果,那么,这种互动就是以语言为中介的策略行为"⑤。区分"以言行事"与"以言取效",正对应交往行为与目的行为之分际;语言在交往互动中的运用正是为了实现交往(即理解),所以是对话语言;而在策略互动中仅仅是获取自身其他目的的手段,即只是独白。

其次,沟通所追求的是共识,共识或通过交往实现,或是在交往行为中共同设定的,总之,共识的基础是相互信服,如此达成的共识才是合理的。共识可以是强制的结果,因为现实的交往往往受到系统的扭曲和外力的强制。合理的共识假设

---

① 见哈贝马斯:《交往行为理论》第1卷,第95页。
② 同上书,第311页。
③ 安德鲁·埃德加:《哈贝马斯:关键概念》,"普通语用学"条。
④ 哈贝马斯:《交往行为理论》第1卷,第292页。
⑤ 同上书,第281页。

一个"理想的言说情境",它表征着"自由和透明的交往条件",它"要求在交谈的参与者之间没有权力的不平衡。这意味着,没人能把他的观点强加给任何其他人,而且不能把某人排除在讨论之外,或者禁止他们提出问题或质疑",也就是说,"参与者达成的任何一致都将仅仅奠基于合理论证的力量"①。"理想的言说情境"实蕴涵另一个假设,"理想的交往共同体",它原则上能够充分地理解参与者合理论证的意义②。这两个理想化的交往条件,与其说是哈贝马斯一相情愿的空想,不如说是他一如既往坚持寻求的规范共识。"它不是被用来描述一系列可以实现的条件,而是被用来突显实际交往的不完满性。"③就方法论而言,它类似于康德对自然法所阐发的意涵:"它只是纯理性的一项纯观念,但它却有着毋庸置疑的(实践的)实在性。"④它能够束缚每一个交往参与者,以至他的任何言说必须接受听众的任何异议,要为自己的言说有效性辩护,并把每一个愿意成为此交往的参与者都看作就仿佛他已然同意了这样一种交往条件那样。因为这是每一种沟通行为之合理性的试金石。

如此,我们就已进到普通语用学的关键,言语行为合理性的有效性要求:其一是任何言说可以被批判检验的有效性要求,其二是任何言说必须符合正当性、真实性和真诚性的有效性要求。可异议可批判的有效性要求指向言说过程的合理性。"交往行动主体之间的理解已经是根据那些要求采取是/否立场的有效性主张来加以衡量的。这些有效性主张是有待批评的,并且,在具有发生异议风险的同时,也具有获得商谈性辩护的可能性。"⑤

正当性、真实性和真诚性的有效性要求则是针对言说本身的规范要求。

正当性要求:在一定的规范语境中,完成一个正确的言语行为,以便在言语者与听众之间建立起一种正当的人际关系;

真实性要求:提出一个真实的命题(以及恰当的现实条件),以便听众接受和分享言语者的知识;

真诚性要求:真诚地表达出意见、意图、情感、愿望等,以便听众相信言语者所说的一切。

这样,言语行为就作为沟通的媒介,(a)建立和更新人际关系,在此过程中,言

---

① 安德鲁·埃德加:《哈贝马斯:关键概念》,"理想言语情境"条。
② 哈贝马斯:《在事实与规范之间:关于法律和民主法治国的商谈理论》,第399页,三联书店,北京,2003年。
③ 安德鲁·埃德加:《哈贝马斯:关键概念》,"理想言语情境"条。
④ 康德:《历史理性批判文集》,第190页。引文以下句子完全套用康德的语式。
⑤ 哈贝马斯:《在事实与规范之间》,第398页。

语者关怀的是社会世界的正当秩序;(b)呈现或设定状态和事件,在此过程中,言语者关注的是客观世界的存在事实;(c)表达经验,表现自我,在此过程中,言语者关切的是他主观世界中所特有的东西[①]。

至此,哈贝马斯已通过普通语用学对沟通过程的内在合理结构作了完整的阐述,其要点是:(a)行为者与世界的三种关联以及相应的客观世界、社会世界和主观世界概念;(b)命题的真实性、规范的正当性和表达的真诚性等有效性要求;(c)以接受可批判可检验的合理论辩为基础的共识概念;(d)共同语境中作为合作行为的沟通概念。哈贝马斯坚持,"如果客观性要求应当得到满足,那么,沟通过程的内在合理结构在一定意义上就必须具有普遍有效性",如果我们不再能依赖旧式形而上学的支持,或不再坚持任何带有终极性的先验论证要求的话[②]。哈贝马斯矢志不渝地为合理的交往寻找有效性的基础,但他从来将此作为理想化的规范,以思想实验的方式,"用来反衬出不可避免的社会复杂性的基础",而反对将它们实体化[③]。

最后,若也从语言形式和语用学的角度看策略行为,就有一个关于语言互动类型的完整图景,这也是哈贝马斯在"形式语用学"(即普通语用学)名下给我们描绘的合理性社会行为类型的完整图景(见下表)。

表 18.2 语言互动的纯粹类型[④]

行为类型 \ 形式语用学特征	典型的言语行为	语言功能	行为取向	基本立场	有效性要求	世界关联
策略行为	命令式	影响对方	目的取向	客观立场	现实性	客观世界
会话行为	记述式	呈现事态	沟通取向	客观立场	真实性	客观世界
规范立场	调节式	建立人际关系	沟通取向	规范立场	正当性	社会世界
戏剧行为	表现式	自我表现	沟通取向	表现立场	真诚性	主观世界

3. 生活世界

从交往行为到生活世界,不是从行为分析进到社会分析。哈贝马斯从未脱离

---

① 哈贝马斯:《交往行为理论》第1卷,第293页。
② 同上书,第136—137页。
③ 哈贝马斯:《在事实与规范之间》,第399页。
④ 哈贝马斯:《交往行为理论》第1卷,第312页。

生活世界孤立地讨论交往行为,真实的交往行为不仅关联着世界,如关联着客观世界、社会世界和主观世界,更是以生活世界为前提并只有在生活世界中才是可理解的。哈贝马斯的生活世界概念源自现象学传统,但经由他的交往行为理论的整合与改造,已经做成哈氏自己的"生活世界理论"。

(1) 生活世界是文化世界

生活世界是作为交往行为的前提和背景性概念提出的,因为不仅交往行为总是在生活世界的视野内达成共识①,而且,"交往行动者也总是在他们的生活世界的视野内活动。他们不能脱离这种视野,作为(世界的)解释者,他们本身连同其语言行为都属于生活世界"②。"生活世界的界限是由所有的解释确立起来的,而这些解释被生活世界中的成员当作了背景知识。"③"在交往行动中,生活世界以一种直接的确定性包围我们……交往行动之背景的这种既渗透一切又隐匿不明的呈现,可以被描述为一种高强度但同时不完善的知识和能力……我们对这种知识作不由自主的运用,而并未反思地知道我们确实是拥有它的。"④"任何一次的交往过程都存在着异议的风险……生活世界则构成了保守的均衡力量。"⑤因此,"如果交往行动不根植于提供大规模背景共识之支持的生活世界的语境之中,这样的风险就会使基于交往行动之社会整合变得完全没有可能。明显的理解活动可以说从一开始就是在共同的不成问题之信念的视域中进行的;同样,它们也从这种早就熟悉了的资源当中得到营养"⑥。哈贝马斯一再使用诸如库存知识、背景观念、规范共识、意义模式、信念源泉、共同视域等概念来描述生活世界,在此意义上生活世界可等同于文化世界,文化资源和文化传统。在《交往行为理论》第二卷的"交往行为的世界关系图"中,哈贝马斯正是以"文化"来定义生活世界的⑦。

这里对背景知识,特别需要提出两点予以讨论。第一,说人对背景知识日用而不知,不是否定人有知识,而是说人通常对背景知识无意识或不清楚,因为它们是"含蓄的"知识(瑟尔)、默会的知识(后期维特根斯坦)⑧或"前范畴"的知识(哈贝马斯)⑨。但提出生活世界的文化背景恰恰是恢复具有行动能力,特别是语言能力

---

① 哈贝马斯:《交往行为理论》第 1 卷,第 69 页。
② Jürgen Habermas: *The Theory of Communicative Action*, Volume 2, p.126.
③ 哈贝马斯:《交往行为理论》第 1 卷,第 13 页。
④ 哈贝马斯:《在事实与规范之间》,第 27 页。
⑤ 哈贝马斯:《交往行为理论》第 1 卷,第 69 页。
⑥ 哈贝马斯:《在事实与规范之间》,第 26 页。
⑦ Jürgen Habermas: *The Theory of Communicative Action*, Volume 2, p.127.
⑧ 参高宣扬:《当代社会理论》下,第 1034 页,中国人民大学出版社,北京,2005 年。
⑨ 哈贝马斯:《在事实与规范之间》,第 27 页。

的社会行动者的形象是坚持,社会必须或必定是有人的行动来创造并维持的,这与阿多诺认为的社会已经被全面管制的观点拉开了距离①。虽然哈氏对社会可能或实际遭到的控制一直是心存警惕的,但一个为人的交往行为所充满的生活世界有其自我改善和合理化的潜力,不会完全被控制,对此哈氏绝不怀疑。

第二,说人对背景知识抱有不加反思的信念,不等于说对背景知识是不可以反思和质疑的,以理解为目的的交往行为,其合理性正在于对任何一方的任何言说可说"不"的可能性,所以每一次真正的"以言行事"的交往,都既在生活世界的"共同的不成问题之信念的视域中进行",并从"这种早就熟悉了的资源当中得到营养",又以充满异议和批评的持续不安定"撞击着由公认的意义模式、忠诚和技能构成的"背景知识,后者虽然看上去好似"绵延不断、坚不可破和根深蒂固的岩石"②,但"它一旦成为讨论的主题,一旦卷入了成问题之可能性的漩涡之中,它就分崩离析了"③。所以,"生活世界不仅是一个我们动用的资源,它也是自身就可能受到怀疑的东西。它是变动不居的"④。生活世界的合理化,即生活世界的内容(规范共识)受到越来越合理的质疑和论证(交往共识),表征的正是社会的合理性的发展与增长⑤。这一点发展了舒茨,在那里生活世界只是资源,而没有动力学。

(2) 生活世界的合理化与殖民化

世界的合理化是韦伯问题,哈贝马斯的生活世界合理化问题承接韦伯但又超越韦伯。他同意韦伯,理性化是社会合理性全面增长的过程,是科学、艺术从神学与宗教形式中解放出来获得独立发展的过程,是伦理和政治摆脱教会和传统服从批判性理性并由此获得合法性的过程⑥。哈贝马斯还肯定韦伯发现了理性化过程内在的矛盾,即理性化导致非理性的后果,但韦伯将之归结于工具理性的扩张和对价值理性的侵害,则是哈贝马斯不能同意的。

首先,哈贝马斯认为,世界的理性化不能按韦伯的理解,只是目的行为的合理化或工具理性的世界化,因为韦伯完全没有交往行为理性的概念和范式。所以他不了解,扎根在言语有效当中的合理性潜能才是理性化的核心之所在。只要社会行为依靠理解来加以协同,理性化的关键恰恰就是交往理性的世界化。哈贝马

---

① 安德鲁·埃德加:《哈贝马斯:关键概念》,"生活世界"条。
② 哈贝马斯:《在事实与规范之间》,第 26—27 页。
③ 同上书,第 27—28 页。"分崩离析"说,是对"知识库存论"而言,为生活世界概念引入动力学的向度,这是哈贝马斯的发明,亦是对现象学的超越。
④ 安德鲁·埃德加:《哈贝马斯:关键概念》,"生活世界"条。
⑤ 哈贝马斯:《交往行为理论》第 1 卷,第 70 页。
⑥ 同上书,第 322 页。

斯也正是在此意义上理解世界的合理化：根据认知、规范和审美等有效性要求而各自获得专业化的知识的生产机制，渗透到了日常交往层面当中，并且取代了传统知识主宰互动的功能。这意味着生活世界的再生产不再听命于传统社会中所谓的"神圣的权威性"，这导致了一种日常生活实践的合理化，即生活世界的合理化。这种合理化只有从交往行为的角度才能解释清楚，也就是说，在合理化的生活世界中，理解的达成，越来越不依靠既有的或现成的权威和说法，而是靠以语言为媒介的合理异议、商议的沟通过程。这"可能是直接通过参与者所提供的解释，也可能是间接通过专家的规范专业知识。这样，交往行为中就充满了共识期待和异议风险，它们向作为行为协同机制的交往提出了很高的要求"，而这正是世界合理化的本相，也正因此交往的合理化是生活世界合理化的核心。请注意，哈贝马斯回到交往行为，或确切说，他从未离开过交往行为的基地。此外，他用生活世界合理化代替了韦伯的世界的合理化，并非只是比韦伯多了"生活"两字，其间的分别，从哈贝马斯的批评可见端倪：韦伯只知道经济和国家等行为系统的合理化，而忽略了这种生活世界的合理化。两者的分别正是构成为哈氏生活世界理论重要环节的系统整合与社会整合的分别，我们马上来讨论这对概念。

第二，生活世界的合理化，不仅是社会交往合理性的发展，也是随世界观的"去中心化"而来的社会结构复杂性的发展。以语言的有效性诉求达成的交往共识不仅充满异议的风险，也构成以语言为媒介的交往协调的不堪承受的重负。行为系统的不断复杂化要求一种简化交往的合理化，即并非每一次都以语言媒介诉诸有效性解释达成理解的别样的行为协调的合理化。哈贝马斯正是在此意义上，将以货币和权力为媒介的社会亚系统从生活世界的分化与独立，视为生活世界合理化的内在议题。提出合理化的系统命题，是哈贝马斯与韦伯合理化问题的对话的继续。在哈贝马斯看来，系统的分化代表的正是作为韦伯合理化问题核心的工具理性的发展，而货币和权力不仅是重要的工具理性形式，也是经济和行政亚系统最重要的导控媒介。它们是非语言的非象征的控制媒介（non-symbolic steering media），而区别于语言的和象征的整合媒介。这样，系统从生活世界的分化，就行为系统而言，是目的理性行为作为一亚系统的独立与分化。该过程是"交往媒介①把行为和交往过程脱离开来，用金钱和权力等一般的工具价值对行为加以协调。这些控制媒介取代了作为行为协调机制的语言。它们把社会行为与一种经过价

---

① 在哈贝马斯看来，金钱和权力都是交往媒介，其不同于语言媒介，并非在于是否用于交往，而在于后者在交往中诉诸理解的共识，前者则仅以是否达成目的来决定交往是否实现。

值共识而获得的整合隔离开来,使之转化为受媒介控制的目的合理性"①。韦伯关于目的行为和工具价值随世界理性化增长的观点,不仅被哈贝马斯改写为货币导控的经济和权力导控的行政的子系统从生活世界的社会成分之中分离出来的理性化过程②,而且也因系统的分化扩大了行动的范围和交往的自由,因应了社会世界复杂化带来的沟通的重负而为哈氏所肯定。埃德加以货币为例给出了一个情境说明,当我进商店买东西时,我只对商品的价格(和我可以用来消费的钱)给出的暗示做出反应。我的买进转而又会为店主订购更多的商品提供暗示,进而为供应商提供了更多地生产的暗示,如此可以引发和组织起成千上万的社会事件(比如人们被雇用、资源被获得和分配、更多的钱被投入等等)。在一切过程中,没人需要询问我为什么想要那些商品,或者它们如何适合我的全盘计划。也就是说,我理解我所买的东西和赋予它们意义的方式(例如,它是给我伴侣的一件礼物,或是在劳累了一天后给自己的一个犒劳,或是被猫打碎的那件旧物的替代品)对于经济系统的运作,在很大程度上是无关紧要的③。货币整合的行为,虽然与我们在日常互动中所利用的意义的资源是分离的,但它无疑大大简化了我们在经济系统中的最大量的行为,且从达致目的的行为要求看也是最有效率的。这些观点与韦伯关于理性化的经济组织和法理型的科层组织的最有效率的观点是一致的。

第三,生活世界的合理化从一开始就充满矛盾,矛盾双方分别为(上文第一点论及的)日常交往的合理化与(第二点讨论的)目的行为亚系统不断增长的复杂性。矛盾的根源在于日常交往的合理性基于理解的共识和生活世界的主体间的交往结构,而目的行为系统的协调是非语言的导控媒介,如货币与权力。以上的不同分别代表了行为整合的不同机制。因此,冲突并不在于交往行为和目的行为这两种类型之间,而在于社会整合的不同原则之间:即在于语言交往机制与非语言控制媒介之间。这样,韦伯所讲的合理化悖论经哈贝马斯的改造就成为系统整合与社会整合的冲突理论。在《合法化危机》中,哈贝马斯正式提出系统整合与社会整合概念。所谓社会整合,"涉及的是具有言语和行为能力的主体社会化过程中所处的制度系统;社会系统在这里表现为一个具有符号结构的生活世界"。而系统整合,"涉及的是一个自我调节的系统所具有的特殊的控制能力。这里的社会系统表现为他们克服复杂的周围环境而维持住其界限和实存的能力"。哈贝马斯进而将两种整合原则勾连帕森斯的 AGLI 一般行动系统理论,"就生活世界而

---

① 哈贝马斯:《交往行为理论》第 1 卷,323 页。
② 哈贝马斯:《在事实与规范之间》,第 68—69 页。
③ 参见安德鲁·埃德加:《哈贝马斯:关键概念》,"非表征的引导媒介"条。

言,我们所讨论的主题是社会的规范结构(价值和制度)。我们依靠社会整合的功能(用帕森斯的话说就是:整合与模式维持),来分析事件和现状,此时,系统的非规范因素是制约条件。从系统的角度来看,我们所要讨论的主题是控制机制和偶然性范围的扩张。我们依靠系统整合功能(用帕森斯的话说就是:适应与目标达成),来分析事件和现状,此时,理想价值是数据。如果我们把社会系统理解为生活世界,就会忽略控制问题;如果我们把社会理解为系统,就不会考虑到这样一个事实,即社会的现实性在于虽然得到公认,但往往是,虚拟的有效性要求仍然是实际存在的"①。以上引文意涵丰富,它勾画了生活世界与系统关系的三层含义。其一是最弱意义的分野。两者是同一个社会的两个面向,不考虑控制问题就进入生活世界;不明言有效性诉求,就涉及系统。其二是功能意义的分野。生活世界是意义和规范领域,实现的是以相互理解为取向的行为的再生产,具体说是三个方面:文化知识的传递、批判和获得的文化再生产、通过主体间所公认的有效性要求达成行为协调的社会整合,以及人格形成的社会化②;系统是工具和事实领域,是以达成工具性价值和成功为取向的行为的再生产。目的行为从社会中分化并独立为一个以货币和权力为媒介的控制系统,不仅表征着社会世界复杂性的增长,也表征行为系统功能分化的合理化,这项工作整合了帕森斯的结构功能论,也超越了韦伯的合理化悖论。其三是冲突意义的分野。理性化导致非理性结局的理性化悖论,是韦伯理性化批判的关键之点。他认定世界趋于合理化的过程,也是昔日神圣的价值被祛除魅力的过程,如此理性化的人注定要生活在一个不知有神也不见先知的时代。因此韦伯悲观地断言,人类在将来极有可能会陷入自己制造的铁笼之中。哈贝马斯接受韦伯理性化悖论的观点,但冲突的根源并非因为"目的理性行为的扩张和从交往行为领域向目的行为亚系统的转型"③,而是系统整合对社会整合的侵凌和僭越,是生活世界遭遇金钱和权力的控制和殖民化。哈贝马斯一再将生活世界的殖民化描述为日常生活交往实践的物化和生活世界的变形,"这不是一个单一媒介过分扩展的问题,而是一个雇员与消费者、市民与国家官僚人员的行动范围发生货币化与科层化的问题"④。系统的合理性本来在于,它"广泛地赋予我们以理解生活的资源的过程中,使得我们能够大大地简化我们对自己身处其中的境遇的理解,从而使我们能够参与更复杂的社会活动",但"当系统不

---

① 哈贝马斯:《合法化危机》,第6—7页,上海人民出版社,2000年。
② Jürgen Habermas: *The Theory of Communicative Action*, Volume 2, p.144.
③ 哈贝马斯:《交往行为理论》第1卷,第321页。
④ Jürgen Habermas: *The Theory of Communicative Action*, Volume 2, p.386.

再是实现某个目的的手段,从而不再是能通过生活世界而最终被检验的东西,而是它自身就成了一种手段的时候,生活世界的殖民化问题就出现了"①。以教育为例,教学应是体现交往行为的最好例子之一。在教学中,教师的职责不是只以知识传授为中心的学科活动,而更是一种对学生的公民人格和精神训练与成长的理性实践的尝试。教师不仅为学生提供"对待生活的各种可能的终极态度"(涂尔干语)②,更要鼓励学生独立思考和自由质疑的精神,并通过诉诸理性,为自己的观点辩护。这样,"教室因而是进行一种丰富而复杂的社会交往的场所,充满了微妙的意义和细微的差异"③。但是,被引入学校管理及评价教学的制度是一种高度简化的和量化的监控系统。为适应这样一个以非表征的权力媒介而大规模组织起来的系统,"符号的、性质丰富的或富有意义的教室经验就必须被设法转换成简化的、具有量化特征的资料",无论学生还是教师,都必须使自己的表现适合教育监控系统设定的成功标准。这样,他们就被工具性地对待了,他们的教学活动本身也有变成工具的危险。"教师和学生之间原初的交往互动被为了使监控程序获得好的结果而操纵学生的教师取代了。讨论被填鸭式教育取代了。需要时间和精力的复杂任务被相对简单的任务取代了,后者保证产生监控所需要的各种结果。"

哈贝马斯警惕生活世界的殖民化,但他从不相信生活世界会被系统完全殖民化。因此,哈贝马斯既不赞同韦伯的"理性的铁笼"的悲观观点,也不赞同霍克海默和阿多诺的现代社会已是"被全面管制的社会"的绝望观点。他相信生活世界合理化的潜力一直在抵抗着异化的过程。这里不妨以大众媒介的议题为例,看看霍克海默、阿多诺和哈贝马斯两代社会批判学者的不同批判立场。在霍克海默和阿多诺看来,"由大众传媒所引导的交往流(communication flows)取代了那些曾一度使公民和私人的自我理解和公共讨论成为可能的交往结构。随着从书写到图形和声音的转变,电子媒介——最初是电影和广播,然后是电视——表现为一种完全渗透并统治了日常交往语言的装置"。这样大众文化只是对存在之物的一种复制;而且,"作为无所不包的社会控制系统,它清除了文化中的颠覆性和超越性要素"④。

哈贝马斯则将大众传媒视为生活世界合理化的一项成就,并定义为交往的一般化形式,即它们处理的是形成共识的语言过程,而这种共识的形成有赖于生活

---

① 安德鲁·埃德加:《哈贝马斯:关键概念》,"生活世界的殖民化"条。
② 参阅于海:《社会化教育的平台》,上海《文汇报》,2005年6月2日。
③ 安德鲁·埃德加:《哈贝马斯:关键概念》,"生活世界的殖民化"条,本节以下加引号引文出自同一词条。
④ Jürgen Habermas: *The Theory of Communicative Action*, Volume 2, p. 389.

世界背景中的各种资源。大众媒介"使交往内容远离时空限制而建立起一种(交往)网络虚拟在场的抽象同时性,并保持信息在多样的情境中的可获得性,从而将交往过程从受时空限制的情境的狭隘性中解放出来,并允许公共领域出现"①。

哈贝马斯当然看到,大众传媒在一个集中化的网络中单向地引导交往流——从中心到边缘或是从上层到下层——它们在相当程度上加强了社会控制的效果。然而,利用这种权威性的潜力总是靠不住的,因为还有一种解放性的潜力植根于交往结构本身之中与之抗衡,即总可以使互动从 yes/no 式的反应,进到诉诸可批判的有效性(criticizable validity)要求。交往虽经抽象和集中,但它们并不一定能避过负责的行动者的异议和反对②。

总之,扎根于言语有效性当中的合理性潜能永远不会完全枯竭,这不仅构成生活世界合理化的动力,也构成反抗生活世界之被物化、工具化和殖民化的潜力。哈贝马斯在按法治国方式构成的政治法律系统中看到了这种潜力,因为法治国的建制化意见和意志的形成过程,是依赖于来自公共领域、联合团体和私人领域这样一些非正式交往情境的输入的,即是植根于生活世界情境之中的,这意味着须一直经受生活世界的异议风险和接受可批判的有效性要求。哈贝马斯也在高度专业化的教育系统和科学系统中看到了这种潜力,它们都具有那种抵制直接国家干预的内在逻辑,此逻辑并非类似于货币的导控媒介,而是来自于他们各自的具体问题的逻辑,即各自的关于理解的有效性主张③。

哈贝马斯更在激荡当代的各种社会运动中发现了抵制和反抗异化的潜力,如反核和环保运动、和平运动、青年运动、承认和维护少数人群(老人、同性恋者、残障人士等)权益的运动、家长联合会对学校的反抗、妇女运动,以及所有为争取地区、语言、文化和宗教的独立而斗争的自治运动等。

在抵制运动内部,哈贝马斯进一步区分了两种抵制:一种是针对传统的和社会的等级(以财产为基础),如大多数要求自治的运动;一种是已经在理性化了的生活世界的基础上发生作用,并尝试合作和共同生活的新方式,如青年运动和另类选择运动(alternative movements),这些运动所关注的共同焦点是由生态与和平主题所引发的对增长的批判。哈贝马斯对这类运动怀有希望,因为"有可能将这些冲突构想成对生活世界的殖民化趋势的抵制,至少可以按照某种粗略的方式这样做。青年抗议群体中占主导地位的目标、态度和行动方式,首先可以被理解

---

① Jürgen Habermas: *The Theory of Communicative Action*, Volume 2, p. 390.
② Ibid., p. 389.
③ 哈贝马斯:《在事实与规范之间》,第 437—438 页。

为是对人们非常敏感的某些问题处境的反应"①,如生态危机、毁灭性的军备竞赛、核武威胁、核废料的环境风险、基因工程的伦理冲突、私人数据的储存与集中使用的公民隐私安全等。以上危险都已侵入生活世界。"我们对过程负有道德责任（morally accountable）——因为我们从技术和政治的角度发动了它们,然而我们却无法再对其承担道德责任——因为它们的规模已经超出了我们的控制范围。考虑到这些过程的后果,人们产生了一种被压倒的感情……在这里,抵制直指强加于生活世界之上的抽象。"②

此外,在文化趋同和单面理性化的日常世界中感觉被掏空或被剥夺的痛苦,推动了各种精神的宗教的复兴运动。"正因为如此,诸如性别、年龄、肤色、邻里或地方性以及宗教归属等先赋性特征便有助于建立和区分不同的共同体,有助于建立受到亚文化保护的共同体,这种共同体支持寻求个人和集体的认同。对特殊的、自然的、地方的东西的重新评价,对狭小得足以变得亲切的社会空间的重新评价,对商业的去中心化形式和活动的去专业化形式的重新评价,对分散的公共场所、简单的互动和未分化的公共领域的重新评价——所有这些都意欲促使恢复已被活埋了的表达和交往的可能性。"③

最后,"另类选择活动也指向反对在职业中由利润所决定的对工作的工具化,反对由市场所决定的劳动力流动,反对一直延伸到小学中的竞争和业绩压力。它也将矛头指向服务、关系和时间的货币化,指向对私人生活领域和个人生活方式的消费主义式的再定义。并且,顾客与公共服务机构的关系也应该开放并按照参与性的方式加以重新组织,使之成为自助式的组织"④。

哈贝马斯对上述构想是否现实可行没有把握,但他相信"它们对于回应生活世界殖民化的新的抵制和退出运动具有重要的论战意义"⑤。

---

① Jürgen Habermas: *The Theory of Communicative Action*, Volume 2, p. 394.
② Ibid., pp. 394-395.
③ Ibid.
④ Ibid., pp. 395-396.
⑤ Ibid., p. 396.

第十九章
20世纪晚期的西方社会理论

帕森斯以后,那种君临天下的霸王式的超级理论话语已不复存在,20世纪最后二十年的理论运动更像是"道术为天下裂"的景象。吉登斯曾断言的"整个世界的社会学都为美国社会学所主宰"[①]的局面由于美国社会学本身的非帕森斯化即去中心化而彻底改观。连美国社会学家都哀叹"美国社会学支离破碎,正在解体"[②],更不必说欧洲的社会学者如何看待美国社会学了。如果硬要说什么中心,或更确切地说有活力的富有影响力的新理论源头的话,则更像是在英国、德国和法国而非美国。今天,吉登斯、哈贝马斯、福柯(Michel Foucault, 1926—1984)等人在美国如同在其祖国一样地被人所阅读和讨论,反过来,欧洲的学生热烈谈论帕森斯、默顿的情况就比较少见。说晚近的西方社会理论运动,更像是在说今日欧陆的理论运动,如同19世纪社会理论兴起时的景象。当然,理论家和理论的命运不在于一时的兴衰,帕森斯曾以不屑的口吻说"现在谁还在谈论斯宾塞"?而曾几何时他也健忘地大谈斯宾塞。我们不必笑话帕森斯,更不必以同样的不屑说"现在谁还在读帕森斯"。布希亚(Jean Baudrillard, 1929—2007)叫人"忘掉福柯",潜台词是"读我布希亚吧"!这种态度与科林斯叫人相信他的理论是社会科学唯一基础的态度毫无二致。当每一个社会理论家都如此声称时,我们真的相信这是一个理论多元的时代。

情形如此纷扰,自然没有什么走向新千年的宏大抱负,更确切地说,不会有统一的价值。一个半世纪前,孔德将社会学置于其实证科学体系的顶点地位时,他的抱负是一门具有自然科学尊崇地位的社会科学。今天的社会学是接近还是远离孔德的理想?这并非没有争议的问题。毫无疑问,孔德的理想还在一些人的心头燃烧,致力于将社会学建成一门严格科学的努力从来没有停息过。就晚近的努力而言,特纳敦促恢复孔德的设想,从客观的社会组织中分辨出其基本的作用模

[①] 吉登斯:《社会的构成》,第31页,三联书店,北京,1998年。
[②] 乔纳森·特纳(Jonathan Turner)语,参史蒂文·塞德曼(Steven Seidman):《有争议的知识:后现代时代的社会理论》,第88页,中国人民大学出版社,北京,2003年。

式,如社会分化、整合、竞争和社会化等及其因果关系。布劳以人群在社会空间中的位置定义社会结构,又将社会结构具体化为两类结构参数,即以种族、性别、宗教等表征的类别参数(异质性)和以收入、教育、年龄等表征的等级参数(不平等),代表了将社会研究形式化和定量化的科学抱负。而科尔曼则赞成以经验科学的严密性为基础建立经济的社会学的模式,在他那雄心勃勃的《社会理论的基础》的后半部分,甚至用大量的数学语言来演示其理性选择的理论[1]。不过所有这些将社会学统一于科学方法的努力只代表一部分社会学家的旨趣,从来也没有取得足以让人文主义理论阵营对社会研究中科学主义打消怀疑的实质性进展。而且这一派的势力主要在美国,在欧洲则影响寥寥。正如本书第十二章讨论狄尔泰精神科学方法对人文社会科学的意义时所指出的,任何时候,只要自然科学模式的普遍有效性与直接适用性受到怀疑,狄尔泰属意的人文主义思潮就会趋于活跃。正是在19、20世纪之交的时期,一种强烈怀疑科学主义而伸张人主体的思潮蔓延于学术与生活的各个方面。在尼采(Friedrich Nietzsche,1844—1900)参与历史上西方人把自己从心理的根源中解脱出来时,这里的心理根源并非仅指上帝的庇护(上帝死了!),也指文明的庇护(重估一切价值!)[2]。福柯要求人们完全抛弃那种传统的想象,即只有在权力关系暂不发生作用的地方知识才能存在,只有在命令、要求和利益之外知识才能发展。"相反,我们应该承认,权力制造知识(而且,不仅仅是因为知识为权力服务,权力才鼓励知识,也不仅仅是因为知识有用,权力才使用知识);权力和知识是直接相互连带的;不相应地建构一种知识领域就不可能有权力关系,不同时预设和建构权力关系就不会有任何知识。"[3]因此,任何用自然主义科学主义看待知识和真理(包括社会科学的知识和真理)的观点在福柯看来只是神话。"相反,真理不是对自由精神的酬报、长久寂寞(探究)的产儿,也不是成功获得解放的那些人的特权。真理是此世界中的一物:它只是由多种强制形式产生的,而且它导致了权力的常规效应。"[4]吉登斯确信不仅社会科学与自然科学之间的差异巨大,自然科学的一般方法根本不能照搬到社会科学中去,而且自然科学中的经验主义哲学的地位也在不断削弱,有关自然科学的哲学也必须从社会理论新兴学派,即强调人的行动具有主动性和反思性,以及语言和意义的阐释对于

---

[1] 参塞德曼:《有争议的知识:后现代时代的社会理论》,第89页;乔纳森·特纳:《社会理论的结构》(下),第212页;科尔曼:《社会理论的基础》(下)。
[2] 参巴雷特:《非理性的人》,第183页,商务印书馆,北京,1996年。
[3] 福柯:《规训与惩罚》,第29页,三联书店,北京,1999年。
[4] Michel Foucault: *Power/Knowledge*, New York: Partheon Books, 1980, p.133.

社会生活和社会世界的建构作用的洞见吸取教益①。如果福柯将一个人们公认为"医学事实"的精神病证明为一个权力和话语共同造成的"文明事实",那么还有什么"社会事实"是"自然的"?② 科学主义与人文主义的对立是随近代社会学创立便告形成的。我们不知道当代社会理论能否走向有统一的方法论基础的统一的社会科学;我们确切知道的是,这种实证旨趣与人文取向各擅胜场的局面还会长久地持续下去。

  社会理论走向综合的尝试亦从未间断过。吉登斯虽然给人偏向行动建构论的印象,但他依然不满意社会理论视角的种种二元对立。"如果说,各种解释社会学的确以主体的某种霸主地位为自身的基础,那么功能主义和结构主义所提倡的则是社会客体的某种霸主地位。我之所以要提出结构化理论,其基本目标之一在于宣告这些建立霸主体制的努力的破产。在结构化理论看来,社会科学研究的主要领域既不是个体行动者的经验,也不是任何形式的社会总体的存在,而是在时空向度上得到有序安排的各种社会实践。"③布迪厄(Pierre Bourdieu,1930—2002)的理论旨在克服客观主义和主观主义之间的错误对立。他把自己的理论取向名之为"建构主义者的结构主义",或结构主义者的建构主义。他肯定结构主义的观点,但这不同于索绪尔(Ferdinand de Saussure,1857—1913)和列维-斯特劳斯(Levi-Strauss,1908—2009)的结构主义和结构主义的马克思主义。上述理论聚焦的是语言和文化,布迪厄则强调结构也存在于社会世界本身之中。布迪厄认为,客观结构独立于行动者的意识和意志。它们能引导和制约行动者的实践或他们的表象。同时,他也采取一种建构主义的观点。这使他除了能够解释社会结构的起源外,也能解释认知模式、思维模式和行动模式的起源④。瑞泽(George Ritzer)描述了20世纪80年代以来在社会理论极化的同时出现的综合的趋势。他不仅列举了社会理论中行动与结构的整合及微观取向与宏观取向的整合,甚至还认为在当代互相竞争的理论如冲突论、互动论、交换论、现象学中同样出现了更为整合的观点⑤。无论这些努力成功与否,它们都是当代理论运动的重要走向,值得给予充分的关注。

  走向新千年的社会理论是不能回避所谓"后现代主义"问题的。我们是不是走入"后现代"? 社会科学是否发生了"后现代的转向"? 这些问题在后现代学者

---

① 吉登斯:《社会的构成》,第35页。
② 参埃里蓬:《权力与反抗——米歇尔·福柯传》,第117页,北京大学出版社,1997年。
③ 吉登斯:《社会的构成》,第61页。
④ See George Ritzer: *Sociological Theory*, McGraw-Hill, Inc., 1992, p.577
⑤ Ibid., Chapters 14-17.

的话语脉络中是不可能有确定答案的。但大体有把握的是,后现代理论家对今日主流社会学的态度多半是批判性的。塞德曼断言社会学已经走上了歧途,"它已经丧失了其大部分的社会和知识的重要性"。塞德曼认为,要使社会学重新恢复活力,就必须抛弃科学主义,即那种越来越荒谬地认为自己在讲述真理、自己在认识论上享有特权的话语的断言①。塞德曼用了一个骇人的标题:"社会学理论的终结",但吊诡的是,为使社会学理论终结,社会学家还须不停地将社会理论讲下去。有宏大抱负的理论家大多想成为他人理论的终结者,而社会理论也在不断被"终结"的过程中或推陈出新,或老调新弹。

总之,走进新千年的晚近社会理论并非走向统一的、确定的和严格的科学,反倒更像是支离破碎的和不确定的。布迪厄曾经这样定义社会学:"社会学的发展和对社会的科学理解有助于全体人类的利益。社会学理应捍卫自己作为一项公共事业的地位。"②新千年的社会学有能力不负如此崇高的使命吗?

19.1 吉登斯:结构化理论

在近代,英国曾是欧洲社会学气象辉煌的中心和学派发祥地。17世纪有洛克及自然法学派独领风骚;18世纪则有大智者亚当·斯密及影响至今不衰的苏格兰学派;19世纪斯宾塞的社会学说成为维多利亚时代学养的象征。然而,进入20世纪后,在20年代以马林诺夫斯基为代表的功能学派繁兴一时之后,近半个世纪英国再没有可与韦伯、帕森斯、戈夫曼等比肩的大社会学家。秋风萧瑟,令人不免生出几分尴尬。直到70年代,剑桥骄子吉登斯杀将出来才结束这一难堪,重铸不列颠社会学的辉煌。1971年,吉登斯发表了《资本主义与现代理论》,激扬文字评点前贤,出入于马克思、韦伯与涂尔干之间,一出手便尽显大气和猛锐,立即引起欧美学界关注。这一年,吉登斯年仅三十三岁。该书令吉氏坐稳剑桥国王学院教席。此后他创作旺盛,令人目不暇接。70年代,他写下了《马克斯·韦伯思想中的政治学和社会学》(1972)、《发达社会的阶级结构》(1973)、《社会学方法新规则》(1976)、《社会与政治理论研究》(1977)、《涂尔干》(1978)和《社会理论的中心问题》(1979);进入80年代,吉登斯更上层楼,著有《权力、财产与国家》(1981)、《社会理论的现状与批评》(1982)、《社会的构成》(1984)、《民族国家与暴力》(1985)和《社会理论与现代社会学》(1987)。90年代伊始,吉登斯因应学术潮流的走势,聚

---

① 塞德曼:《后现代的转向:社会理论的新视角》,第159页,辽宁教育出版社,沈阳,2001年。
② Yu Hai: *Western Social Theory: Classic and Contemporary Readings*, Fudan University Press, 2002.

焦于现代性问题,相继写下《现代性的后果》(1990)、《现代性与自我认同》(1991)和《私人关系的转变》(1992)。他还主编合编了许多社会学论著。事实上,他的声名直逼哈贝马斯,虽不能说是独步英伦社会学,但确属于那种在世就具有顶级影响力的大学者之列。笔者一位友人有幸聆听吉登斯讲课,连声赞叹是"大师风范、哲人气象"。吉氏未用一片讲稿,只是随手打开当天报纸,从报载的非洲灾民讲到世纪病艾滋病,看似散漫,却丝丝入扣,紧扣他90年代的学术旨趣"现代性"话语;不经意中透出深意,机锋迭出而理趣盎然,从容淡定,平易而通透。

1. 对正统共识的批评

吉登斯热衷于评析现存的各家理论以发展新的社会理论,他标榜超越以主体为霸主的行动理论和以社会客体为霸主的结构理论,对两者皆表不满。但比较下来,他对后者的批判态度更为严峻和犀利,因其具有正统地位,在战后大部分时期的社会学中声名显赫。事实上也扩展到社会科学其他领域,吉登斯称之为"正统的共识"(orthodox consensus)。它有三个要点。

第一是自然主义,它主张社会科学应以自然科学为榜样,社会科学阐述问题的逻辑框架也与自然科学相类似。正统模式的第二个观点是,在解释人类活动时应该运用社会因果概念,它假定人类的行为是为我们所不清楚的原因推动的,社会科学家的任务是要发现为行动者所不知的各种形式的社会原因。第三个要点是功能主义,承认社会科学应效仿自然科学,但强调不应与物理学太过相像,因为社会科学处理的是各种系统,而系统更类似于生物体。系统概念被视为社会分析的核心概念[①]。

吉登斯相信正统的共识今天已不再是共识,它已从社会科学中的多数派变成为少数派了。今天的局面诸家蜂起,百家争鸣,不再有一个统治力无处不在的正统共识,但剖析正统共识的谬误仍然是发展理论的先行要务。

针对正统共识的三个要点,吉登斯提出了三点批评。首先,主流社会科学包含了一个关于自然科学典范的错误模式。社会科学家相信他们努力再创造的就是自然科学声明要获致的那种发现,但这种自然科学模式在哲学上是有缺陷的。它基本上是一种经验主义的模式,今天重要的科学哲学家很少有人还相信这种自然科学概念。库恩及库恩以后的科学哲学业已清楚证明,自然科学也是一种解释学,包含理解的努力。科学领域中当然有各种规律,但规律一定是要被解释的,它们一定是在理论系统的脉络中才是如此这般的。因此,自然科学包含了意义的解

[①] Anthony Giddens: *In Defence of Sociology*, p. 66.

释系统,科学的本质依然是创造理论框架。构建意义框架比发现规律更为根本。在自然科学的传统模式下,人们视规律为"科学"的要件,并不适当地强调发现规律的头等重要性,社会科学家却接受了这种对规律的过分重视,未免天真①。

正统共识的第二个缺点是对人类行动的错误解释。它用社会因果范畴来解释人的活动。通常我们知道我们正在干什么,但社会科学家自认为有能力向我们揭示实际上我们是受我们所不知道的种种力量驱使的。在正统社会科学家眼里,我们的行为好像都是结构原因或结构强制力的产物,好像它们都直接出自社会力量的作用。

吉登斯确信社会理论必须恢复有认知能力的人类行动者的概念。"关于这一点我的意思是社会科学必须重视这一现象:在我们的日常生活中我们承认它是人类行动头等重要的特征,但是像许多社会科学家一样,我们却常常忘记这一点。社会科学家忘记了我们作为人类行动者所做的绝大多数是我们有意图的行动,我们了解我们如此行动的理由。所有的人类行动者对他们行动的种种条件具有相当的知识,那种知识并非偶然地依赖于他们的所作所为,而是其行动的构成要素。"②

吉登斯以语言为例说明人类行动者的认知能力。如果要在语法上正确地说和理解诸如英语这样一种语言,就要知道一系列繁复的有关符号的抽象的形式关系的规则、不同的语词用法及对语境的感觉等。为了讲英语我们必须知道这些事;但如果有人要求我们对我们所知道的给出一种话语解释,会发现这颇为困难。我们作的说明可能是不着边际的。说语言学家研究的是"我们业已知道的知识",这没有一点悖理之处。

正统社会科学家错在哪里?错在他们假定话语意识——给行动的理由以话语的说明——即穷尽了人类行动者具有的认知能力。一旦人们在话语上"不清楚"自己的行为时,社会科学家们就想转而求诸结构的原因。"然而任何人对他或她为何遵循某种特殊的行动路线知道的远比其用话语清楚表达的为多。实践意识是基础,社会世界因此而成为我们可以预期的。社会世界的可预期性并非简单'发生的',如自然界的可预期性那样。它是由组织起来的具有认知能力的人类行动者的实践所带来的。"③

传统社会科学概念的第三个缺点是认为发现社会生活的规律是可能的,并且

---

① Anthony Giddens: *In Defence of Sociology*, p. 67.
② Ibid., p. 68.
③ Ibid., p. 69.

就是类似于自然科学的那种规律。吉登斯为反驳这种观点,引出社会科学中的两类"概括",如果愿意不妨称其为"规律",但每一类都不同于自然科学中的规律。第一类涉及如交通信号灯前停车的例子。人们可以设想这里存在一种"规律"。信号为红灯时,车停;变为绿灯时则车继续行驶。如果因信号灯发出某种射线而让车停下,那它确是自然主义类型的规律。但人们都知道使车停下的是驾车人都了解的交通规则,这些法规和常规为驾车人的行为提供了理由。支持和维持诸如交通信号灯的"规律"的是制度的力量(如警察)和意识的作用(行动者对规则的认同),而非自然力量。

第二种意义的"规律"涉及人类行动的无意后果,即虽然我们全是有意图的行动者,但我们行动的后果却常常不受我们的控制而成为意料之外的结果。这似乎更接近正统共识所确定的那类规律。

吉登斯承认这类无意的后果往往成为有意识行动者意识不到的条件,而自然主义的社会科学关注的那类概括,多半是建立在普遍化了的无意后果的假设之上的。"规律"在这里可以按一种接近自然科学中的类似规律的概括形式来理解,吉登斯称这类概括为类型2概括。前文信号灯的例子是类型1概括,它主要依赖社会行动者基于认知能力而对规则和常规的遵守。

吉登斯肯定类型2概括的确存在于社会科学中。事实上,社会科学研究的主要抱负就是去发现这类概括。吉登斯举了一个"贫穷循环"的例子。贫穷地区的学校设备简陋,学生得不到鼓励去追求学术价值,教师的任务只是控制课堂上的秩序。孩子们离校时,他们从这样的学校得不到合格的训练,只能谋求相对低薪的工作和住在穷区。他们的孩子也就在这样的街区上学——于是贫穷便循环往复。

但吉登斯依然认定类型2概括从来都不曾完全对应于自然科学中的规律,原因是人类行动者的认知能力是变动的,因此所有这类概括确实都是可变的。在类型1概括(行为的规则和常规)与类型2概括(基于无意的后果)之间存在一种内在的联系。在特定的行动脉络中,人们依其对常规的认知所做的事会随时间的进程发生变化,从而影响类型2概括。

对自然主义社会学家来说,由于社会过程具有非意图的性质,这就支持社会生活是由行动者所浑然不知的力量支配的观点。在吉登斯看来,主张社会生活或制度的某些方面并非那些参与者的意图是一回事;而因此认为个体行动者被多少决定其行动过程的"社会原因"驱使着行动则完全是另外一回事。正确评价行动的无意后果,不是要加强认识结构力量的玩偶或命运的同谋,而是要更老练地处理人类行为意图性的重要性。除非我们清楚何为"有意图"的性质,否则所谓的非意图性甚至都无法描述,这实已设想了一种关于行动者理性的解释①。

2. 结构化理论

吉登斯的独特贡献是与他的结构化理论(Structuration Theory)紧紧联在一起的。70年代他正式提出结构化理论,而1984年发表的《社会的构成》一书,则被学界公认是吉氏结构化理论最为详尽周全的成果②。

吉登斯的问题源于社会学的经典问题,即霍布斯所提出的个人与社会的关系问题。在当代欧陆社会学界,它是以行动与结构的关系(Agency-Structure)表现出来的。涂尔干、帕森斯等强调结构决定个体,社会秩序以一种强制的威力,型塑、规定着个人,涂尔干甚至说过自杀潮流选择自寻短见者。而韦伯、戈夫曼这一路则抗议结构论对人主体的抹杀,强调有意义的行动构建、维持和改变着社会世界。吉登斯开篇明义:社会科学和学科史中的任何研究全都关乎行动与结构的关系。但他反对任何一种决定论:无论是结构决定行动,还是行动构成结构都是没有意义的。结构化理论正是要超越这种二元对立,而用结构的二重性重新阐释个人与社会、行动与结构的关系。结构的二重性是指一方面人主体的行动建构了社会结构,另一方面,社会结构也是行动得以展开的条件。结构化理论的一个主要立场,是认为以社会行动的生产和再生产为根基的规则和资源同时也是系统再生产的媒介(即结构二重性)。结构化理论的要点是:结构就是一再组织起来的规则和资源,外在于时间和空间,是主体不在场的;而结构不断涉入其中的社会系统则是主体在场且由其种种活动构成的。分析社会系统的结构化过程,意味着研究系统在其中得以通过互动而被生产和再生产出来的方式,这些系统建立在特定行动主体的具有理解力的活动基础之上,行动主体在其丰富多样的行动条件下创造出各种规则和资源。可以认为,结构化理论的核心是试图说明行动和结构的二重性的辩证互动。行动与结构不是彼此分离孤立的,它们是同一枚硬币的两面,一切社会行动皆包含有结构,而一切结构皆有社会行动涉入。

超越结构/行动对立的关键是提出一种以实践为基础的行动理论:行动作为人主体的活动,总是对世界进程的介入,行动因此具有实践品格(显然是受马克思影响);而行动者又总能选择别样的行动;由行动建构的世界因此并非一劳永逸地被决定的。吉登斯提出一个行动结构层次观点。第一是对行动的反思性监控,以便行动者能够了解自己在其中活动的物质及社会环境;第二,行动的合理化过程,

---

① Anthony Giddens: *In Defence of Sociology*, p.71.
② 以下的叙述根据吉登斯《社会的构成》第1章"结构化理论要点",中译本第60—104页。

这意味着发展出能使行动者有效处理其社会生活的常规来;第三是行动者的动机和动力,这涉及推动行动者去行动的种种愿望。但人们的许多行动是无意识的;而人们有意识的行动,往往产生非预期的结果;最后人的行动还受制于许多未意识到的行动条件。很显然,仅仅从行动动机、行动个体方面去说明人们的互动及其结果是片面的。下面的图示透露出被微观行动理论所忽视的结构性条件。

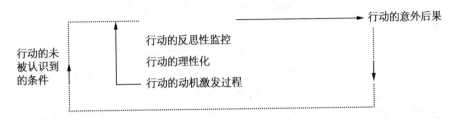

图 19.1 行动者的分层模式

结构是指规则和资源,它们不断进入社会系统的再生产过程中,使时空在社会系统中结合,并使具有相似特点的社会实践能超越时空变化而维持并具系统形式。通过规则和资源而使结构成为可能,结构本身并不存在于时空中。吉登斯坚持认为"结构只存在并通过人主体的行动才能存在"。他提出的结构定义完全不同于涂尔干的定义,后者定义结构为外在于强制人的事物。吉登斯尽力避免给人留下好似结构外在于人的行动的印象。"在我的结构的用法中,结构是给予社会生活以形式和框架的东西,但它本身并非形式和框架。"结构对于吉登斯并非一种类似建筑脚手架或身体骨架的框架,他把它看作是转换的规则(和资源),至少它最基本的意思是这样的。但由于所有的规则本质上都是转换性的,所以"转换规则"这种用语容易产生误导。因此吉登斯更愿意说,在社会研究里,结构指的是使社会系统中的时空"束集"(binding)在一起的那些结构化特性,正是这些特性,使得千差万别的时空跨度中存在着相当类似的社会实践,并赋予它们以"系统性"的形式。"说结构是转换性关系的某种'虚拟秩序',是说作为被生产出来的社会系统并不具有什么'结构',只不过体现着'结构性特征'(structural properties)。同时,作为时空在场的结构只是以具体的方式出现在这种实践活动中,并作为记忆痕迹,引导着具有认知能力的行动者的行为。"①注意这里的"记忆痕迹",说结构是规则和资源但又不在任何具体时空中,这些话的确深奥费解;但"记忆痕迹"却是有时空着落的。把吉登斯如此大费周折的话语说白(这难免会失之简单),结构实际上是写在"人心"上的。尽管吉登斯标榜他引入这些"结构"的用法,将有助于克

---

① 吉登斯:《社会的构成》,第79页。

服正统社会学在使用这一术语时的刻板或机械的缺陷。然而,吉登斯的不刻板也透露出他的结构理论的现象学色彩,这在他的著作中时有所见。如他说"在社会科学与自己的活动构成社会科学研究主题的人之间,存在着交互解释的作用,即'双重解释'"①,显然脱胎于舒茨的"双重构造说";再如,他以 17 世纪欧洲思想家提出的主权理论为例,说明这些理论既来自对当时社会趋势(主权国家的兴起)的反思与研究,又参与了这些社会趋势的形成。这样一种建构主义的理路,从语言到逻辑都是现象学的。

评论者指出《社会的构成》一书带有明显的综合性格。的确,吉登斯的原创性学术,其灵感大大得益于他先前从事的梳理传统的工作。在这些借鉴中,马克思对他的影响是显著而有力的。吉登斯坦承他十分欣赏马克思的一段名言:"人们自己创造自己的历史,但他们却不是随心所欲地创造历史。他们并不是在由他们自己选择的条件下创造历史,而是在他们直接遇到的、既定的、由前代人传承给他们的条件下创造历史。"吉登斯甚至说《社会的构成》一书无非是对马克思上述观点的更深入的发挥和反思。

19.2 福柯:知识与权力

以下的篇幅从福柯开始,到布迪厄结束,都是叙述当代法国社会理论。正如本章一开始所下的判断那样,欧陆国家特别是法国,是 20 世纪晚近理论运动更有活力和声色的发生地,以法国卷结束本书社会思想的历史叙事够得上继往开来的象征意义。

1. 尼采/福柯

米歇尔·福柯(Michel Foucault,1926—1984)是西方文艺复兴以来主流思想的最激进的反叛者和最犀利的批判者之一。反讽的是,福柯 1984 年逝世时,西方主流社会却对他表达了极大的敬意,哀痛他的去世标志着一个时代的结束,断言他对 20 世纪最后二十五年的影响,如同尼采对这一世纪最初二十五年的影响一样,无人可与之匹敌。就个人生平而言,福柯自然比尼采远为幸运。四十五岁这一年(1970)福柯被选入法国最高学术殿堂法兰西学院,担任思想体系史教授直到谢世。而尼采正是在四十五岁(1889 年)时疯了。穿凿这一巧合自然不免勉强,但确有几分象征意味。当尼采借一个疯子之口喊出"上帝死了"时,他是一个孤独的

---

① 吉登斯:《社会的构成》,第 54 页。

先知,直被人当作疯子。而在福柯预言"人之死"时,在经历了尼采、弗洛伊德、海德格尔等人思想轰击的西方世界似已有雅量容忍手持解剖刀和燃烧瓶的福柯了。而福柯担心的正是他的思想被体制化为怪异而无害的学问,丧失其批判的锋芒和品格。

  福柯的研究领域极为广泛,他的著作可资证明:研究疯人院和医院的《癫狂与文明:古典时代的癫狂史》(1961)和《诊所的诞生》(1963),研究人文学的《词与物》(英译名《事物的秩序》)(1966)和《知识考古学》(1969),这四部构成考古学系列;研究监狱和现代规训社会的《监督与惩罚》(英译名《规训与惩罚》)和研究性的《求知之志》(《性史》第一卷,1976)等,这些构成权力系谱学的探究。把握福柯的困难在于福柯本人似乎刻意地消解任何确定性和一贯性,"别问我是谁,也别要求我始终如一"。他的著作致力于使人明白所有的学识都会转瞬即逝,当然也包括他自己的学问。尽管他每一本著作几乎都做成了一种范本,但他始终一往无前地超越自己,探索新的领域。因此每一部福柯新著问世,就有一位新福柯出现在读者面前。

  福柯的思想来源极为丰富,却又融为一炉,别开生面。你可以在福柯著作中发现前辈和同代的复杂影响,但他不落窠臼,看似了无师承。影响之一是韦伯的理性化理论,但对福柯来说,理性化既非无处不在,也非一"铁笼",而始终存在着对理性化的抵制和反叛。马克思是福柯怀有敬意的少数前辈思想家之一。马克思和福柯都反对抽象的人性本质观,都在真实的历史实践中发现人性生成的秘密,但福柯不赞同马克思主义仅仅关注宏观社会层面和建制化的权力。他提出一种"权力的微观政治学",关注像毛细血管般弥漫的权力关系和细微的强制技术。福柯也曾尝试解释学的方法,但他不仅没有表层和深度的区别,相反还不遗余力地要消除这种区别。他断言:"只要出现这种区别,就表明组织化的权力在发挥作用。"[①]我们亦可发现现象学的影响,但福柯完全拒绝一个自动的赋予意义的主体概念。结构主义对福柯岂止是思想影响?福柯曾是法国马克思主义结构主义哲学家阿尔都塞(Louis Althusser,1918—1990)的学生,他一向也被归在最重要的法国结构主义代表人物之列。福柯与结构主义的关系仍是一个众说纷纭的话题。这里只限于指出,福柯本人不仅拒绝这种归类,而且其考古学方法和系谱学方法归根到底是反结构主义的。正如福柯研究专家谢里登(Alan Sheridan)所言:"他的全部著作远非希望以结构去'凝固'历史的运动,而是关于历史变化本质的考

[①] 约翰·斯特罗克:《结构主义以来——从列维-斯特劳斯到德里达》,第84页,辽宁教育出版社和牛津大学出版社,1998年。

察;远非把语言视为结构,而是把语言看作**行动**与**事件**。"①

对福柯影响最大最深最久的人当然是尼采,福柯几乎就像是尼采的精神产儿。尼采提出"重估一切价值",他看到各时代的世界观并非建立在"客观真理"的基础上,毋宁说它们是人们所作的解释,这种解释在其有助于维持和提高一个民族的生活时对他们是有价值的。"真理"一词真正指的仅仅是被一个特定民族所采纳的那些对他们生存有帮助的价值和观念。"求真理的意志"千百年来已渗透于西方哲学家之中,即所谓"真诚"和"客观",与此对应的是纯粹的"客观真理"观念。尼采问道,究竟是我们身上的**什么**想要"追求真理"? 这个问题是解开真理的斯芬克司之谜的关键。尼采的谜底是人的生命本能和强力意志、种族求保存的需要,而非纯粹的"认识冲动"。"真理就是这样的一类错误,要是没有它,某一类生物就活不成。""'真理'这种东西,在我的想法中,是并不必然表示与错误对立的,相反,它在一些最根本的情况下,只是表示各种不同的错误彼此之间的一种对比;比方说,这种错误比那种错误更古老、更深刻,甚至是不能消除的,因为我们这一类有机生物没有它就活不成。""真理是什么? 是一堆可变的隐喻、转喻、拟人化,简言之,是一堆人类关系,它们被诗意地、修辞地提高、翻译、修饰了,由于长期使用,一个民族便以为它们牢不可破,奉若神明,具有约束力。"因此,问题并非"什么是真理",而是"什么被说成是真理"。"'我相信如此这般'这样一个**价值评价**,就是'真理'的**本质**。"②

福柯认为,尼采的真理观实际上已经涉及欧洲哲学中最根本的问题:我们为什么对真理如此迷恋? 为什么要真理而不要谎言? 为什么要真理而不要幻觉? 我们不要把真理当作谬误的对立面去努力寻找,而应该着手解决尼采提出的问题:在我们的社会中,"真理"是如何被赋予价值,以至于把我们置于它的绝对控制之下的? 从尼采以来,真理的问题已经改变了。不再有"什么是通向真理的最确定的道路"这样的问题,而变成了"真理走过的艰难历程是什么"。求真的意愿千百年来已经贯穿全部欧洲社会,如今已经被普及为所有文明的普适法则。这种"真理的意愿"的历史是什么? 它的后果如何? 它与权力的关系如何交织在一起?③

---

① 谢里登:《求真意志》,第119页,上海人民出版社,1997年。
② 尼采:《权力意志》,第270条,引自洪谦编《西方现代资产阶级哲学论著选辑》,第15页,商务印书馆,北京,1982年。
③ 《权力的眼睛:福柯访谈录》,第202—203页,上海人民出版社,1997年。

2. 福柯问题：知识和真理的生产

什么是福柯问题？在1977年的一次谈话中，福柯称他向来关心的问题就是"权力的效应和'真理的生产'"。在他去世前的最后一次访谈中，福柯总结他研究的问题是三类：真理、权力和个人行为问题[①]。他对学界和公众对他著述的误解颇感不满。"别人为我描绘一个对禁止和压抑的权力满怀忧虑的形象，仿佛我只讲两类故事：疯狂和对疯狂的钳制、异常状态和对异常状态的排斥、犯罪和监禁。其实我的问题往往建基于另一个概念之上：真理。对疯子施加的权力是如何生产精神病医生的'真实的'话语的？这也适用于性：唤醒一种意愿，去探究施行于性行为之上的权力的来源。我的目的不是要写一部有关禁令（prohibition）的社会历史，而是要写一部有关'真理'的生产的政治历史。……西方的历史无法同'真理'创造及发生效应的方式分割开来。从很大程度上来说，我们所生活的社会正在'迈向真理'。我指的是，这个社会生产和流通以真理为功能的话语，以此来维持自身的运转，并获得特定的权力。获取'真实的'话语（可是这些话语又在不停地变化）是西方的核心问题之一。"[②]

讨论福柯当然要从"知识"入手。"知识是可能的吗？"福柯会同康德一样作肯定回答，但康德的肯定完全不同于福柯，康德肯定"知识之为真理"的知识的普遍性和必然性，如牛顿力学的真理性是毋庸置疑的。福柯肯定有一大块被人认定为"知识"的东西，而且在多数场合，福柯笔下的"知识"与"真实的知识"或"真理"是同义的。但所谓"真实的知识"或"真理"绝非排除一切人为的主观因素的事物的实在性质（福柯压根怀疑这类客观性实在性），知识也非理性不偏不倚地认知探究和"为知而知"的产物，知识的生产不是知识人的劳作，或不主要是他们的精神创作史，而是政治力量、社会力量的交互作用，是政治史和社会史。问题不是"什么是知识？或什么是真实的知识？"而是"知识是如何构成的？""通过何种机制构成的？"或"是怎样被认定为真实知识的？"

知识与话语 知识是一个总的说法，知识总表现为按一定规则、通过一定机制构成的一套语言。福柯称之为话语，福柯的所有研究和著述甚至可径直称为"话语分析"。他研究疯人院、医院、人文学、监狱和性，实为精神病学话语、医学话语、人文学话语、权力话语及性话语的研究。这样福柯的知识分析进入话语分析。

话语的具体例子是某时代的医学，如19世纪在欧洲诞生的近代临床医学话

[①] Paul Rabinow (ed.): *The Foucault Reader*, New York: Pantheon, 1984, p.74.
[②] 《权力的眼睛：福柯访谈录》，第36—37页。

语,它当然包括具体陈述,但话语分析并不关心具体陈述本身。在《词与物》中,福柯分析的焦点是各个不同时期的知识型。知识型指的是"词"如何存在,"物"为何物,是特殊知识和科学的存在条件的一个关系维度。"知识型"是一种必然的、无意识的和无名的思想形式,一种"先天"知识,在一特定时期界定经验总体性中的一个知识领域,限定出现在该领域中的客体的存在方式,向人们的日常知觉提供理论力量,并定义人们借以能提出有关事物话语的种种条件。知识型作为各种知识领域的基础,对应于西方思想文化中的不同时期概念的基础①。在《知识考古学》中,知识型概念已被福柯弃之不用,通篇是关于话语构成(discursive formations)、话语实践的话语分析。福柯用话语生产代替了知识型概念,保留其作为一个时期知识范型的基本意涵。

话语首先被定义为陈述的整体。以精神病学话语为例,它不仅从精神病学话语本身看是一个陈述的系统,即既包括精神病的分类、诊断、化验、治疗等方法的规定,也包括精神病医生的地位、权威及其与病人关系的规定等;而且从精神病学话语与非精神病学话语的社会机构及实践的关系方面也构成一种系统,正是在此陈述系统和关系系统中产生了精神病学的对象:疯子。"这些关系是:区分刑事责任范畴和程度不同的缺少责任能力的具体规定与心理特征(官能及能力的发展或衰退的程度,对环境的不同反应方式,以及性格类型:是后天的、先天的还是遗传的)的关系;医学诊断的权威与司法裁定权威之间的关系(这确是一种复杂的关系,因为医学诊断完全承认司法当局对罪行、犯罪事实和罪犯适用惩罚条款的判定的权威性,但坚持其对犯罪起因及承担的责任大小拥有分析的权利);由司法审讯、警方情报和调查及整个司法信息机构构成的甄别机器与由医学诊询、临床检查、病史研究和病人主述构成的甄别机器之间的关系;个人行为的家庭规范、性规范及刑事规范与测定表征各种疾病的症状的病理学标准之间的关系;医院的治疗的管制(它有自己收治病人的制度、治愈标准以及区分正常与疾病的方法)与监狱的惩戒的管制(它有自己的惩罚与教育学系统,有其界定好行为、行为改善及获得自由的标准)之间的关系。"②这段文字虽只字未提及"权力",但将精神病学话语及医学诊断联系警方调查、司法裁定、刑事规范和其他种种非精神病学话语的社会机构和实践关系的这种分析,分明预示了其后福柯在《规训与惩罚》中的工作:知识/权力的知识社会学的方法。正如他在 1977 年的一次谈话中所说的:"我不认为我是提出这个问题(指权力——译者)的第一人。相反,我被我讨论的难题所困

---

① 参莫伟民:《主体的命运》,第 89 页,三联书店,上海,1996 年。
② Michel Foucault: *The Archaeology of Knowledge*, New York: Pantheon, 1972, pp. 43-44.

扰。如今当我回顾时，我问我自己，我在《癫狂与文明》或《诊所的诞生》中所谈论的问题，除了权力还有别的什么吗？"①

精神病学是文明事实而非自然事实　权力之在场，首先表现为是权力制造出精神病学的对象：精神失常只有在它预先成为驱除对象时才能成为一个认识的对象，这对我们的文化来说难道不重要吗？② 罗兰·巴特称赞福柯的精神病学研究，"将'自然'的碎片归还给历史，并且将一个我们视为医学事实的东西即精神病转变为文明事实"③。福柯在1969年写的《资历和研究成果》中，介绍他精神病学的研究逻辑，指出有一个领域没有开发，即应探索精神病人是如何被确认、隔离，又是如何被社会抛弃、监禁和治疗的；专门用来接受他们、收留他们、有时还治疗他们的是怎样的机构；他们的精神病是通过怎样的审查而确定的，依据什么标准、什么方式进行抑制、处罚和诊治。简言之，精神病人在什么样的机构和实践的网络中能同时被接受和确定④。在1977年的谈话中，福柯明确指出精神病学具有医疗和警察双重功能。"一方面是精神病学的医疗功能，另一方面则是警察严厉的压制功能，在某一特定时刻，走到了一起。这两个功能其实从一开始就是同一的。从它在19世纪初开始发展时，就不局限于在精神病院内发挥医学功能，而是普及和延展到社会各个角落，一直发展到今天这样一种混乱的格局——在法国还算有所约束，在苏联就肆无忌惮了。从一开始起，精神病学的目标就是要发挥维持社会秩序的功能。……社会里到处都有大量的问题，在街上，在工厂里，在家庭中，是我们精神病医生在发挥维护社会秩序的作用。这些混乱得靠我们才能平息。我们在建设公共卫生事业。这就是精神病学真正的使命。这就是它真正的语境和命运。精神病学到现在为止从未放弃过它的这个梦想，也没有摆脱这个语境。苏联并不是要把医学功能与警察功能这两个风马牛不相及的东西骇人听闻地结合在一起。他们所做的不过是一种强化而已，把过去从未停止发挥功能的一种相似的结构发展得更为冷酷无情。"⑤ 不仅精神病学，全部医学都可作如是观。就在这同一次谈话中，福柯指出健康计划并不仅仅针对疾病，更涉及一种对人的驯服制度。他以寄生虫病为例，寄生虫病在巴西东北的发病率达到100%，疾病确实存在，也是可以消灭的。问题在于知道，如果不设立某种类型的医学权力、某种类型的身体关系、某种类型的独裁统治——一种驯服的制度的话，我们怎样才能取得

---

① Michel Foucault：*Power/Knowledge*，pp.109-133.
② 引自埃里蓬：《权力与反抗——米歇尔·福柯传》，第117页。
③ 同上书，第141页。
④ 同上书，第235—236页。
⑤ 《权力的眼睛：福柯访谈录》，第55—57页。

实际的治疗效果。这就是我们今天与医生和医学的关系的特征①。

福柯越是进行持久的研究,就越是认识到,对于话语形成和知识谱系所进行的分析,不应该根据意识的种类、感知的方式和思想的形态,而应该从权力的战略和战术的角度出发。他在《规训与惩罚》中开始明确展开了知识/权力的系谱学分析。

3. 权力—知识

在《规训与惩罚》之前,福柯已经写了《癫狂与文明》(1961)、《诊所的诞生》(1963)、《词与物》(1966)和《知识考古学》(1969)等多部著作,但他却说《规训与惩罚》是他的第一部著作,视其为他的思想和方法的真正成熟之作。他继续用考古学概念来概括自己的方法,同时更明确地也更频繁地称其为系谱学方法,并联系比较尼采的道德系谱学,自称为权力系谱学。在《何为启蒙》一文中,他曾下了一个定义:"所谓考古学,而非先验学,是指,批判并不试图发现有关一切知识和一切可能的道德行为的普遍结构,而是力求去分析将我们的所思、所言和所为的一切都叙述为纷繁历史事件的种种话语。批判所以是系谱学的,是在于它无意从我们现在之所是的形式中推断出什么是我们不可为的和不可知的,而是从使我们成为我们之所是的偶然机缘中,分析出不再是我们之所是、不再做我们之所做或不再思我们之所思的那种可能性。"②运用考古学和系谱学的方法,福柯在《规训与惩罚》,连同其先前的《话语的秩序》及后来的《性史》第一卷《求知之志》中的工作,包括三方面的内容:权力社会学、知识社会学及将这两方面分析综合而成的权力—知识的社会学。

权力社会学　福柯在紧接着《知识考古学》后的《话语的秩序》一文中正式提出权力分析。该文是 1970 年福柯在被任命为法兰西学院的思想体系史的教授在该院所作的第一次公开演讲的题目。他演讲一开始就谈及话语生产与权力的关系。"我假设,在每一个社会中,话语的生产即刻会受到某些程序的控制、选择、组织和重新分配,这些程序的作用是消除话语生产具有的权力和危险,控制其引发的不测,躲避其沉重的令人可畏的物质性。"③福柯认为社会建立的旨在平息话语纷争和喧嚣的约束性体系有三种。第一种是从外部对话语进行排斥的机制:禁止与禁忌(人们不能口无遮拦)、隔离与抛弃(如可以弃置疯子的言论而不顾)和求真

---

① 《权力的眼睛:福柯访谈录》,第 70 页。
② 《福柯集》,第 539—540 页,上海远东出版社,1998 年,译文有修改。
③ Michel Foucault: *The Archaeology of Knowledge*, Appendix, p.216.

之志,这是对话语进行排斥的最有效机器,因为真理可以证明禁忌的正当和确定谁是谁不是精神病。第二种限制原则是那些在话语内部发挥作用的活动:如评论,它成倍地增加文本或言语的意义以消除其偶性;再有各种学科,科学的或其他类型的学科,它们对知识进行分类和整理,把所有不能类比的东西排除在其范围之外。最后一种约束原则是加之于话语的操作规则,它是话语进入社会的礼仪,是在拥有说话权利和能力前就应遵守的要求。"人们应该考虑科学与技术的秘密,应考虑医学话语流通的形式",还应考虑学校的作用。"任何教育体系都是一种用它们带来的知识和权力控制或改变话语归宿的政治工具。"①是不是要使由权力建构起来的话语秩序归于无序?这正是福柯为自己提出的任务。即便不能解构它,至少也要剖析它,使它显形,揭开它借以藏身和掩蔽真相的面具。福柯提出一种双重的方法:首先是批评的方法,它应该解开束缚话语的禁忌和排斥之罗网;然后是系谱学的方法,它要在话语出现的地方发现话语,即便它是与限制它的体系一同出现的②。七年后,福柯在谈到这篇演讲时承认那是转型时期写下的东西,其中对权力问题的分析是不充分的。"到那时为止,我一直接受了传统的有关权力的概念,即把权力看成本质上是一种司法机制,它制定法律,实行禁止和拒绝,产生一系列否定的效果:排除、拒斥、否定、阻碍、掩藏等。现在我认为这种概念是不充分的。在古典时期,权力对疯狂的最重要的实施形式就是排斥;对这些事实进行分析时,我能够没有太大问题地使用否定性的权力概念。但后来就觉得不够充分了。那是我在1971到1972年同监狱具体打交道的时候。接触了刑罚系统之后,我确信权力的问题不应该过多地从司法的角度来考虑,而是应该关心它的技术、战术和战略。于是我在《规训与惩罚》中用技术和战略的分析代替了法律和否定性的概念。"③

福柯认为权力在西方隐藏得最深。在社会机体中,权力关系可能是隐藏得最好的东西之一。19世纪以来对社会的批判基本上从其经济本质入手,这当然是一种对"政治"的有效还原,但同时却忽视了构成经济关系的基本的权力关系。另一种倾向,即认为权力不具有国家机构以外的形式,这同样会掩蔽权力关系。福柯声称要致力于四项研究:调查在权力关系中隐藏最深的是什么;把它们定位在经济基础之中;不仅追踪以政府形式出现的权力,还要追踪以亚政府形式或超政府形式出现的权力;在物欲性的活动中发现它的踪迹。

---

① Michel Foucault: *The Archaeology of Knowledge*, Appendix, p. 227.
② Ibid., p. 230.
③ 《权力的眼睛:福柯访谈录》,第173页。

首先，福柯反对仅仅把权力同法律和宪法，或者是国家和国家机器联系起来，那样只会把权力问题贫困化。权力与法律和国家机器非常不一样，也比后者更复杂、更稠密、更具有渗透性。如果不拥有权力机器，就不可能发展资本主义的生产力。以18世纪大工场里的劳动分工为例：如果没有在生产力管理层面上新的权力分配的话，这种任务的分工怎么可能达到？现代军队也是如此。光有新式的装备、新的征兵制度是不够的，同时还必须拥有新的权力分配，即所谓的纪律，带着它全套的结构和等级、检查、操练和各种制约。如果没有这些的话，从18世纪以来的军队就一天也存在不下去。福柯声辩他不想把国家权力的重要性和效应减到最低程度，而只是认为过分强调其作用会导致忽视所有不直接经过国家机器的权力机制和效应，这些权力机制和效应在维护国家方面比国家自身的机构更加有效。

显然，像军队、工厂这样的机器，或类似的机构和权力体系，都具有金字塔式的结构，当然有一个最高的顶点。但即使是这样，这一顶点并不像光线汇聚的焦点那样（这是君主权力的意象）构成权力生成的"源泉"或"原则"。在这一等级制度中，最高点与较低级的要素处于相互支持和相互制约的关系中，一种相互的"维持"（权力是相互的和不确定的敲诈勒索）。但是如果有人问："这种新的权力技术在历史上是否起源于某个可以确定的个人或群体，他们决定实施这种权力技术，以扩展他们的利益和对社会机体的利用？"回答是："不是这样的。"从一开始，这些策略就是根据局部的条件和特殊的需要创造和组织起来的。它们是零零碎碎地出现的，并没有一种系统的策略把他们融合成一种庞大而严密的整体。还应该注意到，这些结合体的内部分布并不是均匀的，不同机制的权力带着它们各自的特质，在相互的纠缠中进行运作。权力和生产力的发展是一体的，它构成了一部分生产力。而且权力不断地随着生产力的发展而得到改变①。

其次，福柯认为权力不仅是可见的宏观现象，更是不易发现地弥漫在一切人群关系中的，甚至深入于我们的肉体中。福柯将这种渗透进身体的权力过程与近代的经济生产方式的变化联系起来。18世纪的经济变化要求权力在更具有连续性的微观的渠道也能得到流通，能够直接贯彻到个人，他们的身体、他们的姿态和日常行为。通过这种方式，权力即使是在统治各色不同的人的时候，也能像对一个人那样起作用。权力关系能够在物质意义上深深地穿透身体，不需要依赖对主体的自我再现的思考。如果权力掌握了身体，这并不是首先通过在人的意识中扎根来实现的。有一个生物权力或身体权力的网络或流通渠道。这样在社会身体

---

① Michel Foucault：*Power/Knowledge*, pp. 146-165.

的每一个点之间,在男人和女人之间,在家庭的成员之间,在老师和学生之间,在有知识和无知识的人之间,存在着各种权力关系。它们不仅仅纯粹是巨大的统治权力对个人的投射;它们是具体的、不断变化的、统治权力赖以扎根的土壤,它们使得统治权力的发挥功能成为可能。即使到了现在,家庭并不是国家权力的简单反映和延伸,在对孩子的关系上,它并不作为国家的代表,就如同男人在同女人的关系上也不是作为国家的代表一样。为了让国家能够正常地发挥功能,在男人和女人、成人与儿童之间就必须建立超特定的具有自身结构和相对自律性的统治关系①。

再次,要研究权力的策略而非仅仅关注谁握有权力。福柯称在他研究癫狂和监狱的过程中,发现一切事物都围绕着这样一个核心:什么是权力。说得更具体些,权力是如何实施的?当某人对另一个人实施权力的时候,究竟发生了些什么?另一方面,谁在替我们做决定?谁在阻止我做这件事,又强迫我做那件事?谁在设计我的行为和活动?谁强迫我住在某个特定地区,虽然我在另一个地方工作?构筑我全部生活的这些决定是怎样做出来的?福柯以为这些才是今天的首要问题。他相信,像"谁实施权力"这样的问题,不可能与"权力如何发生"这样的问题割裂开来解决。我们当然要找出发号施令的人。我们要注意像议员、部长、秘书长这样的人。但是这并不很重要,因为即使把这些决策者一一指明,我们仍然并不真正知道那些决定为何做出,怎样做出,怎么为大家所接受,又怎样对某些人造成了伤害。如果不研究"权力的策略",我们就无法研究权力。资产阶级清楚地知道,新的宪法和法律并不足以保障它的统治。他们认识到,必须发明一种新的技巧,来确保权力的畅通无阻,从整个社会机体一直到这个社会的最小的组成部分。这样,资产阶级不但发动了革命,还成功地建立了他们从来未曾放弃的社会霸权。法兰克福学派断言在资本主义工业社会中,劳动具有根本性的价值,强迫犯罪者去工作是一种最有用的惩罚。福柯认为这仍然是一种经济学的解释,他不相信这种解释,监狱工作带来的利益从来都可以忽略不计——这不过是为工作而工作而已。事实上,现在的研究表明,在 18 世纪末,最终决定把监狱作为惩罚的基本模式,这时,综合多种技术手段,终于能够把人固定在特定的区域,强制他们做出特定的姿势,服从特定的习惯——简而言之,这就类似马戏团的驯兽。于是我们看到了 17 世纪末以前从来没有过的某种类型的部队营区;出现了大型的基督教寄宿学校,那也是 17 世纪所没有的;在 18 世纪我们看到出现了有上百工人工作的大型工厂。于是就发展出一整套对人类进行驯服的技巧,把他们禁锢在特定的地

---

① Michel Foucault: *Power/Knowledge*, pp. 184-187.

方,进行监禁、奴役、永无休止的监督。简言之,出现了一整套"管理"的技巧,监狱只不过是其表现之一①。

在《规训和惩罚》中,一种清晰的权力模型在福柯笔下产生了:微观权力的播撒,网络机器的散布,但却没有单一的管理体制,没有中心或焦点,没有对异质的制度和技术的横向的统摄。但是,与此同时,必须注意到国家对学校、医院、教养所的控制的实施,这些机构原来都是在教会或者慈善机构的手中。与此过程平行的是中心化的警察机构的创立,它实施永久的、彻底的监禁。这种监禁使一切事物成为可视的,而它自己却不可视。在18世纪,对警察的组织认可了监禁的普泛化,并使它达到了整个国家的范围。福柯说整个社会成为一座全景敞视的监督规训的监狱。这是权力命令创造的技术发明,就如同蒸汽机是根据生产的要求创造出来的一样。它先是在局部得到运用,在学校、兵营和医院。这是监禁实践进行实验的场所。人们学到了怎样建立档案,怎样建立打分和分类的体系,怎样对个人的记录进行审核。某些程序已经在经济和税收的领域得到应用。但是对一群学生和病人进行长久的监禁又是另外一回事。然后,到了某一个时期,这些方法得到了普遍的运用。与其说是国家机器征用了圆形监狱体系,倒不如说国家机器建立在小范围的、局部的、散布的圆形监狱体系之上。在现实中,权力的实施走得要更远,穿越更加细微的管道,而且更加雄心勃勃,因为每一个单独的个人都拥有一定的权力,因此也能成为传播更广泛的权力的负载工具。然而,个人本身不是一个被权力的实施抓牢的预先给定的实体。个人及其身份和特性也是权力关系、权力的策略对身体、运动、欲望、力量施展作用的产物。

因此,最后,权力绝非仅仅是禁止、否定、限制和惩罚的消极力量,它更是构造的、能动的和生产性的积极力量。当社会变成科学研究的对象、人类行为变成供人分析和解决的问题时,福柯相信这一切都与权力的机制有关。这种权力机制分析对象——社会、人及其他,把它作为一个有待解决的问题提出来。所以人文科学是伴随着权力的机制一道产生的②。这样,福柯的权力社会学分析自然同时也是一种权力—知识的社会学分析。

权力/知识社会学 福柯说他的工作假说是这样的:各种权力关系(以及反对它们的斗争和保护他们的机构)不仅对知识起着促进或阻碍的作用;它们也不只满足于怂恿或激励、歪曲或限制知识;权力和知识不是唯一由社会利益或意识形态的作用来联结的;因此,问题不在于确定权力如何征服知识并使它侍奉权力,或

---

① 《权力的眼睛:福柯访谈录》,第30—31页。
② 同上。

是确定权力怎样在知识上打下权力的烙印并把意识形态的内容和限制强加于知识。倘若没有本身就是权力的一种形式,并以它的存在和功能与其他形式的权力相联系的传播、记录、积累和置换的系统,那么知识体系便无法形成。反之,假如没有知识的摘要、占用、分配和保留,那么权力也无法发挥作用。在此层面上,既无知识也无社会,抑或既无科学也无国家,唯有知识/权力的根本形式①。

在《规训与惩罚》第一章里,福柯坚决抛弃关于知识与权力关系的传统想象,"即只有在权力关系暂不发生作用的地方知识才能存在,只有在命令、要求和利益之外知识才能发展。或许我们应该抛弃那种信念,即知识使人疯狂,因此弃绝权力乃是获得知识的条件之一"。紧接着福柯发出了他的权力/知识关系宣言,是的,只有宣言一词才能最好地表达福柯在此论述上的革命性意义:"我们应该承认,权力制造知识(而且,不仅仅是因为知识为权力服务,权力才鼓励知识,也不仅仅是因为知识有用,权力才使用知识);权力和知识是直接相互连带的:不相应地建构一种知识领域就不可能有权力关系,不同时预设和建构权力关系就不会有任何知识。因此,对这些'权力—知识关系'的分析不应建立在'认识主体相对于权力关系是否自由'这一问题的基础上。相反,认识主体、认识对象和认识模态应该被视为权力—知识的这些连带关系及其历史变化的众多效应。总之,不是认识主体的活动产生某种有助于权力或反抗权力的知识体系,而是权力—知识以及贯穿权力—知识和构成权力—知识的发展变化和矛盾斗争,决定了知识的形式及其可能的领域。"②

福柯断言在人文科学里,所有门类的知识的发展都与权力的实施密切不可分。若更具体言之是从权力对人实施的规训中产生的,而非如启蒙学者所断言的那样是人文学者不偏不倚的智力探求的结果。这两者之间的根本差别是了解福柯权力/知识社会学的入门关键。首先关于规训知识的起源问题,福柯就给出了一种地道知识社会学的解释。在他看来,对人实施规训以便既使人驯服又使人有用的历史形势出现于18世纪,人文学科的诞生实际上与一个规训社会的到来是连在一起的。"这种形势的一个方面就是18世纪的人口猛增,流动人口增加(规训的一个主要目标就是给人定位,它是一种反流动的技术),需要加以监督或管理的群体的数量范围发生变化(从17世纪初到法国革命前夕,学生的人数猛增,无疑,医院中的人数也猛增;到18世纪末,和平时期的军队人数超过二十万)。这种形势的另一个方面是,生产机构发展,变得愈益庞大和复杂,生产费用也愈益增

---

① 引自谢里登:《求真意志》,第171—172页。
② 福柯:《规训与惩罚》,第29—30页。

大,利润也必须增长。规训方法的发展适应了这两个过程,或者说适应了调解它们相互关系的需要。"①但无论是封建权力,还是君主制的行政机构、地方监督机构,或它们的不稳定的组合,都不能完成这一任务。因为它们的权力运用是讲究仪式的、炫耀的、粗暴的和成本昂贵的。规训要解决的正是旧的权力经济学不足以应付的问题。首先,它必须消除从密集人群中冒出的反权力效应,即规训要达到人群的驯服效应。其次,它必须增进人群中每一因素的特殊功用,从肉体中最大限度地榨取效用和力量。由此而产生一种新型的权力和此权力施加于人群而产生的新的人文知识体系②。它并非人文学者想象的旨在解放人的知识的创造,恰恰相反,而是要造就近代复杂社会所需要的驯服而有用的个人的权力规训过程的产物。它之被称为规训知识,是包含了以规训方式实现的"谦恭而多疑的权力"和行使了权力效应的书写知识。福柯对作为规训手段之一的"检查(或考试)"的分析中充分揭示了权力/知识的奥义:检查导入了一个完整的机制,这种机制把一种知识形成类型与一种权力行使方式联系起来。

第一,检查把可见状态转换为权力的行使。在规训中,规训的对象必须是可见的。"他们的可见性确保了权力对他们的统治。正是被规训的人经常被看见和能够被随时看见这一事实,使他们总是处于受支配地位。此外,检查是这样一种技术,权力借助于它不是发出表示自己权势的符号,不是把自己的标志强加于对象,而是在一种使对象客体化的机制中控制他们。在这种支配空间中,规训权力主要是通过整理编排对象来显示自己的权势。考试可以说是这种客体化的仪式。"③

第二,检查也把个体引入文件领域。检查留下了一大批按人头、按时间汇集的详细档案。"检查不仅使人置于监视领域,也使人置于书写的网络中。它使人们陷入一大批文件中。这些文件俘获了人们,限定了人们。检查的程序总是同时伴有一个集中登记和文件汇集的制度。一种'书写权力'作为规训机制的一个必要部分建立起来。"④这是军队需要解决的问题,因为在军队里必须杜绝逃兵,避免重复注册,纠正军官上报的虚假"信息",了解每一个人的表现和价值,确定失踪者或死亡者的减员数额。这也是医院需要解决的问题,因为在医院里必须辨认病人,驱逐装病者,跟踪疾病的变化,研究治疗效果,确定类似的病例和流行病的起

---

① 福柯:《规训与惩罚》,第 245 页。
② 同上书,第 246—247 页。
③ 同上书,第 210—211 页。
④ 同上书,第 212—213 页。

源。这也是教学机构需要解决的问题,因为在那里必须确定每个人的能力和水平及其可能利用的因素:"名册能使任何一个人了解孩子们在学校期间的品行,在信仰、教义和知识方面的进步。"①

第三,由各种文牍技术所包围的检查把每一个人变成一个"个案"。这种个案同时既成为一门知识的对象,又成为一种权力的支点。个案既"是那个可描述、判断、度量及与他人比较的具有个性的人。而且,它也是那个必须加以训练、教养、分类、规范化、排斥等的个人"②。

在福柯看来,普通的个性向来是不能进入描述领域的。被注视、被观察、被详细描述、被一种不间断书写逐日跟踪,是一种特权。"规训方法颠倒了这种关系,降低了可描述个性的标准,并从这种描述中造就了一种控制手段和一种支配方法。描述不再是供未来回忆的纪念碑,而是以备不时之需的文件……自18世纪起,与规训机制的发展曲线相一致,儿童、病人、疯人、囚徒都愈益容易成为个别描述和生平记载的对象。这种把现实生活变成文字的做法不再是把人英雄化,而是一种客观化和征服。"③

由于检查是同时从仪式上和"科学"上对个人差异的确定,是用每个人的特点来确定这个人,检查就清晰地标示了一种新的权力运行方式的出现。在这种方式中,每个人都获得自己的个性并以此作为自己的身份标志,他通过这种身份与表现他和使他成为"个案"的特征、计量、差距、"标志"联系起来。

在传统社会里,个人之被书写、被关注,此种个人化代表着社会地位的"上升",而在一个规训制度里,个人化是一种"下降"。"随着权力变得愈益隐蔽、愈益有效,受其影响的人趋向于更强烈的个人化。权力的行使所借助的是监视而不是盛大仪式,是观察而不是纪念性文字,是以'规范'为参照物的比较度量而不是以祖先为参照物的家谱,是'差距'而不是功绩。在一个规训制度中,儿童比成年人更个人化,病人比健康人更个人化,疯人和罪犯比正常人和守法者更个人化。在上述的每一种情况中,我们文明中的个人化机制更偏向于前一种人……所有使用'PSyCh-'(精神或心理)这一词根的科学、分析和实践,都起源于这种个人化程序的历史性颠倒。当个性形成的历史—仪式机制转变为科学—规训机制、规范取代了血统、度量取代了身份从而用可计量的人的个性取代了值得纪念的人的个性

---

① 福柯:《规训与惩罚》,第213页。
② 同上书,第215页。
③ 同上。

时,也正是一种新的权力技巧和一种新的肉体政治解剖学被应用的时候。"①

自然法学家说过,以个人为构成元素的社会模式是从契约与交换的抽象法律形式中借鉴而来的。按照这种观点,商业社会被说成是孤立的合法主体的契约结合。对此福柯不失风度地说:"情况或许如此。"但他马上提醒:"不应忘记,当时还存在着一种将个人建构成与权力和知识相关的因素的技术。个人无疑是一种社会的'意识形态'表象中的虚构原子。但是他也是我称之为'规训'的特殊权力技术所制作的一种实体。我们不应再从消极方面来描述权力的影响,如把它说成是'排斥'、'压制'、'审查'、'分离'、'掩饰'、'隐瞒'的。实际上,权力能够生产。它生产现实,生产对象的领域和真理的仪式。个人及从他身上获得的知识都属于这种生产。"②

一个多世纪中曾使我们"人类"感到欢欣鼓舞的人文科学,在福柯冷峻的审视下,其技术母体乃是那些卑微、恶毒、烦琐的规训及其调查。"这些调查对于心理学、精神病学、教育学、犯罪学以及其他许多奇怪的科学的重大意义,与可怕的调查权力对于有关动物、植物或地球的冷静知识的意义是相同的。"③福柯称自己并不认为人文科学源出于监狱,但"如果说它们(人文科学)能够形成,能够在'知识型'(episteme)中造成如此之多的深刻变化,那是因为它们是通过一种特殊而新颖的权力渠道而传递的,即一种关于肉体的政策,一种使人的群体变得驯顺而有用的方法。这种政策要求把确定的知识关系包容进权力关系,要求有一种使征服客体化重合的技术。它本身就带有新的造成个人化的技术。这种权力—知识造成了人文科学的历史可能性,而'监狱网络'则是这种权力—知识的盔甲之一。"④不仅人文科学如此,一般意义的科学也是如此。福柯最感兴趣的是分析科学在欧洲怎样被制度化为权力。他明确指出把科学仅仅看成一系列程序,通过这些程序可以对命题进行证伪,指明谬误,揭穿神话的真相,是远远不够的。"科学同样也施行权力,这种权力迫使你说某些话,如果你不想被人认为持有谬见,甚至被人认作骗子的话。科学之被制度化为权力,是通过大学制度,通过实验室、科学实验这类抑制性的设施而实现的。……科学当然产生我们服从的真理。真理无疑也是一种权力。"⑤

所有这些观点是惊世骇俗的,它与启蒙的人文精神和解放的哲学似乎格格不

---

① 福柯:《规训与惩罚》,第 216—217 页。
② 同上书,第 217—218 页。
③ 同上书,第 253 页。
④ 同上书,第 350 页。
⑤ 《权力的眼睛:福柯访谈录》,第 32 页。

入,与高扬人文知识分子的欧陆左翼传统也不在一路。但福柯确是左派,也不应该忽视福柯的洞见:即"人"只是一种知识论述和具体权力交织生成的一种以所谓"主体"形式出现的效果,在每一个特定的历史场景中,它只能是整个"管治工程"(governmentality)体系的产物。在当代社会,各种权力机制在知识专业和生活领域中起着操纵和渗透的作用,知识分子不能再幻想成为社会的自知先觉者,负担领导社会的作用。只有福柯强调的具体微观的(local)抗争,才可以保留批判工作的有效性。知识分子的责任不是认同什么先进的社会改革事业,而是踏实地去认清自己身处的知识权力体制,致力颠覆,扰乱真理的生产制造过程和规训制度,因为这些才是各社会主体被权力的网络不断转化、利用和配置的地方。一句话,知识分子所应从事的不是梦想在体制外,以高超的道德姿态进行意识层面的批判,而是具体而微的体制内的反体制抗争,因为这些体制才是知识分子真正起作用的处所。只有走进权力体制的内部(当然在毛细血管般的权力机制下,世界上已没有什么是在体制之外的了),知识分子才可以有一种局内人的批判观点[1]。知识分子投身社会批评,不是要指出事物没有按原来正确的方向发展。它的职责是要指明,我们的行为实践是在怎样的假设、怎样随便和不假思索的思维模式上建立起来的。我们不应该把人类生活和人类关系中极为重要的思想看成是多余的。思想存在于话语的体系和结构之上。它经常被隐藏了起来,却为日常的行为提供了动力。甚至在最愚蠢的制度中也存在着思想,甚至在沉默的行为中也存在着思想。批评可以把思想进一步擦亮,并努力改变它:表明事物并不是如人们所相信的那样不言而喻的,使人看到不言而喻的东西将不再以这种方式为人们所接受。批评的实践就是使得自然的行为变得陌生化[2]。

福柯告诫自己和同志:"身处批评的时代,不应由我们来提建议。一旦我们建议——我们提出一套语汇、一种思想,这只会导致支配性的后果。我们应该奉献的是人们可能会发现有用的零件和工具。通过组建致力于这种分析的小群体,进行不懈的斗争,运用这样或那样的工具:在此过程中新的可能性将会得到开辟。"[3] 知识分子的工作不是要改变他人的政治意愿,而是要通过自己专业领域的分析,一直不停地对设定为不言自明的公理提出疑问,动摇人们的心理习惯、行为方式和思维方式,拆解熟悉的和被认可的事物,重新审查规则和制度,在此基础上重新问题化(以此来实现其知识分子使命),并参与政治意愿的形成,完成其作为一个

---

[1] 参北京《读书》杂志1998年第7期,第33页。
[2] 《权力的眼睛:福柯访谈录》,第51页。
[3] 同上书,第72页。

公民的角色。同时，关于知识分子的基本政治问题并非被设想成联系科学去批评意识形态内容，或确信与他自己的科学实践相伴随的是正确的意识形态，而是去确定构成一种权力的新政治学的可能性。问题不是去改变人们的意识——或他们头脑中想的是什么，而是去改变真理生产的政治的、经济的和机构的罗网①。

19.3　布东：社会学中方法论的个人主义传统

雷蒙·布东（Raymond Boudon，1934—　）早年学过哲学，后来转向社会学，曾任索邦的教授和法国国家科学研究中心（CNRS）社会学研究所所长。他也是索邦的社会学分析方法小组的主任。从1978年以来，布东一直担任巴黎第四大学的社会学教授。布东著述宏富，主要有《社会学方法》（1969）、《机会不平等》（1973）、《扭曲的效果与社会秩序》（1977）、《社会的逻辑》（1979）、《批评的社会学词典》（与F. Bourricaud合著，1982）、《说服的艺术》（1990）、《价值的意义》（1998）、《价值的起源》（2000）以及与亚历山大合编的《社会学的经典传统》（1998—2000）等。

布东社会学可列入行动理论的阵营，其特征是以解释行动的情境性和脉络性而独树一帜，其主要的分析框架是方法论的个人主义和理性原则。布东相信从社会学的创始人到当代社会学，个人主义范式都构成为重要社会学传统的主干。但社会学中的个人主义传统的重要性常常被低估了。社会科学中主张方法论个人主义的认识论著作常常依赖于抽象的范例或从经济学中借用的事例。至于社会学家本人，他们普遍地接受这种观点：下降到个体层次是一种适合于组织和小群体研究的方法。但是，他们中的许多人都拒绝承认方法论个人主义（methodological individualism，缩写为MI）在宏观研究中有任何用处，并且他们还常常把在这类研究中运用MI的提议视作一种对从经济学中借来的思维方式的不恰当模仿。

虽然经济学与社会学的方法论的个人主义都将个人行动视为理性的，但布东认定绝无理由将一个还原到一个，社会学比较经济学赋予理性行动更宽泛的含义。

首先，布东力图给出社会学个人主义范式的简明定义：假设我们想解释社会学感兴趣的任何一个现象——例如，像托克维尔在其《旧制度》一书中所讨论的，为什么18世纪的英国和法国在某些方面有差别；或者，像桑巴特在其著名的著作中所论及的，为什么在美国没有社会主义。此类问题显然是宏观社会学性质的。

---

① Michel Foucault：*Power/Knowledge*，p.133.

根据 MI 范式,为了解释此类现象,就必须使之成为个人行动或行为的后果。当然,应该使这些行动成为可以理解的。通过将它们联系于行动者置身其中的情境就可以做到这一点。最后,社会情境本身也必须得到解释。

总之,假设 M 是有待解释的现象。在个人主义范式中,解释 M 就意味着使之成为一系列行动 m 的结果。用数学符号表达就是:$M=M(m)$;用文字表达就是:M 是诸行动 m 的函数。然后通过将它们联系于行动者所处的社会环境,即情境 S,它们就在韦伯的意义上变得可以理解了:$m=m(S)$。最后,情境本身必须被解释为宏观社会学变量的结果,或至少是比 S 位于更高层次的变量的结果。让我们称这些更高层次的变量为 P,那么 $S=S(P)$。总括起来:$M=M\{m[S(P)]\}$。用文字表达即是:M 是诸行动的结果,而诸行动是行动者的社会环境的结果,后者则是宏观社会学变量的结果[1]。

为了具体说明社会学中个人主义范式的性质和外延,布东选择了两个经典范例。尽管他本可以挑选出更多的例子,但他认为这样两个就足够为社会学中的个人主义计划下一个准确的定义了[2]。

1. 托克维尔的《旧制度》

考虑到该书的绝大部分都可以被看成试图解释 18 世纪法国和英国社会之间的一系列差异,因此托克维尔的书可以被恰当地看作一部比较社会学的著作。一个差异是,当英国的农业变得现代化时,法国的农业体制却处于发展不足的状态。考虑到当时重农主义者在法国政治精英中拥有巨大的影响,这一差异就令人困惑了。

布东相信托克维尔对差异的解释遵循了他前面所描述的典型的个人主义范式。由于高度的"中央集权化"(P),法国的地主们就同英国的地主们处于不同的境况(S)之下。作为 P 的结果,公共职位在法国的数量更为庞大。此外,因为这种集权,每一个公务员都可能将自己看成是这种中央权力的一部分。所以,在法国,权力、声望和影响力比在英国更大程度地附属于政府公职。考虑到政府公职都由国王出售并且代表着收入的主要来源,于是就产生了一种螺旋形膨胀:对公职的供应和需求同时增长。总体上说,地主们都受到强烈的驱动去购买政府公职:他们有资源去这样做;公职可得;并且有报酬与之相联。因此,作为环境结构(S)的

---

[1] Raymond Boudon: The Individualistic Tradition in Sociology, from Jeffrey C. Alexander *et al.* (ed.), *The Micro-Macro Link*, Berkeley: University of California Press, 1987, p. 46.

[2] 以下部分根据 Boudon: "The Individualistic Tradition in Sociology" 一文(张钰翻译)编写的

后果,他们购买公职,离开他们的土地并定居在邻近的城市中,留下佃户们照料土地。因为地主们没有受到驱动去增加其土地的生产力,又因为佃户们没有能力去这样做,作为一个合成的后果 M(m),法国的农业体制与英国的相比就保持在发展不足的状态。

另一个宏观因素,比如说 P',强化了这些效果:在国王加强其对社会的权力的漫长历史过程中,城市长期以来成为抵抗的一极。由于这个原因,他们便能够保持若干特权——其中之一是税收上的特权。在 18 世纪的城市中没有所得税。这一条件强化了种种其他产生外住地主(landlord absenteeism)的因素。

因此,托克维尔将由英国和法国农业的不同发展所代表的宏观特征解释为地主们的行动合成的结果。他通过将这一行为与布东所谓的他们的情境结构相联系,而使它在韦伯的意义上成为可理解的;情境的结构由诸如城市的税收特权或中央集权化之类的宏观因素而得到解释。

总之,布东在托克维尔的《旧制度》中看到了很好的方法论个人主义:各种宏观特征都被解释为行动的结果,如同依据韦伯的方法,当语境给定时,理想类型的行动者(例如地主、哲学家)的这些行动就被认为是可理解的,并且在这种意义上也是理性的(rational)。一如韦伯那样,托克维尔也暗中使用了一个比经济学理论中的理性宽泛得多的理性理论。

2. 韦伯的新教教派

马克斯·韦伯去世前写给奥地利经济学边际学派的著名成员罗尔夫·里夫曼(Rolf Liefmann)的信(引自 Mommsen,1965)中说道:"社会学也应该使用严格的个人主义方法论。"布东猜想韦伯渐渐意识到了曾在经济学中得到成功运用的个人主义方法论对社会学的重要关系。在《经济与社会》的开头,这一联系得到了明确的强调。尽管它在韦伯的经验研究著作中并不总是明确地得到运用,但它却含蓄地运用于他的许多著作之中。在其一些著作中,他使用了被认为是典型的经济学理论的假设和程序:对高度简化的模型、方法论个人主义、理性行动假设的使用。为说明这一点,要分析布东是如何考察韦伯论述美国新教教派的。

坚持规律范式的社会学家如孔德和涂尔干,曾宣称随着劳动分工的发展,传统的宗教将失去其吸引力:工业化或现代化将产生一种世俗化效应。韦伯从总体上对社会学中规律性陈述的有效性持怀疑态度,他当时很有可能是被美国的事例所吸引,这部分是因为它对于有关现代化对世俗化之影响的规律性陈述的常识是一个生动有力的反驳。在这样一个高度现代化和工业化的社会中,新教主义显得同以往一样充满活力。

因此，在对其主题的选择中，韦伯表明探询独特性同寻找难以置信的规律性一样是令社会学家感兴趣的目标。换言之，对他来说，如同对托克维尔一样，历史学和社会学之间的差异并非因为后者本质上是一门规律学科；相反，差异乃取决于这一事实，社会学家像经济学家一样，能够选择研究那些通过观察社会现实而向他提示的问题，这种观察是借助于高度简化和理想化的模型进行的。

韦伯对美国新教主义的生命力的解释有效地采取了一个运用了 MI 原则的模型形式。首先，韦伯以非常简约和抽象的形式罗列了美国社会和两个欧洲国家社会之间的宏观差异，他含蓄地通盘比较了美国社会与后两者：德国和法国社会。在美国，社会和地理的流动性更大；种族异质性也更大；而分层体系则不那么僵化；并且分层象征也不如法国或德国那么明显和醒目。例如，法国人有其荣誉军团（légion d'honneur），而德国人则让他们的学术头衔派上了大用场。至于宗教制度，教会（churches）在法国和德国很兴盛，但在美国，由于可以历史地加以解释的理由，新教主义采取了宗派（sects）的形式。

按照布东的符号，这一系列因素描述了解释性的宏观因素 P。设若美国的这些因素是 P，德国或法国的则可以说是 P'。按照布东对其分析的重建，下一步则是表明，对与分析目的有关的不同类型的相关行动者来说，P 和 P'将会分别产生不同的情境，即 S(P) 和 S'(P')。在韦伯的分析中，这些类型有两个：那些执掌清教宗派的人和那些愿意相互做生意的人。

就后者而言，因素 P 导致如下后果：在美国，对两个想做生意的人如 A 和 B 来说，要知道他们能不能信任自己潜在的合作者更为困难。首先，由于美国的流动性更大，他们不大可能相互认识；即使以前熟识，这种熟识也不大可能为其合作者的可信任程度提供些许指示。其次，因为地位象征较不明显，后者也不像在法国和德国那样方便有用。换言之，P 造成了一种对象征和对标志的需求，借助这种象征和标志，A 和 B 才能在建立一种生意关系之前知道他们是否能够对彼此有足够的信心——考虑到经济制度的复杂性，这种生意关系在许多情况下包含着时间上延迟的效应。这种需求也存在于欧洲社会，但是因素 P'却使之更易于得到满足，或者是通过以前的了解，或者是通过分层符号的运用。

这一需求现在自然将由新教宗派提供满足。首先，因为国家的精英们绝大部分是新教徒，以至于"是新教徒"就可以轻易地在许多场合作为一个肯定的**标签**（label）发挥作用了；其次，各教派之间的竞争是一个有利因素。通过强加很高的入教代价，那些掌管某一教派的人就能增加该派的资源，检验其成员的经济责任，希图提高他们授予其成员的荣誉证明的价值，并因此来增加该派的影响。换言之，普遍的情况 P 强化了各清教派别之间的竞争：那些能为他们的荣誉证明赋予很高价值的人更有影响力。韦伯不无诙谐地指出,如果加入路德宗(the Lutheran Church)的价码在德国和在美国一样高,那么在德国就不会再有什么路德教徒了。

这样,P 造成了一种情境 S(P),后者则从想与别人建立生意关系的人之中创造出了一种需求 m(S)。这一需求由行动者的供给而得到满足,这些行动者们在既定条件 P 下,可以被认为是天然的供给者,即那些掌管新教宗派的人。总的来说,P 产生了成为分析对象的宏观现象;此即清教主义在美国的生命力。

换言之,这一现象可以通过使之成为一个演绎模型的结果来得到解释。与任何一个模型一样,这个模型也依赖于对假设的简化。因此,美国和德国或法国之间的区别被化约为不多的几个特征。此外,考虑的行动者的类型也不多,并且这些行动者的动机以一种类似经济学分析的简单方式被重建起来。他们被赋予简单的、先验的动机。最后,这一解释(新教在美国的生命力)被解释为这些个人动机的合成结果。

布东认为,与托克维尔的例子一样,韦伯解释的结构非常接近于现在被用于经济学分析中的那种结构。无论如何,其解释依赖于 MI 原则。

3. 个人主义范式

布东确信上述两个例子定义了一种一般范式,即个人主义范式。因为这一范式符合一个重要而悠久的社会学传统,由此布东将这一范式的若干主要特征概括如下。

(1) 就社会学的目标而言,它们包括对特殊性和规律性的解释,以及对各种社会制度之间差异的解释。与涂尔干传统的规律范式相比较,寻求类似规律的陈述既不是唯一的甚至也不是主要的目标。因为在个人主义范式中类似规律的陈述被解释为诸行动的后果,所以它总是被视为一种临时的和脆弱的陈述,一旦使之有效的条件发生了改变,它就变成虚假的陈述了。因此,工业化常常产生一种世俗化效应,但它也可以不产生这样的效应。

(2) 按照这一范式,对任何一个现象,比如说 M,进行解释,就等同于要表明它是诸行动的结果,并且表明这些行动在考虑到行动者的社会环境(即他们活动于其中的情境的结构)之后,就能够变得可以理解。至于情境的结构,它必须被解释为是某些在系统层面上被规定的变量的产物。

(3) 解释采取模型的形式,即一个依赖于对假设进行高度简化的演绎体系的形式。被确定的相关的行动者类型一般为数很少。这些行动者只被赋予简单的动机。行动的情境结构同样由少数几个特征加以描述。

(4) 给定社会行动者活动于其中的情境,他们可以被假定是理性的,但这仅仅是在以另外一种方式说,任何一个知道行动者情境的观察者原则上都会得出这样的结论:"如果我处在同样的情况下,我会很容易做出同样的事情。"在这个例子中,理性与韦伯的理解(verstehen)概念的外延完全一致。这是一个依赖于情境的理性(situation-bound rationality)概念。

(5) 在反对个人主义范式的意见当中,常有这样一种说法:即它不易用于宏观社会学分析。布东认为他选取的例子表明这不是事实;托克维尔和韦伯在这些例子中都关注宏观问题。只要个人主义方法被看作是使用构建成模型的高度简化性的假设,它就变得与宏观社会学的分析相容了。韦伯方法论的三个主要部分——模型(理想型)、行动的理性(verstehen),以及个人主义——彼此间有着有机的联系。

(6) 由于这些简化的假设,产生了关于模型的有效性问题。这一问题在个人主义传统中以一种布东"年代误置"地称之为波普的方式[1]不言自明地解决了:如果一个模型能成功地解释大量观察材料,那么它就被认为是有效的。托克维尔在《旧制度》中的分析仍然被认为是重要的和有效的,可能是因为,从"中央集权"这个简单的概念出发,他能以一种异常节俭的方式解释法国和英国之间的许多差异。此外,他的微观社会学假设符合韦伯的理解标准。因此,关于地主或哲学家的动机的假设就容易得到理解。总之,如果一个模型符合韦伯的理解标准和波普的标准,那么它就是有效的。

(7) 个人主义范式是普遍性的。正如已经提到的那样,它可以被用于不同规模的现象:小群体,组织,还有民族社会。并且,正如两个范例所充分说明的那样,它可以被用于任何种类的现象。从这些现象的某些方面来看,托克维尔的分析属于知识社会学;从其他方面来看,又属于经济社会学。它们也可以被用于任何类型的社会。

19.4 布迪厄:实践理论与反思社会学

布迪厄1930年出生于法国偏远的外省。他自称与法国社会的核心制度,乃至知识界的体制处于一种外在性的关系中。"当人们不断使你意识到自己的异他性时,你的头脑里就会迸发出一种始终不懈的社会学警醒。这帮助我领会了那些他人观察不到、感受不到的事物。"[2]与许多声名卓著的法国学者,如涂尔干、萨特、

---

[1] 因为波普是托克维尔和韦伯的后来人,故布东要对"波普式方法"冠以"年代误置"的诙谐语。
[2] 布迪厄、华康德:《实践与反思:反思社会学导引》,第274页,中央编译出版社,北京,1998年。

列维-斯特劳斯、福柯和德里达等一样,布迪厄也毕业于巴黎高等师范学校(1954)。巴黎高师传统上一直是培养法国知识分子的渊薮。布迪厄却又是精英学校最犀利的批评者之一。他断言:"所谓'精英学校',就是负责对那些被召唤进入权力场域的人(其中大多数都出生在这个场域)进行培养,并且对他们加以神化的机构。"①他更将此种神化过程比拟为圣职授任礼。作为法国最富声望的科学机构法兰西学院的社会学教授,他可称为此种圣职授任的最大受益者之一,但他却称自己"从未真正感到自己有资格作为知识分子而存在"。此言并非自谦,而是想说"我不喜欢自己身上的知识分子成分"②,"在学术界从没有宾至如归的感觉"。人们的疑虑是,他既已占据神圣化的职位却又不遗余力地批判这种神圣化,这种批判究竟有多大的真实性和真诚性? 布迪厄回应上述的疑问:"我不可能不清楚同意用这种方式被神圣化意味着什么……我相信,我所具有的任何一点微小的机会,使我不被神圣化的过程所吞噬,都是因为我已经尽力分析这一神圣化过程了。我甚至设想,自己或许可以利用这一神圣化过程赋予的权威,赋予我对神圣化逻辑和效果的分析以更多的权威。"③通观布氏的全部社会批判工作,他的表白并非故作姿态,博取清名,而是其真实心态的表白。本节的讨论将有更多的篇幅展示他对所谓神圣化的社会魔法(或巫术)过程的揭示和批判。在过去三十多年里,布迪厄撰写了大量著作,主要的有《再生产:一种教育系统理论的要点》(与 J-C·帕斯隆,1970)、《实践理论大纲》(1977)、《区隔》(1979)、《实践感》(1980)、《学术人》(1984)、《国家精英》(1989)、《语言和符号权力》(1991)、《反思社会学导引》(1992)、《帕斯卡式的沉思》(1997)等④。按照布迪厄学说最热心的研究者和介绍者之一华康德教授的评价,布迪厄的这些著作,已经跻身于战后时代最具想象力和最富成果的社会理论和经验研究之列。他的著作包含了百科全书式的内容,完全不拘泥于学科的界限,兼及非常广泛的专业化研究领域,从对农民、艺术、失业、教育、法律、科学的研究到对亲缘群体、阶级、宗教、政治、体育、语言、居住状态、知识分子及国家的分析。他还将许多不同的社会学体裁糅合在一起,从细致入微的人类学描述到统计模型、再到抽象的元理论和哲学论述。"所有这些都从许多方

---

① 布迪厄:《国家精英》,第 116 页,商务印书馆,北京,2004 年。
② 布迪厄:《帕斯卡尔式的沉思》,第 9 页,三联书店,北京,2009 年。
③ 布迪厄、华康德:《实践与反思:反思社会学导引》,第 275—276 页。
④ 以上所列布迪厄本人及与他人合著的著作的书名,为法文本或英译本的中文直译。其中《实践感》的英译书名为 The Logic of Practice;而《反思社会学导引》的中译本的书名为《实践与反思:反思社会学导引》。

面对社会科学现行的学科分工和已被接受的思维方式提出了挑战。"①

1. 超越客观主义和主观主义的对立

布迪厄的理论旨在克服客观主义和主观主义之间的错误的对立。他把涂尔干及其社会事实理论、索绪尔和列维-斯特劳斯的结构主义及结构主义的马克思置于客观主义的阵营。客观主义采用一种社会物理学的方法透视社会,将社会看作一种客观的结构,可以从外部加以把握,可以无视处于其间的人们的各自看法而从物质上观察、测量和勾画这种结构的关联接合。客观主义立场的优点是破除了"社会世界透明性的幻觉",并与常识理解划清了界限。这样这种立场就有能力发现男女众生在"生产他们的社会存在"时不得不涉入的"决定关系"(马克思语)。借助统计学、民族志描述或形态学等方法,外在的观察者可以对"未成文的音乐总谱"破译和解释。

客观主义的危险,一是没有考虑这些"音乐总谱"或"客观规律"的生成原则,从而往往将这些自己构建的各种结构看作自主实体,赋予它像真实的行动者那样"行为"的能力,使原本抽象的结构概念物化了②。社会确实具有一个客观的机构,但同样千真万确的是,"社会在根本上也是由——用叔本华那句名言来说——'表象和意志'构成的"③。客观主义只能消极地理解实践,正如马克思对旧唯物主义缺点的深刻批评那样,"对事物、现实、感性,只是从客体的或者直观的形式去理解,而不是把它们当作人的感性活动,当作实践去理解,不是从主观方面去理解"④。在布迪厄看来,完整的人类学不能仅仅限于建构客观关系,还须将关于客观世界的意义的主观体验包含进来⑤。社会学因此不能按照涂尔干的告诫,"把社会现象当作事物来对待",因为这"就会忽略诸社会现象是客观社会存在中的认识对象(哪怕涉及某种不识)这一事实赋予它们的一切……对个人或集团作出定义的依据不仅是他们之所是,而且是他们之被认为的所是,一种被感知的存在,这种存在即使严格地取决于他们之所是,也绝不可能完全归约为他们之所是"⑥。客观主义的第二个危险是没有行动的概念,不能说明社会行动者的能动作用。"人类社会的关键问题并不是某些惰性的并且可以互换的物质颗粒,而是可以区分的具

---

① 布迪厄、华康德:《实践与反思:反思社会学导引》,第2页。
② 同上书,第8页。
③ 布迪厄、华康德:《实践与反思:反思社会学导引》,第9页。
④ 《马克思恩格斯选集》第1卷,第16页。
⑤ 布迪厄、华康德:《实践与反思:反思社会学导引》,第9页。
⑥ 布迪厄:《实践感》,第216页,译林出版社,南京,2003年。

有辨别力的行动者——正是他们完成了无以记数的圣职授任(ordination)活动,社会秩序正是通过这些活动不断地再生产,并不断变革。"① 也就是说,社会秩序并非自然秩序一般的自动过程,不通过行动者的复杂的互动是不会自发实现的。

与客观主义正相反,主观主义认为具有认知能力的社会行动者通过日常生活里有组织的、富有技巧的实践持续不断地建构他们的社会世界,而社会现实就是这些持续不断的权宜行为所成就的。在这种社会现象学的透镜里,社会就像是从这些个人的决策、行动和认知中产生出来的;而世界对于这些个人来说是意义充满的。这一立场的长处是,在社会持续不断的生产过程中,那些世俗的知识、主观的意义和实践的能力扮演了非常重要的角色。它强调了能动作用,强调了"社会认可的类型化与相关的体系"的重要性,正是透过这一体系,人们才赋予他们的"生活世界"以意义。

但在布迪厄看来,社会现象学至少有两大问题。"首先,它将社会结构理解为只是个人策略和分类行为的聚合,从而无法说明社会结构的韧性;其次,这种社会边际主义也无法解释现实的社会生产过程本身得以被生产的缘由及其所遵循的原则",社会行动者作为个人和身体,建构着社会现实,但行动者并没有建构那些他们在其建构活动中所运用的范畴,这一点正是互动论者和常人方法学家经常忽视的②。

为了走出客观主义—主观主义的两难,必须既抛弃没有行动者的机械论结构主义,又杜绝目的论主体论的个人主义。布迪厄认为这种目的论的个人主义不是掐头去尾的"过度社会化"了的"文化傀儡",就是改头换面、精心打扮的经济人。客观主义与主观主义、机械论与目的论、结构必然性与个人能动性,所有这些对立都是虚幻的。

2. 实践理论:习性与场域

为了超越社会物理学和社会现象学的二元对立,布迪厄提出了综合结构主义和建构主义的社会实践理论。实践为结构与行动之间辩证关系的产物。实践并非被客观决定的,它们也非自由意志的产物。

首先要将各种表象搁置一边,先建构各种客观结构(各种位置的空间③),即社会有效资源的分配情况;正是这种社会有效资源的状况规定了加诸互动和表象之上的外在约束。其次,再引入行动者的直接体验,以揭示从内部结构构建其行动

---

① 布迪厄:《国家精英》,序言第3页。
② 布迪厄、华康德:《实践与反思:反思社会学导引》,第10页。
③ 注意比较布劳的结构定义:人群在各种社会位置构成的空间中的差异与分化。

的各种知觉和评价（即各种性情倾向）的范畴①。

布迪厄将他自己的理论取向名之为"建构主义者的结构主义"，或结构主义者的建构主义。他肯定或者说至少部分地肯定结构主义的观点，但这是不同于索绪尔和列维-斯特劳斯的结构主义和结构主义马克思主义。索绪尔等人的理论聚焦的是语言和文化，布迪厄则强调结构也存在于社会世界本身之中。布迪厄认为客观结构独立于行动者的意识和意志。它们能引导和制约行动者的实践或他们的表象。同时，他接受并始终运用建构主义的分析。这使他既能解释社会结构的起源，也能解释认知模式、思维模式和行动模式的起源。

以上的讨论，将我们带到布迪厄对社会学对象的定义上面，他的定义不仅贯彻对二元论的超越，更是尝试对关系论的建构，以下是他的两处重要论述：

> 社会学的目的在于揭示构成社会空间的不同社会人群的最深层的结构，以及倾向于确保社会空间的再生产或者变革的"机制"……对客观结构（structures objectives）的这种探索本身就是对认知结构（structures cognitives）的探索，而行动者（agent）在对于具有如此结构的社会世界的实际认识中正是运用这种认知结构：在社会结构和心智结构之间，在社会世界的客观划分（尤其是不同场域中的支配者与被支配者）和行动者划分社会世界的关注原则（principe de vision）与划分原则之间，存在着对应关系②。

> 社会科学的对象，既不是个体，"不是被所有的'方法论个体主义者'幼稚地推崇为既是至高无上、又是根本基础的现实的所谓'现实的个体存在'（ens realissimum）"，也不是群体（作为在社会空间里分享相似位置的个体之间的具体聚合），而是历史性行动分别在身体中和在事物中的这两种实现方式之间的关系。这种关系，就是习性与场域之间的关系，它是一种双向的模糊关系。所谓习性，就是知觉、评价和行动的分类图式构成的系统，它具有一定的稳定性，又可以置换，它来自于社会制度，又寄居在身体之中（或者说生物性的个体里）；而场域是客观关系的系统，它也是社会制度的产物，但体现在事物中，或体现在具有类似于物理对象那样的现实性的机制中。社会科学的对象就是习性和场域之间的这种关系所产生的一切，即社会实践和社会表象，或者在被感知、被评价的那些现实形式中展现自身的场域。③

---

① 布迪厄、华康德：《实践与反思：反思社会学导引》，第11页。
② 布迪厄：《国家精英》，序言第1页。
③ 布迪厄、华康德：《实践与反思：反思社会学导引》，第171页。此处引文唯一也是重大的改动是将原译文的"惯习"改为"习性"，在中文学界，这两个不同的译名对应的是同一个西文词"habitus"。本书的选择无关乎对译名高下的评价，而只是表达一种微妙的偏好和统一叙述的需要。

在上述两段文字中出现的"社会空间"、"再生产"、"客观结构"与"心智结构"、"历史实践的身体形式"与"事物形式"、"习性"与"场域"等,是理解布迪厄社会学(更确切说完整的人类学或社会科学)的关键词,它们贯穿于布迪厄全部的著述,在下文将对此详细阐释,这里先提示若干关键之点。

第一,社会学总论是社会实践,分论是客观结构与心智结构的关系,或场域与习性的关系,或事物与身体的关系。这些分论都是对同一个社会实践的展开和表述,是互相说明和彼此对应的,关键是在社会实在的决定论和社会实在的建构论的实践关系中把握社会世界:社会世界是其所是,也是被社会世界的行动者表象和建构为是其所是。

第二,布迪厄以"社会实践与社会表象"并举,并非社会实践是无表象的,而是想强调社会表象"不只是反映社会关系,还有助于构建这些关系,因此,在一定限度内,人们就可以通过改变世界的表象来改变这个世界"[①]。社会表象理论不仅是布迪厄对经典实践理论的重要贡献,更被认为是布迪厄社会学的核心内容,围绕着社会表象发展的"符号权力"、"象征暴力"等分析构成布迪厄社会批判的主要篇章[②]。

第三,布迪厄以"心智结构"、"身体结构"、"习性"、"关注原则"、"划分原则"等概念表述传统二元论中主观主义一极的行动者概念,通篇没有"主体"、"意识"等概念。布迪厄采纳建构主义,但却是明确反对传统的"意识哲学"和"主体哲学"的。他肯定"实践活动总是要让建构现实的行为介入进来,这就要调动复杂的认知结构",但同时,"这项认知活动根本不可能等同为对自身有意识的智力活动。实践认识调动某些主导性图式,这些图式参照某些实践机能组织感知,并且建构实践的结构"。它们是一代又一代人的实践活动的产物,而非目的论的智力或意识活动[③]。

将身体带回社会分析,是布迪厄对尼采、海德格尔、福柯等的主体哲学祛魅努力的继承,并有新的贡献。他将身体投入与世界关系的程度视为投入到这种关系中的利益和关注的主要决定因素之一,这是被一切唯智主义或观念论社会学忘记的东西。他断言:"最严肃的社会命令不是面对心智的,而是面对身体的,身体被视为一个**记号**。男性特征和女性特征培养的根本点倾向于以走路、言谈、举止、观看等姿态,将性别之间的差异纳入身体之中(尤其通过衣服)。制度的常规不过是

[①] Bourdieu and Wacquant: *An Invitation to Reflexive Sociology*, Polity Press, 1992, p.14.
[②] 参戴维·斯沃茨:《文化与权力:布尔迪厄的社会学》第1章,上海译文出版社,2006年。
[③] 布迪厄:《国家精英》,第93页。

所有明确行动的界限,集团努力通过这些行动反复灌输社会限制,或同样地,灌输社会区分(不如男/女之分),并以身体上的区分形式如身体素养(hexis)、配置,将这些限制或区分自然化,人们希望身体素养和配置像文身图案的去不掉的印记与共同的观念和区分原则一样持久。"①他批评女权主义理论家们用意识的语言描写对统治的反抗,期待"觉悟"的自动作用带来政治解放的观点,仍然是一种经院的幻想,"由于缺少一种实践配置理论,忽视了由于社会结构纳入身体导致的非同寻常的惰性"②。

最后,布迪厄超越二元对立的立场并非不偏不倚,如果说吉登斯多少偏向于建构论的话,布迪厄则更倾向于结构论。他的确认为,将人们依据其在社会空间的地位来感知和建构社会世界的方式包括进他的社会学至关重要。然而,对社会世界的感知和建构是为结构所塑造的,并受结构的制约。在前面的引文中,他讲习性和场域都来自社会制度,在决定论的意义上,是肯定认知结构来自世界的结构,而不是相反③。这里的关键是,行动者感知和建构世界所秉持的所有观点、利益和关注原则"是由他们在这个他们企图改变或者维护的世界中所处的位置决定的。在社会关系上建立的偏爱体系(systèmes de préférences)的基本结构,是人们选择学校、学科,甚至选择体育运动、选择文化和政治观点的最根本的统一原则"④。布迪厄反复告诫人们牢记一个事实:行动者并没有构造他们在任何建构工作中所使用的范畴,因为建构行为无意识的主观结构是和客观结构一起经过一个长期而缓慢的无意识过程而得来的。以教学为例,正是教学机构的客观结构(如学科的等级)和社会空间的结构引导着(至少是消极地引导着)旨在维护或者改变这些结构的行动。在布迪厄看来,"行动者只是一个内在化了的外在,那么,他就同意使自己成为表面上的行动主体,而这些行动的真正主体是结构"⑤。

布迪厄工作的核心及其沟通主观主义和客观主义的努力,其最重要的概念化工作体现于他的习性概念和场域概念,以及它们彼此间的辩证关系。

(1) 习性

布迪厄明确地将习性概念作为一种具有其特定"逻辑"的实践活动的方法提出的⑥,其主要功能不仅在于克服上述主观主义(目的论)和客观主义(机械论)的

---

① 布迪厄:《帕斯卡尔式的沉思》,第165页。
② 同上书,第202页。
③ 布迪厄、华康德:《实践与反思:反思社会学导引》,第222页。
④ 布迪厄:《国家精英》,序言第2—3页。
⑤ 同上书,第51页。
⑥ 布迪厄、华康德:《实践与反思:反思社会学导引》,第164页。

对立,还要克服另一个对立,即实证主义唯物论和唯智主义唯心论的对立,"与实证主义唯物论不同,我们在理论上把实践作为实践来看待,认为知识的对象是被建构出来的,而不是被消极被动地复制下来的;与唯智主义唯心论不同,习性观提请我们注意,这种建构的原则存在于社会建构的性情倾向系统里。这些性情倾向在实践中获得、又持续不断地旨在发挥各种实践作用;不断地被结构形塑而成,又不断地处在结构生成过程之中"①。引文中两次出现的"性情倾向"(dispositions)是分别常识理解的"习惯"与布迪厄的"习性"的关键。布迪厄指出这样的区分被绝大多数评论者完全忽视了,他明确声辩:"我说的是习性(habitus),**而不是**习惯(habit),就是说,是深刻地存在于性情倾向系统(dispositions)中的、作为一**种技艺**(art)存在的生成性(generative)[即使不说是创造性的(creative)]能力,是完完全全从实践操持(practical mastery)的意义上来讲的,尤其是把它看作某种创造性艺术(ars inveniendi)。"②在这一简短的叙述中,布迪厄用了诸如"生成性能力"、"实践操持的技艺"或"创造性艺术"等一系列概念,重点是对习性的定义,而非对"习惯"与"习性"之差异的分辨,我们依然需要分辨。让我们采用布迪厄在《国家精英》中的研究实例来体会习惯与习性的区别,以作为理解习性理论的初步教程。人们喜欢读哪家的报纸、偏爱去怎样的餐馆、是常去球场看比赛还是喜欢去剧院听歌剧,说的似多是习惯或个人的趣味。但透过这些行为,布迪厄看到的是不同的政治倾向和消费偏好、文化资本的类型与审美趣味的差异,这些性情倾向的系统就是习性,习性也许不能告诉你为什么某人喜欢足球而某人喜欢篮球,但习性确实可以揭示为什么这群人更爱去球场、那群人却更喜欢上剧场。质言之,习性的分类进而指向社会人群的分类,而且正是社会类别及其实践塑造了行动者的不同习性。布迪厄在学校的类别和学生的习性之间发现了具有社会分层和社会再生产意义的联系。"引导学生在高等教育机构空间分布的差异化原则存在于学生的习性之中,而习性则是与继承所得资本的总量以及这个资本的结构联系在一起的。从这个意义上来说,我们能够理解,在关于文化、宗教或者政治方面的立场结构(即心智结构——引者)与位置结构(即社会结构——引者)之间存在着严密的对应性……从学业方面处于支配地位、社会方面处于被支配地位的这个极点,到社会方面处于支配地位、学业方面处于被支配地位的另一个极点,人们从事戏剧、音乐、电影文化活动的频度呈递减的趋势,而在体育运动方面则呈相反的趋势。

---

① 布迪厄、华康德:《实践与反思:反思社会学导引》,第164—165页。
② Bourdieu and Wacquant: *An Invitation to Reflexive Sociology*, p. 122. 译文采用《实践与反思:反思社会学导引》,第165页,引用时添加了各关键词的原文。

另外,政治上倾向于保守的各种习性的直接或间接征象也表现出同样的趋势。个人的所有选择以及这些选择的分布基本上都能够在习性体系中找到统一的主导原则。而习性,作为经济事物和文化事物的存在环境(这种环境是以某种实际的等级体系为特征的)中的产物,系统地将这些选择引向构成人们整个世界观的非此即彼的抉择中——在物质的或精神的、世俗的或超越世俗的、体力的或脑力的之间进行选择,等等。"①

我们的考察从《实践感》第三章中布迪厄关于习性的定义开始。

> 条件制约与特定的一类生存条件相结合,生成习性。习性是持久的、可转换的潜在行为倾向系统,是一些已结构化的结构(structured structure),倾向于作为促结构化的结构(structuring structure)发挥作用,也就是说作为实践活动和表象的生成和组织原则起作用,而由其生成和组织的实践活动和表象活动能够客观地适应自身的意图,而不用设定有意识的目的和特地掌握达到这些目的所必需的程序,故这些实践和表象活动是客观地得到"调节"并"合乎规则",而不是服从某些规则的结果,也正因为如此,它们是集体地协调一致,却不是乐队指挥的组织作用的产物。②

习性是社会世界之结构内化的产物。事实上,习性即为"内化的具体化的社会结构",它们反映了阶级结构的客观划分,如年龄群体、性别和社会阶级等。获取一种习性,乃是长期占据社会世界中的一个位置的结果③。因此,习性也将随人们在这一世界中的地位的改变而改变;并不是每个人都有同样的习性。然而,那些占据社会世界中相同位置的人容易拥有相似的习性,习性也让人们理解社会世界。但存在许多不同的习性意味着社会世界及其结构并不一视同仁地施加于所有的行动者。

习性又是起结构化作用的结构即人们借以应对社会世界的精神的或认知的结构。人们被赋予一系列内化的图式,以便感知、关注、理解、欣赏、评价和应对社会世界。正是通过这些图式,人们既生产他们的实践又感知和评价这些实践。这将我们引导到习性与社会世界的辩证关系,习性既为社会世界所产生又生产社会世界。一方面,它是一个"结构化了的结构"(structured structure),即它是一个为社会世界所组织所塑造的结构。另一方面,习性是"起结构作用的结构(structu-

---

① 布迪厄:《国家精英》,第 291—292 页。
② 布迪厄:《实践感》,第 80—81 页;Bourdieu: *The Logic of Practice*, Polity Press, 1990, p.53.
③ 同样聚焦于社会位置,布劳完全没有内化的社会结构的概念,他关注的只是这些位置的差异和关系对人们的社会交往机会带来的影响,进而如何决定人们获取各种可用资源的机会。参 George Ritzer: *Metatheorizing in Sociology*, Chapter 15, pp.578-579。

ring structure)",即它是一个将社会世界组织起来的结构。布迪厄还将这一过程的两面说成是"外在性的内化和内在性的外化的辩证法"①。

习性是历史的产物,具有组织实践的生成性能力。习性是按照历史产生的图式,形成个人和集体的因而也是历史的实践活动;它确保既往经验的有效存在,这些既往经验以感知、思维和行动图式的形式储存于每个人身上,与各种形式规则和明确的规范相比,能更加可靠地保证实践活动的一致性和它们历时而不变的特性。主观主义赋予社会实践以内在连续性但无法解释它的起源;客观主义加诸行动者以外在的支配性但失之为机械决定论。由于习性即为社会系统的身体化结构,即外在性的内在化,也就"无须在外在于身体的系统先前状态的力量和内在力量即当时产生于自由决定的各种动机之间作出选择;内在行为倾向,亦即外在性的内在化,能使外在力量起作用,但必须遵循内含这些外在力量的机体的特殊逻辑,也就是以持久的、系统的和非机械的方式起作用……产生习性的结构借助习性支配实践行为,但途径不是机械决定论,而是通过原初为习性的生成物规定的约束和限制……(同时)习性是一种无穷的生成能力,能完全自由地(有所限制)生成产品——思想、感知、表述、行为,但这些产品总是受限于习性生成所处的历史和社会条件,习性所确保的受条件支配的和有条件的自由不同于无法预期的创新,也有异于仅仅是原初条件的机械再生产"②。

习性是活化的制度和制度的人格化。习性乃是制度将它的特殊逻辑反复灌输施加于身体的产物,因此习性能使行动者生活于制度之中,在实践中占有制度,从而使制度保持活力、生机和效力,不断地使它们摆脱无效和衰竭状态。其方法是使得被置于其中的意义复活,及对制度加以修正和改变,因为修正和改变是重新活化之补偿和条件。"习性更是制度借以得到充分实现的东西:身体化能发挥身体的本领,认真对待以言行事的社会魔法,其功效能使国王、银行家和教士成为人格化的世袭君主政体、金融资本主义或教会。物占有其所有者,化为一个生成结构,生成种种完全符合其逻辑和要求的实践活动",即如马克思所说的"长子"是土地继承制度的人格化,而"资本家"则是资本的人格化③。

习性是被忘却的历史和无意识的自发性。作为身体化的、内化为第二天性的以至于被忘却的历史,习性乃是习性赖以产生的全部过往的有效在场。据此,习

---

① Pierre Bourdieu: *Outline of a Theory of Practice*, London: Cambridge University Press, 1977, p. 77, from George Ritzer: *Metatheorizing in Sociology*, Chapter 15, p. 579.
② 布迪厄:《实践感》,第 83—84 页。
③ 同上书,第 87—88 页。

性使实践相对独立于直接现时的外在决定因素。这种独立性是使动的和能动的过往的独立性,以累积的资本形式发挥作用,它在历史的基地上生产着历史,从而确保变化过程中的恒定性,而正是这一变化过程造就了作为世界中的自成一个世界的个别行动者。"习性是既无意识也无意志的自发性,因此习性不只对立于机械论中无历史之事物的机械的必然性,同样也对立于唯智论中'无惯性'之主体的反思的自由。"①

习性是在意识和语言之下的层面发挥作用的,超越了内省的审慎和意志掌控的范围。虽然我们并不能意识到习性及其运作,习性仍将在我们大部分的实践活动中表现出来,如我们的饮食方式、走路姿势、谈话方式,甚至擤鼻的方式。习性像一种结构那样运作,这些结构作用于人,但人们并不只是机械地应对习性式外部结构。因此布迪厄的方法,要我们避免不可预言的新奇和完全的决定论的极端②。

习性是选择性感知原则。"它是有选择地感知能够对其起到肯定和强化作用而不是改变作用的征象,它也是反应的生成母型,生成预先适应于所有与它(过去)的生成条件一致的客观条件的反应。因此,习性是根据它所提前并促成其降临的可能将来而被定义的——因为习性直接从它唯一能够经历的现时,亦即从被推定的世界之现时中辨认出这一将来。故此,习性是马克思所说的'实际需求'(与建立在需要和欲求之上的'无效需求'相对)的根据,是与可能事物的现实关系,此关系将在权力中同时找到其依据和界限,而且,作为与其自身的获得和实现所需要的(社会)条件相关的行为倾向,往往与需求或欲求的客观可能性像适配,倾向于使人们'按其兴趣',即如托马斯主义准则所说,'按其条件'生活,并因此而参与可能事物的实现过程。"③

(2) 场域

如果说习性的讨论倾向于社会建构论或社会表象论,则场域的议题则主要集中于社会结构论或社会空间论。本节的讨论首先来关注场域的一般性质,继而进到场域与习性的关系分析。

场域的定义 场域,布迪厄有精辟的定义和详细的解说:"从分析的角度来看,一个场域可以被定义为在各种位置之间存在的客观关系的一个网络(network),或一个构型(configuration)。正是在这些位置的存在和它们强加于占据特

---

① Bourdieu: *The Logic of Practice*, p. 56;参布迪厄:《实践感》,第 86 页。
② See George Ritzer: *Metatheorizing in Sociology*, Chapter 15, p. 580.
③ 布迪厄:《实践感》,第 99 页。

定位置的行动者或机构之上的决定性因素之中,这些位置得到了客观的界定,其根据是这些位置在不同类型的权力(或资本)——占有这些权力就意味着把持了在这一场域中利害攸关的专门利润(specific profit)的得益权——的分配结构中实际的和潜在的处境(situs),以及它们与其他位置之间的客观关系(支配关系、屈从关系、结构上的对应关系,等等)。在高度分化的社会里,社会世界是由大量具有相对自主性的社会小世界构成的。这些社会小世界就是具有自身逻辑和必然性的客观关系的空间,而这些小世界自身特有的逻辑和必然性也不可化约成支配其他场域运作的那些逻辑和必然性。例如,艺术场域、宗教场域或经济场域都遵循着它们各自特有的逻辑:艺术场域正是通过拒绝或否定物质利益的法则而构成自身场域的(Bourdieu,1983);而在历史上,经济场域的形成,则是通过创造一个我们平常所说的'生意就是生意'的世界才得以实现的,在这一场域中,友谊和爱情这种令人心醉神迷的关系在原则上是被摒弃在外的。"①

场域是一游戏 布迪厄将场域比作一种游戏(jeu),卷入游戏的游戏者无论采取什么策略,都同意游戏是值得参加的。无论什么时候,都是游戏者之间力量关系的状况在决定某个场域的结构。而游戏者的地位取决于各自牌的总数,也取决于这把牌的组成状况。社会游戏的牌就是不同种类的资本如经济的、社会的、文化的、符号的资本,这也就是说,游戏者的地位取决于游戏者拥有资本的数量和结构。有些牌在所有的场域中都是有效的,都能发挥作用,这些就是各种基本类型的资本。而有的牌作为一种资本(例如希腊语或积分学的知识)的价值,则取决于某种游戏的存在,某种使这项技能得以发挥作用的场域的存在。"一种资本总是在既定的具体场域中灵验有效,既是斗争的武器,又是争夺的关键,使它的所有者能够在所考察的场域中对他人施加权力,运用影响,从而被视为实实在在的力量,而不是无关轻重的东西。在经验研究中,确定何为场域、场域的界限在哪儿,诸如此类的问题都与确定何种资本在其中发挥作用,这种资本的效力界限又是什么之类的问题如出一辙,这里我们可以看到资本概念和场域概念是如何紧密相连的。"②

社会世界是一部积累的历史,这是布迪厄将资本概念带入社会分析的根据,如同强调社会世界是惯性的世界而将习性概念带入行动分析的理路一样。布迪厄对资本理论的贡献至少有两点不可忽视。一是借自经济学的资本概念在布迪厄手里已经成为社会分析概念,所以不仅有文化资本、社会资本、符号资本概念的

---

① 布迪厄、华康德:《实践与反思:反思社会学导引》,第132页。
② 同上书,第135—136页。

发明,更有对资本社会学和政治学的阐发。他将资本定义为"一种铭写在客体或主体结构中的力量,一条强调社会世界的内在规律性的原则",正是资本的这种性质使得大部分社会游戏超越了简单的碰运气的游戏①。还有更大胆的定义,他在《国家精英》中说:"资本的不同类别实际上就是在差异化和自主化的过程中形成的某某场域中(力量场域或者斗争场域)发挥作用的某些特殊权力。"②这样的资本概念已经远远超越了经济学的想象。二是他将文化资本和象征资本的分析,放在社会秩序再生产的视野中,将文化、符号与权力勾连起来,大大发展了文化的政治经济学,读者将在本章稍后的"教育社会学"的章节中领略到布迪厄社会理论这一最具创造性和启发性的方面。

场域是一争夺的空间　这些争夺旨在维持或变更场域中这些力量的构型。作为各种力量位置之间客观关系的结构,场域是这些位置的占据者(用集体或个人的方式)所寻求的各种策略的根本基础和引导力量。行动者的策略取决于他们在场域中的位置,即特定资本的分配;还取决于他们所具有的对场域的认识③。

场域分析的三个环节　从场域角度进行分析必须涉及三个必不可少并内在关联的环节。首先,必须分析与权力场域相对的场域位置。在诸多场域中,布迪厄认定经济场域和政治场域代表着支配的权力,文学场域是被包含在权力场域之中的,但它占据的是一个被支配的地位(在布迪厄看来,艺术家和作家,或者更一般而言,知识分子,都是"支配阶级中的被支配集团")。其次,在同一个场域中,必须勾画出行动者或机构所占据的位置之间的客观关系结构,因为在这个场域中,占据这些位置的行动者或机构为了控制这一场域特有的合法形式的权威,相互竞争,从而形成了种种关系。第三个环节是必须分析行动者的习性,亦即千差万别的性情倾向系统。行动者是通过将一定类型的社会条件和经济条件予以内在化的方式获得这些性情倾向的;而且在所研究场域里某条确定的轨迹中,可以找到促使这些习性或性情倾向系统成为事实的一定程度上的有利机会④。

位置的场域和立场的场域的合并分析　在方法论上,各种位置的场域与各种立场的场域是密不可分的,不论是客观位置的空间,还是主观立场的空间,都应该放在一起分析。但在通常的情况下,位置的空间仍然倾向对立场的空间起到支配的作用。例如,艺术革命是构成艺术位置空间的各种权力关系发生变革的结果,

---

① 布迪厄:《文化资本与社会炼金术》,第189页,上海人民出版社,1997年。
② 布迪厄:《国家精英》,第457页。
③ 同上书,第140页。
④ 布迪厄、华康德:《实践与反思:反思社会学导引》,第143页。

而这种变革之所以可能发生,是因为一部分生产者的颠覆意图正好迎合了一部分受众的期望,并因此改变了知识分子场域与权力场域的关系。对于艺术场域确定无疑的事实也同样适用于其他场域。人们可以发现在1968年"五月风暴"前夕,学术场域中的各种位置与那些事件的各种不同的拥护者所采取的政治立场之间也存在同样的"吻合";或者,在经济场域中,我们可以发现银行的客观位置与它们所采取的广告宣传和人事管理策略之间也存在同样的"适配"关系①。

  场域分析的三原则 首先,对置身于一定场域中的行动者产生影响的外在决定因素,从不直接作用在他们身上,而是只有先通过场域的特有形式和力量的特定中介环节,预先经历了一次重新形塑的过程,才能对他们产生影响。一个场域越具有自主性,也就是说,场域越能强加它自身特有的逻辑,强加它特定历史的积累产物,上述的这一点就越重要。

  其次,在哲学、政治、文学等场域与社会空间的结构(或阶级结构)之间,在其组成结构和运作过程方面都存在全面的对应关系(homologies):两者都存在支配者和被支配者,都存在旨在篡夺控制权与排斥他人的争斗,都存在自身的再生产机制,等等。例如,哲学场域中这样那样的哲学竞争者与社会场域总体中的这样那样的政治集团或社会集团之间,存在位置上的对应关系,通过这样的对应关系,这些哲学斗争产生了政治效果,发挥了政治作用。

  再次,各种场域都是关系的系统,而这些关系系统又独立于这些关系所确定的人群。当人们谈及知识分子场域时,人们发现许多"粒子",他们受到各种吸引力、排斥力之类的摆布,就像在磁场中一样。但"一旦我说到一个场(域),我的注意力就会紧紧盯住这种客观关系系统的基本作用,而不是强调这些粒子本身。而且我们可以遵循一位德国著名物理学家的公式,指出个人,就像电子一样,是场(域)的产物:在某种意义上来说,他是场域作用的产物。某个知识分子,某位艺术家,他们之所以以如此这般的方式存在,仅仅是因为有一个知识分子场域或艺术场域存在"②。社会科学的真正对象也并非个体。场域才是基本性的,必须作为研究操作的焦点。这并不意味着个人只不过是"梦幻泡影"或他们并不存在:他们确实存在,不过是以行动者而不是生物性的个体、行为人或主体(as agents—and not as biological individuals, actors, or subjects)的方式存在着。"而场域的这种构成影响则体现在以下事实上:这些行动者都拥有在此场域中发挥作用(亦即产生效用)所必需的禀赋。并且,正是我们对这些行动者置身并形成于其中的场域本身

---

① 布迪厄、华康德:《实践与反思:反思社会学导引》,第143页。
② 同上书,第145页。

的知识,使我们能够更好地把握他们特立独行的根源,把握他们的观点或(在一个场域中的)位置的根源。要知道,他们对世界(以及场域本身)的特有观念正是从这种观点或位置中建构出来的。"①

本节最后部分将集中讨论习性与场域的关系议题。事实上,先前两节的讨论在涉及两者的关系,在布迪厄关系主义主导的话语中,对主要范畴的片面定义是不大可能的。如对习性的定义,自始以来都是在"外在性的内化和内在性的外化的辩证"逻辑中展开的。而场域的客观结构也只有在由习性生成的实践里才得以活化并得以再生产。《国家精英》第一部分的结语微妙表达了上述的辩证:"得自于实践又投入于实践的感知图式,虽少有明白的显现,却是实践和变革的实施者,客观结构正是通过这些作为其产物的实践的实施者而获得了一种有效的存在,并由以而实现自身的再生产和转化。"②彼得·伯格和卢克曼曾说"人是人所创造的社会的产物",套用他们的语式,似可以说,"场域是场域所塑造的习性的产物"。这一学步的表述多少有点"山寨",还是看看布迪厄关于习性与场域关系的原版说法。

在与布迪厄的对话中,对其关于习性与场域的"双向模糊关系"或"本体论的对应关系"的说法,华康德希望得到此关系之实质为何的解答,以下文字是布迪厄的回应。

何为场域与习性的"双向关系"?习性和场域之间的关联有两种作用方式。一方面是制约关系:场域形塑着习性,习性成了某个场域固有的必然属性体现在身体上的产物。另一方面又是知识的或认知建构的关系:习性有助于把场域建构成一个充满意义的世界,一个被赋予了感觉和价值,值得你去投入、去尽力的世界。有必要补充两点:"首先,知识的关系取决于制约的关系,后者先于前者……其次,社会科学必然是一种'知识的知识',必须包括一种具有社会学基础的现象学,用以考察场域里的那些原初经验。"③

何为场域与习性的"本体论的对应关系"?布迪厄继续发挥,人的生存,或者,以社会形塑的身体的方式存在的习性,是包含了无数的生存或习性的世界中的一部分。这意味着,社会现实是双重存在的,既在事物中,也在心智中;既在场域中,也在习性中;既在行动者之外,又在行动者之内。而当习性遭遇了产生它的那个

---

① 布迪厄、华康德:《实践与反思:反思社会学导引》,第 146—147 页;Bourdieu and Wacquant: *An Invitation to Reflexive Sociology*, pp. 106-107.

② Bourdieu: *The State Nobility*, Stanford University Press, 1996, p. 53;参布迪厄:《国家精英》,第 94 页。

③ 布迪厄、华康德:《实践与反思:反思社会学导引》,第 172 页。

社会世界时,正是"如鱼得水",得心应手:它感觉不到世间的阻力与重负,理所当然地把世界看成是属于自己的世界。布迪厄发挥帕斯卡的格言:世界包容了我,但我能理解它。"这恰恰只是因为它包容了我。正是因为这个世界创造了我,创造了我用于这个世界的思维范畴,所以它对我来说,才是不言而喻、不证自明的。在习性和场域的关系中,历史遭遇了它自己:这正像海德格尔和梅洛—庞蒂所说的,在行动者和社会世界之间,形成了一种真正本体论意义上的契合。这里的行动者,既不是某个主体或某种自觉意识,也不是某种角色的机械扮演者,不是某种结构的盲目支持者,也不是某种功能的简单实现者。这里的社会世界,从来也不是什么'物',哪怕在研究的客观主义阶段,必须把它暂时作为'物'来建构。这种实践知识的关系,不是我们在一个主体和一个客体之间建构出来,拿它当个问题来体会的那种关系。习性是社会性地体现在身体中的,在它所居留的那个场域里,它感到轻松自在,'就像在自己家一样',直接能体会到场域里充满了意义和利益。它所追求的实践知识……从某种意义上来说,就像'恰当的意见''适得其所',不知道原因,也不知道过程,就这样,性情倾向和位置彼此适应,'游戏感'和游戏互相契合,从而告诉了我们,为什么行动者们做了他们'不得不做'的事,却并没有把它作为一个目标明确地提出来,未经盘算,甚至也没有意识到,在话语和表象里也反映不出来。"①

3. 教育社会学

教育社会学既是布迪厄场域研究的一篇现场作业,也是他所致力的普通人类学的一项具体示范。但如果将它视为布迪厄一般社会理论的应用研究,根据马上就要提到的理由,这样的评语对于布迪厄的学术抱负和社会分析方法论显然过于狭隘了。

(1) 教育社会学的性质

教育社会学对于布迪厄的工作有着特殊的重要性。斯沃茨说教育在布迪厄的研究中占有核心地位,绝非夸大之词②。他在教育社会学的题目下写的著作最为宏富,影响最为广泛。他最早的学术工作开始于教育研究,最早成名作也是关于教育:《再生产:一种教育系统理论的要点》(与 J-C·帕斯隆,1970)。在他漫长的学术生涯中对教育的兴趣始终活跃并不断有佳作问世,如《学术人》(1984)、《继承人:大学生与文化》(与 J-C·帕斯隆,1985)、《国家精英:名牌大学与群体精神》

---

① 布迪厄、华康德:《实践与反思:反思社会学导引》,第 172—173 页。
② 斯沃茨:《文化与权力:布尔迪厄的社会学》,第 218 页。

(1989)、《学术话语:语言误识和专业权力》(与 J-C·帕斯隆和 M·D·圣马丁,1992)等。这些著作涉及大学生、教师、大学及学界、教育政策与体制等多方面,而布迪厄被公认是当代法国教育社会学的第一人。比上述成就更为重要的是布迪厄对教育社会学性质的看法。在他看来,教育社会学远不是那种运用型的末流科学,它不像人们习惯上所认为的那样,仅仅是一门有益于教学的科学,"事实上,教育社会学构成了关于权力和合法性问题的普通人类学的基础"。布迪厄进而将教育社会学与他的社会空间理论和资本理论联系起来。"由于社会空间的结构,比如说,我们在差异化社会(sociétés différencies)中注意到的社会空间的结构是经济资本与文化资本这两个基本的分化原则(principe de différenciation)的产物,因此,对文化资本分布的再生产起决定性作用,进而又对社会空间结构的再生产起决定作用的教学机构,就成了人们为了垄断霸权位置而进行争夺的关键。"教育关乎社会资源的分配和社会再生产的机制,由此布迪厄断言:"教育社会学是知识社会学和权力社会学的一个篇章,而不是一个微不足道的部分——更不用说它对于权力哲学的社会学意义了。"[①]

(2) 教育与社会不平等

布迪厄的工作旨在回答两个问题:其一是第二次世界大战以后西方国家日益扩大的教育机会是否改变了教育的不平等进而缩小了社会的不平等,此为事实发现问题。其二是通过何种机制教育实际上有助于促进社会不平等秩序的再生产,此为理论解释问题。

布迪厄及其合作者超过二十年的教育研究,全部支持教育的不平等并维护社会不平等的结论。其主要表现,一是不同社会阶层接受高等教育的机会严重不平等。1985年完成的《继承人》中的数据表明,农业工人的儿子上大学者不到1%,70%的工业家儿子上大学,自由职业者儿子上大学的比例超过80%。作者有理由说:"教育系统客观地进行着淘汰,阶级地位越低受害越深。"[②]二是教育机构的等级化(即名牌大学与普通大学的二元划分)导致由社会地位最高者独揽最高学府。还是《继承人》的数据,巴黎高等师范学校和巴黎综合技术学校里出身上层社会的学生比例最高,分别占两校学生总数的57%和51%[③]。而完成于1989年的《国家精英》提供了更新但同样的机会画面,国家行政学院、巴黎政治研究学院、高等商

[①] 布迪厄:《国家精英》,序言第8页。
[②] 布迪厄、帕斯隆:《继承人:大学生与文化》,第5页,商务印书馆,北京,2002年。
[③] 同上书,第8页。

学院中出身支配阶层的学生占这些学校学生总数的60％以上①。三是学业资本的等级化导致的生活机会和职业发展的不平等。还是据《国家精英》的报告，巴黎综合技术学校的毕业生和巴黎政治研究学院的毕业生几乎平分了法国二十五家最大公司的所有席位；而大多数普通工程师学校、商校或普通大学法学院的毕业生，只能在（相对来说）最小的公司里供职②。

以上的事实并非不可争议，但对布迪厄来说，教育不是改变或缩小了社会不平等，而是促进了社会不平等的再生产，这是无可争议的。教育社会学的使命就是"测定教育体系对社会阶级之间的权力关系和符号关系结构的再生产所起的作用"③。

上述关于教育的批判观点很少能够得到社会的理解和同情，常识的观点相信教育民主是增加普通人受教育的机会；相信学业体制的公正、科学和效力。人们对教育促进和再生产不平等的现象普遍地没有意识，更不必说了解它的作用机制了。

在布迪厄看来，对教育之社会再生产机制的无意识，恰恰是此种机制能够发挥效力的条件。从开始教育研究，布迪厄就将教育行动定义为符号暴力（symbolic violence），即由一种专断权力强加的一种文化专断④。符号暴力就是"在一个社会行动者本身合谋的基础上，施加在他身上的暴力"⑤。男性秩序所以具有社会正义论的效力，恰恰是被支配者的女性将此秩序视为当然，从而使性别支配成为被认可的权力。布迪厄指出："性别支配比其他任何例子都更好地显示：符号暴力是通过一种既是认识又是误识的行为完成的，这种认识和误识的行为超出了意识和意愿的控制，或者说是隐藏在意识和意愿的深处。"⑥这里所说的主动同谋，并不意味着是有意识的自觉自愿的同谋。每当客观结构遇见了与之相适应的心智结构，人们所默认的这种支配必然得以实施。"正是在客观结构与作为其产物的认知结构之间的原始同谋关系的基础上，绝对的、即时的服从才得以建立。这种服从就是人们出生所在的人群的教条经验中的服从——那个人群是一个毫不感到惊讶的社会，在那里，一切都被当作不言而喻的事情来感知，因为现有秩序的内在倾向不

---

① 布迪厄：《国家精英》，第248页。
② 同上书，第541页。
③ 转引自斯沃茨：《文化与权力：布尔迪厄的社会学》，第219页。
④ Bourdieu and Passeron：*Reproduction in Education, Society and Culture*，Sage Publications Ltd.，1977，p.5.
⑤ 布迪厄、华康德：《实践与反思：反思社会学导引》，第221页。
⑥ 同上书，第227页。

断地同化某些本能地准备超越这些内在倾向的期待。"①

教育是一种隐藏得很深的符号暴力或象征性权力(symbolic power)。关于现代教育和学业体制的话语和常识集中了太多的神话,从而不仅必然造成人们对教育之文化专断本质的无意识和误识,更造成对教育权力再生产的社会不平等的接受和服从。布迪厄的工作就是要破除这种种的无意识和误识,从而使种种关于教育和学业的神正论归于无效。

(3) 学业体制与社会再生产

布迪厄明确将教育视为社会再生产的机制,"在权力和特权永恒的再分配中,教学机构起着决定性的促进作用"②。这是如何可能的?

首先,社会空间的结构(即社会分层的结构)是经济资本和文化资本这两个基本的分化原则的产物,教学机构是文化资本分布再生产的主要场域,从而也是社会空间结构的再生产的主要决定机制。更具体而言,以学业资本和教育文凭表现的文化资本不仅本身就是支配性的资源,而且也是获得经济资本、政治资本等其他支配性资源的必需资格。

其次,对经济资本和文化资本的差异分配,区分了社会世界的支配者和被支配者;而这种资本的差异在教育场域也有对应的表现,就法国高等教育而言,这就是名牌大学与普通大学的对立。名牌大学位于法国高等教育的顶端,"它们在学术上比普通大学更加挑剔,它们为政府与商界的领袖准备毕业生,为它们的毕业生提供有价值的、有助于发展学生的职业前程的校友网络"③。名牌大学代表精英教育的机构化形式,也代表了高等教育内部两极分化的支配的一极。然而,名牌大学与普通大学之间尖锐的身份差异绝不仅仅是学术的,在布迪厄看来更是社会的,因为这些名牌大学选择的学生大部分来自上层阶级。布迪厄表明,学生家庭的职业分布较准确地再生产了这些职业在社会空间中的分布。若根据继承所得家庭之资本的总量来划分所有的学校,就构成支配阶层出身的子女占绝对多数的学校(欧洲商校为76%,高等经贸学校为74.5%,国家行政学院第一批会考的学生占72%)与这类子女甚少的学校之间的对立面(普通大学技术学院为22.5%,普通大学文学院为27%)④。

第三,社会的差异和优势转变为学校和学业的差异和优势,是通过教育场域

---

① 布迪厄:《国家精英》,序言第7页。
② 同上书,第202页。
③ 斯沃茨:《文化与权力:布尔迪厄的社会学》,第222页。
④ 布迪厄:《国家精英》,第329页。

的学业制度的中介,而非如子承父业般由社会空间结构和阶级关系直接决定的。然而正是对看似自主和中立的学业分类和评价制度的细致而深刻的分析,展示了布迪厄解析"社会神化"、祛除"社会魔法"、揭示"符号暴力"的反思力和批判力。

学科分类和学业评价看似只是学术的,其实包含着品行的判断,后者紧密联系着阶级的习性,只是这一点被学业分类的中立的假象掩盖了。学校在某些学业类别之间分配它的学生,通常会提出需要才华的学科与需要用功的学科的分别。这看似关乎学生个人的天赋和性情的分别,实际上关乎社会人群的分别。合乎才华学科需要的人不是任意分布的,他们主要受益于继承所得的文化资本,"就是被称为'自由文化'的文化(它是'学校文化'的对立面),它与只有通过家庭教育的潜移默化才能够得到的文化具有亲密联系;所以,需要才华的学科招生的社会水平要高于这样一些学科:它们为来自社会空间中被支配区域的学生提供机会,让他们表现自己的某些道德习性,证明他们有能力在其他方面更好地发挥自己的补偿性机能"①。学科分类偏爱有文化优势的人;而文化优势更常常来自社会优势的家庭。因此学生进的是名校的大门,还是普通学校的小门,从一开始就不完全是由学业表现决定的②。

布迪厄坚持不懈地揭露学业分类学看似中立,实际上是社会品行评价。"通常属于被支配者(即'民众')的品行是卑屈、粗俗、笨拙、迟钝、平庸等,属于中间阶层(即'小资产阶级')的是小气、狭隘、平凡、规矩、认真等,而优越阶层品行则是真诚、广博、丰富、自如、善于解决问题、优雅、有创造性、敏锐、聪明、有教养之类。作为实践状态下的关注原则和划分原则体系,学业分类学的基础在于对杰出品行的含糊定义——它将社会关系上霸权者所具有的社会品行当作杰出的品行,并且神化他们的存在方式和他们的身份。"③

布迪厄观察到,正是通过这个分类体系,学业分类活动建立了行动者的社会属性和学业位置之间的对应关系。这不仅意味着优势的社会属性有助于优势的学业位置;也意味着"处于等级化了的学业位置上的行动者的序列反过来又构成了将继承所得的资本转化为学业资本的主要机制之一"④。布迪厄很清楚,只有当

---

① 布迪厄:《国家精英》,第23页。
② 大门与小门之分,正是布迪厄用来描述名牌大学与普通大学的对立的说法,布迪厄揭示学校的差异反映的恰是家庭在社会和文化方面的差异。出身巴黎资产阶级家庭并进入如国家政治学院、巴黎高等商学院的学生通常此前都曾注册于私立教学机构,曾在最好的班级、最好的学科接受既重视文科又重视理科的学业训练。而出身中等阶层或普通大众家庭的人,所上无论大学或中学,多为普通的学校,接受的是比较现代的专业的教育,没有多少有价值的古典学科。参布迪厄:《国家精英》,第255—257页。
③ 布迪厄:《国家精英》,第63页。
④ 同上书,第63页。

上述对应关系仍然处于隐匿状态,而且在实践中表达感知并且构成感知的一对一的形容词在支配性分类学的所有对立面中("杰出"/"暗淡","灵巧"/"笨拙",等等)处于社会关系上的最中立的状态的时候,或者当这些对立面的婉转化形式在社会关系上处于最中立的状态时,进行资本转化的这个机制才能够运行:"笨拙"变成"迟缓"、"身体结实"或者"稳健有力";"头脑简单"变成"天真";"浅显"变成了"好理解"[1]。

正是这种婉转化和中立化的学业评价,完成了布迪厄所说的"社会炼金术",即将本质上的社会评价魔术般地变为看似科学客观的学业评价:

> 正是因为他们以为自己作出了严格的学业评判,社会评判才可能在他们用学业化语言表达的婉转的判决理由的掩护下,产生神化本身的效应(无论是积极的效应还是消极的效应):使成为评判对象的人相信这项评判只针对学生他"本人"、他的"精神"或者他的"智力",而无论如何绝不涉及他作为社会人的方面,说得更露骨一些,就是不涉及是教授的儿子还是商人的儿子;这样一来,学业评判就获得了一种认同或者不认同的权力,而这种权力或许是社会评判所得不到的……由社会资格向学业资格的转化并不是一个没有结果的简单的文字游戏,而是在实施一种社会炼金术,它使词汇具有象征性的效能,并使之在实践中具有连续性的动力。一个句子,在它未经改变的形式下("你不过是个工人的儿子"),甚至在它的更高级的形态中("你是个粗俗的人")是没有任何象征效能的;甚至只能引起人们对教学机构和它的侍应者们的反抗……同样还是这句话,如果以学业场域特有的审查所说的不易辨认的形式表达出来,如"正确,仅此而已","毫无意义的作业","文笔平淡乏味",等等,那么这句话就变得可以接受并且被接受,可以承认并且被内在化。教学机构将学业品性的学业分类学搬出来作为人类优秀分子的登记表,这种分类学介于每个行动者和他的"志向"之间。正是它支配着"志向"朝着学业评判事先设定好的某某学科或者某某专业运动(比如说,"我非常喜欢地理学")。

第四,以上的讨论将这一文化资本的再生产从学业体制的建构过程带到了学生的自我选择的过程,即从场域分析进到习性分析,以上引文的最后一句话已经预示了这一社会再生产的辩证。

迄今的讨论容易让人将学校和学业体制视为一架巨大的认知机器,但布迪厄绝不认为学生只是这架机器中完全被决定的木偶。"教学机构的分类行动其实只不过是行动者所完成的成千上万次行动以及由此产生的成千上万个效应的集

---

[1] 布迪厄:《国家精英》,第63页。

合——他们行动着,就像无数台认知机器,彼此之间既相互独立,但在客观上又配合默契。"① 学生当然是这成千上万次行动的发出者。然而学生的自我选择绝非目的论意义上的自由选择或理性选择论意义上的理性行动,而是以阶级习性和文化资本为基础的有倾向的选择。布迪厄相信,主体期望与客观机会之间存在着高度的对应,学术志向是被父母、学校和文化生活塑造的,是一种结构地决定的产物。"工人阶级的青年并不期望高水平的教育成就是由于他们顺从那些为没有多少文化资本的人而存在的有限的求学成功机会。相反,中上层阶级的青年把自己的社会优越性内化为对于学术成功的期待,并留在学校。这样,布迪厄深刻地表明了教育的选择如何事实上通过自我选择而发生。"②

正是这样理解的自我选择,将场域与习性的辩证关系作了最好的例证。用于对学科进行分类并确定学科所要求的品行的分类学实际上构成为学生对他们自己的品行进行感知和评价的结构。"因此,学业评判对于'志向'的操纵权就不难理解了;统计分析揭示出来的不同学科被赋予的社会属性与这些学科中的成功者(或者传授者)的习性之间的严格的对应关系也是可以理解的……因此,学科在选择学生的同时,还使学生有了一种默契的意识——在不同类别的学科,或者从事这些学科的不同的方式(理论的或经验的),与学生自己在学业方面建构起来的或者奉献出来的能力之间的彼此默契的意识。学业评判常常用带着'天赋'字眼的语言称述出来,它能够产生和强化一种信念——一切都是命中注定的,而这种信念对于确定'志向'起着极为重要的作用;因而这种信念是实现教学机构**预言**的一种途径。"③

正是在此预言的意义上,学生的自行选择带有了"使动"的性质。布迪厄不无理由地说:"学校迫使学生将学业分类学运用于他们对专业、课程和学科的选择中,并以此来支配他们对于自己工作的评价……学业分类学作为一种没有被承认的简单的社会分类学形式,渐渐地渗入了学生的无意识中——这种渗透是通过长期以来从权威性评判那里延续来的经验和按照所有这些原则建构起来的对教学机构进行划分的经验来完成的。"④

以上的讨论显示了布迪厄教育社会学、文化社会学的核心议题,即象征性权力和符号暴力的机制和秘密:象征性权力是只有在权力的强加者或权力的承受者

---

① 布迪厄:《国家精英》,序言第 2 页。
② 斯沃茨:《文化与权力:布尔迪厄的社会学》,第 226—227 页。
③ 布迪厄:《国家精英》,第 32 页。
④ 同上书,第 202 页。

的积极同谋下才能够运行的权力。象征性权力实对精英学生群体的建构做了两件事:一是看似学术实为文化专断的学业分类;一是通过神化学生而实现的圣职授予。布迪厄说这都是社会魔法,而这项魔法的成功则取决于它的承受者也为了促成它的效能而努力;此外,也只有在魔法的承受者通过事先学习具有了认同这项活动的预先倾向的前提下,魔法活动才能够对他产生制约。但"如果我们能够认识到这一切,象征性效能的奇迹便瓦解了。无论是教师给某一份作业的评语,还是学生对某一所教学机构或者某一学科的偏爱,只有当承受魔法活动的人在个人行为中所采用的感知范畴和行动范畴与教学机构的客观结构迅速达到和谐时,魔法才能够真正起作用,因为教学机构的'意志'和权力正是通过个人行为实现的,而且个人行为中的感知范畴和行动范畴也正是教学机构的客观结构混合在一起的产物"①。

最后,通过最终授予的证书和学业称号,教学机构就完成了一项社会身份的确定与再生产。"赐予某人一个学校出产的称号,实际上是一项进行合法分类的法律行为,通过这一行为,对社会身份或许起着决定性作用的重要标志被颁发了出去……这项权力最典型的表现形式就是证书(学历证明、能力证明等)。所谓证书,就是权力机构颁发的关于能力的证明,就是对证书持有者的技术能力和社会能力进行担保和认证的社会委任书,是以对发证机构的集体信仰为基础的信誉称号……社会魔法最终真正改变了行动者:它能够使所有的人,因此,也使有关的行动者本人认识与认同关于他们身份的预测,或者说,关于他们身份的预言——身份是群体中的预言权威赋予的,因此,身份被转化成了命运。'是什么种子你就开什么花。'"②布迪厄终于以最明白的话说出了学业制度参与社会差异再生产的要害。

4. 反思社会学

在《反思社会学导引》中,布迪厄集中展开了他对社会学作为一种反思性和批判性科学的卓越见解。事实上,本章的讨论在涉及布迪厄的反思方法,尤其是教育社会学的部分,围绕着"符号暴力"、"社会炼金术"、"中立化的假象"等概念展开的议题,都是最具反思性和批判性意涵的。毫无疑问,布迪厄社会学方法最鲜明的特征就是:反思性。布迪厄对反思性的迷恋由来已久。从他早期在他土生土长的封闭村庄内对当地婚姻习惯所作的研究,以至对他本人作为其重要成员的学术

---

① 布迪厄:《国家精英》,序言第 5 页。
② 同上书,第 202—203 页。

圈的分析，布迪厄坚持将其科学工具转为针对自身的自我分析。反思性态度可说是这样一种态度，他会不时停下来观察自己的呼吸。通常人们很少会注意或思考自己的呼吸，只在呼吸成为问题时，呼吸这项生命过程最基本的活动才会从无意识处浮现，变成重要问题。许多社会现象就像呼吸那样平常和基本，以至于我们总是根本就想不起来，或提不出任何问题来。如我们习惯的知觉模式、思维方式、行为取向，因其形成于长期潜移默化的家教、风尚习染、社会互动、文化传承，往往"日用而不知"，"习焉而不察"。社会学家和常人没什么两样，都实实在在地为这些"先入之见"所包围。布迪厄指出三种类型的偏见会导致社会学视野的盲区。第一种是其他学者业已指出的偏见：研究者个人的社会出身和社会标志（阶级、性别、种族等）。第二种偏见较少为人们所识别和考虑，它与研究者在学术场域这一"小世界"中占据的位置密切相关。社会科学家的处境接近权力场域的被支配一级，因此受到那些影响所有符号生产者的吸引力和排斥力的摆布。布迪厄对反思性方法最具原创性的理解是提出第三种偏见，即唯智主义偏见。它诱使我们把世界看作一个旁观的场景、一系列有待解释的概念符号，而非有待实践解决的具体问题。唯智主义偏见比上两种偏见更具作用力，因为它是深嵌在理论、问题和学术判断范畴中的集体性科学无意识，属于很少被思考所及的范畴，而正是这些范畴"界定出可以思考的范围，并预先确定思想的内容"①，而且还要引导社会研究的实践操作过程。这样，布迪厄式的"反思性"风格，在三个决定性的方面与其他倡导反思性观念的社会学家判然有别。

首先，他的反思社会学的基本对象不是分析者个人，而是植根于分析工具和分析操作中的社会无意识和学术无意识。例如，人们对"专门职业"概念的使用就完全是无反思的，它表面上的中立性加剧了对其运用的危险性。用"专门职业"来谈论真正的现实，往往会固守这一现实，固定地看待一群具有同样名称的人，好像这些人都享有基本一致的经济地位，认同一套职业伦理准则。如果你接受这个"职业"概念，你会发现它很有用，你手头的黄页电话簿、各种名录和传记、各种信息中心和资料库，都是根据"职业"分类形成的。职业范畴所指涉的现实不是一种真实，它同时表达着某种社会范畴，社会生产这种职业范畴的方式就是忽略或抹杀各种差异和对立，而正是这些差异和对立使"职业"成为一种充满竞争和争夺的空间。

其次，布迪厄的反思社会学必须成为一项集体事业，而非孤悬个人的"笛卡儿式沉思"。只有当整个学术共同体都具有了反省群体自身和学科本身，社会学给

---

① 布迪厄：《国家精英》，第68—69页。

予我们的自由才能真正成为一种机会,"让我们在置身某个场域的时候尽可能地少受这个场域的各种力量的操纵,同样也少受从我们的内部发挥作用的、体现在身体层面上的各种社会力量的摆布"①。

最后,布迪厄的反思社会学不是力图削弱社会认识的客观性,而是旨在增强它的可靠性。其根据是反思社会学不鼓励唯我主义和毫无建设性的解构哲学,它引导知识分子去认识某些深入骨髓地支配了他们的思想的特定的决定机制,也敦促知识分子有所作为,以使这些决定机制丧失效力,"从而避免成为社会力量的玩偶"。

布迪厄始终不懈地运用社会学,力求在作品中清洗那些势必会对社会学家产生影响的社会决定因素。他说:"每时每刻,我都愿意能停下来,考虑一下,哪些是我还未分析到的;我一直在永无休止地迫使自己去探询:'现在,哪一个黑箱是你还没有开启的?你忘了哪些依旧操纵着你的因素?'"用反思性态度的比喻,这提请我们能不时停下来观察我们的呼吸。布迪厄的工作导引或邀请读者尝试一种反思性的思考,"力图促使更多的人拿起反抗符号支配的武器"。它不可能要求一种思想的封闭,因为这将导致非反思的盲从。如果我们真愿意接受布迪厄的邀请同他一起思考,相信布迪厄乐意鼓励人们超越他去思考,并在需要的时候通过反对他的观点去思考。我们在布迪厄下面一段话中找到了根据:"我相信,如果我所提出的社会学与过去现在的其他社会学在什么重要的方面有所不同的话,那首先就是它持之以恒地运用那些它所产生的科学武器,反过来针对自身。"②这也正是布迪厄反思社会学的真髓。

---

① 布迪厄、华康德:《实践与反思:反思社会学导引》,第260页。
② 同上书,第279页。

后　记

　　从本书第二版到第三版又过去了五年,不知道我未来的岁月还会有多少版修订的能力,但我清楚从第一版到第二版放浪十年的从容不会再有,无论是时间还是心情。以"走向新千年的社会理论"这一多少夸大的标题新增了第十九章的第二版,严格说来算不上是修订版,也不敢佞言升级版,或可称之为加量版。比较下来,第三版确有许多修订、许多改变。一是在章节和人物上做了减法,如"心理主义社会学"和"后工业社会理论"两章被全章删除;小节的删减还有几处。减法的理由是要给我认为更重要的人物如布迪厄等做加法。二是全书内容的改写和充实,或多或少各章都有。"批判的社会学"一章几近完全重写;原先"美国反主流的社会学"一章中的"冲突理论"、"交换理论"和"现象学社会学"各节都独立成章,在内容上亦有大的改写与充实。所有这些修订的工作不仅反映我自己的新体会,更在于反映学术界的新观点。三是将纯粹的文字本做成了半部插图本。本书第二到第六章插入多幅图片,又全配了说明文字。这些文字或同时见于正文,或仅在图片上出现。写这些文字颇费了一番斟酌,也愿意读者将它们视为本书叙事的有机部分,而非单纯的看图说明。选择图片因此变得困难,难在能配合概念化文字的图片并不多见,这项图文设计所以做得虎头蛇尾也就无可奈何了。发现更多适合第六章以后章节的图片也许是将来本书第四版最想补救的工作,也为我未来的努力留下一点念想,欢迎有意的读者赐我线索。还有文本体例上(如脚注)的一些修改,意在方便读者阅读或核对原始文献,不在此处一一细数。

　　在复旦大学从事西方社会思想史的教学已经超过二十年,我不敢妄想在西方的大学讲授这同一课程,却也在最近的十五年里有许多机会访问许多西方大学,或游学,或讲学,或是其他种种的学术和文化交流工作。周游世界,是我自小就有的梦想,当时驱动梦想的不是"读万卷书,行万里路"的远大志向,而只是一个对地理极其敏感的男孩的遗传天性,从小喜欢趴在地图上,挪威峡湾、北美西海岸等都曾是我梦想游历的地方。2006 年 5 月 6 日,我在挪威的 Flåm 邮局给(上海家)自己发的明信片上写道:"今天我来到了被挪威人称作'Nutshell'的 Flåm,下一程将乘船游 fjord①，忽然想到，我们人生后来的努力，往往无非去实现幼年少年时的一个梦想，漫长的人生有了一种内在的有机性。"喜欢游历的天性，因了研究和传授西方文化的职业需要，得到了更多鼓励甚至放任的理由，去到思想史人物或事件的活动地发生地获得现场感受也成为修订本书的持续热情和动力。去里斯本、马德里，是去看昔日帝国的京城，也是去会达·伽玛和哥伦布的，布罗代尔、沃勒斯坦所定义的 1500 年以来的现代世界体系是从他们开始的大航海时代发轫的。2005 年 11 月 23 日，我在达·伽玛航海出发的海湾盘亘良久，烟雨濛濛的海面上的点点白帆，竟幻化为绕非洲海岸向东方寻找去印度航路的船队。此种思古之情，不幽不怅，更多思入风云的激动和不安。但在马丁·路德的家乡威腾堡，我的兴奋则被更缠绵的感动调和着，那是与我仰慕的思想史人物盼望已久的相遇而生的一份感动。那天是 2006 年的 4 月 1 日，走近 1517 年 10 月 31 日路德发表与教皇辩论的"九十五条论纲"的威腾堡教堂，近五百年的历史不再遥远，宗教改革的宣言也不再抽象，都在眼前生动的场景里再次活动而喧闹起来。对威腾堡的感觉是不能再好了，走在路德走过的小城的路上，不由你不放纵想象力。我在写给自己的明信片上这样说："马丁·路德改变了历史，也使 Wittenberg 这个小城永垂青史。以后讲路德不再只是旁观者和抽象学理，我已经在这里呼吸过历史留下的气息。"

历史活了起来的感觉，在我所到的现场一再地发生着：在佛罗伦萨大教堂的广场，在汉撒同盟的名城吕贝克的荷尔斯腾门（Holstentor）前，在 17 世纪新法兰西的首府魁北克老城的城墙上，在慕尼黑韦伯的故居。然而我对西方文化的现场阅读，并不只是流连于上述文物古迹形态的场所，也有来自对西方人日常生活的观察或分享的经验。我在加拿大访问的一年，有与查尔斯·泰勒关于市民社会洛克与孟德斯鸠两大传统的严肃谈话，更多的是参与社区的公民团体活动，体会托克维尔两百多年前和普特南十多年前关注的同一个议题的丰富含义：积极的公民生活对于平衡近代以来的盛行的国家主义和个人主义具有的积极意义。渥太华马拉松的经验丰富了我对体育的理解。一个完全由公民团体组织、动员、管理和实施的项目，不仅做成北美最有吸引力的马拉松之一，更做成了最有美誉的公益项目之一。多年来我相信体育是回归自然的和重建与自身自然的事业。我们感兴趣的事早在一万年之前的人类身上就已存在。通过经常的运动保持心脏、肺部和肌肉的健康。我们在重新探讨我们与古人，甚至与古人以前的各种野兽的血缘关系。渥太华经验使我相信体育更是与社会和解、融入社会的事业，因为体育就

---

① Fjord 意为"峡湾"。

是社群的游戏，是欣赏、参与、合作的游戏。"体育也是公益的事业，我们真正感兴趣的是通过参加体育发展我们的荣誉感，对他人的关切和对社区的责任。"①

实际上上述自然与文化的关系，从来是西方文化的基本议题之一。我在北极圈的经历，让我对此多少感同身受。2006年5月，赫尔辛基大学的马迪带我去了他的家乡拉普兰——圣诞老人的故乡。后来我在2006年年鉴中记述这段经历："在他家的节奏完全像他的院落前缓缓流淌的拉普兰河，能从纷繁喧闹的赫尔辛基脱身，回到北极圈里做几天渔夫或猎人，将都市的物理废物和文明废物释放到粗犷野性的自然中，这种转换我相信是芬兰人如此有创造力和能量的原因，我不来这里一辈子都不会明白这个道理，这种转换在当地如此寻常，就是他们的生活方式，我们呢？我们所以不间断地疲劳和紧张，是因为我们即使出去旅游也像竞争性的工作一样急急地赶景点，何曾有过从一个教授蜕变为村夫的转换？"读者不必同意我上面的多少有些倾向性的观点，但我的朋友从教授到渔夫的转换的自然无碍的例子，确使我对古希腊人同样热衷于哲学与体育而自由无碍的精神多了一份体会。我愿意重复：不到现场，我的历史想象力永远不会如此的感性与大胆。

韦伯说过，"学术生涯是一场鲁莽的赌博"。他的话是对前来求教的年轻学者说的，而对于像我这样注定以学术为终生之业的乐之者来说，学术已经既非赌博也不再鲁莽了。但我十分清楚，学术确是奢侈，能在复旦这样虽非世界一流大学却有着世界一流号召力的大学对着二十上下的年轻人，无论是八零后还是九零后，无论是中国的学生还是欧美的学生，继续讲着亚里士多德、马基雅维里、戈夫曼和福柯，无论对我还是对他们，都是十分奢侈的事。本书和本课程的工作绝不是一件个人自得其乐的事业，它不仅得到人文社会学科的安排而在日益功用化实证化的知识体系中仍有一席之地，而且其全部的实践都是受惠于许多人的参与和支持。最多的参与者当然是我的学生，本书是为他们而写的，他们参与着一项事业：不仅为激发社会学的想象力，也为提升理论思维能力、涵养人文精神和丰富人格和人性感受性，这些目标都是本书努力以赴的。十五年前，高若海先生支持了本书的第一版，并始终期待本书的新版。感谢高老师：希望这里的第三版不会辜负你的善意和信任。八年前，孙晶女士继续了复旦大学出版社对我的工作的一贯支持，在她的具体安排下，本书的第二版和我主编的两本英文社会学文选相继出版，并得到学界的认可。社会学博学系列教材是在孙老师的主持下从我的 *Urban Sociology* 开始的，感谢孙晶老师：你的支持是使这一系列真正形成的重要保证。从第二版开始，曹珍芬女士就是本书的责任编辑，但她的贡献远远不限于本书，事

---

① 于海：《上海社区发展报告》，"渥太华报告"中《首都马拉松与公民参与》一文，重庆出版社，2008年。

实上,从 2002 年开始负责我的 Western Social Theory(英文版社会理论文选)起,我在复旦大学出版社出版的所有著作都是曹老师做的责编,她的工作已经深深涉入我在复旦的两门主要课程——西方社会思想史和城市社会学。我愿不厌其烦表达我对她的工作和品德的感谢。她的工作以及许多我想感谢的人的工作不仅支持了本书的工作,更重要的是丰富了我的人生和人性,因而使我更加坚信,"我们应当去做我们的工作,正确地对待无论是为人处世的还是天职方面的'当下要求'"[①]。

于　海

2010 年 2 月 20 日

于上海莱茵半岛海德堡苑寓所

[①] 马克斯·韦伯:《学术与政治》,第 49 页,三联书店,北京,2005 年。

图书在版编目(CIP)数据

西方社会思想史/于海著.—3版.—上海：复旦大学出版社，2010.3(2022.5重印)
(复旦博学·社会学系列)
ISBN 978-7-309-07131-3

Ⅰ.西… Ⅱ.于… Ⅲ.政治思想史-西方国家 Ⅳ.D091

中国版本图书馆 CIP 数据核字(2010)第 034804 号

西方社会思想史(第三版)
于 海 著
责任编辑/曹珍芬

复旦大学出版社有限公司出版发行
上海市国权路 579 号 邮编：200433
网址：fupnet@fudanpress.com http://www.fudanpress.com
门市零售：86-21-65102580 团体订购：86-21-65104505
出版部电话：86-21-65642845
常熟市华顺印刷有限公司

开本 787×960 1/16 印张 28 字数 492 千
2022 年 5 月第 3 版第 13 次印刷

ISBN 978-7-309-07131-3/D·450
定价：38.00 元

如有印装质量问题，请向复旦大学出版社有限公司出版部调换。
版权所有 侵权必究

复旦博学·社会学系列(可供书目)

1. 西方社会思想史(第三版)   普通高等教育"十一五"国家级规划教材
　　　　　　　　　　　　　　　　　　全国优秀教材/国家级优秀教学成果
　于 海 著　ISBN 978-7-309-07131-3/D·450　　　　　　　定价:38元

　　本书将西方社会思想及社会思想家置于重大的时代背景、历史潮流及特定的文化传统和学术流派中,以社会生活的结构逻辑为横轴、学理脉络的历史逻辑为纵轴,概述了从古希腊城邦社会学到当代后现代社会学的西方社会思想演进的历程,突出社会理论的时代性、历史性和社会性,展示"思想的理趣和历史的韵律"。在对西方社会思想的分析观照中,同时亦表现了作者对西方文化精神的独特领悟。

　　本书视野开阔,内容丰富,结构紧凑,议论深透;将哲理反思、历史考究与社会分析融为一体。一卷在手,西方两千五百年社会思想的历史发展过程及其深层的文化精神尽收眼底。

2. 西方社会学文选(英文版)   专业英语教材/基础原典文献
　于 海 主编　ISBN 7-309-03256-X/C·59　　　　　　　　定价:68元

　　本书为20世纪西方社会理论文选。全书分经典与当代两大部分,当代理论再分为美国、德国、英国和法国等四个小部分,选入过去100年在西方产生过最重要影响的欧美社会理论家50多位,文献78篇。本书可作为社会学专业学生的专业英语教材,也可用作社会科学的基础原典文献。

3. 城市社会学文选   专业英语教材/基础原典文献
　于 海 主编　ISBN 7-309-04386-3/C·75　　　　　　　　定价:30元

　　本书为西方城市理论文选,选录了过去100年欧美最重要的城市理论流派和分析范式,按学科史进程,包括第一个经典的城市社会学芝加哥学派、主要发源于欧洲的城市政治经济学派、兴起于全球化时代的洛杉矶学派等。

　　本书可作为城市社会学、城市管理、城市规划、城市设计、城市社区发展、建筑学等专业本科生与研究生的英语教材,并可作为一种城市经典读本,适于一切与城市发展、管理、规划及城市文化有关的专业人士。

4. 女性主义研究方法   特色双语教材
　孙中欣　张莉莉 主编　ISBN 978-7-309-05769-0/C·96　　　定价:50元

　　本书为大学本科及研究生女性主义或妇女研究课程及妇女或女性问题培训项目的双语教材,全面论述了女性主义研究方法,包括访谈研究、调查研究、实验研究、评价研究、质性研究、民族志研究、跨文化研究和行动研究等,旨在为读者提供性别问题研究中各种常用的研究方法,并着重于社会学的女性主义研究及其在研究实践中所面临的种种挑战的分析,帮助读者找到适合自己的女性主义研究方法。

　　本书用作高等院校社会学专业本科生、研究生教材,也可供妇女问题研究者参考。

5. 社会心理学　　　　　　　　　普通高等教育"十一五"国家级规划教材
孙时进　编著　ISBN 7-309-03509-7/C·62　　　定价:29元(配教学课件)

　　本书从个体社会心理、群体社会心理和应用社会心理三个层面,论述了个体、群体和社会相互之间存在的错综复杂的关系,揭示了其中的规律,阐明了社会心理学的基本概念和基本原理,如人的社会化、社会认知和归因理论、人类的攻击性和利他行为、人际吸引、社会影响和相符行为、环境与都市心理、人生态度与身心健康等等。

6. 经济社会学(第二版)　　　　　普通高等教育"十五"国家级规划教材
朱国宏　桂　勇　主编　ISBN 7-309-04295-6/F·950　　　定价:33元

　　全书共分十章,分别论述了什么是经济社会学、从经济社会学到新经济社会学、经济行为、交换行为、消费行为、经济制度、企业与产业组织、劳动力市场、社会资本、文化·网络与经济等。本书的特点是内容全、资料新,每章后附有本章小结、思考题以及推荐阅读文献,同时书末还附有人名索引、主题词索引便于读者查阅。

　　本书适合各大专院校经济、社会等专业师生。

7. 社会调查研究方法　　　　　　普通高等教育"十一五"国家级规划教材
范伟达　范　冰　编著　ISBN 978-7-309-07331-7/C·147　定价:36元(配教学课件)

　　本书阐明社会调查研究是有中国特色的社会研究,是社会研究的中国化或本土化。全书不仅详述了社会调查研究的原理、程序、方法和技术,而且在抽样和问卷技术、电话与在线调查,统计分析、定性分析和理论分析等方面提供了崭新的视角。

　　本教材可供高等院校社会学专业教学主干课程使用,同时也可作理论研究、方案设计、现场实施、资料分析、撰写报告等社会调查研究的教学科研和咨询服务的参考用书。

社会工作概论　　　　　　　　　复旦博学·社会工作系列
顾东辉　主编　ISBN 978-7-309-06002-7/C·102　　　定价:35元(配教学课件)

　　本书是社会工作专业教学的纲领性文献。本书以受过国际化高级课程训练的社会工作专家为主进行编写,较好地整合本土与国际,全面介绍社会工作的知识,并以年龄和机构为视角对实务进行了诠释,最后还附以多个案例说明。本书适合社会工作专业与相关专业的本专科学生、政府社会工作和社会福利相关部门的工作人员、社会服务机构行政人员和前线人员,以及对社会工作知识有兴趣的其他人士。

　　　请登陆 www.fudanpress.com,内有所有复旦版图书全书目、内容提要、目录、封面及定价,有图书推荐、最新图书信息、最新书评、精彩书摘,还有部分免费的电子课件与图书供大家阅读。

　　　意见反馈、参编教材、投稿出书请联系 fudanpress@126.com,floracao@126.com。电话:021-65643595,65103043。传真:021-65642892。